ちくま学芸文庫

日中15年戦争

黒羽清隆

筑摩書房

日中激突の舞台の１つとなった上海（写真は 1972 年撮影）

＊その本性からして共和国は小さな領土しかもたない。

モンテスキュー『法の精神』第十六章

「船に乗ってどこへつれて行かれるのか。そんなことはもう考えていない。考えても無駄なことを知っていたからだ」
――岡村俊彦著『榾火』（1961 年）より転載

大戦は世界の屋根を崩壊させ、コンスタンス・チャタレイは、
人間には生きて知らねばならぬことがあるのをさとった。

D・H・ロレンス『チャタレイ夫人の恋人』

蘆溝橋の風雲　山西省平型関の勝利

新四軍の出発　作戦中の毛沢東と朱徳

執筆中の毛沢東　黄河を渡る八路軍

日中15年戦争の記念切手　中華人民共和国発行
上段・中段　抗日戦争15周年記念　1952年7月7日発行
下段　抗日戦争勝利20周年記念　1965年9月3日発行

〔資料提供：吉田寅氏〕

晋、楚の軍をやく。火、数日やまず。文公、なげく。左右いわく、「楚に勝てるに、君なお憂うるは何ぞ」と。文公いわく、「吾聞く、〈よく戦い勝ちて安き者は、ただ聖人のみ〉と。ここをもって懼る……」。

司馬遷『史記』・晋世家

【目次】日中15年戦争

はじめに……21
概　観　日中戦争と太平洋戦争……25
一つの質問……26
日本はどの国にまけたか？　ポツダム会談　中国はなぜ「主役」か？　日中戦争のとらえ方――歴史家たちの考え――
忘れられた感覚……34
ある巷の声　ある女性ジャーナリストの日中戦争観
第1章　中国革命にはむかうもの……39
国民革命と日本……40
ある中国の教科書　「国民革命」の進展　「幣原外交」と日中関係　「幣原外交」から「田中外交」へ　「知らぬは亭主ばかりなり」
山東出兵――「田中外交」の展開……52
「おらが大将」の登場　第一次山東出兵　東方会議　第二次・第三次山東出兵　『武装せる市街』の風景

張作霖爆殺事件……64
夜明けの列車爆破　暗殺者の方法　奉天・後日譚　東京・後日譚――天皇と田中首相と　天皇はなぜ怒ったか

第2章　乾いた大陸――満州事変……75

一九三一年九月十八日――日中十五年戦争の開始……76
星空と爆薬と　奉天特務機関の夜　翌日……　国民は知らされなかった

ゼロ・アワーへの道――満州事変はなぜ起こったか……81
「満鉄」人・松岡洋右　「満蒙特殊権益」のなりたち　「生命線」満州の危機　あの「満鉄」に赤字が出た？　赤信号のともる「満鉄」線

関東軍と陸軍参謀本部――ある「謀略」の構造……97
陸軍中佐石原莞爾　謀略のブルー・プリント　「謀略」の暦

第3章　満州占領――「王道楽土」の現実……103

たたかいの日々……104
ある「社長」の感想　拡大する戦火　満州は占領された　一つの決算

「満州国」の誕生……114

東方への「脱出」　「満蒙独立国」プラン　偽国・「満州国」の成立

第4章　上海のたたかい――ある「序曲」 ……123

「爆弾三勇士」 ……124
「爆弾三勇士」とよばれた兵士たち　ある戦死　軍国「神話」の形成　二つの疑惑

「国際都市」上海のたたかい ……134
日本人がやった抗日テロ　謀略の構図　戦闘開始　「便衣隊」登場　だれが「便衣隊」になったか？

上海停戦協定 ……147
日本陸軍の総攻撃　司令官は急行した　上海事変の国際的波紋　「雛まつる日」の功績と天皇の歌一首

第5章　万里の長城をこえるとき――「ドミノ理論」のゆくえ ……155

国際連盟・脱退 ……156
「満州」だけはうまくいった　中華民国と国際連盟　「組織なき国家」論争（ジュネーヴの日と夜）
国際連盟・脱退

「王道楽土」の幻影 ……169
「満州国」の矛盾　「満州共産匪」のたたかい

「華北分離工作」の形成 …… 179
「ドミノ理論」のなりたち 「華北分離工作」の論理（長城線をこえる日中戦争） 華北分離工作の展開 ある「密輸王国」のなりたち 「万里の長城」のこえ方

第6章 統一中国への道 …… 191

大長征――よみがえる中国共産党 …… 192
「火焰山」の旅 大長征とはなにか 逃走あるいは旅立ち 「栄光への脱出」（困苦の始まり） 「北上抗日」路線の確立（遵義会議） 「大長征」の展開 紅軍、河をわたる 紅軍、山脈をゆく 紅軍、大草原をゆく 「延安時代」の成立――「大長征」の終了

「幣制改革」――経済統一の進展 …… 217
もう一つの「敵」 「近代以前」の中国貨幣経済 「幣制改革」が成功した 日本は、わからなかった ある後日譚

西安事変 …… 224
あるクリスマス・プレゼント 「一致抗日」の胎動 兵諫 周恩来がやってきた 釈放――聖誕祭のゆうぐれ のこされた謎 国共合作への大道

第7章 日中全面戦争の開始 …… 239

「七夕」の夜の銃声――蘆溝橋事件 …… 240

「一八発」?の銃声　事件の背景　「兵士一名・行方不明」問題　運命の一日　七月の雨のなかで
一九三七年夏・東京　……　248
近衛内閣　ある邂逅　「青年宰相」への道
「支那事変」の成立　……　254
事変拡大への第一歩　陸軍強硬派の台頭　拡大への傾斜　戦闘開始（北平と天津と）　五年目の戦闘開始（上海のたたかい）　もう一つの「八・一五」

第8章　苦悶する中国　……　269

南京「陥落」　……　270
宣戦布告なき戦争　見通しの問題　上海へ　上海戦線　悪戦苦闘四〇日　「日軍百万杭州湾上陸」　南京へ　南京占領
第二次国共合作の成立――八路軍の誕生　……　291
八路軍が登場した　第二次国共合作の成立――その一　第二次国共合作の成立――その二　中国の新聞から　合作のはじまりは矛盾のはじまり

第9章　「国民政府を対手とせず」　……　307

いわゆる「不拡大派」の敗退　……　308
ある転任　華北を第二「満州国」に　ジュネーヴ・シカゴ・ブリュッセル（日中戦争と国際政局）

トラウトマン工作とその挫折
近衛声明……321
一九三八年正月──「支那事変」第二年目　近衛声明への道　近衛声明　「新興支那政権」
どこへゆく？　近衛内閣……336
近衛「改造」内閣の成立　前途多難──和平工作の渋滞　もう一つの交渉チャンネル　和平交渉の「第三チャンネル」「辛」党から「甘」党へ　宇垣外相の退陣
第10章　たたかいの日々──徐州・漢口・広東……355
一九三八年──徐州「対支消極持久」方針の成立……356
まぼろしの極東戦争　みすてられた御前会議決定　「不良狩り」考　台児荘のたたかい　徐州作戦（「友を背にして道なき道を」）
『麦と兵隊』ノート……366
あるベストセラーズへの道　『麦と兵隊』の成立　通俗的「支那事変」像の批判　ある総括
一九三八年──漢口・広東……382
漢口作戦の始動　攻撃開始　麒麟峰のたたかい　たたかいの位置　激戦　峰をうばう　屍山血河
ある点鬼簿　漢口占領　広東占領「点と線」への道
第11章　生と死の構造……399

ひもじさの間奏曲《インテルメッツォ》……400
ある軍医の記録　兵士たちの食生活　第百六師団悲話
まずしき兵站線……409
ある主計将校の記録　「ひもじさ」の社会構造　ビスケット戦記
死者たちの群像――苦痛のカルテ……418
鉄兜の唄　頭部貫通銃創　胸部貫通銃創　腹部貫通銃創　大腿部・上下肢貫通銃創　砲片創・爆片創（「歌と逆に」）　日本人兵士はどう「敵」をみたか　日本人兵士のみた中国人の死　南京大虐殺（ナンキン・アトロシティ）　いやな知らせ　大虐殺の実態　中国人の証言　日本人軍人の記録　東京裁判と南京大虐殺
第12章　北のくにの「銃後」……445
「赤紙」がきた……446
女優・高峰秀子が中国でみたもの　村でぬわれた千人針　「赤紙」のきた村（戦争と村落社会）
「赤紙」の波紋　ある戦死
「銃後」万華鏡……461
さまざまの生活難　いそがしさの譜　高価格と低価格の矛盾構造　戦時下の農村文化

第13章　もう一つの「中華民国」──ある「偽国」の成立……481
汪兆銘工作……482
カニの「伝承」　青天白日旗と「豚のシッポ」　汪兆銘工作のなりたち　一つの脱出（重慶・昆明・ハノイ）
「中華民国」政府の成立──和平交渉の終末点……496
平沼内閣「淪陥区」　新「中央政府」への苦難の道㈠　新「中央政府」への苦難の道㈡　「南京還都」前後
第14章　「点と線」への道……511
華中と華南のたたかい……512
支那派遣軍の成立　華中戦線　華南戦線
百団大戦──八路軍が反撃する……519
石太鉄道沿線のたたかい　反攻の諸相　日本軍の反攻
八路軍のたたかい方──ただ一つの「秘密の兵器」……526
大地の下のたたかい　「堅壁清野」のたたかい　毛沢東の「論持久戦」
第15章　「軍国化」の経済構造……535

軍国財政と国民生活 …… 536
ある視角　軍国財政への傾斜　税制改革
国家総動員法の成立と展開 …… 549
その成立　企画院と「物動」計画　A・B・C「戦争」　ある会話劇　Cの悲劇
軍国日本の土台――戦争が社会を変える―― …… 560
もめんよサヨナラ　日本経済の構造変革　「親方・日の丸」の構造（主役としての軍工廠）　まわるプロペラ（ある「軍産複合」）　ビッグ・メーカーの群　「九七式中戦車」のばあい　国民徴用令のはたらき
第16章　ある「共和国」の誕生――「辺区」の抵抗の構造 …… 577
巻にて …… 578
ある運転手の話　「支那通」の目
晋察冀辺区のなりたち …… 583
晋察冀辺区とは？　その政治　ある総選挙　その経済　その農民政策　ある外人記者のスケッチ
「辺区」展開図 …… 598
「辺区」の拡大　毛沢東じしんは？

第17章　ある中国理解者の生涯――尾崎秀実の生と死 …… 605
尾崎・ゾルゲ事件 …… 606
公表　尾崎・ゾルゲ事件とは？　中国問題評論家・尾崎秀実　その思想形成
彗星の出現 …… 613
「民族戦線」とのであい　「抗日民族統一戦線」の視座
ある死刑囚の最期――"Ecce Homo" …… 625
判決　激動の「時代」と「東亜新秩序」　ある死生観　刑死　ある告知のとき
第18章　日中戦争から日米戦争へ …… 643
日中戦争と日独伊三国同盟 …… 644
駐米大使・野村吉三郎　ベルリン・ローマ・東京枢軸の成立　松岡外交のホンネ　アメリカ・イギリス・中国の対応
日中戦争と日米交渉 …… 654
ある再会　「日米諒解案」とその崩壊　松岡外相追放　「開戦決意」と東条内閣　ハル・ノート
第19章　たたかいのはてに――12枚のカード …… 673
たたかいのなかのたたかい …… 674

「三光」作戦は?——カードNO1　「大東亜共栄圏」は?——カードNO2　法幣と軍票は?

——カードNO3　強制連行は?——カードNO4　蔣介石は?——カードNO5　汪兆銘は?

——カードNO6　毛沢東は?——カードNO7

終　局 …… 706
たたかいの終末は?——カードNO8　中国発のB29は?——カードNO9　敗戦への道は?
——カードNO10　日中十五年戦争の終結は?——カードNO11　死者の数は?——カードNO
12

参考文献 …… 725
あとがき …… 727
文庫版解説　**戦争の全体像復元の壮大な試み**　一ノ瀬俊也 …… 729

はじめに

㈠

この小さなほんは、一九三一（昭和六）年九月十八日から一九四五（昭和二十）年八月十四日までの「日中十五年戦争」を直接の対象とし、さらに、ことの必要上、いくらかはその一五年間の前後におよんだ歴史叙述である。

㈡

私は、いわゆる「昭和史」の勉強をはじめてから、まだ、あしかけ八年間にしかなっていない初学者である。しかも、中国の国土をふんだこともないし、中国語をよむこともできない。また、日本の敗戦のときに、国民学校の六年生だったので、軍隊生活の経験もない。そんな人間が「日中十五年戦争」をかく資格があるか。また、ごく客観的にいって、かく能力があるか。むろん、ないにきまっている、あるはずがないではないか、という天の声が私の耳にきこえてこない訳ではない。しかし、その一方では、逆に、そういう不適格者がかいた方が多くの読者たちにとって理解しやすいほんをつくれるのではないか、著者としてのお前の欠陥を特権と化せるみちがあるではないか、という別の声もきこえてくる。

なぜなら、「日中十五年戦争」に関心をもつすべての人びとが中国にいったのではなく、ましてや中国語をよめる人びとばかりではなく、また、軍隊生活の経験者でない以上、私は、いわば私の弱点によって、多くの人びとの「日中十五年戦争」理解に対して、「助産婦」としての役割をはたせるのではないか、と、思量されるからである。軍事史・戦争史のクロウトの歴史叙述は、往々にして、今日では大学生ですら敗戦後十数年たってうまれたという事情について、あまりに鈍感でありすぎる。

㈢

私は、このほんで、つとめて不偏不党の立場にたとうとした。「日中十五年戦争」の全期間をつうじて、大局をみたばあい、中国共産党の抗日政治路線が相対的に正しかったことは、ほとんど自明の理であるといってよく、あるいは学説史的定説といってもよいかもしれない。しかし、ほかでもない日本人がその政治路線の正当性にただ観念的にのっかって、中国国民党ないしその近辺の「第三勢力」の抗日の苦闘をみくだすことは、恥ずべき認識上の「短絡」であり、民族のモラルとしても許されないであろう。

――こうした視座を私は亡き竹内好《たけうちよしみ》氏からまなんだとひそかに信じている。この小さなほんを竹内氏にささげられなくなったのは、私にとって、痛恨のきわみである（どうして、すぐれた人たちばかりがこうつぎつぎと死んでしまうのだろう）。

一九七七年七月七日

――蘆溝橋事件四〇周年の「七夕の夜」に　　くろは　きよたか

日中15年戦争

概観
日中戦争と太平洋戦争

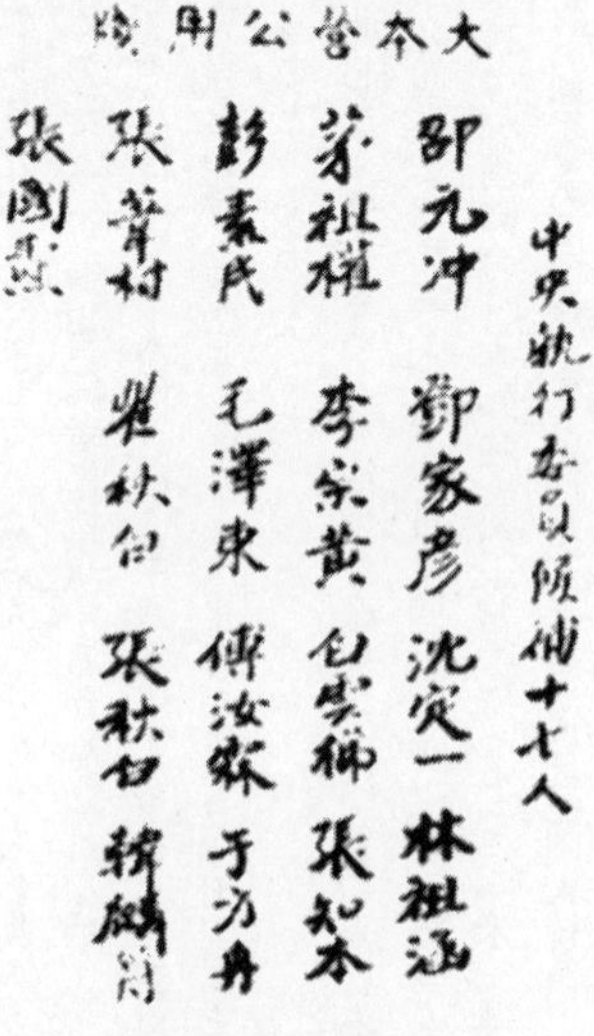
大本營公用牋

中央執行委員候補十七人

邵元冲　鄧家彥　沈定一　林祖涵

茅祖權　李宗黃　白雲梯　張知本

彭素民　毛澤東　傅汝霖　于方舟

張葦村　瞿秋白　張秋白　韓麟符

張國燾

孫文自筆の国民党中央執行委のリスト——毛沢東の名が見える。

一つの質問

日本はどの国にまけたか？

こころみに、日本人のだれかに、こうきいてみるとしよう。

「いまから三六年前に、日本は、一つの戦争に敗北した。さて、日本は、どのくににまけたのか？」

この問いに対して、たぶん、一〇人のうち、八人までがアメリカだと答えるだろう。あるいは、アメリカとイギリスだと答えるだろう。そして、たぶん、そのうちの何人かは、なぜそんなわかりきったことをきくのかと、逆に質問者に抗議するかもしれない。

このことは、なにをいみするか。それは、日本人の一〇人中八人――むろん、統計をとってみたわけではなく、およその見当をつけたにすぎない――までが日本が中国にまけたということを自覚していないということである。

しかし、日本は、中国に**も**、敗北した。そのもっとも簡単な証拠は、つぎの点にある。日本――大日本帝国――は、一九四五（昭和二十）年八月十四日、ポツダム宣言を受諾して、降伏した。そのポツダム宣言は、当時の日本外務省の表現によると、「米・英・支三国共同宣言」として、「われわれの数億の国民」を「代表」する「合衆国大統領、中華民国政府主席およびグレート・ブリテン国総理大臣」の名において、発せられた（外務省

編『日本外交年表 竝《ならびに》主要文書』下・一九六六年)。

ポツダム会談　ポツダム宣言とは、よく知られているとおり、ナチス・ドイツが敗北したのち、米英ソ三国の首脳(トルーマン大統領・チャーチル首相(のちにアトリー首相)・スターリン首相)が占領下のベルリン市郊外のポツダム宮殿に集まり、今は唯一の敵国となった日本に対する戦争終結の条件とか、敗戦ドイツに対する占領のやり方とかを話しあい、そのうち、対日降伏条件だけが共同宣言として発表されたものである。

一九四五年七月十七日から八月二日までつづけられたこのポツダム会談に、ソ連のスターリン首相は一貫して参加していたが、会談途中の七月二十六日に発表された宣言には、ソ連の名はない。これは、その当時、ソ連が日本との戦争に参加していないためで、ソ連は八月八日深夜の対日宣戦布告とともに、ポツダム宣言に加わり、三国共同宣言は、四国共同宣言となった。

それとは逆に、中華民国の蔣介石《しょうかいせき》国民政府主席は、この会談そのものには出席しなかったが、この共同宣言をさしあたり米・英・中三国巨頭の共同声明とするべきだ——つまり、蔣介石の政府を「宣言をする政府のうちに加えるべきである」——というトルーマン大統領とチャーチル首相の同意事項および宣言文の案文に、ただ一つの保留点をのぞいて賛成した。その唯一の保留点とは、自己の氏名をイギリス首相の前にいれてほしい、「そうすれば国民に対して都合がよい」ということであったという(『トルーマン回顧録』1・堀江芳孝氏訳・一九六六年）。

そして、その希望は、かなえられた（ついでにいう。あるいみで蔣介石伝の決定版に近い董《とう》顕光《けんこう》の『蔣介石』の改訂版の日本語版には、ポツダム宣言と蔣介石のかかわりについて、ほとんど叙述がなく、したがって、トルーマンのデータが一方的なものである可能性は、なお残っている）。

じつは、一九四五年七月二十六日に日本と戦争状態にあった国家は、二九か国あった。それらの多数の国家中、米英中ソ四か国だけが対日降伏要求の国際的宣言であるポツダム宣言を発した国であることは、こと対日戦争に関するかぎり、連合国の「主役」がこの四か国であることを証明しているといってもいい。

中国はなぜ「主役か」？

それでは、中国は、なぜ対日戦争の「主役」とみとめられるのか。じつは、その問いにできるだけ――私の力の及ぶかぎり――答えることがこのほんの目的なのであるが、まずはじめに、だれにとっても異論のない事実をあげておこう。これは、算数の問題である。

日本とアメリカ・イギリスの戦争は、一九四一（昭和十六）年十二月八日に始まり、一九四五（昭和二十）年八月十四日に終わった。日本とソ連の戦争は、一九四五年八月八日に始まり、同年八月十四日に終わった。日本にとって、対米英戦争の総日数は、一三四〇日であり、対ソ戦争の総日数は、七日である。

これに対して、日本と中国の戦争は、私たちの考え――これには異論がある――では、一九三一（昭和六）年九月十八日に始まり、一九四五年八月十四日に終わった。その総日数は、あしかけ一五年でウルウ年が四回あるので、五〇八〇日になる。

もう一つの事実を次ページの表にあげる。

東京の文京区文京二中の生徒たちが本多公栄氏の指導のもとにしらべあげたこの表は、十五年戦争の全期間をつうじて、もっとも巨大な出血・流血をしいられたのが中国民族であることをしめしており、その犠牲の上に、連合国の一員としての中国の勝利――いわゆる「惨勝《ざんしょう》」――がかちとられたことを端的にものがたっている。それは、ちょうど、第二次世界大戦中のヨーロッパでもっとも巨大な出血・流血をしいられたのがソ連であるということ――およそ、一二〇〇万～一五〇〇万人の死者がでたといわれる――がヨーロッパにおける第二次大戦の中核を独ソ戦争に求める見解の正しさの客観的な土台をなしているのと、相似的である。

日中戦争のとらえ方――歴史家たちの考え

こうした事実をうけて、現代史を研究する学者たちのあいだには、つぎのような日中戦争のとらえ方が成立する。

まず、井上清氏（前京都大学人文科学研究所）は、今から一五年も前に、こう断定している。

日米戦争は、第二次世界大戦の全体から切り離して、これだけとして見れば、双方の側の帝国主義戦争であり、日露戦争後に始まる、中国支配をめぐる日・米帝国主義

〔出典〕本田公栄『ぼくらの太平洋戦争』

ⓑ日本で出版されている通史などに公表されているもの	ⓒ左の資料からの人的被害の推計(死者のみ)
4万1千人の強制連行と7千余の死(1-196)死傷1,000万人(2-163) 1,000万人失う(3-282), 1937～43死傷773万(5-245)(6-292)	死者総計約 1,000万人
37万が兵役(1-186)	死者総計 きわめて少な目にみている
200万の餓死(1-207, 3-282)	死者総計　約200万人 餓死者が大部分
200万人以上失う(3-282)	死者総計　約200万人 きわめて不正確
ゲリラ27万登録(1-199)　110万人以上失う(3-282)	軍人・ゲリラ死者　約5万人 他に一般市民　約100万人
350万人以上死亡(3-282)　ベンガルの餓死150～350万人(4-161)	死者総計　約350万人 大部分はベンガルの餓死者
7万余検挙, 数千処刑(1-200) 虐殺5,000人(2-143)　｝いずれもシンガポール	シンガポールでの虐殺5千人
	死者　約5万人 きわめて不正確
	不明
	不明
	不明
	戦死者　11,625人
	不明
潜水艦に海上輸送絶たれ数千人餓死(10-77)	餓死　数千人
1,000万人(7-287) 住民だけで数百万(8-781)	死者推計1882万人(上掲被害地域の総人口5億9056万人。人口31人に1人の割合の死)
合計300万人死亡(5-246) 銃後の軍人外死者は沖縄・中国を含めて65万8595人(1-233) 兵員死亡117万4474人, 負傷・不明461万7483人, 一般市民67万2000人(9-173)	軍人・軍属　155万5308人 一般国民　65万8595人 死者総計　221万3903人 (人口32人に1人の割合の死)

6.「日本の歴史」12巻（読売新聞社1960年）
7.藤原彰「太平洋戦争」(「国民の歴史」23巻文英堂1970年)
8.ソビエト科学アカデミー版「世界史現代9」（東京図書1967年）
9.平凡社「世界大百科事典」第13巻（1966年）
10.吉村徳蔵「モルディブ諸島の歴史」(「歴史地理教育」121号1966年)

太平洋戦争の人的被害（死亡者数を中心に）

国　名 カッコ内は当時の人口を昭和20年の毎日年鑑より引用	ⓐ文京二中生が大使館などから取材したもの
中　国 4億人	死者　軍人・ゲリラ 321万人 一般市民1,000万人以上 }計1,321万人以上
朝　鮮 2,550万人	数字まで取材できず。戦死・不明15万人，強制連行など70万人　戦犯148人うち23人死刑(授業プリント)
ベトナム 1,400万人	1944～45年200万人餓死　革命家など2,000人虐殺。全体で人口の7人に1人の割合で死亡
インドネシア 6,150万人	正確な数字は不明だが餓死者10万人
フィリピン 1,630万人	死者　軍人2万人，ゲリラ29,621人　計49,621人 負傷者軍人2万4千人，一般市民の被害は不明
インド （ベンガル5,100万人）	数字まで取材できず
シンガポール マライを含め561万人	シンガポールの一般市民約8万人ぐらい死亡
ビルマ 1,500万人	戸籍がないため正確につかめないがおそらく数万人にのぼるだろう。
セイロン	日本軍機が精神病院に投弾
ラオス	正確な数字は不明
カンボジア	取材できず
ニュージーランド 165万人	軍人の戦死11,625人，負傷者15,749人，その他人的被害の総計36,038人
オーストラリア	取材できず
モルジブ　9万人	大使館不明
東アジア地域総計	1,298万人（授業プリント）
日　本 7,000万人	外務省・厚生省からもらった資料による。1948年調査 軍人・軍属　戦死155万5308人　負傷・不明30万9402人 （陸軍の不明者他に2千万あり） 銃後人口　死亡29万9485人　負傷・不明　36万8830人 （沖縄・外地含まず） 合計　死亡185万4793人　負傷不明67万8232人

注・表中ⓑらんの数字のあとのカッコ内は，はじめの番号が下記の書名をあらわし，あとの数字はその出典頁数を示す

1.家永三郎「太平洋戦争」（岩波1968年）
2.加藤文三・西村汎子・米田佐代子・佐藤伸雄・矢代和也・本多公栄「日本歴史」下巻(新日本出版1968年)
3.ソ連共産党中央委員会付属マルクス・レーニン主義研究所編「第二次世界大戦史」10巻(弘文堂1966年)
4.岩波講座「世界歴史」29（岩波1971年）
5.遠山茂樹・今井清一・藤原彰「昭和史――新版」（岩波新書1959年）

の三五年にわたる対立の到達点であった。

日米戦争の開始以来、日本軍隊、とくに海軍と空軍《ママ》の主敵はアメリカになった。しかし戦争の全局面では、日中戦争が依然として中心であった。すなわち日中戦争から日米戦争が派生したのであり、その日米戦争の基本目的は、中国を日・米のいずれが支配するかの争いであったうえ、軍事面でも日本陸軍の八割は中国大陸で戦争していた。そして、ソ連が参戦して満州の日本軍が瞬時に崩壊し、そのほかの全中国戦線でも中国軍が戦略的攻勢に出たとき、はじめて日本の降伏の決意は定められた。日本は第二次大戦において、アメリカにたいしてと同様に、中国民族に敗北した（「現代史概説」・前『岩波講座・日本歴史』第二十一巻・一九六二年）。

また、かつて陸軍士官学校出身の陸軍大尉であり、軍事史・戦争史のフィールドですぐれた研究をしている藤原彰氏（一ッ橋大学）は、井上氏の指摘をひきついで、「中国大陸は日本軍の最大の兵力を釘付けにした主戦場であった」というとらえ方にたち、さらに、こう、論じている。

（井上氏の）指摘は正しいが、ただ陸軍の八割というのは正確にいえば次のとおりである。

開戦の陸軍の一般師団数は五一、うち内地四、朝鮮二、満州一三、中国二四、南方一〇であった。これに独立混成旅団・独立守備隊などを加え、大ざっぱにいって兵力の配分は、内地一割、満州・朝鮮三割、中国四割、南方二割であった。また、終戦時の陸軍は、内地二四〇万、満州および朝鮮に約一〇〇万、中国に約一〇〇万、南方諸地域にも約一〇〇万の兵力を擁していたが、内地部隊の多くは新編成・未装備であり、南方の部隊は戦闘力を失ったものが多く、関東軍もほとんどが新設師団であったから、支那派遣軍の二七個師団一〇〇万がもっとも充実した兵力であったことは事実である(「太平洋戦争」——前『岩波講座・日本歴史』第二十一巻・一九六二年)。

また、日本古代史・仏教思想史の学者として出発しながら、敗戦後に日本近・現代史の研究者に転じた家永三郎氏(中央大学)は、「十五年戦争」の国民的体験の歴史的総括といっていいその著書のなかで、こう、論じている。

……中国侵略をもって十五年戦争の核心とみる吾人《ごじん》の見解によれば、この戦争の主戦場は、米英等と開戦した後といえど、依然として中国にあったと見るのを正当と考えるものであり、その場合、主たる敵は国民政府軍ではなく共産軍であって、共産軍のねばり強い抗戦の故に日本軍は泥沼戦争に引きずりこまれ、勝目のない対米戦争まで始めざるをえぬはめに追いこまれて大破綻《だいはたん》を招いたのであることを銘記すべきではなかろうか。

……民主主義のみが国家の危機に際して真に愛国心を喚起《かんき》し、民族主義的自覚を高めて侵略に抵抗する戦力に転化する、換言すればデモクラシーに裏付けられるときにのみ、真のナショナリズムの育成されることを中国共産軍は対日戦争において実証したのである。

日本の戦争遂行を不可能ならしめた決定打を与えたのはアメリカの物量戦術であったかもしれないが、日本はアメリカの物量に敗れるに先だってすでに中国の民主主義に敗北していたのである（『太平洋戦争』日本歴史叢書・一九六八年）。

忘れられた感覚

しかし、戦後の日本国民のあいだでは、このような認識は、ほとんどといっていいほど、欠落していた。

ある巷の声

多くの日本国民は、八月十五日に天皇のラジオ放送により知らされた祖国の敗戦をアメリカないしアメリカ・イギリスに対する敗北と感じ――理解し――、中国との戦いにやぶれたという認識は、日本国民大多数の共通感覚《コモン・センス》とはならなかった。多くの日本国民にとっては、太平洋戦争とは、ハワイ攻撃・マライ半島攻撃に始まり、ミッドウェー、ガダルカナル、サイパンの敗北をへて、原爆投下、ソ連参戦、ポツダム宣言受諾によって終わる四年余の戦争であって、最低限、そこには、一九三七（昭和十二）年七月に始まる「支那《しな》事変《じへん》」がふくみこまれて――ひきつがれて――いることすら、ほとんど忘れられていた。

その点では、敗戦直後の日本国民の方がまだ、中国に対する敗北について、より深刻な認識をもっていたともいえそうである。

たとえば、林茂氏（東京大学）らのグループは、つぎのような「町の声」を記している。

支那や朝鮮にいばられるのがしゃくだから、いっそのこと、子供を道連れに死んだほうがましかもしれない。

……………………………………

甲　実際きょうまで骨を折って働いてバカをみた。

乙　早く戦争が終わればよいと思ってきたがこうなってみると、やっぱり死ぬまで戦ってみたかった。米英に対してはやむをえないとしても、支那に頭を下げるなんて、しゃくにさわる（林茂編『日本終戦史』下・一九六二年）。

また、加瀬英明氏は、多くの人びとからの聞きとりにもとづいたルポルタージュのなかで、大元帥《だいげんすい》と皇居を守る近衛師団《このえしだん》の敗戦後の変形である「皇宮衛士隊」（その「軍服」はかつてのカーキ色から黒色に染めなおされた）について、こんな話をしるしている。

九月に入ってから、部隊が交替するために衛士監《えいしかん》が軍刀をつり、衛生長や衛士たちが小銃をもって、完全武装して、一般の列車に特別に車輛をつながせて乗った。人々は、駅に旧軍とまったく同じであるが黒色の軍服をきた一隊がいるのをみて、目をみはった。

〈支那軍だ、支那軍だ〉

と、いわれることが多かったが、それでも近よってみると、帽子に菊の紋章がついているので、ようやく質問して、新しくできた皇宮衛士隊であると納得したのだった(『天皇家の戦い』一九七五年)。

また、いま六十代のある帰還兵士——華北方面出征・工兵——は、酒に酔うと口ぐせのように、「パーロ(八路軍→第8章、第14章)にはまけたけれども、支那にはまけていない」と語るという(著者ききとり)。

また、作家の内田百閒《うちだひやっけん》氏——その著『東京焼盡《しょうじん》』は戦争文学の秀作である——は、戦中・戦後の生活を回想した晩年の短編「ハーレー彗星あと二十年」のなかで、こう、しるしている(『内田百閒全集』第十巻・一九七三年)。

……負けたのだから仕方がない。

そんな負ける様な戦争をだれが始めたのだ、などと言ひ立てても今更《いまさら》何の意味もない。

ただ、直接の相手は米軍だったとして、だから我我は米軍に負けたのであって、米軍は我我に勝った。

ところが我我に勝ったのではないが、我我が負けたぢゃないかと言ふ観点で突然大きな顔になったのが第三国人である。

目に余った様な振舞ひを、二十年経った今でも思ひ出す。

むろん、ここでいう「第三国人」とは、中国人・朝鮮人をさす。そして、日本の敗戦後に、かれらの「目に余った様な振舞ひ」があったことも事実である。しかし、大事なことは、内田百閒さんほどのすぐれた文人＝芸術家にして、なお、やはり、こうした認識の欠落をまぬかれ得ないということである。

――中国民族は、「我我に勝った」。

これらの感覚には――たとえ、それが日本の中国侵略について、なんの反省もともなわないさかだちした感覚にせよ――、なお、やはり、日本が中国にやぶれたということを一定の深刻さをもってうけとめる「良い感覚《ボン・サンス》」が生きてはたらいている。

敗戦後三十数年の歳月は、多くの日本国民にとって、そのシリアスな事実の忘却過程であり、その悲惨な一証拠が一九七二（昭和四十七）年の田中角栄首相の訪中における「……過去数十年にわたって日中関係は遺憾ながら不幸な経過をたどってまいりました。この間、わが国が中国国民に多大なご迷惑をおかけしたことについて、私は改めて深い反省の念を表明するものであります。……」という発言であった。

――だから、私たち日本人は、あらためて、思いださなければならない。日本が中国に敗北したというこの冷厳な歴史的事実を……。

ある女性ジャーナリストの日中戦争観

かつて、アメリカのジャーナリストで、革命期のソ連と中国について多くの取材活動をしたアンナ・ルイズ・ストロングは、日中戦争を中国人民衆の立場から取材して多くのルポルタージュをうみだしたアグネス・スメドレーの著書『中国は抵抗する——八路軍従軍記——』(一九三八年)によせた解説のはじめで、こうしるしている。ちなみに、アンナは、一八八五年のネブラスカ州うまれ、アグネスは、一八九四年のミズーリ州うまれで、その名から想定されるとおり、ふたりとも女性である。

日本の侵略軍にたいする中国人民の抵抗戦争は、人類の五分の一の人口が、民族の独立のために戦った戦争です。

生命をまもり、自由と幸福をもとめて戦った戦争です。それはまた、食べるものも食べられず、武装もろくにしていない中国の農民たちが、進歩をめざす人類の前線をまもり通した戦争です。アジアをおびやかし、アメリカをおびやかし、世界の平和をおびやかしている帝国主義に抵抗して、あなたがたやわたしのために戦ってくれた戦争です(高杉一郎訳)。

——私は、以下、このつたないほんを通じ、こうした見方からくる光線をいつも照射しながら、一九三一年から一九四五年までの日中十五年のたたかいを私なりにえがいてみたいと思う。

第1章 中国革命にはむかうもの

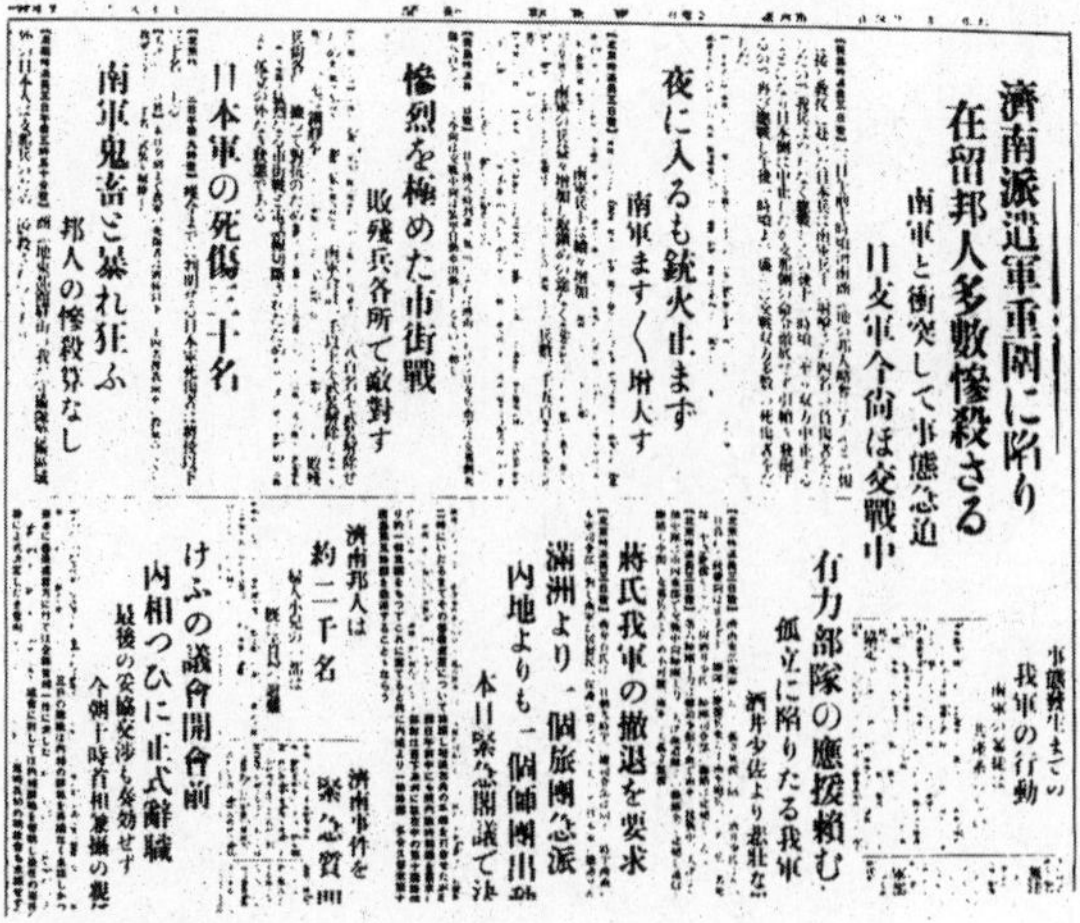
濟南派遣軍重圍に陷り
在留邦人多數慘殺さる
南軍と衝突して事態急迫
日支軍今尚ほ交戰中
夜に入るも銃火止まず
南軍ますます增大す
慘烈を極めた市街戰
敗殘兵各所で敵對す
日本軍の死傷三十名
南軍鬼畜と暴れ狂ふ
邦人の慘殺算なし
事態發生までの
我軍の行動
有力部隊の應援頼む
孤立に陷りたる我軍
酒井少佐より悲壯な
蔣氏我軍の撤退を要求
滿洲より一個旅團急派
內地よりも一個師團出動
本日緊急閣議で決
濟南邦人は
約二千名
濟南事件を
緊急質問
けふの議會開會前
內相つひに正式辭職
最後の妥協交涉も奏効せず

山東出兵の新聞記事（1928 5・4）――国民の敵愾心をあおる見出し。

国民革命と日本

ある中国の教科書

つぎに紹介するのは『新中華常識読本』初級用という中華民国の教科書の一節である。まず、よく読んでみてほしい（東亜経済調査局編訳『支那国定・排日読本《はいにちどくほん》』一九二九年）。

…中国の辛亥革命《しんがいかくめい》（一九一一年）以来、軍閥《ぐんばつ》は専制でもっぱら列強《れっきょう》（イギリス・フランス・ドイツ・日本などの強国）と結託して、自己の強固《きょうこ》を求めた。列国もまたかれら（軍閥）を利用して、軍費《ぐんぴ》を貸与《たいよ》し、中国をして内乱絶えざらしめ、もって利権《りけん》（利益をひとりじめにする権利）を攫取《かくしゅ》した（つかみとった）。

国民党は、すなわち革命を継続し、全国人民のために一活路を求めた。民国十五年（一九二六年）、国民革命軍は、広東《カントン》を出発し、一年ならずして江南《こうなん》（揚子江《ようすこう》南部）を克復《こくふく》して（戦いに勝って、平和状態にかえす）、国民政府を南京《ナンキン》にたて、一面、北伐《ほくばつ》を継続し、十七年（一九二八年）にいたって、京津《けいしん》（北京《ペキン》・天津《テンチン》）の地を克復し、国民革命は成功をつげ、和平統一は、はじめて実現をみることができた。

十七年五月にいたり、国民軍が済南《さいなん》を克復するとき、日本は、権利関係によって、大恐慌《だいきょうこう》をおこし、また居留民保護に藉口《しゃこう》して（口をかりて）、出兵し、済南を強制的に占領し、膠済《こうさい》鉄道を把持《はじ》し（手ににぎり）、わが外交官を辱害《じょくがい》し（はずかしめ）、わが同胞を砲撃し、国民軍を退却《たいきゃく》せしめて、北伐の進行を阻碍《そがい》した。わが国民政府は、北伐の中止をおそれ、暫時《ざんじ》、苦痛をしのんで後日の総解決を待ったのである。中国は、日本のかくのごとき圧迫を受けた以上、国民としては当然、これに抵抗《ていこう》する方法を講《こう》じなければならない。

もっとも容易で、かつ、もっとも有効な方法は〈不合作《ふがっさく》〉である。すなわち、日本人の需要《じゅよう》するところを中国人は供給《きょうきゅう》せず、日本人の供給するところを中国人は需要しないのである。われわれがよくこの経済断交《けいざいだんこう》を実行することができたならば、かれら（日本人）の死命《しめい》を制することができるのである——（ ）内は引用者による。

——このようにして、この抗日教科書は、「国民革命」＝「北伐」の妨害者《ぼうがいしゃ》あるいは敵《てき》対者《たいしゃ》として、日本を非難しているのである。

それでは「国民革命」とはなにか。また、「北伐」とは、なにか。

「国民革命」の進展

一九二六（大正十五）年六月、「中国革命の最初の激動の幕が切って落とされた」（野村浩一『人民中国の誕生』——『中国の歴史』第九巻・一九七四年）。

すなわち、この年の七月九日、国民革命軍総司令・蔣介石がいよいよ「北伐《ほくばつ》」（北方の軍閥勢力を追いはらって、国民党の手による全国の近代的統一をなしとげること）にのりだしたのである。そして、広東《カントン》出発後、快進撃《かいしんげき》をつづけた国民革命軍は、十二月には、揚子江の中流流域を制圧《せいあつ》した。その勝利の背景には、いたるところの農民・労働者が国民革命軍を支持し、軍閥に敵対するという事実があった。

旧日本の「大名領主」に近い軍閥の歴史的な没落は、あきらかであった。

——しかし、こうした問題をよく理解してもらうためには、中国近代史における「軍《ぐん》閥《ばつ》」という存在について、最低限の説明がいりそうである。

この点について、古い事典をひいてみよう。そこには、こうある（長野朗編著『支那事典』一九四〇年）。

軍閥　民国革命の結果、清朝倒れて統一ならず、国内混乱の結果、軍人が勢力を得

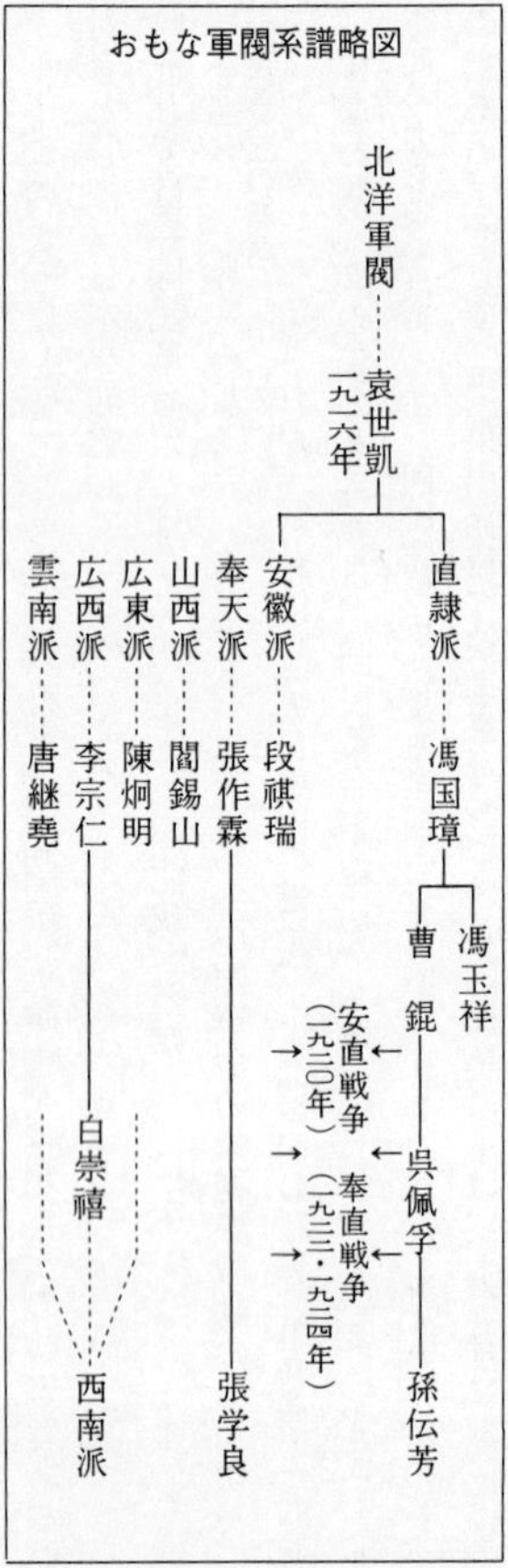

〔出典〕野村浩一『人民中国の誕生』
——『中国の歴史』9・1974年

て、軍閥が発生し、小なるは各地により、大なるは督軍《とくぐん》・巡閲使《じゅんえつし》となった。

軍閥の組織は、親分・子分式で、地方的色彩が濃厚であるから、安徽《あんき》派・直隷《ちょくれい》派・奉天《ほうてん》派・広西《かんしい》派・浙江《せっこう》派などが生じ、たがいに勢力を争うていた。

その特色は、私兵《しへい》を擁《よう》し、これを養うため勝手に租税を徴《ちょう》し、あるいは国税を横領し、交通機関を私有し、兵力をもって私利をいとなむ一つの営利団体であることである。

――イギリスを先頭とする資本主義列強は、これらの軍閥とむすびつき、その頭目《とうもく》――アメリカ語でいう〝ボス〟――を利用して、利益をむさぼりつづけていたから（……たとえば、イギリスと孫伝芳《そんでんほう》・呉佩孚《ごはいふ》とか、日本と張作霖《ちょうさくりん》とか）、「北伐」が列強の利権の集中している揚子江一帯から華北へ波及することは、大打撃であった。

そのため、イギリスは、一九二七（昭和二）年一月二十日、中国における列強の支配の頭脳中枢ともいうべき上海「租界《そかい》」の危機が切迫したという理由で三個旅団の出兵を行い――この軍隊は本国・地中海・インドから一万三千派遣された――、と同時に、日本に共同出兵を提案してきた。しかし、日本政府はこの申し出をことわった。さらに、三月二十四日、ついに国民革命軍が南京市に入り、青天白日旗《せいてんはくじつき》をひるがえして、南京城に入城すると、イギリス・アメリカの二列強は、国民革命軍の「暴徒」が列強の領事館・学校・商店を襲撃・略奪したという理由により（実際には、山東軍閥・張宗昌の一隊が「暴徒」化した）、

日中十五年戦争以前の中国の政権状況（概念図）

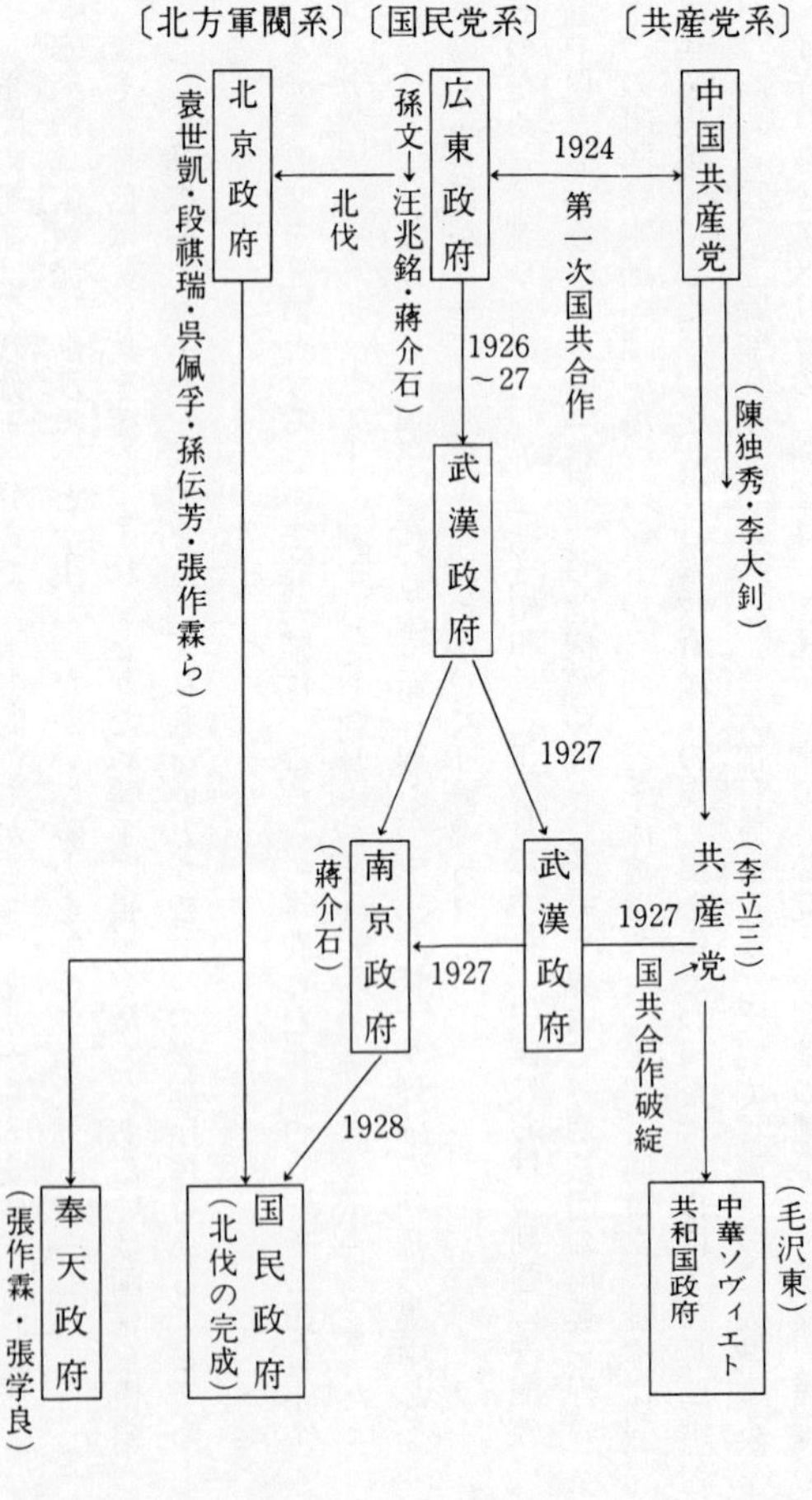

かれらが「軍艦遊弋権《ぐんかんゆうよくけん》」（居留民や権益の保護のため、自国の軍艦をパトロールさせることのできる権利）をもつ揚子江の江上から六インチ砲の砲門をひらき、南京市内に無差別艦砲射撃を行って、二千人近い市民を殺傷したが、このときも、日本の軍艦は、それに加わらなかった（島田俊彦『昭和の激流』――『日本の歴史文庫』第十七巻・一九七五年。井上清『昭和の五十年』新書日本史8・一九七六年）。

なぜか。それは、このころはまだ、「幣原外交《しではらがいこう》」が政治的に生きていたからである。そして、「幣原外交」は、あからさまな「砲艦政策」をとっていたイギリスのそれより、はるかに柔軟で賢明な、武力干渉をつとめてさける中国支配政策であったからである。

「幣原外交」と日中関係

幣原喜重郎《しではらきじゅうろう》は明治五（一八七二）年八月――新橋・横浜間にはじめて鉄道が開通した年――に、大阪府に生まれ、第三高等中学校（のちの三高）・東京帝国大学法科を卒業して、外交官・領事官試験に合格した（同期生に、浜口雄幸がいる）。そののち、電信課長・取調局長・オランダ公使・外務次官・アメリカ大使を歴任した（幣原平和財団編『幣原喜重郎』一九五五年）。

――こうしたエリート外務官僚の経歴をもつ幣原喜重郎は、一九二四（大正十三）年に成立した加藤高明《かとうたかあき》内閣（いわゆる「護憲三派《ごけんさんぱ》」内閣）の外務大臣として入閣し、つづく憲政会の若槻礼次郎《わかつきれいじろう》内閣（昭和史上最初の内閣）でも、外相の地位にとどまって、この「北伐」の問題に直面したのである。

その外交路線は、一語で評するならば、「協調外交」であり、イギリス・アメリカとの協調を中軸にし、肝心の中国政策では、これまで往々にしてみられた個々の軍閥との結合をやめ、武力干渉よりは経済進出に主眼をおき、蔣介石をリーダーとする国民革命の方向を支持する——すくなくとも、さまたげない——ものであった。

たとえば、一九二五（大正十四）年秋に開かれた北京関税会議では、幣原外相は、「（中国に）関税自主権《かんぜいじしゅけん》ヲ与フルノ利害得失《とくしつ》ニ就《つ》キテハ、考ヘザルニモアラザルガ、今次《こんじ》ノ関税会議ニ対シテハ、利害問題以上ニ支那政情ノ安定、"Stability of China"ナル大局ノ点ヲ篤《とく》ト考慮シ、ソノ態度ヲ決スベキモノ」という観点から、十月二十六日の開会式には「吾人《ごじん》ハ顕著《けんちょ》ナル自主的政治能力ヲ有スル支那国民ガ現在全国ニ瀰漫《びまん》セル澎湃《ほうはい》タル国民主義ノ発展ニウナガサレ、ヨクソノ所期ノ目的ノ遂行《すいこう》ニ成功セムコトヲ深ク希望スルモノニシテ、右改革ハ実ニ支那国民自身ノタメノミナラズ、各国民ノ共同利益ノタメニモマタ好マシキモノナリ」と日本全権に演説させ、中国の関税自主権の承認について、日本政府の好意的な姿勢を表明した（「対華問題に関する英国大使と幣原外相会談録抄」「中国関税会議に於ける日本全権の声明」外務省編『日本外交年表竝主要文書』下・一九六六年。濁点・傍点などは引用者による）。

むろん、安政五（一八五八）年六月に江戸湾の小柴沖に停泊していたアメリカ軍艦の艦上で調印された日米修好通商条約——のちの安政五ケ国条約——いらい、関税自主権（輸入関税率の商品別・自主的決定権）の欠如は日本が半世紀・五三年のあいだ、くるしみぬき「隠忍《いんにん》」して、その獲得につとめてきた当のものであった。日本全権・日置益《へきます》――「二十一ケ条」問題のときの駐華公使――は、中国がいま歩んでいる道はかつての日本が歩んできた道であり、中国がいま出あいつつある艱難《かんなん》はかつての日の日本がなめつづけた艱難であるという見地から、中国政府が自由に決定するべきものとしての「国定税率」のしくみを提案し、結局、一九二五年十一月十九日、中国の関税自主権は列国の承認を得て、成立した。このいみで、「北京関税会議は、幣原外交着手の第一歩であった」（重光葵《しげみつまもる》『昭和の動乱』上・一九五二年）。

その幣原外相は、一九二七年三月、南京の事件で列強のあいだに国民革命への武力干渉の議が熟し、蔣介石を相手に最後通牒をつきつけるという北京の列国外交団の意見が決議としてまとまったとき、さっそく、東京にいるイギリス、アメリカの駐日大使を招いて、こう反対論をくりひろげた（幣原喜重郎『外交五十年』一九五〇年）。

……（これに反して）蔣介石が列国の最後通牒を断乎拒絶したとしたらどうなるか。あなたたちは共同出兵して、砲火によって膺罰《けいばつ》する外に方法はないであろう。が、これは大いに考えなければならん。

何処《どこ》の国でも、人間と同じく、心臓は一つです。ところが中国には心臓は無数にあります。一つの心臓だと、その一つを叩《たた》き潰《つぶ》せば、それで全国が麻痺《まひ》状態に陥《おちい》るものです。たとへば日本では東京を、英国では倫敦を、米国では紐育を、仮りに外国から砲撃・壊滅されると全国は麻痺状態を起す。取引は中絶される。銀行だの、多くの施設の中心を押へられるから、致命的の打撃を受ける。

しかし、支那といふ国は無数の心臓を持ってゐるから、一つの心臓を叩き潰しても、ほかの心臓が動いてゐて、鼓動《こどう》が停止しない。すべての心臓を一発で叩き潰すことは、とうてい出来ない。だから冒険政策によって、支那を武力で征服するといふ手段を取るとするといつになったら、目的を達するか、予測し得られない。また、さういふことは、あなた方の国はそれでいいかも知らんが、支那に大きな利害関係を持ってゐる日本としては、そんな冒険的な事に加はりたくない。だから、日本は、この最後通牒の連名には加はりません。これは、私の最後の決断です。どうか、この趣旨《しゆし》を、あなた方からそれぞれ本国政府へお伝へを願ひたいのであります。

この「複数の心臓」論は、のちに、その予見性を評価されることになるが、面白い？のは、のちに海相・首相として日独伊三国同盟に反対した米内光政《よないみつまさ》・海軍大将が同質の中国観をもっていたことである。一九三〇年代の初めに第三艦隊司令長官として華中方面にいた米内中将は、一九三三（昭和八）年七月付の手記のなかで、こう、いっているという（「対支政策につき」――実松譲『新版・米内光政』一九七一年）。

ここ支那を参らせるため叩きつけるということは、支那全土を征服して城下の盟《ちかい》をなさしめることならんも、恐らく不可能のことなるべし。支那のバイタル・ポイントは一体何処にあるのか。北京か南京か、はた広東ないしは漢口か長沙か重慶か成都か。かく詮議して来ると、恐らくバイタル・ポイントの存在が怪しくなるらん（国の組織・国民の生存状態）。

ともに国際情勢に明るいことで知られていたふたりの中国認識には、一つの共通分母があった。そして、その共通分母を軽視ないしは無視することから、やがて「大日本帝国」は、手いたい復讐をうけることになる……。

「幣原外交」から「田中外交」へ

このような「幣原外交」は、さきの井上清氏の表現を拝借すると、「軍部や枢密顧問官の多数や野党の政友会や一部の資本家たち」からきらわれ、侮蔑的に「軟弱外交」とよばれた（前掲『昭和の五十年』）。

いや、野党や反対派ばかりではない。同じ若槻内閣の同僚である宇垣一成《うがきかずしげ》陸相は、当時、若槻首相にあい、一面ではあきらかに「幣原外交」に対する批判ともいうべきつぎのような申しいれをしている（『宇垣一成日記』第一巻・一九六八年）。

判断……

……四、支那の現時の排外運動は唯一英国を目標とするものであり、帝国が寄《よ》るな障《さわ》るな荒立《あらだ》てるなといふ方針で進めば帝国はこの運動の対象物たるをまぬかれ得るのみならず、かへりて日支《にっし》親善《しんぜん》を助長して、経済的には英の失ひたる地歩に代りて大なる利益をも収め得るやうになると考へゐたりしごとき、刹那《せつな》的の迷夢《めいむ》は、現在吾人《ごじん》の眼前に展開されつつある事実に当面しては全然醒《さ》めたことと信ずる。……

対策……

第一、列強間の対支那協調を緊密《きんみつ》ならしむることに今日迄よりもさらに歩を進むること。……

第二、列強の協調によりて共産派を包囲すべき政策を採《と》ること。

第三、長江（揚子江）上流地域及びその南方における共産派の抑圧駆除は、主として南北両派（国民革命軍と北方の軍閥）の穏健分子に軍資と武器を列強諒解の下に、或いは協同して供給し、かれらをしてその衝《しょう》に当らしむること。……

もっとも、こうした考え方は、「幣原外交」と全面的に矛盾はしない。現に、幣原外相じしん、反共・反民族闘争という点では、宇垣大将のひきいる軍部と共通しており、ただ、その反共のにない手を「南北両派の穏健分子」よりも蔣介石と国民党の権力に求める点で、より正確な判断をしていたのである。

だから、幣原外相は、一九二七（昭和二）年四月十一日、イギリス・アメリカ・フランス・イタリアの四か国と共同して、南京の事件に対する「謝罪」と「責任者」の処罰を国民政府に要求することをとくにためらわなかったし、また、翌四月十二日、その蔣介石が上海でクーデタを行い、労働者の組織である上海総工会を解散させ、中国共産党の幹部を銃殺する広汎かつ残虐な「赤狩り」を始めたことは、かつて、中国の青年学生運動の急進化を「無根ノ風説、悪意ノ宣伝ニ迷ハサレテ、危険カツ破壊的ナル政治運動ニ熱中スル」と評価していた幣原外相の意向にそうものであっただろう（「第五十一議会に於ける幣原外務大臣の演説」――前掲『日本外交年表竝主要文書』下）。

――しかし、ほぼ同じころ、日本の政治状況は、急変した。すなわち、三月いらいの金融恐慌で応急対策を打ち出す必要に迫られた若槻内閣は、倒産の危機に瀕した台湾銀行救済のために二億円の日銀券非常貸出しを決意し、そのための緊急勅令案《きんきゅうちょくれいあん》を天皇の諮問機関である枢密院《すうみついん》にはかった。四月十七日、枢密院は、この緊急勅令案を否決し、追いつめられた若槻内閣は、同日、総辞職した。二日後、野党であった政友会の総裁・田《た》中義《なかぎ》一《いち》に組《そ》閣《かく》の大命がくだり、四月二十日、田中内閣が成立した。問題の外相のポストは、田中首相が兼任し、ここに「幣原外交」は、ひとまず終わった。

「知らぬは亭主ばかりなり」

蒼い顔の病人までかりだした枢密院本会議で主役をつとめたのは、枢密顧《すうみつこ》問官《もんかん》の伊《い》東巳《とうみ》代治《よじ》伯爵――四〇年前に伊藤博文のもとで明治憲法の制定にたずさわった老政治家――であった。政友会とむすびついていたこの対中国・タカ派の一員は、若槻内閣の「対支問題に対する措置は如何《いかが》であるか、事ごとにそのよろしきを失し、国威《こくい》の失墜《しっつい》を招いたことは、わが国民の到底《とうてい》黙視するあたはざるところである……」と発言し「町内で知らぬは亭主《ていしゅ》ばかりなり」という、あまり上品とはいえない川柳《せんりゅう》までひいて、「幣原外交」をののしった。

若槻首相は、ひどくシャクにさわったが、天皇の前でもあり、腹の虫をおさえてだまっていたという（江口朴郎『帝国主義と民族』東大学術叢書3・一九五四年。若槻礼次郎『古風庵回顧録』一九五〇年）。

山東出兵──「田中外交」の展開

「おらが大将」の登場

その会話のなかに、「オラが……」という一人称の自称代名詞?を平気で使うので有名だった田中義一《たなかぎいち》は、名にし負う藩閥のふるさとの山口県萩《はぎ》市の生まれで──いまも萩市のある公園には、とてつもなく大きなかれの銅像がたっている──、陸軍士官学校を卒業後、日清・日露の二つの戦争に従軍し、のち、陸軍省軍務局長・参謀次長をへて、原敬内閣と第二次山本権兵衛内閣の陸軍大臣をそれぞれ歴任し、帝国在郷軍人会《ていこくざいごうぐんじんかい》（兵役を終えて軍務に従っていない軍人の組織で軍事訓練と国民統制を目的とした）の創設など、軍政家としてのキャリアをつみ、高橋是清《たかはしこれきよ》のあとをうけて第五代の政友会総裁に就任していた。ライヴァルの幣原喜重郎とともに一九二〇（大正九）年、男爵《だんしゃく》の位をさずけられていたが、幣原前外相の授爵《じゅしゃく》が外務次官と駐米大使の功によるのに対し、田中首相の授爵は、参謀次長と陸相の功による。

――こうした経歴をもつ新首相の登場は、陸軍をはじめ、「幣原外交」を嫌悪《けんお》していた人びとから歓迎され、公共債務と賃金の支払いをのぞく一切の金銭債務の支払いを三週間停止するというモラトリアム（支払い猶予令）の緊急勅令案は、一週間前とは打って変わった伊東伯の賛成演説というオマケつきで、枢密院を通過した。その期待に答えるかのように、田中内閣は、成立早々の声明で――まだ控え目ながら――「支那の事態」は「重大な問題」であり、「支那国民の正当なる要望」については「相当の援助」をおしむものではないが、最近の「険悪《けんあく》なる事態《じたい》」については「支那国民の慎重なる反省熟慮《はんせいじゅくりょ》」をのぞみ、ことに「共産党の活動」に対しては「無関心であるわけにはまいらぬ」とのべた（細川隆元『田中義一』三代宰相列伝・一九五八年）。

第一次山東出兵　一方、その中国では、「北伐」がいよいよ華北に及んだ。

一九二七年五月下旬、国民革命軍は、浦口と天津をむすぶ津浦鉄道にそって北上、徐州《じょしゅう》を占領して、山東省の中心都市である済南《さいなん》にせまった。山東省には、日本の権益《けんえき》があり、また、そこは、日本と結合し、日本の支配下におかれてきた北京の張作霖《ちょうさくりん》政権――軍閥政権――の「縄ばり《テリトリィ》」であったので、田中内閣は、敏感に事態に対応した。

――すなわち、政府は、山東省の青島《チンタオ》に約二万人、済南に約二千人いる「在留邦人《ざいりゅうほうじん》の安全を期する自衛上已《や》むを得ざるの緊急措置《きんきゅうそち》」として、山東出兵を声明し、関東軍から姫路第十師団の兵・二千名をさいて、海路、青島に急派した。これに対して、南京政府・武漢政府はむろんのこと、北京政権まで、出兵は「主権侵害」行動だと抗議してきたが、中華民国駐在の芳沢謙吉《よしざわけんきち》公使――日本は、そのころ、中国には大使を送っていなかった。これはけっして、当り前の話ではない――は、かさねて、「自国臣民の生命財産の保護」を出兵理由として強調し、抗議をしりぞけた（三宅雪嶺『同時代史』第六巻・一九五四年）。

七月下旬、国民革命軍は、山東省に入った。そして、鉄道・通信線の一部分が破壊された。日本軍は、ただちに済南に兵をすすめ、青島には第十師団・第八旅団を駐屯させて、山東派遣軍総司令官に、第十師団長の長谷川直敏《はせがわなおとし》大将を任命した。

――そのころ、ヨーロッパ文学の一研究者であり、のちに、ロマン・ロランの翻訳ですぐれたしごとをした片山敏彦《かたやまとしひこ》は、その日記に、「支那の兄弟達よ！」というよびかけに始まるこんな詩をしるしていたという（一九二七年十月十四日条――竹長吉正『日本近代戦争文学史』一九七六年）。

……無力な僕は君達の大きな犠牲、大きな苦しみ、
又《また》大砲と剣とによるものよりもっと大きな君達の戦いを思って、
その前に頭を下げる。
君達の老いた父母、又、幼い姉妹や兄弟や子供達。
君達とともに精神のたたかいを自覚して戦う力もない愛する人々の、
むち打たれ、恥しめられ、殺されるのを見乍《みなが》ら、

そのたえ難い有様に耐え乍ら、
君達の一人は、銃殺の銃口の前に立って、
〈争いを越えよう〉と叫んだという。
無力なわたくしにも君等のたたかいを尊敬する事を許したまえ。
僕はむち打たれる、
君達の苦しみと戦いとによって。

解説者の竹長氏によると、これは、一九一一（明治四十四）年の辛亥革命《しんがいかくめい》後の中国と民衆のすがたをうたったものであるという。しかし、むろん、ここでの「君等のたたかい」概念のなかに、山東出兵に抵抗する中国人民衆のすがたがこめられていないとは、だれにせよ、いい得ないであろう。

――そののち、南京政府・武漢政府の合体・統一を条件として、蔣介石が下野《げや》すると、「北伐」は中止され、八月下旬、日本軍は撤兵した。

東方会議

この間、東京・霞ケ関《かすみがせき》の外相官邸では、六月二十七日から七月七日までの十日あまりにわたって、東方会議《とうほうかいぎ》がひらかれた。「支那・満蒙に対する外交方針」を審議するこの会議は、外務・陸海軍・大蔵四省や植民地関係の高級官僚二七名を集め、「満蒙」をふくむ対中国政策の意思統一をはかった。会議では、具体的な問題としては、満州の吉会線《きつかいせん》（吉林《きつりん》・会寧《かいねい》間）など七鉄道を日本の資金投与（↓八九頁）によりはりめぐらすことなどが討議されたにすぎないともいわれているが（外務省「東方会議経過報告」――島田俊彦・前掲『昭和の激流』）、注目しなければならないのは、会議の最終日の七夕《たなばた》の日――その日からちょうど九年目に蘆溝橋《ろこうきょう》事件がおこる――に、田中外相が行った「対支政策綱領」という訓示である（「東方会議〈対支政策綱領〉に関する田中外相訓令」――前掲『日本外交年表竝主要文書』下）。

一、支那国内ニ於ケル政情ノ安定ト秩序ノ回復ハ現下ノ急務ナリトイヘドモ、ソノ実現ハ支那国民ミヅカラコレニ当ルコト、最善ノ方法ナリ。……

三、叙上《じょじょう》ノ目的ハ、畢竟《ひっきょう》、鞏固《きょうこ》ナル中央政府ノ成立ニヨリ初メテ達成スベキモ、現下ノ政情ヨリ察スルニ、カカル政府ノ確立容易ナラザルベキヲ以テ、当分各地方ニ於ケル穏健ナル政権ト適宜接洽《せっこう》（懇談）シ、漸次、全国統一ニ進ムノ気運ヲ俟《ま》ツノ外ナシ。

五、……支那ニ於ケル帝国ノ権利・利益ナラビニ在留邦人ノ生命財産ニシテ不法ニ侵害セラルル虞《おそれ》アルニ於イテハ、必要ニ応ジ断乎《だんこ》トシテ自衛ノ措置ニ出テ、コレヲ擁護スルノ外ナシ。……

六、満蒙《まんもう》コトニ東三省《とうさんしょう》地方ニ関シテハ、国防上ナラビニ国民的生存ノ関係上、重大ナル利害問題ヲ有スルヲ以ッテ、我邦トシテ特殊ノ考量ヲ要スルノミナラズ、同地方ノ平和維持・経済発展ニヨリ内外人安住ノ地タラシムルコトハ、接壌《せつじょう》ノ隣邦トシテ、トクニ責務ヲ感ゼザルヲ得ズ。……

こうした「東三省」（＝「満州」）重視の考え方は、これからしるされる「日中十五年戦争史」のキイ・ノートであり、現に、東方会議出席のため東京に帰任した児玉秀雄《こだまひでお》・関東庁長官は、その車中談で、こうかたっている（『東京朝日新聞』昭和二年六月十九日号）。

……東三省は我国の勢力範囲《せいりょくはんい》であって、北（北方軍閥）のものであらうが南（国民革命軍）のものであらうが、これに手を触《ふ》れさせてはならぬ。若《も》し勝手な真似をするものがあれば遠慮なくつまみ出さねばならぬ。

――ここには、いわば「東三省第一」主義ともいうべき、「北伐」から「満州」の権益を

東方会議出席者

現地側	芳沢謙吉駐華公使
	吉田茂奉天総領事
	高尾享漢口総領事
	矢田七太郎上海総領事
	児玉秀雄関東庁長官
	浅利三朗朝鮮総督府警務局長
	武藤信義関東軍司令官
政府側	田中義一兼摂外務大臣
	森恪外務政務次官
	出淵勝次外務次官
	植原悦二郎外務参与官
	木村鋭一外務省アジア局長
	小村欣一同情報部長
	斉藤良衛同通商局長
	堀田正昭同欧米局長
	畑英太郎陸軍次官
	南次郎参謀次長
	阿部信行陸軍省軍務局長
	松井石根参謀本部第二部長
	大角岑生海軍次官
	左近司政三海軍省軍務局長
	野村吉三郎海軍軍令部次長
	富田雄太郎大蔵省理財局長

守るというロジックがつらぬかれている。山東出兵の真の動機《モティーフ》は、ここにあった……。

あけて一九二八（昭和三）年――あの歴史的な「普通選挙」実行の年――の春四月、国民革命軍総司令の地位に返り咲いた蔣介石は、第二次「北伐」を指令、四月中旬には、北軍――その総兵力は約三五万名という――を黄河以北に追いあげて、ふたたび、山東半島に、黄砂《こうさ》のふきまくる春の空のように暗く重い戦雲がたれこめた。

第二次・第三次山東出兵

四月十八日、天津《てんしん》の支那《し》駐屯軍《なちゆうとんぐん》――義和団事件後の一九〇一年にむすばれた北清事変に関する最終議定書＝辛丑和約《しんちゆうわやく》の第九条により、日本は、天津の占領権を認められていた――から三個中隊を済南に送りこみ、ついで、熊本・第六師団（師団長・福田《ふくだ》彦助《ひこすけ》中将）のうち約五千人を青島《チンタオ》に派遣することが決定された。四月二十六日、第六師団・第十一旅団は、青島をへて、済南に進駐した（第二次山東出兵）。

一方、蔣介石直系の一二万名を主力とする約五〇万の「南」軍主力は、五月一日の朝から、「北」軍逃走後の済南に入城しはじめた。こうして、一つの都市に「同居」することになった日中両国軍は、はじめは、両軍指揮官の相互諒解のもとに共存していたが、五月三日午前十時ごろ――しばらく日本の陸軍省発表による――、日本人などの外国人が居住・営業の権利を認められた「商埠地《しようふち》」の日本人住宅に、「南」軍が入り、略奪・暴行を行い、それを制止しようとした日本軍と中国軍とのあいだに銃撃戦が始まるという事件がおこった。同じく陸軍省の発表によると、「南」軍兵士のなかには、外国人に対する軽侮心が強く、日本軍歩哨の目前で「打倒日本帝国主義」といったビラをはったり、日本軍将校に対してピストルを発射したりするものがあったという（前掲『同時代史』第六巻）。

当時、停戦交渉の任にあった佐々木《ささき》到一《とういち》・陸軍中佐は、その途中で「南」軍兵に連行され、袋だたきにあったが、そのとき、道路を見下ろす二階の窓という窓から、「殺《シャー》、殺《シャー》、殺《シャー》」とか「打倒《タアタオ》・日本帝国主義《リペンティーコーチユーイー》」とかののしられたという（『ある軍人の自伝』一九六七年）。

当時の日本の新聞は、陸軍当局の発表により、このとき、中国軍による日本人居留民の大がかりな虐殺——また、日本人墓地の暴露や居留民婦女に対する暴行——が行われたことをセンセーショナルにかきたて、「南軍鬼畜《きちく》と暴れ狂ふ、邦人の惨殺算《さん》なし」などと国民の敵愾心《てきがいしん》をあおりつづけたが、じっさいの日本人居留民の死者は、今日では、「一二名」（前掲『昭和の激流』）あるいは「十数名」（小山弘健・浅田光輝『日本帝国主義史』一九五八年）また「老壮男女十六人が惨死体となって」（佐々木到一『ある軍人の自伝』）とされ、中国側の外交機関員「一二名」殺害（前掲『昭和の激流』）あるいは「中国側軍民の死傷者」「五千名」（前掲『昭和の五十年』）という数字とくらべてみて、日本人だけが一方的な被害者であったとは、とうていみなすことができない。……

こうしたなかで、現地では、五月四日早朝、「商埠地」外への中国軍の撤退をふくむ停戦の協定が成立したが、タカ派の福田師団長は、その三日後、①「南」軍責任者の処罰、

②「南」軍の武装解除、③「南」軍の山東鉄道沿線より二〇支里（約一〇キロ）外への撤退という強硬要求を一二時間の期限つきでつきつけ、翌八日、蒋介石の承諾回答があったにもかかわらず、時間ぎれを一理由として、済南城総攻撃を開始、猛烈な砲撃ののち、五月十一日、その占領に成功した。

天津在住日本人職業別表

（昭和三年十月現在）

職業	人数
農耕園芸畜産業	一
窯業	一
金属工業	一一
機械機具製造業	九
化学工業	六
繊維工業	四
洗張染色洗濯業	九
皮革骨角羽毛品類製造	一〇
木竹類ニ関スル製造	一
飲食料品嗜好品製造	三七
被服身廻リ品製造	二九
土木建築業	二八
大工左官石工ペンキ職	一四
製版印刷製本業	一三
学芸娯楽装飾品製造	六
瓦斯電気及天然力利用ニ関スル業	八
其他ノ工業	一六
工場労働者	七
物品販売業	**一〇二**
貿易商	**一二六**
金融保険業	一
媒介周旋業	一三
物品賃貸及預リ業	一
会社員　銀行員　商店員　事務員	**五五六**
旅宿　料理　貸席及芸妓業　遊戯場　興業場	**五七**
芸妓　娼妓　酌婦其他	**一二八**
理髪　髪結　浴場業	二〇
其他ノ商業	**八九**
車馬業　自動車運転手	六
船舶従業者	一五
運輸取扱業	一〇
運搬夫仲仕等	二
陸海軍人	**四五**
官公吏雇傭	**一七二**
宗教ニ関係者	三一
教育ニ関係者	一六
医務ニ関スル業	七一
法務ニ関スル業	八
新聞雑誌記者通信員著述者	二一
書家彫刻家音楽家写真師	一一
其他ノ自由業	**五一**
其他ノ有業者	三〇
家事被傭人	一九
其他ノ無職業者職業ヲ申告セザル者	**六八**

これを見ても、軍隊の居留民「保護」の実態が何の「保護」かは明らかだろう。

〔出典〕『天津居留民団二十周年記念誌』

――その一方、五月九日朝、陸軍参謀総長・鈴木《すずき》荘六《そうろく》大将は、赤坂離宮に行き、天皇から、名古屋の第三師団を動員し山東に派遣することの裁可《さいか》を得た。その日の午後、外務省は、済南方面の日本人居留民の保護と青島・済南をむすぶ山東鉄道――その線路が随所で破壊されたという――の確保のために、さらに山東出兵を行うと発表した。また、戦闘が満州におよぶときは、適宜な処置をとると声明して、関東軍司令部を旅順《りょじゅん》から奉天《ほうてん》（今日の瀋陽）にすすめた（第三次山東出兵）。

三次にわたる山東出兵の結果、国民政府も多くの中国人民衆も、「大日本帝国」をイギリスよりも悪質な敵とみなすようになり、この章のはじめにしるした対日「不合作」（経済断交）は、激化した。

日本商品へのボイコット運動――日貨排斥運動――がたかまり、中国への輸入総額中にしめる日本からの輸入額の比率は、一九二五年の三一・六％から一九二八年の二六・七％へと、ジリジリと低下していった（C・F・リーマー『列国の対支投資』一九三九年改訳版）。

こうした事態に対して、田中首相は、軍部出身者でありながら、有効な歯止めをかけることができず、現地軍や政府内部のタカ派である外務政務次官の森恪《もりつとむ》――三井物産上海支店長の経歴をもつ政友会代議士――にひきずられ、同じくタカ派に属する伊東伯（→五一頁）からさえ、内地師団動員などの拙劣さを批判されていた（松本清張『昭和史発掘』第三巻・一九六五年）。

それから、二年たった一九三〇（昭和五）年十一月、すでに傑作『渦巻ける鳥の群』などの反戦小説で知られていた作家・黒島伝治《くろしまでんじ》は、前年秋の現地調査にもとづき、山東出兵に取材した長編小説『武装せる市街』を公刊した。発売禁止にあったこの小説は、山東出兵に題材を求めたいくつかの文学作品中、指おりのものである。そこで、以下すこしく、この小説により、「武装せる市街」・済南市の小さなスケッチをこころみてみたい（引用は、『現代日本文学大系』第五十六巻による）。

――「青い瓦の支那兵営」から街に歩きだしてきた「四、五人の白露兵《はくろへい》」――コサック騎兵――は、先々日から給料をもらっていない。

かれらの雇い主である山東軍の首領・張宗昌《ちょうそうしょう》は、張作霖のひきいる「北軍」の副司令官格であるが、「妾ばっかし二七人」ももっているのに?、その軍隊は「月給の不渡り」「食糧の欠乏」「無理強いの戦闘」につかれはてて、アカシアの白い花が薄暗い街灯の光にほの明るくみえる街にひきあげてくる。……

一方、日本資本により経営されているマッチ工場の「福隆火柴公司《フールンホサイコンス》」では、中国人の幼年工・少年少女工が塵埃と黄燐《おうりん》をふくんだ有毒ガスをすいこみながら、「商標も支那式で〈大吉《だいきち》〉を黄色い紙に印され」「中国の国産品と寸分も異《ちが》わない」日本の「国産品」を生産している。日本製のレッテルがあれば、「日貨排斥」の対象とされて売れなくなるからだ。

ここでも、工場は、「逃亡の防止策」として給料の支払いを遅らせ、日本人職長は、「鞭と拳銃」をもって、現場を巡回していた。日本人支配人で「暗い顔」をした「内川」は「北伐軍」そのものより、そこに混じっている「政治部を出た共産党」「共匪ども」を怖れている。……「内川」だけではない、「在留邦人」たちは、「幾年かを費《ついや》して、拵《こしら》え上げた財産や、飾りつけた家や、あさり集めた珍らしい支那器具や、生命を」「乱暴な南兵のために踏みにじられやしないか」を深刻に怖れていた。……

そういう日本人のなかには、マッチ工場のような「カタイ」商売以外に、北方軍閥に武器・弾薬を密売する「硬派」と「阿片《あへん》、モルヒネ、ヘロイン、コカイン、コデイン等」を密売する「軟派」がいて、同業者のイギリス人・ドイツ人・フランス人とともに、生き馬の目をぬいていた。その方面にも首をつっこんでいる「内川」のところに、「豚の鼻十。五目飯《ごもくめし》で焚《た》き込み」と暗号電話?がかかってくれば、それは、小銃一〇挺と弾薬・所属品が売れたことだ。

……ある晩、一種の情報ブローカーである「山崎」は、学生服をきて「アメリカ人の学校」「城東のS大学」に潜入し、そこに「便衣隊《べんいたい》」(=抗日パルチザン→一四二頁)の根拠地を発見し、また、アメリカ人教師「タフト先生」の指図で「武器を積んだトラック」が校庭にはこびこまれるのをみて、こう考えた。「これは、南軍と日本軍との戦争じゃない。これは、日本とアメリカの戦争だ」。………

……こうしたなかで、「汗と革具の匂いをプンとさしていた」日本軍がやってきた。一隊は「福隆火柴公司」へ、一隊は「正金銀行」へ、「居留民達」の「家とは反対の方向へ列をなして去って」いった。そして、「三時間の後、工場は、堅固な土嚢塁《どのうるい》と、鉄条網《てつじょうもう》と、拒馬《きょば》（移動できる道路阻絶障害物）によって、武装されてしまった」。日本軍隊の到着は、支配人や職長・監督の「威力」を「以前に倍加」させ、中国人労働者の肉体に「漏皮鞭《ぬれかわむち》」があれくるった。

……そして、「市街戦はすんだ。兵士たちは、ぐたぐたに、二日半の休息を得た。酒。一週間吸わなかった煙草を二日で吸い戻した。

街路の到るところに支那人の死体がころがっている。

酸《す》っぱい臭気！　無数の唸《うな》る蠅。」

張作霖爆殺事件

夜明けの列車爆破

一九二八（昭和三）年六月四日午前五時半ごろ、二〇両連結の一列車が北京・奉天《ほうてん》をむすぶ京奉線《けいほうせん》のレールを驀進《ばくしん》して、南「満州」の都市・奉天に接近したとき、突然、大爆発をおこし、脱線・転覆事故が発生した。

現場は、日本が経営し守備する「満鉄《まんてつ》」線（↓八五頁）と中国の経営する京奉線のクロスする地点で、爆破は上部を通る「満鉄」線の陸橋にスイッチ・誘導電線を付してセットされた爆薬により行われていた。

この列車の八両目には、北方軍閥の巨頭で大元帥《だいげんすい》を称していた張作霖《ちょうさくりん》がのっていた。というより、前日の深夜に満月の光をあびて北京の正陽門駅を発車したこの列車じたい、張大元帥が奉天に帰るための特別列車だったのであり、護衛用の機関銃隊が同乗していた。

――爆発のおきたとき、張作霖は、もう目をさましており、中国本土と「満州」の境である山海関《さんかいかん》から出迎えに同乗していた「満州軍閥」の呉俊陞《ごしゅんしょう》――黒龍江省督弁《とくべん》――と、朝の茶を喫していたが、瞬間、鼻柱など顔面に負傷し、血まみれでほうり出され、呉俊陞は即死した。血まみれの張作霖は、すぐに奉天城内の大帥府《たいすいふ》に急送されたが、出血多量、第五夫人が顔面にふきかける阿片液と外国人医師の応急手当で一時的に意識を回復したが、結局、午前十時ごろ死去した。享年、五十六歳であった。

暗殺者の方法

現場の警備責任を有する関東軍《かんとうぐん》（→七三頁）は「犯人」が「南方便衣隊なること疑いなし」と発表し、日本の新聞の見出しにも、たとえば「南軍便衣隊の所業か　怪しき支那人捕はる」（『東京朝日新聞』昭和三年六月五日付夕刊）などと出ていた。

しかし、張作霖サイドは、そうはみていなかった。凶変の発生とともに、きびしい秘匿《ひとく》措置《そち》がとられ、日本人医師はよばれず、中国人の高官も一、二の例外をのぞいては入室を禁じられ、入室者は外出を厳禁された（前掲『同時代史』第六巻。『昭和史発掘』第三巻）。そして、六月二十一日まで、その死は公表されなかった。

こうした措置を奉天側がとった一つの理由は、当初から「犯人」を日本軍だとみていたからであり、故・大元帥の長男である若い張学良《ちょうがくりょう》——当時三十歳——もそのことを信じていた。

——今日、ことの真相を客観性のある、そして比較的まとまったかたちでしるしている文献として、事件の三か月後に、奉天総領事館に赴任した外交官・森島守人《もりしまもりと》の回想記がある(森島守人『陰謀・暗殺・軍刀——一外交官の回想——』一九五〇年)。

それによると、関係者の「内話」などにもとづく事件のいきさつは、こうである。

まず「陰謀の黒幕」は、関東軍高級参謀の河本大作《こうもとだいさく》大佐と少数の関東軍参謀たち、「満鉄」線の陸橋の下部に爆薬をセットしたのは、当時、奉天にいた日本の朝鮮軍工兵隊の一隊、また電流のスイッチをおしたのは、奉天独立守備隊の東宮鉄男《とうみやてつお》大尉であった。つまり、爆殺は、日本軍軍人の犯行だったのである。

そして、これら「爆破計画者のもくろみ」は、事件のショックによる混乱に乗じて、関東軍の出兵を断行し、大がかりな武力衝突をひきおこし「一挙に満州問題の武力解決を狙った」ものであったから、もしこの「もくろみ」が成功していたら、あの「満州事変」(↓第2章)は、三年早くおこっていたことになる。……

さらに、当時日本の陸軍省は、事件現場に「怪しい中国人三名」がいて、日本の鉄道守備隊にみとがめられ、二名殺害、一名逃亡となりその死体から爆弾と国民政府軍の通信が発見されたと公表し、これが「南方便衣隊」説の根拠とされていたが、この三人は関東軍が「拉致《らち》」した阿片中毒の「浮浪人」であり、関東軍により「犯人」に仕立てられたのであった（皮肉なことに、近くの日本人経営の浴場で一風呂あび、新しい衣服に着がえさせられてから現場に連行?された三人のうち、逃亡した一名が張学良のもとにかけこみ、一部始終を知らせたのであった）。

また、爆破された列車には、張作霖の顧問をしていた儀峨誠也《ぎがせいや》・陸軍少佐が同乗していて、負傷したままでとびおりた。かれは、なにも予告されていず、「爆破計画者」の関東軍参謀グループは、「一人位犠牲にしても已むを得ない」——それに儀峨少佐は張作霖側の評判がよかった——とみて、かつての同僚ごと列車を爆破したのであった（むろん死傷者中に、日本の軍人がいれば、絶好のアリバイになる）。

奉天・後日譚　張元帥の喪《も》が発せられる三日前、すなわち一九二八年六月十八日、その子・張学良は、奉天省の督弁《とくべん》に任命され、ついで七月三日、東三省連合省議会の推戴《すいたい》により、保安総司令に就任した。そのころ南京政府では、対「奉天」問題の処置を一任された蔣介石が腹心の者をつうじて国民革命への忠誠と服従を誓う張学良と交渉中であり、七月十七日、奉天大帥府でもよおされた奉天派「軍閥」の巨頭会談は、三民主義の理念によることを決議して、三宅雪嶺《みやけせつれい》の表現を借りれば、「支那統一は青天白日旗の下に実現するかに見ゆ」（前掲『同時代史』第六巻）。

これに対して、日本は歯牙をむきだしにしてかみついた。同じ七月十七日、田中内閣は奉天総領事・林久治郎《はやしきゅうじろう》をして、「南北」妥協の中止を張学良に諫告《かんこく》させ、さらに二日後、関東軍司令官・村岡長太郎《むらおかちょうたろう》大将は、同趣旨の警告をつたえた。「日の丸」の圧力に屈した張学良は、七月二十三日、対「南」協商の中止を言明し、八月五日から八月七日までとり行われた亡父の葬儀では、村岡司令官と握手さえ交している。

しかし、張学良は、その後、側近者に、こう語ったという（前掲『昭和史発掘』3）。親の仇を眼前に見ながら手出しもできぬ立場は、おまえたちにわかるか。

日本軍司令官と握手したときには血涙のほとばしるほど口惜しかった。

――しかし、こうした日本の制動器《ブレーキ》は、約三か月という、「通学定期券」なみ？のはかない有効期間しかもてなかった。

東京・後日譚――天皇と田中首相と

張作霖搭乗列車の爆破事件が新聞につたえられたその日、昭和史におけるただひとりの元老である西園寺公望《さいおんじきんもち》公爵は、秘書である貴族院議員原田熊雄《はらだくまお》男爵に、こうかたった（原田熊雄述『西園寺公と政局』第一巻・一九五〇年――ちなみにいうと、原田男のメモにもとづく口述筆記とその修正稿により成立した全九巻の同書は、この話から始まっている）。

どうも怪しいぞ、人には言へぬが、どうも日本の陸軍あたりが元兇ぢゃあるまいか。

さらに、西園寺公は、「どうも日本の軍人らしい」という情報をもたらした、田中首相に対して、つぎのようにすすめた。

万一にもいよいよ日本の軍人であることが明かになったなら、断然処罰して我が軍の綱紀《こうき》を維持しなければならぬ。日本の陸軍の信用は勿論《もちろん》、国家の面目の上からいっても、立派に処罰してこそ、たとへ一時は支那に対する感情は悪くなろうとも、それが国際的に信用を維持する所以である。かくしてこそ日本の陸軍に対する過去の不信用をも遡《さかのぼ》って恢復《かいふく》することができる……。

こうした背景もあって、田中首相は、天皇に対し、

張作霖爆破事件については、どうも我が帝国の陸軍の者の中に多少その元兇たる嫌疑があるやうに思ひますので、目下陸軍大臣をして調査させてをります。調査の後、陸軍大臣より委細申上げさせます。

と上奏し、さらに白川義則《しらかわよしのり》陸相をして、「事件の大体」を天皇に説明させた。これに対して、天皇は「国軍の軍紀は厳格に維持するやうに」と、白川陸相に命じた……。

しかし、その後、陸軍首脳部と政友会上層部のあいだに、原田男のいい方を借りると、「この犯罪を闇から闇へ葬らうとする運動」がおこってきた。

たとえば、すでに三回にわたって陸相をつとめた宇垣一成大将（↓四九頁）なども、「断じて陸軍のみ埃《ほこり》を蒙るべき筋合でない」として「親友」の白川陸相を督励し、「大に健闘すべく忠告し」たりしている（「宇垣一成日記」Ⅰ・昭和三年十二月二十四日条・同Ⅱ・昭和十年七月二十二日条）。

こうしたなかで、田中首相は、その決心を変え、年が明けた一九二九（昭和四）年になると、「真相暴露反対」論者の白川陸相・小川平吉《おがわへいきち》鉄相・山本悌二《やまもとていじ》郎《ろう》農相・久《く》原房之《はらふさの》助《すけ》逓相・森外務政務次官らに支えられて、真相を知った野党・民政党の「満州某重大事件」ということばでの、議会における追及を「目下調査中」という答弁用語でかわしつづけ、さらに、六月二十七日、天皇に対して、「満州事件調査の結果、日本人の関係せる証跡を認めず、但し守備権抛棄に対しては当局の責任を問ひ、それぞれ処分せる」趣旨の一般公表案を上奏した。このとき、天皇の顔色ははじめから普段と変わっており、田中首相の上奏文朗読が終わると、一段と声をはげまして「さきの上奏と矛盾する。深く考慮する」といった。田中首相は――おそらく驚愕《きようがく》して――、「この儀に付てはご説明申上ぐれば分明《ぶんめい》すべし」と語をついだが、天皇は、「説明を聞く必要なし」といい、さらに上奏文を留置するように命じて、「奥」に入った。

そののち、天皇は、侍従長の鈴木《すずき》貫太《かんた》郎《ろう》海軍大将をよび、「田中総理の言ふことはちっとも判らぬ。再びきくことは自分は厭だ」といった。鈴木侍従長は、その天皇のことばをそのまま田中首相につたえた。田中首相は、「涙を流して恐懼《きようく》し」ただちに総辞職を決意、天皇の首相不信任の意向が不変であることをたしかめた上で、七月二日、総辞職した。閣僚の一員だった小川鉄相は、「そもそも陛下が寸分の隙間《すきま》もなく、かくまで急速に首相を追窮せられたるは、宮中に如何なる力の如何に働らきたるや」と深い疑惑を感じたが、どうすることもできなかった（前掲『西園寺公と政局』第一巻。小川平吉「満州問題秘録」——岡義武編『小川平吉関係文書』Ｉ・一九七三年。井上清「〈満州〉侵略」——『岩波講座・日本歴史』第二十巻・一九七六年。なお、原田メモでは、田中首相の上奏が「五月の中頃」であるかのようにしるされ、井上氏は最近の論著でそれを六月十二日のこととしているが、私は、六月二十七日のこととしておく）。

——七月二日付の夕刊は、田中内閣の総辞職は明朝と報じ、「満州事件で引責辞職」と見出しをつけた。と同時に、関東軍司令官・村岡長太郎中将の「依願退職」と河本大作大佐の「停職」が公表された。

天皇はなぜ怒ったか　このときの天皇の怒りの理由は、これまで、ごく一般的に、田中首相が「もし犯人が日本軍人であることが判明したならば、公明な処分をおこなって軍紀を引締める」という天皇への約束をやぶったことにあるとみなされてきた。しかし、井上清氏（↓二九頁）は、さきの「満州問題秘録」や『本庄日記』といった史料の検討により、天皇は田中首相が「真実をかくし軍紀を粛正しないのを怒ったのではない」という新しい視角をさししめした（前掲「〈満州〉侵略」）。

そこで、ここでは、その新視角にもとづいて、史料をならべてみる。

まず、田中上奏の翌日・白川陸相は宮中に入り、「張作霖爆死事件はこれを摘発することと国家のため不利と認むるにつき、その儘となし、別に守備区域の責任上、村岡司令官以下の処分を奏請する」奏請文を上奏した。天皇はうなずいて裁可したが、白川陸相は昨日のことがあるので鈴木侍従長をつうじて再確認の手続きをとった。しかし、やがて電話で天皇の「御裁可」がつたえられた（前掲「満州問題秘録」）。

それから四年後の一九三三（昭和八）年六月、当時侍従武官長の地位にあった本庄繁・陸軍大将（→七四頁）は、鈴木侍従長からつぎのような当時の天皇のことばをきいた（「至秘鈔」――『本庄日記』一九六七年）。

……田中首相が自分でまづ発表したる後、〈政治上余儀なくかく発表致しました。前後異なりたる奏上をなし申訳なし。ゆえに辞職を請ふ〉と申出づるに於いては〈それは政治家として止むを得ざることならん。しかるにまづ発表そのものの裁可を乞ひ、これを許可することとなれば、予は臣民に詐《いつわ》りを言はざるを得ざることとなるべし〉云々。

この天皇の論理とふしぎな符合をするのがさきの小川鉄相の論理である。かれは、真相「暴露」は国民党による関東軍の全面撤退論を誘発するから反対だと田中首相を説得し、そのロジックを日記に、こう、したためている（「大礼供奉記《たいれいぐぶき》」昭和三年十二月八日条――前掲『小川平吉関係文書』1）。

……陛下に対し奉りて何等隠蔽《いんぺい》の要なし、赤裸々《せきらら》に上奏する可なり、事実を事実として上奏するは可なり、ただこれが措置に至りては内外に重大の関係あり、慎重考慮して善断すべき旨を上奏せば可なり。

井上氏と小川鉄相のキビに付して、私も思う。小川式の「上奏」ならば、天皇は「可」としたであろう、と。二十八歳の若い天皇は、内閣の責任においてなすべき高度の政治的行為を天皇の権威という「傘」の下で行おうとしたその「甘えの構造」に怒ったのである。

関　東　軍

・広いいみでの「関東軍」とは、日露戦争から太平洋戦争の敗北まで、つまり一九〇五(明治三十八)年から一九四五(昭和二十)年までの約四〇年間、「満州」・遼東半島に駐屯した日本軍をいう。

・日本は、ポーツマス条約とその追加約款により、遼東半島南端の「関東州」に対する租借権と長春・旅順間の鉄道(のちの南満州鉄道)とを手中にした。あわせて、その鉄道と鉄道付属地(四三〇キロ×六二メートル)に一キロ一五名以下の率でおかれた鉄道守備隊と「関東州」守備隊の統一体として、「関東軍」はうまれ、はじめは陸軍大将の関東総督に統率される関東総督府(在・遼陽)のもとに所属し、二個師団・約一万の兵力をかかえていた。

・一九一九(大正八)年、植民地統治機構改革の一環として、関東総督府の後身である関東都督府は廃止され、文官を長官とする関東庁が創設されたので、ここに「関東軍」は、天皇・参謀総長直属の軍として独立した。せまいいみでの「関東軍」の誕生である。

のち、「関東軍」は、一九二五(大正十四)年の郭松齢事件における張作霖援助、一九二八(昭和三)年の張作霖爆殺といった中央無視の「独走」をくり返し、ついに、「満州事変」の大「独走」により、十五年戦争の第一ページをひらいたのである。

（日本書籍『日本歴史の視点』第四巻・黒羽清隆稿）

1931年次における関東軍

関　東　軍

司令部・旅順

司令官　本庄 繁 中将

参謀長　三宅光治少将

高級参謀　板垣征四郎大佐　作戦主任　石原莞爾中佐
情報主任　新井匡夫少佐　後方主任　中野良次大尉

兵力　約10,000

第2師団：師団長・多門二郎中将
独立守備隊：司令官・森連中将
その他：旅順重砲兵大隊・関東憲兵隊

兵力の推移	1931年	1933年	1935年
師団数	2	4	4
飛行中隊(機数)	3(30？)	12(120？)	18(180？)
総兵力	64,900	114,100	161,100

〔出典〕日本近代史史料研究会編『日本陸海軍の制度・組織・人事』1971。参謀本部『満州事変作戦経過ノ概要』1935。
林三郎『太平洋戦争陸戦概史』1951。
服部卓四郎『大東亜戦争全史』1965。

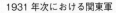

第2章

乾いた大陸——満州事変

柳条溝——満鉄線爆破地点（昭和6年9月18日）

一九三一年九月十八日――日中十五年戦争の開始

その夜、大陸の空は暗かった。満天はふるような星空だったが、半円に近い月は、背の高いコウリャンの畑に沈んでいた。

奉天独立守備隊（島本大隊）の川島中隊に属する河本末守陸軍中尉は、部下数名をつれて「満鉄」線路巡察の名目で奉天市（現・瀋陽市）北郊の柳条湖《りゅうじょうこ》にむかっていた。一行は、中国・東北軍――張学良軍――の軍事基地である北大営を横にみながら、八〇〇メートルほど南下した地点を選び、河本中尉みずから、「満鉄」線のレールに騎兵用の小型爆薬をセットして、それから、点火した。

時刻は午後十時半すぎ（しかし、十時四十分よりは前）、はげしい爆発音とともに、レールと枕木がとびちった。

しかし、爆薬量は精密に計算されていたから、爆破はあくまで小爆破であり、現に、その直後、長春を出発した南行列車は、爆破地点を無事通過し、ほぼ定時に到着している。

――これが日中十五年の戦争の発端となった柳条湖事件である。ときに、一九三一（昭和六）年九月十八日（花谷正《はなやただし》「満州事変はこうして計画された」別冊『知性』5・一九五六年十二月号）。

星空と爆薬と

その夜、午後十時四十分ごろ、当時、奉天総領事代理の地位にあった外交官・森島守人《もりしまもりと》は、陸軍の奉天特務機関《とくむきかん》（機関長・土肥原賢二《どひはらけんじ》大佐）から、「柳条溝で中国軍が満鉄線を爆破した、軍はすでに出動中だから、至急きてくれ」という電話をうけた。特務機関とは、日本軍が中国（満州）にもうけた諜報・スパイ活動・謀略・連絡用の特別な組織をいう。

森島総領事代理は、これは大きな事件になると直感したので、総領事館員の全員集合を命じて徹夜の態勢を準備させるとともに、特務機関にかけつけた。敗戦後、かれは、その夜の状況をこんなふうに回想している（前掲『陰謀・暗殺・軍刀』）。

……特務機関には、煌々《こうこう》と電灯がついていた。そして、高級参謀の板垣征四郎《いたがきせいしろう》・陸軍大佐を中心に、関東軍の参謀たちがあわただしく活動していた。板垣大佐は、「中国軍（奉天軍）によって、わが重大権益たる満鉄線が破壊せられたから軍はすでに出動中である」といって、総領事館の協力を求めた。森島総領事代理は「軍命令はだれがだしたか」ときくと、「緊急突発事件でもあり、司令官（本庄《ほんじょう》繁《しげる》・陸軍中将）が旅順にいるため、自分が代行した」という答であった。関東軍があやしいと思った総領事代理は、外交交渉による平和的解決の必要をくりかえし力説し、「一度、軍の出動をみた以上、奉天城の平時《へいじ》占領ぐらいなら外交交渉で実現してみせる」とまでいったが、板垣大佐は、語気も荒々しく、「すでに統帥権《とうすいけん》（明治憲法第十一条による天皇の軍に対する指揮・命令権）の発動をみたのに、総領事館は、統帥権に容喙《ようかい》、干渉せんとするのか」と反問してきた。そばにいた特務機関の花谷正・陸軍少佐は、総領事代理の面前で軍刀の鞘《さや》をはらい、「統帥権に容喙する者は容赦《ようしゃ》しない」とおどしつけた。

しかたなく、森島総領事代理は、総領事館に帰り、友人の通夜にいっていて留守だった林久治郎総領事にことを報告し、東京への打電など、必要な措置をとりはじめた。同夜のうちに、張学良政権（奉天政府）の政治顧問であった趙欣伯《ちょうきんぱく》博士（のち奉天市長）から、「中国側は無抵抗主義でゆくから、日本軍の攻撃を即時停止してもらいたい」という電話が再三あり、そのつど、その要請は板垣大佐につたえられたが、なんの反応もなかった。長い秋の夜は、こうしてふけていった。

翌日……

翌九月十九日、戦線は、急速に拡大した。この日の状況について、かつてプロレタリア文学の作家として活躍した里村欣三《さとむらきんぞう》は、こうかいているという（「戦乱の満州から」――前島省三『新版・昭和軍閥の時代』一九七四年）。

九月十八日、夜十一時、北大営の攻撃が開始されると同時に、撫順《ぶじゅん》部隊がただちに奉天に出動して北大営の攻撃を応援した。日支交戦の知らせが全守備隊に報道されるや、ただちに敏速な行動をおこして、十九日には満鉄沿線の重要都市がことごとく占拠されていた。瓦房店《ぐわぼうてん》・営口《えいこう》・鞍山《あんざん》・安東《あんとう》・鳳凰城《ほうおうじょう》・鶏冠山《けいかんざん》・撫順《ぶじゅん》・鉄嶺《てつれい》・公主嶺《こうしゅれい》・寛城子《かんじょうし》・南嶺など、十九日正午には、満鉄沿線から一兵も残らず完全に支那兵が放逐されていた。その軍事行動の裏には、やはりそれ以上に、満鉄の運転計画が巧妙敏速をきわめていたことはもちろんである（地名の読みは、『満州地名辞典』による）。

一方、この日午前十時ごろから開かれた若槻礼次郎《わかつきれいじろう》内閣の閣議では、幣原喜重郎《しではらきじゅうろう》・外相が「霞ケ関《かすみがせき》」（外務省）の入手した情報をよみあげたが、それは、ほとんど関東軍にとって不利なデータだった。

なかんずく、撫順の独立守備歩兵大隊が九月十七日に奉天城占領の想定で演習を計画し、そのための列車の準備を「満鉄」に求めていたのに、直前になって列車の準備を九月十八日に変更してくれと申し入れてきた事実があきらかになったことは、幣原外相がこんどの事件を関東軍の謀略と判断する大きな根拠とされた（この情報は、奉天にいた木村鋭一・「満鉄」理事から林総領事に通報され、さらに電報で幣原外相に報告されたという――島田俊彦「満州事変の展開」――日本国際政治学会太平洋戦争原因研究部会編『太平洋戦争への道』第二巻・一九六二年）。

このため、閣議の席上で、朝鮮軍（軍司令官・林銑十郎《はやしせんじゅうろう》陸軍中将）の一個旅団を越境させる必要をといて、その承認をとりつけようとしていた陸相の南次郎《みなみじろう》・陸軍大将は、いいだす勇気（？）を失い、閣議は、事態の不拡大をきめた。

――しかし、その一方、満州の現地では、この日の午前中に、奉天城・奉天兵工廠・飛行場・東大営・北大営などが関東軍の手に落ち、本庄軍司令官が旅順から奉天についた同日正午には、奉天市の戦闘はほぼ終了していた（参謀本部『満州事変作戦経過ノ概要』一九三五年・一九七二年復刻版）。

　同じ九月十九日の『東京朝日新聞』市内版は、その二面のトップに、こうかかげた（『朝日新聞に見る日本の歩み――暗い谷間の恐慌・侵略Ⅱ』一九七四年）。

　奉軍満鉄線を爆破
　　日支両軍戦端を開く
　　　我鉄道守備隊応戦す

……………

〔奉天十八日発至急報・電通〕本日午後十時半、北大営の西北において暴戻《ぼうれい》なる支那兵が満鉄線を爆破し、我が守備兵を襲撃したので我が守備隊は時を移さずこれに応戦し、大砲をもって北大営の支那兵を砲撃し、北大営の一部を占領した。

「暴戻」とは、新村出《しんむらいずる》博士の『広辞苑』によると、「あらあらしく道理にもとること」とある。「道理」に反したのは、日本軍ではないのか。また、この「大砲」は、あるいはこの年の春、夜間ひそかに奉天にはこばれ、日本軍守備隊の構内にすえつけられたものかもしれない（『陰謀・暗殺・軍刀』）。

――ともあれ、こうして、はじめにかかげた敗戦後の花谷手記に告白されたような事件の真相は、ひとり森島総領事代理ら現地の外交官が十分に気づけなかっただけでなく、七〇〇〇万日本国民のほとんどに知らされず、戦火は、「赤い夕日」の満州全土に、たちまちにしてひろがっていったのである。

ゼロ・アワーへの道――満州事変はなぜ起こったか

「満鉄」人・松岡洋右

柳条溝事件から六年後――のちに解説する「満州国」建国の五年後――にあたる一九三七（昭和十二）年、ときの「満鉄」総裁・松岡洋右《まつおかようすけ》は、かれ独特の熱っぽさでこう論じていた（『満鉄を語る』）。

……満州の今日ある、満州国の今日ある、断じて偶然ではない。また、単なる幸運や世にいう程度の努力でもない。いわんや、五年というがごとき、短かき歳月の所産ではない。

実に、これには、その今日を導き来るために、吾等《われら》の日本の、約半世紀の永きに亘る、しかも一貫たゆまざる、全幅的《ぜんぷくてき》努力と、支持とがあったのである。人口三五〇〇万と称した時から九千万を超ゆる今日まで、日本朝夜《ちょうや》の心血を傾けつくした熱誠と、継続不断の推進あるにあらずして、このかつての塞外夷狄《そくがいいてき》の地（とりでの外の野蛮人《バルバロイ》の土地）にして、また近世東洋のバルカン視された鮮満（朝鮮・満州）の天地が、いかでよく今日あることを得たか？

申すもかしこき極《きわ》みであるが、英邁《えいまい》にわたらせ給うた、明治大帝より今上陛下《きんじょうへいか》のこの昭和の大御代《おおみよ》にいたるまで、まったく日本は満蒙問題のためには三度まで国運を賭《と》したのである。いな、いな、一貫して、国運民命を賭《か》けて、これを護り、かつ育てて来たのである。

満州こそ実に、吾等日本の聖地である。

松岡総裁のいう「三度」とは、日清戦争・日露戦争・満州事変という三回の戦争をさす。では、なぜ、日本はそれほどまでにして、「満蒙」――ことに満州――を「護り」「育て」なければならないのか。その点について、松岡洋右は、柳条湖事件の半年ほど前、九州の地方新聞で、「満蒙問題の解決はやがて国防上にもはたまた経済上にも、我が国の存立、安固を確保する所以《ゆえん》」であり、「満蒙はとくに我が国にとっては国防上からも、我が民族の経済的存在の上からも、実にこの生命線をなす」と論じていたという（「満蒙問題」・『福岡日日』昭和六年二月八日・十日・十一日号――臼井勝美『満州事変』一九七四年）。

その当時、五十一歳の松岡洋右は、すでに十年間にわたり「満鉄」に在社し、その理事と副総裁を経験し、幣原外相らの外交政策に反対する野党・政友会に所属する衆議院議員であった。

――大日本帝国にとって、「満州」が「聖地」であり、「生命線」であるとするこの「満鉄」人の基本認識は、「満蒙」（ことに「満州」）に対して、日本が特別な地位と権利と利益をもっているという論理をふくんでいる。これが「満蒙特殊権益」論である。

「満蒙特殊権益」とは、なにか。日本が「満州」に有する特別な地位・権利・利益とは、いったいなにか。武力を行使し、戦争にうったえてでも、守らなければならないものとは、なんなのか。

その点をめぐって、いまは亡き経済学者・矢内原忠雄《やないばらただお》――当時、東京帝大経済学部教授――は、その名著『満州問題』において、「権益」の特殊性には、つぎの「三重性」があるとして、こういう分析をしている（一九三四年に刊行されたこのほんは、一九三八年二月に、同じ著者の名著『帝国主義下の台湾』とともに、「自発的休版」にされている――『矢内原忠雄全集』第二巻・一九六三年）。

一、満州は、その領土としての朝鮮を含めた大日本帝国の「隣国」である。朝鮮北端の「国境」を越えれば、満州である。したがって、満州がもし外敵によって侵されれば、それはただちに、国家的な危機となる。

二、満州において外国人のしめる地位をくらべてみると、そのなかで、日本人――朝鮮人――のしめる地位は、段ちがいに高い。

すなわち、いずれも一九三〇（昭和五）年の数字でしらべてみて、満州にいる外国人人口一一三万人中、日本人二三万人、朝鮮人八〇万人であるから、その比率は、九〇パーセントである。また、満州の行う外国貿易総額（輸出入合計）・四億六千二百万海関両《かいかんりょう》中、日本は二億二千七百万海関両であるから、その比率は、四九パーセントである。さらに、満州に対する外国投資総額・二〇億六千三百万円中、日本は一五億一千万円であるから、その比率は、七三パーセントである。

三、強国としての日本は、満州に対する「特殊権益」の所有国であり、弱国の中国は、満州の主権国である。その中国は、二つの異なる面において、満州の秩序維持と外国人の権益保護の条件をもたない。

① 中国政府は、外国人の権益に保護をあたえる政治的実力をもたない。

② 中国人あるいは中国政府は、外国人の権益の存在を喜ばず、これと競争し、これに抵抗しようとする。

そして、日露戦争後しばらくのあいだは、①が問題の中心となり、大正・昭和期には②が問題の中心となる。

それに、昭和恐慌・世界大恐慌により、ますます深刻となった人口問題のために、つまり、農村の過剰人口が生活する移民先――経済上の新天地――として、いいかえると、「わが国民発展のための独占的地域」として、満州の新しい必要性が成立する。

――こうして、「特殊権益擁護の主張は極点に達し」、日本は、武力の行使と実力発動により、その解決をめざしたのであった。

しかし、こうした理由づけは、いわば満州のすべてを一個の「特殊権益」としてとらえた考え方である。その前提には、F・エンゲルスのよく知られたことばを借りるならば、

「一袋のジャガイモがジャガイモ一袋である」（『ドイツ農民戦争』）ように、個々の条約・協定などにより日本が獲得した「特殊権益」のグループがある。国際法の学者として高名であった信夫淳平《しのぶじゅんぺい》・法学博士は、その総数を三一個としている（『満蒙特殊権益論』）。

そこで、そのうちから、主要な権益とされているものを図と表で示してみよう。

「満州《マンチヨオ》」における日本の権利・地位
（いわゆる満蒙特殊権益）

※地名のよみは、岡野一朗『満州地名辞典』（1933年）による。

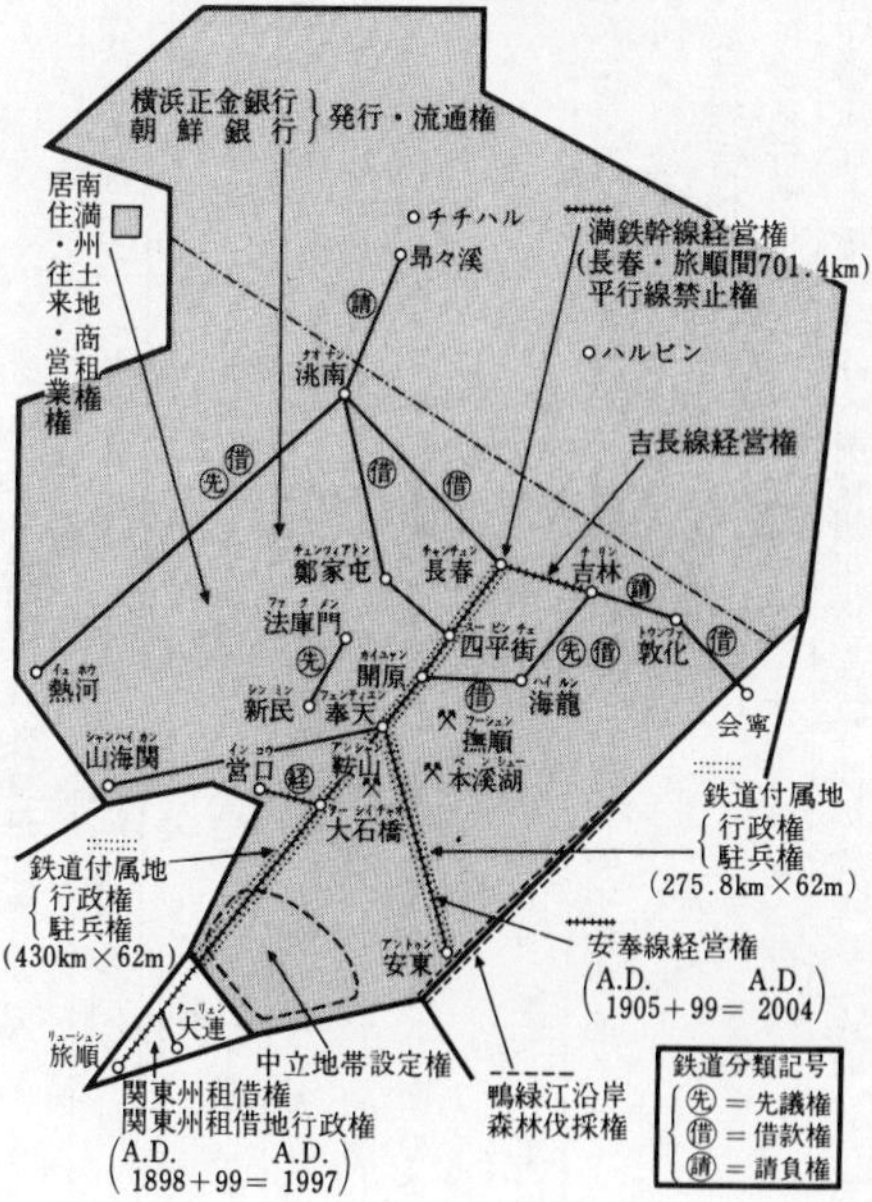

「満蒙」特殊権益一覧

	権益の名称	権益の内容
戦　争（ポーツマス条約）	関東州租借権 同租借地行政権	（一八九八年三月二十七日より起算して二五年間→一九二三年まで）
	関東州北方中立地帯設定権	①日本の同意なしに同地域内の土地を外国人に租貸・譲渡しない。 ②同地域の海岸にある港は外国との通商に開港しない。 ③同地域の鉄道の敷設・鉱山の採掘など一切の企業に関する譲与を許可しない。 ④同地域内への中国軍隊の入域について、日本は許可・拒否権をもつ。
	長春・旅順間鉄道および同支線経営権 付属炭鉱経営権 鉄道付属地行政権	これが「満鉄」の有する権利の中核である。
	鉄道守備兵駐屯権	長春・関東州租借地境界間の鉄道に一キロにつき一五名をこえない守備兵をおく（この距離は、約四〇〇キロであるから、リミットはおよそ六〇〇〇名となり、のちの関東軍兵力の中核となる）。
	鴨緑江森林日中合弁権	合弁は共同経営のこと。これにより、一九〇八年に、日中双方の五〇％（一五〇万元ずつ）の出資で鴨緑江採木公司が成立した。公司（コンス）とは会社のこと。

日露	吉長鉄道借款権	これにより、吉林・長春間の鉄道を日本の出資（対中国借款）で敷設することとなり、一九一二年、開通した。
	安奉線改良経営権	日露戦争中の日本軍軍用鉄道として敷設した安東・奉天間の鉄道を商工業用鉄道として改良・経営する。
	満鉄併行線禁止権	中国政府は、満鉄線付近に、これに併行（平行）する幹線または同鉄道の利益を害すべき枝線を敷設してはならない。
	満州治安保持要求権	中国政府のとる措置がよくないため、満州の治安が乱れ、満州に居住・営業する内外人の安全が保てないときは、日本は、中国政府に注意し、行政上の改善を要求できる。
1909年	新民屯・法庫門鉄道敷設先議権	新民屯・法庫門間に鉄道を敷設するときは、まず日本と協議を行う。
	大石橋・営口枝線経営権	大石橋・営口間の枝線を満鉄支線として承認させる。
	安奉線および満鉄幹線沿線鉱山合弁権	日本は、単独採掘権放棄の代わりに、鉱山の種類を炭鉱以外に及ぼすこととした。
	京奉線延長権	京奉線を奉天城根駅まで延長することを承認させる。
	（関東州租借権と満鉄および安奉線経営権の期限延長）	①関東州および満鉄についての権利は、原契約期日（一八九八年）より、九九か年間とする↓満期予定・一九九七年。 ②安奉線についての権利は、原契約年（一九〇五年）より、九九か年間とする↓満期予定・二〇〇四年。

21ヶ条要求（1915年）	南満州・土地商租権	南満州では、日本人が商工業上の建物の建設や農業経営のために必要とする土地を三〇年以内の期限で貸借でき、また、無条件で契約を更新できる。
	南満州・居住往来権 〃・営業権	これまで開市場のみに制限されていた権利が南満州全域に拡大された。
	吉長鉄道経営権	吉長鉄道についての契約・協約を改訂し、一九一七年より三〇年間にわたって、その経営・営業権は、満鉄に委任された。
	南満州・鉱山採掘権	奉天省の六鉱山と吉林省の三鉱山の試掘・採掘を日中合弁とする。とくに、鞍山鉄山は重要である。
	東部内蒙古・農工業の日中合弁権	同地域の農業とそれに付属する工業の日中合弁権を承認させ、同地域の都市開放を約束させた。
	南満州・東部内蒙古の鉄道借款先議権	（この先議権は一九二二年のワシントン会議で放棄された）。
	南満州の外国人顧問雇傭優先権	（この優先権は一九二二年のワシントン会議で放棄された）。
1913年	満州五鉄道借款権・同借款先議権	①借款権（四平街・洮南間、開原・海龍間、長春・洮南間）。 ②借款先議権（洮南・熱河間、海龍・吉林間）。 ↓うち、実現したのは、四洮線だけ。

西原借款（1918年）	吉・黒両省森林金鉱借款権	吉林省・黒龍江省の森林と金鉱に対する二〇〇〇万円の借款をいう。
	吉会鉄道借款権	吉林・会寧間の鉄道に対する一〇〇〇万円の前貸をいう。
	満蒙四鉄道借款予備契約権	一九一三年の五鉄道借款協定の変更（開原・吉林間、長春・洮南間、洮南・熱河間などの借款予備契約をいう→本契約は調印されず→のち、一部が一九二〇年成立の新四国借款として改めて成立した）。
1918年以後	工事請負権	①洮南・昂々渓間（一九二六年開通・代金未払い）。 ②吉林・敦化間（一九二八年開通・代金未払い）。 ③吉会線中─敦化・図們江岸間 長大線（長春・大賚間） 吉五線（吉林・五常間） 洮索線（洮南・索倫間） 延海線（延吉・海林間） 以上、新満蒙五鉄道（一九二七年仮調印→実現せず）。

こうしてながめてみると、日露戦争から第一次大戦中の二十一ケ条要求までは、軍事力（国家的暴力）により、「特殊権益」の土台をきずき――矢内原教授は、これを「満蒙特殊権益」の「本源的（原始的）蓄積」とよぶ――、その土台の上部に、「借款《しゃっかん》」という形態をとった日本資本主義の資本投下のビルが建設されて、「満蒙特殊権益」の全体が成立し

たといえるだろう。

「生命線」満州の危機　一九三一（昭和六）年五月下旬、関東軍の中核をなす陸軍第二師団の連隊長・大隊長会同が旅順でひらかれた。その席上、関東軍高級参謀の板垣大佐（↓七七頁）は、「満州における排日運動の本質」は、「東四省（奉天・吉林・黒龍江・熱河）もまた支那の一部であるという認識の抬頭《たいとう》」にあるとし、奉天政権につとめる「支那官憲」の排日運動が活発になりはじめ、さらに「田舎の小学校」にまで排日教材が広まっていることに注目している（日本国際政治学会太平洋戦争原因研究部編『太平洋戦争への道』別巻・資料編）。

——張作霖爆殺のあとをついで、奉天政権の権力を握り、満州の支配者の椅子にすわったのは、その子の張学良であった。

まだ三十歳の若さでライバルをおしのけ、父の権力をひきついだ張学良は、南京の国民政府から東三省保安総司令の地位をうけ、さらに東北辺防軍司令官として、二六万八千名の軍を指揮して、国民革命による国家統一の道——蔣介石のコース——に協力する政治路線を歩みはじめた。

かれは、亡父からひきついだ奉天政権を国民政府・国民党の一地方機関とする道を歩み、一九二九（昭和四）年一月には東北政務委員会を、一九三一年三月には東北国民党中央委員会を、それぞれ成立させる中心となった。

まず、かれは、父が「満鉄」（↓八五頁）と結んだ「新満蒙五鉄道」の建設計画を破棄した。この契約は、さきの表（↓八九頁）にみるとおり、「満鉄」の工事請負権にもとづく張作霖に対する借款であったが、新政権は、これを私印による契約だから承認できないとしてやぶりすてた。

ついで、かれは、政権所在地である奉天市一帯の官庁・学校などに、いっせいに国民革命のシンボルである青天白日旗（青地に白い太陽をえがいた旗）をかかげさせ、満州民族の旗である五色旗（赤・黄・藍・白・黒の五色をもつ旗）を消した。一九二八（昭和三）年十二月二十九日のことである。

このことは、満州が国民政府の統治する一地域であり、中国の国家統一にくみこまれるべき一行政地域であるという奉天政権の決意のあらわれであった。このできごとは、「東《とう》三省易幟《さんしょうえきし》」（易幟は旗をかえること）とよばれる。

同じころ――十一月といわれる――、中国共産党満州省委員会が生まれ、十一月五日の「第一次対時局宣言」では、満州の民衆に排日をよびかけ、不平等条約撤廃の方法として、組織的・計画的な直接行動にでるよう訴え、かつての漢口《かんこう》租界奪回のように光栄ある運動を再現せよと高らかに主唱したという（島田俊彦『関東軍』）。

この満州省委員会のもとには、南満委員会（奉天市）・北満委員会（ハルビン）・東満委員会（間島《かんとう》）がおかれ、その活動方針とされるところは、一九三〇年九月ごろに決定された「満州の政治情勢と党の任務及び工作方針」によると、(1)政治的ストライキの組織 (2)地方パルチザンの組織とそのソヴィエト政権の樹立へ (3)士兵暴動の組織 (4)赤軍の建設にあるという。「満鉄」の虎の子である撫順《ぶじゅん》炭鉱では、同年四月下旬、中国人労働者の宿舎前に「××(日本か?)帝国主義を打倒せよ　帝国主義の走狗《そうく》=軍閥を打倒せよ」とするストライキよびかけのビラがまかれた(東洋経済新報社編『日本経済年報』昭和六年第四四半期)。

一方、国民政府は、中国人民衆の広汎な日貨排斥運動・日本商品ボイコット運動——それは満州でも、東南アジアの華僑《かきょう》のあいだでもはげしく展開された——を背景に、国権回復と外国権益接収の政治・外交路線をとり、ことは単純な張学良政権の「親のカタキを討つ」レベルの抗日の域をこえて、満州は中国の不可分な構成分子であるという主張が強められた。

その具体相をあげよう(『満州問題』)。

① 二十一ケ条要求にもとづく土地商租権(↓八八頁)を空文化するために、中国政府は、すでに一九一五(大正四)年六月、袁世凱大総統令をもって「懲弁国賊条例《ちょうべんこくぞくじょうれい》」を発し、抽象的ながら、「外国人と結託し売国の行為をなしたる者は国賊となし売国罪をもって治罪す」(第一条)、「売国罪を犯したる国賊は死刑に処す」(第三条)と規定した。

この条例はすぐに廃止されたが、その精神は、地方行政官の頭脳に生きつづけ、そののちも、日本人に土地利権をあたえたり、日本人の土地利権獲得を援助したりしたものを犯罪者として厳罰に処し、また、日本人の商租権獲得をむつかしくする行政上のとりあつかいが再三にわたって命ぜられたりした。

② 鉱山の国営と外国——ことに日本——の鉱業権回収を実現するために、一九三〇（昭和五）年十二月に新鉱業法が施行され、鉱業権の主体を中国人・中国法人・中国地方政府（県市政府）にかぎることとし、合弁方式による外国人の鉱業権獲得もみとめないことにした。鉱山業への外国人の参加は、株式会社にかぎってみとめられるが、そのばあいですら、その持株数は総株数の二分の一をこえてはならず、企業の役員の過半数は中国人でなければならない。また、鉄・石油・銅・冶金用石炭などの重要鉱産物は、原則として、国営に移行させる。

③ 一九三〇年五月の日中関税協定の成立により（↓「幣原外交」四五頁）、中国と日本は、それぞれ関税自主権を手にいれた。

この結果、中国政府は、一九三一年より、新しい輸入税率（一月一日実施）と国定輸出税率（六月一日実施）をきめ、その一環として、撫順炭の輸出税として「満鉄」が中国税関に支払う金額を一トンあたり〇・一円から〇・三四円に値上げした。これまでの特別な低輸出税は廃止された。

——こうして、満州を中国からきりはなして、特別地域＝特殊地帯とし、そこに特権的かつ独占的な権益をたもちつづけようとした日本の政策には、大きな亀裂がはいりはじめていた。なんとかしなくてはならない！

獅子《しし》文六《ぶんろく》氏のすぐれた長編小説『大番《おおばん》』――下手な昭和史の概説よりずっとよく昭和史がわかるモデル小説――のなかで、主人公のギューちゃんこと赤羽《あかば》丑之助《うしのすけ》が東京証券取引所のある「兜町《かぶとちょう》」の一角で「チャップリンさん」とよばれる「罫線屋《けいせんや》」（競馬の予想屋みたいな職業の人びと）によびとめられた話は、おもしろい。ギューちゃんは、ビールとコールド・チキンとアスパラ・サラダとをおごらされた上に、金一〇円の「見料《けんりょう》」をとられ、メニュの紙にエンピツでかかれた「大相《そう》場《ば》目前にあり、買って買え、そして買え、赤い夕陽の満州に一本光るは線路だけ」という示唆《しさ》をうけ、柳条溝事件の当時メチャクチャに下っていた「満鉄」株を買いまくり、その後にきた「満鉄」の暴騰で九万四千八百円のモウケを手に入れたという。大学出の初任給が五〇円ぐらいだったころの話である。

このような「満鉄」株の激動は、なぜおこったのか。

――「満鉄」は、一九三一（昭和六）年、一九〇七（明治四十）年四月一日の開業以来、はじめて「赤字」を出した（宇佐美誠次郎「満州侵略」・前『岩波講座・日本歴史』20）。公刊された社史では、「赤字」の事実はみとめられていないが、その営業利益金のはげしい減少を示しており、一九三〇年度利益金・二二六七万円（前年比 四九・一パーセント減）一九三一年度利益金・一二六〇万円（前年比 五一・九パーセント減）という数字がかかげられている（『南満州鉄道株式会社三十年略史』一九三七年）。そして、ドル箱中のドル箱といっていい「満鉄」の株価——年間の最高値——は、一九二九年の一四四円六〇銭から一九三〇年の七三円一〇銭をへて、一九三一年の五二円五〇銭へと大暴落をつづけた（歴史学研究会編『太平洋戦争史』1）。

どうして、こんなことがおこったのか。

その理由としては、まず第一に、一九二九（昭和四）年十月二十四日の「暗い木曜日」（"Black Thursday"）にはじまる「世界大恐慌」の影響があげられよう。この大パニックにより、「満鉄」の輸送する主力商品である大豆・豆粕・石炭（撫順炭）の価格が暴落し、その売上げがへり（石炭のばあい安い中国炭が満州に流入した）、また、恐慌の結果、銀の価格が暴落したため、銀貨で富をたくわえ、銀経済で生活している四億人の中国人——そして同じ条件にある三億人のインド人——の商品を買う力（購買力）がほとんど半減してしまったので、その影響も「満鉄」の不振の一原因となった（満鉄・東亜経済調査局編『一九三〇年・一九三一年支那政治経済年史』）。

しかし第二の原因は、別のところにある。

赤信号のともる「満鉄」線

一九二七（昭和二）年、南満州の一角に、打《だ》通線《つうせん》という一本の鉄道が建設された。打虎《だこ》山《さん》（タ・フュ・シャン）と通遼《つうりょう》をむすぶ全長一二六マイル（約二〇二キロ）の小鉄道——日本の国鉄でいうとほぼ東京—藤枝間にあたる——にすぎないが、この線路は、「満鉄」の長春・奉天間と平行的に走っており、いわゆる「満鉄併行線」（→八五頁）の性格をもっている。この鉄道を使って、南満州の四平街《しへいがい》から遼東湾《りょうとうわん》の営口《えいこう》港まで貨物をはこぶと、その距離五八九キロで、一車・三〇トンあたりの貨物運賃が二一七円八五銭となる。しかし、一方、同じ四平街から「満鉄」線で営口港まで貨物をはこぶと、その距離が二七〇キロなのに、同じ一車・三〇トンあたりの貨物運賃は、二九三円七〇銭となり、その経済的な優劣《ゆうれつ》は、一と目であきらかである（『一九三〇年・一九三一年支那政治経済年史』）。

　この打通線は、今日のことばでいうと、いわば「中国国有鉄道」とでもいうべき鉄道であり、亡き張作霖の設立した東北交通委員会の手によって建設された。そして、なぜ、距離が長いのに運賃が安くなるかといえば、「満鉄」線のおとくい客をうばうための運賃や倉庫料の割引方式がとられているからである（『南満州鉄道株式会社三十年略史』）。

　しかも、このような鉄道は、打通線だけではない。東北交通委員会は、一九三〇（昭和五）年三月、東大幹線（一五〇〇キロ）・西大幹線（一四〇〇キロ）・南大幹線（一五〇〇キロ）の三大幹線を決定し、同じ年の七月二日に、張学良出席のもとに起工式をあげた葫蘆《ころ》島《とう》港の築港とともに、「満鉄」線と大連《だいれん》港を包囲《ほうい》する計画にとりかかった。もし、これが完成すると、「満鉄」線と大連港の独占はやぶれることになるだろう。

　しかも、これらの「民族鉄道」は、ソ連系の中東鉄路やイギリス系の北寧鉄路にとってはその培養線《ばいようせん》として機能し、逆に「満鉄」線にとっては競争線として機能する（安藤彦太

郎『満鉄――日本帝国主義と中国』一九六五年）。

こうして、「満鉄」は、満州事変の始まる前年・一九三〇年度において、好況だった前年・一九二九年度にくらべて、約三〇〇〇万円の減収となり、乗客数で約一〇五八万人から約九〇一万人へと一五七万人あまりの減少、貨物量で約一九三三万トンから約一五九一万トンへと三四二万トンほどの減少となって――およそ一五％減――、「赤い夕陽の満州に一本光る」ドル箱のレールに、重大かつ深刻な鉄サビがふいたのである。……

このサビは、大日本帝国にとって、なんとしてでも、こそげ落とさなければならなかった。

関東軍と陸軍参謀本部――ある「謀略」の構造

陸軍中佐石原莞爾

満州事変のはじまる少し前――たぶん一九三一（昭和六）年八月ごろ――、関東軍司令部の参謀将校たちが満州青年連盟のリーダーたちを陸軍のクラブである旅順市の偕行社《かいこうしゃ》に招いて、一晩いっしょにのんだことがある。

満州青年連盟とは、「満鉄」の若い社員を中心とした会員・約三〇〇〇名の組織であり、「満鉄」国有・張学良政権打倒・「満蒙独立国」建設、といったスローガンをとなえていた。

この席上、排日運動のたかまりにいらだち、関東軍の非力をせめた連盟幹部のうったえに対して、関東軍作戦主任の地位にあった石原莞爾《いしわらかんじ》中佐は、はじめは生あくびをしてきいていたが、やがて、語調を改めて、こういった（山口重次『悲劇の将軍 石原莞爾』）。

あなた方は、関東軍は微力《びりょく》だといわれた。腰の刀は竹光《たけみつ》（竹をけずって刀身とした刀で、ひどい刀のたとえ）かとあざけられた。……その通りだ。だが微力でも竹光でも、学良軍閥打倒のごときは、それで十分だ。明晃々《めいこうこう》たる三尺《さんじゃく》の秋水《しゅうすい》（とぎすまして光りのある名刀）を用いる必要はない。私は作戦参謀主任として、あなた方に向って、これだけのことはいえる。いざ事あれば、奉天撃滅は二日とかからん。事は電撃一瞬《でんげきいっしゅん》のうちに決する……。

きいていた連盟幹部たちはみなあきれた。さっき、石原中佐にくってかかった幹部のひとり「ケンカ・ウヅラ」（ウヅラは闘争心の強い鳥）こと山口重次もあきれた。現在、「満州」には、二三万名の中国東北軍がおり、なかんずく奉天市には、チェッコ自動小銃や迫撃砲《げきほう》に武装された一万九千名の精鋭《せいえい》がいる。これに対して、関東軍の兵力は第二師団を中核として約一万名、奉天市には一五〇〇名の独立守備隊しかいない。それで二日とは……。たまりかねた連盟幹部のひとりがきいた。「われわれは正直一路です。参謀殿の言をそのまま受けいれますが、ようございますか」

石原中佐はニヤリと笑っていった。

「私の舌は、二枚はない」

——石原莞爾。もと庄内藩藩士・石原啓介（のち、埼玉県飯能警察署長）の三男として生まれ、一九一八（大正七）年、エリート将校の養成機関である陸軍大学校（陸大）を六〇名中二位の成績で卒業して、六位までの優秀者に与えられる「恩賜の軍刀」を手中にした。指おりのナポレオン研究家として知られ、作戦の名人として、「日本のナポレオン」とさえよばれたことがある。このとき、四十二歳の男ざかりであった。

石原中佐が関東軍参謀として旅順市に着任したのは、一九二九（昭和四）年のことだが、以来、満州事変がおこされる日まで、さまざまの

謀略のブルー・プリント

「満蒙問題解決案」がかれの大きな頭から生みだされている。そのうち、「国運転回ノ根本国策タル満蒙問題解決案」（昭和四年七月五日）には、「1　国内ノ不安ヲ除ク為ニハ対外進出ニヨルヲ要ス」「2　満蒙ノ有スル価値ハ偉大ナルモ日本人ノ多クニ理解セラレアラズ」「3　歴史的関係等ニヨリ観察スルモ満蒙ハ漢民族ヨリモ寧《むし》ロ日本民族ニ属スベキモノナリ」という前提に出発して、「満蒙問題ノ解決ハ日本ガ同地方ヲ領有スルコトニヨリテ始メテ完全達成セラル」という結論がのべられている（角田順編『石原莞爾資料』国防論策篇・一九六七年）。

そして、興味ぶかいことは、そのさい、「対支外交すなわち対米外交なり」という見地から、「満蒙」「領有」という大目的を達するためには、「対米戦争ノ覚悟ヲ要ス。モシ真ニ米国ニ対スル能《あた》ハズンバ速《すみやか》ニ日本ハソノ全武装ヲ解《と》クヲ有利トス」とされていることで、これはあとで思いだしていただくべき一予見であった（↓第13章）。

ところで、占領・「領有」した満蒙は、どうするのか。

この点について、石原中佐の「青写真《ブループリント》」は、①張学良政権の財産没収 ②東北中国軍の処分・武装解除 ③土匪《どひ》（抗日ゲリラ）の討伐を行ったのち、陸軍の大中将を総督とする総督府を長春市かハルビン市かにおき、軍政をしくことを考えていた（「関東軍満蒙領有計画」昭和四年七月――前掲『石原莞爾資料』国防論策篇）。

それは、あの朝鮮総督府《ちょうせんそうとくふ》と相似的な、いわば「満蒙総督府」のプランであった。

そののち、「石原莞爾日記」は、簡潔な筆致のなかに、いわば「謀略」のこよみをしるしている。

「謀略」の暦

（昭和六年）五月三十一日（日）

朝、花谷《はなや》（正→七六、七八頁）今田《いまだ》（新太郎）両氏来リ板垣（征四郎→七七頁）大佐宅ニテ謀略ニ関スル打合セ。……

六月八日

招魂祭《しょうこんさい》（戦死者のたましいをまつる祭式）、朝雨フル。午後、中野琥逸氏来リ板垣大佐モ来リテ快談ス。

要ハ奉天謀略ニ主力ヲ尽《つく》スコトニ意見一致（前掲『石原莞爾資料』国防論策篇）。

――こうして、九月十八日夜は、準備されていた。むろん、その主体は、板垣大佐・石原中佐・花谷少佐らを中心とする関東軍参謀将校グループであったが、かれらだけにすべての開戦責任をおっかぶせて、ことをすますわけにはゆかない。

というのは、こうである。かれら「旅順グループ」の背後には、東京・三宅坂《みやけざか》の陸軍参謀本部にたむろしていた一グループがあった。

そのころ、陸軍の頭脳中枢である参謀本部には、桜会《さくらかい》という同志的結社に所属する将校グループがおり、その中心は第二部（情報部）――ことに支那課長・重藤千秋《しげとうちあき》大佐とロシア班長・橋本欣五郎《はしもときんごろう》中佐――であったといわれていた。

桜会とは、一九三〇（昭和五）年の秋に結成された「国家改造」をめざす軍人――「私心なき」中佐以下の将校――をメンバーとする組織で、一九三一年の五月には、およそ一五〇名の会員を擁《よう》し、目的をとげるためには、武力行使も辞さないとしていた（田中清「所謂十月事件ニ関スル手記」『現代史資料』第四巻・「国家主義運動」(一)・一九六三年）。

橋本中佐らは、関東軍と一体となって、その「謀略」の指導工作（陸軍首脳部へのはたらきかけ）、資金工作を担当し、柳条湖事件の勃発後は、政府の不拡大方針をよそに、「積極行動」をうながす激励暗号電報を打ちつづけ、その電報代は、基本料金三〇銭のそのころで約三〇〇円になったという（中野雅夫『橋本大佐の手記』）。

そして、これらの「謀略」のために、政商の藤田勇らにより関東軍機密費《きみつひ》の一〇倍にあたる一〇万円の資金――農民が一日に一円の野菜を売上げるのに苦労した頃――が準備され（関寛治「満州事変前史」・前掲『太平洋戦争への道』第一巻）、はじめは、鉄道爆破といった小さな計画ではなく、奉天市の日本領事館・関東軍守備隊・日本人居留民会・「満鉄」大和ホテルなどに満州人をよそおうテロをしかけることまで企てられていたらしい。

——九月二十日午前十時から、参謀本部に陸軍省・参謀本部・教育総監部の陸軍首脳部があつまり、軍部としては、このさい、満蒙問題を一挙に解決することを期するとの意見の一致をみ、さらに、「万一政府ニシテコノ軍部案ニ同意セザルニ於テハ、コレニ起因シテ政府ガ倒壊スルモ毫《ごう》モ意トスル所にアラズ」ときめていた。さまざまの「謀略」とその結果である戦争は、陸軍の最高責任機関によって、許容されていたのである（「満州事変機密作戦日誌」・前掲『太平洋戦争への道』別巻・資料編）。

——そればかりではない。橋本中佐ら桜会の幹部たちは、この年十月二十一日を期して、不拡大方針にこだわる若槻内閣（↓四五頁）の全閣僚を斬殺《ざんさつ》し、そのあとに、教育総監部本部長の荒木《あらき》貞夫《さだお》中将を首相とする軍部内閣をつくるクーデターを準備・計画していた（十月事件）。そして、そのクーデターと時を同じくして、関東軍は、「大日本帝国」の統制をはなれ、「ここに関東軍は、光輝ある皇軍《こうぐん》（天皇の軍隊）の歴史を破り、帝国より分離・独立するにいたる」という「独立宣言」を発することまで計画されていた（前掲『橋本大佐の手記』）。

——これが、関東軍の「独走」の構造であった。

第3章

満州占領——「王道楽土」の現実

奉天駅前——「明治チョコレート」「サッポロビール」など日本字の看板が目立つ。

たたかいの日々

ある「社長」の感想

満州事変が始まったとき、土木《どぼく》建設会社の榊谷組の「社長」――同社が株式会社になったのは一九三四年であったが――であった榊谷仙次郎《さかきやせんじろう》は、一八七七（明治十）年生まれの五十四歳であった。大連市《だいれん》にある榊谷組は、あの「満鉄」関係の鉄道・港湾《こうわん》・橋梁《きょうりょう》などの建設を担当する有力な土木請負《うけお》い業者であり、その「社長」は、三年前から、満州土木建築業協会理事長の椅子についていた。

その榊谷仙次郎は、一九三一年の九月から十月にかけての日記で、つぎのような感想をしたためている（『榊谷仙次郎日記』抄本・私家版・一九六九年）。ぬきがきしてみよう。

九月十九日　土曜日　晴

……昨夜十一時、内田総裁（「満鉄」総裁・内田康哉《うちだこうさい》）は江口副総裁（江口定条「満鉄」副総裁）と話していたところに電話がかかり、内田総裁は脇息《きょうそく》をたたいて、軍人どもは馬鹿なことをしたと憤慨《ふんがい》されたことが分かった。満鉄は大さわぎ、しかし、軍から（「満鉄」の）鉄道部には連絡はとらず、けさ満鉄貨車は、全部、旅順に向けられた。関東軍司令部は、すぐに奉天につかれたのである。

……僕も（午前？）八時に協会へ行き、九時、満鉄に行き、（「満鉄」の）村上理事に会い、お願い申しあげる。昨晩から不寝番《ふしんばん》でつめているというので、どうせやった以上は徹底的にやった方がよい、満鉄は長いあいだ、張作霖・張学良(↓六五、六六、九〇頁)のために苦しめられている。二つ(に)一つの場合であるから、満鉄鉄道部はこのさい徹底的にやった方がよいと、村上、佐藤、羽田次長も非常な勢《いきお》いこみである。

……協会でも主なる者が集まって、色々協議をなす。非常時《ひじょうじ》突発でにわかに景気はよくなってきた、これで不景気も吹き飛ばされるであろうと話す。

十月二日　金曜日　晴

本日(午前?)八時五十五分で奉天へ行き、北台営《ママ》の戦場の跡をみる。飛行場をみて、奉天鉄道事務所で佐藤さんと話し、北台営《ママ》の戦争は世界の戦争の記録にのこるであろうといっていた。敵は一万二千人であるのに、関東軍は六五〇人で二十分の一をもって七時間戦い、陥落させたのである。その六五〇人のなかでも、ほんとうの軍人は四〇〇人であって、他の二五〇人は撫順(↓八五頁)の予備軍が加わったので、三十分の一の軍人で陥落させたのであるから、戦争の記録に残るのであるとのお話であった。

十一月十三日　金曜日　晴

今朝は正副総裁が(大連から)奉天へ行かれるので、急行でお送りする。奉天関東軍となにか打合せに行かれたようである。

支那側に相談あいてがないので、日本で自由に吉敦線（吉林《きつりん》・敦化《とんか》線）、大長線（大《たい》賚《らい》・長春間）の工事は促進されるようである。

今朝の新聞では、大連新聞も満日（満州日報）も、吉敦線と大長線工事は、急設することになったと大きく記載している。支那側の意向を確かめるまでもなく断行されることになったのはまったく愉快である。十年以上隠忍《いんにん》に隠忍を重ねた鉄道工事が、ここに発展的に解決つくので、溜飲《りゅういん》の下がる思いがする。

この仕事については、我々業者も利益を無視して、満鉄のため、国家のため、つくさねばならぬと思うので、明日は理事会を開催し非常時土建工事に対する態度を決定する

中国人苦力《クーリー》の低賃金労働にたよっているこれらの土木建設業界にとって、満州事変は、まさに「旱天の慈雨」であり、「棚からボタ餅」であった。だから、「独走」関東軍は、二重三重のいみで（→一〇〇頁）、孤独ではなかった。

拡大する戦火　九月十九日の昼ごろ、関東軍司令官の本庄繁・陸軍中将は、旅順市から奉天市についた。そのころ、すでに奉天城を占領した関東軍は、奉天市北方の長春《ちょうしゅん》市の郊外で、中国軍と激戦をまじえており、夕方には、同市付近の中国軍兵営をうばった。

一方、数日後には、戦火は、東「満州」・北「満州」に拡大されようとしていた。東「満州」の中心都市・吉林市では、関東軍特務機関や元陸軍憲兵大尉甘粕正彦《あまかすまさひこ》――関東大震災のとき、すぐれたアナーキストの大杉栄《おおすぎさかえ》の一家を虐殺した犯人――の謀略で、日本人居留民の家に発砲と投弾が行われ、治安がみだれているから日本人居留民を保護するという理由をつけて、九月二十一日午前、関東軍の中核をなす第二師団が吉林市に前進を開始し、その日の夕方、吉林城を無血占領した。

その結果、南「満州」は空白となった。そこで、その空白をうめるという理由をつけて、国境の外にいた朝鮮軍（軍司令官・林銑十郎《はやしせんじゅうろう》陸軍中将）は、九月二十一日午後一時、「満州」と朝鮮の国境を流れる大河の鴨緑江《おうりょくこう》を渡河し、同日夜、四千名の兵力は奉天市についた。

この出動は、問題であった。朝鮮から「満州」への出動は、明白な国外出兵だから、陸軍参謀総長の補佐によってだされる大元帥《だいげんすい》＝天皇の命令（これを奉勅《ほうちょく》命令という）と内閣＝閣議の承認――予算支出の決定――が必要条件であった。のちに「越境将軍《えっきょうしょうぐん》」の異名《いみょう》をとった林軍司令官は、そのような法的手つづきをとることなしに、独断出兵をあえてしたのだから、その命令は、国際法上の違法行為であることはもちろん、はやく家永三郎氏の指摘されたとおり、日本の陸軍刑法にてらしてみても、その三十五条・三十七条・三十八条など（次頁参照）に違反する「軍法会議」ものの発令であった（『太平洋戦争』）。

陸軍刑法

第三十五条（不法戦闘開始の罪）

「司令官外国ニ対シ故《ゆえ》ナク戦闘ヲ開始シタルトキハ死刑ニ処ス」

……「故ナク」とは「明治憲法」第十三条にいう宣戦の勅命を待たずに戦争状態に入ることをいう。

第三十七条（不法軍隊進退の罪）

「司令官権外ノ事ニ於《おい》テ已《や》ムコトヲ得ザル理由ナクシテ 擅《ほしいまま》ニ軍隊ヲ進退《しんたい》シタルトキハ死刑又ハ無期若《もしく》ハ七年以上ノ禁錮《きんこ》ニ処ス」

……「権外」（権限外）か否かの判定は、行為者の主観のみに依存せず、客観的な法規・命令・慣例による。

第三十八条（不法戦闘の罪）

「命令ヲ待タズ故ナク戦闘ヲ為《な》シタル者ハ死刑又ハ無期若ハ七年以上ノ禁錮ニ処ス」

……「戦闘」をなすとは、司令官として部下を指揮してなすばあいと司令官以外の者が単独または共同になすばあいとを問わない。また、「戦闘をなす」とは、個々の武力行為だけでなく、いまだ平和の関係にある外国に対して、あらたに戦闘を開始するばあいをもふくむ。

〔出典〕日高巳雄編『加除自在軍事法令判例類集』（一九三六年版）。菅野保之『陸軍刑法原論』（一九四〇年）。

一方、北「満州」の中心都市・ハルビン市ではやはり関東軍のハルビン特務機関や甘粕正彦らにより、九月二十一日夜、日本総領事館・朝鮮銀行ハルビン支店などに爆弾が投げこまれ、治安のみだれを理由として、日本総領事館や日本人居留民から、日本軍の出動の要請があいついだ。しかし、それまで関東軍の行動を大局において認めてきた東京の陸軍参謀本部は、九月二十三日、ハルビン出兵不許可の指示を関東軍にあたえた。ソ連の経営する中東(東支)鉄道の中心駅であるハルビンへの攻撃が日ソ衝突を招くことをおそれたからであるといわれる(歴史学研究会編『太平洋戦争史』第一巻)。

一方、奉天市を失った張学良は、九月十八日当日は、約一一万名の兵力をひきいて、華北の北平《ペーピン》市にいた。それよりさきにチフスにかかり、たまたま療養中であったともいうが、一説には、アヘン中毒にかかり、「酒色《しゅしょく》に麻雀《マージャン》に耽溺《たんでき》する」日々であったとも伝えられる(藤曲政吉『満州建国と五省の富源』一九三二年)。

中華民国陸海軍副司令——一九三〇年十月任命——としてのメンツを失った張学良は、「満州」西南部の錦州《きんしゅう》市に東北辺防軍司令官公署行政署(錦州政府)をおき、そこを反攻の拠点とした。そこで、関東軍は、十月八日午後、奉天飛行場を離陸した一一機の飛行中隊により錦州市の政府庁舎などを爆撃し、二五キログラム爆撃七五発を投下した(島田俊彦「満州事変の展開」・前掲『太平洋戦争への道』第二巻)。

この爆撃に同行した関東軍参謀部作戦課長の石原中佐(↓九七頁)は、午後三時すぎ、軍司令部に帰り、笑いながら、こう語った（山口重次『満州建国――満州事変正史』一九七五年）。

いくら錦州の仮政府でも、二五トン（ママ）爆弾を七〇発やそこいら投下したって壊滅するもんかなあ。これで、日本政府の国際連盟における信用は、完全に吹きとんだ。毛唐《けとう》（欧米人に対する侮蔑語）はなあ、飛行機の空中からの攻撃ということを、日本人が大地震を怖《こわ》がるように、怖がっている。明日の外国新聞は大騒ぎでとりあげる。愉快だなあ。

石原中佐の予想どおり、第一次世界大戦以来はじめての都市爆撃は、国際世論の悪化を招き、十月二十四日、パリの国際連盟理事会は、十一月十六日までに日本軍が撤兵することを一三対一（反対は日本）で議決した。議決には全会一致を要するので、決議は不成立に終わったが、このときから、日本の国際的孤立がスタートした。

満州は占領された

十一月はじめ、関東軍は、戦火を北部「満州」のチチハル市方面に拡大させた。黒龍江省の中心であるこの方面では、ともに「満州」軍閥の雄である馬占山《ばせんざん》の軍隊と張海鵬の軍隊の対立がおこり、チチハルによる馬占山軍は、洮昂《とうあん》鉄道（↓八五頁）の嫩江《ノンコウ》鉄橋の三橋梁を焼却・破壊した。関東軍は「ちょうど北満特産物の出廻り期であり、洮昂鉄道が杜絶すれば、その接続線である満鉄本線に与える損害が甚大」（臼井勝美『満州事変――戦争と外交と』）という理由をつけて、嫩江鉄橋の強行修理にふみきり、計画的に馬占山軍との武力衝突をひきおこし、激戦のすえ、十一月十九日、チチハル市を占領して、ここに「満州」を構成する「東三省《とうさんしょう》」（奉天省《ほうてんしょう》・吉林省《きつりんしょう》・黒龍江省《こくりゅうこうしょう》）の省都は、開戦以来二か月にして、みな関東軍の手中に落ちた。

しかし、冬季における北満の戦いは、苦しい戦いであった。総攻撃の日々、気温はマイナス二〇度、風速五〇メートルを計算すると、体感温度はマイナス三〇度といっていいだろう。氷雪におおわれた大平原で、飯盒《はんごう》の飯はカチカチに凍りつき、乾麺麭《かんめんぽう》――俗にいうカンパン――は、かむとのどをいためるほど凍りついている。むろん、水筒の水も氷結し、夜は、マイナス四〇度の厳寒を焚き火と不十分な防寒具ですごさなければならない。だから追撃中に眠ってしまって、隊列から落伍する兵士たちもいた（『満州建国と五省の富源』）。――チチハル攻略戦では、日本軍の兵力五九〇〇名に対して戦死者五八名、戦傷者二二七名、凍傷者九九六名の結果となり、死傷者の兵力にしめる割合は、二〇パーセントを突破した（前掲『満州事変』）。

ついで、暮もおしつまった十二月下旬には、張学良政権＝錦州政府の所在地であり、遼《りょう》寧省《ねいしょう》の省都でもある錦州市に対する地上攻撃が開始された。こんどは、朝鮮軍より、第二十師団（師団長・室兼次《むろけんじ》陸軍中将）と混成《こんせい》第三十八旅団（旅団長・依田四郎《よだしろう》陸軍少将）の出動を得て、背後を固めた関東軍は、ほとんど抵抗らしい抵抗をうけず、年が明けた一九三二（昭和七）年一月三日、錦州市を占領した。

張学良がほとんど無抵抗に終始したのは、そのころ、「頼みの綱」の蔣介石（↓四一頁）が下野《げや》していたためもあって、南京政府の援助もなく、武器・弾薬の欠乏を来たし、そのままで戦って惨敗すれば、「満州」のみならず、華北における勢力まで一挙に失ってしまうことを怖れたからであろうといわれている（前掲『太平洋戦争への道』第二巻）。

――一方、関東軍は、「満州」占領のための最後の主要目標として、ハルビン市（↓八五頁）をねらった。松花江《しょうかこう》（スンガリー）の沿岸にあり、ロシアが「東洋のモスクワ」として育てた国際都市・ハルビン市では、関東軍の支持をうけて張学良から独立し吉林政権（吉林軍）を組織していた熙洽《きは》と、ハルビンの護路軍司令で抗日的な丁超《ていちょう》の軍（反吉林軍）とのあいだで戦いがおこり、関東軍は、反吉林軍の手で日本人・朝鮮人の殺傷やその家屋の破壊・掠奪、また、ハルビン・日本総領事館への機関銃射撃などの抗日行為が行われたとして、治安の維持と日本人居留民――朝鮮人居留民をふくめて五五〇〇名――の保護を名目に、ハルビン攻撃にふみきった。当時、ハルビン特務機関長は、「東洋のロレンス」といわれた「謀略」家の土肥原賢二《どひはらけんじ》陸軍大佐（↓七七頁）だったから、なんらかの「謀略」があったかもしれない。

一月下旬、ハルビン攻撃は本格的に開始され、二月五日、関東軍主力の第二師団は、地上兵力と航空兵力による攻撃ののち、ハルビン市を占領した。

一つの決算

関東軍の「満州」占領作戦としての満州事変は、一九三二年二月をもってほとんど終了した。前年九月十八日の開戦以来、百数十日の短時日で、日本は、総面積八〇一六〇〇平方キロメートル――日本の約二・五倍――の広大な新天地を手中におさめた。

三月十五日、陸軍省は、この戦争の死傷者数を発表した（上表）。戦死傷者の総計は一一九九名であり、同じく「満州」を主戦場とした日露戦争の約一〇〇分の一にすぎなかった。

満州占領作戦の死傷者数

陸軍省発表

	将校	准士官以下	合　計
戦死者	25	353	378
戦傷者	50	741	791
合　計	75	1094	1169（不明30）

かつて、アメリカ・ジャーナリズムきっての中国通であったエドガー・スノウ（↓一四一頁）は、一九三四年の著書である『極東戦線』において、このようにしるしていた。

……日本軍の威力に対する誇張された畏怖《いふ》の念、そこから生じた恐怖の劣等感《れっとうかん》が前から満州軍をつかんでいた。有能な指揮があればこれを克服《こくふく》できたかも知れず、また〝自衛〟の名で行われた日本軍の侵攻に対しても、まったく別の形をとったかもしれなかった。

……決定的な瞬間に恐怖感が満州軍を支配した。首脳部の無気力が将兵の間に敏感《びんかん》に伝わっていった。多分、張学良将軍ひとりの責任ではなかっただろうが、〈大黒柱《だいこくばしら》が弱ければ寺全体がつぶれる〉ということわざは、このさいぴったりあてはまる(梶谷善久訳)。

「満州国」の誕生

東方への「脱出」

一九三一(昭和六)年十一月十日の夕方、中国華北の天津《テンチン》市・協昌里《シュチャンリ》にある「静園《チンユアン》」というある政治家の邸宅の正門から一台のスポーツ・カーが走り出た。

上に幌のついたその車は二人の人間をのせていたが、もう一人の人間がうしろのトランク・ルームにかくされていた。運転手の技術は下手で、門をでるとすぐに電信柱にぶつかり、トランクルームの人はしたたかに頭をぶつけた。そして、スポーツカーのうしろから、一台の自動車がそっとつきそった。その自動車には、日本人がのっていた。

やがて自動車は、とある料理店についた。そこには、一人の日本陸軍の将校がかくされていた人を待っており、かれを日本軍将校の軍帽とオーヴァーで変装させ、こんどは日本軍の軍用自動車にのせて、白河《ペイホウ》という川——その上流は永定河《えいていが》といい、あとで日本にとって「運命の河」となる(↓第13章、第19章)——の岸をはしらせ、河畔の埠頭《ふとう》に到着した。

埠頭には、灯火を消した小汽船が待っており、その一行をのせると、コンクリートの岸壁をはなれ、河をくだりはじめた。……

その人は、一九〇六（明治三十九）年生まれの当年とって二十五歳、眼鏡をかけた背の高い青年で、その氏名を愛新覚羅溥儀《あいしんかくらふぎ》という。

むろん、一九一一（明治四十四）年十月におこった辛亥革命《しんがいかくめい》により、翌年二月に退位した清朝最後の皇帝である。わずか五歳――在位三年――にして位を去ったもと宣統帝《せんとうてい》溥儀は、そののち、北平の紫禁城《しきんじょう》中や天津市・日本租界の「張園」に失意の生活を送り、二年前から、「静園」に移っていた。

――満州事変が始まると、かれの身辺が急にさわがしくなった。関東軍の北満侵攻が開始された十一月はじめのある夜、かれのもとに一人の日本人軍人がたずねてきた。ときの関東軍奉天特務機関長・土肥原賢二大佐である。溥儀の自伝によると、この夜、ふたりのあいだには、こんな会話が交わされたという（『わが半生』上・丸山昇―新島淳良共訳・一九六五年）。

私は気にかかっていたもう一つの重要問題について、きいてみた。

〈その新国家はどのような国家になるのですか〉

〈さきほども申し上げましたように、独立自主の国で、宣統帝がすべてを決定する国家であります〉

〈私がきいたのはそのことではない。私が知りたいのは、その国家が共和制か、それとも帝制か、帝国であるかどうかということです〉

〈そういう問題は瀋陽《シュンヤン》（奉天）へ行かれれば解決しましょう〉

〈いや〉、私はあくまで固執した。〈復辟《ふくへき》（帝政復古）ならば行きますが、そうでないなら、私は行きません〉

彼は微笑したが、言葉の調子は変えずにいった。

〈もちろん帝国です。それは問題ありません〉

〈帝国ならば行きましょう〉

私は満足の意を示した。……

……やがて船は灯火をともし、中国軍の停船命令におびえたりしながら、深夜、大沽口《タークーコー》につき、一行は、そこから日本商船「淡路丸」にのりかえて、渤海湾《ぼっかいわん》と遼東湾《りょうとうわん》をわたり、十一月十三日朝、遼東半島の西のつけ根にある営口港《えいこう》についた。そこには、溥儀の期待したようなもと皇帝を歓迎する満州人民衆の姿はなく、少数の日本人だけが出迎えていた。この渤海湾・遼東湾コースは、のちに、日本の対中国・密輸出ルート（↓一八五頁）になったが、いまは、一人の人間がそれと逆コースで「密輸入」されたのであった。

その「密輸入」の主体は、さきの土肥原大佐を機関長とする関東軍の奉天特務機関であり、日本は、こうした「007《ゼロゼロセブン》」的方法で、中国の歴史がすでに辛亥革命で否定した旧皇帝を蘇生《そせい》させ、新「満州国」の頂点にすえようとはかったのであった。

……やがて、日本の軍服をきた溥儀は、汽車や馬車をのりついで、湯崗子《タンカンシ》温泉の日本旅館につき、のち、旅順市に移って、「満鉄」の経営する大和ホテルに生活した。

その間、溥儀はつねに二階に泊められ、また関東軍の一隊につねにつきそわれていた。それは、幕末、倒幕派の志士たちが天皇をさしてよんだあの露骨なヴォキャヴラリイを使用していうならば、「玉《ぎょく》」をにがさないための配慮であった。

「満蒙独立国」プラン　これよりさき、開戦四日後の九月二十二日、関東軍の「ブレイン・トラスト」が一つのプランを作成した。

ひたいを集めて、案をねったのは、参謀長・三宅光治少将をはじめ、土肥原賢二・板垣征四郎両大佐、石原莞爾中佐、片倉衷《かたくらただし》大尉らであり、「満州事変機密作戦日誌」におさめられている（前掲『太平洋戦争への道』別巻資料編）。

満州問題解決策案　　九月二十二日（陸軍）大臣（参謀）総長宛

第一　方針

我国ノ支持ヲ受ケ東北四省及蒙古ヲ領域トセル、宣統帝ヲ頭首トスル支那政権ヲ樹立シ、在満蒙各民族ノ楽土タラシム。

第二　要領

一、国防・外交ハ新政権ノ委嘱《いしょく》ニヨリ日本帝国ニ於テ掌理シ、交通・通信ノ主ナルモノハ之ヲ管理ス。内政其他ニ関シテハ、新政権自ラ統治ス。

二、頭首及我帝国ニ於テ、国防・外交等ニ要スル経費ハ、新政権ニ於テ負担ス。

……

このプランについて、石原中佐（↓九七頁）は、つぎのようなコメントをつけている。

本意見は、九月十九日の満蒙占領意見、中央（陸軍省・参謀本部）のかえりみるところとならず。かつ建川少将（参謀本部第一部長・建川美次《たてかわよしつぐ》）すら全然不同意にて、とうていその行われざるを知り、万こくの涙をのんで、満蒙独立国案に後退し、最後の陣地となしたるものなるも、好機ふたたび来りて、遂に満蒙領土論の実現する日あるべきを期するもの。

――一九一〇（明治四十三）年八月二十九日以降の朝鮮と同じ運命に「満州」をつきおとすこと、それが関東軍の真の目的であった。

偽国・「満州国」の成立

一九三二（昭和七）年三月二日付の『東京朝日新聞』夕刊――三月一日の夕刊――は、こんな見出《ヘッド・ライン》しをかかげている。

新『満州国』けふ（今日）ぞ建国の日！
宣言を中外に発す
我国の二倍半の地域

そして、そのあとに、〔奉天特派員一日発〕として、こんなリードがつづいている。

満州三千民衆の燃ゆるが如《ごと》き至誠《しせい》と待望《たいぼう》のうちに、新国家〈満州国〉建設の日は来た！　陸邦《りくほう》日本の昭和七年三月一日、この日こそは、世界史上永久に記念さるべき〈満州国〉の大同《だいどう》元年三月一日、即ち新国家〈満州国〉の建国第一日となった。広ぼう七万四千方里、我が国の二倍半もある大地域、生気《せいき》はつらつたる新〈満州国〉は生れたのだ。この日は朝来快晴《ちょうらいかいせい》、無風好個《むふうこうこ》の建国日和《けんこくびより》だ。朝寝坊の支那人が夜明けが待てず飛び出して、〈お目出《めで》とう〉を繰返《くりかえ》している。まだ明けやらぬ午前六時といふに、早や奉天城内外、支那街、日本街、街《まち》といふ街は戸《こ》毎《ごと》に驚《おどろ》くばかり鮮《あざや》かな新五色旗が翻へり、心なしか、満蒙の森羅万象《しんらばんしょう》はことごとくこれさう快、これはつらつ、悪虐ひ（秕）政、人道上許すべからざる軍閥打倒の廃きょの上に生気《せいき》横溢《おういつ》、随喜《ずいき》の声は今や万雷《ばんらい》の如く満蒙の天地を揺《ゆる》がしてゐる……。

——新国家の首都には、「満鉄」幹線の終点である長春市《ちょうしゅんし》が新京市《しんきょうし》と改名されてさだめられ、年号は、中国古典の『易経《えききょう》』にある「天下大同」の一句により「大同《だいどう》」（のち康徳《こうとく》）と決められた。ついで、三月九日には、愛新覚羅溥儀は、満州国の元首ともいうべき執政《しっせい》（のち皇帝）の地位についた。

しかし、この新国家は、ふしぎな国であった。「独立国」のはずなのに、満州人・中国人だけで政府首脳部がつくられず、いたるところに日本人官吏がいて、行政の実権を手中にしていた。いま、その点を図にしめそう。

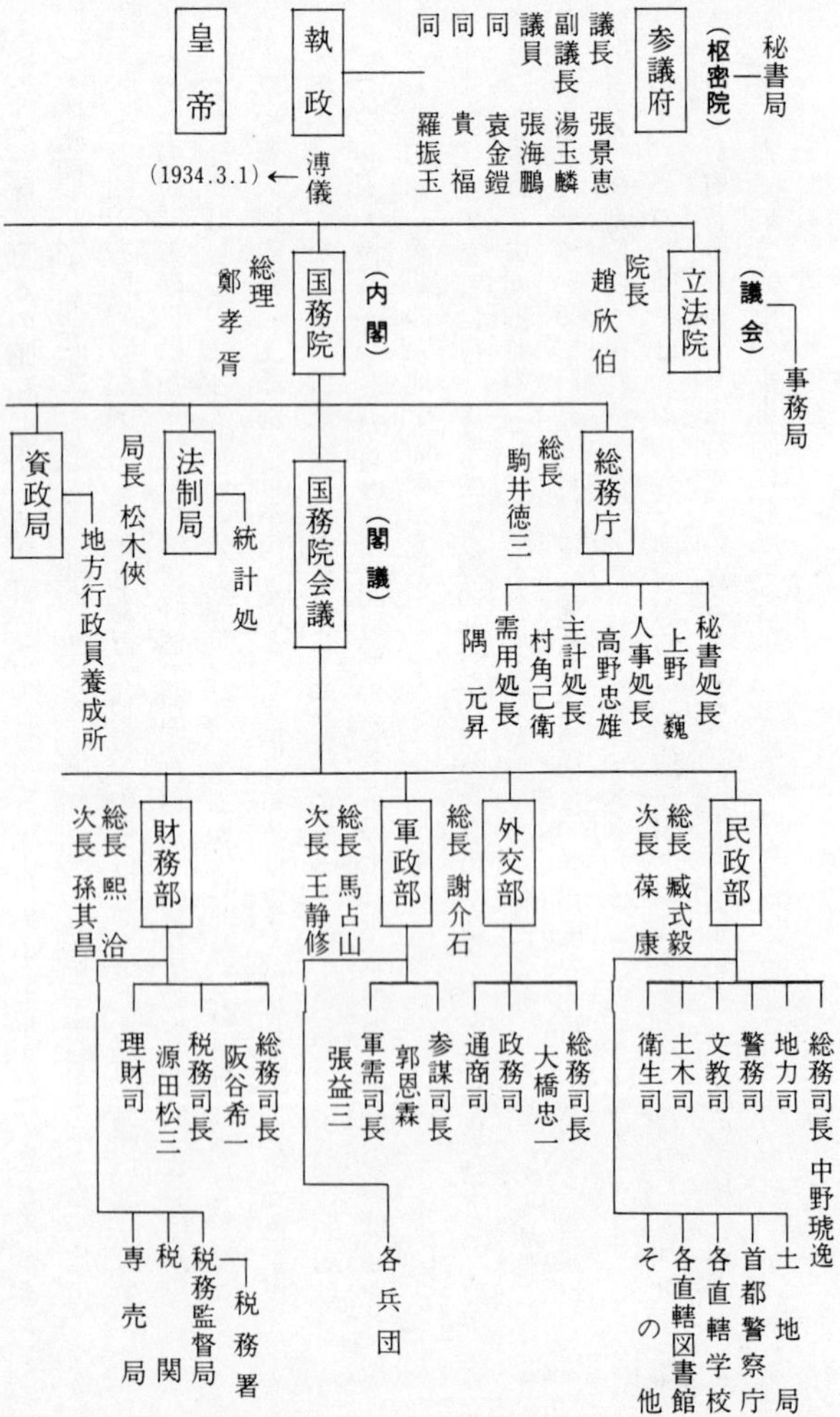
皇帝
執政
溥儀
(1934.3.1)←
参議府（枢密院）
秘書局
議長　張景恵
副議長　湯玉麟
議員　張海鵬
同　袁金鎧
同　貴福
同　羅振玉
立法院（議会）
事務局
院長　趙欣伯
国務院（内閣）
総理　鄭孝胥
総務庁
総長　駒井徳三
秘書処長　上野巍
人事処長　高野忠雄
主計処長　村角已衛
需用処長　隅元昇
法制局
局長　松木俠
統計処
資政局
地方行政員養成所
国務院会議（閣議）
民政部
総長　臧式毅
次長　葆康
総務司長　中野琥逸
地方司
警務司
文教司
土木司
衛生司
土地局
首都警察庁
各直轄学校
各直轄図書館
その他
外交部
総長　謝介石
総務司長　大橋忠一
政務司
通商司
軍政部
総長　馬占山
次長　王静修
参謀司長　郭恩霖
軍需司長　張益三
各兵団
財務部
総長　熙洽
次長　孫其昌
総務司長　阪谷希一
税務司長　源田松三
理財司
税務監督局
税務署
税関
専売局

「満州国」政府の行政組織

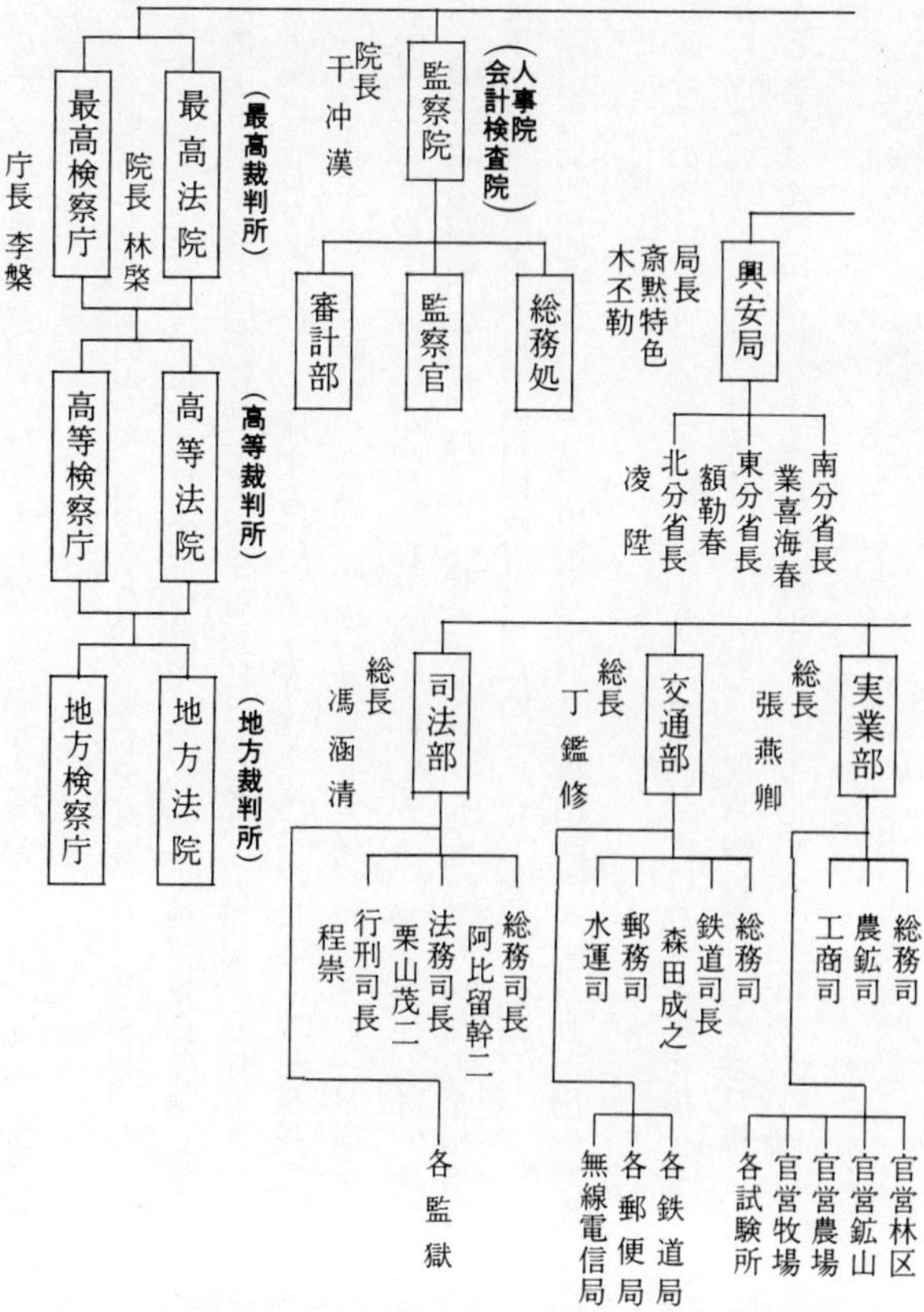

〔出典〕藤曲政吉『満州建国と五省の富源』満州通信社・1932 年

また、満州国のそういう性格については、もと奉天総領事の森島守人《もりしまもりと》に、こんな回想がある（『陰謀・暗殺・軍刀』一九五〇年）。

満州国は、王道楽土《おうどうらくど》・五族協和《ごぞくきょうわ》の美名のもとに、独立を宣言した。しかし、右は名目だけにとどまって、実質は完全なる日本の衛星国《えいせいこく》、顧維鈞《こいきん》（中国政府国際連盟代表）のいわゆる偽国《ぎこく》であった。国務総理や大臣や省長《しょうちょう》には、満人（満州人）が任命されたが、虚器《きょき》（実権の伴わない地位）を擁《よう》するにとどまり、実権は、日本人の総務長官や次長の手ににぎられていた。財政、金融、交通、産業などは、いっさい、日満合弁《にちまんごうべん》（日満共同経営）の形式のもとに、日本に掌握《しょうあく》せられた。しかも、総務長官以下日本官吏は、すべて関東軍の頤使《いし》（アゴで使う）に甘んずるほかなく、満州国指導を担当していた関東軍の第三課が事実上の満州国政府だったといっても過言《かごん》ではない。

――それは、「国家でない国家」、つまり、中国人のいう「偽国《ぎこく》」の、呪われた出生であった。

その上、関東軍は、のちに、「日満議定書」により、満州国全土に対する駐兵権をもつことになったから、これまで「満鉄」付属地（↓八五頁）と関東州にだけしか駐兵権をもっていなかったときとは比較にならない「行動の自由」を手中にすることができた。

第４章
上海のたたかい——ある「序曲」

虬江路最前線——上海事変の市街戦のようすがうかがえる。

「爆弾三勇士」

「爆弾三勇士」とよばれた兵士たち

いま、私の手元に、一冊の雑誌がある。『少年倶楽部《クラブ》』の昭和七年五月号である。

ちょっとみると、復刻本かとみまちがうほどきれいに保存されたこの雑誌の表紙には、旭日光をえがいた軍艦旗《ぐんかんき》がひるがえり「帝国海軍号」という特集タイトルがしるされているが、目次をひらくと、南洋一郎《みなみよういちろう》『吼《ほ》える密林』・佐々木邦《ささきくに》『わんぱく時代』・山中峯太郎《やまなかみねたろう》『亜細亜《アジア》の曙《あけぼの》』などの人気小説とならんで、当時、「人気絶頂」への道をのぼりはじめていた田河水泡《たがわすいほう》の『のらくろ一等兵』が連載されている。そして、この号の『のらくろ』には、こんな話がのっている。

――「猿」の国の軍隊と戦っている「猛犬連隊《もうけんれんたい》」――「のらくろ」こと野良犬黒吉《のらいぬくろきち》一等兵はそこに所属する――は、「猿」軍の機関銃と鉄条網《てつじょうもう》(有刺鉄線のバリケード)を攻めあぐんでいる。そこに三匹の「犬」の兵士――みな一等兵――がブルドッグの連隊長に「決死隊」となることを志願し、背中に点火した丸いダイナマイトをせおって、鉄条網地帯につっこみ、自爆《じばく》する。「猛犬連隊」は総攻撃に成功し、「猿」軍の「隊長」は捕虜となり、戦死した三匹の兵士は「金鵄勲章《きんしくんしょう》」をさずかる。また、一番のりをはたした「のらくろ」

は、一等兵から上等兵に昇進する。ラスト・シーンは、戦友の墓前で泣いている「のらくろ」――。

この話の三匹の犬の兵士には、いわば「モデル」がある。それは、一九三二(昭和七)年二月二十二日の午前五時すぎ、上海市北郊の呉淞《ウースン》河に近い廟行鎮《びょうこうちん》で、破壊筒をかかえて中国軍の鉄条網につっこみ、鉄条網破壊に成功するとともにみずからも戦死した、久留米《くるめ》の第十二師団より抽出・編成された混成第二十四旅団所属の工兵隊員である、作江伊之助《さくえいのすけ》・江下武二《えしたたけじ》・北川丞《きたがわゆずる》――いずれも陸軍工兵一等兵――の三名の兵士である。

ある戦死　まず、当時の新聞により、状況を再現してみよう。『大阪朝日新聞』の昭和七年二月二十六日号は、「二十五日上海にて、新宮特派員発」のくわしい報告をのせている(朝日新聞社編『朝日新聞にみる日本の歩み――暗い谷間の恐慌・侵略Ⅱ』一九七四年)。

一面の左側全段をしめるこの「肉弾三勇士」詳報は、つぎのような見出し《ヘッド・ライン》――ヘッド・ラインは、多数の人びとの共通感覚《コモン・センス》を支配する呪力をもつ現代の禁箍呪《きんこじゅ》(孫悟空の頭にかぶせられた金線入りの帽子は、「三蔵法師」にこの呪文をとなえられると石猿の頭をしめつける)だ――に、はじまっている。

点火した爆薬筒を抱き
決然鉄条網に飛込む

身もろとも爆破、突撃路開く

忽ち廟行鎮の敵陣を占拠

記事によれば、「日本軍攻撃体制の右翼に位置する廟行鎮《びょうこうちん》は、「戦略上どうしても早く取る必要」のある要地で、中国軍はそこで、クリーク（creek）を利用し、「巾四メートルの鉄条網を張りめぐらし」、その奥によくガードされて幾重《いくえ》にもなっている塹壕《ざんごう》（野戦用に深い溝を掘り、掘った土をつみあげた陣地）をつくり、多数の小銃・機関銃をそこに集中して、堅固な陣地を構築していた。この鉄条網の強行突破の任をおびたのが混成第二十四旅団所属の工兵第二中隊――中隊長・松下環大尉以下隊員一〇〇名――であった。

午前五時半の突撃予定時刻を前に、第一・予備の二班から成る破壊班《はかいはん》は、「陰暦十七日の残月《ざんげつ》」の光をあびながら出発、第一班から破壊工作にかかったが、「敵前七〇メートル」のところで中国軍に発見され、小銃弾・機関銃弾の猛射をうけてつぎつぎに死傷者を出して失敗した。ついで、予備班は、爆薬筒を鉄条網中にはこんでから点火するゆとりがないと判断し、「身をもって爆破」の決意をきめて、班長は小隊長と水筒の水で別れの盃をかわして、導火線に点火後、くもりだした月光のなかを出発、鉄条網前二〇メートルの地点で中国軍に発見され猛射をあびたが、かまわず前進し、特派員の描写を借用すると、「三人とも最初の決意どほり身体もともに爆破するに決心し、爆薬筒に点火し、これを胸に抱いてかけ出し、鉄条網のまっ只中《ただなか》に身体を投げつけて爆破、壮烈な戦史上にいまだ聞かざる戦死を遂《と》げてしまった」。

こうして、鉄条網中に突撃路がひらかれ、うしろに待機していた歩兵第三中隊は突撃ラッパをならしつつ突撃に移り、廟行鎮東側陣地の一角を占領することに成功した。ときに二月二十二日午前六時すぎ。

軍国「神話」の形成

『追われゆく坑夫たち』『せんぶりせんじが笑った』などのすぐれた著作を生んだ九州の上野《うえの》英信《えいしん》氏に、『天皇陛下万歳――爆弾三勇士序説』という著書がある（一九七一年）。

このほんは、「爆弾三勇士」というテーマを問題にするすべての後学の徒がまずまっさきに味読するべき必読文献であるが、そのなかに、以下のような新聞の見出し《ヘッド・ライン》が紹介されている（ルビは引用者）。

〈帝国万歳〉と叫んで
吾身は木葉《こつぱ》微塵《みじん》
三工兵点火せる爆弾を抱き
鉄条網へ躍《おど》り込《こ》む（「東京朝日」2・24）
肉弾で鉄条網を撃破す
点火した爆弾を身につけて
躍進《やくしん》した三人の一等兵

忠烈まさに粉骨砕身《ふんこつさいしん》（「西部毎日」2・25）
壮烈《そうれつ》三勇士の戦死
爆薬を身につけて
敵の鉄条網に躍込んで爆死（「福岡日日」2・25）

用語がステレオタイプなのは、現地の陸軍当局から、共通のニュース・ソースが流されているためだろうか、ともあれ、新聞・ラジオ・雑誌を中核とする当時の「マス・コミ」は、熱にうかされたように「爆弾三勇士」奉讃《ほうさん》の大キャンペーンをくりひろげた。

——たとえば、「朝日新聞」は、コラム「天声人語」において、「三勇士」を「軍神《ぐんしん》として祀《まつ》るべきだ」と主張し、「せめては遺族を衣食に苦しめるな」と熱っぽくよびかけ、わずか六日間で二万三千円近い義捐金《ぎえんきん》をあつめた（前掲『天皇陛下万歳』）。

また、この年の五月人形には、「三勇士」人形があらわれている（「東京朝日新聞」四月二十二日号）。

——「一種の興奮状態が日本を包んだ」と社会学者の加藤秀俊《かとうひでとし》氏はかいている（「美談の原型」——朝日ジャーナル編『昭和史の瞬間』上・一九六六年）。

連日の新聞報道、『少年倶楽部』・『婦人倶楽部』などの特集号、そして、映画に、演劇（歌舞伎・新生新派・人形浄瑠璃・松竹レヴィュウ）に、「三勇士」ブームが日本列島を席捲《せっけん》した。そして、ずっとのちの一九四二（昭和十七）年度発行の第五期国定教科書の「初等科国語」(二)には、「三勇士」という教材がのせられ、その最後は、「天皇陛下万歳」といってしずかに目をつぶった作江一等兵の死をもってとじられている（前掲『天皇陛下万歳』）。

——こうして、「爆弾三勇士」は、「軍国の神」としてまつられていった。むかしから、日本では、イケニエ（犠牲《ぎせい》）の動物の片目をつぶして、その「神聖不可侵」性を具象化する慣習・伝承があったが（柳田国男『一ツ目小僧の話』）、爆死させられた三兵士は、かれら三人の意志とはまったく別の次元で、多くの人びとを靖国神社の「祭壇」におくりこむための「犠牲」としての「触媒《しょくばい》」作用を果たさせられたのであった。

ところで、「爆弾三勇士」が三人がかりで敵陣にはこんだ爆薬筒《ばくやくとう》・破壊筒とは、どんなものだったのだろうか？

二つの疑惑

さきにふれた『少年倶楽部』の五月号には、今村嘉《いまむらか》吉《きち》陸軍少佐の絵（次頁）がおりこみ付録で入っている。

この破壊筒について、吉原矩氏の『日本陸軍工兵史』（一九五八年）には、こうある。

急造破壊筒——薬量二〇キログラムにして、一メートルごとに雷管一個を付し、長さ三〇センチの緩燃導火《かんねんどうか》索《さく》・正副二条を付し、端末に近くマッチを付しゴム綿帯にて防湿せるもの……。

そして、「爆弾三勇士」にまつわる一つの疑惑は、上野氏が引用する杉谷昭氏の所説のように、「三勇士が速燃《そくねん》導火線と緩燃導火線を取り違えたのではないか。緩燃導火線をつ

陸軍少佐　今村嘉吉画『あゝ爆弾三勇士』

　爆弾《ばくだん》三勇士《ゆうし》のお話《はなし》は、大急《おほいそ》ぎで四月號《ぐわつがう》に出《だ》しましたから、三勇士《ゆうし》はどんなに勇《いさ》ましい戰死《せんし》を遂《と》げたか、諸君《しよくん》にはよくおわかりの筈《はず》です。その後《ご》、三勇士《ゆうし》の壯烈《さうれつ》な話《はなし》が次《つぎ》から次《つぎ》へと傳《つた》へられますが、實《じつ》に聞《き》けば聞《き》く程勇敢《ほどゆうかん》な最期《さいご》でした。私《わたし》たちは、日本《にっぽん》の國《くに》に生《うま》れ、斯様《かやう》に忠烈《ちうれつ》な同胞《どうばう》を持《も》つてゐることを、世界《せかい》に誇《ほこ》りたいと思《おも》ひます。この繪《ゑ》は、陸軍切《りくぐんき》つての名《めい》畫伯《ぐわはく》といはれてゐる今村少佐《いまむらせうさ》に描《か》いて頂《いただ》きました。陣地《ちんち》の模様《もやう》から、三勇士《ゆうし》の服装《ふくさう》から、火《ひ》を吹《ふ》いてゐる爆薬筒《ばくやくとう》から、何《なに》から何《なに》まで實《じつ》に正確《せいかく》です。しかも死《し》を決《けつ》して飛《と》び込《こ》まうとする三勇士《ゆうし》の神々《かうがう》しいまでに勇《いさ》ましい姿《すがた》が、見《み》る人《ひと》の胸《むね》をうちます。永久《えいきう》の記《き》念《ねん》にして下《くだ》さい。(四月號《ぐわつがう》に取《と》り敢《あ》へず出《だ》した繪《え》は突《とつ》嗟《き》の際《さい》とて報告不明《はうこくふめい》の爲《た》め多《た》少違《せうちが》つてゐました。)

(少年倶楽部・昭和七年・五月号)

けておれば、爆弾を置いて走り帰ることができた」と軍じしんも結論していたのではないかという問題である。この点について、そのころ、上海駐在の日本公使館付武官補佐官の地位にあった田中隆吉陸軍少佐――あとでかれが一主役として登場する――は、上海事変から三三年たった一九六五年に、東京12チャンネルの「私の昭和史」のなかで、こういっている。

……これはですなあ、命令した上官がですなあ、爆薬の導火線をですなあ、一メートルにしておけば、完全に鉄条網を爆破して帰れるんです。ところが、誤って五〇センチ、半メートルにしたんです……(「装甲車とクリークと」――東京12チャンネル報道部編『証言・私の昭和史』第一巻・一九六九年)。

この「事故」「上官のあやまち」説は、さきにひいた『日本陸軍工兵史』の「長さ三〇センチの緩燃導火索正副二条」と矛盾するし、テレビ番組ということもあって、田中少佐のデータの出所も明確ではない。したがって、これ以上の断定は、つつしんでおく。

もう一つの疑惑は、さらに重苦しく、そしてシリアスな問題である。それは、上海事変の直後の一九三二(昭和八)年ごろにひろまった一つの噂であり、端的にいうならば、「爆弾三勇士」のなかの一人または二人が「被差別部落民《ひさべつ》」であったといううわさばなしであった。あらためていうまでもなく「被差別部落」は、早くとも十五〜十六世紀以降に歴史的に成立した――さしあたって、私は、柳田国男氏にしたがう――ところの、日本史におけるいわれなき差別の結節点であり、「部落民」という差別語・一語が一人の人間の功績・美点・才能のすべてをたちまち帳消しにできるほどの「負」の性能をあたえられていた（柳田国男「所謂特殊部落ノ種類」一九一三年――『定本・柳田国男集』第二十七巻）。

その噂について、さきの上野氏は、つぎのような福地幸造氏の「証言」をひいている（「再び部落民兵士の手記を」・『部落』一九六一年八月号――上野氏前掲書）。

――私は思いだす。〈爆弾三勇士〉が私たちをふるいおこさせていた記憶を。私の耳に入ってきたヒソヒソとした流言のことを。〈ありゃ、四つや、エタに死場所を与えてやったのや、エタにああいうことをいいつけてやると喜んで死ぬんや〉という声を、私は聞いている。二十年経った今でも、このときの衝撃が生々と思いだされてくるのだ。

――世間には、いってよいことと、いって悪いことがある。そして、この種の噂は、事実の有無とは別の次元で、いって悪いこと――その最悪のこと――の一つに属する。したがって、その噂の真偽を判定するどのような特別のデータをも所有しない私としては、やはり、これ以上の断定はつつしんでおく。

ただ、その噂とは異質の領域で――しかし、ある共通の問題状況を推測させることとして――、「爆弾三勇士」の一人である江下武二がその「正伝」における母堂・たき女のことばを借りるならば、「武二が二歳の時、私達は村を出ました。それから武は一度も故郷の蓮池村《はすいけむら》には行きませんでした。武はとうとう故郷を知らずに死にました」「武が故郷と云へばまあ相知炭坑位《おうち》のものでせう」という生育歴をもった青年であることを指摘することも、あるいは許容されよう（宗改造編著『軍神・江下武二正伝』一九三三年）。

江下武二は、一九一〇（明治四十三）年、佐賀県神崎郡蓮池村に生まれた。赤ん坊のとき、「江下徳松氏の蓮池出村事情については、個人的に見れば、本人の不徳の致す処もありませう」（正念寺住職・楠木至誠氏談話）といった貧窮・借金などを一理由として、同県松浦郡にある三菱・唐津《からつ》鉱業所の相知炭坑に移ったが両親のともかせぎで一日三十銭にしかならず、母のいない留守中、兄の多一にお守りされた武二の「着物もおしっこでぬれたままでした」（『軍神・江下武二正伝』）。

こうした閲歴をもつ江下一等兵にとって、そのいたましい戦死は、陸軍伍長への二階級特進をふくめて、また「天皇・皇后両陛下」下賜の「祭粢料《さいしりよう》」をふくめて、さらに「遺烈千秋不磨」という犬養首相の色紙をふくめて、一炭坑夫の子としては考えられない栄光をもたらし、そのことにおいて、すべて日本社会の底辺に生きる庶民たちの上昇志向にとって、「希望の明星」となった。——このことは、現代日本の「未解放（＝被差別）部落」問題に対して、けっして無縁なテーマではないであろう。

——かくて、「爆弾三勇士」は、戦争と日本国民のかかわりの一象徴となっていく。

「国際都市」上海のたたかい

日本人がやった抗日テロ

「爆弾三勇士」を戦死させたたたかいは、一九三二（昭和七）年一月二十八日にはじまり、同年三月三日に終わった、中華民国・上海市における日中両国軍の本格的な武力衝突である上海事変《シャンハイじへん》——一九三七（昭和十二）年にも上海で事変がおきたので第一次上海事変ともいう——であった。

そして、その直接のきっかけとなったのは、この年の一月にあいついでおこった中国人の抗日運動と日本人居留民とのあいだの深刻な対立の激化諸事件にあるといわれてきた。

まず、一月九日には、前年からの日貨排斥（日本商品ボイコット）運動につづいて、一月八日におこったばかりの桜田門事件——朝鮮人・李奉昌《りほうしよう》が東京の桜田門で天皇の馬車に手榴弾を投げ、天皇の車でなく宮内大臣・一木喜徳郎《いちききとくろう》の車に小さな損害を与えた——について中国の国民党機関新聞の『民国日報』が「不幸にしてわずかに副車《ふくしや》をさく 兇手すなわちとらわる」——おしくも副車（一木宮相の随行車）だけがやられたというニュアンスがある——という記事をかかげるという、いわゆる「不敬」事件がおきた。ついで、一月十八日夕刻には、中国人経営のタオル工場・三友実業社の近くの道路を通行中の日本人法華宗僧侶二名と信徒三名とが「三百余名」と日本側史料にある多くの中国人におそわれ、二名死亡・三名重傷という被害をだす日本人僧侶殺害事件がおき、こえて、一月二十日の夜明け前――午前二時半すぎ――には、日本人居留民中の青年同志会員三二名が抗日運動の一拠点とみられていた三友実業社に「報復」襲撃を行い、社宅に放火し、その帰途、中国人警察官と衝突、中国人側に四名の死傷者をだし、日本人側にも三名の死傷者をだすという三友実業社事件がおきた。

こうしたなかで、日本人居留民とその共同組織である上海居留民団の世論は、激昂《げきこう》し、一月二十一日、そうした世論に影響され、バック・アップされた現地の日本海軍は、第一遣外艦隊《けんがいかんたい》司令官・塩沢幸一《しおざわこういち》少将の名において、つぎのような声明を発した（上海日報社編『上海事変』一九三二年）。

　声明

本職は、上海市長に、帝国総領事の提出せる抗日会解散及び日本僧侶暴行事件の要求を容《い》れ、速《すみや》かに満足なる回答並びに其の履行《りこう》を要望す。

万一これに反する場合に於《お》いては、帝国の権益擁護《けんえきようご》のため適当と信ずる手段に出づる決心なり。

これに対して、上海市長・呉鉄城《ごてつじょう》は、あくまで抗日を要求する上海の中国人学生・労働者らと抗日禁止を要求する日本海軍・上海居留民団などとの板ばさみとなり、結局、一月二十八日午後、日本の要求をほぼ全面的にのむ回答文を日本総領事館に手交してきたが、いわば時すでにおそく、同日の夜十二時頃、北四川路《きたしせんろ》では、ついに日本海軍の陸戦隊と中国・第十九路軍の武力衝突がおこった。

中国の第十九路軍は、煉瓦造りや木造の家屋が密集し、道路をおおって、ちょうどトンネルのようになっている市街の要点に堅固な陣地をきずき、そこに自動火器をすえて、日本軍に抵抗した。その抵抗は、激烈で、しばしば、手榴弾戦や白兵戦まで行われ、日本の公式戦史すら、交戦第一日目においてすでに「我海軍の嘗て経験せざる市街戦を現出」としていた（軍令部編『昭和六、七年事変海軍戦史』一九三四年）。

謀略の構図

殺傷事件――しかし、日本の敗戦後になって、これらの抗日事件――ことに日本人僧侶殺傷事件――について、まことに奇怪な事実があきらかになった。

――すなわち、さきの田中隆吉少佐――のちに「東京裁判」では、検察側証人として「大活躍」し、アメリカ側から厚いもてなしをうけた怪人物――は、じぶんじしんの手記と告白により、あれは俺たち日本軍がやったと証言したのである（田中隆吉「上海事変はこうして起された」・前掲『別冊知性・秘められた昭和史』。前掲「装甲車とクリークと」『証言・私の昭和史』第一巻）。

田中　それは……前の年の九月十八日に満州事変が起こりました。十一月半ばには、ほぼ平定した。日本人としては（中華民国から切りはなして――引用者）満州を独立させたいんです。ところが列国側が非常にうるさい。そこで、関東軍高級参謀・板垣征四郎大佐（↓七七頁）から私に電報が来まして、〈列国の目がうるさいから、上海で事を起こせ〉と。列国の目を上海にそらせて満州の独立を容易ならしめよ、という電報が来たんです。それで、金を二万円送って来た。

——（司会・三国一朗）運動費ですね。大金ですねえ。

田中　今の金（一九六五年）にすれば六〇〇万円です。それで私は何とかして事を起こそうと——。実は私も満州事変に関係した一人ですから、是非成功させたいと思いました。

当時、親しくしていました川島芳子《かわしまよしこ》さんという女の人がいました（「東洋のマタ・ハリ《ダブル・スパイ》」といわれた日本の謀略工作員？で、このころ二十五歳の小柄な美人。清朝王族の一人である粛親王の娘で、大陸浪人・川島浪速の養女として育てられ、このころ、田中少佐と性的な関係があったとみられている——渡辺龍策『秘録・川島芳子』）。

——例の男装《だんそう》の麗人《れいじん》……。

田中　ええ、これに二万円渡しましてね。上海に三友実業公司《コンス》というタオルの製造会社があったんですが、これが非常に共産主義で排日なんです。排日の根拠なんです。それが、〈それをうまく利用して日蓮宗の托鉢僧《たくはつそう》を殺せ〉ということを頼んだんです。果たしてやったんです。

——やりましたか。

田中　一人殺されて、ふたりは傷ついたんです。そこで私は、この時こそ事を起こそうと思って、当時、上海に日本人青年同志会というのがあったんですが、それをちょうど上海に来ておった重藤千春という憲兵大尉に指揮させて、その抗日色の強い三友実業公司を襲撃させたんです。そうすれば、必ずや日支間に衝突が起こると、私はそう確信したんです。果たして……

――田中機関は、あい前後して、三井系の「鐘紡《かねぼう》」（鐘ヶ淵紡績――今日のカネボウ）上海事務所から十万円の政治工作資金を出させ、ついで、三井物産の上海支店長をおどして、三井財閥のトップ・リーダーである三井《みつい》合名《ごうめい》理事長・団琢磨《だんたくま》男爵――この年三月五日に右翼の血盟団《けつめいだん》により暗殺される――をつうじ、ときの犬養毅《いぬかいつよし》首相――五・一五事件で暗殺される中国通の老首相にはあと三か月半の生命しかない――に上海への出兵を要請させた。

ところで、さきの田中証言が口から出まかせのホラでないことは、当時、関東軍参謀部総務課という軍の中枢部にいた片倉衷《かたくらただし》・陸軍大尉の前年十二月十日付の業務日誌に、つぎのようにあることからもわかる（『満州事変機密政略日誌』其三――『現代史資料』第七巻）。

軍は此際《このさい》寧《むし》ろ北京・南京・上海の官場《かんじょう》（政府系機関）、民衆の輿論《よろん》を錦州《きんしゅう》（→一〇九頁）撤兵反対・錦州政府（張学良政権）撤去反対に指導するを以って、学良、蔣介石を窮地《きゅうち》に陥《おちい》らしめ、（関東軍の）局面打開の策を講ずる上に有利なりとし、関参（関東軍参謀部命令）五六〇号を以って、北京・上海・天津各関係向に依頼せり。

〈本件は、外務側（日本外務省）の撤兵交渉の裏を掻《か》くが如きも、之に依り支那民心を混迷に陥らしめ、反張運動を促進するに力あり、上海・田中武官最も活動せり（板垣参謀と連絡）〉。

要するに、関東軍がいますすめている「満州国」密造工作をやりやすくするために、中国本土で抗日を逆にあおり、さわぎを大きくし、中国政府を困らせ、国際的な視線を「満州」からそらさせ、混乱のなかですべてをうまくやろうとしていたというのである。

戦闘開始　中国革命文学の生みの親である作家・魯迅《ろじん》は、この年一月二十八日の夕方（夜）、そのころ住んでいた北四川路のアパートの三階から、近くにある日本海軍陸戦隊本部の電灯がいっせいにきえたのをみた（許広平『魯迅回想録』松井博光訳・一九六八年）。

この日の午後、呉鉄城《ごてつじょう》・上海市長は、加害者の処罰と抗日団体の解散など、さきに村井倉松・上海総領事のつきつけた諸要求を全面的にのみ、ついで、上海の「共同租界」の行政権をにぎる工部局は、戒厳令をしき、イギリス・アメリカ・フランス・イタリアの軍隊がそれぞれ分担区域の警備についた。

こうしたなかで、その日の深夜、日本陸戦隊（兵力・一八〇〇名余）の第一線は、上海・呉淞《ウースン》間をはしる淞滬《しょうこ》鉄道の線路に近い北四川路西側地域に進出した。ここは、前年に「共同租界」防備委員会により、日本軍の分担区域ときめられたが、その決定は中国側に伝えられておらず、しかも、まったく租界の外にはみだしていたから、明白に中国主権の侵害であり、潜伏待機中の中国軍は、ただちに猛烈な射撃を加えてきた。

——こうして、戦闘は開始された。中国軍の主体は、国民党左派（対日タカ派）の軍隊であり、同派の領袖《りょうしゅう》である陳銘枢《ちんめいすう》とその部下の蔡廷鍇《さいていかい》にひきいられ、かつての国民党政治顧問であったソヴィエト人M・ボロディンの指導をうけた「鉄軍《アイアン・アーミィ》」こと第十九路軍——三個師団・兵力三三五〇〇名——であって、これに対して、日本軍の主体は、はじめ、当時の海軍次官・左近司政三《さこんじせいぞう》中将のことばを借りれば「陸戦隊《りくせんたい》は往日《おうじつ》の陸戦隊にあらず。二千人、野砲・装甲自動車あり、大丈夫なり」とされた海軍陸戦隊——司令官・塩沢幸一少将——であった。

しかし、市の北方にある閘北《ざほく》を主戦場として、たたかいがはじまると、左近司次官の「大丈夫」は、すぐに、「大丈夫」でなくなった。

多数のクリークと、よくガードされ、よくかくされた陣地とに守られた第十九路軍は、小銃・機関銃・野砲《やほう》・迫撃砲《はくげきほう》を猛射し、頑強な抵抗戦を展開して、「大丈夫」な海軍陸戦隊を苦戦におちいらせた。

このため、東京では、大角岑生《おおすみみねお》海相から荒木貞夫陸相へ陸軍兵力の出動が要請され、二月五日、犬養毅内閣の閣議は、陸軍の派兵をきめた。同じ日、参謀本部から、金沢の第九師団（師団長・植田謙吉《うえだけんきち》中将）と久留米の第十二師団より抽出した混成旅団（旅団長・下元《しももと》熊弥《くまや》少将）など――現地にいる陸戦隊を含めて総兵力は一万七千名となる――に対して、上海派遣の「奉勅命令」（→一〇七頁）がくだった。

二月九日と翌十日、第九師団の諸隊は、広島県の宇品《うじな》港を出発し、二月十三日と翌十四日、第三艦隊――司令長官・野村吉三郎《のむらきちさぶろう》中将――の艦砲射撃《かんぽうしゃげき》に援護《えんご》されながら、上海についた。参謀本部から第九師団にあたえられた任務は、中国軍に一撃を加え、これを「上海租界」と呉淞《ウースン》砲台の外周から約二〇キロ西――あるいは昆山・青浦・松江を結ぶ線より西方――へ撤退させ、そこに、日本の自由になる――少なくとも中国の自由にならない――「中立地帯」・「軍進入禁止地域」を設定することであった（島田俊彦「満州事変の展開」――前掲『太平洋戦争への道』第二巻・第一編。前掲『西園寺公と政局』第二巻）。

しかし、第十九路軍首脳は、むろん日本軍の撤退要求を拒否し、二月二十日朝から、第九師団の主力による上海北郊の江湾鎮《こうわんちん》方面への攻撃が開始された。攻撃は、海軍爆撃隊・陸軍砲兵隊（野砲・重砲・山砲使用）・同戦車隊を中核として行われたが（前掲『上海事変』）、やはり、第十九路軍の抵抗は、頑強で、ことに、機関銃の猛射は、すさまじかった。

こうして、このころの軍人や外交官のキマリ文句であった「一撃を加え」方式は、徐々に破綻していった。「一撃」どころか、「二撃」「三撃」を加えても、第十九路軍は、日本の予定したような「支那軍撤去」の状況におちいらなかった。のちに、屈指《くっし》の中国通になったアメリカの新聞記者エドガー・スノウは、こう、断定している（『目覚めへの旅』松岡洋子訳・一九六三年）。

これは〈ほんもの〉の戦争であった。特派員として私が目撃した日本の満州征服のように、単なる鬼ごっこと戦争ではないのだ。私は満州から数週間前に帰ったばかりであった。

他の人と同様に私もまた中国人は闘うまいと思っていた。だが、あの悪臭をつく路地で、第一次大戦以来〈最大〉の闘いがこの時はじまったのである。

一九三七（昭和十二）年の秋のことである。若くして——あるいはまだ十代だったかもしれない——国民革命軍の「北伐」（↓四〇頁）に加わり、のち

「便衣隊」登場

上海事変に従軍し、そしていま、蘆溝橋事件（↓第17章）以後の上海・南京戦にルポ・ライターとして活動している「女兵《ニュイビン》」・謝泳瑩は、上海西方にある国民政府軍の一司令部を訪れ、かつては第十九路軍の古強者《ふるつわもの》であった陳《チエン》副師長を慰問した。そのとき、陳副師長は、現在の国民政府軍に協力する民衆がいないことをなげきつつ、こう述懐《じゅつかい》した（謝泳瑩『新従軍日記』・中山樵夫訳書名『女兵』一九四〇年）。

……前の上海事変の時の抗戦に、もし民衆がすべて立ち上って協力しなかったら、あんなに長く持ちこたへた筈はない。ところが今度前線に来てみると、五年前とはすっかり様子が違ふ……。

この「民衆」の「協力」とは、一面では、上海の日本工場にはたらく中国人労働者の大

ストライキや中国人商店の全市をあげての休業といった「日兵《にっぺい》、境を犯せるを以って、罷《ひ》市《し》を以って侮《あなど》りを防ぐ」抵抗方法が実行されたことをさし、また一面では、日本人記者の報告にもあるように、抗戦をつづける第十九路軍に対して、国民的なカンパが集中し、慰問金・四百万元と「文字通り山をなして消費し切れない」慰問品があつまったことをさすであろう（胡華《こか》『中国新民主主義革命史』一九五三年。上海居留民団編『上海事変誌』一九三三年。「世界知識」増刊『上海事変の経過』一九三二年）。

しかし、そうした事実のさらに基底部に、いわゆる「便衣隊《べんいたい》」の抵抗《レジスタンス》があることを忘れてはならないと思う。

「便衣隊」——まず「便衣《べんい》」とはふだん着のことをいい、だから、「便衣隊」とは、軍服でなく、ふだん着をきて「人民の大海」のなかにいる軍隊をいう。それは、ナポレオンのひきいるフランス軍に進入されたスペイン民衆の抵抗《レジスタンス》に起源をもつゲリラというスペイン語で考えてみてもいい。つまり、中国人民衆の抗日ゲリラである。

——かれら（そして、かの女ら——女性「便衣隊」員の存在も確認できる——）の最大の役割と任務は、いわゆる「後方攪乱《こうほうかくらん》」である。

たとえば、ある「支那問題」の日用的な事典には、こう、しるされている（「実業之世界」社東亜調査部編『最新・支那百科事典』一九三九年）。

便衣隊《ピエンイツイ》　普通の服装をした戦闘部隊の意。一九二六年、国民革命軍が〈北伐〉

（↓四〇頁）に際し、便衣武装隊を都市に潜入せしめ、戦術上に使用したのに始まる。爾来《じらい》、支那のあらゆる戦闘には此の戦法を用ひ、満州・上海事変では、特に盛んに活躍した。主として内牒・後方攪乱、宣伝、軍資金獲得等の秘密工作にあたるを常とする。

――上海でのたたかいは、市街戦《しがいせん》であるから、中国軍は、道路に土嚢陣地《どのうじんち》を設定し、その前面に鉄条網をはりめぐらして、日本軍に抗戦する。そのばあい中国軍もそうだが、日本軍の兵器の主役は、機関銃であって、その一斉射撃のなかで鉄条網を切開・排除しつつ、一陣また一陣とぬいてゆくのが日本軍の戦闘方法であった。そうしたとき、「便衣隊」は、近くの石造あるいは煉瓦《レンガ》造のビルまたは家屋の二階・三階・屋上などから、日本軍の背面なり側面なり側背面なりをねらって、ピストル・小銃・機関銃・手榴弾《しゅりゅうだん》などを用い、日本軍を狙撃《そげき》してくる。むろん、かれらとかの女らは、地理にくわしく、また大胆不敵《だいたんふてき》、かつ狙撃上手――それに俯角《ふかく》のねらい、いうちは命中率が高い――であったから、日本軍の攻撃力の展開は、いちじるしくさまたげられた（有馬成甫『海軍陸戦隊上海戦闘記』一九三二年。前掲『上海事変の経過』一九三二年）。

このため、日本軍兵士の任務のうち、軍用自動車運転・通信連絡・斥候《せっこう》・偵察《ていさつ》・弾薬運搬・歩哨《ほしょう》・架橋架設といったしごと中の戦死傷率が高くなり、また、一方では、日本軍兵士のなかに、たとえ増援の陸軍部隊の兵士たちですら「いつ便衣隊に襲はれるとも計り知れず」「まさか便衣隊では等神経をとがらせながら」「とくに本夜は、退却したとはいへ、便衣隊もしくは土民が来襲する心配がある」といった心理状況をつくりだしていた（混成第二十四旅団・歩兵第四十六連隊上海会編『上海事変』一九三四年）。

なにしろ、「便衣隊」は、日本軍兵士の個々を狙撃するだけでなく、たとえば二月二十日夜の宝山路での戦闘のように、中国軍陣地にせまる日本軍戦車――そして戦車に守られた突撃隊――の背後からさえ、猛烈な射撃をして、その突撃をはばもうとしているのだから（前掲・上海日報社編『上海事変』）。

だれが「便衣隊」になったか？

ふだん着をきているだけに、「便衣隊」の構成メンバーを知ることはむずかしい。しかし、「朝日新聞」の取材網は、つぎのような構成主体をとらえている（『大阪朝日新聞』一九三二年二月四日号・同二月十日号。門田勲「上海戦観たままの記」――前掲『上海事変の経過』）。

その第一は、「学生団」「学生義勇軍」「二十歳前後の青年でそれも学生らしいジャケツを着たセイラーパンツの人々」「毛皮の外套《がいとう》を着た若い断髪の モガ《（モダンガール）》」「女の便衣隊」といった諸史料がしめすように、近代中国学生運動史の一ページとしての「便衣隊」である。

ついで、その第二は、「青幇《チンパン》」（船員らの運送自衛組織）の大ボス――いうならば国際都市上海のゴッド・ファーザー――である杜月笙《とげつしょう》のひきいる数百人の「便衣隊」である。かれらのなかには、「一発うてば上海の金で一ドル、うったあとで証拠品として薬莢《やっきょう》をもって帰れば、またいくらかの分《ぶ》ましがつくといふ」「請負《うけおい》便衣隊」もいたらしい。さらに、その第三は、「共産系」の「便衣隊」であるが、その実体はまだよくわからない（村松梢風『上海事変を語る』一九三二年）。

むろん、このほかに、正規軍としての第十九路軍ないし国民政府軍そのものの放った「便衣隊」があったであろう。

――最後に、これらのさまざまの「便衣隊」の底辺に波打っていた「人民の大海」の「一滴」を紹介して、終わりとしよう（曹汝霖《そうじょりん》『一生之回憶』一九六七年）。

> ……戦争が始まると、日本軍は中国のトラックを徴発して、弾丸を前線に運んでおり、胡阿毛という運転手のトラックも弾丸を運ばされることになった。阿毛は、トラックに弾丸が満載され、四、五人の日兵が押送しているのを見ると、呉淞《ウースン》の江岸を走るとき、急にエンジンを満開、フル・スピードで河を目がけ、トラックを飛躍させて、車もろとも人も弾も河中に葬ってしまった。
>
> 一労働者まで、自ら進んでこういう壮烈な犠牲になったことだけでも、当時上海《（ママ）》人の抗日心理を知ることができ、こうして中国民族の抗戦の火炎は、日本軍砲弾の焼撃で燃え上がったのである。

こうした諸事実の歴史的教訓は、その後の日本の中国政策にいかされなかった。

上海停戦協定

日本陸軍の総攻撃

二月二十日から二月二十五日まで、第九師団を主力とする日本陸軍は、上海市北郊の大場鎮・江湾鎮方面において、第十九路軍に再度の総攻撃をかけたが、人員の死傷と弾薬の欠乏がひどく、きびしい苦戦をしいられた（前掲『上海事変誌』）。

このため、犬養内閣（↓一三八頁）は、二月二十三日の閣議で、善通寺第十一師団と宇都宮第十四師団の増派をきめ、さらに上海派遣軍司令部をおくことが決定された。司令官は、田中内閣（↓五二頁）の陸相であった白川義則大将であった。うち、第十一師団（師団長・厚東篤太郎中将）は、うるうどしの二月二十九日夕刻、連日の西北風がやっとふきやんだという幸運？に助けられて、戦場の西北方・側背面にあたる揚子江・七了口デルタに上陸をはたし、三月一日から三月三日まで三度目の総攻撃が行われた。さすがの第十九路軍も、瀏河鎮《りゅうがちん》を占領した第十一師団から背面を攻められ、正面を攻めた第九師団とともに、ナポレオンもヒトラーも失敗した二正面作戦を強いられて、ついに、上海撤退の結果となった。

三月三日、白川司令官は、上海市西郊二〇キロの瀏河鎮・嘉定《かてい》・南翔鎮《なんぴょうちん》・真如鎮《しんじょちん》の線で兵団を統制して、停戦命令を発し、ここに一か月余の戦闘が終了した。

これよりさき、白川司令官の一行と第十一師団の将兵をのせた巡洋艦五隻などから成る輸送艦隊は、二月二十七日午後四時ごろ、四国・徳島県の小松島港を抜錨《ばつびょう》、それから三六時間ひたはしりにはしって、二月二十九日午前四時、揚子江の河口に投錨《とうびょう》した（前掲『昭和六、七年事変海軍戦史』一九三四年）。

その間、二月二十八日には、大しけの東シナ海を平均時速二四マイル——三八キロ——の猛スピードでつっぱしったので、陸軍の将兵はおそるべき船酔いに苦しみ、参謀将校たちは海軍幕僚らと作戦協議をするどころではなかった（ひとり白川大将のみは、食堂へ出かけて、ビールをのんだり、食事をとったりしていた）。

こうした「一同船暈《せんうん》ニ悩ミ生色《せいしょく》ナシ」（「参謀本部第二課機密作戦日誌」——前掲『太平洋戦争への道』別巻資料編）という状況をつくりだしてまで、なぜ、白川司令官と増援軍は、上海に急行しなければならなかったのか。

その理由は、三月三日に、ジュネーブの国際連盟臨時総会において、「戦闘行為の確定的停止」「日本軍の撤退」をふくむ停戦決議の成立することがほぼ確実に予想されていたからである。

そのため、日本軍は、その決議の成立以前に、なんとしてでも中国軍に大打撃をあたえ、中国軍を上海市外に追いやっておきたかったのであり、したがって、輸送艦隊の猛走は、物理的には上海をめざしていたのだが、いわば政治的には、むしろジュネーブをめざしていたのである。

上海事変の国際的波紋

その一か月前、金沢第九師団に動員命令がくだるころ、当時、天皇の最側近にあった内大臣の牧野《まきの》伸顕《のぶあき》伯爵――大久保《おおくぼ》利通《としみち》の息子で、吉田《よしだ》茂《しげる》の義父にあたり、外相経験一回――は、原田男爵（↓六八頁）をよびよせ、こう、いった（前掲『西園寺公と政局』第二巻）。

今日、御所で総理（犬養首相）と会って、その時にもいろいろ話合ったことであるが、上海出兵の件は、かねて陸軍大臣（荒木《あらき》貞夫《さだお》大将）に対して、この際我が国の取るべき最善の方法は、居留民全部を引揚げて軍隊を出さずに無事に済ますといふことである、とくれぐれも言ってある筈である。もし我が国が上海でしくじった場合には、今までの満蒙の問題もすべてゼロになってしまふ。

こうした認識の仕方は、天皇ももち（↓一五六頁）、元老の西園寺公望公爵ももち、当の犬養内閣の高橋是清《たかはしこれきよ》蔵相もひとしくもっていた。

――もともと上海事変は、さきにしるしたとおり、「満州問題」に対する国際的視線をそらすための日本陸軍の謀略として、発想され、かつ実行された。しかし、この戦いは、石を投げた者の予想をはるかに上回る影響の波紋を「国際都市」上海の政治的水面にえがかせ、欧米列強の視線をそらすどころのさわぎではなくなった。――なぜか。

すなわち、事変勃発直後の一月二十九日、中華民国政府の国際連盟代表である顔恵慶《がんけいけい》は、連盟事務総長のJ・E・ドラモンド（イギリス）に書簡を送り、そのなかで、①「日支紛争」が日中両国の「国交断絶の虞《おそ》れある段階に今や達してゐること」②一九三一年九月以降の新事態——満州事変と上海事変——は一連の事態であることを理由に、連盟規約第十五条にもとづく紛争処理の提訴を行った。そして、この見地は、英米両国など列強の支持を得た（国際連盟事務局東京支局編『国際連盟に於ける日支問題議事録』一九三二年）。

つまり、問題は、国際的視線がそれる・それないの域をこえて、満州事変と上海事変を一個の日中戦争とみる見地をつくりあげてしまったのである。

そして、そのような見地にもとづいて、三月三日に開かれた六年ぶりの連盟臨時総会は、加盟国中五一ケ国の代表を集め、加盟国の代表一名ずつから成る一般委員会に「日中紛争の一切の問題」を付議することを決議し、ついで、三月十一日の連盟総会は、「支那政府の要請の主題を形成する紛争の全般」（つまり満州事変と上海事変の両方）が連盟規約十五条による「和解手続」「勧告手続」適用の対象となることを確認する総会決議を、賛成四四、棄権二（日本・中国——ただし中国は三日後承認）の全会一致で採択した。

この間、上海派遣軍が三月三日かぎりで作戦行動を停止したことは、イギリスをはじめ列強に好感をもって迎えられ、日時をかぎった「満州」からの撤兵といった日本にとって元も子もなくしてしまう決議はなされなかった。したがって、「大日本帝国」にとって三月三日の停戦は、賢明な措置であった。

その三月三日、白川大将は、もと「鐘紡《かねぼう》」の重役室であった軍司令官事務室で、軍参謀長田《た》代皖一郎《しろかんいちろう》少将・駐華公使重光葵・首相特使松岡洋右と会談をひらいていた。午前八時ごろから午後一時ごろまで、昼食ぬきでつづいたこの会談は、重光公使の白川司令官説得といったものだったらしいが、一方では、ときどき手交される東京発の電報のなかに南京方面への進撃――蔣介石との戦争――をうながすものもあり、その渦中で司令官は迷っていたらしい。

しかし、結局、白川大将は、しばらくの沈思黙考ののち、いきなり立ち上がり、「白川は戦争を止めます。停戦命令を出します」といって着席し、すぐに必要な手つづきがとられた（重光葵『外交回想録』一九五三年）。

――そののち、白川大将は、列国の外交官・軍人と会見したり、国際連盟の調査団（↓一五八頁）の訪問をうけたりして忙しかったが、日本軍の撤退が始まりだしていた四月二十九日、北四川路北方の新公園でひらかれた軍官民合同の「天長節」祝賀会の式場で、第三艦隊司令長官・野村吉三郎中将や重光公使らとともに朝鮮人テロリスト・尹奉吉らに手榴弾を投げられ、重傷を負った。ちょうど、「君が代」斉唱中であったので、いならぶ日本人高官は退避できず、白川大将は生命を、野村中将は一眼を、重光公使は一脚（右脚）を、それぞれ失った。

このためにその成立を危ぶまれた停戦協定も、痛苦にたえた重光公使らの努力がみのり、五月五日、五か条から成る上海停戦協定として成立し、五月三十一日までには、上海派遣軍の撤退が完了した。

――その翌年の三月三日、天皇は、一首の短歌をつくり、鈴木侍従長を通じて、故白川大将の未亡人・タマにあたえた。それは、こういう歌であった(鈴木一編『鈴木貫太郎自伝』一九六八年。高宮太平『天皇陛下』一九五一年)。

をとめらの雛まつる日に戦《いくさ》をばとどめしいさほ思ひ出《い》でにけり

――じつは、天皇は、白川大将を上海派遣軍司令官に任ずる親補式《しんぽしき》でとくに、「なるべくすみやかに停戦すべき旨」を命じていた。そして、白川大将が「参謀等の反対」「関東軍方面にては可なり反対」という圧力に屈せずその「大元帥」の命令を守ったことをよく知っていた。だから、天皇は当時も「白川はよくやった」「立派な将軍を殺した」と側近にもらしていたし、一〇年以上たったのちでも、「白川大将は実に余の命令を守りよくやってくれた」と、側近ナンバー・ワンの内大臣木戸幸一《きどこういち》侯爵に述懐している(『木戸幸一日記』一九三七年二月三日条・一九四六年九月二十九日条)。

一言で評するならば、天皇は、いわば二重にうれしかったのであろう。つまり天皇は、一つには西園寺公や牧野伯――かれの政治的な教師たち――とともに、上海事変が「満州」という「元」もなくす作用をはたすことを憂慮しており、また一つには、あの関東軍のような出先軍隊の独走が「大元帥」としての自己の機能を侵すことに、ほとんど怒りに似た感情をいだいていたからである（二つの感情には、ある矛盾があるが、いまは、その点にはふれない）。

——こうして、上海事変は、歴史の波間に没し、過去のものとなっていった。それが五年後に始まる戦争の「序曲」であることに気づいた人びとは、ほとんどいなかった。

停戦協定正文（抄）

第一条　日本国及び中国の当局はすでに戦闘中止を命令したるにより昭和七年五月五日より停戦が確定せらるる事合意せらる、双方の軍はその統制の及ぶ限り一切のかつ凡ゆる形式の敵対行為を上海の周囲において停止すべし、停戦に関し疑いを生ずる時は右に関する事態は参加友好国の代表者により確かめるべし。

第二条　中国軍は本協定により取扱はるる地域における正常状態の回復後において追って取極めあるまでその現駐地点に止まるべし。……

第三条　日本国軍隊は昭和七年一月二十八日の事件前におけるが如く共同租界及び虹口方面における租界外拡張道路に撤収すべし。……

第四条　相互の撤収を認証するため参加友好国を代表する委員を含む共同委員会を設置すべし、右委員会はまた撤収日本国軍より更代中国警察への引継ぎの取運びに協力すべく、右中国警察は日本国軍の撤収する時直ちに引継ぎを受くべし。……

昭和七年五月五日上海においてこれを作成す

第5章
万里の長城をこえるとき——「ドミノ理論」のゆくえ

1927年、蔣介石・宋美齢夫妻

国際連盟・脱退

「満州」だけはうまくいった

一九三三（昭和八）年一月十六日、ときの陸軍参謀総長であった閑《かん》院宮載仁《いんのみやことひと》陸軍大将は、神奈川県の葉山御用邸《はやまごようてい》に行き、関東軍の人事異動について、天皇に内奏した。

そのころ、関東軍は、もともと「満州国」の領域に「予定」していた西部の熱河省《ねっかしょう》で実力者の湯玉麟《とうぎょくりん》（「満州国」参議府副議長→一二〇頁）が反日的な姿勢に出ていたことを理由として、熱河作戦を企てていた。

天皇は、そういう事情をふまえて、閑院宮総長にこう念をおした（『木戸幸一日記』上）。

> 今日迄のところ、満州問題は幸によくやって来たが、熱河省方面の問題もあるところ、充分《じゅうぶん》慎重に事に当り、九仞《きゅうじん》の功《こう》を一簣《いっき》に欠かぬ様に……

天皇がこのことばをほんとうに発言したかどうかは確かめようがないが、少なくともいいうるであろうことは、天皇が満州事変を一定の成功として評価していたということである。

このような認識は、ひとり天皇だけのものではない。たとえば、いきのいい軍人たちから、「君側《くんそく》の奸《かん》」「英米派」「自由主義者」といったレッテルをはられて軽蔑ないし憎悪の対象となっていた内大臣牧野伸顕《まきののぶあき》伯爵は、華中の地で上海事変が始まっていた一九三二

（昭和七）年の二月初旬、ときの犬養毅《いぬかいつよし》首相に、こんな話をしている（『木戸幸一日記』上。原田熊雄述『西園寺公と政局』第二巻）。

折角《せつかく》、満州問題の解決は予想外の好調に進み、英米の理解ある態度により、有終《ゆうしゅう》の美《び》を挙《あ》げんとせるに、今、国際的に最も複雑なる関係を有する上海に於いて事を起したるは、すこぶる不得策《ふとくさく》に思わる。

また、敗戦後の回顧録でではあるが、このころ陸軍省の整備局員だった佐藤賢了《さとうけんりょう》少佐――のち軍務局長・中将――は、こう、断じている（『大東亜戦争回顧録』一九六六年）。

〈満州〉はだいたいにおいて、長城線（↓一八八頁）によって中国本土と区画された関外《かんがい》の地で、石原（莞爾↓九七頁）がいったように人種的にも、歴史的にも、経済的にも、中国本土と異なり、むしろ、日本と接近した地域で、これを切り取っても差しつかえないような考え方が、満州事変を企てた根底にあったのだから、それなら軍事行動は、長城線でとめなければならなかったし、また、はじめはとめるつもりであった。しかし実際、やってみるとそうはいかなかったのである。

――いまでも、旧軍人をはじめ、一般国民ではない旧「大日本帝国」関係者のなかには、満州事変までで戦争をやめておけばよかったとくやんでいる人びとが相当数いる。

そうした見地からすると、天皇や牧野内府や佐藤少佐などは、「先見《せんけん》の明《めい》」があったというべきだろう。そこで以下、この章では、そのような「先見の明」がどうして「大日本帝国」の政策から失われていったかについて、少しばかり、考えてみたい。

中華民国と国際連盟　一九三一（昭和六）年九月二十一日、中華民国政府（主席・蔣介石）はジュネーヴの国際連盟《こくさいれんめい》（"the League of Nations"）に対して、施肇基《せちょうき》代表の覚書のかたちで「満州」問題を提起《ていき》した。

そのうったえにおいて、中国政府は、一九三一年九月十八日午後十時以降の経過は、中国側の行為ないし過失《かしつ》によりおきたものではなく、日本の正規軍《せいきぐん》による意図的な「満州」占領であるとし、連盟規約第十一条による連盟の措置を求めた。

――これをうけて、十一月、パリでひらかれた連盟理事会は、常任理事国の日本をふくむ全会一致で、中国・「満州」問題調査を目的とする連盟調査委員会の現地派遣《げんちはけん》をきめた。日本は、中国の無秩序《むちつじょ》ぶりをみてもらおうという虫のいいねらいから、これに賛成した。

調査委員会――リットン調査団――は、一九三二年二月二十九日から同年七月二十三日にかけて、東京・上海・南京・北平・奉天・長春・ハルビンなどを歴訪《れきほう》し、その結果にもとづいて一九三二年九月四日には、英文・一八万語から成る『日支《にっし》紛争問題調査委員会報告書《ふんそうもんだいちょうさいいんかいほうこくしょ》』をまとめあげた。いわゆる「リットン・レポート」である。

このレポートの要点をまとめてみると、つぎのようになろう（前掲・国際連盟事務局東京支局編『国際連盟に於ける日支問題議事録』一九三二年）。

① 満州事変の発生においては、中国側（「支那側」）の計画的な日本攻撃はみとめられ

ない。したがって、日本（関東軍）の軍事行動は、正当防衛とはみなせない。

②「満州国」の誕生は、日本軍の「満州」占領と日本の軍人・官吏の活動なしにはあり得なかった。したがって、この新国家は、純粋で自生的な独立運動の結果とは考えられない（↓次頁上の英文をみよ）。

③中国人一般は、「満州国政府を支持せず、これを日本の手先きとして認」めている。

④中国の主権のもとに、中国本土と満州の差異を考慮にいれた上で、「東三省自治政府」をつくるべきであろう。

⑤日本が「満州」においてもつ経済的権益と日本の経済的発展における「満州」の重要性は容認する。その権益を確保するために、日中両国のあいだには、新しい条約が締結されるべきであろう。

⑥結ばれるべき日中通商条約は、中国政府に対して、日本人商業に対する組織的ボイコット運動を禁止・弾圧する義務をおわせるものとなるべきである。

それは、一九三二（昭和七）年一月に、アメリカのフーバー大統領・共和党政権のスチムスン国務長官が公表した「スチムスン・ドクトリン」――中国の国家主権と独立を侵犯するいっさいの事実をみとめず、あの九月十八日以降の「満州」の新状況をまったく容認しないという「不承認主義」――の見地からみると、イギリスの立場などが反映して、日本に対してかなり宥和的《ゆうわてき》かつ好意的であった。

“The report of the Commission of enquiry into the Sino-Japanese dispute”——chapter VI “Manchukuo” conclusions.

The evidence received from all sources has satisfied the Commission that while there were a number of factors which contributed to the creation of “Manchukuo” the two which, in combination, were most effective, and without which, in our judgement, the new State could not have been formed, were the presence of Japanese troops and the activities of Japanese officials, both civil and military.

For this reason the present regime cannot be considered to have been called into existence by a genuine and spontaneous independence movement.

しかし、日本政府と軍部の内部――そして、むろん関東軍――には、これに対する強い不満がうずまいていた。

現に、このころ、五・一五事件のために犬養内閣が倒されたあとをうけて成立した斎藤実《さいとうまこと》内閣の外相に就任した外交界の長老・内田康哉《うちだこうさい》伯爵は、一九三二年八月二十五日、衆議院本会議で、森恪（政友会）の質問への答弁で、

この問題のためには、いわゆる挙国一致、国を焦土にしても、この主張を徹することにおいては、一歩も譲らないという決心を持っておると言わねばならぬ（歴史学研究会編『太平洋戦争史』第二巻・一九七二年）。

とのべて、「焦土外交」という新語を生んだ。

また、同じ内閣の陸相であり、陸軍の青年将校に人望のあった荒木《あらき》貞夫《さだお》大将は、元老・西園寺公爵の秘書・原田熊雄男爵によると、このこ

ろ、つぎのような考え方をしていたという（前掲『西園寺公と政局』第三巻）。

　連盟に入っていればこそ、すべての点で拘束されて自由がきかない。連盟さえ出れば、どんなことでも思いのままやっていい。たとえば平津《へいしん》地方（北平・天津地方）だって必要に応じて占領することもできるし、どこにどう兵を出しても何等《なんら》の拘束も受けない。だから、この際思いきって連盟を出てこそ、寧《むし》ろ自由な立場になって自由の天地を開拓し得るのだ。

　そして、こうした考え方は、ひとり荒木陸相のみでなく、「佐官級の多少とも事理《じり》の判った連中」までを支配しているとされる。

　これに対して、のちに二・二六事件で殺される斎藤首相じしんは、どんな考え方をしていたか。すでに海相・連合艦隊司令長官を歴任しているこの老提督《ろうていとく》は、一九三三年二月五日朝、四谷の私邸を訪問した原田男爵にこう話している（前掲『西園寺公と政局』第三巻）。

　……結局、満州問題さえ日本の主張が正しいものとして通せるならば、穏《おだや》かに連盟に留《とど》まっていた方がいい。この際なにも好んで脱退する必要はない。殊《こと》に連盟に加入していることは、単に満州問題のためばかりでなく、もっと広く大きな国際問題の全面にわたっているのだから、内閣の運命とか個人の生命とか、そんな小さな話と混同してはいけない。遠く国家の前途を慮《おもんぱか》るべきであり、脱退するのはよくないと思っている。

　また、西園寺公爵は、内田外相に対して、「もし万々一日本が連盟を脱退すれば、常任理事国の地位を失う。これは非常な損失ではないか」と危惧の念をつたえている（前掲『西園寺公と政局』第三巻）。

そのころ、貴族院では——結局は院内不統一で不成立に終わったけれど——、つぎのような趣旨《しゆし》の決議を準備していたという（前掲『西園寺公と政局』第三巻）。

……さらに広く、〈国策《こくさく》〉の見地から考えても、現在の日本にとっては、とにかく満州を完成する、所謂《いわゆる》〈満州に対する既定《きてい》の方針〉を貫徹《かんてつ》する以外にない。あるいは陸軍あたりでロシアを討つと言うかと思えば、あるいは他方、海軍の一部では、アメリカと戦うなどと言うけれども、外《そと》に事を構《かま》える余地のない財政であり、内政である以上、何はともあれ、満州だけでも立派なものに仕上げなければならない、これが刻下《こつか》の急務《きゆうむ》である。一方に、ロシアと事を構えるとか、あるいはアメリカと事端《じたん》（事件の端緒）を醸《かも》すというが如きことのないように、満州にすべての力を集中させよう。……

こうして、「満州国」は、天皇をはじめ「大日本帝国」の支配層にとって、どのようにしてでも「保守」しなければならない「虎の子」になっていった。

「組織なき国家」論争（ジュネーヴの日と夜）

一九三二（昭和七）年二月二十三日、日本政府は、上海事変（↓第4章）に関する連盟理事一二か国の対日通牒——連盟規約第十条の遵守とワシントン九か国条約の義務尊重の要求——に対して反《はん》駁《ばく》の政府声明をだし、そのなかで、こういった（『国際連盟に於ける日支問題議事録』——以下、『議事録』と略す)。

……帝国政府は、支那をもって連盟規約にいわゆる〈組織ある国家〉と思考せず、また思考し得ざることを強調せんとするものなり。過去において支那は、各国の約束により、あたかも〈組織ある国家〉のごとき取扱いを受け来れるは事実なり。しかしながら、およそ擬制《ぎせい》は永続するものにあらず。……支那においては単一なる統一国家の代りに、諸種の粗笨《そほん》な組織体存す。

また、二月十九日の理事会では、日本全権団のひとりであるベルギー大使佐藤尚武《さとうなおたけ》——のちに一九三七年成立の林銑十郎(→七九頁)の内閣の外相となる——は、こう演説した(『議事録』)。

極東においては——まことにいいにくいことながら——十年以上も内乱状態にあり、完全なる無秩序と破壊の状態にある国を相手とせねばならぬという事情にある。かかる事情のもとにおいて、日支間に紛争が起こった。

もし、組織ありかつ有能なる行政を有する他の国との間に起こったのならば、日本の行動もおのずから違ったものであったかも知れない。しかし、不幸にして、場合が違っていたのである。……

同じ論理は、国際連盟脱退の日の松岡全権の演説にもあらわれている(竹内夏積『連盟脱退記』一九三三年)。

支那は広大な国であるが、それは決して、西洋国民が用ゐる言葉の意味の国民もしくは国家ではない。

こうした見方は、ある決定的な一面において詭弁《きべん》であり、詭弁であることにおいて、加害者による被害者偽装にほかならなかった。

この日の理事会は、夕方から始まったが、夜に入り、討議は白熱し、中国代表・顔恵慶《がんけいけい》——かつてのワシントン会議代表・外交総長——は、数十分にわたって、日本に対する「反撃的演説」を展開した（『議事録』）。

……日本代表はよく組織されたる国家のことをいわれたが、政府の統制を破りつつある陸海軍を有する日本のような国が組織ある国家であるかどうかを疑うのである。日本の外交官が理事会に出席し、誠実に種々の約束をなすに拘らず、しかも翌日にはその約束が守られないというのでは、それはよく組織された政府を代表しているというべきであろうか。

日本は二、三の大国に対し錦州（→一〇九頁）を侵略せずと明らかに約束したに拘らず、数日ならずして錦州に入っている。これでもよく組織されている政府ということができるであろうか。

もし支那に無秩序と内乱がありとすれば、非難の多くは日本が負うべきである。何となれば日本は、年々いずれかの側を援助してきたからである。過去二十年の支那の歴史を知るものは、日本が何れかの政党に対し、軍資金および武器ないしは兵隊の形において援助を与えたことを明らかに証拠だてることができる。これすなわち日本が支那の強力となり統一されることを欲しないからである。……如何《いか》なる国家も革命的期間を通過せねばならない。欧米の大国も同一の経験をへた。支那は後《おく》れてそれを通過しつつある。しかるに日本は、支那のこの困難を利用し、支那の統一を妨げた。たとえば袁世凱《えんせいがい》や蔣介石《しょうかいせき》等の大人物の下に統一の機会をもつごとに、日本は現われてきて、その運動の成功を妨げた。

無秩序と混乱が支那に存在するならば、それは、日本の陰謀《いんぼう》によること大なるものがある。……

顔恵慶は、一九三〇年代の中国の政界・外交界にあっては、明白に保守派であり、たとえば中国共産党の政治路線からみれば、ほとんど反動派でさえあるだろう（現に、中国共産党は、かつて、かれを帝国主義列強に従属する官僚ブルジョアジーとみなしていた）。しかし、そんなことは、日本人にとっては無関係である。……私たちは面を伏せて、この老外交官の批判をきくほかはない。

国際連盟・脱退　一九三二（昭和七）年九月十五日、「大日本帝国」は、リットン・レポートが完成され連盟の審議にゆだねられようとしていた国際情勢を蹂躙《じゅうりん》して、全世界にさきだち、「満州国」を国家として率先承認《そっせんしょうにん》し、同国とのあいだに、「日満議定《にちまんぎてい》書《しょ》」をむすんだ。

この、たった二か条の条約は、まず、その前文で「満州国ガソノ住民ノ意志ニモトズキテ自由ニ成立シ、独立ノ一国家ヲナスニイタリタル事実」を日本として確認し、ついで、つぎのように規定する（外務省編『日本外交年表竝主要文書』下・一九六六年）。

一、満州国ハ、将来日満両国間ニ別段ノ約定《やくじょう》ヲ締結《ていけつ》セザル限リ、満州国領域内ニ於イテ、日本国又ハ日本国臣民ガ従来ノ日支間ノ条約、協定ソノ他ノ取極《とりきめ》オヨビ公私ノ契約《けいやく》ニ依リ有スル一切ノ権利・利益ヲ確認・尊重スベシ。

二、日本国オヨビ満州国ハ締約国《ていやくこく》ノ一方ノ領土オヨビ治安ニ対スル一切ノ脅威《きょうい》ハ、同時ニ締約国ノ他方ノ安寧《あんねい》オヨビ存立《そんりつ》ニ対スル脅威タルノ事実ヲ確認シ、両国共同シテ国家ノ防衛《ぼうえい》ニ当ルベキコトヲ約ス。コレガ為《ため》、所要《しょよう》ノ日本国軍ハ満州国内ニ駐屯《ちゅうとん》スルモノトス……。

……昭和七年九月十五日スナワチ大同元年九月十五日、新京《しんきょう》ニ於イテコレヲ作成ス。

日本帝国特命全権大使（関東軍司令官）　武藤《むとう》信義《のぶよし》

満州国国務総理　鄭《てい》孝胥《こうしょ》

こうして、「満州国」は、外交権も軍事権もない国家として、井上清氏の表現を借りれば「名目は独立国で実は一〇〇パーセントの日本の植民地」として確定した（前掲『昭和の五十年』新書日本史№8）。

リットン・レポートは、九月三十日に、日本の外務省に手交された。そして、十月二日には、世界に公表された。しかし、日本は、その十五日前に先手をうって、「満州国」の独立だけは承認できないというレポートの中心的な眼目《がんもく》を軍靴《ぐんか》でふみつぶそうとしたのである。

――あけて、一九三三（昭和八）年二月十七日、ジュネーヴでは、リットン・レポートにもとづき、「満州国」の現状を承認しないという「連盟規約第十五条第四項による国際連盟総会報告書」（案）が公表され、議題にのせられた。

そこでは、一九三一年九月以前への「原状復帰」も、「満州国」政権の維持および承認も、ともにしりぞけられ、解決の前提として、日本軍の「満鉄」付属地以外からの「撤収」が勧告されていた。その採決日は、二月二十四日と予定され、日本――斎藤内閣――は、その四日前に、その報告書が可決されたばあいには連盟を脱退することを緊急閣議できめていた。そして、その日、総会は、日本の首席全権・松岡洋右《まつおかようすけ》（↓八一頁）の演説のあと、採決に入り、賛成四二票、反対一票（日本）、棄権一票（タイ）、投票不参加一票（チリ）、欠席一二票をもって、報告書が可決され、日本は、「満州」からの撤兵の義務をせおうこととなった。ときに、一九三三年二月二十四日午後一時四十分（前掲・竹内夏積『連盟脱退記』一九三三年）。

可決の直後、松岡全権は、かねて用意していた反対声明をよみあげ、「日本政府は日支《にっし》紛争《ふんそう》に関し、国際連盟と協力せんとするその努力の限界に達したことを感ぜざるを得な

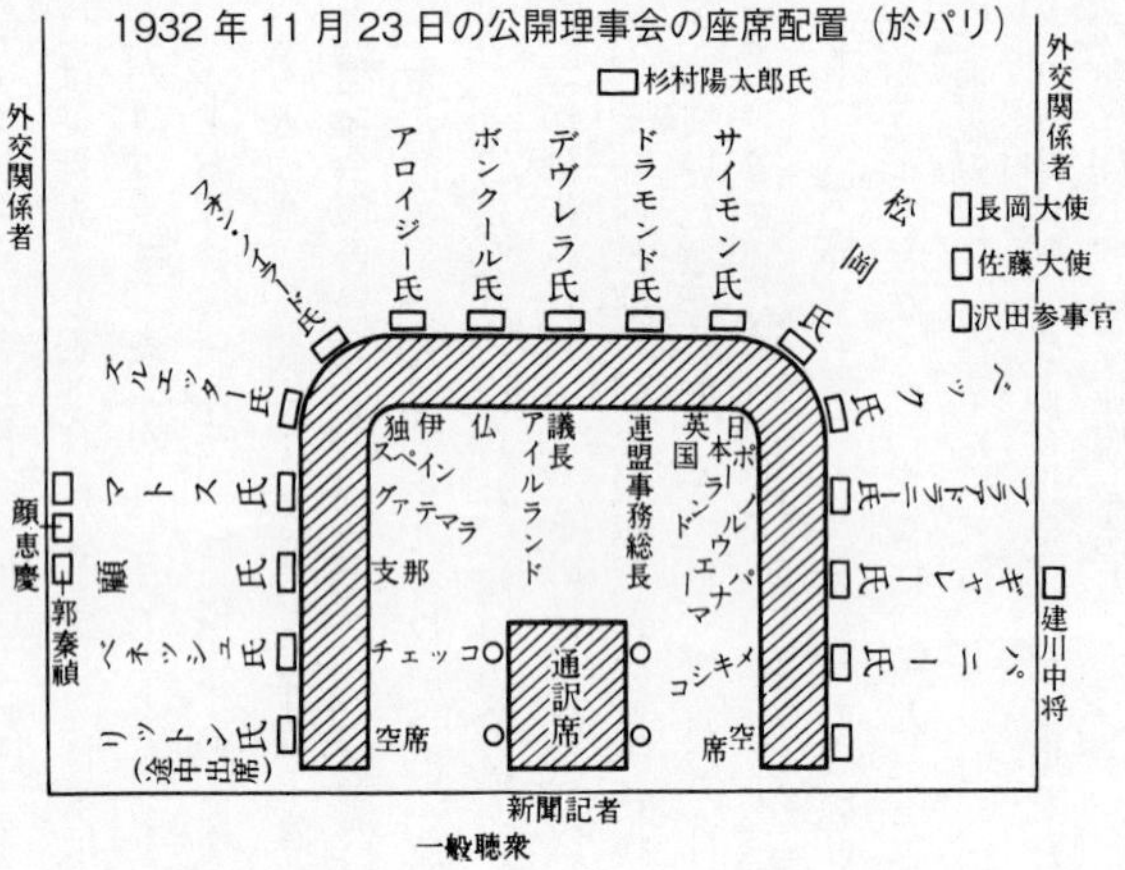

〔出典〕竹内夏積『連盟脱退記』

い」と主張して、その声明のフランス語訳がすまないうちに、二〇人あまりの全権団をひきいて、満員の総会議場をたち去った。シンとした会場に、傍聴席の日本人数名の拍手の音だけがひびいた（『東京朝日新聞』一九三三年二月二十五日号）。

その同じ日、関東軍と「満州国」軍は、熱河省《ねっかしょう》討伐作戦を始め、それから約一か月後の三月二十七日、熱河省を占領して、「万里の長城」線から華北の地をのぞめるようになったころ、日本の国際連盟脱退が正式に声明され、天皇の名による連盟脱退の詔勅が発せられた。

この詔勅の案文は、外務省と宮内省でねられたが、天皇は、内田外相に対して、「連盟脱退は満州問題についてだけの対立で、連盟の精神とする世界平和へのあらゆる努力には、日本もまた同じ精神で協力する」との意をかならず詔勅にふくませるようにと、念をおした（前掲『西園寺公と政局』第三巻・『木戸幸一日記』上巻）。

中華民国をふくむ国際連盟は、多数をもって、きめた――「満州国」だけは容認できない。天皇と日本政府は答えた――「満州国」だけは譲歩《じょうほ》できない。

この対立が日中十五年戦争の歴史をつくりだしてゆく……。その血にぬられた糸をつぎつぎとつむいでゆく……。

「王道楽土」の幻影

「満州国」の矛盾　関東軍は、はじめはやすやすと「満州」占領をはたした。それは、E・ノウ（→一四一頁）の表現を借用すれば、「単なる戦争と鬼ごっこ」であった（前掲『め覚めへの旅』）。

しかし、そののち、関東軍の戦死傷者数――戦病死をふくむ――は、年をおうて、増加した。その数は、一九三二年には三万人を突破し、一九三三年には四万二一四九人、執政・溥儀がかねてののぞみどおり「満州国」皇帝となった一九三四（昭和九）年には三万九八七四人、そして、一九三五（昭和十）年には、五万四七六六人に達した（東洋経済新報社編『日本経済年報』24揖――前掲・井上清『昭和の五十年』）。

なぜ、こんなことがおこるのか。それは、「満州国」成立後の抗日運動——ことに「満《まん》州共産匪《しゅうきょうさんひ》」とよばれた抗日組織——がめざましく成長し、多いときで一〇万、少ないときでも二万の「匪賊《ひぞく》」（抗日ゲリラ）が活動していたからである。

この点について、すぐれたジャーナリストであり、偉大な「野次馬《やじうま》」であった故・大宅《おおや》壮一《そういち》氏は、こうしるしている（「匪賊のシンパと通匪問題」一九三五年——一巻選集『無思想の思想』一九七三年）。

……満州の奥地を旅行してみると、匪賊というものの勢力が予想外に大きいのに驚く。毎年、日本の国庫から、ほとんど半永久的に何億という治安維持費が支出され、何個師団かの、独立守備隊や派遣軍がいるし、その外に満州軍があり、蒙古軍があり、武装した警官隊があり、〈満鉄〉や鉄路総局の警備隊がいるんだから、満州の治安はもう回復しているだろうと思って行ってみたが、××××（伏字）奥地は、鉄道線路から少しはなれればそこはもう匪賊の領分である。安全地帯だといわれる鉄道沿線も、必ずしも安全ではない。満州の汽車は、一部の幹線を除いて、夜は動かない。日がくれると、一部日本人町を除いて、まったく匪賊の世界である。ごく最近襲撃されて内地の新聞にも出た京図線（新京——図們江岸）の土門嶺（行楽地）の如きは新京のすぐ近くで、これまで絶対安全だといわれていたところである。近頃は奉天郊外の北陵や新京の競馬場あたりにまで、何百と隊をくんだ匪賊が出没している。関東軍の発表による

と、本年八月の匪賊総数は、

兵匪八千　共産匪七千　朝鮮匪五百

純土匪一万二千五百　合計二万八千

昨年に比して、約三、四百名を減じたというのだが、奥地の人々にきくと、かえって多くなったともいっている。ことに共産匪の場合は、皆《みな》家族を擁《よう》し、共農《きようのう》（共産農民か？）と結びついているから、それを加えた実際の数、すなわち彼らの指導下にある大衆の数は、三万や五万ではない。日満連合軍が、あれだけの兵力を擁し、年々莫《ばく》大《だい》な討伐費を使って、どうして掃討することができないのだろうと不思議に思うが、現地に行ってみると、彼らを全滅させることは、容易な業でないことがわかる。

「満州共産匪」のたたかい

……一九三六（昭和十一）年一月のことだった。南満州・奉天省桓仁県のある警察署で一八名の警官が「匪賊」討伐のためにある村落にでかけた。一行が到着すると、突然あらわれた約一〇〇人ほどの「紅軍」に包囲され、応戦のひまもなく逮捕され、荒縄でしばられて連行された。そこで、「日満軍警」（日本軍と「満州国」警察）のことをいろいろ尋問《じんもん》され、武装解除ののち、釈放された。うばいとられた武器は、別表のとおりである（「満州国」軍政部顧問部編『満州共産匪の研究』第一揖・一九三七年・一九六九年復刻版）。

このような抵抗の背後には、一九三三（昭和八）年成立の東北人民革命軍第一軍――翌年には東北抗日連合軍第一軍と改編――の存在があった。北京大学OBのすぐれたリーダーであった満州人の楊靖宇《ようせいう》を総司令としていただき、中国共産党満州省委員会（↓九一頁）の指導をうけていたこの軍隊は、一九三六年四月の「満州国」警察機関の調査によると、遊撃隊・特務《とくむ》隊《たい》（食料隊・交通隊）・教導隊・情報隊をふくめて、約一六〇〇名の兵力を有していた。そして、これらの抗日正規軍のまわりには、反日会・農民自衛隊・童子団・婦女会・青年義勇軍といったパルチザン（遊撃隊）の組織があって、「日満軍警」に対する襲撃のほかに、列車破壊工作とか、農民のオルグ工作とか、弾薬の製造とか、地主層からの資金と食糧の徴発とか、農民反乱の指導とかを展開していた。

なかんずく、「敵」=日本軍・「満州国」軍の武器をうばうことは、つまり、日本列島を抗日武装闘争の「兵器廠《へいきしよう》」とすることは、パルチザン戦の「王道《ロイアル・ロード》」であり、「第一軍戦闘員作戦奨励条項」には、別表のような「獲得武器別賞金」規定がある（前掲『満州共産匪の研究』第一揖）。

――かれらのたたかい方はこうである。まず、軍の政治委員会がプランをたて、ふつう、襲撃の四、五日前に三、四名ほどの「便衣隊」員（↓一四二頁）をひそかに送りこみ、くわしい下調査をする。いよいよ、襲撃隊が出かけてゆくときは、ふつうの道を通らず、人家のない山道をえらび、途中、絶対に会話をゆるさない（ここでも「沈黙は金」である）。そして、襲撃地点まで約二〇〇〇メートルのところにくると、指揮官の行動指令をうけ、

被掠奪武器弾薬

種類	員数	同弾薬数
七九式長銃	10挺	917発
三十年式長銃	3	130
一三式長銃	3	
湖北式長銃	1	
露式長銃	1	150
合計	18	1197

第一軍戦闘員作戦奨励条項（抄）

本軍は戦闘員の戦闘精神を鼓舞し、特に勇敢なる戦士を振起せしめる為め茲に特別の規定として左の如く作戦奨励条項を掲ぐ。

第一条　小銃一挺を奪取したるものには賞金三円

第二条　拳銃一挺を奪取したるものには賞金二円

第三条　モーゼル拳銃一挺を奪取したるものには賞金五円

第四条　機関銃一挺を奪取したるものには賞金百円

第五条　自動鉄銃一挺を奪取したるものには賞金四十円

第六条　迫撃砲一門を奪取したるものには賞金五十円

第七条　大砲一門を奪取したるものには賞金百円

第八条　無線電信機一架を奪取したるものには賞金三十円

第九条　金銀を獲得したるものには其の十分の二を賞金として与ふ

第十条　貴重物品を獲得したるものには其の十分の二

（以下略）

一挙に「敵」の歩哨線《ほしょうせん》──警戒最前線──までつっこんで、自動小銃あるいは機関銃または炸裂弾《さくれつだん》をもって「敵」を制圧《せいあつ》しつつ、これを包囲し、同時に、ラッパ信号とともに喚声《かんせい》をあげて突撃を行い、「敵」の武装を解除して、丘器や弾薬をうばう。そして、急速にひきあげる……。

その行動方針は、たとえば、一九三四（昭和九）年に成立した東「満州」の東北人民革命軍第二軍──吉林省の間島《かんとう》地方がその根拠地であった──のばあい、つぎのようなものであった（前掲『満州共産匪の研究』第一揖）。

三、人民革命軍においては、従来の遊撃隊員中より選抜して、遊撃便衣隊員を編成し、五、六名ないし七、八名ずつ一隊として統治区域内重要都市に派遣潜伏せしめ、銀行・会社・金融部その他日鮮満富豪《ふごう》を襲撃し、また重要街路その他要処に潜伏して、日満軍輸送の糧食・物品を奪い、壮丁団襲撃等を断行すること。

四、中国人の兵士をして各地満州国軍警と連絡をとらしめ、その反乱を煽動し、一方、満州国軍警を通じて、日満軍事行動の内状を探査し、弾薬の補給を受けること

（現に間島地方では、「満州国軍警」の逃走・反乱があいつぎ、その人数は、一九三二年・二四〇名、一九三三年・二二四〇名の多きに達している）。

また、同じく東北人民革命軍・第二軍の第一独立師第二団の「旆旗《はいき》」には、つぎのようなスローガンがみえて、抗日武装闘争の理念をしめしている。

世界無産階級及被圧迫民族連合起来
人民革命軍反日勝利
打倒日本帝国主義及傀儡満州国
人民革命軍是老百姓自己的武装
中高《（中国・高麗）》民族独立解放万歳

東満州のばあい、朝鮮人住民の数が多く、中国人・「満州」人の独立解放と朝鮮人の独立解放とが統一目標とされている点に、一つの重要な特徴があるとみていい。

――こうして、「匪賊」問題は、日本の「満州国」支配を執拗に苦しめつづけた。膨大なデータをあつめた「満州国」軍政部顧問部の調査・研究は、一九三八（昭和十三）年の時点で、このように結論している（前掲『満州共産匪の研究』第二輯）。

ひるがえって満州の勦匪《そうひ》工作《こうさく》（匪賊をほろぼす工作）をみるに、建国満五年、討伐につぐに討伐を以てし、満州事変後の十余万の匪賊は、二万前後に激減したが、その間、〈共匪《きょうひ》〉（共産匪）の勢力の伸長いちじるしく、全満の匪賊は、ほとんど〈共匪〉の影響下におかれる状態となり、質的には、非常な悪化を来した。単なる武力討伐は、なんら政治的要求をもたない土匪《どひ》に対しては効果があるが、〈共匪〉・反満抗日匪等の政治匪に対しては、あるいは一時的に、あるいは地域的に治安の確立をもたらすことはあっても、かかる匪賊の跋扈《ばっこ》するにいたった社会環境の欠点を除去することなくしては、その剿滅《そうめつ》は、困難である。

——そこで、どうしたらいいのか。

満州国指導方針要綱（抄）

（極秘）　昭和八年八月八日　閣議決定

二、満洲国の国家根本組織、国防、治安及外交に関する事項、日満経済運営上特に重要なる基礎的事項竝に国礎確立に関する重大内政事項に就ては積極的に之を指導するも爾余の点に就ては満洲国要路の自由活動に委するものとす

三、満洲国に対する指導は現制に於ける関東軍司令官兼在満帝国大使の内面的統轄の下に主として日系官吏を通じて実質的に之を行はしむるものとす

日系官吏は満洲国運営の中核たるべきを以て之が簡抜推挙を適正ならしめ之に本指導方針を徹底せしむるに付万遺憾なきを期すると共に特に此等日系官吏の活動の中心を得しめ其の統制に便する為総務庁中心の現制を維持せしむるものとす

四、満洲国は立憲君主制を究極の目標とするも当分は現制を維持し正式憲法は慎重熟議の上之を制定せしむるものとす

満洲国に於ける政党其他の政治的団体は当分之を存在せしめざることを期するものとす

〔出典〕「満州事変」『現代史資料』第七巻・一九六四年

一九三四年「満州国」の現状
——大蔵公望談話

A よくなったとされている点

① 「満州国」国幣による貨幣の統一。

② 鉄道・道路・バス・飛行機などの発達。

③ 近代国家の現出（とくに、司法・教育制度の確立）。

④ 「満州国」人官吏の覚醒（とくに収賄の減少）。

⑤ 日満児童の親和。

⑥ 日本人人口の増加（日本人商店の繁栄→売上げは三倍増から一〇倍増）。

	一九一七年	現在
黒河	なし	六〇〇人
吉林省の奥地	九〇〇人	五〇〇〇人

B 悪化したとされている点

① 「匪賊」の増加——とくに「共匪」の増加（張学良政権期二、三万→満州事変後三〇万→現在五、六万）。

② 不良日本人の跳梁（都会から奥地へ）

③ 「満州国」人の経済的困窮（「三千万の人口の九割を占める農民は窮乏のどん底にいる」）。

（原因）(1)世界恐慌と銀の暴騰による生産物の売行き不振と値下り。

(2)租税徴収の苛酷化。

(3)高関税による物価高。

④ 中国人商人の衰退——「支那商人は殆んど全滅」（官庁納入品は日本人商人の手へ→日貨進出による中国産商品の駆《く》逐《ちく》→東北軍閥の消滅による得意先の喪失）。

⑤ 「満州国」政府における満州人官吏の不遇。

〔ある満州人高官のことば〕

(1)政府官吏における日満両国人の比率。
本庄将軍当時　日：満＝四：六
現　在　　　　日：満＝九：一
（事実　日：満＝七・二：二・八）

(2)月給の差別。
一般満州人官吏　一七〇円以下
一般日本人官吏　三〇〇円（加棒八割）

(3)満州人官吏採用の不公平（へつらい者・無学者の採用↓日本人官吏による無能よばわり）。

――「こんな状態で若し日露戦争でも勃発すれば、全満州人は日本に反抗して起つであろう」。

⑥「満州国」政府のアヘン専売官・憲兵・巡査の横暴《おうぼう》と日本人官吏の専横《せんおう》。

⑦道路建設における軍用道路の優越《ゆうえつ》（「道路など立派になったとはいえ、総《すべ》てこれ国防道路で、支那人の車は、通行を許さない。これでは満州人が我を信じ我に服する道理がない」）。

⑧「満州国」財政に対する日本の過大な要求（「彼に九百万円の国防費を分担させたるが如き、彼我《ひが》の予算の懸隔《けんかく》より見ても、如何《いか》に暴挙《ぼうきょ》であるかを考えねばならぬ」）。

〔出典〕昭和研究会記録「満州問題とその根本対策」（一九三四年十一月二十七日付・大蔵公望「最近の満州事情」による――『木戸幸一関係文書』一九六六年）。

「華北分離工作」の形成

「ドミノ理論」のなりたち

「ドミノ理論」とはなにか。いま、しばらく、軍事評論家の久住忠男氏の解説を拝借しよう（『現代用語の基礎知識』一九七六年）。

ドミノ理論（domino theory）将棋倒しの理論、というのに近い。ドミノ遊技ではサイの目の同点を、隣り合わせに、早く並べ終わるのが勝ちであるから、一地域が仮りに赤化すれば、その隣接地域も赤化の危険性が多くなると主張するもの。東南アジアの紛争で、南ベトナムが共産勢力の手に落ちれば、タイ、カンボジア、その他の諸国も共産化する恐れが多いという説明を、このドミノ理論という言葉で形容した。

――ここでいわれる「赤化」という日本語を「抗日化」ないしは「反日化」と改めれば、それはそのまま、一九三〇年代中葉《ちゅうよう》の「大日本帝国」の苦悩の問題につながってくる。

つまり、さきにしるしたような「満州国」内部の「赤化」（「抗日化」・「反日化」）をふせぐ――くいとめる――ためには、そのような「政治的伝染病」の発生地である「万里の長城」線以南――すなわち、華北――を日本軍が支配しなければならない。そして、その華北を守るためには揚子江沿岸一帯の華中を、その華中を保守するためには、海南島・香港・広州をふくむ華南を――と、アメリカのインドシナ戦争（その中心をなすベトナム戦争）と同質の、はてしない泥沼戦争にひきずりこまれてゆく……。

それが、日中十五年戦争という戦争の日本側における「論理《ロジック》」であり、敗戦という悲惨な「終着駅」にむかってのびていった日本の「軌道《きどう》」にほかならない。

――そのための手段として、さしあたり計画されたのが、いわゆる「華北分離工作《かほくぶんりこうさく》」であった。

「華北分離工作」の論理（長城線をこえる日中戦争）

一九三五（昭和十）年六月二十二日の夜、原田熊雄男爵（→六八頁）は、満州中央銀行監事・協和会次長の地位にある阪谷希一《さかたにきいち》を東京・千駄ケ谷の自宅にたずね、明朝は満州に帰任するというかれから、ゆっくり話をきいた。そのとき、阪谷監事は、「出先の、たとえば天津あたりにいる（北支）駐屯軍の参謀とか、あるいは関東軍の連中とかいうような急進派の連中は、一体どんな考えをもっているんだろうか」という原田男爵の問いにこたえて、「その軍人達の考え」をこんな風に説明した（前掲『西園寺公と政局』第四巻・一九五一年）。

……内地の政治の情況をみれば、全く政治家は到底《とうてい》語るに足る者はほとんどない。で、日本の前途を彼等に委《まか》しておいてはどうなるか判らん。殊に人口問題では従来の日本はなにかと問題に直面している。その解決にはやはり日本の産業を興し、日本の人口の捌《は》け口を見つけなければならない。今日、満州が手に入ったが、満州の資源は到底北支那の資源に及ぶものではない。山西省の鉄にしても、石炭にしても無尽蔵《むじんぞう》なものがある。結局これはうかうかしておれば、やはりイギリスとかアメリカとかの手に入ってしまう。いわゆる国際道徳というようなことをいって、お先へお先へといって人に道を譲っていた日には、結局、馬鹿をみるのは日本である。であるから、この際、殊にヨーロッパなりアメリカなりが彼等の国内事情に制せられ、また彼等の環境が今日到底東洋にかれこれ干渉するわけにいかないような事情にある時、一つ北支を日本の手に入れておくことが、最も緊要《きんよう》な、またいい機会だと思う。……

阪谷監事によれば、これが、かれと付合いのある板垣少将ら「剣をガチャつかせて」いる現地の軍人たちのロジックであるというのである。

この点をめぐって、すでに労作『〈大東亜共栄圏〉の形成と崩壊』を公刊されている気鋭の現代史家・小林英夫氏は、一九七六年度の歴史学研究会における大会報告「日本ファシズムの形成過程の問題点」において、こう論じている（『世界史の新局面と歴史像の再検討』――『歴史学研究』別冊特集・一九七六年）。

……なぜ、満州事変が満州占領にとどまらず、華北進出をよびおこしたのか。基本的な要因は、資源と防共であった。前者にかんし見れば、占領後調査してみると満州には資源――良質鉄鉱石、製鉄用強粘結炭《きょうねんけつたん》および石油等――がなかった、より正確にいえば〈戦いを以て戦いを養う〉に足るだけの資源がなかった。開発を必要としたという点だった。……

……いま一つは防共であるが、満州統治を強固にするためには、その外側に強固な反共防波堤《ぼうはてい》を築く必要があったことである。関東軍の目からはソビエト軍の〈第五列〉として見られた反満抗日運動の力が、逆に日本の華北侵略を生み出したといってもよかろう。

なぜなら、対ソ戦準備のためにも、満州の後方、山海関《さんかいかん》一帯に強固な堤防を築き、水をかいだして反満抗日運動をひあがらせる必要があったからである。

しかし、こうした日本帝国主義の華北侵略は、当然のことながら、華北・華中に利権をもつイギリスとそこに新たな進出を試みていたアメリカと対立せざるを得ない。……

華北分離工作の展開

一九三五（昭和十）年の春、日本の支那駐屯軍――一九〇一年の北清事変ののちの辛丑和約《しんちゅうわやく》により、日本は、華北への駐兵権をもっていた――は、わずかに二千名の兵力ながら、「万里の長城」線のかなたから圧力を加えてくる関東軍と呼応《こおう》して「華北分離」工作にのりだしていった。

これよりさき、関東軍は、国際連盟脱退の二か月後――一九三三年五月――、「万里の長城」線をこえて、南下し、華北の中心である北平・天津方面をめざした。「満州国」国境地帯の中国軍を撤退させるためである。日本軍の圧力におされた中国は、塘沽《タンクー》停戦協定をむすび、山海関と通州のあいだに東西・約二八〇キロの非武装地帯を設けさせられた。こうして、「満州国」と中国本部とのあいだに、政治的・軍事的な「分離帯」がつくりだされた。
その支那駐屯軍は、中国側に対して抗日的姿勢をとる河北省主席・于学忠《うがくちゅう》の罷免《ひめん》、同省からの国民政府軍と国民党機関の撤退と抗日運動の禁止を求め、駐屯軍参謀長・酒井隆大佐の強圧的な交渉により、六月十日、ついに、これを受けいれさせた（梅津《うめづ》〔美治郎《よしじろう》〕・何《か》応欽《おうきん》協定）。同日、国民政府は、「敦睦邦交令《とんぼくほうこうれい》」を発して、排日行為を禁じた。

ついで、関東軍は、チャハル省の国民政府軍・国民党機関の撤退を求め、また、チャハル省の一部を非武装地帯にくりいれることをねらい、六月二十七日、やはりこれを受けいれさせた（土肥原《どひはら》〔賢二《けんじ》〕・秦徳純《しんとくじゅん》協定）。

そして、さらに十一月二十四日には、関東軍は、その塘沽協定にもとづく非武装地帯を領域とし、北平の東方にある河北省の通州を首府として、殷汝耕《いんじょこう》を委員長とする傀儡政《かいらいせい》権《けん》・冀《き》東防共自治《とうぼうきょうじち》委員会《いいんかい》――「冀」とは、河北省のこと――をスタートさせた。

これに対して、国民政府は、十二月十八日、河北省・チャハル省の二省と北平・天津の二市とに、宋哲元《そうてつげん》を委員長とする冀察政務委員会《きさつせいむいいんかい》をもうけたが、これとても、国民政府の一地方行政機関でありながら、その委員長に「日本側の意中の人物であり現地の実力者である宋哲元」をすえるという妥協の産物であった（前掲『太平洋戦争への道』第三巻）。

――こうして、「華北分離」工作は、進展していった。それは、まぎれもなく、統一国家への苦難のみちをあゆみつつある中国を“Divide and rule”（＝divide et impera）しようとする「生体手術」にほかならず、現に、現代中国史にくわしいM・フレッドは、同じ一九三五年四月に、「ここ数年来、日本帝国主義が偉大な中国民族の生身をずたずたに引き裂き始めたとき……」という歴史的総括をしている（M・フレッド「中国軍とともに前戦にて」太田勝洪訳――日本国際問題研究所中国部会編『中国共産党史資料集』一九七三年）。

ある「密輸王国」のなりたち

河北省の通州市につくられた「冀東政権《きとうせいけん》」（冀東防共自治委員会・冀東防共自治政府――支配人口約四〇〇万名）は、中国人のあいだで、「ことごとく評判が悪く」、その原因の一つは「阿片《アヘン》を主とする密貿易」であった（青江舜二郎『大日本軍宣撫官――ある青春の記録』一九七〇年）。

この「阿片」「密貿易」は、日本軍の「華北分離工作」の進展と比例して、華北で成長・育成され、敗戦後の「東京裁判」の記録によると、一九三六年ごろ、熱河・チャハル省方面では、日本軍と日本人資本によるケシの栽培強制・阿片買付け・ヘロイン製造が激増していったといわれる（「在上海米国財務官報告」――書証三九〇・三九一号――『極東国際軍事裁判速記録』第一巻・一九六八年）。

また、これはとくに年代をしめしてはいないが、「治外法権を楯《たて》に日の丸の国旗を掲げて公然と阿片を売っている」日本人への反感から、しばしば、国旗凌辱《りようじよく》事件がおきたという回想もある。その中国人は、日の丸の旗を国旗とは知らず、阿片の「商標《トレード・マーク》」だと思っていたのである（池田純久『陸軍葬儀委員長』一九五三年）。

——こうした「冀東密輸《きとうみつゆ》」の実態にするどいメスをいれたのは、中国現代史研究者の第一線にある今井駿《いまいしゅん》氏である（「いわゆる〈冀東密輸〉についての一考察——抗日民族統一戦争史研究の視角から——」・『歴史学研究』一九七六年十一月号）。

いましばらく、今井氏が主に中国側の史料を用いて行った分析の一部分をご紹介しよう（私のように、中国語の読めない研究者が日中戦争史について著書を公刊するばあいの最大のマイナスは、こういう点にある。しかし、ひとたび日本語の文章として発表されたものについては、私の読みは、そう甘くはないはずであり？私は、この今井氏の史論を日本語の論稿として信頼し共鳴して、データとして使わせていただく）。

——「冀東密輸」とは、遼東半島の大連とその後背地《バックグラウンド》の「満州」を密輸基地として、そこから「陸上の道」では北寧鉄路《ほくねいてつろ》（北平—山海関・四二八キロ）で山海関《さんかいかん》駅をへて、また、「海上の道」では、渤海湾《ぼっかいわん》をわたって（あの愛新覚羅溥儀の「密輸入」ルートとは逆コース↓一一六頁）、華北の地——ことに天津市の日本租界——にはこびこまれる日本商品の「蕩々《とうとう》として流れ行く」黒い流れをいう。

そのうち、今井氏の分析が集中しているのは、私がかねて関心をいだいている阿片《アヘン》のような禁制品《きんせいひん》の「密輸」ではなく、人絹糸《じんけんし》・白砂糖・煙草紙（ライス・ペーパー）を中心とする一般商品の「密輸」である。

こうした「密輸」は「華北分離」工作の進展とともに増大し、一九三五年に冀東防共自

1934～37年における密輸推定額

年次	(a) 大連	(b) 台湾	(c) 香港	(d) 総計	正規輸入額 (e)	$\frac{d}{d+e}$ (f) (%)
1934	36,000	12,000	42,662	90,662	1,056,151	7.9
1935	36,092	12,000	47,636	95,728	941,695	9.2
1936	81,210	11,900	46,684	139,794	987,886	12.4
1937	119,832	8,230	41,205	169,267	1,002,386	14.4

注1）単位：千元
2）e項は，陸路輸入額を含む．

〔出典〕東亜研究所編『支那の貿易収支』p. 65～80。ただし，(e)(f) 項については同書により作成．

治政府がつくりだされてからは、日本と超低率――中国関税の四分の一――の「冀東関税」を設定した同政府とのあいだの、「冀東特殊貿易」として、合法化された。

ごく控え目な推計でみても、別表のとおり全中国の輸入額の一〇パーセント前後をしめるこれらの対中国「密輸」のおよそ四割から七割が日本支配下の大連を根拠地とするものであることがまず注目されよう。

日本は、山東出兵（↓第1章）と満州事変（↓第2章）いらい、日貨排斥運動により、対中国貿易のかなりの部分――輸出のばあいでは二分の一以上――を失っていた。また、同じ歴史の流れの別のあらわれであるが、一九二九年の「関税自主権」回復以後の中国の輸入税引上げ政策（↓次頁表）により、これまでのような甘い汁をすえなくなりはじめていた。そして、少なくとも、客観的な数字の上では、日本は、その対中・正規貿易の喪失部分を「密輸という形態によって回復しつつあった」のであり、そのための政治的な武器として、「華北分離」工作は作用したのである。

――なぜか。

なぜなら、一九三五年五月以降、日本の関東軍と支那駐屯軍は、「冀東」地区において、陸上ついで海上における中国海関職員の武装解除＝とりしまり能力骨ぬきの強行策をとり、その結果、棍棒《こんぼう》・刀剣・ピストルで武装した「密輸業者」たちが海関員のとりしまりを排除しつつ山海関駅に山づみされた天津むけ密輸品を「防衛」したり、北寧鉄道の客車が「密輸専用列車」となったり、渤海湾が日本密輸船の自由往来コースとなったりしたからである。また、天津市の日本租界では、「満州国」から鉄道で手荷物としてはこばれた「密輸品」が現金と交換され、駅では「密輸品」専門の「赤帽《あかぼう》」までいた。「密輸品」のなかにはなんと「味の素」まであったという（島田俊彦「華北工作と国交調整」――前掲『太平洋戦争への道』第三巻）。

――こうして、「星《ほし》と錨《いかり》」（日本陸海軍）の保護をうけた「冀東密輸」は、まず、台湾糖の「密輸」では、上海や天津の「糖行」（砂糖商人）をつぶし、つぎに、人絹糸では、中国人の民族資本が経営する旧来の綿糸・綿織物工業を操業《そうぎょう》の短縮《たんしゅく》と停止に追いつめ、さらに、煙草紙のばあいも、上海の煙草工場などに停業の危機をもた

中国の輸入関税（平均税率）の推移

年次	税率（％）
1926	3.81
1927	3.45
1928	3.89
1929	8.47
1930	10.37
1931	14.09
1932	14.45
1933	19.74
1934	25.27
1935	27.22

〔出典〕蔡致通「我国走私問題の検討」・『走私問題』p. 87

らしていった。そして、そのことは、結局、中国民族の一致抗日への動向（↓第6章）を進展させる社会的な土壌《どじょう》となってゆくのである……。

「万里の長城」のこえ方

ところで、「万里の長城」といえば、むろん漢民族が北方騎馬民族の匈奴《きょうど》――フンヌ――の進攻に対する防衛線としてきずいた長城で、その構築の歴史は、「春秋戦国」に始まり、秦の始皇帝の大増築をへて、隋・唐・宋・明の歴代王朝により継承されてきた。東は、河北省の山海関《さんかいかん》から、西は、甘粛省《かんしゅくしょう》の嘉峪関《かよくかん》にいたり、全長は約二四〇〇キロ、高さは約六～九メートル、厚さは四・五メートルの大城壁である。

中国人は、その「長城」線以内――以南――をしばしば「関内《かんない》」とよび、「長城」線以北の「関外《かんがい》」と区別して、とくにそこを中国固有の領土とみる意識が強い。だから、「華北分離」工作――中国共産党の抗日救国「八・一宣言」の表現を借用すると、「華北国」成立計画の積極的な推進（↓一八二頁）――は、「満州」占領とはちがった特殊な痛覚において、中国人を刺したのであった。「万里の長城」をこえるものはゆるせない！

――ところで、さきの日本軍による「密輸」とりしまりの武装解除のきっかけとなった小事件も、その「万里の長城」の上（下？）でおこったと、やはり今井氏の研究にある。その小事件は、一九三五年五月におこった。……

ある日本人が「密輸」の見返りとして、中国の銀を「満州」側にもちだそうとしているところを中国側海関員に発見され、あわてて長城からとびおり、重傷をおった。「日本側」は、これに対して、①負傷者＝「密輸」者への賠償金五〇〇〇元の支払いと、②海関員の長城巡視の禁止を要求し、その一部分を実現した。

今井氏は、この事件について「この、なんとも哀れをもよおすさもしい事件」という論評をくだしている。そして、私もまた、この論評に賛成する。しかし、賛成する私は、むろん、この日本人および「日本側」が私たちとその祖国を一にする同胞であるという事実を忘れ去ることができない。

かつて、あの石川啄木《いしかわたくぼく》は、永井荷風の「非愛国思想」を批判し、『岩手日報』連載の「百回通信」二十に、こうしるした（一九〇九年）。

小生は日本の現状に満足せず。と同時に、浅層軽薄なる所謂《いわゆる》非愛国者の徒にも加担する能はず候。在来の倫理思想を排するものは、更に一層深大なる倫理思想を有する者ならざる可らず。而して現在の日本を愛する能はざる者は、また更に一層真に日本を愛する者ならざる可らず。

私もまた、同一の心情から、「祖国」批判の戦列につらなっている。

――これらすべての情勢・状況のアンサンブルのなかで、日中十五年戦争の「現場」は、「満州」から「華北」へと、拡大していった。

第6章
統一中国への道

瀘定橋の吊り橋——この両岸で機関銃を射ちあう中、紅軍の先頭は進んだ。

大長征——よみがえる中国共産党

「火焔山」の旅

一九三五（民国二十四・昭和十）年五月、オンボロの軍服に身を固めた一隊の兵士たちが「火焔山《かえんざん》」とよばれるおそろしい山をこえていた。その山には、木もなく、水もなく、風さえもふかなかった。そして、乾いた山道は、文字どおり「羊腸《ようちょう》の小径《しょうけい》」をなして曲折し、上り、また下っていた。

兵士たちは、そこをあえぎながら歩いた。みながくたびれた軍帽をかぶり（そのツバの裏に針と糸をつけ……）、汗とか泥・埃とか油とかにまみれた軍服をき、脚に巻脚絆《まききゃはん》をまき（そこに箸をさしこみ……）、そして、重い背負袋をせおい、小銃を手にしていた。靴をはいていただろうが、粗末な靴は、このときまでに、約一万二千七五華里（約五五二〇キロ）を歩いていたから、布や革の一部分がやぶれたり、爪先が大きな口をあけたりしていただろう。

そうしたかれらの上に、たぶん内陸性気候（湿潤冬季乾燥気候）の暑い太陽の光が容赦なくふりそそいだ。山道は、上り道だけでおよそ二六キロというから、日本の高校の山岳部の夏山山行でも、二、三日はかかるだろうが、この兵士たちは、どうも一日で「火焔山」を上下したらしい。そして、下り道では「敵」と出あって交戦しているから、むろん、山行とは訳がちがう。たまたま、その暑熱の道で、水桶を頭の上にのせて売りにきた数十人の「良民」と出あわなかったら、この「火焔山」もまた、これまでの「敵」と同じく、いくたりかの兵士の生命をうばったかもしれない……。

この一隊の兵士たちは、歴史的な「大長征」の途中にある中国共産党中央と中国労農紅軍・第一方面軍の「同志」たち、ところは、西康省の南端か雲南省の北端かであるらしい（当時の状況・距離・日程については、①『長征時期における中国第八路《（ママ）》軍行軍記』三上諦聴訳・関西大学東西学術研究所資料集刊六・一九七一年——以下『行軍記』とよぶ　②アグネス・スメドレー『偉大なる道——朱徳の生涯とその時代——』阿部知二訳・一九五五年に、主としてよった）。

——ところで、読者の方々は、この「火焔山」という名前におぼえがおありだろう。「火のもえさかる山」、それは、私たちに、あの『西遊記』の孫悟《そんご》空《くう》の旅を連想させずにはおかない。玄奘三蔵《げんじょうさんぞう》の一行が出あった怖ろしい山とよく似たこの山について、現に「董おじさん」こと董必武《とうひつぶ》は、紅軍のなかで大きくなってゆく子どもたちに話をする。「……お猿の孫悟空は、インドへお経をさがしにゆく途中、この同じ火の山を通った。ところが山があまり熱いので、お尻の毛がみんな焼けてしまって……それで今でも猿のお尻に毛がないわけだ」（前掲『偉大なる道』下）。

大長征とは、あえて字引き風に定義するならば、蔣介石（→四一頁）のひきいる国民党軍の第五次勦共《そうきょう》戦争――共産党への包囲討伐戦――においつめられた中国共産党と中国労農紅軍とが華南（？）・江西省のソヴィエト（革命根拠地）をすて、まず西へ脱出し、ついで北上して、甘粛省《かんしゅくしょう》に達し、さらに東北にコースをとり、陝西省《せんせいしょう》の延安《えんあん》についた総行程・二万五千華里（一二五〇〇キロ）の大旅行である。参加した労農紅軍の兵力は、約一〇万名といわれるが、ほかに、国民党の報復をおそれた約一〇万名の民兵・農民も「紅軍」のあとにしたがったという（前掲・野村浩一『人民中国の誕生』――『中国の歴史』第九巻）。

一万二千キロとは、日本の鉄道距離でいうと、東京と福岡のあいだの一〇倍の距離であるが、これには、誇大説もあり、たとえば林彪《りんぴょう》らのひきいる第一軍団の「西征行程」は、一万八〇八八華里（約九〇〇〇キロ）という。

一華里は、のちに民衆の慣習法のなかの「度量衡」体系として、「メートル法」（「公制）の体系とリンクされて位置づけられた「市」制の一市里だとみられるので、もしそうだとすれば、一市里＝一五〇丈＝一五〇〇尺（一尺＝⅓メートル）と計算して、五〇〇メートル（〇・五キロメートル）となるが、一方、清朝の一里は一八〇〇尺＝五七六メートルであるなど、やや矛盾するデータもあり、一九三〇年代が中国の「度量衡」体系の統一への土台がきずかれた時期だという史実とのかかわりで、くわしい――精密な――

判断は、保留したい（竹内好『中国を知るために』第一集・一九六七年）。

国民党軍による第五次勦共戦争は、国共両党のいずれにとっても、それまでの長い国共内戦の歴史のなかで、きわだった特徴をもっていた。まず、蔣介石は、ドイツ人フォン・ゼークト将軍――そして、多くのドイツ人顧問団――を軍事顧問とし、数千のトーチカ（中国語では、堡塁《ほるい》）とそれを連結する軍用道路から成る包囲網を建設して、中華ソヴィエト共和国（首都・瑞金《ずいきん》）の中核をなす江西省の中央ソヴィエト区をかこみ、約五〇万の兵力と戦車・飛行機を投入して、きびしい経済封鎖とともに、その壊滅をはかった（この戦争に、蔣介石は、合計一〇〇万の兵力と飛行機二〇〇機を用いたという――胡華『中国新民主主義革命史』一九五〇年・東京大学中国研究会訳）。

これに対して、共産党は、これまたドイツ人のオットー・ブラウン（中国人名・李徳《りとく》）や秦邦憲《しんほうけん》らの主導権《ヘゲモニー》のもとに、国民党軍の強大な攻撃に対するまともな――攻撃正面に対する正面そのものでの――防衛戦を展開した。のちに、中国共産党は大長征の途中で開かれた貴州省・遵義《じゆんぎ》での中央政治局拡大会議で、この作戦のあやまりをこう総括している（「敵の第五次〈囲勦《いそう》〉に反対する闘争についての総括決議」――前掲『中国共産党史資料集』第七巻）。

① 単純防御路線・陣地戦・堡塁戦・短距離突撃戦術原則の誤りにおちこみ、決戦防禦路戦・運動戦・遊撃戦・持久線の方式をとらなかった。

②すべてのソヴィエト地区の一〇〇%の防禦にこだわり、兵力分散や休息と訓練の否定や「命がけ主義」の戦闘の弊におちいり、「長期の持久的な戦争」という中国「国内戦争」の本質に立脚できなかった（↓二〇〇頁・別掲史料）。

――こうしたあやまりは、やがて、共産党と紅軍の惨敗をもたらした。一九三三年八月に開始された第五次勦共戦争は、一九三四年の四月から九月にかけて、江西省・中央ソヴィエト区の崩壊寸前というみじめな結果を結党以来一三年の共産党の眼前につきつけた。首都・瑞金の東方や北方を守っている広昌・長汀・興国は、あいついで占領され、中央ソヴィエト区の七〇県のうち、残存しているのは、六県になった。

連日の爆撃と機銃掃射で紅軍の陣地はふっとび、対抗する火器は約一〇万挺の小銃を中心に、手榴弾とすこしばかりの機関銃しかなく、資材・食糧――ことに塩――の不足は人馬の戦闘力を決定的に弱めていた。

逃走あるいは旅立ち

はじめは、おそらくだれも大長征を構想してはいなかっただろう（毛沢《もうたく》東《とう》ですら、たぶん、そうだったのではないか）。

たとえば、欧米世界きっての「中国通」で通ったエドガー・スノウ（↓一四一頁）は、こういっている（「一九六八年版への註」――増補決定版『中国の赤い星』松岡洋子訳・筑摩叢書・一九七五年――原題“Red star over China”一九三七年）。

……紅軍が遵義に到着するまでは、この撤退計画が殆んど間に合わせ的にたてられたことは今日では明かである。

また、中国共産党サイドの史料をみても、たとえば「当時、中枢の少数人以外は、事前にどこへ移動するかさえ知らず、ある者は湖南いりを推量し、ある者は広西いりを推量し、ある者は四川いりを推量し、またある者は貴州いり、雲南いりを推量していた……」(幽谷「二万五千里の長征記」——前掲『長征時期における中国第八路軍行軍記』第一編)とあり、また、たとえば、毛沢東の護衛兵・陳昌奉《ちんしょうほう》は、「……遠く陝西省《せんせいしょう》北部まで征《ゆ》くのだとは夢にも思わなかった」ので、「なぜこんどにかぎってこんなに軽装するのか、ふしぎに思っていた」と回想しているという(「長征の頃の毛主席」——野村浩一・前掲『人民中国の誕生』所収)。

また、さきの「遵義会議」の「総括決議」によると、指導者のひとりであるオットー・ブラウンは、大長征の開始を「基本的には、断固とした戦闘的なものではなく、驚きあわてた逃亡行動であり、引越し的行動であった」とみなしていた(前掲・中共中央政治局拡大会議「敵の第五次〈囲勦《いそう》〉に反対する闘争についての総括決議」)。

——これによってみるに、大長征とは、必ずしも、あらかじめ予定されたプランの追求ではなく、歴史の不可測性が創出した結果であったのである。

私たちは、必然性の硬直したスケールで歴史を割りきってはならない。……

一九三四（昭和九・民国二十三）年十月十六日、行軍は、開始された。江西省南部の雩都《うと》を中心に集結した紅軍は、急速に南下して十月二十一日には、新田に達し、前後して、湖南省南部と広東省北部にある国民党軍の陣地を攻め、南方と西方への血路を開いた。集結と移動は、はじめのころはほとんど夜間に行われ、昼は多く休息にあてられたが、国民党系軍隊の反撃――そのなかには空からの機銃掃射まであった――が始まれば昼の休息はたちまちフイになり、昼夜兼行の強行脱出となった。紅軍第一軍団の「長征日記」による日程記録をみると、江南省脱出のためについやされた十月十六日から十月三十一日までの全行程は、八九〇華里（約四四五キロ余）であり、のちに批判されるようにソヴィエト地区兵器廠の機械のような「大量の輜重を携行」した――重いものは騾馬《らば》や驢馬《ろば》の背中につみこまれた――旅であることを思えば、相当の強行軍であったことはまちがいない（前掲『長征時期における中国第八路軍行軍記』、前掲『中国の赤い星』、何健之編『中国現代革命史』上――新川伝助訳・一九七二年）。

十一月に入って、湖南省南部の山岳地帯を西進した紅軍は、その下旬には国民党軍の最終封鎖線がある湘江に達した。広西省の北部を流れる湘江の渡河作戦は、堤防に兵士の死体の山をきずくという一週間の激戦となり、渡河を終えて、十二月九日に広西省の平等、十二月十日に湖南省の通道につき、約三千華里（約一五〇〇キロ）を走破したときには、約一〇万の紅軍――そのうち、八万五千名が兵士、一万五千名が党とソヴィエト政府のメンバーという——は、「わずか三万に減少していた」(前掲『人民中国の誕生』)ともいい、「人員は約三分の一(にヵ?)減ってしまった」(前掲『中国の赤い星』)ともいい。また、「勢力の半分を失っていた」(S・シュラム『毛沢東』石川忠雄・平松茂夫共訳・一九六七年)ともいわれる。

それは、さながら「満身創痍」「出血多量」のありさまであった。

「北上抗日」路線の確立(遵義会議)

アメリカの政治学者で一九六〇年代にパリの国立政治科学研究所国際関係研究センターのソヴィエト・中国部門の責任者の地位にあったスチュアート・シュラムは、一九六六年の著書である前掲の『毛沢東』(ペンギン・ブックス)のなかで、湘江渡河後の紅軍の前途に、二つの選択肢があったと想定している。

——その一つは、「本当に日本と戦うこと」であり、そのためには、紅軍は「比較的遠く北の方に行かなければ」ならず、もう一つは、「より安全な避難所をみつけること」であり、そのためには、「四川省にとどまるだけで十分であったかもしれない」という。こうした分れ道の一方を紅軍がえらびとり、「北上抗日」の道をとりつづける——そのために西北(陝西・河南省)にむけて前進する——ことが決定されたのは、一九三五(民国二十四・昭和十)年の一月六日から一月八日まで、貴州省の中部にある畳々とした山岳地帯中の都市・遵義《じゅんぎ》で開催された中国共産党中央政治局の拡大会議であった。いわゆる遵義会議

遵義会議
敵の第五次「囲勦」に反対する
闘争についての総括決議（抄）

紅軍は勝利の見込みのない戦闘はなんとしても避けなければならないのである。たとえ戦闘することを決めたことがその時には正しかったとしても、情勢がわれわれに不利に変化した場合には、われわれはただちにその戦闘を拒否しなければならない。暴動をもてあそぶことが最大の罪悪なら、戦闘をもてあそぶことも同様に罪悪である。

（出典）日本国際問題研究所中国部会編『中国共産党史資料集』第七巻・一九七三年

である。

この会議をつうじて、「同志・毛沢東の全党にたいする指導的地位」がうちたてられ、そののち、「中国共産党と中国革命はずっと、このすぐれた、偉大な、完全に信頼することのできる指導者のマルクス・レーニン主義的指導のもとにおかれた」とされる（胡喬木『中国共産党の三十年』一九五一年・尾崎庄太郎訳）。

そして、そのことは、「中国革命史上、もっとも重大な意義をもつ事件であり、中国革命の勝利の、最大の保証となるものであった」という評価につながる（前掲『中国新民主主義革命史』）。ここで、「大西遷」は、追いつめられたはての「脱出」ではなく、中国革命を前進させるための「大長征」として、積極的に位置づけられた（ただ、この「総括決議」にみるかぎり、一九三五年一月初旬の時点で「大長征」と「北上抗日」路線がどれほどの密接不可分性において把握されていたかについては、史料的根拠が弱く、判断を保留しておきたい)。

――こうして、中国現代史の歴史的な場所となった遵義は、南から攻めるばあい、ウーリン山脈の深い谷を蛇行する烏江《うこう》を渡河しなくてはならず、紅軍は、貴州軍閥と国民党軍の守るこの川を竹や木のイカダにのって敵前渡河し、寒冷骨をさす急流を泳ぎぬき、垂直な岩壁をよじのぼった決死隊により渡船場の拠点をうばいとり、さらに分どった国民党軍の旗と軍服で擬装して、遵義の街を砲火をまじえることなく占領した。それは、まさに、『三国志』の世界であった。

――東アジア史にとって高度な政治性をもつ政治会議がこのような原始的・アジア的?な作戦行動により創出された点にも、私たち日本人は、歴史のはかりがたさを感ずるべきではなかろうか。

「大長征」の展開　毛沢東は、のちに、「長征は宣言書であり、長征は宣伝隊であり、長征は種蒔機である」と評価している(中国共産党中央政治局「当面の政治情勢と党の任務に関する決議」――瓦窰堡決議――西順蔵編『原典中国近代思想史』第六冊・一九七六年・所収)。

一九三五年になって、そのような「大長征」の歴史的方向性は確立したが、それはけして、遵義会議以後の「大長征」がやすやすとした大道をあゆんだということではない。

それどころか、「大長征」は、このあと、「大渡河、大雪山、大草原」という「長征の三大難所」に遭遇し、紅軍は対自然のたたかいにおいてすら、「おびただしい凍死者、餓死者、病死者を出し、なかにはチベット高原の底なし沼にのみこまれて死んだものもいた」といった目に出あうのである（岡本隆三『長征』・『続長征』一九六三〜六四年）。

——「運動戦」をくりひろげる紅軍は、北上して四川省に入るとみせ、突如西進し、また反転して、急速に南下し、貴州省の省都・貴陽《きよう》をうかがい、さらに貴陽の東南方を「時計の針」と同じコースで迂回して、西方の雲南省に入り、ついで揚子江の上流の金沙江流域から北上して、西康省の大山岳地帯に進入して、大渡河の渡河をめざした（→二一四・二一五頁の地図参照）。

——この間に、蔣介石は、まず、四川省に、ついで貴陽市に、待伏せ用の国民党軍を集中させたが、いずれも毛沢東の肩すかしにあい、その悲願である紅軍主力の殲滅をはたすことはできなかった。……

——その途中、さきの「火焰山」ごえがあり、さらにそのあと、サルのように敏捷で、きわめて正確な照準で小銃を射つ山岳農耕民のロロ族（女王国）に対して、礼をつくし、また、小銃と銀のプレゼントをおくって、その協力をとりつけ（いまでも、少数民族政策は、中華人民共和国を形成する政治的紐帯の一つである）、ロロ族を怖れる——反面、虐待する——現地中国人の思いもかけないコースから大渡河に接近することができた。

大渡河（ターツー河）は、国民党軍と地方軍閥軍の待つ四川省をさけて、その西方を北進するためには、どこかでわたらなければならない河であった。そして、河は、はるか西北方の巴顔喀拉《バヤンカラ》山脈につらなる山地に源を発し、多くの断崖・絶壁と激流をつくりだして、渡河をめざす人びとをはばんでいた。むろん、紅軍が渡河地点として選んだ河畔の町・安順場の対岸にあった四川軍閥の一個連隊の陣地も渡河をはばむものだった。

これに対して、紅軍は、ロロ族の道案内できた狭い山道から突然くだって、町を占領し、渡船一隻とヴェテランの船頭一二人を得た（前掲『行軍記』）。決死的な渡河作戦を敢行したのは、「一六人」（『中国の赤い星』）、「一七人」（『行軍記』）、「一八人」（『毛沢東』）のいずれかとみられる紅軍の兵士たちで、南岸上部の山腹から猛射される機関銃に掩護されつつ、渡河地点の上流から出発して増水期の激流――時速一四キロ余――を横切り、対岸にたどりつき、急峻な崖をひっそりとのぼっていったのち、突然、北岸の相手陣地の上に現れ、手榴弾と軽機関銃の集中砲火をあびせて、そこを占領した。こうして、戦争映画を地でゆくような方法で渡河は成功し、およそ一個師団が北岸に上陸したが、全軍の兵士・輜重隊（物資）・家畜をはこぶのには数週間という日数が予想され、増水の激化と国民党軍の空襲のために、蔣介石の包囲におちいる危険が生じてきた。毛沢東・朱徳《しゅとく》・林彪らは決断をくだし、河を西北方に一八〇キロほどさかのぼった濾定橋《ろていきょう》という吊り橋を渡って第二の血路をひらく作戦がたてられた。紅軍の兵士たちは、山峡をよじのぼり、またくだり、河の泥流に腰までつかってあゆみ、また峡谷をはいあがり、たとえば第一軍団は、安順場・瀘定橋間三六〇華里（一八〇キロ）を四日間で踏破するという超強行軍をはたした（幽谷「長征日記」・前掲『行軍記』）。

ことに、一九三五年五月二十八日の行軍距離一二〇華里（六〇キロ）というのは、「大長征」史上第二位のレコードである（第一位は一四〇華里！）。しかも、この日は雨天で、山道はぬかるんでいたというから、宿営地についたときに「疲労困憊の極」に達していたと記録にいうのは、ただの修辞《レトリック》ではない。

——瀘定橋渡河作戦は、一九三五年五月二十五日から五月三十日にかけて行われた。チベットの東方でこの河をわたる最後の場所であるこの橋は、中国西部のこうした河の例にもれず、重い鉄の鎖を幅七〇〇メートルの河の上に架して、その両端を石の橋頭の下のセメント塊のなかにうめて造られていた。その鎖の上に厚い板をおいて人びとが通るのだが、むろん、四川軍閥軍はその板の半分ほどを撤去していたから、紅軍の先頭にたった兵士たちは、幽谷の「長征行程の一瞥」のいうように鎖の上をはって進むか（そのばあいは相当に太い鎖でないといけないだろう）、エドガー・スノウの描写のように鎖にぶらさがって進むか（紅軍兵士には失礼だが、テナガザルの運動方式と同じだろう）したのだろう。いま、二、三枚のこの吊り橋の写真をみると、両岸に家並がたちならび、その下に泡だつ激流が走っていて、みるからにこわい。かつて二つの高校の山岳部の顧問をしていた私の経験では、中央ないし南アルプスの山行において、下山途中のダムの吊り橋は、あの制御できないゆれをふくめて、とくに危険な地点の一つである。

――まして、これは戦闘であって、平和な山行ではない。両岸の軍隊は機関銃を射ちあい、四川軍はやがて残されていた板に放火した。いくたりかは射たれて、急流におちていった。しかし、炎の中を渡りつづけた兵士たちは、ついに対岸よりの橋板にとりつき、相手の陣地に手榴弾をあびせることができた。火を消した板を渡すための兵士たちがそのあとにつづいた。やがて、安順場と瀘定橋の双方で渡河した紅軍の合流も成功し、大渡河作戦は終了した。ここは、かつて一八六五年に、翼王・石達開《せきたつかい》のひきいる一〇万の太平天国軍が曽国藩《そうこくはん》のひきいる清朝軍によって、全滅させられた地域である。歴史にくわしい蔣介石も毛沢東も、その史実を意識していたらしいが、毛沢東は石達開の轍をふまず、蔣介石は、曽国藩になれなかった。

紅軍、山脈をゆく

六月になった。紅軍のゆく手には、海抜四〇〇〇メートルをこえる大雪山（ターシュエ山）があった。万年雪と氷河におおわれたその山岳地帯で、まずしい服装の兵士たちは、寒さと高山病にやられ、雪の稜線にその屍をうずめた。のちに毛沢東は、エドガー・スノウにかたっている（前掲『中国の赤い星』）。

この山上で、ある軍団は輸送用駄獣の三分の二を失いました。数百の者が倒れて、二度と起き上りませんでした。

……こうして、紅軍は、あいつぐ困難とたたかいながら、六月から七月にかけて、四川省西北部の懋功《ぼうこう》についた。この物産ゆたかなまちには、紅軍の古強者である張国燾《ちょうこくとう》らにより指導された一九三三年以来の根拠地があり、約五万の兵力をもつ紅軍・第四方面軍がいた。現代中国史のすぐれた研究家である野村浩一氏の適切な表現を借用すると、「大長征」をしてきた「第一方面軍の兵士たちはようやく自分たちを迎えてくれる人々と対面した」(前掲『人民中国の誕生』)。その日までに、紅軍は、再三引用する「長征日記」によると、一万三七一五華里(約九一四〇キロ)を歩いていた。(前掲『中国第一軍団の第八路軍行軍記』)。たどりついた兵士たちは、約二万といわれ、ボロボロの衣服を身につけたその姿は、同情のない第三者からみれば、まさに「乞食部隊」であった。……

それだけに、懋功での出あいは、双方にとって大きな欣びであり、はげしい感動が兵士たちをつつんだ。降りしきる雨の中で、爆竹が鳴り、マーチが奏せられ、コーラスと拍手の音量《ヴオリユーム》は、雨の音を圧倒した。歓迎大会が開かれ、宿営地では、歓迎のメニュが兵士たちを待っていた。それは、「ムギの粥、羊の肉、野生のホウレンソウ」であった(幽谷「長征行程の一瞥」・前掲『中国第八路軍行記』)。

兵士たちは、ここで、久方ぶりのくつろいだ「大休止」をとることができた。

紅軍、大草原をゆく

七月上旬から八月下旬にかけて、第一・第四方面軍は、合流して、四川省の毛児蓋《もうるがい》まで北進し、四川省の西北部にひろがる大草原地帯の入り口についた。

しかし、ここで、紅軍のあいだに対立・分裂がおこった。遵義会議には不参加で「北上抗日」の方針に反対する張国燾は、かれじしんが根拠地をきずいていたこの四川省にとどまることを主張し、毛沢東らと対立した。結局、双方のあいだに妥協が成立し、第一方面軍と第四方面軍を合わせてから、それを東方隊と西方隊に分割し、大草原地帯をゆくことにしたが、行軍の途中、張国燾のひきいる西方隊は、「北上抗日」の方針にそむいて南に転進し、毛沢東のひきいる東方隊からも、南下への同調者が出た。こうして、毛沢東じしんのひきいる紅軍は、七千ないし八千名に減少した。正確な理由はわかっていないが、一九二八年以来の毛沢東のよき僚友《パートナー》であり、のちに第八路軍の偉大な指導者になる朱徳ですら、このとき、南下隊と行をともにした。アグネス・スメドレーによると、張国燾の強圧・脅迫と紅軍の分裂抗争をさけたいという朱徳の意向とが毛沢東との別離の理由とされている(アグネス・スメドレー『偉大なる道』阿部知二訳・一九五五年)。

……大草原地帯、それは中国とチベットのあいだにはてしなくひろがる大沼沢地だった。ことに八月から九月にかけての雨季には、そこは怖るべき「底なし沼」となり、道らしい道のない泥と草の連続が南北三〇〇キロに及んでいた。そして、東西は、南北の数倍あるといわれた。「草は深さ数フィートの黒ずんだ汚水のよどむ冷い沼沢に生《は》え茂っており、草の巨大な株がごたごたに重なった古い枯れ株の上から生えていた。虫の音もせず、小石さえなかった」（前掲『偉大なる道』下）。「そこには燃やす木もなく、彼らは麦や野菜を生のまま食べなければならなかった。夜になると彼らはつなぎ合せた灌木の下に寄りあったが、それは殆んど雨を防がなかった」（前掲『中国の赤い星』）。「夜の宿営時など、上の方は幌《ほろ》を張って雨をさえぎることができても、下の方は絶えまなく出てくる水をさえぎる法がなく、往々にして身体が水びたしになる」（前掲『中国第八路軍行軍記』）。私は、北アルプスの針ノ木峠で豪雨のため小テントに浸水し、一晩中、水の中に腰までつかって一睡もできなかった山行の夜を想起する。

それに、あのひどい草原の蚊。あれにさされると"Black Malaria"にかかり、キニーネの効果もあまりなく、数百名が高熱にうなされて死亡した。日常食は、炒《い》った小麦と茶であったが、食糧がつきたときには、皮のブーツを煮だして、スープにしてのむことまでした。

——九月中旬、紅軍はついに、大草原の出口にあたる甘粛省の臘子《ろうし》口《こう》にいたり、待機していた国民党軍を奇襲作戦でやぶって、死の草原行は終わった。

九月中旬から十月中旬にかけて、紅軍は甘粛省の平野を横断した。「瘦《や》せほそった、まるで骸骨のような軍隊で、数百人が、はげしく咳《せ》きこんでいる状態だった」（前掲『偉大なる道』下）が「長征日記」にみるかぎり、行軍のテンポはおちていない。毛沢東の詩で知られる六盤山を紅軍がこえたのも、この間のことである。

やがて、紅軍は、「大長征」の最後の省である陝西省《せんせいしょう》（シェンシー）に入り、十月十九日第一軍団は、陝西省の北部——「万里の長城」の南方——にある呉起鎮についた。十月二十日、毛沢東は、出迎えにきた第十五軍団司令の徐海東《じょかいとう》——陝北ソヴィエトの指導者のひとり——とあった。

〈あなたは同志・海東ですか？〉と毛は尋ねた。〈大変な困難をくぐりぬけながら、われわれと合流するために、ここへ来て下さったことを感謝します〉。それだけでこの瞬間、二人の男は感激に言葉もとぎれてしまった（ジェローム・チェン——陳志譲——『毛沢東』徳田教之訳・一九七一年）。

ついに、「大長征」は終了したのである。この間、紅軍は、「十八の山脈を越え、うち五つは一年中雪をいただく山であり、また二十四の河を渡った。彼らは十二の異った省を通過し、六十二の都市や町を占領し、彼らにむけられた中央政府軍の各兵力を打ち破り、避け、あるいは裏をかいたほかに、十人の各省の軍閥の包囲軍を突破した。また六つの異なった原住民の地域を通過し、長期にわたってどのような漢民族の軍隊も通ったことのない地方に入った」（前掲『中国の赤い星』）。

……紅軍が「大長征」を終えた一九三五年の暮、中国共産党は、陝西省北部の瓦窰堡《がようほ》で、中央政治局会議を開いた。いわゆる瓦窰堡会議である。会議の結果、十二月二十五日には、「当面の政治情勢と党の任務に関する決議」が採決され、その翌々日、毛沢東は、「日本帝国主義に反対する戦術について」というほぼ同じなかみの演説をしている（前掲『中国現代革命史』上）。そのうち、「瓦窰堡決議」は、そのはじめで、つぎのように「大長征」と「抗日」の関連を論じている（野村浩一訳――西順蔵編『原典中国近代思想史』第六冊・一九七六年）。

……苦難の関頭《かんとう》は、すでに過ぎ去った。中央紅軍は、十二ヵ月の月日、二万五千里（→一九四頁）の長征によって、蔣介石の長駆《ちょうく》の追撃に勝利し、帝国主義及びその走《そう》狗《く》・蔣介石による包囲、追撃、遮断の破産を宣告し、歴史上のこれまでの遠征の記録をうち破った。同時にまた、宣伝隊としての活動によって、紅軍が縦横に馳駆《ちく》した、十一省、二億以上の民衆に対し、苦しみを取り除き、滅亡を救い国を救う道を指し示し、また種まき機としての働きによって、数多《あまた》の革命の種子《しゅし》を散布した。……それは、目前の全革命情勢の新局面と合体して中国革命の新しい情勢を構成する一つの重要な部分となっている。

中国ソヴェト政府・中共中央

抗日救国のために全同胞に告げる書

（一九三五年八月一日）

内外の労・農・軍・政・商・学の各界男女同胞の諸君！

わが国に対する日本帝国主義の進攻は急テンポとなり、南京の売国政府は一歩一歩と投降し、わが北方の各省も東北四省に次いで、事実上滅亡してしまった！

数千年来の文化と歴史を有する北平と天津、無限の資源に富む河北・山東・山西・河南の各省、もっとも重要な戦略的意義を有するチャハル・綏遠地域、全国の政治上・経済上の命脈を握っている北寧・平漢・津浦・平綏などの各鉄道は現在、事実上、完全に日本侵略者の軍事的制圧下にある。盗賊関東軍司令部はいわゆる「蒙古国」および「華北国」の成立計画をいまや積極的におしすすめつつある。一九三一年の「九・一八」事変以後、東三省から熱河へ、熱河から長城の要塞へ、長城から「冀東非武装地帯」へ、非武装地帯から河北・チャハル・綏遠および北方の各省へと事実上の占領を行ない、四年足らずのうちに、全国の山河のほぼ半分がすでに日本侵略者によって占領され、侵略された。田中メモランダムによって予定された、完全にわが国を滅亡しようとする悪辣な計画は、まさに着々と実行されつつある。このままの状態ですすめば、みるみるうちに長江・珠江流域およびその他の各地はすべて、次々に日本侵略者の併呑するところとなろう。五〇〇〇年の歴史を有するわが国は、完全に被征服国家となり、四億の同胞はことごとく亡国奴となろう。

この数年来、わが国家、わが民族はすでに危機一髪の生死の関頭に立っている。抗日すれば生き、抗日しなければ死ぬ。抗日救国はいまや同胞一人ひとりの神聖な天職となった！

………………

中国ソヴェト政府と共産党は、わが国に対する日本侵略者と漢奸《かんかん》・売国奴のこうした行為を中華民族のこのうえない恥辱と考える！　ソヴェト政府と共産党はおごそかに次のように宣言する――われわれは、わが国に対する日本侵略者の領土侵略と内政干渉に対して激烈な反抗を表明するのみでなく、日本侵略者が提示した国民党党部と藍衣社《らんいしゃ》組織の解散要求に対しても、断固たる抗議を表明するものである、と。共産党およびソヴェト政府から見れば、中国人にかかわることはすべて、中国人自らが解決すべきであり、国民党と藍衣社の人民を害する売国的な罪悪がどのように大きなものであろうとも、それを存続させるか、廃止するかの問題は、日本侵略者には絶対に容喙する余地はないのである。

領土は一省、また一省と他国によって侵犯され、人民は千万、また千万と他国によって奴隷化され、都市と農村は一ヵ所、また一ヵ所と他国に葬られ、在外同胞は一団、また一団と他国から駆逐され、すべての内政・外交は万事、他国に干渉される。これで果たして国家といえようか⁉

同胞諸君！　中国はわれわれの祖国である！　中国民族はわれわれすべての同胞である！　われわれは、国が亡び、民族が滅亡するのを坐視し、自らを救うために起ち上がらないでいることができるだろうか？

いやできない！　絶対にできない！　アビシニア（エチオピア）は人口八〇〇万の国家でありながら、イタリア帝国主義に対して英雄的な武装反抗を準備し、その領土と人民を保衛している。われわれは四億の人口をもつ広大な大国でありながら、まさかこのように手をつかねて死ぬのを待つことができるだろうか？　ソヴェト政府と共産党は固く信ずる――ごく少数の漢奸・売国奴たちが自ら願って第二の李完用・鄭孝胥・張景恵・溥儀となり、臆面もなく仇敵に仕えようとするのを除けば、大多数のわが労・農・軍・政・商・学の各界同胞は、絶対に日本侵略者の牛馬、奴隷に甘んじはしないであろう、と。

国防政府をして国防の重責を真に担い得るようにするため、抗日連軍をして抗日の重責を真に担い得るようにするため、共産党とソヴェト政府は全同胞に次のように呼びかける――銭があるものは銭を出し、銃があるものは銃を出し、食糧があるものは食糧を出し、力があるものは力を出し、専門技能があるものは専門技能を捧げて、わが全同胞を総動員し、かつすべての新旧の武器を用いて、数百数千万の民衆を武装しよう。共産党とソヴェト政府は、もしわれわれ四億の同胞に統一的な国防政府の指導があるならば、統一的な抗日連軍の前衛隊があるならば、数百万数千万の武装民衆の戦闘準備があるならば、東方および全世界の無数のプロレタリアートと民衆の声援があるならば、内からは人民の反抗をうけ、外からは列強の敵視をうけている日本帝国主義に、必ずや勝利することができるであろうことを堅く信じている！

同胞よ、立ち上がれ！

祖国の生命のために戦え！

民族の生存のために戦え！

国家の独立のために戦え！

領土の保全のために戦え！

人権の自由のために戦え！

大中華民族の抗日救国の大団結万歳！

中国ソヴィエト政府・中国共産党中央

一九三五年八月一日

すべての愛国的同胞による翻刻と転送を歓迎する。

（平和彦訳）

〔出典〕日本国際問題研究所中国部会編『中国共産党史資料集』第七巻・一九七三年

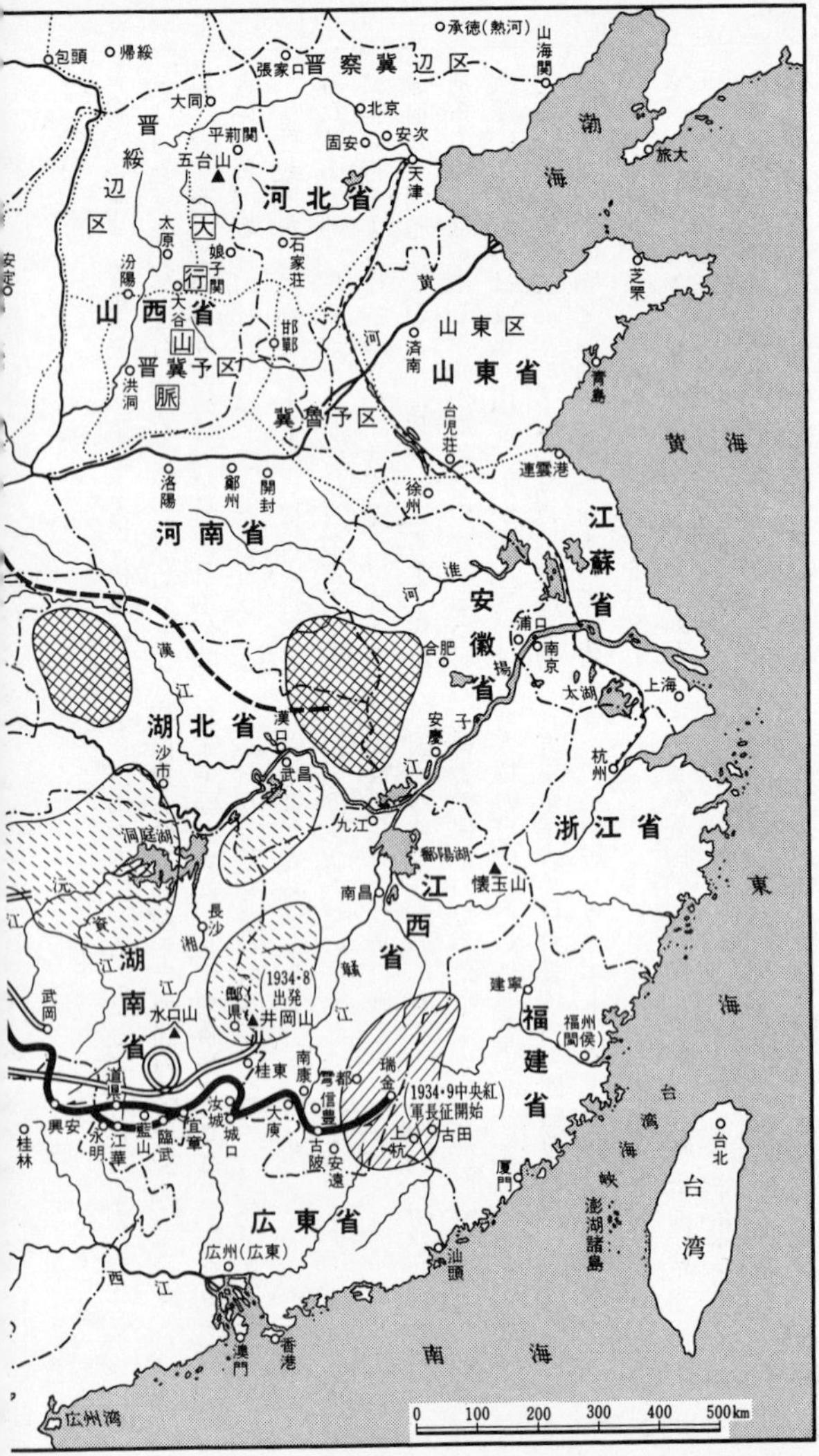

包頭
帰綏
承徳（熱河）
山海関
張家口
晋察冀辺区
大同
北京
平莉関
固安
安次
天津
渤海
旅大
晋綏辺区
五台山
河北省
太原
大
娘子関
石家荘
汾陽
行
芝罘
大谷
山西省
山
晋冀予区
洪洞
脈
邯鄲
黄
河
済南
山東区
山東省
青島
冀魯予区
台児荘
黄海
連雲港
洛陽
鄭州
開封
徐州
河南省
江蘇省
淮河
安徽省
浦口
南京
合肥
漢江
揚子江
太湖
上海
湖北省
漢口
安慶
沙市
武昌
杭州
九江
浙江省
洞庭湖
鄱陽湖
懐玉山
沅江
南昌
江西省
東海
資江
長沙
湘江
湖南省
贛江
建寧
福建省
武岡
水口山
酃県
(1934・8 出発)
井岡山
福州(閩侯)
道県
桂東
南康
雩都
瑞金
(1934・9中央紅軍長征開始)
興安
汝城
信豊
台湾海峡
桂林
永明
江華
藍山
臨武
宜章
城口
大庾
古陂
安遠
上杭
古田
台北
厦門
台湾
広東省
澎湖諸島
汕頭
広州(広東)
西江
澳門
香港
南海
広州湾
0
100
200
300
400
500km

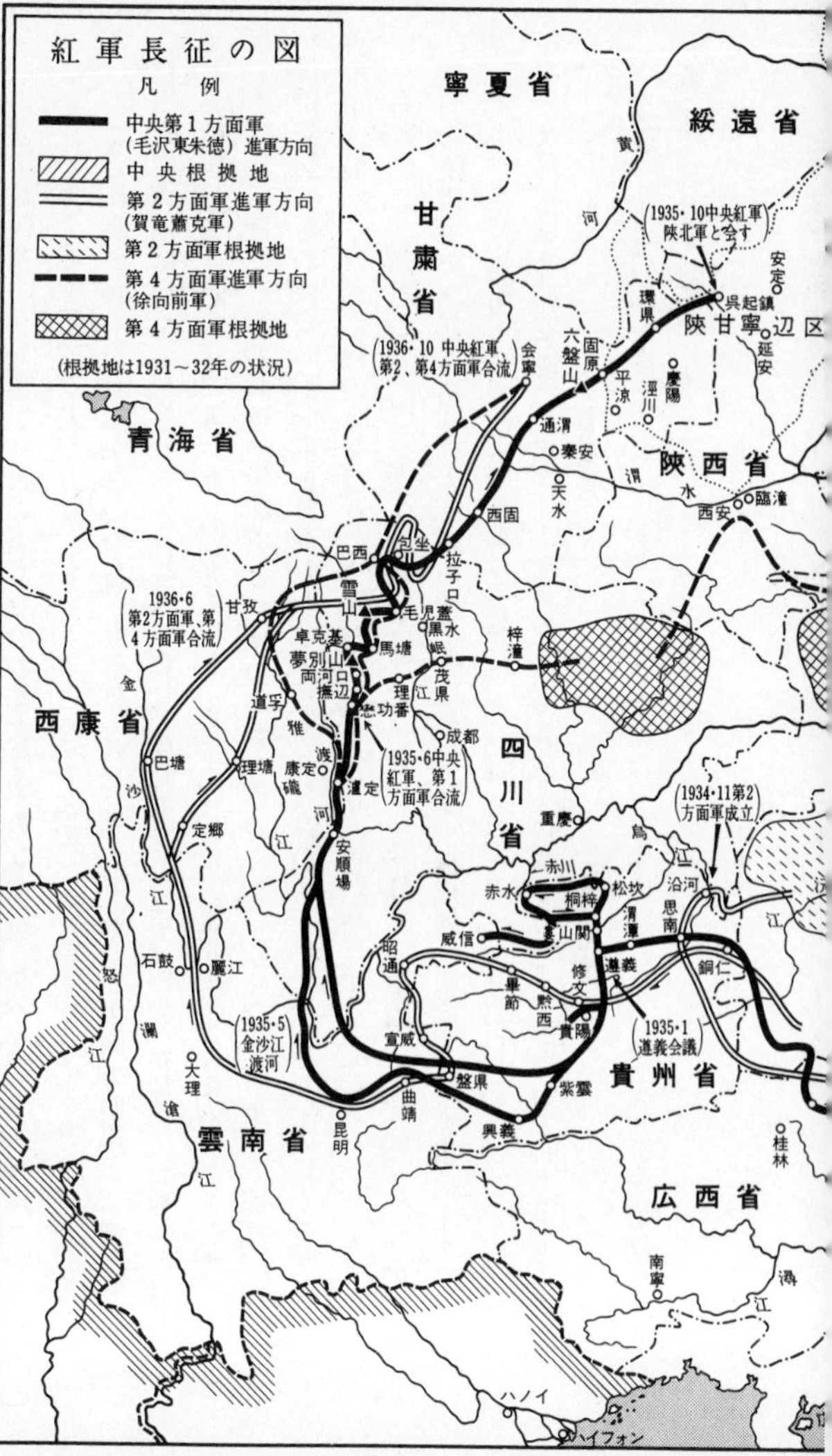
紅軍長征の図
凡例
中央第1方面軍
(毛沢東朱徳) 進軍方向
中央根拠地
第2方面軍進軍方向
(賀竜蕭克軍)
第2方面軍根拠地
第4方面軍進軍方向
(徐向前軍)
第4方面軍根拠地
(根拠地は1931～32年の状況)
寧夏省
綏遠省
甘粛省
青海省
陝西省
西康省
四川省
貴州省
雲南省
広西省
陝甘寧辺区
(1935・10中央紅軍
陝北軍と会す)
(1936・10 中央紅軍、
第2、第4方面軍合流)
(1936・6
第2方面軍、第
4方面軍合流)
(1935・6中央
紅軍、第1
方面軍合流)
(1935・5
金沙江
渡河)
(1934・11第2
方面軍成立)
(1935・1
遵義会議)
呉起鎮
安定
延安
環県
固原
六盤山
会寧
平涼
慶陽
涇川
通渭
秦安
天水
西固
西安
臨潼
包坐
巴西
拉子口
甘孜
雪山
毛児蓋
黒水
卓克基
馬塘
夢別山
両河口
岷
茂県
梓潼
撫辺
理江
懋功番
成都
道孚
雅
巴塘
理塘
康定
瀘定
渡
安順場
重慶
定郷
赤川
赤水
桐梓
松坎
婁山関
湄潭
思南
沿河
威信
昭通
遵義
銅仁
修文
畢節
黔西
貴陽
宣威
盤県
紫雲
曲靖
興義
昆明
石鼓
麗江
大理
桂林
南寧
ハノイ
ハイフォン
黄
河
渭
水
金
沙
江
怒
江
瀾
滄
江
烏
江
灕
江

そして、そのことは、全中国人民が、日本帝国主義の強奪《ごうだつ》、併呑《へいどん》に反対し、中国を亡国滅種という大禍《たいか》から救い出すための偉大な力のなかに、ソヴィエト・紅軍という鉄のような中堅的な力が存在していることを指し示しているのである（傍点は引用者）。

――それからおよそ一〇か月ののち、大草原をひき返していった第四方面軍と、湖南・貴州両省の根拠地を一年ほどおくれて出発した後衛部隊の二方面軍（指揮者・賀龍《がりゅう》）とはあい前後して、陝西省に入った。一九三六年十月下旬には、紅軍の三大主力が合流した。十二月三日、第四方面軍の指揮をとっていた五十歳の将軍らしくない将軍・朱徳は、紅軍司令部のある保安《ほあん》で毛沢東と再会した。シラミだらけのオーバーは新しいのにかえていたが、のばしほうだいのヒゲはそのままだったという（前掲『偉大なる道』）。

あけて、一九三七（民国二十六・昭和十二）年一月一日、紅軍と中国共産党は、その本拠を同じ陝西省の北部にある延安《えんあん》（私の手もとにある二冊の日用的・通俗的な支那事典――一九三九～一九四〇年版――のうち一冊には「延安」の項はなく、もう一冊には、「イエンアン　陝西省の北部に位し、別名膚施。現在、支那《ママ》共産党の首都。人口約一万七千」と二行だけしるしてある）に移した。

以後、黄土の崖があちこちにあるこの小さな町は、日中戦争におけるもっとも頑強な抗戦の拠点となってゆく……。

「幣制改革」——経済統一の進展

もう一つの「敵」　それは、一九三九（昭和十四）年から一九四〇（昭和十五）年にかけてのことであった。そのとき、日本は、もう、蘆溝橋事件をきっかけとする日中全面戦争（↓第7、15章）に入っており、南京市・北京市・上海市などの大都市は、みな、日本軍の占領地域にされていた。しかし、圧倒的な軍事力によりなんでも勝手にできるはずのそれらの占領地域で、日本軍は、あるいみでは奇妙な一つの「敵」になやまされていた。

奇妙な?——たしかにその「敵」は、中国共産党が潜入させた政治工作員や国民政府の特務機関・藍衣社《らんいしゃ》の秘密工作員のような肉体をもっていず、抗日の意志ももっていなかった。肉体とか抗日の意志とかならば、逮捕して拷問にかけ、それでもだめなら虐殺して、その存在を地上から抹殺することができるだろうが、その「敵」には、そういう手段は通用せず、かれら?は、まるで風か水かのように、大都会の路地裏にも、また、ひと気のない田舎の村にも、「活躍」していた。……

その「敵」の名を「法幣《ほうへい》」という。「法幣」とは、中華民国の政府銀行である中央銀行・中国銀行・交通銀行の発行する銀行券——日本でいうと、むろん、日本銀行券——である。つまりは、紙のお札である。それがなぜ、日本軍の「敵」になるのか。その答をだすためには、時計の針をすこし逆にまわさなければならない。

「近代以前」の中国貨幣経済　中国は、むかしから、銀貨を本位通貨として、用いてきた。それに対して、中国人民衆がふだん使用している貨幣は、銅貨であり、その種類はさまざま、また、銀と銅との交換比率は、日々、変動しており、銀貨そのものも一々秤《はかり》ではからなければ交換できなかった（→秤量貨幣《ひようりようかへい》）。

一九三三（昭和八）年四月、国民政府は、新しい首都の南京において、いわゆる「廃両改元」を断行し、全国で七〇種類あまりの「両《りよう》」を廃止して、「元《げん》」に統一した。しかし、そののちでも、中央銀行・地方銀行・外国銀行がそれぞれ発行する大小とりどりの銀貨がまざりあい、紙幣にいたっては、中央・地方の銀行の外に、銭荘（金融業者）と個人商店の発行するお札までが共存していて、とうてい、統一国家の貨幣経済とはいえなかった。

こうしたことは、徴税面でも、貿易面でも、いちじるしい不便を結果し、「この通貨現象から見れば、近年までの支那はまさしく近代的な意味の〈国家〉ではなかった」とされたのである（木村増太郎・大川彰『現代支那の財政経済』一九四〇年）。それは、単純化していうと、江戸幕府統治下の旧日本のアンシアン・レジイムと相似的であった。

こうした「前近代的」状況をのりこえるために、清朝と中華民国政府は、一九〇三年・一九一四（民国三）年・一九一五（民国四）年・一九一八（民国七）年・一九二九（民国十八）年と、ざっと挙例しただけでもこれだけの「幣制改革」案を発表したが、いずれも実行されず、わずかに一九二九〜三〇（民国十八〜十九）年の「輸入税海関金単位納付制」（輸入税とその関連税を金の単位により五％の標準税率で徴収するしくみ）と、さきにのべた一九三三（民国二十二）年の「銀・元本位制」だけが「幣制改革」の一里塚として実行されたのであった。

しかし、こうした「三〇年代」の「幣制改革」も、日本の「金解禁」と同じく、その結果は、裏目にでた。その理由をならべてみよう。

① 農業恐慌が深刻になった。この恐慌は、日本や欧米のそれとちがい、天災と内乱による農産物の減収と租税の重圧や欧米農産物の対中国むけのダンピングによる収入減とのダブル・パンチにより、いちじるしく進展し、その国内市場を枯渇《こかつ》させた。

② 世界大恐慌により、中国財政の重要財源の一つである「華僑《かきょう》」（東南アジア一帯で活動する中国人の商工業者で、その実数は百万人前後という）の送金が激減し、逆に、海外払いの軍事費は巨額にのぼったので、国際収支は「赤字」となり、さらに、豊庫「満州」を失った結果、貿易収支・貿易外収支のトータルにおける大幅な「入超《にゅうちょう》」――逆に、「有数の銀愛好国民」である中国人にとって致命的な銀の「出超《しゅっちょう》」――がつづくことになった。

一九三二年から一九三五年までの銀流出額は四億三千二百万元、「出超」額は三億四千百万元という。ちなみに、一九三七（民国二十六）年度の中華民国政府の全歳入予算は、一〇億六五万元である。

③これらの諸条件により、デフレーション・物価下落・金利上昇・通貨縮小がもたらされ、農村から都市へ、破産・倒産・国庫減収が波及し、中国の紙幣は、国際的にみて、ほとんどただの紙切れと化した。

「幣制改革」が成功した

一九三五（民国二十四・昭和十）年十一月一日の朝、国民党の六中全会の開会式のあとで、ときの国民政府行政院長・汪兆銘《おうちようめい》がピストルで狙撃されて重傷をおい、「蔣・汪合作」にヒビが入った。

これをきっかけに、いままでの悪条件が一挙にふきだし、金融市場は大混乱におちいった。すでに南京には戒厳令がしかれていた。

十一月四日、国民政府は、前日付で公布された幣制緊急令を実施した。その要点は、つぎのとおりである（島田俊彦「華北工作と国交調整」前掲『太平洋戦争への道』第三巻。前掲『現代支那の財政経済』）。

①十一月四日以後、政府銀行である中央・中国・交通三銀行の発行する銀行券のみを法幣（法貨）とし、公私一切の収支はひとしく法幣のみを以って行う。それ以外の銀行の銀行券発行は許さない。現銀の使用は許さない。

②三銀行以外の銀行がすでに発行した銀行券は、しばらく使用をみとめるが、徐々に法幣と兌《だ》換《かん》・回収《かいしゆう》する。

③公私機関の所有する銀貨・銀地金《ぎんぢがね》は、法幣と兌換し、発行準備用に三銀行が管理する。

隠匿者ないし輸出者は、厳罰に処する。

④　在来の銀本位貨幣による契約は、すべて法幣により、収支・決算する。

⑤　銀と分離されて不換紙幣となった法幣の対外的価値を安定させるために、無制限に外国為替の売買を行う。その為替相場は一元対一シリング二ペンス半に釘付けする。

こうして銀国有制・管理通貨制・法幣のポンドへのリンクを中核とする幣制改革は、出発した。その背景には、まず、イギリス政府の財政顧問として中国にきたF・リース・ロスの助言・指導とイギリス政府の幣制統一への全面的な支持があり、また、幣制改革にさきだって政府銀行の董事長《とうじちょう》（代表取締役）や総裁になった宋子文・銭永銘・孔祥熙らの「人脈」の主導あるいは支援があった。この「人脈」の特徴は、蔣介石のミウチと中国第一の土着財閥である浙江財閥《せっこうざいばつ》とにより構成されている点にある。

——はじめ、幣制改革は、その成功が疑問視されていた。しかし、いざスタートしてみると、銀国有は不十分ながら実現し、あとから加わった中国農民銀行をふくめた政府銀行・四行による発券銀行の統一は厳として守られ、一九三七年六月には、四銀行の法幣発行高は十四億元に達して、改革発足時の二倍をこえた。同年四月、宋子文・中国銀行董事長は、その株主総会で演説し、「法幣はすでに一般に流通し、同時に四政府系銀行以外の紙幣は市場から去りつつある」とのべて、「新幣制」が「予期以上の効果」をおさめたことを自讃した（前掲『現代支那の財政経済』）。

たとえば、半年後に日本軍が全面的侵攻をあえてする華北の天津市では、一九三七年一月現在の紙幣発行高・二億一千四百二十二万元のうち、一億八千三百五十四万元が中央・中国・交通の三銀行の発行になり、地元の河北銀行の銀行券は、二千万元にすぎない（小島精一『北支那経済読本』一九三七年）。

しかも、この成功は、政府当局者の予想しない好運にめぐまれた。まず、一九三六年の世界的な銀の安値を通じて、中国の銀は、アメリカ・イギリスに輸出され、中国の在外正貨は増大した。ついで、一九三五〜三六年の大豊作と東南アジア方面の華僑の好況とがかさなって、これも在外正貨の増大をうながした。一九三六年の中国の在外正貨は、約一〇億元といわれ、同年の法幣発行高とほぼひとしい水準にとどいた。

――幣制改革により、中国人は、銀をためて財産形成をすることができなくなり、法幣だけが労働なり取引きなりの絶対目標となった。このことは、国民政府＝政府銀行の中国人に対する支配力を飛躍的に強化し、物心二面において、中国の中央集権性は進展した。

また、国有銀により形成された中国の大きな在外正貨は、法幣を土台として、イギリス・アメリカの軍事的補給をうける経済的条件として作用した。

――このとしの十二月のはじめに、汪兆銘に代わって、国民政府行政院長に就任し、これまでの軍事委員長とあわせて、政府と軍の要職をかねた蔣介石の手には、こうして、法幣という「スペードのエース」がにぎられていたのである。

日本は、わからなかった

F・リース・ロスは、じつは、上海にゆく前に、東京にきていた。そして、中華民国政府の「満州国」承認とひきかえに、「満州国」政府が年額・約一〇〇万ポンドを中国政府に支払うものとし、それを幣制改革の資金に加えるという提案をしてきた。しかし、ときの広田弘毅《ひろたこうき》外相らは、協力を拒み、また、北支駐屯軍（→一八二頁）は、華北にある現銀の南方への輸送をさまたげ、幣制改革の成功を阻止しようとした。

しかし、改革が始まって一か月のちには、北支駐屯軍は、その妨害工作の失敗をみとめなければならなかった。十二月十日、一通の電報が天津から東京にとんだ。陸軍参謀本部あての電報である（前掲・島田俊彦「華北工作と国交調整」）。

……コノ改革ニ対シ、英国側ハ全面的、積極的カツ計画的ナル支援ヲ与エ来レルニ反シ、日本側ハ南京政府が政治的準備工作ヲ欠キタル故《ゆえ》ヲ以テ、絶対反対ヲ表明シ、ソノ不成功ニ終ルベキヲ高唱《こうしょう》シ来タレルノミニシテ、成功スル場合に対シテ、何ラノ施策《しさく》ニ出《い》デズ。

然《しか》ルニ今日ノ状態ハ叙上《じょじょう》ノ如ク、モシコノママ成功ノ歩ヲ固ムルニ至ランカ、日本ノ朝野《ちょうや》ノ対支認識ノ根本的誤謬《ごびゅう》ヲ表明シ、同時ニ支那ガ日本ヲ無視シテ、政治経済ノ大変革ヲ英国ノ支援ニヨリ、公然実行セルコトヲ認ムルコトトナルベク、即チ本改革ノ成否《せいひ》ヲメグリテ、今ヤ日英ノ対支経済ノ宗主権《そうしゅけん》ガ争覇《そうは》ノ大頂点ニ到達セルモノナリ。……

……つまりは、海千山千の「大英帝国」に対して、見とおしの甘い「大日本帝国」が遅れをとったというのである。

ある後日譚　法幣は、そののち、中国経済界の「主戦投手《エース》」として、大活躍をした。一九三七（民国二十六・昭和十二）年七月七日以後の日中全面戦争の初期において、上海では、日本軍が大量にもちこんで戦略物資買付けの用にあてた日銀券が法幣に対抗できず、中国人はもとより、上海在住の欧米商人も法幣でなければ品物を売ってくれない状況がつづいていた。

そのことは、また改めて、解説しよう（↓第19章）。

西安事変

あるクリスマス・プレゼント　一九三六（昭和十一）年十二月二十五日の夕方、人口三四九万をほこる中国第一の国際都市・上海市の大通りでは、とつぜん、ビルの窓から紙吹雪《かみふぶき》がまい、まるで正月のように、爆竹《ばくちく》がなりはじめた。多くの市民たちは、上海市政府と国民党・上海市党本部のまいたビラや新聞の号外で、去る十二月十二日いらい華北の西安《シーアン》——古都・長安——で張学良（↓九〇頁）のひきいる東北軍のために監禁されて生死不明だった国民政府行政院長・軍事委員長の蔣介石《しょうかいせき》がきょう釈放され、洛陽《ローヤン》——

長安とならぶ古都。長安に対して東都とよんだ——に無事生還したことを知らされた。街は、たちまち、お祭り気分にみち、爆竹は、夜中まで、なりつづけた（長野広生『西安事変——中国現代史の転回点』一九七五年）。

このとき、上海にいた日本陸軍の憲兵大尉・塚本誠は、敗戦後のすぐれた回想記のなかで、こうしるしている（『或る情報将校の記録』一九七一年）。

十二月二十五日の上海は小春日和であった。私は午後「毎日」の安池忠夫君と北四川路を散歩していると、突然爆竹の音が聞え、ビルの窓からは色とりどりの紙吹雪が降って来た。それは蔣総統無事帰還の臨時ニュースが伝わった中国人の喜びの表情である。だが中国人は単純に蔣個人の生還を喜んだわけではない。彼らはそれにつづくものを期待したわけだ。

後から思い合わせると、このクリスマスの日に、サンタクロースが中国にもたらした贈物は、たしかに歴史的なものだったのである。

「一致抗日」の胎動

これよりさき、蔣介石は、「大日本帝国」という敵に対しては、国民政府行政院長だった汪兆銘《おうちょうめい》のいわゆる「一面抵抗・一面交渉」の立場をとりながら、「共匪《きょうひ》」＝中国共産党という敵に対しては、終始一貫、敵対的な立場をとり、一九三〇年から一九三五年までの五年間に合計六次にわたる勦共戦争《そうきょうせんそう》をつづけていた（日中戦争史の研究家として多くの業績をあげている臼井勝美氏は、蔣介石の立場を「……活発な活動をつづける〈共産匪〉の完全な掃蕩《そうとう》に成功し、国内統一を確保したのち、外敵日本に抵抗するという〈安内攘外《あんないじようがい》〉の姿勢……」と要約している——前掲『日中戦争』)。

十二が二つつくので、「双十二事《そうじゆうにじ》変《へん》」ともよばれるクーデターがおこったとき、蔣介石は、二つの戦争の「督戦《とくせん》」のために、西安・洛陽・太原ととびまわっていた。二つの戦争とは、一つは、関東軍特務機関（機関長・田中隆吉中佐）のバックアップのもとに、徳王を主席とする内蒙軍政府の内蒙古軍がチャハル省の西方にある綏遠《すいえん》に攻撃をかけ、さらに「華北分離」工作を進展させたのに対し、陳誠と綏遠省主席・傅作義のひきいる綏遠軍がはげしい抵抗をした綏遠戦争であり、もう一つは、陝西省の共産軍に対する討伐戦争——第六次勦共戦争——であった。

そして、十二月四日、西安にきた蔣介石は、前年十月から陝西省に移されて勦共戦争に従事させられてきた東北軍のリーダーである西北勦匪総司令・張学良や西北十七路軍軍長・楊虎城《ようこじよう》に対して、共産軍討伐の強化を厳命し、さらに三か月以内に共産軍を一掃するようにとタイム・リミットをつけた。

しかし、東北軍の現状は、蔣介石の期待とはちがっていた。東北軍の将校や兵士——ことに「青年将校」たち——のなかには、蔣介石の「安内攘外」政策にうたがいをもち、内戦停止と一致抗日をよびかける中国共産党の主張に心をうごかされる人びとがふえていた。

当時、張学良の友人であり、また、政治顧問であって、かれに対するふかい影響力をもっていた若い苗剣英《びようけんえい》は、二年後の一九三八年に、こう回想している（エドガー・スノウ『中共雑記』小野田耕三郎—都留信夫共訳・一九六四年）。

（十月二十三日、私は）西安近郊の王曲《ワンチユイ》で学生達——満州人士官候補生——に演説し、〈きみたちはなぜあんな——蔣のような——奴を殺さなかったのか〉と、たずねました。私は泣いて訴えました。〈ぼくたちはみな東北——満州——の出身だ。みな故郷に帰らねばならない。裏切者や奴隷になってはならないのだ〉四百人いた聴衆のほとんどが泣き出した。

こうした感じ方・考え方は、一方では、共産軍の捕虜となって、その政治教育をうけ、その解放区をみせられて、抗日のための統一戦線の理論に共鳴するようになった多くの東北軍将兵のなかにも脈々とながれていた。長野広生氏の表現を借りれば、「中国共産党は〈民族〉を捉えはじめていた。民族の良質な部分をその味方につけはじめていた」（前掲『西安事変』）。

そして、そのような状況のなかで、張学良は、当時、中国共産党軍事委員会副主席の地位にあった周恩来《しゆうおんらい》とあい、①国共合作の回復　②共産軍の国民政府軍への編入　③内戦の中止などを主要な内容とする「連蔣抗日」約定をむすび、事実上、東北軍と共産軍の停戦状態がそののち、成立していた。中国共産党史研究家のひとりである宇野重昭氏は、その場所は延安、その時期は一九三六年八月十日と推定している（前掲『太平洋戦争への道』第三巻）。

その会談の成果であろうか、満州事変の屈辱的な「敗軍の将」であり、かれじしんのことばでいえば、あの九月十八日いらい「家の仇と国難をあわせもつ者」となった張学良は、一九三六年九月十八日。満州事変五周年の国恥記念日の大衆集会で、一万二千人の人びとを前に、こう演説した（前掲『西安事変』）。

東北軍は国防の第一線に立たなければならない。歴史はわれわれに失地回復の使命を課している。私のこの志《こころざし》は変わらない。もし変わるようなことがあれば、きみたちが手にするその銃で私を射殺してもいっこうに差支えない。この戦いは民族の生存のための戦いである。中華民族の生きる路は抗日にあるのみ。国内を整えて戦争を準備するという空虚な理由に惑わされてはならない。われわれは全国の力を連合させて長期にわたる大戦争を決意しなければならない。

——だから、勦共戦争への「督戦」をうけたとき、張学良の進退はきわまった。下方からの一致抗日への圧力にしたがうか。上方の蔣委員長に屈するか。

たぶん十二月十日ごろだろう、張学良は、蔣介石とあい、はげしく「安内攘外」政策の放棄をせまり、逆にきびしい叱責をうけて、最終的な腹がきまった。

「兵諫《へいかん》」（武力を行使していさめる）——そう、それ以外に道はない。

翌十一日午後、隴海線の西安駅構内にいた蔣介石専用列車の汽罐《きかん》に火がいれられ、スタンバイの状態にあるという情報がはいった。もう、一刻の猶予《ゆうよ》もない……。

兵諫《へいかん》

一九三六年十二月十二日の午前五時すぎ、凍《い》てついた冬の闇をつんざいて、毛皮の防寒軍帽をかぶった兵士たちをのせたトラックの列が西安の東方二五キロのところにある臨潼県城の西門に接近しつつあった。臨潼県城の南には、華清池《かせいち》という温泉——むかし、唐の玄宗皇帝が楊貴妃のために浴を賜ったところ——があり、築地塀《ついじべい》にかこまれたその一室に蔣介石がとまっていたのである。

——午前五時半すぎ、華清池の表門で、到着した東北軍の兵士たちは、蔣委員長の護衛憲兵らと銃撃戦を始めた。蔣介石の回想記によると、かれはすでに目をさましていた。(「西安半月記」大石智良訳——『西安事件』一九七三年)。

午前五時半、ベッドの上でいつもの体操を終え、着替えを始めたとき、表門のあたりで突然銃声が起こった。ただちに護衛の者に見に行かせたが、もどらぬうちにまた一発、もうひとり行かせたあとは、銃声が間断なく鳴りひびく。東北軍の反乱だと直感する。蔣介石は、裏山に難をさけたが、夜がすっかりあけて真冬の晴れた空がかがやきはじめたころ、山の中腹の岩穴を出て、東北軍の手に落ちた。午前九時ごろのことだった。かけつけてきた「兵諫」の指揮者のひとり・唐君堯——第一〇五師第二旅団長——は、不動の姿勢で敬礼し、涙をながしながら、うったえた(前掲『西安事変』)。

これは東北軍の反乱ではありません。暴動でもありません。中国共産党に投じたのでもありません。委員長に西安に来て頂いて、抗日の大計を主宰して頂くというのが張学良副司令の目的であります。委員長の安全については全く心配はいりません。

やがて、蒼ざめた顔の蔣介石は、しぶしぶ下山を始める。華清池の表門についたかれは今朝までの居室で休みたいという。唐君堯も、もうひとりのリーダーだった孫銘九《そんめいきゅう》——張学良の「親衛隊長」——も早く委員長の身柄を西安に連行したい。かれらと蔣介石のやりとりを蔣介石の方からえがくと、こうなる(『西安半月記』——もっとも、J・バートラム『中国における危機——西安反乱の物語』岡田丈夫訳では、訳文のスタイルにもよるが、蔣介石の言動はもっと弱い)。

私は〈おまえの副司令をよんでこい〉と命じた。

〈副司令は西安で待っています。われわれは上官にそむこうとしているのではなくて、国のことでおねがいしたいことがあるのです。それで委員長に直接お話ししたいのです。どうか私たちの願いを聞いてください。〉

私はかっとなってどなった。〈それが反逆なんだ。ぐずぐずいうな。私を殺したいのなら早く殺せばいいだろう〉。

しかし、結局、蔣介石は車中の人となり、やがて、高さ一〇メートルの城壁にかこまれた西安城内のほぼ中央にある新城大樓——西安綏靖公署の所在地——に拘禁された。

それから五日がたった。十二月十七日の午後、西安市の西郊——城壁の外——にある飛行場に、張学良専用のボーイング機が着陸した。その飛

周恩来がやってきた

行機からおりたって、夕闇がおりた西安城内にはいった人びとのひとりに、四十歳にはまだ手のとどかない、りっぱなヒゲをはやしたやせた中年男がいた。氏名を周恩来《しゅうおんらい》といい、中国共産党では、革命軍事委員会副主席の地位にあり、つい一年前まで、中国共産党軍事部長の要職にいた（一九七六年一月八日のその死去の日まで、うたがいもなく、かれは、二十世紀の東アジア史がうんだもっとも巨大な——私は、そう信ずる——政治家であった）。

——西安事変がおこったとき、西安市の北方、陝西省保安（↓二一六頁）の洞穴群にその根拠地をもっていた中国共産党の内部では、蔣介石に対する「人民裁判」説や「血祭り」論が強くあり、党主席という最高の地位にあった毛沢東じしん、「人民裁判」＝「十年にわたる血の債務を償なわせなければならない」説を演説して、民衆の喝采をあびたともいうが、一面では、毛沢東は、もっとクールに事態の処理を考えていたともいわれ、不明な点が多い（前掲『西安事変』。前掲『中共雑記』）。

周恩来じしんの態度についても、はじめから、「和平解決」と「蔣先生の抗日指導を擁護する」立場をとっていたという説（張学良「西安事件懺悔録」・雑誌『中国』一〇三号）と、「はじめ西安に来たときには、周は蔣の公判を主張したのです」という説（苗剣英証言——前掲『中共雑記』）とがあり、これも確定的なことはいえない。

一方、十二月二十二日には、中国最大の資本である浙江財閥の中心をなす宋氏一門のむすめであり、蔣介石夫人であった宋美齢《そうびれい》らが飛行機でのりこみ、部下の裏切りに怒る蔣介石を説得して、「内戦停止・一致抗日」の方針をみとめさせ、釈放の条件を手に入れようとするこころみが開始された。

しかし、たぶん、その二日後、つまり、クリスマス・イヴの日に、一通の電報が保安から西安にもたらされ、周恩来らにとどけられた。それはモスクワのスターリン・ソ連共産党書記長から発信され、上海にいる宋慶齢《そうけいれい》——宋美齢の姉で孫文未亡人、親ソ抗日の立場をとって、義弟の蔣介石を苦しめた——をへて、保安の中国共産党に送られた蔣介石釈放の指示であり、そのために努力しないかぎり、モスクワは中国共産党を「共匪」として批判し、友党としての縁を切るとした強硬なものであった。波多野善大氏は、モスクワからの「内戦反対・一致抗日・蔣釈放」の指令は、早く、十二月十三日の夜にとどいたとしている（『国共合作』一九七三年）。

当時、スターリンの権威は、世界の共産党に対して、決定的に強大であった。その晩、周恩来は、はじめて直接に蔣介石と会見した。

蔣介石は、周恩来の姿をみて、おどろいただろう。なぜなら、このふたりは、かつて、一二年ほど前、国民革命軍（↓四一頁）の母体をなした広東《カントン》の黄埔《こうほ》軍官学校《ぐんかんがっこう》で、片や厳格な校長、片やフランス留学から帰ったばかりの政治部主任代理としてつきあいがあり、その後は、政治的には犬猿の仲で今日まできたからである（梨本祐平『周恩来』一九六七年）。

しかし、周恩来の態度は、丁重であった。室に入ってきた周恩来は、昔のようにキチンと敬礼し、「校長」とよびかけ、ジュンジュンとした語調で、この事変の平和解決と蔣介石を指導者とする抗日の実行を切望する中共中央の意向をといた。座の雰囲気はやわらぎ、周恩来は、張学良の八項目に対する受諾のサインとか、公式声明の発表とか、蔣介石の面《メン》子《ツ》を傷つける怖れのある要求をださずに、説得をした。後年、アジア・アフリカ世界に絶大な影響を及ぼすかれの説得力は、すでに、そのゆたかな葉をしげらせていたのである。

エドガー・スノウは、周恩来の側近にあった博古（秦邦憲）からの聞きとりにより、このときの蔣介石のことばの片鱗をこう伝えている（前掲『中共雑記』）。

> これ以上、内戦があってはならない。……内戦中もきみたちのことを考えた。戦いの最中でよくきみたちが私のために活躍してくれた時のこと――第一次国共合作をさす――は忘れなかった。もう一度協力できればよいと思う。

古くから「綸言《りんげん》、汗のごとし」という。蔣介石ほどの人物になれば、このことばを命ほしさの口からでまかせだったと、あとで否定はしないだろう。かれのこのことばは、ささやかな芽生えかもしれないが、そこに存在する「内戦停止」「一致抗日」「（第二次）国共合作」――毛沢東・周恩来じしんのなかでさえ、前年の夏までは、抗日国民・共産連合戦線とは、まだ仮定の問題だった――という巨大な可能性を枯らしてはならない、それが周恩来のえらんだ道だったのではないか。

――こうした政治交渉の一方、蔣介石を冷静にさせる役割をはたしていた宋美齢は、やや感傷的で、幼ないとき、YMCAに通ったことのある張学良にクリスマス・プレゼントとして夫を釈放してほしい、そうすればこんどの反逆のすべてを許すとくり返し訴えた。

こうして、おそらく十二月二十四日の深夜から翌二十五日の朝にかけて、張学良・周恩来の蔣委員長釈放についての合意が成立した。強硬派だった西北軍の指導者・楊虎城も、周恩来に説得された。

釈放——聖降誕祭のゆうぐれ

一つの大きな夜が明けた。朝、ふたたび、蔣・周会談がもたれて、蔣介石は内戦終結を希望することを表明した。そののち、昼から午後にかけて、サインいり文書を求めてねばる強硬派、南京帰還にあたって委員長としての面子を守ろうとする蔣介石夫妻と渦はまだあったが、やがてそれらも収拾され、午後三時すぎには、蔣夫妻の一行と張学良・楊虎城の二将軍を分乗させた二台の自動車が西安城西郊の飛行場に走った。そこには、張学良専用機のボーイングが待機していた。

そして、たぶん、離陸は午後四時ごろ、蔣夫妻一行のほかに、服罪というか責任をとるというか、あるいは今日でもわからない別の理由のためか、南京への同行を申しでた張学良をのせた飛行機は、暮れはじめた冬空を東にとんだ。目的地は、南京までは時間的に無理なので、やはり古都である洛陽、到着は午後五時二十分、飛行機が着陸したとき、もう日は暮れていただろう。そして、電波は、蔣委員長生還のビッグ・ニュースをのせて、午後六時ごろまでには、南京へ、上海へと、とんだのである。

――十二月二十五日は、イエス・キリストの聖降誕祭である。この日付の一致は、本質的には偶然だが、比喩としていうなら、この日、中国民族・四億五千万の人びとにとっては、父にして子にして聖霊であるところの一つの歴史的生命が降誕したといっていい。

その生命とは、第二次国共合作を母胎とする抗日民族統一戦線である。

のこされた謎

西安事変には、謎が多い。現に、この史的ドラマの最大の主役である張学良じしんは、日中十五年戦争ののちにおこった「国共内戦」のときにも、台湾省の新竹に軟禁されていたといい、その現状はわかっていない。少なくとも、現代中国史の権威者のひとりである野沢豊氏を監修者にもつ最新の人名辞典は、その死亡を確認していない（『コンサイス人名辞典・外国編』一九七六年）。

さらに、蔣介石の「西安半月記」をはじめ、宋美齢「西安事件回想録」・董顕光『蔣介石』（寺島正・奥野正己訳）といった国民党サイドの関係文献には、周恩来の名はまったくでてこない。

また、中国共産党の関係文献でも、保安の中共中央が一貫して迷うことなく、平和解決・一致抗日の方針をつらぬいたとしるし、「倒蔣内戦」を「煽動」したものをトロツキストとしているが（胡喬木『中国共産党の三十年』・胡華『中国新民主主義革命史』）、たとえば毛沢東がモスクワから蔣介石釈放指令がきたとき「真っ赤になって」怒り、「悪態をつき、足を踏みならして」いたといった宋慶齢談のようなデータは、いっさい、しるされていない（前掲『中共雑記』）。

――また、ソ連の役割についても、定説はない。エドガー・スノウは、中共の要人たちから取材したデータだけでなく、アメリカの国務省資料なども採用して、ソ連が蔣介石に対するなんらかの処分の結果として日中「抗ソ条約」のようなものが結ばれることを怖れて、蔣介石釈放を指示したのだと論じ、批判的に、しかし、この事変におけるクレムリンの役割を絶対値としてはかなり大きくみつもっている（前掲『中共雑記』）。

しかし、第一線の中国共産党史研究家である宇野重昭氏は、それが調印されたばかりの日独防共協定――ついでにいうと、「防共」というのはギマン的名詞であり、ドイツ語では"anti-Komintern Vetrag"という――と連動して作用することをソ連が怖れ、「対抗馬」としての蔣介石の役割を高く評価していたことを「推察」はしているが、事変解決の基軸については、「このスターリンの電報がすでに自主性の確立していた中共の政策決定に決定的役割をはたしたものと断定することは困難である」と断じている（「中国の動向――一九三三年～一九三九年」・前掲『太平洋戦争への道』第三巻）。

国共合作への大道

あけて一九三七（昭和十二）年一月はじめ、国民政府は、西安勦匪総司令部を廃止し、ついで、日本との国交調整を担任していた張群《ちょうぐん》・外交部長の退陣を決定した（前掲「中国の動向」・『太平洋戦争への道』第三巻第二編）。

つづいて、同年三月十五日から二十二日まで、国民党は、いわゆる第五期三中全会――

中国国民党第五期中央執行委員会第三次全体会議――をひらいた。

　これにさきだち、中共中央は、「国民党三中全会に致す書」を送り、「内戦停止・一致対外」あるいは集会・言論・結社の自由およびすべての政治犯の釈放、また超党派的な全国人材の集中による共同救国の実行などといった諸条件を保証するならば、つぎのことを約束するとした（波多野乾一『中国共産党史』第七巻・一九六一年）。

(A) 反国民政府的武装暴動方策を全国的に停止する。

(B) ソヴィエト政府を中華民国特別区政府と改称、紅軍（中共軍）は国民革命軍と改名、国民政府および軍事委員会に従属する。

(C) 特別区内に普選による徹底的民主制度を実施。

(D) 地主土地没収を停止。

(E) 抗日民族統一戦線綱領実行。

　こうしたなかで開催された三中全会では、汪兆銘前行政院長をはじめ国民党内の反共親日派はあきらかに退潮し、宋慶齢（↓二三二頁）・宋子文《そうしぶん》・孫科《そんか》・王寵恵《おうちょうけい》など、「連共抗日」派が有力となった。

　ついで蔣介石がはじめて出席した二月二十一日、会議は「根絶赤禍案《こんぜつせっかあん》」という、一見、この基本方向に反する決議案を採択した。これは、中国共産党が「真に悔禍《かいか》し、三民主義に服従し、国法を守り、軍令を厳守し、束身して中華民国の良善の国民となる」ならば

「博愛を旨としている」国民党は「共産党人」の「自新《じしん》（みずから新しくする）の路を断つものではない」という前提にたち、①「紅軍」と「ソヴィエト政府」のとりけし、②「赤化宣伝」と「階級闘争」の「根本的」「停止」を第二次国共合作の条件としてさししめしている（前掲『中国共産党史』第七巻）。

こういういい方は、国民党の面子《メンツ》を守りとおす表現であって、その実、ここでの諸条件は、さきの中共中央の提示した条件と同質であり、ここに、国民党の正規の執行委員会がはじめて国共合作に応ずる姿勢をしめしたことが注目されなければならない。野村浩一氏は、このころの政治状況をこうとらえている（前掲『人民中国の誕生』）。

……陝北根拠地に対する封鎖は、事実上、解除され、物資のみならず、抗日の志ある青年たちがこの地区へと流れこみ始めた。

西安事件以後、共産党は、東北軍撤退の後をうけて延安に首都を移していたが、いまや抗日軍政大学と改称されたかつての紅軍大学は、多数の入学者でふくれ上がった。

ほとんど全国的に国共双方の交流が拡大し始めた。

――こうして、第二次「国共合作」は成立しつつあった。そして、その国民党・三中全会からあの蘆溝橋《ろこうきょうじけん》事件《けん》までは、わずか四か月たらずの時間しかない。……一九三七年七月七日の夜は近づきつつあった。

第7章
日中全面戦争の開始

蘆溝橋の畔にある乾隆皇帝筆の碑文

「七夕」の夜の銃声――蘆溝橋事件

「一八発」?の銃声

一九三七（昭和十二・中華民国二十六）年七月七日の夜のことであった。北《ペー》平《ピン》から西南方に一八キロほどはなれた河北省の豊台《ほうだい》に駐屯していた支那駐屯軍・歩兵第一連隊第三大隊の第七中隊――中隊長・清水節郎《しみずせつろう》大尉――は、大隊駐屯地から約四キロ西方を流れる永定河《えいていが》東岸の砂利採取場付近で、二日後に予定された大隊長・一《いち》木《き》清直《きよなお》少佐の検閲をひかえて、初年兵《しょねんへい》（軍隊に入ったばかりの兵士）の訓練を主目的とした夜間演習の最終日をむかえていた。中隊は、仮の敵・味方に分かれて夜間の連絡訓練をしていたが、午後十時半すぎ、清水中隊長は演習終了を知らせるための伝令《でんれい》を「仮設敵《かせつてき》」に派遣した。しかし、「仮設敵」の方は、訓練継続中と誤認し、その伝令兵に対し、軽機関銃の射撃をあびせた。むろん、それは、空包《くうほう》（からだま）だったが、その銃口《しこう》は、西に八〇〇メートルほどしかはなれていない永定河東岸に構築中の中国軍陣地を指向しており、発射の閃光《せんこう》が夜の闇にフラッシュした（荒木和夫『蘆溝橋の一発――従軍憲兵の手記』一九六八年）。

そして、これに対し、中国軍陣地の方角からは、数発の実弾が日本軍の「仮設敵」陣地に発射されてきた。

実弾の空中音をきいた清水中隊長は、ただちに演習中止を決め、すぐに人員点呼《じんいんてんこ》をすると、伝令の一名（志村菊次郎）が行方不明であった。そこで「演習終了・集合」のラッパを吹かせたが、こんどは、ラッパ吹奏地点に、十数発の実弾射撃が集中し、中国軍陣地の方面では、懐中電灯による連絡信号が点滅したりしていた。午後十時四十分ごろのことである。

――この夜、中国軍陣地の方向から散発的に発射された銃弾の数は、北平特務機関輔佐官の寺平忠輔《てらだいらただすけ》大尉によると、一八発に達したという（寺平忠輔『蘆溝橋事件』一九七〇年）。

事件の背景　そのころ、華北駐屯軍――いわゆる天津軍――は、一九〇一（明治三十四）年の北清事変議定書（→一八二頁）により、一個旅団＝二個連隊の約六〇〇〇名を基幹とし、そのなかに砲兵・騎兵・戦車を含んでいた（座談会「蘆溝橋事件の回顧」――『偕行社記事』一九四一年七月号）。

この兵力は、一九三七年五月になって倍増されたものであり（七月七日当時、約四〇〇〇名）、とかく独走しがちな関東軍の「越境」＝華北介入にブレーキをかける目的があったといわれる。

一方、当時の北平には、日本の「華北分離工作」の産物である冀察政務委員会（→第5章）があり、そのもとにあって、政務委員長の宋哲元《そうてつげん》じしんを軍長とする第二十九軍は、華北における唯一の正規軍として、重きをなしていた。天津軍の意向にさからって青天白日旗をかかげたこの地方政権・地方軍には、国民党あるいは共産党の政治工作の影響をうけて強い抗日意識をもつ青年――下級将校や兵士――が多く、ことに、河北省の首府である保定《ほてい》は、省主席である青年将軍・馮治安《ひょうちあん》のひきいる第二十九軍第三十七師を中心とする抗日運動のみなもとであった。

こうした状況下で、これまでの権益である軍隊の訓練・演習権とか、上空飛行権とか、またあるいは鉄道敷設権・鉱山採掘権とかを無自覚に行使・追求する現地日本人に対して、さまざまの抗議・ボイコット・反抗運動が瀕発し、華北では「一触即発《いっしょくそくはつ》」の険悪な空気が生じてきた。

――そのころ、北平にいた日本大使館付武官輔佐官の今井《いまい》武夫《たけお》少佐は、のちになって、このとしの六月ごろ、「東京政界の消息通」のあいだで「七夕《たなばた》の晩に、華北で柳条溝（湖）事件（↓第2章）の二の舞の事件が起きる」という噂があったことを知ったという。また、かれは、七月六日の晩、ある宴席で、たずねてきた冀北保安総司令の石友三《せきゆうさん》から、「武官、日華両軍は今日午後三時頃、蘆溝橋で衝突し、目下交戦中だ」という、結果的には「予言」となって的中した奇妙な「情報」をきいていた（今井武夫『支那事変の回想』一九六四年）。

暗くなっても暑さが去らない大陸の「七夕」の夜は、こうしてやってきた。風もなく、月もない夜だった。

「行方不明」だった志村菊次郎は、約二〇分後に、隊にもどった
（「清水節郎氏の手記」――秦郁彦『日中戦争史』一九七二年増補改訂版）。

自力で隊列に復帰したという記録もある（前掲『蘆溝橋事件』）。

この「約二〇分後」が、かりに午後十時四十分から二〇分後とすると、午後十一時すぎには、現地では「兵士一名・行方不明」問題は、消滅していたはずである。

しかし、一木大隊長は、午前零時前に豊台の大隊本部についた伝令下士官の口から「兵士一名・行方不明」の報告をきき、指示を仰いだ、北平の歩兵第一連隊長牟田口廉也《むたぐちれんや》大佐から「豊台部隊はただちに出動して一文字山付近を占領し、夜明けを待って宛平県城《えんぺいけんじょう》にいる営長（大隊長）と交渉せよ」という強硬策を命令されて、午前零時二十分、大隊主力出動の命令を発し、現地に急行していた。したがって、「兵士一名」発見の事実を一木少佐が知ったのは、一文字山にほど近い西五里店で、清水中隊長とあった七月八日の午前二時三十分であった（「大隊戦闘詳報」――前掲『日中戦争史』）。

のちに、一木少佐は、事件一周年の回顧座談会で、原因不明の射撃より「兵士一名・行方不明」の事実?を重大視したと発言しているから、その大隊長にとっては、さきの午前二時三十分に蘆溝橋事件は解決したのであるが、そのあと、かれは、あるいみで実に奇妙な、そして重大な、つぎのような判断に傾いて、一文字山の占領という強硬な軍事行動をやめようとはしない。やはり、座談会中の一木発言である（「蘆溝橋事件座談会」――『朝

日新聞』一九三八年六月二十八日〜七日八日連載）。

……連隊長からも交渉すべき旨命令されているし、またこれで打切ったということになると、シナ側がなんと宣伝するかわからぬ。豊台事件の前例もあって、実包射撃をやれば日本軍は、演習をやめて逃げて行くという観察を彼らに与えるのは遺憾だから

これはどうしても厳重に交渉しなければならぬ。

「豊台事件」とは、前年九月十八日に、豊台駅付近を通行中の一木大隊の一中隊と中国・第二十九軍の一中隊がすれちがったおり、中国人兵士が日本軍将校の乗馬をなぐったとして、一木大隊が中国軍兵営を包囲し、交渉の結果、中国軍の豊台付近からの撤退ということで結着をみた。このとき、牟田口連隊長は、当の一中隊の武装解除を要求する一木大隊長をおさえ、また、交渉成立時の態度が低姿勢であったので、日本軍内部で冷笑・非難をあび、牟田口大佐はそれをひどくくやしがっていたという（洞富雄《ほらとみお》『近代戦史の謎』一九六七年。河野恒吉『国史の最黒点』後編・一九六三年）。

こうして、現地指揮官の交錯するコンプレックス――洞氏のいう「つまらぬ報復主義」――は、ことの重点を「兵士一名・行方不明」から「不法射撃」に強引に移しつつ、全局面の見通しを欠いた「暗夜行路」のタカ派のレールに日本軍を牽引してゆく……。

……志村菊次郎が「行方不明」になった理由は「用便中」――それも時間のかかる方――だった点に求めるのがおおむね妥当のようである（「清水節郎書簡」――前掲『日中戦

争史』)。

運命の一日　七月七日の深夜から七月八日の早暁にかけて、北平をふくむ現地では、日本軍の対中国抗議につづいて日本軍と中国人官憲による調査活動が始まっていたが、真相は不明だった。一方、日本軍は、龍王廟《りゅうおうびょう》方面からふたたび射撃された。

そのため、抗議と第一線指揮のため西五里店から一文字山の前線にいっていた一木大隊長は、午前四時ごろ北平城内の東交民巷にある連隊本部を電話でよびだし、連隊長の牟田口廉也大佐の指示を求めた。このふたりのやりとりは、午前一時ごろからそこに同室していた北平大使館付陸軍武官輔佐官――いわゆる「北平武官」――の今井武夫少佐により、ききとられている(今井武夫『支那事変の回想』一九六四年)。

それによると、牟田口連隊長は、中国軍の再射撃開始に対して応戦すべきかどうかをたずねた一木大隊長にむかって、「敵に撃たれたら撃て」と「断乎《だんこ》たる声」で命令し、さらに送話口から口をはなして、「軍人が敵から撃たれながら、如何したらよいかなぞと聞く奴があるか」と独語した。この命令に対して、一木大隊長は「それでは射撃して差支えありませんか」と念をおし、「それなら重大だから、時計を合わせます」「午前四時二十三分」と時計の照合をした。むろん、このとき今井少佐は、一木大隊長の声を直接きいたのではないが、このやりとりの復原は、四年後の一木大佐の回想とほぼ一致し、また、一木大隊長は、その連隊長命令について、「まさか連隊長が、やってよろし、とおっしゃると

蘆溝橋付近要図

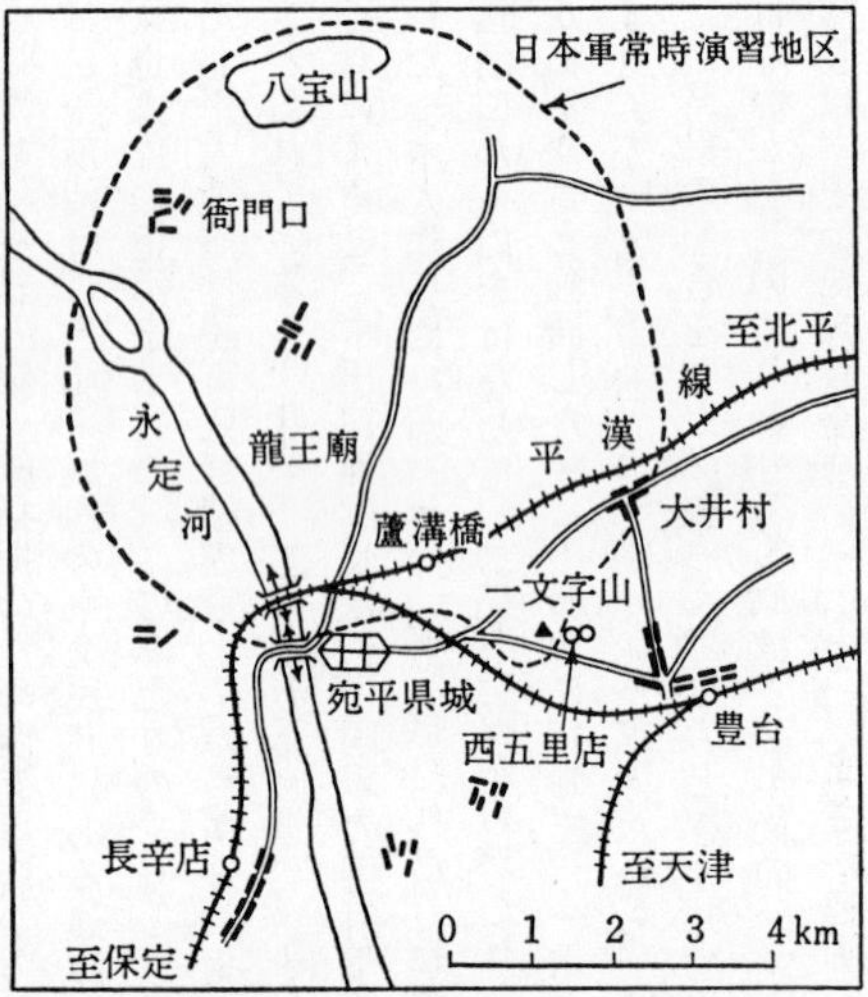

〔出典〕秦郁彦『日中戦争史』1972年

は私も思はなかった」という感想をもったとかたっている（前掲・座談会「蘆溝橋事件の回顧」）。

午前五時すぎ、一木大隊は、一文字山から龍王廟方面にむかって、前進を開始し、永定河の堤防に接近した。堤防上の中国軍とは、数百メートルの距離しかない。一方、ほぼ同じころ、第二十九軍の一隊が駐屯している宛平県城では、日本軍の桜井《さくらい》徳太郎《とくたろう》少佐・寺平忠輔大尉と中国軍の金振中《きんしんちゅう》少校のあいだに、調査と停戦のための現地交渉が行われていた。寺平大尉が構成した記録によると、一木大隊の主力が散開して朝食中——そのメニュー？は、むろん、乾パンだった——、中国軍が「猛烈な急射撃」を「我が第一線」にあびせてきたので、一木大隊長は攻撃開始を命令、「全線一斉」の銃砲撃が展開されたという（前掲『蘆溝橋事件』）。ときに、一九三七（昭和十二）年七月八日午前五時三十分。

日本軍の迫撃砲が中国軍トーチカを粉砕するなかで、寺平記録によると、一木大隊長は雲をはなれて昇る「大きな太陽」をみたという。しかし、一方、北平にいた今井少佐は、ほとんど同時刻、雨雲のたれこめた西南方の空に殷々ととどろく砲声をきくとともに「ポツポツ」とふりだした雨をみている（前掲『支那事変の回想』）。

双方の記述が矛盾しているというべきか、局地気象はわからないというべきか、現代史では、「お天気」すら謎をはらんでいる。

そののち、雨はいく日もふりつづいた。華北の平野は、数年来の長雨のために、いくどか洪水にひたされ、砲車は泥濘《でいねい》に苦しんだ。

七月の雨のなかで

その間、永定河畔の現地では、戦闘の休止と再開が交互にくり返され、一方、後方の北平や天津では、日中双方の当局者による停戦交渉が進行していた。そして、夜来の雨がはれた七月十一日、「北平武官」の今井少佐と冀察政務委員・斉燮元《さいしょうげん》のあいだで、日中両国軍の蘆溝橋付近からの相互撤退を基軸とする停戦交渉が進み、同日午後八時、北平特務機関長・松井《まつい》太久郎《たくろう》大佐と天津市長・第三十八師師長を兼任する張自忠《ちょうじちゅう》とにより、つぎのような「現地協定」が調印された（前掲『支那事変の回想』）。

①　第二十九軍代表は日本軍に遺憾の意を表し、かつ責任者を処分する。
②　中国軍は、蘆溝橋・龍王廟に駐留しない。

③　藍衣社《らんいしゃ》（→二一七頁）・共産党などの抗日系諸団体のとりしまりを行う。

これにさきだち、蘆溝橋付近の天津軍は、その主力を豊台にひきあげさせ、翌七月十二日には、さらに、北平に入城することとなった。

こうして、戦火は、いったん終熄《しゅうそく》したかにみえた。

一九三七年夏・東京

近衛内閣

一方、東京では、一九三七（昭和十二）年六月四日、なすところなく退陣した「後入斎《こうにゅうさい》」（ロボット）こと陸軍大将・林銑十郎《はやしせんじゅうろう》（→一〇七頁）の内閣に代わって、貴族院議長の地位にあった近衛文麿《このえふみまろ》公爵の内閣が成立していた（第一次近衛内閣）。

あの藤原道長の直系の血をひく「五摂家《ごせっけ》」筆頭《ひっとう》の近衛公爵は、一八九一（明治二十四）年十月十二日の生まれだから、宰相の座についたとき、四十五歳、それまでの首相の就任時平均年齢六十三・四歳とくらべて、格段の若さであり、ジャーナリズムは、かれに「青年宰相《せいねんさいしょう》」の名をたてまつった。……

むろん、新首相は、ただ単純に若かっただけではない。その履歴をみると、一九〇四（明治三十七）年の一月下旬には、その年の元旦に世を去った父・篤麿《あつまろ》——清朝の政治家と交友の深い「支那通」であった——のあとをついで十三歳で公爵をおそい、学習院中等科卒業は当然として、そののち、第一高等学校文科・東京帝国大学哲学科・京都帝国大学法科と進み、父祖の故地では、河上肇《かわかみはじめ》・西田幾多郎《にしだきたろう》といった当代一流の京洛の碩学にまなんでいる。河上教授からもらったマルクス伝や現代社会問題の外書をかなり熱心によんだという（矢部貞治編著『近衛文麿』上・一九五二年――以下、近衛公についての伝記的事実は、主として、このほんによる）。

一九一七（大正六）年に学窓を巣だってのち、この白皙長身《はくせきちょうしん》の青年華族は、異色の政治家であった後藤新平《ごとうしんぺい》内相のひきいる内務省――むろん、明治憲法体制の中核的官庁――の地方局に、いわば「見習《みならい》」として入った。政治家としても、天皇側近としても、かれの大先輩である西園寺公望《さいおんじきんもち》侯爵（↓六八頁）の斡旋《あっせん》によるものだといわれている。

――その西園寺侯にたのんで、近衛公は、パリ平和会議の全権随員のひとりに加えられ、一九一九（大正八）年一月、日本郵船の丹波丸で神戸港を出帆し、南シナ海・インド洋まわりでマルセイユまで、ぜいたくな船旅をしている。……

一つの小さなできごとがその旅でおこった。

ある邂逅

一行をのせた船が上海に寄港したとき、時あたかも政権を失って上海のフランス租界に亡命中の孫文《そんぶん》が（↓四四頁）が国民党中央執行委員・戴天仇《さいてんきゅう》（のちの国民政府考試院長）を介して、近衛公に一夕の会見を求めてきた。むろん、孫文は、中国政界に知己の多かった故・篤麿公がこの青年華族の先考であることを熟知していたであろうが、会見希望のより直接的な理由は、前年十二月の雑誌『日本及日本人』に近衛公が発表した「英米本位の平和主義を排す」という文章の全訳を上海の排日紙『ミラード・レヴュー』で読んだからであった。

「大正七年十一月六日夜誌す」とされたこの文章は、政治家・近衛文麿を論ずるさいの「ロードゥス島」であり、すでにいくたりかの研究者がその重要性を説いている(矢部貞治『近衛文麿』上。岡義武『近衛文麿』一九七二年。上山春平・三宅正樹『第二次世界大戦』一九七〇年。鶴見俊輔『転向研究』一九七六年)。私もまた、日中十五年戦争の政治的主役のひとりである近衛公の位置と役割をみてゆく上で、この文章が一個のカギを提供していると思うので、簡単に紹介しよう(近衛文麿『清談録』一九三六年)。

①「英米政治家」の「民主主義・人道主義」の「花々しき宣言」の背後には、国家的な「利己《りこ》主義《しゅぎ》」がある。

②第一次大戦における平和主義は、「欧州戦前の現状」を「最善の状態」とする「已《い》成《せい》の強国」英仏のそれであり、「正義人道」にそうものではなく、ドイツの現状打破の動きは、「手段の中正穏健を欠」いたのは事実としても、「誠に正当の要求」といっていい。

③国際連盟・パリ講和会議・軍縮などは「英米本位の平和主義」「自ら利せんとする経済的帝国主義」が「自己に好都合なる現状維持の旗幟《きし》」としてたてた一面があり、

「独逸《ドイツ》と同じく、現状の打破を唱ふべき」日本人がこれらを「天来の福音の如く渇仰する」のは、「卑屈千万」である。

④　日本は「英米本位の平和主義に耳をかすことなく」、きたるべきパリ講和会議を「人類が正義人道にもとづく世界改造の事業に堪ふるや否やの一大試練」とみなし、「現状の打破」「世界各国民平等生存権の確立」を主張しなければならない。

――この熱っぽい論理に上海「閑居」（王枢之《おうすうし》＝鈴江言一『孫文伝』一九三一年）の境遇にあった「中国革命の父」孫文は、共鳴し、近衛公を招いたのであった。近衛公の回想によると、この夜、近衛公は夕食のご馳走になり、ともに時事を談じあった。孫文は、談たまたま「東亜民族覚醒」のことに及ぶと、その論調は熱をまし、夜のふけるのを知らなかったという（「世界の現状を打破せよ」――前掲『清談録』）。

このことも一つの要因としてはたらいて、近衛公は、じぶんが中国の要人とのあいだに、俗語でいうと「ワタリ」がついている政治家だという意識をもっていたようである。一九三三年ごろから、鎌倉山《かまくらやま》の別荘に蒲柳《ほりゆう》の身をやしなうことの多かった近衛公が近くの長谷《はせ》の大仏のそばに住む駐日公使・蔣作賓《しようさくひん》――日本の陸軍士官学校を出て、駐独公使をへて現職につく。のち中国政府内政部長――としばしば会談し、蔣介石とのあいだの直通ルートをつくっていたことも、その意識を強めていたであろう。そして、さらに、近衛公は、若い宮崎龍介《みやざきりゆうすけ》や黒幕的な老人の秋山定輔《あきやまていすけ》のように、公じしんの語を借りると「支那の台所口から入って行ける人物」をその手足としてもっていた（近衛文麿手記『平和への努力』一九四六年）。

その一方、近衛公は、東亜同文書院院長として、二回訪中し、「日華親善」のエースとして自他ともにゆるしていたのである。……

「青年宰相」への道

すでに一九一六（大正五）年、近衛公は、まだ学生の身でありながら、世襲公爵議員として、貴族院議員の資格を得ていた。パリ平和会議から帰国後は、その貴族院がかれの政治活動の場となり、一九二二（大正十一）年以降は、貴族院の最大会派であった研究会に属して、その筆頭常務となり、さらに、一九二七（昭和二）年には、研究会を脱会して、火曜会という公侯爵議員の新組織をつくって、これを院内交渉団体に発展させた。

この間、近衛公は、貴族院仮議長（一九二一年）・貴族院交渉委員長（一九二七年）・大礼使長官（一九二八年）・貴族院副議長（一九三一年）をへて、一九三三（昭和八）年六月、第五代貴族院議長の地位についた。第三代議長だった先考・篤麿公につづいて、父子二代の議長であった。ときに、近衛公は四十三歳。

――このころ、早くから「華冑界《かちゆうかい》の新人近衛文麿公」とか「アスパラガスのごときプリンス近衛の風姿」とか評判されていたこの名門政治家の胸中には、あの「英米本位の平和主義を排す」以来の、すぐれて政治的な論理が形成されつつあった。その点をかれじしんの後年の手記――執筆年代不明――によって、一瞥してみよう（「元老重臣と余」――前掲『近衛文麿』上）。

かれは、まず、満州事変（↓第2章）のころから、「余は西園寺公始め重臣達と時局に対する考え方につき、相当距離のある」ことを感ずるようになったとし、「幣原外交」への西園寺公の「賞讃」に疑いをはさみ、逆に、森恪《もりつとむ》（↓六一頁）の「見透し」を評価する。そして、「余の病室」に出入りする森恪や「少壮軍人や右翼の人々」らの「個々の言説を捉えて来れば、我々の容認出来ぬ事は多々あるが、是等《これら》の人々が満州事変以来推進し来った方向は、これは我日本として辿るべき必然の運命である」と「判断」する（傍点――原文）。

しかし、かれは、「軍人が推進力となって」この「国民的運命」の「方向に突進する」こと――つまり、「軍人にリードされること」――は「甚だ危険である」から、「一日も早く政治を軍人の手から取り戻す」ために、「先ず政治家が此運命の道を認識し、軍人に先《せん》手《て》を打って、此運命を打開するに必要なる諸種の革新を実行する外はない」と考え、しばしば、これを西園寺公に説いた。

こうして、近衛公は、しだいに軍人・民間右翼の「希望の明星」とされ、日独伊三国同盟の研究で知られる現代史家・三宅正樹《みやけまさき》氏の規定を借用するならば、「武断外交派のロボット」――（前掲『第二次世界大戦』）としてまつりあげられるようになった。

西園寺公は、こういう近衛公のことばをきくたびに、「また近衛の先手か」と一笑したというが、その笑いは「ミイラとり」が「ミイラ」になる危険性を予想するものであった。――とまれ、近衛公は、こういう道をたどって首相になり、就任後一か月にして、蘆溝橋事件に出あったのである。

「支那事変」の成立

事変拡大への第一歩　七月十一日の午前、近衛内閣は、首相官邸で五相会議（首相・外相・蔵相・陸相・海相という当時の主要五閣僚の会議）をひらき、そこで、杉山《すぎやま》元《はじめ》陸相は「冀察当局及南京政府」が「対日武力戦争」を「準備しつつ」あるとする陸軍中央の判断により、内地から三個師団、朝鮮から一個師団、満州から二個旅団――合計五個師団――を華北に派遣することを提案した。

この日の会議では、内心は派兵反対に近い心境だった広田弘毅外相は発言せず、派兵反対論者では、米内光政海相だけが局地的かつ短期間の事態鎮定を条件とする同意発言をのべ、結局、つぎのような点で、意見の一致をみた（「軍令部戦史」――前掲・秦郁彦『日中戦争史』。臼井勝美『日中戦争』）。

①派兵の目的は威力の顕示《けんじ》により、(1)支那軍の謝罪《しやざい》、(2)将来の保障をなさしむるに

あり。
②　わが要求に応ぜざる時はじめて撃つ。
③　あくまで不拡大・現地解決主義による。
④　動員後、派兵の要なきにいたらば派兵を取りやむ。
⑤　派兵兵力は五個師団、但し差当り三個師団とす。

そして、同日、参謀総長・閑院宮《かんいんのみや》載仁《ことひと》親王は、関東軍の独立混成第一・第十一旅団と朝鮮軍の第二十師団に、華北派遣の大命をくだした。閑院宮は、その日の夕方、華北派兵の上奏裁可を求める近衛首相にさきだって参内し、天皇から「もしソヴィエトが後から立ったらどうするか」と質問され、「陸軍では立たんと思っております」と奉答した。しかし、天皇は納得せず、「それは陸軍の独断であって、もし万一ソヴィエトが立ったらどうするか」とかさねて質問し、「致し方ございません」という参謀総長の奉答をきいて、「非常に御不満の御様子」だったという（内大臣・湯浅《ゆあさ》倉平《くらへい》の談話——原田熊雄述『西園寺公と政局』第六巻）。

一方、近衛内閣は、華北派兵に関する帝国政府声明を公表し、この事変を「北支事変《ほくしじへん》」とよぶことをきめた。

——この日の決定は、その日の午後には、はるか天津の軍司令部につたえられ、現地のタカ派をはげまし、力づけた。

午後二時ごろ、停戦の協定のツメをして特務機関に帰りついた今井少佐（↓二四二頁）は、軍司令部からの直通電話におどろかされた。
電話は、現地タカ派のひとりである軍司令部情報参謀・専田《せんだ》盛寿《もりとし》少佐の声をつたえた
（前掲『支那事変の回想』）。

本日、東京の閣議は、重大な決意の下に、内地の三箇師団と関東軍および朝鮮軍の有力部隊を動員することを決定した。
多年懸案《けんあん》であった中国問題を解決するため、今こそ絶好の機会である。
したがって、いまさら現地交渉の必要もないし、また、すでに協定ができたなら、これを破棄せよ。

これに対して、今井少佐は、この「高飛車」な指示を拒絶し、橋本群参謀長と松井特務機関長の許可に力を得て、午後八時、やっと、さきの条件（↓二四七―二四八頁）で、松井大佐と張自忠・天津市長のあいだに停戦協定が調印された。
しかし、現地ハト派の停戦・不拡大の努力は、ここまでであった。

陸軍強硬派の台頭　七月十六日、外務省東亜局長の石射猪太郎《いしいいたろう》は、外務省で、陸軍省軍務局長・後宮淳《うしろくあつし》少将と海軍省軍務局長・豊田副武《とよだそえむ》とのあいだに三者会談をもち、七月十一日付の「現地停戦協定」を政府として承認した上で、国民政府の軍事行動の停止と日本軍のこれ以上の派兵の中止とを主内容とする対国民政府交渉案について、合意

をみた。そのころ、国民政府は、すでに六個師団の中央軍を列車で北上させていたので、外務当局は、その華中復帰を条件に、陸軍の強硬派をおさえる必要があったからである。

しかし、会談ののち、陸軍省に帰った後宮軍務局長は、外務省に電話をかけ、「陸軍においては已《すで》に方針決定し居りたるを以って、先程の話合いは全部水に流されたし」と申し出てきた。そこで、その日の夜、米内光政海相は、東京荻窪の近衛首相私邸（のちに、かれの服毒自殺の場所となった荻外荘《てきがいそう》）に招かれて、蔣介石と広田弘毅外相との「根本的に対支問題を解決するような談判」のプランについて意見をきかれたさい、それに賛成しながらも、「一体、首相は陸軍のやり方を如何に考へられるや。余は頗《すこぶ》る憂慮に堪へざるを覚ゆ」「先決問題は陸軍の態度をハッキリと一本立にすることです」として、その日の「水に流されたし」一件の話をした。これに対して、近衛首相は、米内海相のメモにあるかぎりでは、「どうも陸軍のやり方には困ったものですな」とだけいったという（「米内手記」――緒方竹虎『一軍人の生涯』一九五五年。なお、当時の外務省東亜局長と海軍省軍務局長の共同行動については、石射猪太郎『外交官の一生』〈一九五〇年〉と、豊田副武述『最後の帝国海軍』〈一九五〇年〉に、それぞれ、傍証がある）。

軍務局長といえば、陸・海軍省では、いわば「第一局長」であり、次官につぐ重要ポストである。その軍務局長の公的な発言を半日もたたないうちにとりけさせるほどの「方針決定」とは、どこで、だれがきめたのか。ここに、後宮局長じしんの用語でいうと「部内情勢上・国内情勢上」の問題があり、石射局長は後宮局長のことばを陸軍「内部の強硬論者と右翼」の「圧迫」の存在を語るものとうけとっている（前掲『外交官の一生』）。

この「内部の強硬論者」（別のいい方をすると、拡大派ないし楽観派）について、当時、参謀本部の第一部第二課課長（戦争指導課長）の地位にあった河辺《かわべ》虎四《とらし》郎《ろう》大佐は、のちに、大本営（→二六七頁）・研究班員の竹田宮恒徳王《たけだのみやつねよしおう》に対して、こう語っている（「河辺虎四郎少将回想応答録」――『現代史資料』第十二巻・日中戦争四・一九六五年）。

（陸軍の）支那関係者は楽観派なんです。参謀本部の第一部（作戦部）も完全に二つに分かれております。大体、陸軍省の軍事課（軍務局軍事課長・田《た》中新一《なかしんいち》大佐）、参謀本部の第三課（第一部作戦課長・武藤章《むとうあきら》大佐）および第二部（情報部）の大部ことに支那課（課長・永津佐比重大佐）はこの際やるべきだとなし、露西亜課（課長・笠原幸雄大佐）では早くたたきつけてしまえば〈ロシア〉の方は大丈夫だ、しかし、先のことは判らんぞといっておりました。当時、第二部長・渡《わたり》〔久雄《ひさお》〕中将は病気だったものですから、笠原〔幸雄〕大佐が代理をしておりましたが、これは相当に強硬でした。

（〔 〕内は原注。〈 〉内は引用者注。引用者の注は、日本近代史料研究会編『日本陸海軍の制度・組織・人事』（一九七一年）による）

こうしてみると、陸軍強硬派の中核《コア》が陸軍省と参謀本部という中央官庁の課長クラス・大佐クラス――いわゆる「佐官級幕僚層《ばくりょうそう》」（→第2章）――にあることを認識できよう。

このうち、強硬派のひとりである武藤大佐は、七月八日朝、蘆溝橋事件の第一報がとどくと、参謀本部内の電話で同僚の河辺大佐をよびだして、「愉快なことが起こったね」といい、さらに、七月十日、陸軍省と参謀本部の会合で、参謀本部第一部第二課付の堀場《ほりば》一雄《かずお》大尉が「実力行使」のばあいの「用兵規模」として、①一五個師団同時動員（全陸軍の約三分の二）、②作戦期間・約半年、③戦費・五五億円（一九三六年度一般会計の歳出合計は、約二三億円）という「半年半軍」動員の必要を説き、不拡大論を主張すると、これを「構想過大なり」として反対し、武藤大佐に同調する田中大佐は、堀場大尉に面とむかって、「日支の軍隊を混同しおらざるや」といったという（前掲「河辺虎四郎少将回想応答録」。堀場一雄『支那事変戦争指導史』一九六二年。沢地久枝『暗い暦』一九七五年。『時事年鑑』昭和十二年版）。

強い日本陸軍ならば、せいぜい数個師団で中国軍を屈伏させられるというのである。

そして、同じく堀場大尉によると、参謀本部支那課の高橋坦《たかはしたん》中佐は、「内地動員の掛声あるいは集中列車の山海関《さんかいかん》通過（華北入り――引用者注）にて支那側は屈伏する」といっていたという（前掲『支那事変戦争指導史』）。

――「お粗末」という以外にいいようのない、これらの中国認識は、そののち八年間に及ぶ日中全面戦争の「崩壊の歯車」をまわす原動力であった。

七月十七日、近衛内閣の五相会議は、七月十九日を期限として、最小限、宋哲元（→二四一頁）の陳謝、第三十七師師長・馮治安《ひょうちあん》の罷免、八宝山付近（→二四六頁）の中国軍の撤退、七月十一日の停戦条件（→二四七―二四八頁）に対する宋哲元の調印を要求し、期限内にその要求がいれられないときは、①現地交渉打切り、②第二十九軍の武力膺懲《ぶりょくようちょう》、③内地師団の華北派遣、という措置をとることをきめた。

同じ日、参謀本部第一部第二課（作戦課・課長武藤章大佐）は、国民政府「中央軍」が「敵対行動」をつづけた場合は、「蔣政権ヲ倒壊シ、日満支提携可能ナル政権ノ発生ヲ誘導シ、以テ一挙日支問題ヲ解決ス」とする「全面的戦争」の方針をきめた（「北支ニ兵力ヲ行使スル場合対支戦争指導要綱（案）」――『現代史資料』第九巻・「日中戦争」㈡・一九六四年）。また、南京の国民政府に対しては、局面を華北に限定するため、北上した中央軍の復帰と現地解決を妨害しないよう要求することをきめた。みな、前日の夕方、陸軍内部強硬派のつき上げでできた苛酷な条件であり、杉山陸相は、そのとりつぎ役をやらされたのである。

この要求は、北平では冀察政務委員会（→一八三頁）に対し、南京では国民政府外交部に対し、それぞれ通告された。一方、天津では、郷里の山東省にひきこもっていた宋哲元が新任の支那駐屯軍司令官・香月清司《かづききよし》中将を訪問し、かれじしんの謝罪をふくむ軟化条件を申し出ていた（ついでにしるす。蘆溝橋事件のおこったとき、現地軍の最高責任者である軍司令官の田代皖一郎《たしろかんいちろう》中将（→一五一頁）は、六月中旬以来心臓弁膜症のため重態で、七月十二日、香月中将の着任となった。七月十六日に不帰の客となった田代中将は、「中国通」のハト派であり、「信望を一身に集めていた」将軍だったから、中国側で「自殺未遂説」や「毒殺説」がささやかれたその死没は、香月新司令官がソウルや新京〔↓一一九頁〕で、朝鮮軍司令官の小磯国昭《こいそくにあき》大将や関東軍参謀たちから強硬論をふきこまれて「強硬論者に早替り」したことをふくめて、不幸な「時の一致《シークエンス・オヴ・テンス》」といわなくてはならない――今井武夫『支那事変の回想』一九六四年。池田純久『陸軍葬儀委員長』一九五三年）。

――しかし、この間、中国の世論は硬化しはじめており、ことに、国民政府軍の中堅将校・青年将校らのあいだには、前年の西安事変〔↓第6章〕以来の「失地回復《しっちかいふく》＝対日開戦」論が強まり、その統制はむずかしくなっていた（前掲『日中戦争史』）。

こうしたなかで、国民政府の蔣介石・軍事委員長は、七月十九日、夏期の首都である江西省の廬山《ろざん》で開催中の政府・軍首脳の談話会の席上、一場の訓示を行い、悲壮な語調で対日戦争の不可避であることをうったえた。いわゆる「最後の関頭」声明である（董顕光『蔣介石』〈寺島正・奥野正己共訳〉は、この演説を七月十八日とし、岩波書店版『近代日本総合年表』は、七月十七日としているが、いましばらく、外務省のデータと秦郁彦氏の記述にしたがう）。

ここで、蔣委員長は「いかなる解決も中国の主権と領土の完整を侵害してはならない」という原則から、①冀察政府に対する国民政府の統制の不可侵、②国民政府派遣の地方官憲の任意な更迭の否認、③第二十九軍の現駐区域への制限の拒否、を「いやしくも国家たる以上承認し得る最小限度の条件」とした。いいかえると、「現地解決」という名目での日本と冀察政権の闇取引を中央政府の名において否定したのである。同日午後、国民政府外交部は、七月十七日付の日本の要求に対して、事実上《デ・ファクト》の拒否回答をしてきた。国民政府は、平和の道をなお求めながらも、あの「華北分離工作」の再演だけはゆるさないという姿勢を固めたのである。国民党系の新聞も、蔣委員長の声明を熱烈に支持し、第二十九軍の抗戦を督励した。

戦闘開始（北平と天津と）

　七月二十五日夜、北平と天津の中間にある郎坊《ろうぼう》駅の近くで、朝鮮軍から派遣された第二十師団の一中隊が中国・第三十八師（師長・張自忠）の一隊から攻撃される郎坊事件がおき、ついで、翌二十六日夕刻には、北平の広安門で、入城中の歩兵第二連隊の一大隊が楼上の中国・第百三十二師から射撃をうけるという広安門事件がおこった。さらに、七月二十八日の深夜には、冀東防共自治政府の所在地である北平郊外の通州で、日本軍の爆撃に激昂した中国保安隊が日本軍守備隊と日本人居留民をおそい、一二四名を惨殺するという通州事件が発生した。……

　これに対して、支那駐屯軍は、同じ七月二十八日の朝から、関東軍の増援部隊とともに、北平の軍事的拠点である南苑・北苑・西苑の第二十九軍に対して、総攻撃を開始し、その日の夜半から翌日の早暁にかけて、宋哲元と第二十九軍は、河北省の政府所在地がある保定に撤退した。その七月二十九日には、日本軍は、蘆溝橋南方までの永定河東岸を制圧し、北平・天津方面——いわゆる平津《へいしん》地方——をほぼ占領し終わった。

その一方、東京では、広安門事件の直後である七月二十七日の午前一時ごろ、「殉教者のように見えた」「不拡大主義者」である参謀本部第一部長・石原莞爾少将（↓九八頁）——かれは部長室にベッドをもちこんで泊っていた——から、陸軍省軍務局軍事課長の田中新一大佐に電話がかかり、石原少将はせきこみながら、「もう内地師団を動員する外ない、遷延《せんえん》は一切の破滅だ、至急処置してくれ」と指示した（田中新一「日華事変、拡大か不拡大か」・「秘められた昭和史」——『別冊・知性』一九五六年十二月号）。

夜があけた七月二十七日の閣議は、日本内地からの三個師団（第五・第六・第十師団）を動員するという杉山陸相の提案を承認した。矢はついに弦をはなれた。

五年目の戦闘開始（上海のたたかい）

抗日戦争へと高まってゆく歴史の水位は、華中——とくに揚子江流域——において、日ごとに上昇していた。七月下旬から八月上旬にかけて、漢口を中心として、それより上流の市街にいた日本人居留民は、政府の指示により、船で上海へ引揚げていった（前掲・臼井勝美『日中戦争』）。

その引揚げがどうにか終了した八月九日の夕刻、上海海軍特別陸戦隊西部派遣隊長・大山勇夫中尉が斎藤一等水兵の運転する車で巡視を終え、陸戦隊本部に連絡にゆく途中、越界路《モニュメント》の近くで中国の保安隊から射撃をうけて殺害され、連行された斎藤水兵も殺害されるという、大山事件がおこった。

もともと、上海は、五年前の上海事変（↓第4章）でもわかるとおり、抗日意識のオクターヴが高く、八月に入ると、抗日諸団体の兵士慰問・義捐金募集・日本商品ボイコット・対日開戦通電の運動などがもりあがっていた。

そこで、現地の守備を担任する日本の海軍陸戦隊は、すでに大山事件以前から兵力の増加をいそぎ、集中・強化されつつある中国軍に対抗しようとしていた（日中両国軍の兵力比は、一対四八）。大山事件は、そうした緊迫を激化させ、上海市街は、「一触即発《いっしょくそくはつ》」の状況になった。

八月十二日、現地の第三艦隊司令長官・長谷川清《はせがわきよし》中将は、「上海四周の情勢は、一触即発の危機に瀕せり」と軍令部に報告した。

もう一つの「八・一五」

その日の夜、それまで陸軍兵力の上海派遣に慎重だった米内海相は、軍令部の申し入れに同意し、同夜ひらかれた近衛首相・広田外相・杉山陸相・米内海相の四相会議は、内地二個師団の上海派遣を承認した。そして、翌十三日午前の閣議は、これを正式に決定した。

八月十四日、中国空軍のアメリカ製のマルチン重爆撃機十数機は、上海停泊中の第三艦隊艦艇に対して、機先を制した爆撃を行ったが、避難民の群であふれた共同租界・フランス租界への盲爆《もうばく》となり、千数百名の死傷者がでたという。一方、八月十四日から十五日にかけて長崎県の大村と植民地・台湾の台北に基地をもつ海軍航空隊は、荒天をついて、合計五二機の九六式中型陸上攻撃機を発進させ、五年後にミッドウェー沖で沈む航空母艦「加賀」から発進した四五機の艦上爆撃機と協力して東シナ海のかなたの南京をはじめ、台湾海峡のかなたの南昌・杭州・広徳飛行場を爆撃させた。いわゆる「渡洋爆撃」である（曽我義治「嵐の中の南京渡洋爆撃」・前掲「秘められた昭和史」）。

その日の夜の閣議では、むしろ、軍部大臣以外の閣僚から強硬論・全面的戦争準備論がとびだし、中島知久平《なかじまちくへい》鉄相——政友会代議士。日本最初の民間飛行機メーカーである中島飛行機製作所株式会社の創立者。かつて「幣原外交」（↓四五頁）の追い落としに一役買った——などは、「いっそのこと中国国民軍を徹底的にたたきつけてしまうという方針をとるのがいいのではないか」とのべ、永井柳太郎《ながいりゅうたろう》逓相——どちらかといえば対外ハト派だった民政党の中堅幹部で、当代きっての雄弁家として知られていた。これもスピーチのうまい永井道雄元文相の父——もこれにあいづちを打って、さすがにその暴論にあきれた杉山陸相が、あとで「あんな考えをもっているバカもあるからおどろく、困ったものだ」と風見章《かざみあきら》書記官長につぶやく場面があった（風見章『近衛内閣』一九五一年。前掲『日中戦争史』）。

また、このころ、塩野季彦《しおのすえひこ》法相は、東京目白の別邸に杉山陸相を招いて、保定・上海以上に戦面を拡大しないようにたのんだが、冷房のきいた室で冷酒をのんだせいもあって、十分に陸相をとっちめられなかったという（『塩野季彦回顧録』一九五八年）。

——あけて、八月十五日、前夜おそくまでつづいた閣議でみとめられた「帝国政府声明」が内外に公表された。その声明では、これまでの諸声明にあった「不拡大」方針がすでに過去のものとなり、「帝国」の「隠忍《いんにん》」が「ソノ限度ニ達シ」たので、今後は、「支那軍」と「南京政府」とに対して、その「反省ヲ促ス」ため、「断固タル措置ヲトル」と明言され、と同時に、日本の戦争目的が「日満支三国間ノ融和提携ノ実」をあげようとする日本主導の国家ブロックの形成にあることが表明された(外務省編『日本外交年表竝主要文書』下・一九六六年)。

また、同日、第三・第十一の二個師団から成る上海派遣軍の編成が下令され、総司令官には、予備役だった松井石根《まついいわね》陸軍大将が親補《しんぽ》された。

ついで、八月十七日の閣議は、午前十時、これまでの不拡大方針の放棄をきめた。

――その一方、中国・国民政府は、八月十五日に、全国総動員令をくだし、大本営をおき、蔣介石軍事委員長が陸・海・空三軍の総司令に就任した。それから三か月のあいだ、蔣介石はしばしば徹夜し、その睡眠時間は、一日平均三〜四時間をこえることはなかったという(前掲・董顕光『蔣介石』)。また、国民党の臨時四中全会は、政治・経済・軍事にわたる広汎な戦時体制の実施をきめたという(前掲『日中戦争史』)。

これらの事実をふまえて、秦郁彦氏は、断じている(前掲『日中戦争史』)。

日中両国はほぼ八月十五日を境として、全面戦争 Full-scale War に突入したのである。

むろん、このとき、日本国民のだれひとりとして、ちょうど八年後の同じ日になにがおこるかについて、予測できてはいなかった。——九月二日、日本政府は、これまでの戦いに対する「北支事変《ほくしじへん》」という呼称をやめ、「支那事変《しなじへん》」という呼称を公式に採用した。こうして、「支那事変」は、名実ともに、成立した。

大本営《だいほんえい》

大本営とは、大元帥《だいげんすい》としての天皇のもとにおかれる陸海軍一統の「最高統帥部《とうすいぶ》」であり、陸軍参謀総長の統括《とうかつ》のもとに、陸海軍将校のみが加わり——シビリアン（文官）はいれない——、「帝国陸海軍ノ大作戦ヲ計画スル」機関である（「戦時大本営条例」一八九三年五月十九日制定）。いうならば、陸軍参謀本部と海軍軍令部の統合機関といっていい。そののち、日露戦争を目前にする一九〇三（明治三十六）年十二月十八日、条例を改正し、陸軍参謀総長と海軍軍令部長とは、同等・同格の「幕僚長《ばくりょうちょう》」とされた。「支那事変」が拡大するにしたがい、「本格的戦争」のための陸海軍の一体化が求められ、一九三七（昭和十二）年十一月十七日、あらたに「大本営令」を制定して「戦時大本営条例」を廃止し、「戦時」のみならず「事変」のさいもこれを設けられることとし、十一月二十日、大本営が設置された。

しかし、その「陸海軍部」は、それぞれ別々の場所におかれ、その真の協力一致＝統一への道はきわめて遠かった（防衛庁防衛研修所戦史室『大本営陸軍部』1・一九六七年）。

第8章
苦悶する中国

南京入場行進（先頭は松井石根総司令官）——朝日新聞社提供——

南京「陥落」

宣戦布告なき戦争

日本政府が「支那事変」という呼び名を公式に採用し、戦局の展開そのものも日中全面戦争の様相を呈してくると、むしろ、公式に宣戦布告をした方がいいのではないか、また、その方が「大日本帝国」としての公正なゆき方ではないのか、という主張がおこり、当の近衛首相（→第7章）じしんも、そう思いはじめていた。そこで、近衛内閣の書記官長（いまの官房長官）だった風見章《かざみあきら》は、宣戦布告論について陸海軍の諒解をとるために、対軍部交渉を開始した。一九三七（昭和十二）年の九月中のことだったという。

しかし、軍部は、宣戦布告論に反対だった。ある日、つれだって風見書記官長をたずねてきた梅津《うめづ》美治郎《よしじろう》・陸軍次官と山本《やまもと》五十六《いそろく》・海軍次官――次官が大臣より真の実力者であるという実情は今も昔もあまり変わっていない――は、「宣戦布告はみあわせてもらわねばならぬということに、意見が一致した」ことをつたえた（前掲・風見章『近衛内閣』一九五一年）。

その理由は、なにか。それは、「宣戦を布告したとなれば、外国からの軍需物資の輸入が、はなはだしく不自由になる。ところが、軍需物資の実情はどうかというに、いま、外国からの輸入が、おもうようにゆかなくなると、それこそ大変なことになる。国防力に大穴があいてしまう。だから、宣戦布告はまっぴらごめんだ」という点にあった。ことに、山本中将は深刻な表情で「オレのほうなどでは、艦隊ひとつうごかすにも、あぶらの消耗が気にかかって、ハラハラするくらいだ。ここであぶらひとつが、おもうように手にはいらぬということになっただけでも、国防の責任がとれなくなる」といっていたという（前掲『近衛内閣』）。

――むろん、こうしたことだけが唯一絶対の理由ではないだろうが、ともあれ、日中戦争は、天皇大権の一つである「宣戦（講和）」の権能（「明治憲法」第十三条）の発動をみることなく、いわばなしくずし的に拡大の道をたどっていった。日清戦争・日露戦争・日独戦争（第一次世界大戦）という近代日本の過去の戦争では、それぞれ宣戦の詔勅が発せられ、そこでは「苟《いやし》クモ国際法ニ戻《もと》ラザル限リ各々権能ニ応ジテ一切ノ手段ヲ尽《つく》スニ於テ必《かなら》ズ遺漏《いろう》ナカラムコトヲ期セヨ」（一八九四・八・一）とか、「凡ソ国際条規ノ範囲ニ於テ一切ノ手段ヲ尽シ遺算《いさん》ナカラムコトヲ期セヨ」（一九〇四・二・一）とか、「凡ソ国際条規ノ範囲ニ於テ一切ノ手段ヲ尽シ必ズ遺算ナカラムコトヲ期セヨ」（一九一四・八・二十三）とかという戦争手段の国際法的な限定が公表されたが（前掲『日本外交年表竝主要文書』上巻・一九六五年。内閣官房『内閣制度九十年資料集』一九七六年）、満州事変・上海事変（↓第4章）につづく「支那事変」は、少なくとも、主権者としての天皇によるそうした限定の公表なしに、エスカレートしていったのである。このことは、のちの太平洋戦争＝日米戦争において、開戦をつげる「宣戦の詔書」に、「国際法」「国際条規」についての言及――したがって戦争の手段の限定の表明――がまったく存在しないこととともに、記憶するに値しよう（前掲『日本外交年表竝主要文書』下巻・一九六六年）。

見通しの問題

四年のちのことであるが、日米戦争の危機がせまった一九四一（昭和十六）年九月五日、近衛首相が翌六日の御前会議で審議される「帝国国策遂行要綱」の原案を内奏したとき、天皇は、その原案が「一に戦争準備をするし、二に外交交渉をかかげている。何だか戦争が主で外交が従であるかのごとき感じを受ける」点に疑念をいだき、首相のすすめもあって、杉山元《すぎやまはじめ》・参謀総長と永野修身《ながのおさみ》・軍令部総長に、確認の質問をした。

そのとき、天皇と杉山参謀総長とのあいだに、つぎのようなやりとりがあって、陪席した首相のメモ？にしるされ、昔？からよく知られている（近衛文麿手記『平和への努力』第三・一九四六年）。

天皇「日米事起らば、陸軍としては幾許《いくばく》の期間に片付ける確信ありや。」

総長「南洋方面だけは三ケ月位にて片付けるつもりであります。」

天皇「汝は支那事変勃発当時の陸相なり。其時陸相として〈事変は一ケ月位にて片付く〉と申せしことを記憶す。然るに四ケ年の長きにわたり未だ片付かんではないか。」

……ここで杉山総長は「支那は奥地が開けて居り予定通り作戦し得ざりし事情をくどくど弁明」したので、天皇は「励声《れいせい》一番」、こう、叱責した。

天皇「支那の奥地が広いといふなら、太平洋はなほ広いではないか。如何《いか》なる確信あって三月《みつき》と申すか。」

天皇のこの発言には、「大元帥」としての自己の法的な立場に関する錯覚があると思われるが、いまは、そのテーマには立ち入らず（↓小著『日本史の群像』三省堂選書18・一九七七年）、この史料の通常の利用法にしたがい、ここから、陸軍統帥部の見通しの甘さという結論をひきだしておく。

これと相似的な見通しの存在は、蘆溝橋事件当時の参謀本部第一部長・石原莞爾《いしはらかんじ》少将（↓九八頁）の回想にもみとめられる。すなわち、一九三九（昭和十四）年秋、石原中将は、参謀本部の支那事変史編纂部につとめていた竹田宮恒徳王《たけだのみやつねよしおう》・大尉の質問にこたえて、こう発言している（「石原莞爾中将回想応答録」——前掲『現代史資料』第九巻・日中戦争㈡・一九六四年）。

……支那班《しなはん》（陸軍省軍務局軍務課支那班——班長は中佐クラス）は、北支をとれば支那側は経済的に参るという判断をした様で、数（統計か？）を挙げて言って居りました。即ち支那班の構想は僅かの兵力を一度にぐっとやれば大勝利だと云ふ気持をもって作戦を単簡に考へて居りました。夫れは満州の経験（↓第2章）もあるからと言ふのでしたが、私は満州の様な具合にはいかんと確信を持って居り……。

また、当時、近衛内閣の内相をしていた末次信正《すえつぐのぶまさ》海軍大将――ロンドン軍縮条約問題のときの軍令部次長。「軍縮」に反対するタカ派・艦隊派の「幹事長」格だったので、こういう軍人を大臣に起用する点に、近衛首相の人事権のふるい方の「負」の特質があった――は、同僚の風見書記官長に対して、「敵の主力を捕捉《ほそく》して、これを撃滅するというたてまえからは、陸軍の作戦は、まるっきりなっていない、あれでは、しろうとのやる〈くいちらかし〉戦術というものだ」と、陸軍批判をしていたという（前掲『近衛内閣』）。潜水艦作戦の権威とされ、政治家としてはともかく、「作戦家」として自他ともにゆるすこの老提督からみれば、「派兵」と戦局「拡大」の悪循環に足をとられた陸軍の兵力小出し方式？は、どうにもみていられなかったのであろう。

ほぼ同質の例をあげる。松井石根・中支派遣軍総司令官（↓二六六頁）が任地にむけて、東京駅を出発するとき、駅長室で見送りの杉山陸相に対して、「南京までゆくように陸軍をまとめてくれ」としきりにいい、同席の近衛首相にむかっても、「どうしても自分は南京までゆくから、総理もこの点、諒解していていただきたい」といった。それが居留民保護という表向きの出兵理由とちがう点（南京には、日本人居留地＝「租界」はない）に気づいた近衛首相はおどろいて、「陸軍はほんとに南京までゆくつもりか」とただすと、杉山陸相は「松井はああいうが、とても南京まではゆけない。せいぜい蕪湖《ぶこ》(南京西南方の揚子江河畔の町)でとまるだろう」といったという(前掲『平和への努力』。矢部貞治編『近衛文麿』上・一九五二年)。

近衛首相がなげいてみせる「軍の無計画性」(前掲『平和への努力』第二)は、こうしたエピソードに端的にあらわれている。

こうした甘さは、いったい、どこからくるのか。

上海へ　一九三七年十一月十二日、東シナ海の馬鞍《マーアン》列島の近くを軍艦に誘導されて航行している五隻の船団があった。三日前の夜に大連港を出帆したその船団の先頭をゆく第一真盛丸には、第十六師団・歩兵第三十旅団の中心部隊がのっていた。これまで華北でたたかっていた多くの下士官・兵は、馬糞の匂いと寒気と便秘に苦しめられながら、貨物列車で大連に輸送され、そこで二、三日の休養をあたえられて、ひさしぶりに「内地の風呂に入れて貰ったので……」(当時、大連は、「内地」であり、修学旅行の目的地の一つですらあった)、いよいよ「凱旋《がいせん》」(戦いに勝って、凱歌《がいか》をとなえうたいつつ、帰ることをいう)できるという期待もあって、心身ともに元気をとりもどしていた。

しかし、旅団長の佐々木到一《ささきとういち》少将(↓五九頁)の心境は、下士官・兵のそれとはちがっていた。出帆後八時間して開けと命令されていたケビン(船室・士官室)の梱包中には、揚子江流域の地図と地誌がぎっしりつまっていたからであり、朝鮮半島西岸を南下する船団の進路とあいまって、上陸目標が八月いらい激烈な戦闘のつづいている上海方面であることをすでに知っていたからだ。

その佐々木少将は、航海中、毎夜、「徹底的に」酒をのんだ。食卓で談笑する将校たちの「少なくとも半分は殺さねばならぬ」という意識がこの「陸軍きっての中国通」を夜ごとの痛飲におもむかせていた（佐々木到一『ある軍人の自伝』増補版・中国新書6・一九六七年）。五年前に、上海派遣軍参謀部第二課長として、あの上海事変（↓第4章）をみ、「実に良く遮蔽《しゃへい》せられ、斜射・縦射・背射まで用意した理想的の」「掩蓋銃座《えんがいじゅうざ》や塹壕《ざんごう》」をみてきた佐々木少将にとっては、前途の容易でないことは、明白であった。

……こうした人びとをのせて、船団はすすんでいった。海はすでに泥でにごり、揚子江の河口に入っていることがわかってきていた。……

上海戦線

その三か月前から、上海では、五年前に匹敵する激闘・苦闘・惨闘がたたかわれていた。約四五〇〇名の日本海軍陸戦隊がおよそ三万人の日本人居留民を守って、三万名に達する優勢な中国軍とたたかっており、揚子江下流流域（江蘇《こうそ》省南部・浙《せっ》江《こう》省）の第三戦区は、蒋介石みずから作戦指揮を行う重点地区となった。上海は、しだいに、日本陸軍が考えていたような副次的な戦場ではなくなっていた（歴史学研究会編『太平洋戦争史』3・日中戦争Ⅱ・一九七二年）。

上海への陸軍兵力の投入は、まず、八月二十三日、第三師団（名古屋市）と第十一師団

（善通寺市）の呉淞《ウースン》（→一二五頁）・川沙鎮《せんしゃちん》に対する強行上陸作戦としておこなわれた。フル・スピードの駆逐艦で輸送された軍隊は、いずれも上海の側背部（西北方）をつく方法で、苦戦する海軍兵力の救援を開始した。

ついで、九月九日には、さらに第九師団（金沢市）、第十三師団（仙台市）、第百一師団（東京市）の三個師団を投入する動員令をくだし、予備の第十三師団以外は、先遣師団と同じく上海側背部への攻撃を担当させた（→二八三頁）。

この方面での激戦ぶりを、以下、金沢第九師団の戦史によって描写してみよう（陸上自衛隊第十師団編『第九師団戦史』一九六六年）。

日清戦争・日露戦争・シベリア出兵・第一次上海事変などと、日本の大陸政策の「申し子」のような出兵と駐留をくり返してきたこの師団は、そのころ、〔二個旅団〕→〔歩兵四個連隊・山砲兵一個連隊・工兵一個連隊・輜重兵一個連隊・騎兵一個連隊〕から成り、第一次上海事変時とくらべて、兵力は倍増し、一個連隊の人員三八一八名・馬匹《ばひつ》七一八頭であったという。

つい三か月前に北部「満州」駐留の任から帰国したばかりの師団は、九月二十一日から二十二日にかけて、道路をうずめつくした歓呼の声と日の丸の小旗の波に送られて、金沢をたち、九月二十三日、大阪港から出発した。その後、東シナ海を西へ急行し、四日後の九月二十七日には、師団主力をのせた船団は、呉淞沖に停泊し、九月三十日には、師団の中核の戦闘体制が成立していた。……そして。

――九月三十日午後二時、戦闘開始。

第九師団の命ぜられた任務は、上海西北方の蘊藻浜クリークを背面にもつ陳家行《ちんかこう》のラインに進出することだった。

悪戦苦闘四〇日

はじめの二、三日は順調に進んだ攻撃は、やがて、攻撃正面の右翼で、頑強な中国軍の抵抗に出あった。クリークを前面にもち、掩蓋《えんがい》におおわれた重火器と野砲・山砲・迫撃砲とを密集させたその「縦深陣地《じゅうしんじんち》」（敵正面に対して直交するタテ一線の陣地）の防備は堅固で、しかも、日本軍の前面には綿畠や稲田が開け、くわえて連日の雨にあたりは一面の泥沼と化していたから、右翼隊の歩兵第十九連隊はたちまち苦戦におちいり、大隊長や中隊長をはじめ、戦死者があいついだ。そこで、師団長の吉住良輔《よしずみりょうすけ》中将は、攻撃方面を左翼に転じ、南にある目標・陳家行への最短距離を志向したが、そこでも、頑強な防禦陣が待ちかまえていた。すなわち、新しい攻撃正面を担当した歩兵第七連隊は、豪雨と増水したクリークと泥水による兵器の故障とになやみ、また、中国軍の「十字砲火《じゅうじほうか》」（×字に交叉《クロス》してとぶ砲火）と柄つき手榴弾の「乱投戦《らんとうせん》」とにくるしんだ。やっと一陣地をうばっても、中国軍は、夜間、十数回におよぶ逆襲をくり返して、日本軍の奪取地点の維持に多くの犠牲を払わせた。

この点について、第九師団参謀部「第九師団作戦経過の概要」には、こう、ある（前掲

『現代史資料』第九巻・「日中戦争」(二)。

……(中国軍)守兵《しゆへい》は、督戦隊《とくせんたい》の巧妙なる配置と強圧とにより、屍と化するも陣地を放棄せざるのみならず、一拠点奪取せらるるや、必ず数回にわたり逆襲を実施し、なかんずく、頓悟《とんご》付近に対する逆襲は、一夜十回に及べり。

そのとき、第七連隊の一中隊は、決死の突撃戦で、中隊兵力の過半数を失った。こうした激戦の末、十月十八日、蘊藻浜クリークの要衝・陳家行は日本軍の占領するところとなったが、攻防およそ半月、主力の一つだった歩兵第十九連隊は、連隊兵力の四分の一にあたる約一〇〇〇の死傷者をだし、日中戦争屈指の高死傷率の記録をしいられた。

ついで、第九師団は、さらに南方の走馬塘《そうまとう》クリークに進出して、同クリーク南岸の中国軍陣地を奪取し、ついで、上海市の西郊を流れる蘇州河《そしゅうが》を渡河せよという軍命令をうけ、休息を許されない攻撃をつづけた。

蘊藻浜クリークと走馬塘クリークのあいだのわずか三キロの間で、中国軍の抵抗は熾烈をきわめ、「十字砲火」と「手榴弾」に苦しめられた攻撃主力の歩兵第三十六連隊のいくつかの中隊のごときは、走馬塘クリーク北岸の「攻撃準備位置」についたときに兵力が「既に約八分の一以下」に減少し、下士官の伍長を中隊長とする二〇名内外の中隊になっていたという(この事実は、前掲の臼井勝美『日中戦争』にも紹介されているが、『第九師団戦史』により、ややくわしく叙述してみた)。

呉淞—蘇州河間・第9師団関係被害表

		呉淞—蘇州河	蘇州河付近	合計
日本軍（第九師団）	戦死	2,872名	961名	3,833名
	戦傷	6,684名	1,843名	8,527名
中国軍	遺棄死体	約9,800名	約3,500名	約13,300名
	捕虜			221名
日中死者合計		約12,600名	約4,400名	約17,000名

〔典拠〕『第9師団戦史』p. 142、145、146より著者作成

また、橋をみな破壊された走馬塘クリークそのものの渡河にあたっては、対岸の中国軍トーチカのはげしい迎撃にあい、三回にわたって渡河攻撃を反覆した歩兵第七連隊の一大隊は、渡河成功時には、兵力の約三分の二を失っていたという。

こうした「出血多量」のなかで、一歩一歩、前進をつづけていた第九師団は、十一月一日から翌二日にかけて、猛烈な砲撃に掩護されつつ、蘇州河の渡河作戦に成功した。

しかし、蘇州河南岸の中国軍は、一〇個師団をこえ、トーチカとトーチカを「掩蓋銃座」でつないで死角をなくした堅陣で抵抗したので、南岸に上陸した日本軍は、戦果を拡大できず、戦闘は膠着《こうちやく》状態におちいった。もし、十一月九日から、中国軍の退却が始まらなかったら、第九師団はさらに釘付け状況による「出血多量」をしいられただろう。……

しかし、十一月九日、師団正面の中国軍が「退却

の徴候」をみせはじめたので、第九師団は、急速に南下して、虹橋路《こうきようろ》・諸翟鎮《しよてきちん》・七宝鎮《しつぽうちん》の線に進出、さらに西進して、敗走する中国軍を急追する追撃戦にうつった。

なぜ、こうした状況の変化がおこったのか。

「日軍百万杭州湾上陸」

これよりさき、華北では、八月三十一日に編成された北支郡方面軍（司令官・寺内寿一《てらうちひさいち》陸軍大将――かつて、陸相・朝鮮総督・首相を歴任した「非立憲《ビリケン》」こと伯爵・寺内正毅《まさたけ》大将の長男）が約八個師団を基幹とする河北省の征圧作戦を展開していた。

作戦は九月中旬から、本格的に開始され、うち第一軍（司令官・香月清司中将）は、ほぼ平漢《へいかん》鉄道（北平・漢口間一、二一四キロメートル）にそって西南方に進み、九月二十四日から九月二十五日にかけて河北省の政庁所在地である保定《ほてい》を占領、ついで十月十日には、山西線との分岐点である石家荘《せつかそう》を占領し、河北省の大部分を手中にした。さらに、その西方の山西省に侵入して、十一月六日から八日にかけて、同省の政庁所在地である太原《たいげん》を占領した。この間、板垣征四郎中将（↓七七頁）のひきいる第五師団は、内モンゴルのチャハル省を根拠地として北平北方の長城線（↓一八八頁）まで南下してきた中国軍を攻撃し、第一軍に呼応しつつ、北方から山西省に入ろうとしたが、山西省北部の平型関《へいけいかん》で、林彪《りんぴよう》――一九六九年に中国共産党中央委副主席となり、毛沢東の後継者に指名されたが、のち、反毛クーデターに失敗し、逃亡中、飛行機事故？で死亡したといわれる――の指揮する第八路軍（↓二九一頁）の第百十五師による側背面からの「待伏せ」にあい、自動車・輜重《しちょう》車を中核とする「後方連絡線」を遮断され、一時、師団は、包囲の重圧におちいり、一週間近い苦戦をしいられた。中国共産党の資料「抗日戦争時期の中国人民解放軍」（一九五三年）によると、日本軍は、投降者ゼロの猛烈かつ頑強な抵抗をしたが、四周の高地を中国軍に制圧されていたために大損害をだし、中国軍は、戦死者三千名、破壊車輛三〇〇両余、捕獲小銃一〇〇〇挺余という戦果をあげたという（防衛庁防衛研修所戦史室編『北支の治安戦』一・一九六八年）。

やがて、第五師団は、関東軍の救援などにより窮地を脱し、ことは、局地的な敗戦に終わったが、あとからみると、それはかすかな、しかし、日本にとって不吉な確かさできこえはじめた葬送曲の旋律であった。

その一方、第二軍（司令官・西尾《にしお》寿造《じゅぞう》中将）は、津浦線《しんぽせん》（天津・浦口間一〇〇九キロ）にそって南進、十月三日には、河北省東南部の徳州を占領し、北から山東省（↓第1章）をうかがうところまで進出した。のち、十二月二十六日には、同省の政庁所在地である黄河に近い済南《さいなん》市（↓五三頁）が第二軍の手中に落ちた。

――こうして、華北では、局地の苦戦はあったものの、大局的には、日本軍の作戦はほぼ順調であり、開戦半年にして、山東省・山西省北半部・河北省・チャハル省・綏遠省《すいえんしょう》という広大な地域の鉄道沿線が日本軍に占領された。

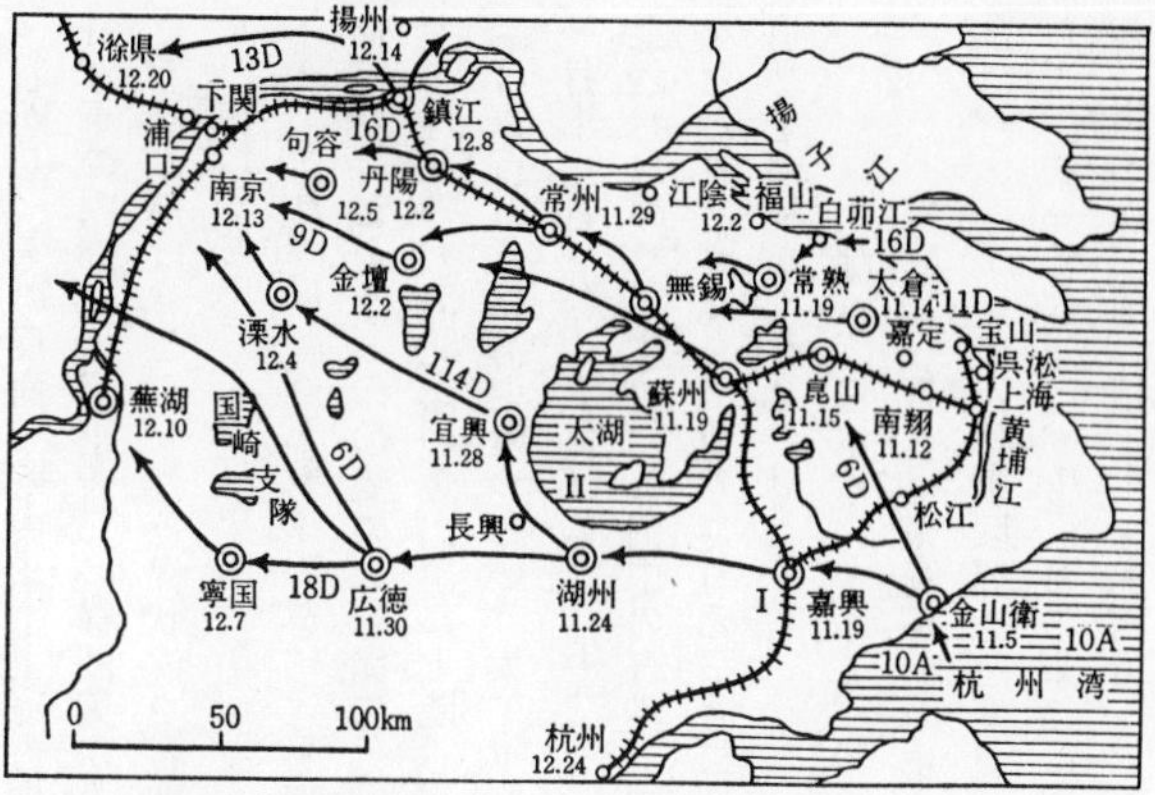

▲上海・南京作戦要図
〔出典〕秦郁彦『日中戦争史』一九七二年

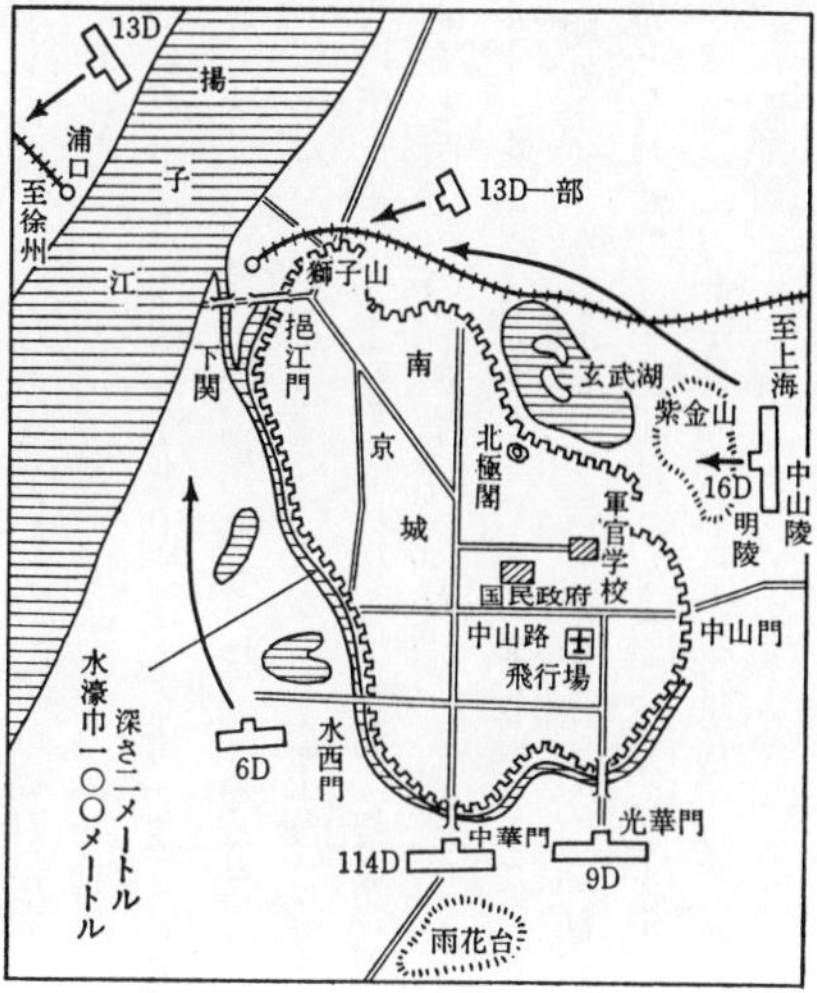

◀南京城攻略要図
〔出典〕今井武夫『中国との戦い』—「近代の戦争」5・一九六六年

しかし、その反面、華中――上海方面――では、二か月あまりにわたって戦局が停滞し、日本軍の内部には、重苦しい雰囲気がみちていた。

参謀本部は、こうした停滞状況を打開するために、四個師団を中核とする第十軍（司令官・柳川平助《やながわへいすけ》中将――近衛首相の「お気にいり」で、のち、同内閣の法相・国務相を歴任した――）を新編成し、主戦場の数十キロ南方にあたる杭州湾《こうしゅうわん》北岸への大がかりな上陸作戦を企てた。およそ一〇〇隻の大船団に分乗した第十軍は、十一月四日夜、杭州湾に侵入、翌十一月五日、湾北岸の金山衛に上陸し、北方と西方への急進撃に移った。「日軍百万杭州湾上陸」という大アドバルーンをあげて行われたこの作戦に呼応して、十一月十三日、第十六師団（師団長・中島今朝吾《なかじまけさご》中将）が呉淞《ウースン》より上流の揚子江岸の白茆江に上陸したので、すでに戦闘中の日本軍主力と合わせて、中国軍は、三方から、それも退路をたたれるかたちで攻撃されることになり、ついに、十一月九日から十一日にかけて、総退却を余儀なくされた。

南京へ

戦況は、日本軍にとって、膠着《こうちゃく》状態を脱した。第一線部隊は、西方へと急進撃を展開し、さきにふれた松井軍司令官の意図（↓二七四頁）もあり、東京の参謀本部は、あいついで、作戦限界線を変更していった（↓二八三頁）。しかし、それにもかかわらず、第一線部隊は、十一月の末には、その作戦限界線を突破して、太湖のラインをこえ、常州《じょうしゅう》から広徳《こうとく》の線――上海西方・二百数十キロ――にまで進出するにいたった。

この間、参謀本部では、参謀次長の多田駿《ただはやお》中将が「現地側の強硬な意見に動かされて、大局上の不利弊害を忘れては不可《いか》ぬ」という不拡大論の立場にあったが、作戦担当の第一部長・下村定《しもむらさだむ》少将や同部作戦課長の河辺虎四郎《かわべとらしろう》大佐らは、しだいに松井軍司令官らの積極論に動かされていった。河辺大佐は、のちに、上海の音楽学校校舎にあった中支那方面軍司令部で同軍参謀副長の武藤章《むとうあきら》大佐と「雑談」のおり、武藤大佐の「南京をやったら敵は参る」という楽観論をきき、「南京はやらなければならんがやっても蔣（介石）はまだ参らんよ」という「水掛論をやった」と、回想している（前掲「河辺虎四郎少将回想応答録」――『現代史資料』第十二巻・「日中戦争」四）。

――こうして、一九三七（昭和十二）年十二月一日、参謀総長・元帥の閑院宮載仁親王は、「敵国首都・南京ヲ攻略スベシ」という奉勅命令を中支那派遣軍にくだした（『現代史資料』九・「日中戦争」二）。

南京占領　しかし、命令のくだる前日、以前から南京攻撃に積極的だった柳川軍司令官は第十軍の主力を湖州《こしゅう》西方に進めて、南京攻撃戦の準備をしていた。いわば「先手」をとった第十軍は、十二月一日の「解禁日」以後、猛烈な速攻を開始し、「東方および北方からの松井軍と、南方から接近する柳川軍との間に生じた進撃競争は、翌年一月に予定された南京占領を約一か月短縮させる軍事的成功の一因となった」（前掲・秦郁彦『日中戦争史』第七章――傍点・引用者）。

――国民政府の首都・南京は、岩石の多い、高い方で標高二〇〇メートル前後の丘陵にかこまれた城廓都市である。これらの丘陵は、いずれもベトン製トーチカや掩蓋銃座《えんがいじゅうざ》によって守備されており、その間を縦横にはしる交通壕が連結している。そこへ、上海派遣軍から主として第九師団（→二七七頁）、第十六師団（師団長・中島中将）、第十三師団（師団長・荻洲立兵《おぎすりゅうへい》中将）、第十軍から主に第六師団（師団長・谷寿男《たにひさお》中将）、第百十四師団（師団長・末松茂治《すえまつしげはる》中将）、第十八師団（師団長・牛島貞雄《うしじまさだお》中将）という、六個師団が殺到したのである。……

すでに十一月中旬ごろから、国民政府の高級官僚らは、その南京から、揚子江をさかのぼった漢口へ、バスや船に乗ってひきあげてしまっている。そして、そのあとから、多くは家財道具をそのままにしてひきあげる市民たちで、南京市街は混乱の巷となっている。そこへ、東方の前線からは、日々、二千名から三千名の戦傷兵たちが後送されてくる。かれらの負傷は、ほとんどが砲弾や爆弾の破片で傷ついた砲片創《ほうへんそう》・爆片創《ばくへんそう》（→第11章）であって、小銃・機関銃による銃創《じゅうそう》が少なく、「姿なき日本軍」の砲爆撃のすさまじさをかたっている。あとでもう一つの惨劇の舞台となる揚子江河岸の下関《シャーカン》停車場のプラットフォームには、食糧も鎮痛剤もあたえられない重傷者たちが放置され、寒風と冷雨にさらされている。……

南京城攻撃のようすは、南方の雨花台《うかだい》丘陵から城壁にせまった熊本の第六師団の動きにライトをあてて描写してみる（熊本兵団戦史編纂委員会編『熊本兵団戦史』支那事変編・一九六五年）。

第十軍中でもっとも急速の進撃をつづけてきた第六師団は、十二月八日から翌九日にかけて、「南京城外防禦陣地の最後の拠点」である城壁南方の牛首山・将軍山を攻撃し、ついで、十二月十日から翌十一日にかけて、雨花台の兵陵陣地に攻撃を行った。雨花台は、高いところで標高九〇メートルほどの丘陵で、なだらかな稜線と深くきれこんだ窪地《くぼち》が交錯しており、そこをくだれば、眼前に中華門をみることのできる「内濠」的陣地である。

要所のベトン製トーチカ、掩蓋銃座、対戦車壕、飛来する迫撃砲弾、砂塵をあげる機銃掃射――こうした中国軍の抵抗に対して日本軍は、砲兵隊の野砲・榴弾砲《りゅうだんほう》の砲門をひらいて陣地破壊を行い、前進をつづけ、歩兵隊は、十二月十一日の夜明けには、南京城の城壁のみえる台上まで進出したが、反面、中隊長クラスの死傷者が続出した。日本軍の占領地点に対する中国軍の夜間逆襲も執拗であり、ところによっては十数回に及び、日本軍は、奪取した陣地の保守に徹夜の防戦をしいられた。……

こうして、あの西安事変（↓第6章）からちょうど一年目の十二月十二日がきた。この日の夜明けから、城壁前約一キロに接近した第六師団の諸隊――歩兵隊・装甲車隊・砲兵隊・工兵隊――は、南京城の南門である中華門と水西門を突撃目標とする猛攻を開始した。城壁の高さはおよそ二〇メートル、その手前に幅三〇メートル・深さ三メートルの水濠があり、むろん、すべての橋はこわされている。日本軍の兵士たちは、その濠をみつけてきた小舟で渡ったり、泳いで渡ったりしたのち、夜来の作業でつくった竹製のハシゴを高い城壁にかけて、城壁を攻めた。これに対して、中国軍は、城内から迫撃砲をうち、さらに、城壁上や城外の家屋から機関銃・小銃を乱射して、必死の防戦を展開する。城壁にとりついた日本軍兵士は、レンガを一個ずつぬきとって穴をつくったり、ぬきとったレンガをつんで小さな銃弾よけをきずいたりして、まるで岩壁《ロック》クライミングのように気の長い登壁を一歩一歩つづけていった。……

こうして、十二月十二日十二時十二分、中華門西北四〇〇メートルの城壁に日章旗《にっしょうき》（日の丸）がたてられた。十二月十三日午前三時、中華門西側の城壁が占領され、城壁上に機関銃陣地が設けられて、そこにも、日章旗がたてられた。

これよりさき、第九師団は、十二月十日には、中華門東方の光華門《こうかもん》付近の城壁を突破し、第十六師団は、十二月十二日には、城壁東方の紫金山《しきんざん》の陣地を占領して、城内を守る中国軍の退路の一つをたった。また、第十三師団と第六師団の一部は、城の西方の下関《シャーカン》をおさえて、揚子江への退路をたった。十二月十三日の夜が明けはなたれたときには、南京城内では、中国軍の組織的抗戦がやんでいた。入城してきた日本軍兵士の首から胸には、ときおり、白い木綿の布につつまれた戦友の遺骨があった。

――ときに、一九三七（昭和十二）年十二月十三日。大本営（↓二六七頁）の陸軍部は、十二月十三日の深夜、南京城が完全占領されたことを公表した。

こうして、林語堂《りんごどう》のいわゆる「田舎らしい美しさ」を有する「国都」、そして、「その市城壁の荘大さ、ゆれる葦と蓮の茎のいっぱい生い茂った郊外の薄気味悪い自然の池、その小さな丘と市の地形の起伏、そのキャベジ畑と家禽《かきん》――アヒル――園、狭い並木道を睡そうにゴトゴトと歩む馬車……」を固有の風景とする「半中世的都市としての魔術的魅力」(林語堂『支那の知性』喜入虎太郎訳・一九四〇年)をもった南京は、日本軍の手に落ちた。

日本の大新聞には、つぎのような大活字がおどった(『東京朝日新聞』昭和十二年十二月十四日号――朝日新聞社編『朝日新聞にみる日本の歩み――破滅への軍国主義I』一九七四年)。

南京を完全占領

両三日後　歴史的入城式

皇軍の精強宣揚《せんよう》　大本営陸軍部の談

戦局の前途遼遠《りょうえん》　大本営海軍部の談

しかし、そのころ、近衛内閣の逓信省《ていしんしょう》参与官という名目で風見書記官長(→二七〇頁)の下で「シナ研究」にしたがっていた犬養健《いぬかいたける》――五・一五事件で射殺された犬養毅《いぬかいつよし》の三男――は、そのメモに、こんなことをしるしていた(執筆時期不明のメモだが、一九三八年七月以前にしるされたとみられる――犬養健『揚子江は今も流れている』一九六〇年)。

〇十二月十三日。中華民国ノ首都南京陥落《かんらく》。コレガ実ニ妙ナ事ニナッテイル。コチラノ総司令官ノ松井石根大将ハ、日本軍ガ南京ノ城外へ到着シタラ、忽チ戦闘ヲヤメ、防衛軍司令官ノ唐生智《とうしょうち》(国民党軍事委員会常務委員)ト話ヲツケテ和平交渉ニ入ル、ト公言シテイタ。トコロガ杭州湾カラ上陸シタ柳川兵団ハ一気ニ南京市ニ攻メ込ンデ、松井総司令官モ何モ有ツタモノデハナイ。市内ニハ唐生智ハ愚カ、中国兵ハ影モ形モナイ。自然、日本兵ノ気ハユルム。大掠奪《だいりやくだつ》、暴行《ぼうこう》(↓第11章)ノ噂ハ本当ラシイ。松井大将ハソノ話ヲ聞イテ、失神《しつしん》センバカリニ歎キ悲シンダ由。

○国民ハ祝賀ノ提灯行列《ちようちん》。「敵ノ都ガ落チレバ勝利」ト、素人《しろうと》ガ思ウノハ無理モナイ。玄人《くろうと》ノ軍人デスラ、ソウ思ツタクライデアル。「ナポレオン」ノ「モスコウ」占領ノヨウナ悲劇ニナラヌコトヲ祈ル。

——一九三七(昭和十二)年十二月十七日午後一時三十分、『朝日新聞』のいう「世紀に輝く南京入城式」が開始された。松井総司令官を先頭に、上海派遣軍司令官・朝香宮鳩彦《あさかのみややすひこ》王《おう》中将以下の将軍たちは、みな馬にのって、いならぶ日本軍将兵のなかを中山門を背に入城してきた(↓第8章とびら写真)。その写真《フィルム》は、『朝日新聞』のばあい、午後一時五十二分発、午後五時七分の福岡上空着で空中から投下され、その日の夕刊(十二月十八日号第二夕刊)に間にあっている(前掲『朝日新聞にみる日本の歩み——破滅への軍国主義I』)。

——それから五年ほどのちのある冬の日、中国学者の君山《くんざん》・狩野直喜《かのうなおき》は、京都の自宅で、同学の友人であった桑原隲蔵《くわばらじつぞう》の長男・桑原武夫(むろん、フランス学者)と閑談していた。

そのおり、かつて「ぼくは君主主義だからね」という理由からレーニンの礼を厚くしての招聘《しょうへい》に応じなかったこの大碩学《だいせきがく》は、こう、いった（桑原武夫「君山先生」一九四八年――『桑原武夫全集』第四巻）。

……私の家の前に国旗掲揚台《こっきけいようだい》があるだろう。あれは南京陥落《かんらく》記念と書いてある。わしは中国人が来るごとに恥ずかしい思いをする。陥落という言葉は野蛮人が文化のすぐれた国の都などを落したときに使う、そういうニュアンスがある。それを日本人はいつも使っている。自分は野蛮人だといっているようなものだ。……

第二次国共合作の成立――八路軍の誕生

八路軍が登場した

アメリカの女性ジャーナリストであるアグネス・スメドレーは、一九三七（昭和十二）年八月十九日から翌一九三八（昭和十三）年一月九日まで、場所でいうと陝西省《せんせいしょう》の延安《えんあん》（↓二二六頁）から湖北省の漢口《かんこう》まで、中国紅軍――あとでのべる八路軍《はちろぐん》――の将兵と共同生活をおくり、その間の日記を手紙のかたちで合衆国にいる友人に送りつづけた（A・スメドレー『中国は抵抗する――八路軍従軍記』一九三八年・ニューヨーク――高杉一郎訳・一九六五年。原題“China Fights Back――An American Woman with the Eighth Route Army――”）。

そのなかで、八路軍のプロフィルは、こんな風にえがかれている。

……鉄道線路のうえを偵察している敵機（日本軍の飛行機）を、私たちは遠くの方から眺めていることができます。ときどき、敵機が私たちの方向にむかってくるように思われる場合は、キビの茎や、草や、木の葉でカモフラージュをした駄馬《だば》類は停止させられ、私（スメドレー）は自分の小馬を松林のなかに乗りいれて、その木かげから敵機を見物しているというわけです。

ふたたび道路上に出ると、私たちはやらなければならない作業のことを話しあい、地図をひろげて、司令部（八路軍司令部）をどこに設けるかをきめます。ゆくさきざきのあらゆる村や町でローソクを買いしめようとしますが、たった一本のローソクも見つかりません。このあたりでは、油をいれた小皿のなかに灯心《とうしん》をひたして、あかりをつけているのです。なんと、こまったことでしょう！　朱徳《しゆとく》（八路軍総司令）は、われわれはまもなく作業や戦闘を夜やって、昼のあいだは寝てくらさなければならなくなるだろうと言いました。

私たちの部隊の世話係に、ローソクを世話してもらえないだろうかと言うと、彼は「それはできない相談だ。そのかわり、油をいっぱいみたした特別に大きな皿を提供しよう」と答えました（一九三七年十一月一日）。

……私たちはおなじ場所に二日以上とどまっていることはけっしてありません。たえず行軍です。そこで、私はいつでも歩いているか馬にまたがっているかしていて、日の暮れになってはじめて原稿を書きはじめるというわけです。……

私たちがいま移動している地方では、ありふれたザラ紙さえも買えないのです。釘もなければ、油や脂肪もないし、塩もなければ、火を燃やす薪さえもありません。

……

いまはまだ秋だというのに、私たちの食事は主食が米かキビで、それに野菜が一品つくだけです。野菜は、きのうもきょうもカブラ（蕪）でした。……砂糖のことなんて、耳にしたこともありません。

……日本軍には、トラックがあり、飛行機があり、そのほかの強力な輸送機関がありますが、私たちのところにあるのは、驢馬《ろば》と、馬と、若干の騾馬《らば》と、そして兵士だけです。

……私は、軍服一着、冬外套《がいとう》一着、冬の下着ひとそろえ、それに靴を二足もっています。一行のなかのほかのひとたちが持っているのは、足にはいている靴一足だけ、それもすりきれかかっています。どこであたらしい靴が買えるものやら、見当もつきません。部隊の兵士たちで、靴下をはいているものなど、ほとんどありません（まえがき――A・スメドレーの手紙から）。

……（八路軍）司令部のなかの兵士たちが、私たちに戦利品《せんりひん》（戦闘により敵軍から得た物品）を見せはじめました。ここにいる兵士たちは、いまではほとんどすべて日本軍の頭巾《フード》つきの冬外套をきています。彼らは、日本軍の立派な自動ピストルを両手にいっぱいもってきて見せました。大きな日本馬もたくさんいます。あしたになれば、また徐海東《じょかいとう》（↓二〇九頁）の部隊から、冬外套がここへ送られてくるはずです。紅軍から八路軍へと名まえはかわっていても、その方法はやはり労働者と農民の軍隊です。

つまり、彼らは華南にいたころ労働者や農民を組織したのとまったくおなじ方法でみずからを武装し、華北の民衆を武装させているわけで、小銃も、ピストルも、機関銃も、トラックも、タンク（戦車）も、糧秣《りょうまつ》（食料）も、被服《ひふく》も、ほとんどすべて日本軍からの鹵獲品《ろかくひん》（戦利品）でまにあわせているのです（一九三七年十月二十三日）。

……いまは、八路軍としての国民政府の軍隊に統合されているむかしの紅軍は、十年間にわたる戦闘の経験で、百倍も強力な敵とたたかう戦術をまなびとっています。だから、陣地戦《じんちせん》（↓一九五頁）だけをおこなうようなことはしません。一日に二百里――およそ七〇マイルの行軍能力をもっていて、おそらく世界でもいちばん行軍の迅速な部隊でしょう。その兵士たちは、人生のどんな苛烈《かれつ》な困難にも鍛《きた》えられた労働者と農民です。それはまた政治的にも徹底的に訓練されている軍隊ですから、巌《いわお》のようにかたい、団結と規律のよくゆきとどいたひとつのかたまりであって、これを破壊することは不可能だろうと私は思っています。現に前線で戦っている兵士から銃後《じゅうご》（↓第12章）にいる「小鬼《シアオコイ》」（紅軍に従軍中のミナシゴで、半日勉強・半日軍務の生活を送っている）にいたるまで、誰を相手にして、なぜ戦っているのかということをちゃんと理解しているのです（一九三七年八月十九日――以上の語注は、すべて訳注を参照した引用者による）。

中国近代史研究の専門家である波多野善大《はたのよしひろ》氏は、かつて、こう、しるしている（波多野善大『国共合作』中公新書・一九七三年）。

第二次国共合作の成立――その一

遅々《ちち》としていた国共合作交渉（↓二三六頁）を大きく進捗《しんちょく》させたものが、一九三七年七月七日の蘆溝橋事件であった。

……かねて対日開戦を抗日民族統一戦線結成の鍵《かぎ》と考えてきた毛沢東《もうたくとう》（↓一九九頁）にとっては、日本の強硬派《きょうこうは》（↓二五七頁）の出方は、思うつぼであったといってよい。

ここでの波多野氏の用語法――たとえば「思うつぼ」――について、私にはいくらかの疑いがあるが、ことの客観的な推移がそのようなものであることは、ほぼ認定してよいであろう。――そして、そうした「国共合作」の土台には、中国人民衆の「一致抗日」があった。当時、陸軍憲兵大尉として上海にいた塚本誠は、こう、回想している（前掲『或る

情報将校の記録』一九六五年→二二五頁)。

戦線が上海から西へ遠ざかっていった十一月中旬のある日、軍はわが威武《いぶ》を上海市民に誇示すべく、上海周辺の諸兵種の部隊から混成一旅団を編成、共同租界内で示威行進を行なうことになった。行進順路は、ゼスフィルド公園を発起点とし、アベニン路(共同租界とフランス租界の境界線)から虞洽卿路《ユーヤチンロ》と南京路の交叉点(競馬場東側)を右折し、上海の銀座通りともいうべき南京路を東進して北四川路に抜けるのである。

上海憲兵隊は五十嵐隊長以下が行進の警戒に当たった。

行進部隊は意気揚々、先頭の軍楽隊、各隊の喇叭《らっぱ》手《しゅ》を先頭に行進するのだが、両側の店舗は悉く鉄扉を閉じ、ビルの窓はすべてカーテンをおろし、路上には中国人の影はまったくない。日頃雑踏を極める南京路《ナンキンロ》が死の街と化しているのは、中国民衆の無言の抵抗である。部隊の最後尾が南京路の永安、新々両デパートの前にさしかかった時、突然最後の部隊に向かって一人の中国人が手榴弾を投げつけ、兵士が一名傷をうけて倒れた。犯人は工部局巡警の手で直ちに処置され、行進部隊は最後尾の中隊だけを残して行進を続けていった。

――はやく、中国共産党は、開戦直後の一九三七(昭和十二)年八月、延安南方の洛川《らくせん》に八月十五日、(「もう一つの八月十五日」→二六四頁)中央委員会の会議をひらき、毛沢東の提案により、「救国抗日十大綱領」が採決された。

この会議では、①「敵の後方で独立自主の遊撃《ゆうげき》戦争を大胆に発動させ、正面戦場と呼応《こおう》して敵後方の戦場を開拓し、敵の後方に抗日根拠地を樹立するという戦略的任務を、遊撃戦争に担当させることが決定されるとともに、また、すべての国民党支配地区で抗日的な大衆運動を大胆に発動させること」と、②「全国人民を動員し、抗日戦争に参加させるに有利であるということを前提として、全国人民の当然もつべき政治的・経済的権利の獲得について決定するとともに、小作料・利子の引下げを抗日戦争の時期における農民問題解決の基本政策とすること」とを決定した（胡喬木《こきようぼく》『中国共産党の三十年』尾崎庄太郎訳）。

それは、中国共産党がこのとし七月八日付で「全各新聞社、団体、軍隊、中国国民党、国民政府、軍事委員会並びに全国同胞たち」によびかけて、日本軍に対する「即時断乎たる反撃」を主張し、「全国上下直ちに日本帝国主義との和平苟安《こうあん》の希望、評価を放棄すべきである」とした「〈日軍蘆溝橋進攻〉に関する通電」の線を発展させたものであり、さらに、七月二十三日付で発せられた「われわれは全世界に宣言する。われわれは日本帝国主義の侵略に対して如何なる譲歩妥協もしない。蔣介石先生のいうように〈今日の北京もし昔日の瀋陽《しんよう》（奉天市）と変れば今日の冀察もまた昔日の東北四省（「満州」）となろう。北京もし瀋陽と変れば南京もまた変じて北京となるかも知れない〉である。問題の中心はこの点にある」という「日本帝国主義の華北進攻に関する第二次宣言」にみられる統一戦線の論理を展開させたものであった（大久保泰『中国共産党史』上巻・一九七一年）。

「救国抗日十大綱領」の公表から一週間たった八月二十二日、国民政府は、紅軍を改編して、国民革命軍の第八路軍とすることを正式に公布した。その陣容《スタッフ》は、つぎのとおりである。

総司令部　総司令・朱徳　副司令・彭徳懐《ほうとくかい》
　　　　　総参謀長・葉剣英（総政治委員・王稼祥）
百十五師　師長・林彪《りんぴょう》（政治委員・朱瑞）
百二十師　師長・賀龍《がりゅう》（政治部主任・甘泗淇）
百二十九師　師長・劉伯承《りゅうはくしょう》（政治委員・鄧小平《とうしょうへい》）

こうして呱々の声をあげた八路軍は、一軍・三個師団で兵力四万五千名、戦闘区域は山西・河北・山東三省、資金と弾薬は、国民政府から供給されることとなった。八月二十五日、朱徳・総司令らは、「就職出師《すいし》」の通電を発し、蔣介石軍事委員長の擁護を誓い、総司令部を万里の長城に近い山西省北方の五台県《ごだいけん》においた（宇野重昭「中国の動向」――前掲『太平洋戦争への道』第三巻・日中戦争〈上〉一九六二年）。

ついで、九月九日、日本の大本営（↓二六七頁）に近い国防最高会議がおかれ、蔣介石主席・汪兆銘副主席が任命された。この会議には、周恩来・朱徳らが参加した。

こうして進みはじめた国共の再合作――第二次国共合作――は、九月下旬に入って、急テンポな展開をみせた。……

閑話休題。そのころ、「東京府職業紹介所」は、新聞広告で、「新京第一の高級デパート」新京ニッケギャラリー（日本毛織経営――「鐘紡」もその一例だが、「平和産業で」あるはずの「糸へん」産業は、日中戦争については、ほとんどタカ派だった。↓一三八頁）ではたらく十六歳から二十二歳までの女子店員を募集していた。月給五〇円、支度金三〇円である。公共機関によるこのノンキな広告をみていると、中国人――中国共産党――が蘆溝橋事件

抗日救国10大綱領（1937年8月15日）

① 打倒・日本帝国主義――対日本「絶交」・日本官吏「駆逐」・対日本借款「否認」・日本探偵「逮捕」。
② 全国軍隊の「総動員」――「独立自主の積極的作戦方針」の「採用」。軍隊と人民の結合の強化。
③ 全国人民の「総動員」――「武装抗日の自由」の確認。「力あるものは力を出し、銭あるものは銭を出し、鉄砲を有するものは鉄砲を出し、知識あるものは知識を出す」ことの実行。
④ 政治機構の改革――「国民大会」の召集と「真正の民主的憲法の通過」。
⑤ 抗日の外交政策――自主的な方針による「反侵略的同盟」と「抗日軍事互助協定」の締結。
⑥ 戦時の財政・経済政策――「国内の生産」の「整頓・拡大」。「戦時農村生産品の自給」の「保証」。「国貨」の「提唱」と「日貨」の「禁絶」。
⑦ 人民生活の改良――「工人・農民・職員・教員・抗日軍人」の「待遇改善」。「苛捐《かえん》雑税」の廃止と「減租減《げんそげん》息《そく》」の実行。
⑧ 抗日の教育政策――「人民の民族的覚醒《かくせい》」のレベルの向上と「愛国学生」の「武装訓練」の実行。
⑨ 「漢奸・売国奴・親日派」の「粛清《しゅくせい》」。
⑩ 全民族の「国共合作」の基礎の上へ団結。「抗日民族戦争」の「建立」。

〔出典〕大久保泰『中国共産党史』上巻・1971年

を「第二の〈九・一八〉」（第2章）とみていることなど（朱徳「対日抗戦を実行せよ」――前掲・波多野乾一『中国共産党史』第七巻）、完全に認識の外にあるとしかいいようがなく、その無自覚――痛覚欠落――の単細胞もうけ主義には、あきれるほかはない。

第二次国共合作の成立――その二

『東京朝日新聞』の昭和十二年九月二十五日付夕刊――九月二十四日発行――は、その一面の中段に、四段ぬきのこんな見出しをかかげて「上海特電 二十四日発」の記事をのせている（前掲『朝日新聞に見る日本の歩み――破滅への軍国主義Ⅰ』）。

「蔣・国共合作弁明
三民主義強調・徹底抗戦を説く」

（蔣介石談話）

国民革命の目的は、中国の自由と平等を求むるにある。孫総理《そんそうり》（孫文）はかつて三《さん》民主義《みんしゅぎ》をもって救国主義の基礎となしたが、不幸十年来、三民主義に対する信仰に一《いっ》簣《き》を欠き、建国に多大の阻害をなした。

今次、中国共産党の発表せる宣言は、一切の偏見をすて、民族意識を基調とせるもので、宣言中に列挙せる暴動政策・赤化運動の放棄、ならびにソビエト地区ならびに紅軍の取消し等は、何《いず》れも全国の力量を集中、もって救亡を図《はか》る必要条件にして、何れも三中全会《さんちゅうぜんかい》（↓二三六～二三七頁）における決議案と相合《あいがっ》するものであり、目下中国の進むべき方向は、三民主義革命以外なきことを示すものである。

これよりさき、中国共産党中央委員会は、九月二十二日付で「国共合作に関する宣言」を国民政府機関通信社の「中央社」を通じて公表した。

蘆溝橋事件直前の七月四日に起草され、七月十五日に国民党に交付されたこの宣言は、「わが全国父老兄弟姉妹」へのよびかけに始まり、①「民族革命抗戦」の「準備」と「失《しっ》地《ち》」「回復」および「領土」「主権」の「完整」②「民権政治」の「実現」と新「憲法」の「制定」③「災荒《さいこう》」の「救済」と「民生」「安定」による「人民の苦痛」の「解除」を「われら奮闘《ふんとう》の総目標」としてかかげ、さらに、①「三民主義」の「徹底的実現」②「国民党政権」を「破壊」する「一切の暴動政策」と「赤化運動《せっかうんどう》」の「取消し」③「暴力」による「地主」からの「土地没収政策」の停止（廃止ではない）④「現在のソビエト政府」の「取消し」⑤「紅軍の名義および番号」の「取消し」とその「国民革命軍」への「改編《かいへん》」の意向を公約して、「抗日戦争」の「勝利」を第一義とする中国共産党の根本方針を闡明《せんめい》した（凱豊「抗日民族統一戦線教程」——前掲・大久保泰『中国共産党史』上巻）。

さきの蔣介石談話は、その「宣言」に対する歓迎・受容の意志の表明とみることができる。

——こうして、第二次国共合作は、その軌道にのった。

十月二日には、華中・華南（とくに江西省）を中心に遊撃戦（→一九五頁）を展開していた一万余名の軍隊を国民革命軍の新編第四軍として再編成することが国民政府の指示として公表された。八路軍とならぶ新四軍の誕生である。軍長は葉挺《ようてい》、副軍長は項英《こうえい》であった。

また、その翌年であろうか、さきに国防最高会議に参加していた周恩来（↓二三一頁）は、国民党軍事委員会の政治部副部長の地位についた。当時、やっと四十代に手がとどいたばかりのはたらきざかりである（前掲・梨本祐平『周恩来』一九六七年）。また、金石文研究の大家であり、すぐれた歴史家である郭沫若《かくまつじゃく》は、その宣伝部長の地位についた。

中国の新聞から

九月に入っても、中国の新聞は、一日分が二〇ページちかくあった以前の姿をとりもどしていない。空襲をおそれて、ガス会社は、ガスの供給をとめたままであり、用紙の不足と労働力の不足から、上海での戦いのあと、中国の新聞は二ページか四ページ、広告もずいぶんへってしまった。

それらの新聞の九月二十三日の朝刊に、「支那《(ママ)》共産党発表宣言」が一斉にかかげられた。それも、『中報』『大公報』『新聞報』『時事新報』のような大新聞ばかりでなく、街頭売り専門の小新聞である『立報』のような新聞もあらそってこれをかかげた。

これまで、これらの新聞は、中国共産党に対して、「偽党《ぎとう》」「赤匪《せきひ》」「匪党《ひとう》」といった差別語を使用してきたが、こんどは「支那《(ママ)》共産党」という名詞が紙面に登場してきたのである。

それは、一九二七年の「国共分裂」(↓四一頁)いらい、ちょうど十年ぶりの重大な変化であった。

——これは、ながく中国にいて、「十年余」にわたって中国のことをしらべてきた「満鉄」の大塚令三《おおつかれいぞう》の観察であり、「昭和十五年六月　上海にて」という「序」をもつその著書の最終節におさめられている(一九三七年十月五日稿——大塚令三『支那共産党史』下巻・一九四〇年)。

合作のはじまりは矛盾のはじまり　イギリスのリーズ大学でアジア史を講ずる四川省うまれの歴史家ジェローム・チェン——陳志譲——氏(↓二〇九頁)は、その著『毛沢東——毛と中国革命』の「第十章　二回目の統一戦線」の終結部で、つぎのような一連の事実を紹介している(徳田教之訳・一九七一年)。

①　一九三八年夏、中国共産党の「代理人」として、中国の抵抗の拠点である武漢を訪問した張国寿《ちょうこくじゅ》(↓二〇六頁)により、「中国共産党はその精力の七割を領土的拡張に費し、二割を国民党との交渉に、そして、ただの一割を抗日のために注《そそ》いでいるにすぎない」というニュースがもたらされた。

②　国民政府は、戦場で共産軍を直接に指揮しようとしたり、兵士たちの訓練を指導しようとして、失敗した。そのため、国民政府軍・軍事委員長の経歴をもつ陳誠《ちんせい》将軍は「中国共産党の三つの重要な大衆組織」に弾圧を加えた。

③　国民党サイドでは、「共産党問題処置弁法《べんぽう》」・「敵（日本軍）占領区における共産党活動防止弁法」・「異常活動制限弁法」といった反共的な秘密文書が発行されはじめた。

④　年をおうごとに、国民党軍と中国共産党の遊撃隊との武力衝突や、逆に八路軍・新四軍と国民党系軍隊との武力衝突が増大していった。

現に、毛沢東じしん、合作成立後とみていい一九三七年十一月十二日の延安における活動者会議の報告（案か？）のなかで、「国民党が〈共産党の投降《とうこう》〉を心からのぞみ、それをひろく宣伝していること」「蔣介石が共産党を統制しようとたくらんでいること」「国民党が紅軍を制限し弱めようとする政策をとっていること」「七月に国民党の廬山《ろざん》訓練班で〈抗日戦争中に共産党の勢力を五分の二に弱める〉陰謀計画をもちだしたこと」「国民党が官位・金銭・酒食《しゆしよく》・逸楽《いつらく》で共産党の幹部を誘惑していること」などの諸事実をあげ、「国民党を共産党の主張する抗日救国十大綱領（→二九九頁）と全面的抗戦にまで引き上げること」を忘れた「投降主義」をきびしく批判していた（毛沢東「上海・太原失陥以後の抗日戦争の情勢と任務」・尾崎庄太郎訳――前掲・日本国際問題研究所中国部会編『中国共産党史資料集』第九巻・一九七四年）。

――その毛沢東は、かつて、一九三七年八月の抗日軍政大学の講義テクストとして発表されたといわれている『矛盾論《むじゆんろん》』のなかで、こう、かいている（新島淳良訳――西順蔵編『原典中国近代思想史』第五冊・一九七六年）。

……すべての事物《じぶつ》にふくまれている矛盾する両側面の相互依存と相互闘争が、一切の事物の生命を決定し、一切の事物の発展を推進する。矛盾がふくまれていない事物は一つもなく、矛盾がなければこの世界がないのである。

……矛盾は、普遍的・絶対的であり、事物発展のあらゆる過程に存在し、さらにあらゆる過程のはじめから終りまでつらぬいている（傍点は引用者による）。

だとするならば、むろん、歴史的な「事物」である国共合作そのものも、「はじめから終りまで」、まさに「矛盾する両側面の相互依存と相互闘争」によって「発展」していったとみるべきだろう。

国共合作の「蜜月《ハネ・ムーン》」時代は、徐々にすぎさってゆく……。

第9章
「国民政府を対手とせず」

東京朝日新聞

爾後國府對手とせず
新興政權と國交調整
政府重大聲明を發表

國府との國交事實上斷絶
川越大使に近く歸朝命令

近衛声明を報ずる新聞記事

いわゆる「不拡大派」の敗退

ある転任

　一九三七年九月二十八日、当時、参謀本部第一部長の地位にあった石原莞爾少将（↓九八頁）は、関東軍参謀副長に転任を命ぜられ、やがて、東京をはなれて、新京（↓一一九頁）にむかった。

　この人事は、明白な左遷であり、そのかげに、蘆溝橋事件の直後、中国に対して「今はまず大鉄槌《だいてっつい》」をくだすことだと主張していた参謀本部第一部作戦課長——つまり石原部長の部下——だった武藤章大佐らがいたといわれるが、武藤章の伝記者によると、この「追い出し人事」「主役」説について、かれじしんはなにも書きのこしていず、ただ、その遺稿で、「石原少将の意見は現実の必要から破れた」としるしているという（「大鉄槌」云々《うんぬん》のことばは、たぶん七月八日か九日ごろ、作戦課長室に武藤大佐をたずねた国策研究会の矢《や》次一《つぎかず》夫《お》事務局長の近衛首相「南京訪問論」に対する反対論中の一語である——矢次一夫『昭和動乱私史』上巻・一九七一年。沢地久枝『暗い暦——二・二六事件以後と武藤章』一九七五年）。

　また、防衛庁戦史は、山西省の太原攻撃の案（↓二八一頁）に対して、石原部長が反対であり、石原部長の更迭直後の十月一日にそれが決定したのは、武藤大佐の主張に下村定・新第一部長と多《た》田駿《だはやお》参謀次長が同意したからだとのべて、石原部長「追い出し人事」

への武藤大佐の関与に一つの肯定的データをさしだしている（前掲・防衛庁戦史室『大本営陸軍部』I・一九六七年）。

「北支事変」のごく初期から、石原少将は、「満州国」育成や対ソ＝反共戦略の準備・確保の見地からはげしい「不拡大派」だった。

当時、陸軍省軍務局軍務課長という中枢的ポストにいた田中新一大佐は、その日記に、陸軍大臣室にきた石原少将が杉山陸相や梅津美治郎次官に対し、「……このままでは全面戦化の危険が大である。その結果は恰もスペイン戦争におけるナポレオン同様、底なし沼にはまることになるから、この際、思い切って北支にあるわが軍隊全部を一挙山海関《さんかいかん》（↓八五頁）の満支国境までさげる、そして近衛首相自ら南京に飛び、蔣介石と膝づめで日支の根本問題を解決すべし」と、気魄《きはく》にあふれた語調でせまったとしるしているという（田中新一「日華事変・拡大か不拡大か」――前掲「秘められた昭和史」別冊『知性』5号・一九五六年十二月号）。

こうした見解をもつ石原少将を東京から隔離することは、いわゆる「不拡大派」＝日中全面戦争回避派――いいかえてみるなら日中限定戦争推進派――の敗退の「危険な曲り角」になったのであり、すくなくとも一つの歴史的な可能性が軍の中央から消滅していったというていどには評価できよう。

――新京にたつ前、石原少将は、参謀総長の閑院宮載仁大将（↓一五六頁、一九一九年以来元帥《げんすい》の称号を賜わっていた）とともに、参内し、天皇に対して、かねてからの持論である対ソ「完全防備」論や「王道楽土の政治様式」による「満州国」育成論を上奏した。

これに対して、天皇は、「よく言うてくれた。全く石原の言う通りだ。日華相争うことは、両国国民のみでない、世界人類の不幸ともなるであろう。今後も、気づいたことは、何でも言うてもらいたい」と賛意を表し、感激した石原少将は、「自分は、もう軍人として、これ以上の満足はない。今回の満州行きについて、追放とか、島流しとか、左遷とか言われているが、そういうことは、もはや問題でない」と語ったという。かれとしたしかった駒井徳三《こまいとくぞう》（→一二〇頁）の回想談である（この天皇のことばがこの通りにいわれたかどうかに私は少々の疑いをもつが、大筋のデータとしては採用できると思う。山口重次『悲劇の将軍・石原莞爾』一九五二年）。

華北を第二「満州国」に

石原少将が東京を去った数日後、つまり十月一日、近衛内閣は、四相会議（近衛首相・広田外相・杉山陸相・米内海相）を開き、「支那事変対《たい》処要綱《しょようこう》」を決定した。

この「要綱」は、まず「総則」において、①「支那」の「抗日政策及容共政策」の「解消」、②「日満支ノ融和共栄ノ実現」、③「支那」の速かな「戦意」「抛棄《ほうき》」の実現、④外交的には、「我方ノ所期スル境地」への「支那」の「誘致《ゆうち》」を目標としてかかげ、ついで「準則《じゅんそく》」では、①「陸上兵力行使ノ主要地域」の「概ネ冀察《きさつ》及上海《シャンハイ》方面」への限定　②

「海上並《ならびに》航空作戦」の実行　③対内的には、「国家総力ノ整備」「耐久的挙国一致《きよこくいつち》ノ具現《ぐげん》」④「支那中央政府ノ下ニ」、華北では、「日支経済合作《がつさく》」の協定と「非武装地帯」の設定。華中・華南では、「日支通商貿易ノ増進及発展ノ永続」に適合的な状況の実現と「上海周辺」への「非武装地帯」の設定　⑤「支那全般」にわたる「海運、航空、鉄道、鉱業等」での「日支共同開発」などを目標としてかかげていた（前掲『日本外交年表並主要文書』下・一九六六年）。

しかし、この要綱には、『現代史資料』8～13・『日本外交年表並主要文書』下・『太平洋戦争への道』別巻資料編といった日中戦争の代表的史料集でもみることのできない「後段」があった。

私とはちがって日中戦争史の年来の専門家である臼井勝美《うすいかつみ》氏は、外務省文書にもとづき、その「後段」の内容をつぎのように要約している（臼井勝美「日中戦争の政治的展開」――日本国際政治学会太平洋戦争原因研究部編『太平洋戦争への道』第四巻・一九六三年）。

「戦局の拡大につれ国民の戦果にたいする期待もまた増大し」たので、「要綱」前段の「総則」「準則」のような「常道」では満足できず、「物質的条件の獲得」が「熱望」されよう。

そこで、①直接損害の賠償　②日華合弁の大シンジケートの創立による海運・航空・鉄道などの共同経営　③華北の金・鉄・石炭などの開発権の獲得　といった経済的諸要求を中国政府につきつける……。

それは、端的にいうと、中国——ことに華北——を日本の植民地として第二の「満州国」(→一一四頁)にする経済プランであり、「国民の戦果にたいする期待」というより、近衛内閣と財界の華北経済掌握の「期待」を反映した青写真《ブルー・プリント》であった。そのいみでは、この「要綱」は、その「前段」では八月以来の限定的な解決方針をうけつぎつつ、「後段」では、「戦局の拡大」に裏打ちされた要求と条件の加重がいちじるしく、臼井氏の表現を拝借すれば、その「奇妙な矛盾」の「併存《へいぞん》」という点に、不拡大から拡大への過渡期の性格をみせている。

ジュネーヴ・シカゴ・ブリュッセル(日中戦争と国際政局)

これにさきだって九月十三日から、スイスのジュネーヴで第十八回の国際連盟総会がひらかれた。

中国政府は、この総会に対して、日本の行為は連盟規約・パリ不戦条約(ブリアン・ケロッグ条約)・ワシントン九か国条約にそむく侵略であると提訴した。連盟総会は、この提訴を日華紛争諮問委員会に付託した。

委員会は、十月二十七日、国民政府代表・顧維鈞《こいきん》の対日非難演説をうけて、日本の軍用機による中国の無防備都市《オープン・シティ》——天津・南京市など——の爆撃を非難する決議を採択し、ついで、十月五日、日本が中国の条約上の権利を侵していることを明記した第一報告書と、日本の主張する当事国交渉主義に反して、戦争処理のために九か国条約調印国と関係国による国際会議をひらくことを勧告した第二報告書とを採択し、翌六日、この二つの報告書は、連盟総会で採択されたが、こうした経過をつうじて、連盟の立場は、中国の道義的支持と抽象的な対日非難の域にとどまっていた。

一方、一九三六年に選挙人数五二三対八という未曽有の圧勝で再選されたアメリカのF・D・ローズヴェルト大統領は、十月五日シカゴの新橋梁の開通式にのぞみ、ずらりとならんだマイクにむかって、有名な「隔離《かくり》演説」を行い、「世界的無政府状態の伝染病が拡がりつつあることは不幸にして事実である。肉体的な伝染病が流行しはじめれば、社会はその伝染病拡大に対して社会の健康を防衛するため、その患者の隔離に賛成し、かつこれに参加する」とのべて「戦争は、宣戦布告の有無にかかわらず、隔離（quarantine）されるべきである」と結論して、好戦的なドイツと日本を非難した。国際紛争への介入の決意表面というこの演説は、特号活字の大「見出し《ヘッド・ライン》」で新聞の報ずるところとなった（百々正雄《どどまさお》『ルーズヴェルト政権十年史』一九四二年）。そして、アメリカ社会に根強い孤立主義者・中立主義者とその新聞は、この演説に「戦争屋的な煽動家《アラーミスト》」の匂いをかいで、警戒心をかくさなかったが、一方では、見識ある新聞として知られる「ニューヨーク・タイムズ」紙は、「無慈悲《むじひ》と征服との政策に対してアメリカで感じている深い道義的な憤《いきどお》りを表明した雄弁な声である」と評価した（F・R・ダレス『アメリカ対外関係史』一八九八～一九

五四・田村幸策、春木猛共訳・一九五八年）。

翌日、ローズヴェルト大統領は、ワシントンでの記者会見にのぞみ、「強制」的性格をもつ侵略国への経済制裁には反対だが、アメリカの行動を道義的分野にのみ限定するものではなく、また一方、中立主義の原則から逸脱することはないとのべ、「世界には、これまで試みられたことのない方法がまだまだたくさんある」と発言した（N・A・グレイヴナー「大統領と対日政策」河口湖会議レポートペーパー・岡村忠夫訳、細谷千博・斎藤真・今井清一・蠟山道雄共編『日米関係史』1・一九七一年）。

この、だれがみてもひどく苦しい弁明調の発言は、わずか四年後に第二次世界大戦の政治的なエース（主戦投手）の座をひきうける国家元首のそれとは思われないほどだが、一面では、合衆国大統領という地位の困難さと複雑さをかたっており、そのことを端的にしめすのが、いわゆる「中立法」の適用の問題である。すでに、笠原十九司氏が説いているのであるが、一九三七年五月に成立した新中立法――旧中立法は一九三五年成立――では、交戦国への武器・軍需品・戦争基礎資材の輸出と金融上の信用供与とを広汎に禁止しているが、反面、交戦国であっても、戦争基礎資材――たとえば石油・屑鉄《スクラップ》――の現金購入と自国船輸送は禁止しないという例外（“cash and carry”主義）を設けてあるので、巨大な軍事費の裏打ちと「海運王国」の伝統を有する「大日本帝国」に対しては、真の中立性を発揮するものではなかった（笠原十九司「世界の動向と和平工作の失敗」――前掲・歴史学研

究会編『太平洋戦争史』3・一九七二年)。

そののち、孤立主義者・「平和」主義者らによる中立法即時適用の圧力が強まると、ローズヴェルト大統領は、日中両国への政府所有船による武器・軍需品・戦争基礎資材の輸送を禁ずる声明を発したが、これとても、民間商船がみずからのリスクにおいて軍需物資を輸出することはみとめていたので、西太平洋なり東シナ海なりの制海権《せいかいけん》が日本にある以上、軍需物資の中国むけ輸出には危険が伴い、日本むけ輸出には危険がないという不公平な――およそ中立的でない――結果となり、石油・屑鉄・工作機械・エンジンなどの対日輸出は、日本の戦争能力の形成に大きな比重をしめていた(↓上表)。

その点は、アメリカの現代史家じしん、「アメリカの立場は、侵略の犠《ぎ》牲者《せいしゃ》がアメリカの市場で武器や弾薬を入手できないことを事前に告知することによって、次第に侵略者を許すことにあるかのごとく見え

日本(内地)主要品目別輸入における米国の地位

(1937年,×印は1936年)

輸入品名	金額(千円)	各品目の輸入総額に対する(%)
実綿および繰綿	306,388	36.0
石油および重油	×99,348	76.6
銑鉄以外の鉄	×75,200	51.1
製紙用パルプ	49,181	42.1
機械および同部分品	×38,428	42.1
自動車および同部分品	×34,929	94.3
銅	×31,930	97.1
木材	30,077	46.4
皮類	9,396	21.1
燐鉱石	7,760	25.2

〔資料〕満鉄調査部編『支那抗戦力調査報告』

た」と評価しているとおりであろう（前掲『アメリカ対外関係史』）。

こうしたなかで、一九三七年十一月三日から十一月二十四日まで、ベルギーの招請により、中国の領土的保全をきめたワシントン九か国条約の調印国会議がひらかれた。ブリュッセル会議である。

日本は、むろん、調印国として招請されたが、参加をことわった。当時、駐日アメリカ大使として東京におり、対日・宥和派の中心であったJ・C・グルーは、その十月九日付の「日記」に、こう、しるしている（『滞日十年』上・石川欣一訳・一九四八年）。

……一方、九ケ国会議は、何を成就し得るだろうか。戦争当事者に平和をおしつけ、徹底的な肘鉄砲《ひじでっぽう》を食うか、経済的制裁を試みて、アビシニア（エチオピア）の場合みたいに、不面目千万に失敗するか、あるいは道徳的雷電《らいでん》で満足するか、そんなものは日本にとっては、穏やかな降雹《こうひょう》みたいなものだ。

グルーの予想は、ほぼ的中した。不参加国の日独二国に代わって、ファッショ・イタリアが日本の「代理人《エージェント》」としてふるまい、中国の首席代表・顧維鈞《こいきん》の要求にこたえたソ連代表・リトヴィノフの対日制裁論・対中軍事援助論——中ソ両国のあいだには八月二十一日に中ソ不可侵条約がむすばれていた——は、アメリカ・イギリスの支持をうけることができず、十一月二十四日、有効な具体策をきめないまま、会議は、終了した。

ことに、会議の前後をつうじてのワシントンの消極性はいちじるしく、アメリカ代表

N・デイヴィスは、対日制裁の決定の回避にその努力をかたむけ、結局、「ローズヴェルト政権は、ブリュッセル会議を、日本に対して国際的非難を加えるフォーラム（公共的集合）のようなものに縮小してしまった」（前掲「大統領と対日政策」――『日米関係史』1）。

――これでは、中国は、救われようがない。

トラウトマン工作とその挫折

これよりさき、上海方面の戦局が停滞していた十月初旬、政府は、日本を「被告の地位におく干渉ないし調停《ちょうてい》」はこばむが、「第三国側の好意的斡旋《あっせん》」は「中国側引出しの具として利用する」という方針をきめ、十月二十七日、広田弘毅《ひろたこうき》外相は、英・仏・米・独・伊五か国の駐日大使を個別に引見し、十月一日の四相会議の条件（↓三一〇頁）の輪郭を打ち明けた上で、日中直接交渉のための「好意的橋渡し」について、要望するところがあった。当時、外務省東亜局長の地位にあった石《いし》射《い》猪太郎《いたろう》は、その日記に「中国側の本心の打診《だしん》この一工作にかかる。東亜の形勢が右するか左するか」とするしたという（石射猪太郎『外交官の一生』一九五〇年）。

仲介の申し出は、まずイギリスからあったが、陸軍はこれに反対し、逆に駐日ドイツ大使館付武官のオットー少将により、ドイツに話をもちこみ、ここに、駐華ドイツ大使O・P・トラウトマンの「居中調停《きょちゅうちょうてい》」（第三国による当事者国間の紛争の調停）がなされることとなった。

十一月三日、トラウトマン大使は、すでに列国大公使の大部分が移駐している漢口《かんこう》から、南京にやってきた。蔣介石との会談のためである。

蔣介石ははじめブリュッセル会議への期待があったせいか、この話に消極的だったが、会議の失敗が明白になると、態度が変わり、四日後、駐日ドイツ大使のH・ディルクゼンから広田外相に、午後のお茶への招待があり、外相がゆくと、国民政府との接触の結果、蔣介石は「日本側提示の条件を和平会談の基礎とする」ことに同意した。ついては、日本の提示条件はあのままでよいかどうか、確認したいという話であった。

——日本の「和平条件」決定のための大本営・政府連絡会議は、南京占領の翌日である十二月十四日の午後、首相官邸でひらかれた。

——この会議の審議経過については、関係史料・関係史書のあいだにくいちがいが多く、整合的な叙述にむずかしい点がある。

そこで、いまさしあたってのべられることを中心に叙述をすすめると、

① 原案賛成者は海軍〔米内光政海相・古賀峯一軍令部次長〕だけで、それもそう積極的なものではなかった。

② 会議の途中、新任の末次信正内相が「かかる条件で、国民がなっとくするかネ」と発言した。その語調は、列席の風見書記官長の耳には、「条件が寛大すぎる、すでに国民はおおきな犠牲をはらっているのだから、かかる寛大な条件ではなっとくしまい、国民はいかりだすにきまっている。そうだとすると、国内治安の責任者たる内務大臣

の立場においては、この条件を、ただちに承知するわけにはゆかぬ」という「意味をふくませての発言」とうけとられた(前掲・風見章『近衛内閣』)。

③ 会議では、主として、杉山陸相・賀屋《かや》興宣《おきのり》蔵相・末次内相らから、中国にとって苛重な新条件が追加された。

④ 米内海相は、やはり会議の途中、「ぼくは、和平成立の公算はゼロだとおもう」と発言したという(前掲『近衛内閣』)。明記はされていないが、前後の文脈からみて、この発言は新条件の加重の傾向への批判としてなされたとみられる。

——こうした講和条件の加重傾向は、これにさきだつ「十二月初頭」の閣議のさいに、明瞭にあらわれていた(前掲・堀場一雄『支那事変戦争指導史』)。

この閣議では、まず、広田外相が「犠牲を多く出したる今日、かくのごとき軽易なる条件をもってはこれを容認し難い」と発言し、ついで、杉山陸相も同趣旨の発言を行い、さらにこれをうけて、近衛首相は、「大体敗者としての言辞無礼《ぶれい》なり」とのべ、そうした強硬論の線で閣僚の意見がまとまったという。

当時、参謀本部第一部の戦争指導班に在職していた堀場一雄少佐は、敗戦後の一九五〇年ごろに完成したとみられる自著のなかで、この閣議にふれ、「閣議、国を誤る……」としるしている(前掲『支那事変戦争指導史』第四章)。

こうしたことだけみても、文官閣僚の政治責任は重く、軍部だけの「独走」で戦争が拡

項目	船津案（昭和12年8月7日）	北支事変処理要綱（8月9日参謀本部）	支那事変対処要綱（10月1日四相決定）	独大使への回答（12月21日閣議）	支那事変処理根本方針（昭和13年1月11日御前会議）
塘沽協定	解消		解消	解消	解消
梅津・何応欽協定	解消	解消	解消	解消	解消
土肥原・秦徳純協定	解消	解消	解消	解消	解消
上海停戦協定	解消	解消	解消	解消	解消
冀察冀東政権	解消	解消	解消	解消	解消
冀東特殊貿易	廃止	廃止	廃止	廃止	
非武装地帯の範囲	華北の一部	永定河・白河以北の冀察	永定河―張家口以北および上海	華北・華中・内蒙	同上
日本軍の駐兵	事変前に復帰	協議		華北・華中・内蒙の保障駐兵	同上
華北の政治形態	国府の任意行政	行政院の分院を新設	国府の任意行政	新政権の設立	同上
内蒙の政治形態		協議	現状をみとめる	防共自治政府の設立	同上
防共問題	日中防共協定の締結	協議	日中防共協定の締結	防共政策の実施	同上
経済合作	華北経済開発協定の締結	同上について協議	（日中合弁・大シンジケート）	日・満・中経済協定	同上
満州国承認問題	承認または黙認		正式承認	同上	同上
賠償			（邦人損害の補償）	戦費賠償	同上
その他	経済援助・治外法権の撤廃を考慮				治外法権・租界・駐兵権の放棄を考慮

（ ）内の項目は、要求するかも知れぬ留保条件として記載されたもの

〔出典〕原表秦郁彦『太平洋戦争への道』第四巻・三七ページ

大したなどとは、信じられない。

――こうして形成されたきびしい講和条件は、十二月二十一日の閣議をへて、翌二十二日、ディルクゼン大使に通知された。

その条件の全容は、前ページの表のとおりであり、とうてい国民政府の受諾できない性質のものであった。この点をめぐって、ディルクゼン大使は、「日本の閣僚のかなりの部分が、野戦軍と産業界の圧力により、この和平条件でもあまりに寛大であると考えており、むしろ中国側が拒絶するのを期待している」ようすであると分析していたという（"Documents on German Foreign Policy." No. 540――臼井勝美氏による――前掲『太平洋戦争への道』第四巻・第二編・一二八頁）。

十二月二十六日の夕方、漢口では、トラウトマン大使から中国の孔祥熙《こうしょうき》・行政院副院長に対して、日本政府の新しい条件がつたえられた。

この新条件を見て、日本の当局者以外のだれもが、これでは和平は無理だと感じていた。

近衛声明

一九三八年正月――「支那事変」第二年目

一九三八（昭和十三）年の元日、東京にはわずかなおしめりがあり、午後になってはれた。前のとし、『朝日新聞』に、秀作『濹東綺譚《ぼくとうきだん》』を連載して読者を魅了した作家の永井荷風は、その日の日記に「日暮れて後浅草公園を歩む。群集織《お》るがごとし」としるしている（『断腸亭日記』巻22──『荷風全集』第二十二巻）。

かれは、正月三日にも、灯ともしごろに浅草にゆき、「仲店《なかみせ》より興行街到処《いたるところ》群集雑遝《ざっとう》す」としるしている（前掲『断腸亭日記』巻22──ルビは引用者による）。

この頑固で、かつ高踏的《こうとうてき》な市民派のアンテナが「遊歩の男女織るが如し」という浅草のにぎわいをとらえはじめたのは、前年の正月ごろからであり、その中心をなす「活動館《かつどうかん》」の混雑について、かれは、「数年前の寂寥《せきりょう》には似もやらぬ好景気なり」と解釈する一方、「余この頃東京住民の生活を見るに、彼等は其生活について相応に満足と喜悦とを覚ゆるものの如く、軍国政治に対しても更に不安を抱かず、戦争についても更に恐怖せず、寧《むし》ろこれを喜べるが如き状況なり」という観察をのべている（前掲『断腸亭日記』巻21・昭和十二年八月二十四日条）。

また、風俗観察者としてバツグンだった荷風の眼は、「ちぢらしたる断髪《だんぱつ》にリボンを結び、額際には少しく髪を下げたるもの多し」というヘア・スタイルの流行、「衣服は千代《ちよ》紙《がみ》の模様をそのまま染めたる」「染色けばけばし」い着物の流行、「売店の女また女子事務員など」の通勤服《つうきんふく》に「新調の衣服（和洋とも）を身につくるもの」が多いことなどをとらえ、「東京の生活はいまだ甚しく窮迫するに至らざるものと思はるるなり。戦争もお祭さわぎの賑《にぎやか》さにて、さして悲惨の感を催さしめず。要するに目下の日本人は甚《はなはだ》幸福なるものの如し」という感想をかきつけている（前掲『断腸亭日記』巻21・昭和十二年十一月十九日条）。

私は、流行現象に対してつねに一定の距離をたもち、これをさめた眼でみられる荷風の観察眼を一流だとは思う。しかし、と同時に、かれのアンテナが把握した東京庶民の生態に、もう一つの解釈がなりたつように無理由に感ずる。

——かれら・かの女らは、いわば「群集本能」として感じとっていたのではないか。お正月にハレ着をきて「活動」をみにいったり、その帰りに鮨やテンプラをたべたり、新調の通勤着で出勤したりする生活がそろそろ終わろうとしていることを。そうしたいみでは、これは、一種の逆パニックなのではないか。

——ともあれ、こうして、一九三八年一月がきた。その永井荷風が終生の景仰《けいこう》をおしまなかった森鷗外のいい方を拝借すれば、昭和十三年は、「支那事変」発生後第二年である。

近衛声明への道

近衛首相は、その一九三八（昭和十三）年の正月を、東京市杉並区の荻窪にある深い木立ちにかこまれた荻外荘《てきがいそう》——そこは、少年だった私の遊びのフィールド内？にあった——でなく、政界の中枢部ともいうべき麴町区の永田町にある私邸でむかえた（前掲・矢部貞治『近衛文麿』上）。

案の定、中国政府筋の反応は、はかばかしくなく、一月四日にディルクゼン大使のもたらした中間報告も、その内容は明確さを欠いていた。内閣閣僚や陸軍省のうちには、日本からの条件提示による講和の促進や中国政府への譲歩に反対する「和平交渉無用論」が「とみに強くなった」(前掲『近衛文麿』上)。

——こうしたなかで、松がとれたばかりの一月十一日の午後、「支那事変処理根本方針」を審議する御前会議が宮中でひらかれた。この会議は、「政府代表をふくむ国策決定の形式としては、日露戦争以後はじめて召集されたものであった」(秦郁彦「日中戦争の軍事的展開」——前掲『太平洋戦争への道』第四巻)。出席者は、別表のとおり、顔ぶれだけに関していえば政府と軍の最高首脳を網羅し、それに平沼枢府議長という異例のメンバーを加えた「大日本帝国」の「オールスター・キャスト」であった。

ここで広田外相から原案として説明された対中国・和平諸条件は、①「満州国」の正式承認 ②排日・排「満」政策の放棄 ③華北・内蒙古における非武装地帯の設定 を中核としたものであり、その条件の構成じたいは、前年の暮れにディルクゼン大使に伝えられたものと大差がなかった。その点は、別表のとおりである(↓三二〇頁)。

御前会議出席者

閑院参謀総長官
伏見軍令部総長官
近衛内閣総理大臣
平沼枢密院議長
広田外務大臣
杉山陸軍大臣
米内海軍大臣
末次内務大臣
賀屋大蔵大臣
多田参謀次長

(『近衛家文書』)

ただ、そこには、もし中国政府が日本の要求に応じて「和」を求めてこないときには、という前提にたって、つぎのような確認事項が付せられていた（前掲『近衛文麿』上）。

帝国は爾《じ》後《ご》之《これ》（国民政府）を相手とする事変解決に期待をかけず、新興支那政権の成立を助長し、これと両国国交の調整を協定し、更生《こうせい》新支那の建設に協力す。支那現中央政府に対しては帝国は之が潰滅《かいめつ》を図り、または新興中央政権の傘下《さんか》に収容せらるごとく施策《しさく》す（語注は引用者による）。

つまり、これまで「満州」や華北でやってきた傀儡政権方式を「更生新支那」をめざす「大日本帝国」が全中国レベルで拡大行使しようというのである。そして、そのころすでに、外交の「総本山」である「霞ケ関」（＝外務省）は、こうした「形勢変化には策の施しようなしとして自然の成行きにまかせ、当分、国民政府を相手にしないという方針」にふみきり、一月七日には、ときの川越茂・駐華大使じしん、上海での記者会見において、「日本は今後国民政府を相手にすべきではない」という見解を発表していた（広田弘毅伝記刊行会編『広田弘毅』一九六六年）。

こうした経過をへて、一月十三日の閣僚会合では、「十五日までに中国側から諾否《だくひ》の回答がなければ、和平交渉を打切って、次のステップに移ろう」ということが非公式な申合せとして決定され、翌一月十四日には、王寵恵《おうちょうけい》・国民政府外交部長よりトラウトマン駐華大使への一月十三日付回答にもとづき、ディルクゼン駐日大使の広田外相あてメッセージが伝達された。ちょうど、一日中つづいた閣議の最中につたえられたらしい中国政府の意向は、「日本側提示の条件は漠然としていてつまびらかでないから、もっと具体的に明示されたい」というものであった。閣議は、すでにくわしい条件内示をしているのにこうした申し入れをしてくるのは「中国側の遷延策《せんえんさく》にすぎない」と判断し、和平交渉打ち切りの方針をかためた。

このとき、外務省東亜局長だった石射猪太郎は、その日の日記に、こう、しるしたという（石射猪太郎『外交官の一生』一九五〇年）。

対独回答案、午後六時執行さる。大臣官邸に独大使を招致し、回答文を与う。大臣（広田弘毅）、大使（ディルクゼン）間に問答あり。独大使は蔣介石はこれではキクマイと。その通り。こんな条件で蔣が講和に出て来たら、彼はアホ《（阿呆）》だ。

一月十五日、大本営・政府連絡会議がひらかれた。

近衛声明

この会議の席上、広田外相は、一月初めにおける許世英《きょせいえい》・駐日大使——一九三五年五月、ときの岡田啓介内閣の外相だった広田弘毅は、「日華国交調整」のため「在華日本外交代表者」を公使から大使に昇格させた。国民政府もただちに対応の措置をとっていた——あての国民政府の電報を披露し、「相当よく条件をきいてはおるが、非武装地帯や賠償その他の重要事項を拒否しているようで、結局わが方の要求には副《そ》っていない」と発言して、国民政府に「和平条件」受諾の意志がないという判断をしめした。

これに対して、かねてから、「事変」不拡大論・対ソビエト戦準備論・国力限界論をといていた参謀本部を代表する多田駿《ただはやお》参謀次長は、「まだまだ尽すべき手段があると考える。もっと確実に条件を支那側に知らせる必要がある。長期戦争などは最も慎重にすべきだが、この機会を逸すれば長期戦争となる虞《おそれ》がある」と反論し、海軍の古賀峯一《こがみねいち》軍令部次長もこれに賛成した。こうして、政府の交渉打ち切り論と陸海軍統帥部（参謀本部・軍令部）の交渉継続論が対立するという「奇妙なあらそい」がつづいた（田中新一「日華事変・拡大か不拡大か」——前掲『秘められた昭和史』）。

会議は、原田男爵のメモによると、午前九時半から午後八時半ごろまでかかったという（前掲『西園寺公と政局』第六巻。もっとも風見章『近衛内閣』をみると、この会議に関する言及がなく、「和平交渉無用論」は坦々とした大道をあゆんだかのようである）。

この間、注目されていいのは、米内海相の発言であった。合理主義的な思考ができ、こうしたことに日ごろは慎重な米内大将は、田中手記によると、「これからやってみて見込みがあるかないかの判定は、外相の責任でやるべきものである。従って外相の意見が尊重さるべきだ」と発言し、また、原田メモによると、「参謀本部は政府を信用しないというのか。それなら参謀本部がやめるか、内閣がやめるかしなければならぬが……」と発言したという（前掲・田中新一「日華事変・拡大か不拡大か」。前掲『近衛文麿』上巻。前掲『西園寺公と政局』第六巻）。

参謀本部の内部には、強硬な交渉継続論があったが、陸軍省の圧力にまけ、結局、こうした抗争のために政変をおこすのはのぞましくないとする判断から、「統帥部として不同意なるもあえて反対しない」というむねの通告を行い、交渉打ち切り論に屈服した（前掲・堀場一雄『支那事変戦争指導史』一九六二年）。

午後八時半、確認の閣議を終えた近衛首相は、宮中に参内し、天皇に経過報告を行った。そのとき、天皇は、閑院宮参謀総長とのあいだにつぎのような問答があったことを近衛首相につたえた（前掲『西園寺公と政局』第六巻）。

天皇「どういふわけで参謀本部はさう一時も早く日支の間の戦争を中止して、ソヴィエトの準備に充てたいのか。要するにソヴィエトが出る危険があるのか」

総長「結局陛下の行幸の時の御警衛のやうなもので、つまり、何にもないとは思ふけれども、万一のことがあっては責任者として申訳ないから、できるだけの御警衛を申上げるのとおんなじことで、その意味でソヴィエトに対する準備をしたいのだ」

そして、それに付加して天皇は、「それなら、まづ最初に支那なんかと事を構へることをしなければなほよかったぢゃあないか」という感想をもらした。

――こうして、一九三八（昭和十三）年一月十六日正午、近衛内閣は、「帝国政府は爾後《じご》国民政府を対手《あいて》とせず、帝国と真に提携《ていけい》するに足る新興支那《しんこうしな》政権《せいけん》の成立発展を期待し是と両国国交を調整して更生新支那《こうせいしんしな》の建設に協力せんとす」という主眼をもつ「帝国政府声明」（↓三三〇頁）を発表した。

この「対手とせず」という日本語について、その日の「東京朝日新聞」夕刊――昭和十三年一月十七日付は、すでに、日本の「今後の方向は、行く行くは蔣介石を国際法上に於ても否認すると共に、積極的に新政権の成立発展を助長し、将来は之を承認して正式の国交関係に入らんとする我が対支方針の二大原則を示したもの」とみる観測記事をかかげている。

また、外務省による国際法的な研究文書によると、この「対手とせず」声明は、「〈南京《（マヽ）》政府〉を〈無視〉し、新政権の樹立とその承認に進むことを予告する政治的なもので、法律的には〈否認〉とも異るし、それから生ずる事態は〈国交断絶〉とも同一視できないが、政治的事実的にはそれと類似するものだ」とのべているという（前掲『近衛文麿』上）。

これよりさき、広田外相は、同日の午前中、ディルクゼン駐日大使を外相官邸に招致して、トラウトマン工作による「和平交渉」の事実上の打ち切りをつげた。ついで、一月十八日の午後には、川越駐華大使に対して、帰朝命令を打電した。さらに、一月二十日の夕方には、許世英駐日大使が大使館首脳をひきいて横浜港より乗船、帰国の途についた。

こうして、トラウトマン工作は失敗し、「大日本帝国」と中華民国とのあいだには、ただ苛烈な戦争という事実だけが存在しつづけていた。

昭和十三年一月十六日の帝国政府声明（近衛声明）

帝國政府は南京攻略後尚ほ支那國民政府の反省に最後の機會を與ふる爲め今日に及べり、然るに國民政府は帝國の眞意を解せず漫りに抗戰を策し内民人塗炭の苦しみを察せず外東亞全局の和平を顧みる所なし、仍つて帝國政府は爾後國民政府を對手とせず帝國と眞に提携するに足る新興支那政權の成立發展を期待し、是と兩國國交を調整して更生新支那の建設に協力せんとす、元より帝國が支那の領土及主權並に在支列國の權益を尊重するの方針には毫も變る所なし、今や東亞和平に對する帝國の責任愈々重し、政府は國民が此の重大なる任務遂行の爲め一層の發奮を冀望して止まず

〔昭和十三年一月十七日付東京朝日新聞による〕

「新興支那政権」

「近衛声明」のなかでその「成立発展」を「期待」されていた「新興支那政権」とはなんだろうか。

まず、日本軍の占領が早期に終了していた華北では、一九三七年十二月十四日、中華民国臨時政府が北平《ペーピン》に成立した。北支那方面軍・陸軍省軍務課・参謀本部第二部支那課・関東軍軍務局のあいだで一致していた「北支新中央政権」樹立――国民政府との絶縁――の方針にもとづいてできたこの政府は、行政委員長・王克敏《おうこくびん》をはじめ、反国民党的な旧北洋軍閥の政客をそろえ、河北・河南・山東・山西・チャハルの五省をその「縄ばり《テリトリー》」としていた。

ついで、ながく激戦のつづいた華中では、一九三八年三月二十八日、中華民国維新政府が南京に成立した。外務省東亜局・陸軍省軍務局・中支那方面軍・海軍省軍務局軍務課などの「高度の連日政権」「華中新政権」樹立――その樹立のコストは二百万円で、うち百万円を陸軍省から支出するという相談まであったという――の方針によってできたこの政府（行政院長・梁鴻志《りょうこうし》）は、その「成立宣言」によると、江蘇《こうそ》・浙江《せっこう》二省をその「縄ばり」とし、津浦《しんぽ》線・隴海《ろうかい》線の二鉄道の交通が回復したのちは、北平の臨時政府への合併を予定していた（臼井勝美「日中戦争の政治的展開」――前掲『太平洋戦争への道』第四巻）。

しかし、両政権には、どちらの政権にも日本軍の推す日本人顧問という「お目付役」がつき、その行政の「自主性」は阻害《そがい》されていた。また、北支那方面軍は、臨時政府が成立するとすぐに、天津と秦皇島《しんこうとう》の海関《かいかん》（税関）を接収し、さらに、排日的な輸入税率を廃止させた。それは、臨時政府の「関税自主権」の発動というタテマエで行われた「関税自主権」の剝奪《はくだつ》といっていいであろう（→一八七頁）。

こうした事実は、「近衛声明」のいう「新興支那政権」が第二「満州国」ともいうべき傀儡政権《かいらいせいけん》にすぎず、国民政府の政治的権威をおびやかしえないことを端的にかたっていた。

しかも、この二つの「南北両政府」は、華中と華北の日本軍の対立をバックにして、「北は北で先輩を以て任じ、南は南で中原を制しているのはこちらだ」という競争の「たけくらべ」を演じていた（前掲・石射猪太郎『外交官の一生』）。

したがって、当時の中国人は、この二つの政権をあざけり、臨時政府のことを「城内政府」、維新政府のことを「飯店《ホテル》政府」とよんでいたという。「南北両政府」の「縄ばり」が北京城内と飯店《ホテル》（新雅飯店）だけだという皮肉である（中西功『中国革命の嵐の中で』一九七四年。歴史学研究会編『太平洋戦争史』第三巻）。

——まことに、日本の前途は、多事多難であった。……

……そのころ、日本内地では、こんな歌がはやっていた。佐藤惣之助《さとうそうのすけ》作詞・三界稔《さんがいみのる》作曲・上原敏《うえはらびん》唄のポリドール・レコード『上海だより』である。

拝啓ご無沙汰しましたが
ぼくもますます元気です
上陸以来今日までの
鉄の兜《かぶと》の弾《たま》のあと
自慢じゃないがみせたいな

隣りの村の戦友は
えらい元気なやつでした
昨日も敵のトーチカを
進みのっとり占領し
モグラ退治と高笑い

あいつがやればぼくもやる
みてろこんどの激戦に
タンク《戦車》を一つぶんどって
ラジオニュースできかすから
待っててくださいお母さん

——こうして、日中戦争は、当時、連合通信社上海支局長として、和平工作に一役買っていた松本重治の用語を拝借するならば、日中平和への「回帰不能地点《ポイント・オヴ・ノー・リターン》」に「到達」していった（松本重治『上海時代』下巻・一九七五年。もっとも、松本氏は、近衛内閣の閣議が内地三個師団の動員案を可決した一九三七年七月二十七日をもって「回帰不能地点」への「到達」とみなしているが、私はやはり、「近衛声明」の公表のデメリットを格段のものとして評価している)。

のちに、西園寺公は、かつて慶応義塾に学び、衆議院議員・「時事新報」社長などを歴任した小山完吾に対して、こう、述懐した。前後の状況をふくめて、引用する。(『小山完吾日記』昭和十三年十一月二十九日条)。

……近衛公につき談話中、近衛公は、末次(信正→二七四頁)などいふわからずやを内相に任じたるは、失敗なりと評したるところ、「ソレモソーダローが、モット大きな失策がある」として、蔣介石政権を相手とせずといふ宣言の非を鳴らされ、「日清戦争にしても李鴻章《りこうしょう》をツカマエタからこそ話ができたのだ。相手にシッカリしたものをツカマエテ、それと話をツケルといふことが定石《じょうせき》ならずや」との意見もあり……。

そして、それから日本の敗北の日まで、およそ七年半あまりの歳月があった。

中華民国政府行政組織図（抄出）

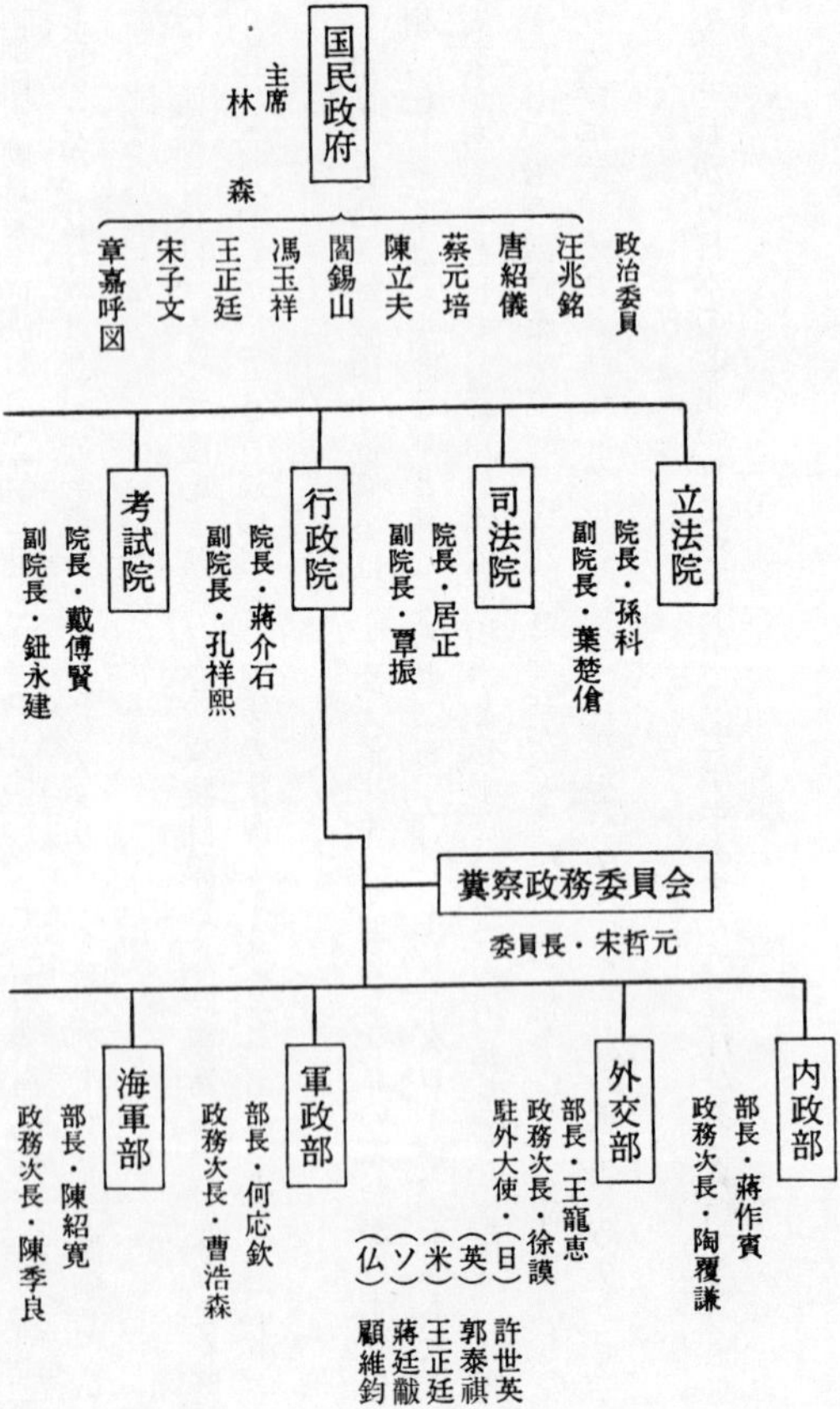
国民政府
主席・林森
政治委員
汪兆銘
唐紹儀
蔡元培
陳立夫
閻錫山
馮玉祥
王正廷
宋子文
章嘉呼図
立法院
院長・孫科
副院長・葉楚傖
司法院
院長・居正
副院長・覃振
行政院
院長・蔣介石
副院長・孔祥熙
考試院
院長・戴傳賢
副院長・鈕永建
冀察政務委員会
委員長・宋哲元
内政部
部長・蔣作賓
政務次長・陶覆謙
外交部
部長・王寵恵
政務次長・徐謨
駐外大使・（日）許世英
（英）郭泰祺
（米）王正廷
（ソ）蔣廷黻
（仏）顧維鈞
軍政部
部長・何応欽
政務次長・曹浩森
海軍部
部長・陳紹寛
政務次長・陳季良

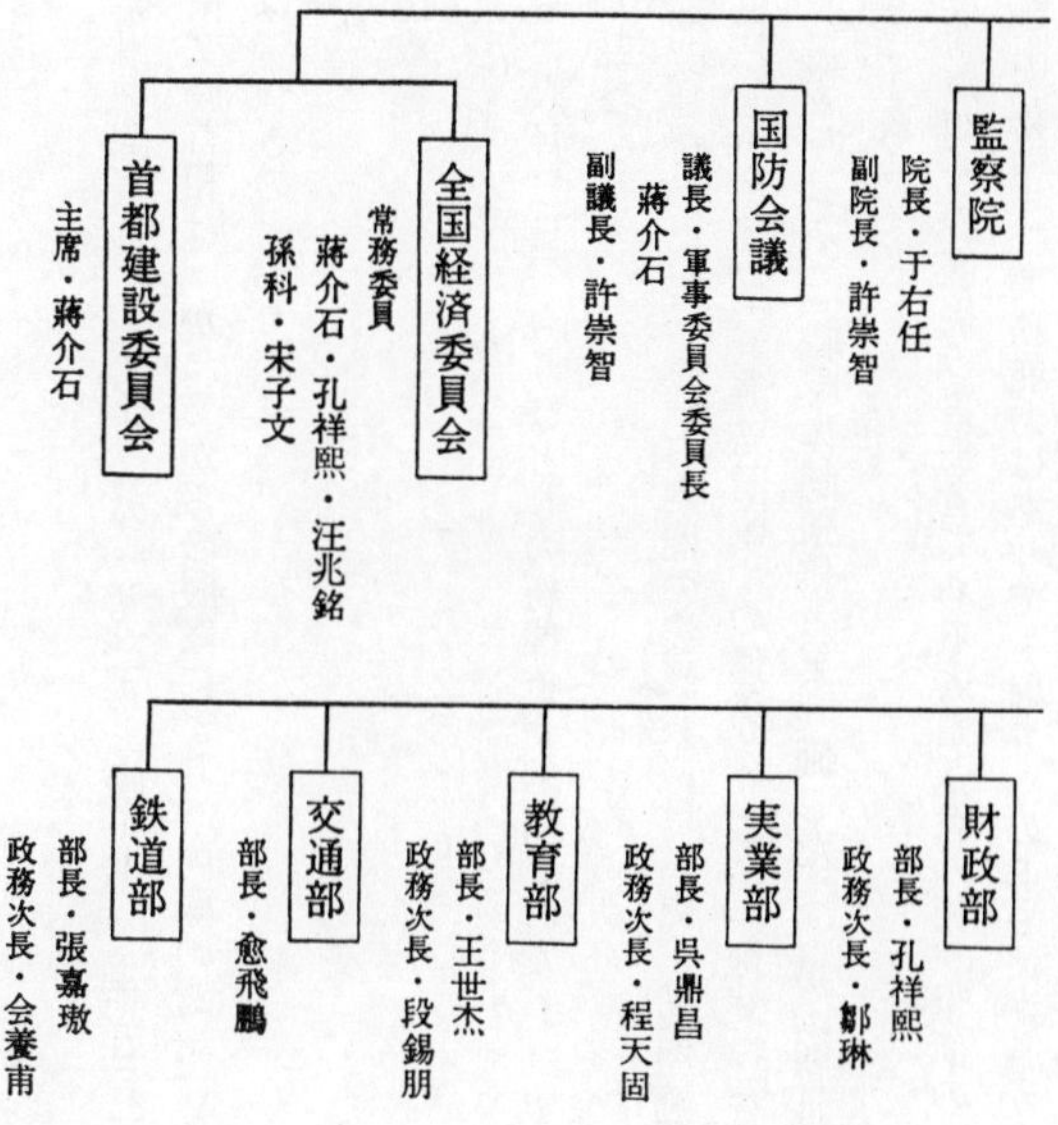

〔出典〕外務省情報部編『現代中華民国・満州帝国人名鑑』1937 年

どこへゆく？　近衛内閣

近衛「改造」内閣の成立

日本軍が徐州を占領して一週間後の一九三八（昭和十三）年五月二十六日、近衛文麿首相は、かねてからの腹案により、内閣の改造に成功した。新しく起用された閣僚は、つぎのとおりである。

外務大臣　宇垣一成（↓四九頁）
大蔵大臣・商工大臣　池田成彬
文部大臣　荒木貞夫（↓一〇二頁）

また、一週間おくれて、さらに六月三日、もうひとりの新閣僚が起用された。

陸軍大臣　板垣征四郎（↓七七頁）

――当時の新聞は、この内閣改造について、「強力内閣の姿颯爽《さっそう》／けふ更生《こうせい》初閣議開催／重大使命遂行を期す」と見出しをかかげ、「上海発同盟」の通信として、「愕然《がくぜん》たる漢口政府／対日認識錯誤を暴露」と報じ、その「戦時体制強化」を評価した（前掲『朝日新聞に見る日本の歩み――破滅への軍国主義Ⅰ』）。

もともと、近衛首相は、「近衛声明」の直接の責任者である広田弘毅外相、軍部の戦争拡大派のロボットとみていた杉山元陸相、実務能力はあっても財界へのおさえがきかないとみていた賀屋興宣蔵相らの主要閣僚に対して、あきたらないものを感じていた。

その点、宇垣大将は、陸相・朝鮮総督の重任をはたし、中国政策に独自の見識をもつ陸軍の長老として、その統制力が期待され（反面、軍の拡大派の中堅からはうとまれていた）、また、池田新蔵相は、人も知る、前三井合名常務理事、そして、前日本銀行総裁として、「財界」での主流中の主流であって、そのトップ・リーダーとしての手腕は高く評価されていた。

かつて、この「改造」内閣の成立を重くみた歴史家・服部之総《はっとりしそう》氏は、こう、論じていた（『東条政権の歴史的後景』一九四八年——『服部之総著作集』第七巻）。

……日本ファシズムの発展史上、ヒトラー政権掌握のハデな場面に匹敵《ひってき》するほどジミにおこなわれた同一幕次は、この日支事件を背景として世界を震撼《しんかん》させ、日本国民だけがちっとも知らなかった、南京虐殺（↓四三四頁）ののち五月二十六日におこなわれた近衛内閣の改造であろう。

広田外相に宇垣が代り、賀屋蔵相に池田が代り、安井（英二）に代って荒木が文相に、杉山に代って板垣が陸相になった。

これは近衛「小粒」内閣が大粒に強化されたというだけでなく、金融資本団の大御所・池田みずから出馬して軍ファシストの「既成事実」を承認し、合理的と思量されたぎりぎりの限界点で軍ファシストとの取引を企図したのである。

一九四一年十月の東条内閣の成立がヒトラーの大総統就任に比定さるべきものとすれば、この政変はナチの第一党掌握の日に比定されてよい。

しかし、この改造で近衛首相がいちばんねらったのは、陸相の交代であった。もともと、近衛公は、二・二六事件でその頂点に達した陸軍内部の派閥抗争について、反乱軍の青年将校の背後にあった「皇道派」を支持し、「統制派」(「軍財抱合《ぐんざいほうごう》」派＝日中戦争拡大派)＝「赤」(「共産革命」)の担い手という奇妙?な等式を信じていたから、陸相としての「意中の人」は、「皇道派」の柳川平助中将(↓二八四頁)であった。一方、天皇は、「皇道派」の将軍たちに根強い不信感をもっており、「統制派」については、二・二六事件直後の寺内寿一陸相(↓二八一頁)をはじめ、その「御信任」が厚かったので、「皇道派」の政治的復権をめざす近衛構想には、天皇・重臣層――とくに内大臣・湯浅倉平《ゆあさくらへい》ら――の反対がつよかった。元老の西園寺公も、こうした近衛公の親「皇道派」的性向には、強い危惧の念を表明していた。

そこで、近衛首相は、いわば次善の策として、石原莞爾少将(↓三〇八頁)らの不拡大派に近い第五師団長・板垣征四郎中将――徐州作戦に参加中――の起用をねらったのであった。

したがって、この改造人事の中心眼目が「近衛声明」の事実上の取消しと「支那事変」の収拾にあることは、たやすく想像された。現に、近衛公じしん、「近衛声明」を「迷声明」だとみていた宇垣大将に対して、「あれは実に無意味で余計な声明であった」と述懐していたという（宇垣一成述・鎌田沢一郎著『松籟清談《しょうらいせいだん》』一九五一年）。

また、宇垣大将は、蔣介石との交友関係があり、国民政府もこの外相人事にある期待をいだいていたらしく、宇垣新外相の就任直後、当時の国民政府――在・漢口――の要人のひとりだった張群《ちょうぐん》・行政院副院長は、「外務大臣御就任を祝し、御抱負の実現を期する」という祝電を打ってきたという（前掲『松籟清談』）。

この点について、宇垣大将じしんは、その日記に、こう、しるしている（前掲『宇垣一成日記』第二巻・一九七〇年）。

……陸軍をして一日も早く用兵の脇道である対支作戦より手足を抜いて、自由に本筋である対露の用兵に専念せしむる様に成さねばならぬ（昭和十三年五月一日条）。

……我邦が近き将来に於いて、対支の矛《ほこ》を収めんと欲するならば、蔣政権を相手とせずとの言明を何とか始末することが形式的であるけれども必要であり、先決である（同年五月二十二日条）。

……近年に於ける支那の政治活動の原流に民族国家の強化と云ふ強き流れがある。之《こ》の流は百数十年、貿易に金融に交通に産業等に総《すべ》てが列強に金縛りせられて搾取せられて、如何《いか》に働いても支那人のウダツは挙《あ》がらぬ、支那の浮ぶ瀬はないと云ふ所の惨状に目覚めたる点に発源したるものである。此《こ》の流に乗出し、之を指導し来りしものが蔣介石である。従って今後、蔣介石を打倒したりとするも、此の流は依然と存続すべきものであるから、此の辺の消息は吾人《ごじん》として深く注意して対処することが緊要である!!（同年六月二十八日条──なお、句読点・傍点・ふり仮名は、引用者による）。

こうして、また一つの和平の可能性が成立してきた。

前途多難──和平工作の渋滞　近衛「改造」内閣の人気は、上上だった。むろん、「財界」のうけもよく、株価も上がった。しかし、一方では、始まろうとしていた和平交渉への胎動をとめてしまうような動きもおこっていた。

「改造」内閣ののち、天皇は、内大臣・湯浅倉平に対して、つぎのような質問をしている（前掲『西園寺公と政局』第七巻）。

先日、近衛が来て、「なるべく速かに戦争を終熄《しゅうそく》に導きたい。なんとかしたい」と言ってをったが、今日は参謀総長（閑院宮元帥）が見える「漢口はどこまでもこれを攻撃する」と言ってゐる。片っ方は戦争を止めたいと言ひ、片っ方は漢口までやると言ひ、そこに何にも連絡がないのは、非常に遺憾《いかん》である。近衛を呼んで「連絡会議でもやるなり、なんとか方法はないものか」といふことを訊ねてみようか。

また、「改造」内閣成立後の六月に中国──上海──から帰朝した谷正之《たにまさゆき》公使は、原田熊雄らの男爵グループとの昼食会の席上、こう、話している（前掲『西園寺公と政局』第七巻）。

列国はどうかして日本を弱らせようと思ってゐるが、いま蔣介石も事実においてよほど困ってゐるのだから、この上もう一息押せばよいのであって、いま中途半端で変なことになると困る。出先でもイギリスもだんだん判って来て、英米はやっぱりよい方に向いて来ている時なんだから、なほさらその点は注意を要する。

——しかし、反面では、当時、外務省東亜局長だった石射猪太郎のように、「満州国」中華民国臨時政府・中華民国維新政府が中国人の民心を失っている事実を率直に承認し、国民政府と蔣介石を相手とする以外に日中和平の道はなく、もし、日本が国民政府＝蔣介石政権を打倒すれば、「支那」は政治的・経済的な「破産状態」となり、日本は中国の「破産管財人」として、新しい「敵」である「支那共産党」との長い戦争に入るほかはない、そして、その和平交渉の着手は漢口占領以前でなければならないと、論ずる外交官もいた（「今後の事変対策に付ての考案」一九三八年六月——前掲・臼井勝美『日中戦争』）。

臼井氏によると、宇垣外相は、この意見書の冒頭に「その所説おおむね本大臣の所見に合致す」と注記したということであり、現に、日本の対中国政策が「国共合作」の維持を蔣介石にしいているというのは、宇垣大将じしんの見解でもあった（前掲『宇垣一成日記』第二巻・昭和十三年十一月六日条）。

そして、宇垣外相と石射東亜局長とのあいだには、こんな会話が交わされていたという（前掲『外交官の一生』）。

「君の言う事はもっともぢゃ。近衛総理から外務省を引受けてくれと交渉を受けた時、わしはこのわしに伊井《(マヽ)》掃部頭になれというのかと反問すると、そうぢゃというのだ。然らば引受ける。その代り一月十六日の声明を反古《ほご》にするかも知れんがよろしいか、よろしい万事任せる、という了解で外務を引受けたのぢゃ。命を投げ出して事変を解決する決心ぢゃよ。」

「大臣がその御決心なら水火の中へも私はお供します。あの声明を突破するからには、外務省の焼打ち位は覚悟してかからねばならぬと思います。」

こうして、「宇垣外交」はスタートした。六月下旬から七月中旬にかけて、国民政府行政院長・孔祥熙《こうしょうき》——孔子七十五世の後裔《こうえい》という。その夫人は、孫文未亡人・宋慶齢（↓二三二頁）と蒋介石夫人・宋美齢（↓二三二頁）の姉。国民政府行政院副院長兼財政部長。中央銀行総裁——の秘書である喬輔三《きょうほさん》と中村豊一・香港総領事とのあいだに、条件をにつめる交渉が行われた。

喬輔三は、国民政府との打合せの上で、つぎのような中国側の方針を説明したという（前掲・臼井勝美「日中戦争の政治的展開」——『太平洋戦争への道』第四巻）。

戦争の現状についていえば、中国軍は容易に屈せず、日中両国は極端に疲弊《ひへい》するだけであり、日本の樹立した臨時・維新両政府も民衆の支持がなく、日本の援助により占領地の治安を維持しているにすぎない。

中国としては、日本の外務当局とは了解《りょうかい》をつけえても、また軍部のために破壊されるのではないかと心配している。和平は漢口陥落以前に成立することを希望し、漢口陥落以後では、講和を議することは不可能である。

そして、そうした認識上の前提から、左のような条件が中国側の条件として提示された。

① 「国家の元首」として「全国の衆望」をあつめている蔣介石の下野は、困難であり、代わりに、孔行政院長が辞職する。

② 「満州国」は、日・「満」・中三国条約の締結により、間接的に承認する。

③ 内モンゴルの自治——国民政府からの分離はみとめるが、華北の特殊地域化＝一種の「華北分離工作」（→一七九頁）——はむつかしい。

④ 中国共産党との関係——いわば「国共合作」体制——は、清算する。

⑤ 国土が荒廃しているので、賠償金の支払い能力はない。

問題の中心は、蔣介石の下野であった。「近衛声明」の撤廃をめざしていた宇垣外相ではあったが、蔣介石の下野を当然の要求とする点では、石猪局長の解決案とのあいだに、大きなへだたりがあったとみていい。

すなわち、外相の手記には、こう、しるされている（前掲『宇垣一成日記』第二巻・一九三八年七月七日条）。

……蔣は、愛国者である。然れども大局を誤りし愛国者である。協力和親で行かねばならぬ東亜の一家の内に排日抗日を鼓吹《こすい》し来りて今日の破綻《はたん》を来して、日支両国民に多大の犠牲を払はして居る。此の責任は、当然、大義名分上、彼が潔《いさぎよ》く負ふべきである。

彼の将来に関しては兎《と》に角《かく》としても、断じて現在を糊塗《こと》すべきではない。

また、同じく七月十二日には、かねてから開かれていた五相会議(近衛首相・宇垣外相・池田蔵相・板垣陸相・米内海相)において、つぎのような「時局に伴う対支謀略」案が決定された(前掲『日本外交年表竝主要文書』下――句読点は引用者による)。

方　針

敵ノ抗戦能力ヲ崩壊セシムルト共ニ、支那現中央政府ヲ倒壊《とうかい》シ、又ハ蔣介石ヲ失脚セシムル為、現ニ実行シアル計画ヲ更ニ強化ス。……

要　領

一、支那一流人物ヲ起用シテ、支那現中央政府竝支那民衆ノ抗戦意識ヲ弱化セシムルト共ニ、鞏固《きようこ》ナル新興政権成立ノ気運ヲ醸成《じようせい》ス。

三、反蔣系実力派ヲ利用・操縦シテ、敵中ニ反蔣・反共・反戦政府ヲ樹立セシム。

こうした発想に対して、さきの中村総領事は中国では蔣介石じしんに「敗戦責任」をおわせるという観念がほとんどなく、その下野要求の実現はむつかしいと反論したが、外相のいれるところとならず、結局、この和平交渉は、尻すぼまりとなり、やがて歴史の波間に没してしまった。

――九月一日、蕎輔三行政院長秘書は、中村総領事に対して交渉打切りを通告してきた。

もう一つの交渉チャンネル

一方、香港では、もう一つの和平交渉のチャンネルが成立しつつあった。

それは、蔣介石と張群――国民政府外交部長や中央政治会議秘書長を歴任した蔣委員長側近の重鎮――のふたりに密接なつながりをもつ漢口の「大公報」紙の主幹・張季鸞《ちょうきらん》がつないだチャンネルで、そのころ、たまたま来香していた矢田七太郎公使と『朝日新聞』の神尾茂が日本側のメンバーであった。神尾茂は、ワシントン会議や北京関税会議（→四六頁）に特派され、その間、一九二三（大正十二）年に、朝日新聞の支那部長の地位に任ぜられたりした「中国通」であった。そして、かれのバックには、そのころの大「朝日」をせおっていた緒方竹虎主筆がおり、緒方主筆は宇垣外相と交渉があった。

矢田公使じしん、この交渉ルートについて、「このチャンネルは大事だ、……現在これ以上のチャンネルはないよ」と評価していた（神尾茂『香港日記』昭和十三年八月三日条）。

……八月九日の夜、張季鸞は、香港「大公報」の胡霖とともに、神尾茂のホテル?を訪ねてきた。一高のOBである張季鸞は、この夜、二時間以上にわたって、一流のジャーナリストとしてのみずからの日中戦争観を語り、あけて八月十日の昼には、途中から矢田公使をまじえて、四時間以上鼎談《ていだん》を行った。張季鸞の発言を神尾茂のメモによりまとめてみると、およそ、このようになる（前掲『香港日記』昭和十三年八月九日条・同八月十日条）。

①日本は、中国の抗戦力──「一年に亘る抵抗力とその団結力の鞏固なること」──を見誤っている。その抵抗には、中国人じしんがおどろいているほどである。「臨時政府」「維新政府」（→三三〇頁）などは、「腐敗文官官僚と失意の政治家」のあつまりで、「何ら支那《（ママ）》人民を統治する力がない」。

②国民政府は、抵抗する以外に道がない。「相手にせず」と「烙印」をおしたのは、日本だから「時局収拾」は日本のイニシアチーヴにまつほかはない。

③「時局収拾」の前提は、「国民政府の実力」の「再認識」である。また、「内政不干渉」の見地からいって、中国が日本に「ファッショ化してはいけない」といわないように、日本も中国に「共産党排斥問題」をもちだすべきではない。「防共の一ケ条」は、中国みずからの「処理」にまかせるべきだ。

④まず、「厳秘」の間に「内交渉」をすること。そして、それは、漢口占領以前であり、漢口攻撃を中止しての交渉であること。中国側は、張群・汪兆銘・何応欽あたりがよいだろう。

⑤条件は、トラウトマン工作（→三二一頁）の条件より重くては、話にならない。

⑥蔣介石の下野は、「とうてい考慮の余地がない」。その「地位は、十年の犠牲によって国民の作り上げたヒーローである」。

⑦　日本は、「支那と戦ひ、ソ連と戦ひ、三年後英米に睨《にら》まれてヘコタレるよりも、今その時の思ひをすれば」（ママ）、和平は、成立するだろう（昭和十三年の三年後は、昭和十六年である）。

⑧　中国では、「敵」は日本軍閥、日本の帝国主義者だと対象を限定して、宣伝戦をしている。日本国民への復讐心をあとにのこさぬようにしている。この点だけは、新聞・雑誌が一致している。

——このきびしい認識は、ただちにレポートにまとめられ、八月十一日には、上海をへて飛行便で東京の緒方主筆あてにおくられた。

緒方主筆は、これを宇垣外相につたえ、さらに、「時局転換」について、近衛首相・風見書記官長に進言した。神尾レポートは、宇垣外相のみでなく、近衛首相・池田蔵相の目にも入った。しかし、近衛内閣の米内海相と親交のあった緒方主筆のこの問題をめぐる動きは、緒方竹虎『一軍人の生涯』や、緒方竹虎伝記刊行会編の『緒方竹虎』（一九六三年）にほとんど記述がなく、東京と香港を対比させて描写できないのが、残念である。

また、『宇垣一成日記』にも、神尾レポートについての言及はないが、以下のような記事は、おそらく宇垣外相の脳裏で張季鸞のことばと関連していたのではないか。そう、私は推定する（前掲『宇垣一成日記』2・昭和十三年八月三十日条・同九月二日条）。

昨秋から今春にかけて蔣陣営の切崩しは少しも出来て居らぬ。閻錫山《えんしやくざん》（山西省の指導者。反蔣派だった→四二頁)、韓復渠《かんふくきょ》(河南・山東省の指導者。反蔣派だった)、孫殿英《そんでんえい》(反蔣派の軍人)、石友三《せきゆうさん》(反蔣派の軍人→二四二頁)の如き輩までも駆りて蔣の埒内に追込み、彼を益々強化したるは遺憾也……。

多田氏(参謀次長・多田駿→三二七頁)は云ふ、一日も早く時局を片付けて貰ひたし、蔣相手にても差支なし、北京と南京の両政権〔臨時及維新政府→三三〇頁〕の始末は考へて貰ひたい、片付きたる後は、北京及天津辺と上海――南京――杭州の三角地帯は面的に、他は線的の軍の配置によりて、治安工作を行ひたき考なり……。

すでにのべたとおり、蔣介石・下野論に賛成だった宇垣外相の判断がこのころどのようにゆれていたか、また、ゆれていなかったか十分に明白ではないが、たとえば、九月一日、矢田公使は、神尾茂に、こう話している(前掲『香港日記』昭和十三年九月一日条)。

……宇垣さん自身は、板垣(陸相)などの主張を無礙《(ママ)》に斥けはしないが、結局は蔣相手のところまで引退らなければなるまいとの覚悟を持っているらしいことだ。宇垣さんの肚は大体そこに決っているかも知れないのだ。

それは、ちょうど、宇垣外相・孔院長のチャンネルのきれる日のことであった。

和平交渉の「第三チャンネル」　これよりさき、もう一つのチャンネルが和平交渉につながっていた。それは、中国側のメンバーからいうと、国民政府副秘書長の地位にあった周仏海《しゅうふつかい》と同外交部亜州司長だった高宗武《こうそうぶ》と同外交部亜州司――外交部亜州司は、日本風にいうと、外務省亜細亜局にあたる――第一科長だった董道寧《とうどうねい》の三人であり、すくなくとも交渉の当初にあっては、蔣介石の了承をとっていたという。

これに対して、日本側のメンバーは、当時、参謀本部第二部第八課長（謀略担当）の地位にあった影佐禎昭《かげささだあき》大佐と前年十一月に東京に帰って参謀本部支那課支那班長の地位にあった今井武夫中佐（↓二四二頁）が中心であった。

高宗武は、漢口・上海・香港を往復しつつ、まず日本側の和平工作グループと接触をもった。そのグループのメンバーは、同盟通信社上海支局長の松本重治《まつもとしげはる》をはじめ、「満鉄」（↓第2章）の南京事務所長だった西義顕《にしよしあき》や中外興信所長（実体は満州国外交部上海事務所長）だった「満鉄」嘱託の伊藤芳男《いとうよしお》らであり、いずれも、「近衛声明」を「自殺的声明」（西義顕）・「愚劣極まる声明」（松本重治）とみる点では、共通の立場にたっていた。

蔣介石は、はじめ高宗武に対し、つぎのように、日本側へのメッセージをつたえたという（前掲・今井武夫『支那事変の回想』）。

……われわれは決して和平に絶対反対するというものではない。ただし反共してから和平するということはできない。停戦さえできれば、必然的に反共する。

――たぶん、六月十八日、松本重治と高宗武とは、香港のグロスター・ハウス・ホテルで二度目の会談をもち、そこで、ふたりのあいだには、つぎのような会話がかわされた（前掲・松本重治『上海時代』）。

M「宗武《ツンウー》、僕は、半年来、日本側の撤兵《てっぺい》ということが和平問題の要だと考えてきた。徐州作戦（→第10章）だって、日本は相当無理をしたのだ。漢口作戦（→第10章）となれば、もっと無理をしなければ所要の兵力量には達しがたいであろう。おまけに、ソ連という問題もある。徐州作戦直前にはソ満国境が比較的平穏だと見当をつけてから、やっとあの作戦に踏み切ったらしいが、ソ連がいつまでもおとなしく黙っているという保障はない。僕の考えでは、撤兵は、いずれは軍にとって現実の必要となるが、あるいは撤兵の声明だけでも、中国の条件付和平派には、元気が出るのではないだろうか」

K——眼を輝かせながら——「問題はそのとおりだ。日本側が一定期間に撤兵すると声明すれば、声明だけでも、和平運動は必ず成功する」

M「和平運動の、成否如何は、撤兵如何に係わると僕は確信したい。宗武、昨年の夏、石原莞爾は、華北からの撤兵論を主張して、中央から満州に追い払われた。しかし、僕は石原の考え方が正しかったと思う。

しかし、歴史上、撤兵ほど難しいものはないようだ。撤兵の声明だけでも容易でない。だから、それには、一時蔣さんに下野してもらって、汪さんが一時預かる、という条件はどうかね」

K「蔣さんの下野はだめだよ」

M「だめだと定めてしまわないで、少しゆっくり考えてくれないか。蔣さんの下野声明が撤兵の唯一の条件だとすれば、蔣さんも考え直す余地はないかね」

K「それはそうだが、蔣さんが下野したら、あとを収拾《しゅうしゅう》するものがない。汪さんでは収拾できないからだ」

M「困ったな。蔣さんの下野がだめなら、せっかくの撤兵案も取り消し、和平運動も成立しない。となれば、戦争をやめる工夫もない。何とかひと思案してくれよ」

（傍点は原文による）。

——あえてやや長い引用をしたのは、この会話中に、日中両国の「家庭の事情」？が端的にしめされているからである。

「辛」党から「甘」党へ

松本・高会談は、そののちも香港のホテルでつづいた。そして、その過程で、高宗武は、蔣下野のもとでの中日和平か蔣領導のもとでの中日和平かという矛盾に苦しみ、やがて、「蔣さんは冷たいが、汪さんは温かい」というその汪兆銘の主導性にかけて、たとえ部分的に蔣介石に叛いても、中日和平の実現に努めたいと考えはじめていたらしい。その認識の前提にはかれが日本側の和平の誠意をいちばん評価していたという事情があったらしい（前掲『上海時代』下。前掲『支那事変の回想』）。

——こうしたなかで、高宗武は、「……君は東京に行って、中国永遠の和平福祉のために、日本の友人たちに懸河《けんが》の弁《べん》を振うべきだ」といった松本重治のことばなどに動かされ、六月二十二日、船で香港をたち、上海をへて、七月五日、横浜港につき、陸軍がいつも使っている東京・築地の料亭「花蝶《かちょう》」に宿泊した

そして、在京中、新しく陸軍省軍務局軍務課長となった影佐大佐や今井中佐のガイドにより板垣陸相・多田参謀次長をはじめ、同盟通信社社長・岩永裕吉《いわながゆうきち》や犬養健（↓二八九頁）にもあって、その中日和平論をといてまわったが、かれのなかでは、徐々に、「蔣介石を中心とした日華間の事変収拾策」は「断念」されはじめていった……（前掲『支那事変の回想』）。その失望のあまりか、かれは、宿痾《しゅくあ》の肺結核が悪化し、七月二十一日、日本をはなれ、上海で喀血《かっけつ》したりした。交渉相手は、さきの周仏海の斡旋で、梅思平――前・江寧県県長で、名県長といわれた――に交代した。

九月一日、宇垣―孔ラインが切れると、この「第三チャンネル」は、急速に注目をあつめはじめ、日中双方の条件をみたす人物として、前年の中国国民党中央政治委員会主席で国民党副総裁の地位にある汪兆銘の存在は、にわかにクローズ・アップされてきた。――こうして、汪兆銘の悲劇のページがひるがえる。

しかし、一方では、この高宗武ルートについて、その成功をあやぶむ声があった。すでに、八月十七日付の神尾茂あての手紙で、緒方竹虎は、「要は支那側にては、張も孔も高も皆打合せの結果」という認識にたちながらも、「高宗武のもたらすところが一番点が甘く、張季鸞が一番辛く候」とのべており、また、中国通の老人であった萱野長知は「陸軍

が高宗武の安物に引《ひっ》かかってしまっているので、値段こそ高いが、本物の方に耳を傾けないので困った。張季鸞のいうところが本当の情勢だ、ウソも偽りもない新聞記者の話ぢゃ、あの通りであるのに話に乗ってこない……」と批評していた（前掲『香港日記』昭和十三年八月二十七日条・同九月十七日条）。

「甘い話」にのりやすい無定見は、往々にしてシヴィアな大状況をみおとし、問題の真の解決をみずから遠ざける。日中和平実現の第二の機会は、こうして、去りつつあった。

高宗武の来日中、かれの来日の目的実現のためには、ぜひともあっておかなくてはならない日本の政治家がいた。外務大臣・宇垣一成である。

宇垣外相の退陣

しかし、影佐大佐らの陸軍当局は宇垣大将に根強い反感をもち、宇垣外相の方は「この際は、外務省はあまり役に立たぬだろうから……」（松本発言――前掲『上海時代』）という動機でひらかれた高宗武コースに、好意をもっていなかった。このため、宇垣・孔コースと影佐・松本・高コースとは、むなしい平行線を形成し、「もし、このとき、高宗武の宇垣訪問が実現していたならば、その後の和平工作は面目を改めていたと思われる」（西義顕『悲劇の証人』一九六二年）とまではいえないにせよ、二つのコースの統一的進行から生まれたかもしれない万が一の和平成立の可能性すら、結局は生まれ得なかった。

――こうしたころ、陸軍は、「対支院《たいしいん》」（のちの興亜院《こうあいん》）という省に準ずる「対華中央機関」をおき、陸軍の将官をその総裁とし、そこに対中国関係のしごとを統一・集中させるプランを提出してきた。宇垣外相は、これに反対し、たとえ設置のばあいでも、その権限は、日本軍の占領地域にかぎられるべきであり、国民政府を「対手」とする外交交渉・外交工作は、外務省の管轄領域においておくという修正案をだした。

しかし、九月二十七日の五相会議では、板垣陸相・米内海相が一致してこの修正に反対し、近衛首相も軍部大臣に同調したので、九月二十九日、宇垣外相は、辞表を提出し、わずか四か月で閣外に去った。この辞職は、政界に、賛否両論の渦をまきおこしたが、秘書の原田男爵からいきさつをきいた西園寺公爵は、「まあ、結局、近衛が宇垣をいやになったんだな」とその感想をのべた(前掲『西園寺公と政局』第七巻)。

——そののち、一九三八(昭和十三)年十二月十五日、興亜院が設置された。総裁は首相、副総裁は、陸・海・外・蔵相のそれぞれ兼任であったが、専任ナンバー・ワンの総務長官には、柳川平助中将が任命された。いかに近衛首相好みの人事とはいえ、柳川中将は、あの「南京大虐殺」(→四三四頁)に責任を有する将軍である。そのひとを「対支中央機関」のトップの座にすえるという点に、日中和平の道の絶望的なゆくすえが暗示されていた。

第10章 たたかいの日々——徐州・漢口・広東

『麦と兵隊』（改造社・昭和十三年初版）の表紙。絵は中川一政氏。

一九三八年――徐州「対支消極持久」方針の成立

あの「近衛声明」から一か月のちの一九三八（昭和十三）年二月十六日、一月十一日につづいて、第二回目の大本営御前会議が開かれた。

この会議では、参謀本部第一部第二課第一班（作戦課戦争指導班）の起案になる「昭和十三年以降のための戦争指導計画大綱案」（昭和十三年一月三十日成案）が議題となった。

このプランは、「対ソ・対支二正面作戦」の「準備」（一種の「極東戦争」準備論）を日本の基本的戦略とし、そのため、当面の日中戦争については、①「対支持久的戦略態勢」の「完成」②「作戦上」は「純粋消極持久戦」の「指導」③「戦力の消耗」の「極減」という方針にもとづいて、占領地域の拡大を厳禁し、一九四〇（昭和十五）年までに「対〈ソ〉支二国戦争」に応じる力をもつ九〇個師団（正規六〇・臨時編成三〇――一九三七年末における中国大陸の日本軍は一六個師団・七〇万名）と飛行二五〇中隊を「基幹」とする「昭和軍制」をつくることを目的としており、その実現のために「強力国防国家」を建設することをうたっていた。また「対〈ソ〉戦争」の決意はするが、「日満国力及軍備の充実」により「極東の大勢を決し」、ソ連の方から「極東戦争を回避せしめ国際転機に乗じ一挙之が解決を計る」ことを「上策」としていた（前掲『現代史資料』第九巻・「日中戦争」２・

一九六四年)。

この「大綱案」の起案にもっとも力を注いだのは、戦争指導班の堀場《ほりば》一雄《かずお》少佐であるが、一読して明らかなとおり、ここには前年の秋に参謀本部を追われた石原莞爾の戦略的プランが投影しており、現に前年来、堀場少佐は、参謀本部の同僚たちから、「……石原イズムの信奉者として、飛躍的、超然的理想主義を主唱して、話にならないと非難され」ていたといわれる(芦沢紀之『ある作戦参謀の悲劇』一九七四年)。

こうした「大綱案」に対して、当時、現地軍の意向を代弁する陸軍省や新しい航空基地の確保のための新作戦を要求する海軍の反対があったが、結局、御前会議は、この「大綱案」を承認し、「在支兵力半減、召集者帰還、積極作戦を予想しない軍隊駐留」を内容とする「戦面不拡大方針」が成立した(前掲・防衛庁防衛研修所戦史室編『大本営陸軍部』1・一九六七年)。

みすてられた御前会議決定

そのころ、参謀本部第一部作戦課長の地位にあった河辺虎四郎大佐は、二月十六日決定の大本営の方針――河辺大佐じしんの用語でいうと「作戦休憩案」――をもって、北京・張家口・新京・ソウルの日本軍司令部を歴訪した。その河辺大佐は、前年の夏に内地から動員された多くの兵士たちが「お正月までには帰ってくるよ」と妻子をなぐさめて出征していったという事実が陸軍中央にしきりにつたわってくる軍規違反事件の報とともに気にかかってならなかった。また、あるときは、部下に対して「われわれはほんとに勝っているんだろうか」とたずねて、逆にたしなめられたこともあった（河辺虎四郎『市ケ谷台から市ケ谷台へ――最後の参謀次長の記録』一九六二年）。

二月下旬から三月上旬にかけてのこの河辺大佐の歴訪・伝達旅行で、軍司令官たちは、大本営の指示にしたがうむねの返答をしたが、北京の北支那方面軍司令官、寺内《てらうち》寿一《ひさいち》大将は、「むろん、大本営の示されることに反対はしないが、意見としてはあるぞ……どうしても徐州はやらなくちゃならぬ。そして八月以降になると気候の関係で非常にやり難い、また敵情もこれを許さぬだろう。しかし、一応は承っておく」と発言し、「戦面不拡大方針」に不満の意を表明した。また、朝鮮軍司令官・小磯《こいそ》国昭《くにあき》大将は「いやしくも支那を討つものが徐州に手をつけないということは嘘だ。しかし、俺は、漢口をやれということは言わぬ」と発言し、やはり、「戦面不拡大方針」に不満のあることを表明した。関東軍司令官・植田《うえだ》謙吉《けんきち》大将（→一四〇頁）と、駐蒙兵団司令官・蓮沼《はすぬま》蕃《しげる》中将からは、「承っておく」というていどの意見表明しかなかった。華中方面の日本軍は、このころ一括されて、中支那派遣軍とされていたが、軍司令官・畑《はた》俊六《しゅんろく》大将が赴任直後ということもあり、たまたま東京にいた軍参謀長・河辺正三少将――河辺大佐の兄――に、大本営の方面が伝達された（「河辺虎四郎少将回想応答録」――前掲『現代史資料』12・『日中戦争』4）。

こうした将軍たちの反応のなかに仄みえている参謀本部への批判は、三月一日付で旅行中の河辺大佐が作戦課長の地位からはずされ、かわって、それまで陸軍省軍務局軍事課員だった稲田正純《いなだまさずみ》中佐が新しい作戦課長として赴任してくると、軍中央でも表面化した。稲田課長らの「積極作戦」派は、河辺大佐を「頼りにならぬ課長」として排斥していた作戦課などの「硬派若手の人達」から支持されつつ、就任後ただちに徐州・漢口・広東作戦を発動して、「中国軍主力の撃滅と抗戦根拠地の占領」を企図し、「結果的には、現地軍の拡大欲を満足させ、八方手づまりの重苦しい沈滞感を、花々しい軍事作戦の実施で一時的に吹き払うだけに終ること」となっていった（前掲『市ケ谷台から市ケ谷台へ』。秦郁彦「日中戦争の軍事的展開」――前掲『太平洋戦争への道』第四巻・一九六三年）。

「不良狩り」考――この御前会議があった二月十六日の『東京朝日新聞』には、前日の夜、東京市の代表的な盛り場である銀座・浅草・渋谷・新宿・上野・神田などに警視庁と市下の警察署の一斉「不良狩り」が行われ、ネオン街の喫茶店などで「女給」たり」ちとレコードの甘い旋律によっていた学生たち二千人が検束されたとある。は、「現下の非常時局を認識せず」に遊んでいる「青少年子女」をとりしまるためのこの「大々的不良狩り」は、おりから文部省（文部大臣・木戸幸一侯爵）のすすめていた「休暇報国」計画――夏休みの学生を「勤労動員」し、「ペンをハンマー或いは鋤・鍬に」もちかえさせるプランーーと対応し、戦争への「学生動員」の「第一歩」とみることができよう（前掲『朝日新聞に見る日本の歩み――破滅への軍国主義I』一九七四年。堀田善衛『若き日の詩人たちの肖像』一九六八年。）

いうまでもなく、市民社会にあっては、「現下の非常時局」を「認識」する・しない――そして、それを自己の生活態度にいかすか否か――は、個人の自由に属する。したがって、「不良」の生活が麻薬や今日の「暴走族」にみられるような第三者への加害性にまで転化しないかぎり――その転化がしばしばおこるにせよ――、学校を怠けて、「喫茶店」に入りびたることは、その悦楽、その人生上の損害をふくめて、個人の享受するべき時間上の「消費財」である。

その点、こうした「大々的不良狩り」は、ポルノグラフィーへの抑圧とならんで、しばしば、国家権力による市民的自由の圧殺となり、そのことにおいて、戦争への道に対するどんな微細な抵抗をも排除しようとする企てとなる。

「ポルノ」も「不良」もないといった面でだけは「健全」な、しかし逆に、同じアジア人への侵略戦争の政治路線に対して抵抗者がきわめて少ないという、大「不健全」の世相――それが昭和十年代の国民意識の総括にほかならない。

この点、内務省図書課が一九三八（昭和十三）年九月、約三〇名の雑誌社代表を招いて、「社会風教上面白からずと認める点」として「指示」したつぎの六項目は、私にとっての傍証となる（高見順『昭和文学盛衰史』二・一九五八年）。

一、婦人の貞操軽視、姦通等を興味本位に扱えるもの。

二、女を中心とする殺傷、賭博、縄張り等を興味本位に描ける股旅物《またたびもの》。
三、心中、同性愛、遊興等の魅力を強調せるもの。
四、小説中の女学生のキミ、ボク等の用語。
五、放縦主義礼讃。
六、風俗壊乱的広告其他。

台児荘のたたかい　これよりさき、北支那方面軍の第二軍（軍司令官・西尾寿造《にしおとしぞう》中将）は、一九三七年十二月に山東省の済南市（↓五三頁）を占領し、済南と青島をむすぶ膠済鉄道《こうさいてつどう》の線と済南市の南方で作戦を停止していたが、二月中旬ごろから中国軍の遊撃戦が活発となって占領地域を攪乱されたので、このままとどまって中国軍の来襲を待つよりはむしろ南下前進し、山東省最南方の韓荘・台児荘《だいじそう》の南を流れる「大運河」の線か、さらにその南方を東西にはしる隴海《ろうかい》鉄道（海州・宝鶏間一二〇〇キロ）の線まで進出することとした。三月中旬、第二軍・第十師団の瀬谷支隊（支隊長・瀬谷啓《せやひらく》少将）は前進行動をおこし、三月十七日には臨城を占領したが、さらに余勢をかって突入した台児荘で、優勢な中国軍の抵抗に直面した。

一方、三月二十七日の午後には、そののちの日本軍の作戦行動の志向性を予測させるかのように、海軍航空隊の爆撃隊八〇機は、「江南の空を一気」にとんで、国民政府の所在地である漢口や武昌を空襲し、「猛烈なる防空砲火」をぬって、飛行場・停車場・軍需品倉庫などをつぎつぎと爆破した（読売新聞社編『支那事変実記』第八輯・一九三八年）。こうした軍事行動により、「戦面不拡大」方針などは、春の泡雪のようにはかなく消えてしまった。

――さて、問題の台児荘は、人口一万の城壁都市であり、「大運河」（浙江省杭州と河北省北京をむすぶ延長約一三〇〇キロの大運河。隋皇帝・煬帝《ようだい》の命により、開鑿《かいさく》された）を北にも ち、南に丘陵をせおった要害の地であって、「市街も一帯に塹壕や砲兵陣地が築かれ、約一〇万人が守備していた」といわれる（今井武夫『近代の戦争』第五巻・「中国との戦い」一九六六年）。

このため、中国軍の攻撃包囲にあった瀬谷支隊は苦戦におちいり、四月六日、北方へ退却した。開戦以来九か月目で勝利を手中にした中国軍は、「中国軍大勝利、日本軍敗退」と宣伝戦を展開して、国民の志気を高めた。のちに、瀬谷中将は、日本軍の伝統を傷つけたとして予備役に編入されたという（伊藤正徳『陸軍興亡史』Ⅲ・一九五八年）。

――そして、この一九三八年四月ごろから、「対支消極持久」方針は、あえなく破綻しはじめていった。

徐州作戦（「友を背にして道なき道を」）

一九三八（昭和十三）年四月七日、東京の陸軍参謀本部は、大元帥としての天皇の統帥権の発動により、参謀総長・閑院宮載仁親王――元帥・陸軍大将――の名において、「大本営ハ徐州付近ノ敵ノ撃破ヲ企図ス」とする「大陸命第八十四号」を発令し、北支那方面軍の南下と中支那派遣軍の北上による津浦線（天津・浦口間の約一〇〇九キロ）ぞいの南北打通《だつう》――華北と華中の日本軍占領地区をつなぐこと――をめざした。

こうして、南北にはしる津浦線と東西にはしる隴海線との「結節点」にあたる徐州《じよしゆう》市――人口・約四万の農産物集散都市で、とくに豆類で名高く、城北には項羽《こうう》と劉邦《りゆうほう》の争った古戦場もある――に対する大攻撃作戦が開始された。

この作戦は、台児荘の戦闘のさい、徐州とその近辺に、李《り》宗仁《そうじん》――広西派の首領で、反・蒋介石の行動が多く、広西第四集団軍総司令の地位にあった――を総指揮官とする約五〇個師・約四〇万名の中国軍（第五戦区軍）が強力な防御陣地をしいて集結していることが判明したために、企てられたものであり、徐州の占領もさることながら、この中国軍そのものを包囲・殲滅することが作戦目標とされたという（前掲・秦郁彦「日中戦争の軍事的展開」――『太平洋戦争への道』第四巻）。

ともあれ、この命令をうけて、北支那方面軍は、四月下旬に、中支那派遣軍は、五月上旬に、それぞれ作戦行動をおこし、徐州作戦は開始された。そして、五月十五日には、徐州包囲網が仕上げられた。

参加師団は、北支那方面軍では、第五師団（師団長・板垣征四郎中将↓七七頁）・第十師団（師団長・磯谷廉介《いそがいれんすけ》中将）・第十四師団（師団長・土肥原賢二中将↓一一二頁）・第十六師団

徐州作戦要図

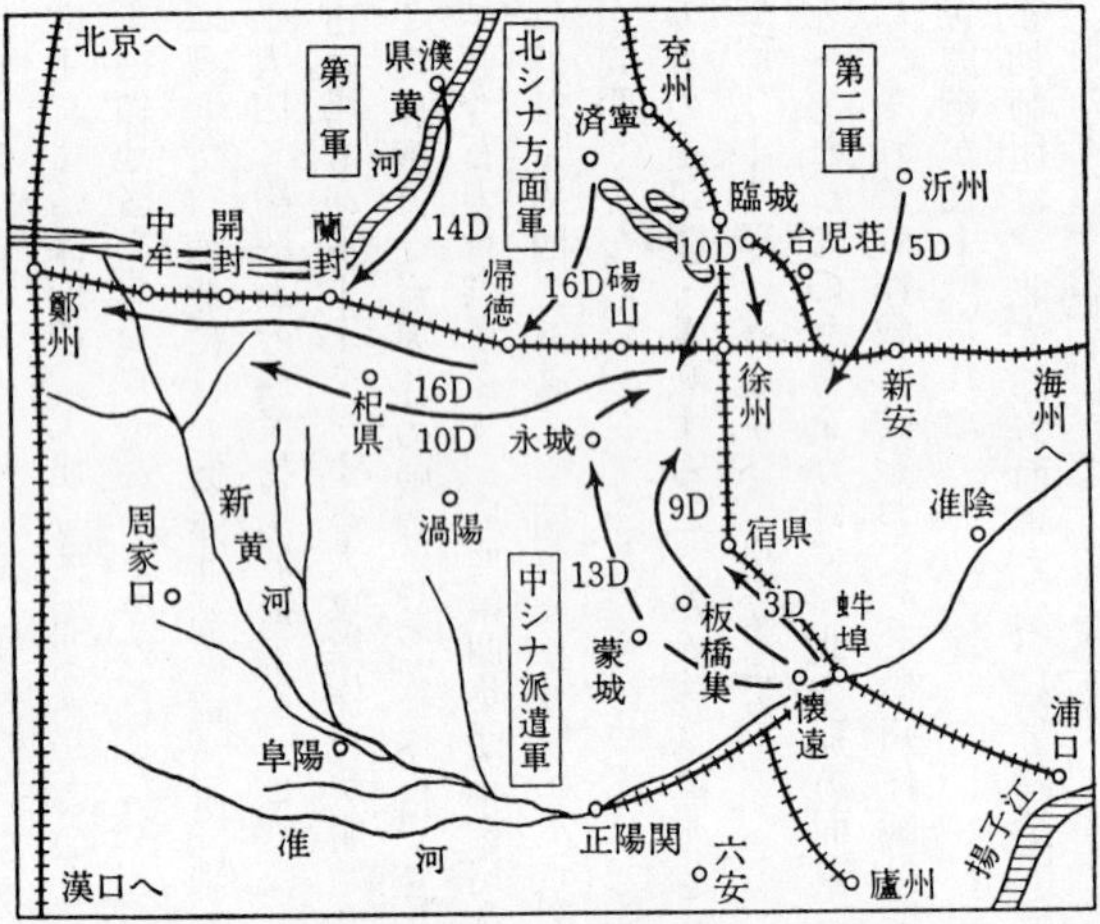

〔出典〕今井武夫『中国との戦い』—「近代の戦争」5・1966年

(師団長・中島今朝吾《なかじまけさご》中将)であり、中支那派遣軍では、第三師団(師団長・藤田進《ふじたすすむ》中将)・第九師団(師団長・吉住良輔中将)・第十三師団(師団長・荻洲立兵《おぎすりゅうへい》中将)であった。

しかし、その一方では、中国軍の抵抗線も、頑強であった。中国軍は、隴海線にそって「隴海ライン」、大運河にそって「蔣介石ライン」を設定し、それぞれそこに、堅固な防御陣地をしいていた(前掲・今井武夫『近代の戦争』第五巻)。

しかし、日本の包囲網が成ったときと、中国軍が「機動退却《きどうたいきゃく》」の戦術をとって、小部隊による分散後退に移りはじめたときとは、ほぼ同時期であった。

五月十五日の夜には、そのころ、漢口にあった蔣介石は、徐州を放棄することを決意していたといわれる。

このため、南下する北支那方面軍と北上する中支那派遣軍とが隴海線の線に達し、鉄橋の爆破や線路の遮断によって中国軍の退路をたった――五月十四日から五月十五日ごろ――のにもかかわらず中国軍の約五分の一の日本軍兵力では、その退却戦をはばむことができず、大本営の基本目的である「華北の戦闘この作戦に対する・上海戦で果しえなかった中国野戦軍主力の包囲殲滅」（戦史室資料――秦郁彦「日中戦争の軍事的展開」・前掲『太平洋戦争への道』第四巻）という「大魚」は無数の「小魚」に変身して、ラフな包囲網をくぐりぬけていったのである。

こうしたなかで、五月十九日朝、徐州城の西門に五月十七日には、日本軍は、中国軍の突入、西南方への総退却を確認し、黄砂の龍巻がふきあげる空のもと、昼までには、城域のほとんどを占領した。

久し振りの勝利に、新聞は当今のプロレス記事そこのけに、デカデカと大見出《ヘッドライン》しをかかげ「徐州占領／早くも城内大半制圧／敵軍雪崩を打って潰走／臥牛山上輝く日章旗」（『新愛知』五月十九日夕刊――『中日新聞に見る昭和の追憶』上・一九七七年）とか、「将兵に御言葉を賜ふ／聖上徐州戦を御嘉賞」「南北戦線・歴史的握手／両指揮官（寺内・畑両大将）けふ会見／東天を拝し万歳三唱」（前掲『朝日新聞に見る日本の歩み――破滅への軍国主義Ⅰ』）

とか、報道した。

——そののち、第二軍は急追撃に移り、大本営のさだめた攻撃停止線である蘭封（隴海線上の徐州西方にある）——蒙城（津浦線上の固鎮西方にある）を許可なく破り、六月十日には、隴海線と京漢線（北京・漢口間の一二二三キロの鉄道）のクロス地域にある鄭州の南方まで進出して、国民政府所在地である漢口への進撃のいきおいまで示した。

こうした日本軍の攻撃に対して、中国軍は、その鄭州のすぐ東北方を流れていた黄河の東に堤防を二か所で一五〇メートルずつ破壊《はかい》し、河南省の平野を水没させた（その被害面積は、およそ三〇〇平方マイルというから、日本の琵琶湖の約三分の二の面積に近い）。

この「人造湖」戦術により、北支那方面軍の大本営無視の独走は、とまった。堀場一雄少佐のいう「統帥の先見不足と無気力とは、無統制に軍の攻撃精神を奔放せしめ、戦局意図外の拡張を繰り返さしむ」弊はさしあたり回避されたが、「それは徐州作戦の限界を規正したるものは、統帥力に非ずして新黄河なりの嘆を発せしむ」といった過程においてであり、禍根の除去という「宿題」の解決は、また、もちこされた（前掲・堀場一雄『支那事変戦争指導史』——傍点は引用者による）。

『麦と兵隊』ノート

たとえば、こんな一節がある。この作品を論じたいくたりかの文学史家たちのだれひとりとして引証しなかった平凡な数行である（火野葦平『麦と兵隊』新潮文庫版・一九五三年初版・一九七〇年改版）。

……この狭い壕の中にも負傷兵が五六名居る。看護兵《かんごへい》が廻って来たので報告すると、もう繃帯《ほうたい》も無くなったので、暫くお願いします、と云って暗闇《くらやみ》に忙しそうに判らなくなってしまった。私は血に塗れた手で血に塗れた兵隊をしっかりと抱いていた。兵隊はしきりに咽喉《のど》の渇きを訴える。見ると壕の縁に水筒があるのが見えたので、私は、その水筒には水がありますか、暗闇に向って声を掛けた。すると、壕の隅《すみ》の暗闇の中から、水を飲ましては駄目だ、馬鹿野郎と誰かが呶鳴《どな》った。雨がやがて落ちて来だした……——五月十六日——（ルビ中、（ ）付は、引用者による）。

文庫本で六行たらず、文頭の改行はなく、びっしりつづいている。「暗闇に忙しそうに判らなく……」など、ペンのはしりすぎか、表現の未熟はあるが、「血に塗れた手」「暗闇」「水筒」などの語句の重用に、一種「生活綴方」的なレアリテがあり、「馬鹿野郎」から「雨」への転調が効果的である。

もう一節をひいてみる。

……馬を引っ張って行軍していた兵隊が自分の傍を歩いていた兵隊に話しかけた、疲れているので、それまでは黙々として歩いていたのであろうが、何かを思いだし、ふと話がしたくなったのだろう、ところが話しかけられた兵隊が返事をしない、もう一度声をかけた、何とかと返事をした、それが支那語だった、おかしく思って捕えてみると支那の兵隊だった、日本の兵隊は駭《おどろ》いて、敗残兵《はいざんへい》が紛れ込んどるぞ、と呶鳴《どな》った。すると外にも列の中から逃げ出そうとした者があった、捕えると支那の兵隊だった、五六人居た、敗残兵はばらばらになって落ちのびて行ったらしい、気がつくと部隊が南の方へ向いて進軍している、日本軍なら徐州へ尻《しり》をむけて南へ進軍して行く筈《はず》がない。暗くて判らないけれども、てっきり退却してゆく友軍だと思い、敗残兵は喜んで行軍の列の中に入りこんだ、疲れている兵隊は誰も口を利《き》かない、話声を聞いたところで日本軍だということは判らないかも知れない、徐州には方々の支那の兵隊が集まっているし、……——五月二十一日——(ルビは前に同じ)。

「軍報道部写真班」の「梅本君の話」(梅本君は実在する)である。これも文庫本で九行弱、文頭の改行もなく、句点が一つもない。この話には、或るユーモアがあるが、それがいわゆる「残敵掃蕩戦《ざんてきそうとうせん》」に随伴する悲喜劇の一幕であり、と同時に、夜の闇の深さと、日・中両国兵の双方における極度の疲労とをさながらにうつしだしている逸話であることは想定してみてよいだろう。また、こうしたことは、二重三重のいみでのちの日米戦争ではおこりにくいのではないか、この逸話には、あの「同文同種」という錯誤の歴史に汚れた語とは別のところで、日中十五年戦争が東アジア人どうしの戦いであることが露出しているといってみることもできよう（あの伊藤桂一氏が佳作『悲しき戦記』の第二話「弧塁の遊び」で描いた一部落からの生野菜・豆腐の平和的？な相互調達のエピソードなども、こうした視角をあるいは補強するだろう――『悲しき戦記』講談社文庫・一九七三年）。

――さしあたってこの二つの節をひいた私は、それでは、なにをいいたいか。

それは、このほんの執筆のために戦中・戦後の多くの戦争体験記をよみ、そして、その上でこんど久し振りに『麦と兵隊』をよみ終えた私のまず第一の感想が、「おそらく、親、兄弟、息子を戦場に送っていた人たちは、火野の日記（『麦と兵隊』）から戦場のありさまを知って慰めをさえ得たかったのであろう」という、二五年前の中野重治氏の推測の正しさをあらためて確認したことだった、ということである（中野重治「第二世界戦におけるわが文学」一九五二年――『中野重治全集』第二十一巻・一九七八年）。

この小説には、手みじかに短歌をひいていえば、「戦線は大演習《だいえんしゅう》位の地区なれどそのはかどりに較ぶべからず」という香川県の医師・玉尾延忠の歌一首に表現されているような感覚と同根の感覚が生きている。新聞の大活字の見出し《（ヘッド・ライン）》しや学校教師風の「聖戦」キャンペーンのどこかに、現実に召集されたじぶんたちの父・夫・子・兄弟がおちいっている戦争の実態とちがうしらじらしい虚偽をみつけていた国民の関心にこたえるものが息づいている。

国民の知りたいことは、たとえば、同じ作者のつたえるつぎのような事実であって、普通のいみでの文学的感動ではないであろう（火野葦平『土と兵隊』——新潮文庫版）。

> ……基本の軍装を兵隊にさせて、炊事場から秤《はかり》を借りて来て量ってみたところが八貫六百匁あった。必要なものというのは、背嚢《はいのう》に所要の入組品《いれくみひん》の外に、毛布が一枚、水が悪い、或は無いかも知れないというので、ビール壜に日本の水をつめたのを一本、防毒面に救命胴衣、その他だが、弾薬はまだ渡っていないので別である。ともかく、その恰好はまるきり乞食《こじき》の引越しみたいで、こりゃ歩けるどころの騒ぎではないと笑った位のものである。

「八貫六百匁」は三二・二五キログラムだから、私などは山岳部山行のときのザックの重量と同じくらいだと比較してみることができるし、そのころの「銃後」の人びとは、米俵や炭俵の重さ——たとえば四斗俵一俵は、約六〇キログラム——と比較してみて、その労苦をしのぶことができるだろう。

また、たとえば、同じ作品中の終章に、つぎのような状況をよむことができる。

> ……昨日此処《ここ》に着いた時に靴を脱いでみたら、私は跣足《はだし》で軍靴《ぐんか》を履《は》いていた。靴下は泥水に浸って濡《ぬ》れたままのを、靴など脱ぐ間が無かったため、そのまま歩いている中に、千切れ、溶けて無くなってしまったのだ。私の足は豆を踏み潰《つぶ》し、板のようになった。爪《つめ》は黒くなって剝げてしまった

このあと、作者は、すぐにつづけて、「我々はも早、この進軍を続け得るものは、我々

の肉体ではないということを知ったのだ」とし、苦難にうちかつ「自分の精神力」について、その信念を語る。話はわかるが、私はこれは、作家としての精神的「敵前逃亡」だと思う。戦争文学は、「我々の肉体」の解体――存在――が「自分の精神力」というより意識の解体――「負」の意識――を規定してゆく必然性をその作品世界にもたなければ、リアリズムの条件に反する。……

私は想起する。山行では、ザックが重いと、心臓圧迫?のため、腕がしびれ、やがて蒼黄いろくむくんでしまう。長い南アルプスの下山の途中などでは、登山靴のなかで爪が死んで、いくど交代?したことだろう。

しかし、日中両国軍の兵士たちは、それよりひどい肉体上の困苦である「行軍」に、終了のあてなくたえてゆかなければならなかった。だからこそ、作者はそこに、「……私はただ倒れまいとする努力ばかりに操《あやつ》られて動いていたのである。やがて、ありがたいことに、戦争が始まった。ありがたいことに、そのために我々の部隊は停止した……」という一章を挿入することができた。

これらの諸達成が作者・火野葦平による戦時下国民への「慰め」の客観的な土台である。

『麦と兵隊』の成立

『麦と兵隊』は、火野葦平《ひのあしへい》のペン・ネームをもつ陸軍伍長・玉井勝則《たまいかつのり》が中支那派遣軍報道部員として従軍した徐州作戦の従軍日記(昭和十三年五月四日〜同五月二十二日)という構成を有しており、雑誌『改造』の昭和十三年八月号に掲載され、つづいて同じ改造社から単行本として公刊されて、同年中に約一二〇万部を売り、昭和十年代では指おりのベスト・セラーズとなった。文学史家の平野謙氏は、こう、しるしている（『現代日本文学史』昭和編――『現代日本文学全集』別巻1・一九五九年）。

『糞尿譚《ふんにようたん》』一篇によって昭和十二年下半期の芥川賞を授賞された無名の作家は、なかば偶然にさいわいされて、一朝にして『麦と兵隊』の作者として、その名を全国に喧《けん》伝《でん》されることとなった。火野葦平というペン・ネームはほとんど国民的英雄にもひとしい意味を持ったのである……（ルビと傍点は、引用者による）。

この「国民的英雄」は、そののち、一九四二（昭和十七）年には、フィリピンのバターン作戦に従軍し、ついで、一九四四（昭和十九）年には、インパール作戦に従軍する。こうした点について、安田武《やすだたけし》氏は、いくらかパセティックに、そして、「学徒出陣」兵としての自己の想いをこめつつ、こう問いかけている（安田武『定本　戦争文学論』一九七七年）。

日華事変勃発当初から太平洋戦争の末期まで、火野（葦平）ほどに、この戦争に、しかもその主戦場に身を挺した一兵士が他にあるだろうか。火野の三十代（一九三五年～一九四四年）は戦場と共にあった。私は、火野の年譜を開き、その従軍参加した広大な戦闘地域と、そこで戦われた数々の戦闘の事実を思いあわせる時、ほとんど言葉をうしなうのである。敢えていえば「年譜」は、キナ臭い銃弾の硝煙につつまれている。

三十代はもはや青春ではない。青春ではないが、いや、青春ではないからこそ、青年期の終りから壮年期の初めにかけて、十年に近い歳月を戦場に身を曝《さら》しつづけた、「数奇」な運命の「一兵士」――「一作家」のことを思うのである。彼は、そこで何を見、何を見つづけてきたであろうか。……（「　」内は、引用者による）。

「彼」が「そこで」「見つづけてきた」ものの一つに、中国人民衆の歴史的な生態がある。

たとえば、「五月七日」付の記録のなかに、安徽省・蚌埠《バンプー》の東菜市場でひらかれた「難民大会」の描写がでてくる。

「日本軍代表」として「高橋参謀」が挨拶したのち、「支那側代表」が「苛斂誅求飽《かれんちゆうきゆうあ》くことを知らなかった国民政府の治下を離れ、苛捐酷税《かえんこくぜい》の桎梏《しつこく》を逃《のが》れて東洋和平を念願とする大日本皇軍の庇護《ひご》の下に楽業《らくぎよう》に就《つ》くを得たるは、譬《たと》えようなき幸福である。今後ともよろしくよろしく御指導・御援助をお願いする」といったいみの挨拶をする。

「大会」の終了後、「汽車で持って来た伝単」「四種類」を「約百五十個村の代表」らに配布するが、その配布にひどく手間がかかる。

それをうけて、作者は、こう、描写する。

……それも当然で、ここに集った代表はことごとく、純粋の農夫ばかりと思われ、もとより教育などあろう筈はなく、身体つきは頑丈で、色は真黒に焦げ、顔は折り畳んだような深い皺《しわ》で刻まれ、伝単を受け取る手は節だらけで八角金盤《やつで》のように広く大きい。彼等《ら》は町の支那人のように日本の兵隊を見てもへらへらと笑わない。黙々と伝単を受け取り、それを読むでもない。彼等は同じものを又貰《もら》いに来たり、あべこべに廻って来たり、一枚だけ貰うと退いてしまったりして、……。

そして、こうした中国人農民の挙動に対して、「作者・私」は「これらの朴訥《ぼくとつ》にして土のごとき農夫等に限りなき親しみを覚え」、さらに、「これらのはがゆき愚昧《ぐまい》の民族共は、彼等には如何《いか》にしても理解出来ない一切の政治から、理論から、戦争から、さんざんに打ちのめされ叩き壊されたごとくに見えながら、実際にはそれらの何ものも、彼等を如何《いかん》ともすることが出来ないような、鈍重で執拗なる力に溢れている」と感じ、この「難民大会」の状景部分を「……折角やった伝単をこれ幸いと洟《はな》をかんで棄《す》てる眼くされの農夫を眺《かな》めて、私は適わんなと思い、笑いだしてしまった」とむすんでいる。

「もとより教育などあろう筈はなく」という「私」の推定を受け入れたとして、また、ここにえがかれたことがそのままあったことだと仮定して、そして、「私」のいうように、「それらの支那人が私の知っている日本の百姓の誰彼によく似ていた」ということもそのとおりだと仮定して、やはり、後生の私には、この「限りなき親しみ」「笑いだしてしまった」が理解できない。

こうした感覚において、作中人物としての「私」は、浅薄であり、また、「これらのはがゆき民族共」などは、日本語の語句としても、熟していない。

しかし、そうした批評をふくみこみつつ、私は、この作品の中国人農民に対する描写についての開高健氏の評価に賛成する。

開高氏は、こう、かいている（『紙の中の戦争』一九七二年）。

……勝てば官軍、負ければ賊軍の鉄則がひびいて、ずいぶんしばらくのあいだ『土と兵隊』や『麦と兵隊』は触れるだにけがらわしいものと感じられていた。それらの作品のなかにも世界に冠たる帝国憲兵の峻烈きわまりない眼をかすめつつも大陸とそこに住む住民の永遠性、不動性の手のつけようのなさがちゃんと書きとめられてあるにもかかわらず、その点をあえて評価しようとする人は、まず、いなかったのである。火野葦平は本能の直感力からその点をついて、日本軍が何をしようが、厖大な数の中国農民の海にはほとんど何の変化もあたえられないのだという痛い認識を書きとめたのだったが、再評価されなかった……。

こうした総論から出発した開高氏は、さきに私がひいた「難民大会」のシーンを省略なしにその例証としてひき、ついで、中国人農民の家の門口や入口の扉の左右にはりつけてある「良縁由人結　佳偶自天成」といった赤い紙の描写にふれて、次のような「私」の感想を引用している。

……これらの農民は何処へ逃れて行ったのか、此の付近では更に土民の姿を見かけない。然も、誰も居ない所に横はり、房々と実を結んでいる広大な麦畑と、主の居ない土の家に残された幸福の赤紙とは、何か執拗に盛り上る生命の力に溢れて満ち居る。一家の繁栄と麦の収穫とより外には彼らには、何の思想も政治も、国家すらも無意味なのであろう。

さらにつづけて、「……この辺には蔣介石は来たことはない。李宗仁（↓三六三頁）や外の偉い奴は軍隊と一緒に来たことがある」といい、「日本軍に茶なんぞ出してサービスがよいではないか」といわれると、「いや、我々は日本人ばかりにサービスをする訳ではない、支那軍が来れば支那軍にもサービスするのだ」といい、「それでは両方来たらどうする？」とたずねられて、「逃げ出しますよ」と答えて、「屈託のない哄笑をする」「村長」の描写を引証する。

私は、これらの抄出を的確だと思うが、さらにいくつかの例をつづけてひいて、開高氏の所論に私が賛成する副次的な理由としておきたい。

……しかし、敵にも感心な奴が居ましたね、負傷した戦友を引っ担《かつ》いで逃げて行く兵隊を何人も見ました。どうも日本人はいけませんね、情にもろいというか、涙脆《もろ》いというか、そんなのを見ると、もうそいつを撃つのがどうもいやな思いなのですよ、……

……（郝店《かくてん》の付近では――引用者）軍隊の中に土民の姿を見かけたのも度々《たびたび》ですし、戦闘中にも、敵兵の中に土民が加わっていて、弾薬を運んだり、壕を掘るのを手伝ったり、中には兵隊と一緒になって手榴弾を投げたりしていたのを屢々《しばしば》見ました、手籠《てかご》を下げているよぼよぼの老人を調べてみると、その手籠の中に手榴弾を入れていたなどということもありました、敵が手榴弾を沢山持っているには閉口しますね、……「蕭県」における「殲滅」戦をたたかった「清水部隊長」と「山崎機関銃隊長」の話である。

そして、この作品のラスト・シーンは——この英語の片仮名書きがやや軽薄にひびくが、あえて使う——、日本軍「曹長」による「三人の支那兵」の斬首刑?の場面である（なお、このシーンは、現行の新潮文庫版と当時の改造社初版本とを比べてみたとき、その「残酷度」?に大きな差異がある）。

私は、ここで、「凡そ闘《いさか》ひ殴《う》ちて人を殺せらば、絞《きょう》。刃《にん》を以て、及び故《ことさら》に人を殺せらば、斬《ざん》」という、日本古代の「闘訟律《とうしょうりつ》 第八」第五条を想起する。この処刑?は、「我権内ニ入リタル敵所属者ハ戦争終了迄単ニ抑留《よくりゅう》スルノ権利アルニ過ギズトノ原則一般ニ確立スルコトトナリケリ（陸戦条規第二章）」（前掲・菅野保之『陸軍刑法原論』一九四〇年）という法的視点（また「陸軍刑法」第九十二条抵触の視点）からみて、違法であるだけでなく、昔の「律」にてらしてさえ、違法?なのであった（井上光貞・関晃・土田直鎮・青木和夫校注『律令』——『日本思想大系』3・一九七六年）。

……敗残兵は一人は四十位とも見える兵隊であったが、後の二人はまだ二十歳に満たないと思われる若い兵隊だった。聞くと、飽くまで抗日を頑張《がんば》るばかりでなくこちらの問に対して何も答えず、肩をいからし、足をあげて蹴ろうとする。甚《はなは》しい者は此方の兵隊に唾《つば》を吐きかける。それで処分するのだということだった。……

この話に、『土と兵隊』における「厚さ一米《メートル》」の「コンクリートのペトン式トーチカ」内部での「汚れくさった顔をした支那兵」の抗戦と敗北――そして、やはり、日本軍将校らによる虐殺――のシーンを付加してもよい。

――さて、つぎに、安田氏のいう「彼」が「そこで」「見つづけてきた」ものの二つ目のものに論及しよう。

通俗的「支那事変」像の批判

開高健氏は、さきの論考のなかで、「発禁」小説『生きてゐる兵隊』における著者の石川達三氏のモティーフにふれ、石川氏の「経験的小説論」(一九六九~七〇年)を援用しつつ『生きてゐる兵隊』のモティーフが「戦争勃発当時、日本の大新聞が一軒のこらず軍部のスポークス・マンと堕し切って、「皇軍は至るところで神の如く」とか、「占領地の住民は手製の日章旗を振って日本軍を迎え……云々」などという記事ばかり流しはじめたことに「耐えがたいいら立たしさ」をおぼえ」ていた点にあり、それが「従軍記者」になって現地に行き、「中央公論社にちゃんと約束して、戦争に取材した小説を書く」ことを決心させた心情的な動因だとしている(前掲『紙の中の戦争』)。

作品『麦と兵隊』の作者にも相似的な「いら立たしさ」があった。というより、よりキチンとしたいい方をすれば、作者・火野葦平は、現地軍軍人のなかにすらあった敗戦後の石川氏回想と相似的な「いら立たしさ」をうけとめるだけのアンテナの正確さを所有していた。

むろん、ことは、単純な「反映」論ではすまないだろう。あの「戦争のことは歩兵に聞け」ということばとのかかわりにおいて、「杭州湾敵前上陸」の一分隊長——陸軍伍長・玉井勝則——としての作家・火野葦平は、煽情的な新聞の「大見出し《ヘッド・ライン》」や「揮発性」にみちたラジオ放送・ニュース映画のつたえる「支那事変」像が「銃後国民の緊張振りは事変勃発直後に比して甚しく弛緩《しかん》させている」事実を直観できていたにちがいないし、その「歩兵」体験に裏打ちされた直観から、「軽薄な国民に対する憤り」を主体的に作品のモティーフとしていたと推測しても、ほぼ大過あるまい。

ただ私が「アンテナ」という比喩を用いたのは、こうした「いら立たしさ」は、現地軍報道部の報道方針のモティーフとしてもあったのであり、報道班員としての作者が純粋な個体性・自律性においてうみだしたモティーフといいきることはできないと想定されるからである。そのことを作品じしんに語らせよう。

たとえば、軍報道部の「高橋少佐」（これも実在の人である）は、「君達も何々部隊が何処を占領したとか、何処を奪取したとかいうようなニュースもよいが、そういう花々しいものよりも隠れたる部隊の苦労というものを探して、顕彰してやらねばいかんよ」という前提から、「輜重隊《しちょうたい》」・「通信隊」・「衛生隊」・「偵察将校」などの「地味な部隊の苦労」をぜひかいてほしいと要望し、さらに「いったい日本の軍隊に、一番乗りが何処だとか、何部隊だとかそんな事ばかり狙《ねら》わないで、そんな事よりも……」といいかけたとき、従軍記者は、「しかし、先陣争いはイケヅキ・スルスミの昔から戦争には付きものですからな」といった。

また、同じ「高橋少佐」は、やはり、「新聞記者諸君」の徐州＝「最初のゴール」論にみずからの見解を対置して、こんなふうに言う。

……ところが、我々の戦線には普通の人が地名を知っているような著名な地点がない、五万分の一の地図でなければ現われていないような、五万分の一の地図にも無いような、小部落の戦闘ばかりだ。張八営にしても、孫圩《そんう》にしても、瓦子口にしても、張二庄にしても、その他の殆《ほとん》どがそうだ、然もニュース的には価値が無いと言われるかも知れない戦闘に、将兵は惨澹《さんたん》たる苦労をし、言語に絶する犠牲を払っているのだ。僕は戦争に来てから、新聞を拡《ひろ》げる度《たび》に、小さく出ている有名でない地点の戦闘記事を敬虔《けいけん》な気持でしみじみと読む気持になった、新聞のひとつの慣用句とも思われる、頑敵をものともせず、とか、一挙に駆逐して、とか、追撃を続行、とか、これを蹴散らして、とかいうような言葉が実に我々には意味深長に読めるようになったよ……

（傍点は原文）。

こうしてよんできて、私は、この「高橋少佐」の言を「さもあろう」とせつに思う。そして、その思いは、私に、つぎのような「戦争吟」二首への連想を誘わずにはいない（日本歌人協会編『支那事変歌集　戦地編』一九三八年。なお、小稿「国民意識における日中戦争――戦争記・戦争吟を中心として」『歴史評論』一九七三年七月号）。

西山のある山嶽戦《さんがくせん》は新聞記者従はずして世につたはらず（臼井史朗）

華々しき戦勝のニュース書く記者もおびただしかる屍を見む（杉本基次）

したがって、私は、『麦と兵隊』のモティーフの一つが正確で多面的な情報にもとづく「支那事変」像の文学的再構築にあったとみておきたい。

ある総括

こうして、作品『麦と兵隊』は、一方では、「葱の塩汁」や「高粱《コーリヤン》の殻」を集めた「我等《ら》の新居」や「無数の蚤《のみ》」の「襲撃」や、また、「支那人に読まれないため」の「えいへいじょ」の「平仮名」「標識」や「粉味噌」や「穢いタオル」や土壁にチョークでかかれた「追放日本倭奴《わど》」の文句や――つまり、国民のまじめな関心にこたえるデティルの描写において（まさに「神は細部に宿りたまう」）、また、もう一方では、中国人民衆の歴史的な生態の描写と通俗的な「支那事変」像批判の試みにおいて、今日の再評価を求める資格をもち、単純な過渡的習作としてほうむり去られるべきではない。

かつて、作家の浅見淵は、「僕もその一人だがこの作品を読み出してついに徹夜したという話は方々で耳にした」と『麦と兵隊』発表の二か月後にしるしていた（『市井集』一九三八年）。

あえていうならば、「方々」で「徹夜した」人びとのなかには、この作品一編だけからでも、日中戦争の究局的な敗北をさとった日本人がいたかもしれないのである。この作品には、それだけのなかみがあると、私は思う。

一九三八年——漢口・広東

漢口作戦の始動

作品『麦と兵隊』が「洛陽の紙価」を高めつつあった一九三八（昭和十三）年八月二十二日、参謀総長・閑院宮載仁親王により、「奉勅伝宣」の大陸命・第百八十八号が発せられた。「中支那派遣軍司令官　畑俊六」と「北支那方面軍司令官伯爵　寺内寿一」あてであり、その主内容は、左のとおりである（前掲『現代史資料』(9)・「日中戦争」(二)——ルビ・句読点・濁点は引用者による）。

命　令

一、中支那派遣軍ハ海軍ト協同シ、漢口付近ノ要地ヲ攻略・占拠スベシ。此ノ間デ、成ルベク多クノ敵ヲ撃破《げきは》スルニ努《つと》ムベシ。

二、北支那方面軍ハ、中支那派遣軍ノ作戦ニ漢口付近攻略後ノ占拠地域ハ、勉《つと》メテ之ヲ緊縮スベシ。

策応シテ、敵ヲ牽制《けんせい》スルニ努ムベシ。

この作戦には、第十一軍（軍司令官・岡村寧次《おかむらやすじ》中将）の五・五個師団（第六・第九・第二十七・第百一・第百六・波田支隊）と、七月に北支那方面軍へ転属となった第二軍（軍司令官・東久邇宮稔彦王《ひがしくにのみやなるひこおう》中将――のちに敗戦直後の首相となった皇族）の四個師団（第三・第十・第十三・第十六）とが参加し、畑大将の中支那派遣軍がこれを統一指揮した。その総兵力は、約三〇万名という（前掲・臼井勝美『日中戦争』）。「単一作戦に動員した兵力としては、日中戦争では最大の規模」であったといわれる（秦郁彦「日中戦争の軍事的展開」――前掲『太平洋戦争への道』第四巻）。

そのころ、揚子江上流の都市・漢口（人口・約八〇万――「武漢三鎮《ぶかんさんちん》」といわれる武昌《ぶしょう》・漢陽《かんよう》を合せて人口・約一三〇万）は、国民政府諸機関の実質的な所在地であり、経済の中心かつ南北交通の要地であった（すでに、一九三七年十月、国民政府の国防最高委員会は、四川省の重慶《じゅうけい》への遷都を決議していた――前掲・董顕光『蔣介石』）。

漢口は、古来「十州《じっしゅう》の会《かい》」とよばれた。夏は、東シナ海を行く汽船が自由に出入し、冬ですら、三〇〇〇トン級の河川用汽船がさかのぼることができるので、上海・天津・青島・広東についで中国の五大開港場の一つである。

――日本軍の漢口作戦に対して、国民政府軍は、漢口の東北方二五〇キロの地に東西にうねる大別山脈と、漢口の東南・約一五〇キロの地にある揚子江岸の田家鎮・馬頭鎮の要《よう》塞《さい》を防禦第一線として、ここに、約六〇個師団を集結していた。日中師団数の比である九・五対六〇は、「わが一大隊で支那軍一師団という見当」を「計算の基礎」として、なされたといわれ、さらに、航空兵力の「絶対的優勢」と「諜報無線の発達で敵の企図がよく解ったこと」を副次的な条件として、小兵力による多方面からの攻撃（軍事用語でいう「分進合撃《ぶんしんごうげき》」）という作戦が可能になったという（稲田《いなだ》正純《まさずみ》「戦略面から観た支那事変の戦争指導」――日本国際政治学会編『日本外交史研究・日中関係の展開』一九六一年）。

そのころ、稲田正純は、当時、参謀本部作戦課長の地位にあり、陸軍省の田中新一軍事課長との「黙契《もっけい》」によって、堀場一雄少佐らの「時期尚早」論に抗し、「軍の無為沈滞を招くとともに、漢口作戦は既に定論なり……」と主張し、堀場少佐をして、「由来《ゆらい》、人事の交替に伴ひ――稲田中佐は三月着任――急遽新企図を発生するは国軍の通弊なり」となげかせている（前掲『支那事変戦争指導史』――傍点は引用者による）。

今日と変わっていないこうした官僚制的な意識もまた、日中戦争拡大の一因となったのである。

攻撃開始

すでに六月の段階で、作戦開始を「初秋」と大本営は、きめていた。この季節を選択したのは、満水期の揚子江を利用して江岸を西進する第十一軍の江上補給をするためと、大別山脈の北方を西進する第二軍の食糧を刈入れ期の稲・高粱《コーリヤン》で自給するためとであった。従軍作家・石川達三の小説『武漢作戦』は、南京碼頭で遡江命令を待つ「大小無数の軍用船」を描写し、さらに、こんな風に作戦開始期の後方の風景をとらえている（『中央公論』一九三九年一月号――文春文庫・一九七六年）。

……桟橋では荷上げの苦力《クーリー》が雨にぬれそぼって米麦の叺《かます》をかつぎ、醤油樽をかつぎ、河岸の倉庫という倉庫は弾薬と糧秣とで一ぱいになっていた。去る十二月、幾万の支那兵の血と屍《しかばね》とを呑んだ揚子《ようす》江《こう》は、更に貪慾な表情を以て遠からずまた多くの血と屍とを呑もうとしていた。

――南北・約六〇〇キロにおよぶ広大な中国軍正面に対して、中支那派遣軍として統一された日本軍は、四方向からの攻撃を行った。

第一は、鄱陽湖《はようこ》畔西方の廬山《ろざん》（↓二六一頁）・徳安《とくあん》などをめざして揚子江南岸を南潯《なんじん》鉄道（南昌・九江間一二八キロ）のコースにそって西南進した第百一師団（師団長・斎藤弥平太《さいとうやへいた》中将）・第百六師団（師団長・松浦淳六郎《まつうらじゅんろくろう》中将）・第二は、瑞昌から揚子江南方を西進して、中国軍要塞のある馬頭鎮をはじめ大冶鉱山や箬溪をめざし、武昌《ぶしょう》の占領と粤漢線《えつかんせん》の遮断を担当した第九師団（師団長・吉住良輔中将）・第二十七師団（師団長・本間雅晴《ほんままさはる》中将）・波田支隊（支隊長・波田《はだ》重一中将）。第三は、揚子江北岸を西北進し、中国軍要塞のある田家鎮をへて、北方からの漢口占領をめざした第六師団（師団長・稲葉四郎中将）。第四は、大別山脈の北方を迂回し、固始・羅山・信陽コースと商城・麻城コースの二方向から漢口占領を

めざした第三師団（師団長・藤田進中将）・第十師団（師団長・篠塚義男中将）と第十三師団（師団長・荻洲立兵中将）・第十六師団（師団長・藤江《ふじえ》恵輔《けいすけ》中将）。

――八月下旬、日本軍はいっせいに攻撃行動を開始した。

麒麟峰のたたかい

麒麟峰《きりんほう》は、江南の地にある海抜・数百？メートルの岩山である。より正確には、江西省にあり、瑞昌から箬溪にゆく途中の白水街のまちを眼下にみおろす峻峰である。

そして、ここは、揚子江の南岸地域――つまり東南方――から漢口を攻撃する第二十七師団（師団長の本間中将は、のちに第十四軍司令官としてフィリピン攻撃の指揮をとり、「バターン・死の行進」などの責任を問われて処刑された）の攻撃進路にあたっており、北方から攻める日本軍と防禦を担当した中国軍との戦闘は、一九三八（昭和十三）年の九月二十五日から九月二十九日まで激烈にたたかわれた。

これが麒麟峰のたたかいである。むろん、この峰そのものは、戦略的なキイ・ポイントではなく、その奪取も師団主力の行動を援護する過渡的な局地戦の位置しかもっていなかったが、その戦闘のはげしさは生存者のあいだで一つの「語り草」となっていて、回想記も多い。したがって、つたないペンの力で一戦闘を描写するのには、適合的な一つの代表例とみられる。

そこで、以下すこしく、この五日間の山岳戦をえがいてみたい（データは、とくに注記しないかぎり、支駐歩三会編『支那駐屯歩兵第三連隊戦誌』〈一九七五年〉による）。

たたかいの位置

第二十七師団は、第十一軍（→三八三頁）に所属し、歩兵三個連隊（一個連隊＝三個大隊）（一個大隊＝三個中隊）を中核とする新編成の部隊であった。

当時、この師団のような編成は、「三単位制」といわれて、注目されていた。また、中学校卒業以上の学歴をもつ初年兵多く、大学・専門学校卒業者もかなりいたので、読書家だった本間師団長の性格とあいまち、のちに、ジャーナリズムから「インテリ部隊」の名をもって遇せられていた。むろん、小学校の一クラスからせいぜい数人が上級学校に進学できたというころの話である。

——ところで、この師団は、どんな任務をあたえられていたか。それは、位置的には、江南をゆく第十一軍中、もっとも外側——つまり南側——からの包囲・攻撃を担任し、まず南進して箬渓の線に進み、ついで西北進して、中国軍の「縦深陣地《じゅうしんじんち》」を突破し、作戦目標である漢口の補給線であり退避線でもある粤漢線《えつかんせん》（広東・武昌間一〇九六キロ）の線に進出して、これを遮断するということにあった（→三九三頁地図参照）。

このため、盧山のふもとにある鄱陽湖畔の大板橋にあった師団は、九月十一日、行動をおこし、そのうち、左追撃隊となった第三連隊は、けわしい山岳地帯を前進、山間の街である白水街から箬渓へという最短コースをすすんでいった。その白水街の前面に、東の道岩隘と西の麒麟峰がそそりたち、ふもとの街をかたく守っていた。

山の北麓は、密林――松林か?――をなし、中腹は絶壁、なかには七、八十メートルという断崖もある。山頂は、草地で、ところどころに大きな岩石が屹立し、北方からの攻撃に対して防禦しやすい。一方、中国軍サイドの南斜面は比較的ゆるく、ブッシュ状となっている。

激戦

九月二十五日午後一時三十分、第三連隊・第三大隊(大隊長・広部広少佐)は、攻撃前進を開始した。

そして、その日の午後六時には、山の北麓につき、大隊の基幹兵力である第九中隊(中隊長・江田貫一郎大尉)は、けわしい岩山をはうようにしてよじのぼって、太陽が西山に沈んでゆく夕方の午後七時すぎ――もっと遅いともいう――には、山頂を占領した。八、九合目では、重機関銃の搬送が不可能になったというから、軽機関銃・小銃・手榴弾が山頂付近での戦闘の主な武器となったようである。いったん、山頂を占領した第九中隊は、そのあたりに壕を掘って、中国軍の逆襲にそなえようとしたが、その陣地構築がまだできていない――中村真平氏の回想では、二、三十センチしか掘っていなかった――午後八時すぎ(これももっと遅いという記録もある)、猛烈かつ執拗な中国軍の逆襲が開始された。

数百名(三~五〇〇人ほどともいう)を一団とする中国軍は、数分おき(三分おきともいう)に、あのチャルメラ・ラッパをならして――多くの戦闘回想記がチャルメラの音について回想している——はげしい手榴弾攻撃をしてくる。その推定兵力は、五、六百名ともいい、千名ともいい、二千名ともいうから、江田中隊長以下六六名という中隊主力の十数倍である。銃剣刺殺や投石まで防禦手段として使用した混戦のさなか、第九中隊には死傷者が続出し、大腿部貫通銃創の江田中隊長以下六〇名が戦死傷して、九月二十六日の夜明け前には、戦闘可能なものは数名（無傷は六名という）、銃弾もあますところ数十発となった。それはもはや、中隊ではなくなっていた。

——夜が明けたとき、岩山の八、九合目から頂上付近には、死んだ日中両国軍の兵士たちの屍がかさなりあい、頂上の方にむかってふく風で中国軍兵士の肉体と軍服が音をたてて焼けており、あたりには硝煙と人間の脂のもえる匂いがたちこめていた。（佐藤強氏回想）。

峰をうばう　九月二十六日、急報をうけた広部大隊長は、救援隊を山頂に派遣するとともに、大隊主力を集結して、山頂の奪回・確保にあたらせようとした。しかし、はげしい中国軍銃砲火にさまたげられ、峰の西方にある九石隘や白水街のまちで行動中の第七・第九中隊の兵力を掌握することができなかった。

中国軍の銃火は、麒麟峰の山頂から、付近の山々から、熾烈をきわめ、ことに第三大隊攻撃正面右手の山（丘？）の鞍部から猛射を加えるチェコ機関銃陣地の抗戦は、きわだってねばり強かった（能耳久信氏のスケッチによる）。その中国軍陣地では、危険な——戦死傷率が高い――弾薬運搬・偵察の任務に「土民」(民衆)が参加し、女性や少年が歩哨《ほしょう》の任務についていたことが日本軍により観察記録されている。

一方、劣勢な兵力で岩壁をよじのぼり、背の高い草むらを分けて、登攀中の第八中隊(中隊長・上田謙次郎大尉)を中心とする攻撃隊は、その日の午後から夜にかけて、停滞と苦戦をしいられた。そして、その夜、さきの熊耳氏スケッチをみると、松林と岩石地帯のほぼ中間点あたりで、一個小隊をひきいて戦闘指揮中の広部大隊長は、狙撃だったのだろうか、右の鼠蹊部《そけいぶ》に貫通銃創をうけ、戦死した。ときに、午後七時三十分という。第三大隊長代理には、第八中隊長の上田中尉が任命された(その間、高木哲寿大尉が大隊長代理になったともいう)。

――九月二十七日の朝がきた。午前七時、三回目の山頂攻撃が命令された。

午後二時、いわば「とむらい合戦」をめざす第三大隊は、山頂にむかって前進を開始した。攻撃正面の右方から山砲が援護砲撃をはじめ、中国軍機関銃陣地の征圧を担任した。午後三時半、森林をはなれたころから、クロスする中国軍の銃砲火はいよいよ熾烈となり、散開した日本軍兵士らは、一歩一歩、岩かげを「匍匐前進《ほふくぜんしん》」(腕の力ではって進む)していった。発煙小隊が点火した発煙筒の煙が山頂の中国軍陣地をおおい、息のつまるような戦闘となった。

――夕方、中国軍陣地に突入。先頭にあった第七中隊長の高木大尉は、中国軍の手榴弾を頭部にうけ、戦死し(午後五時十分)、ついで、大隊長代理の上田大尉は、第一線突入の直前に左手のサーベルの鞘《さや》を一〇センチほどぬいたままで戦死し、第七中隊・第一小隊長の樋上浦一中尉は軍刀をぬいて中国軍陣地に斬りこみ、やがて、一身に十数弾もあびて、出血多量で戦死した(午後六時)。

このため、第三大隊長代理は、三転(四転?)して、第三機関銃中隊長・山田武大尉となり、さらに攻撃を続行、この「地獄」の戦場に夕闇がせまる午後六時二十五分、ようやく、山頂を確保、そこに日章旗をかかげた。

そののち、丸二日間(九月二十八日、二十九日)にわたって、日本軍は占領地点を守りぬいた。その間も、いくたびか中国軍の逆襲があったが、かろうじてこれをきりぬけ、第三大隊はやがて下山を完了、九月三十日には、箬溪への西迂回路をとり、同日の昼ごろ、盆地の大屋田村についた。

この間、山麓にいた第二大隊――大隊長・吉田勝少佐――は、九月二十八日夜、峰の側面から中国軍陣地に突入・支援するため糧秣をすてた軽装で大岩壁のさけ目をのぼったが、ついに第一線にたどりつけなかった。あまりに急峻な岩壁のためである(内匠俊三氏回想)。

――十月五日の夜明け前、歩兵第三連隊は、箬溪盆地に侵入、砲撃に支援されて箬溪市街を占領した。これにより、江南戦線の中国軍は、東西に分断され、東方をゆく第百一・第百六師団と第二十七師団の西方をゆく第九師団の攻撃は、それだけ容易となった。

のちにわかったところでは、白水街・麒麟峰・箬溪方面の中国軍は、第十一師・第六十師・第百十一師などの国民政府軍の精鋭部隊であり、一説では日本の士官学校を出た将軍である湯恩伯《とうおんぱく》の指揮下にあったともいう（内匠俊三氏回想）。

この麒麟峰・白水街のたたかいで、第三十七師団の歩兵第三連隊・第三大隊の死者は以下のとおりである。

ある点鬼簿

まず、大隊本部では、広部広大佐（階級は戦死後昇進のそれをさす——以下同じ）が戦死した。

ついで、第七中隊では、高木哲寿少佐・樋上浦一少佐以下一六名が戦死、二ないし三名が戦傷死した。武漢作戦の全期間をつうじてのこの中隊の死者は、四八名だから、五日間の死者の比率は、約三三％である。

さらに、第八中隊では、上田謙次郎少佐・上田正明中尉以下一六名が戦死した。確実にこのたたかいでとみられる戦傷死者はない。この中隊の武漢作戦での死者は二二名だから、比率は、約七三％である。

ついで、第九中隊では、小隊長の小高周範中尉以下二二名が戦死した。該当する戦傷死者はない。この中隊の武漢作戦での死者は二七名だから、比率は約八一％である。

終わりに、第三機関銃中隊では、西東常三伍長以下四名が戦死した。該当する戦傷死者はない。この中隊の武漢作戦での死者は一〇名だから、その比率は四〇％である。

漢口作戦要図

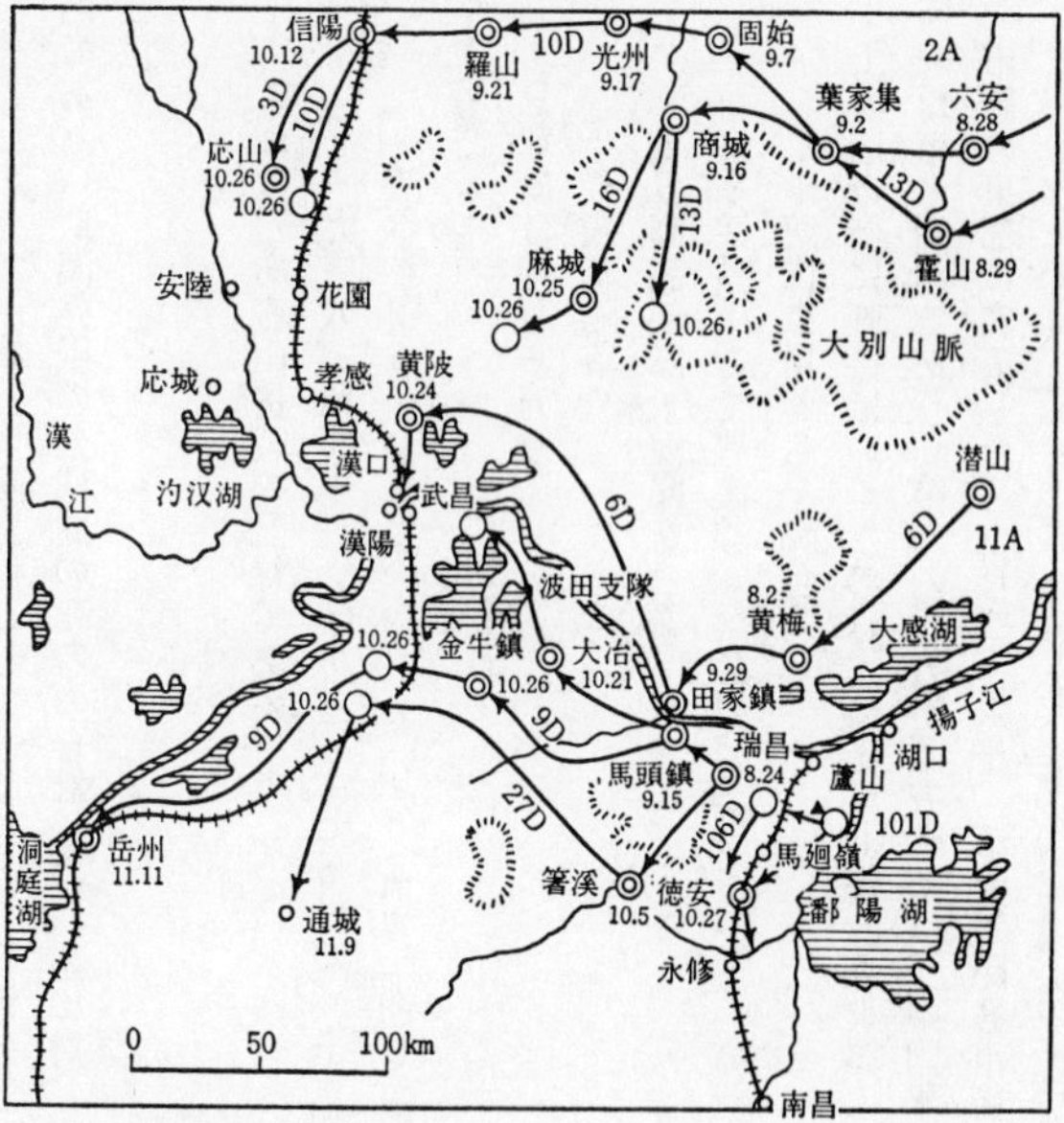

〔出典〕秦郁彦『日中戦争』・1977 年

——したがって、第三大隊全体としての戦死者・戦傷死者の合計は、六二名あるいは六三名であり、武漢作戦の全期間の死者の合計一〇八名に対して、その比率は、約五八％である。

——これは、ある山岳戦の記録である。

漢口占領　一九三八（昭和十三）年十月二十七日付の「東京朝日新聞」の号外は、特大の活字を用いて、こう、報じている（前掲『朝日新聞に見る日本の歩み――破滅への軍国主義』I）。

日章旗は進む・万歳！

今ぞ武漢陥落

……高品部隊・漢陽を占領せり

……武昌南方で粤漢線（三ケ所）遮断

……漢口に早くも平和色

——漢口市街に直接はいったのは、揚子江北岸を西北進した第六師団と、大別山脈を大迂回した第十師団であり、第六の北方・西方師団は、中国軍の撤退が始まった十月二十五日、市街の東部に突入した。十月二十六日、第十師団も市街の北郊に到達し、炎と煙のなかに燃えつづける漢口市街は、日本軍により、ほぼ完全に占領された。さきの『朝日新聞』の号外は、全紙面の上段の半分をさいて、蔣介石の根拠地であった「国民政府軍事委員会委員長／武漢行営」の門前で、日の丸の旗をふりつつバンザイを三唱する「平田部隊」の兵士たちの姿をかかげている。

――こうして、攻撃開始の地点から三五〇キロの奥地にある漢口は占領された。夏には、屋根の上で雀が焼け死ぬという熱暑の都は、日本軍の手中に帰した（伊藤正徳『軍閥興亡史第三巻』）。

ところで蔣介石は、一日前の十月二十五日の午前四時に、夫人の宋美齢（→二三一頁）とともに、半分はすでに破壊された飛行場からとびたち、飛行機で空路、漢口を去っていた（前掲・董顕光『蔣介石』）。

そのころの蔣介石について、アメリカの作家であるジョン・ガンサーは、かれがめったに中国人民衆に会わず、厚さが二・五センチもある防弾ガラスをつけた自動車で行動しているときがあるかと思えば、一面では、中国銀行ビルの前にある埠頭《ふとう》をたったひとり――むろん数メートルうしろに護衛官《シークレット・サービス》がいた――で歩いていたりしたとしるしている。たぶん、そのとき、国民党総裁としての蔣介石は、行政委員長の孔祥熙をたずねた帰りだったのだろう（J・ガンサー『亜細亜の内幕』大江専一訳・一九三九年）。

――一方、日本軍は、華南の中心都市・広東《かんとん》(現・広州市)の占領を企てた。

広東占領

――西方へと内陸部深く後退する中国政府にとっては、粤漢線(→三八七頁)と珠江の流れと広東・香港《ホンコン》の港とは、欧米列強からの「援蔣物資」の主要な供給コースとして、その抗戦力の動脈であった。「援蔣物資」の約八〇パーセントがこの広東・香港ルートから輸入されていたといわれ、ことに、上海・南京が占領された一九三七(昭和十二)年の第三・四半期と一九三八(昭和十三)年の第一・四半期には、中国の総輸入額中にしめる華南の比率は、それぞれ、約五五%・約六〇%――ちなみに、同じく総輸出額中にしめる華南の比率は約四五%・約五〇%――となっており、ほぼ「支那事変」以前の華中の位置に匹敵《ひってき》しはじめていた(前掲――木村増太郎・大川彰『現代支那の財政経済』一九四〇年)。

こうした「貿易の南遷」により香港・広東・粤漢線のルートは、軍需物資の輸入と輸入資金獲得をめざす特産物――桐油・茶・鉱石・生糸など――の輸出の主要なルートとなっていたのである。

したがって、その補給ルートの遮断は、すでに開戦第一年目から企てられていたが、イギリス・アメリカの利権が集中していることもあって、みおくられてきた。

しかし、一九三八年に入って、漢口作戦が計画されると、大本営(→二六七頁)は、合わせて広東作戦を計画し、九月十九日、やはり、参謀総長・閑院宮載仁親王の名において、台湾にいた第二十一軍（軍司令官・古荘《ふるしょう》幹郎《もとお》中将）に対し、「広東付近ノ要地」の「攻略」を命じた。（「大陸命二〇一号」――前掲『現代史資料』第九巻・「日中戦争」2）。

　そして、十月になって、華南の中国軍が漢口方面戦線に転用されると、作戦行動を開始、台湾の馬公から船団に分乗した第二十一軍の第十八師団（師団長・久納《くのう》誠一《せいいち》中将）と第百四師団（師団長・三宅《みやけ》俊雄《としお》中将）は、第五艦隊（司令長官・塩沢幸一中将↓一四〇頁）に援護されつつ、十月十二日の夜明け前、月明かりにてらされて波静かなバイアス湾――広東・東南方の入江――に奇襲上陸した。

　上陸に成功した日本軍は、西北方へ約一四〇キロを急進撃し、十月二十一日夜、広東市を占領した。

　ついで、翌十月二十二日、日本軍は、外国艦船の通行を禁ずる珠江の封鎖を行い、すでに、進行中だった揚子江の封鎖とともに、中国は、ほとんどの海岸線と主要な河川水路を失ってしまった。

「点と線」への道

　そのころ、陸軍参謀本部の第一部作戦課長だった稲田《いなだ》正純《まさずみ》大佐は、敗戦ののちになって、「大局からみれば、支那事変は、漢口作戦が山（勝敗の分かれ目）であって、事変を賭けた大規模な計画作戦は、その後、行われなかった」と断じている（前掲「戦略面から観た支那事変の戦争指導」――語注は引用者による）。

　多くの軍人たちがこれで日本軍の軍事的な攻勢が「終末点」にきたとみていた。しかし、日本軍がその「終末点」に達してみると、期待されていた国民政府の屈服もおこらず、蔣介石の「下野」や「転位」(抗日から反共への転向)もおこらず、一九三八年の「年内に於いて事変の終結を期す」とした参謀本部のねらいは、はずれた(参謀本部第一部第二課「戦争終結に関する最高指導案」一九三八年八〜九月——前掲『現代史資料』第九巻——「日中戦争2)。たしかに、中国軍——国民政府軍——の精鋭部隊の大半は失われ、軍規はゆるみ、兵士たちの飢えや逃亡がめだち、軍需物資と武器弾薬の大部分はなくなっていたが、中華民国の抗戦力そのものは、まだまだつきてはいなかった(↓第19章)。

——日本は、「新持久戦争」という名の泥沼にはいりはじめていた。

第11章
生と死の構造

食料品など軍からの官給品のラベル――岡村俊彦著『榾火』より転載――

ひもじさの間奏曲《インテルメッツォ》

「戦争というものはなア、ひもじいのと眠いのを我慢するだけのものだよ」
（戦死した一上等兵のことば——谷口勝『征野千里』一九三八年）

ある軍医の記録

一九三八（昭和十三）年の九月下旬から十月初めにかけて、当時、江西省徳安の近くにある塔子垉野戦病院に、第百一師団（師団長・伊藤政喜《いとうまさよし》中将）の第一野戦病院山川部隊の軍医見習士官として勤務していた山岸嘉雄（産婦人科医）は、その「日記」に、つぎのようにしるしている（住吉嘉雄『鄱陽湖《はようこ》は青かった』一九六四年——このほんは日記そのものでなく、日記を主材料とした回想録である）。

……雨のときはテントをかぶって岩かげに眠る。寒さにふるえて咳をすれば、とたんに敵の手榴弾が降ってくる。飯盒炊爨《はんごうすいさん》で煙を出すとやられる。便はその場でたれ流す。朝食は乾麵麭《かんめんぽう》（いわゆる乾パン——いまでも駄菓子屋さんで類似品を求められるし、山岳部などで非常食として携行する）、一日一食半とか。

とうとう十月になった。相変らず雨が降っている。嫌だ、嫌だ。さすがに大砲の音も聞こえぬ。このような日は敵もねているのか、休戦だという。面白いものだ。やはり、人間の生理にはかなわないらしい。膝までつかる泥道でうっかり外へは出られない。食事も粉味噌と鰹節――カツヲブシは古来兵食として知られている――の佃煮ばかりで、青物《あおもの》はまったくない。こんな食物ばかり食べていたら、病気になっちまう。心身ともに、黴《かび》だらけになってしまった。……（句読点字遣い・改行を引用者が変更した――以下同じ）。

また、十月下旬、李庄野戦病院での「日記」には、こうある（前掲書）。

午後七時三十分頃、暗くなってから、夕飯となったが、水といったら病院前に直径三〇メートルぐらいの支那特有の貯水池があるだけで、水は、黄色くよどんでいる。これで飯を炊いたので、飯の色が黄色く、気味が悪くて仕方がない。

「前の水で飯を炊いたのかね」

「ええ」

「大丈夫かな」

また、胡庄野戦病院にいた十月二十八日――漢口占領の一日後――の「日記」には、こう、ある（前掲書）。

目が覚めたら午前七時、すぐ軍靴をはいて、乾燥馬鈴薯の味噌汁で朝食の立食い、むろん、顔など洗っていられない。大急ぎで外に出たら、もう、四つ五つと衛生兵が担架《たんか》をかついで来るのをみかけた。

病室に行ったが、患者の食事中だった。飯盒に、空缶に、欠け茶碗、粉味噌汁の飯。負傷者の中にはこの飯をまったく見向きも〔し〕ないで、ジッと天井をむいているもの、衛生兵にやしなってもらっているもの、足をやられてて仰向けに臥たまま食べているもの、右腕を三角巾でつって、左手で不器用に一口一口ゆっくり口に入れているもの。

また、同じところでの十一月八日の「日記」には、こう、ある（前掲書）。

入隊以来、今日初めて、お汁の中に長さ三センチぐらいの生葱の一きれが浮んでいた。脚気になりはしないかと心配していた矢先で、瞬間、「ああこれで助かった」と、ドンブリをささげてしまった。

……日向ぼっこをしていたら、菅主計中尉が通りかかった。本部からの帰りらしい。得意そうに真白い歯をみせて、

「この間はうまかったでしょう」

「何がですか」

「おしるこ」

「そんなもの知りませんよ」

私はゴクリとつばをのんだ。彼は首をかしげて、

「そうですか。わたらなかったかなア。先だってね、徳安が陥ちて追撃戦に移ったら、急に入院患者がなくなったでしょう。そうしたら、いんげん豆と砂糖がゴッソリ残っ

ちまったんです。患者がみんな甘いものを欲しがっているようなので、いやという程食わしてやろうと、ドラム缶で豆を煮て砂糖をたっぷり入れましたよ。独歩患者の連中、ドラム缶の回りを黒山のようにとりまいて、早く出来ないかと舌なめずりしているんですよ。『お前は下痢しているから駄目だ』といっても、『ひどくなったっていいからくれ』と、きかないんだ。でも、作ってよかったと思っています」

また、一九三九(昭和十四)年三月二十六日の「日記」には、次のようにしるされている(前掲書)。

……とうとう暗くなった。今夜は月もない曇った夜空。

岡の上で、大休止《だいきゅうし》。夕食に豌豆《エンドウ》大の携帯《けいたい》・乾パンを五つ六つ口の中に入れたが、舌の上でザラザラしている。多勢いるからいいようなものの、これから先が思いやられる。ふたたび、夜道を歩いて行くのだが、灯なしの行軍で、前の連中の後をついて行くだけ。真暗闇の右方から、沢山の犬の遠吠えが耳について、気味が悪い。敵襲でもなければいいが……。

兵士たちの食生活

「腹がへっては、いくさはできぬ」——これは古今東西に通ずる不滅?の真理である。

戦争とは、兵士たちにとって、なによりまず、重労働であり、なによりもまず、腹のへるしごとであった。だから、食物への関心は、ほとんどすべての兵士たちの共通の関心事

1938年10月

いま食べたいと思うものは？

（将校兵士へのアンケート）

○羊羹を一本全部一度にたべたい
○（横浜）ニューグランドホテルの定食
○東電ビル七階のすきやき
○第一相互三階の洋食
○天金の天ぷら
○銀座裏で食べたソーセージ
○美松食堂のお定食
○（銀座）末広のビフテキ
○（丸ノ内）東洋軒の洋食
○（銀座）若松のアンミツ（アンコがいっぱい）
○（銀座）千疋屋のフルーツポンチ

〔出典〕岡村俊彦『榾火』（1961）

となる。

兵士たちは、季節の変わり日——むろん、中国と日本のそれはちがう——ごとに、故郷の町や村の食べものを思いだし、庶民には一つのゼイタクであった、家の外での食事——すしや・そばや・てんぷらや・西洋料理店などでのひととき——を回想して、望郷のおもいにふける。

それが妻子恋しさと、どれほどちがうか、簡単な不等式で答えをだすことは、おそらく、だれにせよ、できないであろう。

——こと新しくいうまでもなく、戦場では、すべてについて、「無常《むじょう》」（ハカのないこと）が「兵家《へいか》の常《つね》」となる。むろん、兵士たちの生死の「無常」がその中核をなすが、「生」のあかしである食生活の「無常」もまた、「兵家の常」として、特徴的である。

——その一例をあげてみよう。

さきの『鄱陽湖は青かった』の著者が「その詳細な記録」に「尊敬」の念をいだくとしている日中戦争のルポルタージュに、第百一師団・衛生隊の軍医――見習士官――として華中方面に転戦した外科医・岡村俊彦の『榾火《ほだび》――第一〇一師団繃帯所《ほうたいじょ》の記録』(一九六一年)がある。

激戦中は名刺のウラや軍事郵便やちり紙などにまでしるしたという、くわしい日記・記録・エッセイを編集構成した貴重な作品である。

それによると、岡村見習士官は、一九三七(昭和十二)年十二月下旬、上海方面の戦線にいたが、そこでの「日記」には、こう、ある。

十二月十八日　雨後曇

九時起床、久し振りでゆっくり眠れた。睡眠を余けいにとると今までの疲れが出る。関節が痛む。朝食の南京米《ナンキンまい》の香りが鼻について食欲なし。当番兵は揃って理髪して来た。午後、市街(浙江省湖州)に行くと、兵で充満している。夕食は水牛一頭を殺して牛めし、明日(二十日は約一六キロの行軍)にそなえ、下痢の腹につめこむ。(句読点の修正と圏点・語注は引用者による。以下、同じ)。

十二月二十一日　晴

苦しき夜(寒さと空腹で前夜は眠れず)は明けて、(午前)五時各隊飯盒炊さん、味噌を副食に朝食とする。山の暁は美しい。

七時出発、寒さ身にこたえる。行軍している時は寒い方がいいが、小休止になると、汗の肌は凍《こご》える様だ。六粁（六キロ）の急行軍で、不眠の為か疲労する。昼食は立ったままカンパンに生味噌をつけてほほばる。戦死一の報に担架兵出動、頭部貫通の兵一名、担架にて来る。かけ寄り見れば既に戦死。歩五七（連隊）第一大隊の兵なり。十五時、部落に到着す。前方進まず、敵の抵抗強く、彼我《ひが》の砲撃盛んとなる。露営命令出る。生味噌にて食事・寒さのため眠れず、火をたき夜を徹す。

乾パン――一九三九（昭和十四）年、山西省の山岳地帯を行軍していたある小隊（小隊長・下斗米武《しもとまいたけし》中尉）は、飯か粥をつくろうにも水を求めることができず、夕食も朝食も乾パンばかりで、口腔があれてゆくのにまかせるほかはなく、やっと山嶺の段々畠に大根をみつけてこれをぬきとり、手で泥をおとして、乾パンと大根を交互にかじり、水分を摂取したという（下斗米武『敵国団長会見記』一九四二年）。

なにをどれだけたべるか、どこでどのようにたべるか、その双方について、戦場での食生活は、「無常」を「常」とする。この岡村見習士官は、この二日後には、「朝食」ぬき、「イモを焼きて夕食とし、毛布にくるまる」という日をすごすし、逆にその翌日の十二月二十四日には、知りあいの「輜重車輌《しちょうしゃりょう》の一下士官」から「缶詰の梱包」をもらい、患者とともに、「パイカン（パイナップル缶）、肉缶、サイダー等々」をたのしむ日をもてたのである。だから、戦場での兵士たちは、一種の「くいだめ」と一種の「半飢餓食」の無原則的?な循環にたえられる強靭な胃腸を保有していなくてはならない。

——それにしても、と、私は思う。平和な山岳部山行ですら、風雨でからだが冷えきっているときには、乾パン・ビスケットの類がどうしても通らず、ああ、油がギラギラういた熱いラーメンをたべたいな、と、空想しながら、ザックの重量を耐えてゆくのである。本来、比較にならないことだと知りつつ、「不眠」「下痢」「疲労」のなかで「立ったままカンパンに生味噌をつけてほほばる」ことの辛苦を想像してみるほかはない。

——しかし、野戦病院や繃帯所は、最前線ではない。最前線における飢えの進軍譜は、どんなにいたましい旋律を奏するか。

第百六師団悲話　これは、岡村軍医が野戦病院に収容された傷病兵からきいた話である。江西省・徳安を攻撃した第百六師団(師団長・中井良太郎中将)は、中国軍の猛反撃にあい、一九三九(昭和十四)年十月下旬の徳安占領まで、悲惨な戦いをしいられた。『梢火』はそのときの話をこうしるす。

敵に包囲され、食糧もなくなり、友軍機の投下する物資の大部分も敵にとられ、馬(軍馬)が弾にあたるのを待っていたと、その兵隊は語った。弾にあたって倒れれば食べてよいといわれていた。三名の兵が谷間に水をのみに行った。クリークに前かがみになり、口をつけたが、戻ってきた兵は一名だけ、二名はクリーク中に首を突っこんだまま、絶命していた。そういえば今晩も一名の兵が死んだ。昨日まで水筒をもってフラフラと歩いていた兵だったが。

一〇六師団は、いきている兵隊だけ、第一〇一師団、佐枝支隊が血路を開いてつれてきたが糞も小便を（ママ）そのまま。たれ流しの兵が多くて、臭くていけない。臭いのは一〇六師団の兵隊だとすぐわかる。合掌街の予備野戦病院の患者は、現在数一五〇〇名、これ以上は収容できずと、ここも兵站病院と同じ惨状を呈している様だ。下痢患者が飯盒かかえたまま、便所で坐り込んでいる姿は、哀れである。粘血便を出していて普通食を食べる、平静な常識では考えられないかも知れない。

……兵隊が寄ると、食べ物の話だ。甘い物が食べたいのは、私等も同様である。

今朝も一〇六師団の患者が「羊かん、羊かん」といいながら絶命したという。

……一〇六師団中尉一名入院、同室（岡村軍医も赤痢で入院中）となる。見るかげもない姿に、衛生兵まで目を丸くしてしまう程である。それでも将校の生き残りとして、たくましく生き抜いてきた人だ。早速、小林一等兵にいって、クズ湯を上げる。涙をポロポロこぼしながら飲んでいる。

二週間も鉄かぶとで南京米をツブして、生で食べていたという。まだ、それができる者はいいが、できない病人は皆死んでしまったと語る。

苦戦と疫病と飢渇の相乗作用——それが「ひもじさのインテルメッツォ」の主調低音をなす。

まずしき兵站線

ある主計将校の記録

こうした戦場における食糧——補給——の問題について、担任者の目でその認識をかたったものとして、阿部源一『支那戦場の経済と心理——一経済学徒の出征記録』（一九四二年）がある。「東京商科大学（現・一橋大）助教授・東亜経済研究所員・陸軍主計中尉」の肩書をもつこの著者は、前線にあった一砲兵隊の隊付主計——つまり軍隊のマネージャー——として、三年のあいだ、華中・華北に転戦したという（「序」）。

そうした経歴の著者にふさわしく、このほんは、現場体験のなまなましさをつたえる記録性とすぐれて客観的な抽象能力をあわせもった好著であり、管見のかぎり、こうした視角を十分にいかした戦争史の叙述はあまりないということからみて、今日の再評価を要求していると考える。

そこで、著者は、たとえば以下のように指摘する。

……しかし、前線においては、調理の如何《いかん》よりも、まず以って定量だけの材料を集めることの方が大切である。肉類はなくともしばらくは過ごせるが、野菜がなくては一日もたまらない。それで野菜のない土地や時季には、豆モヤシを作って食うことにしてる。

　三度の飯ばかりでは淋しいので、饅頭《マントウ》を作ったり、うどんを作ったりして配る。

……戦争も二年三年と長くなると、闘うということはもちろん重要であるが、また一方、生活するという闘いも重要な問題となって来る。来る日も来る日も、如何《いか》にして人馬の糧秣《りょうまつ》を調達するか、この冬は如何にして採煖用《さいだんよう》の燃料を手に入れるか、この夏は如何なる手段を講じて、病人を出さない様にするか等々、直接の戦闘以外に多くの問題が次々とのしかかって来る。…………

　行動中は、馬の方が人間よりもうまい物が食える。徐州戦の時などは、麦の盛りの時期であったから、人間は米がなくなって小麦粉や豆麺を食っている時に、馬は水の滴る様な生麦を、うまそうに、終日食っていた。「馬の奴、麦の刺身《さしみ》を食ってやがる」などと羨んだものであった。また、そら豆などのある時期には、畑に入りこんで、心ゆくまで食っている。馬は駐留中より行動中の方がうまいものが食える。人間でも、行動中には、鶏を一人で一羽ずつも食えることも稀にはあるが、平均して見ると、馬ほどには御馳走は食えない。…………

　馬糧は、支那人の食糧とかち合うので、調達に骨が折れる訳である。かてて加えて、日本内地の米不足問題が起ってからは、現地軍隊は現地米を主食とする様になったので馬糧（籾の場合）は、日本軍隊の主食ともかち合うことになってしまった。現地の穀物は、支那人も食うし、日本軍隊も食うし、日本の軍馬も食うという有様である。

戦地では、人間の食物と馬の食物とは、かなり交流している。生人参《なまにんじん》などは、兵と馬とが、一緒にかじるし、馬糧の大豆などは、兵隊が失敬して、納豆を作って舌鼓をうっている。また、馬にやる塩で漬物をこしらえる者もあるし、圧搾馬糧《あっさくばりょう》をおやつ代りにボリボリ食う者もある。しかし、そのかわりに、行動中などは、食い残りの味噌汁を、出発の間際に鍋ごと馬の前に差出して飲ませて、塩分の補給をすることもある。兵隊と馬とは、一家族の様になっている。食物をやったり、とったりするばかりでなく、身につけるものも共通してる。寝る時は、馬の鞍下に毛布を敷くのである。そして、馬についた蚤《ノミ》や虱《シラミ》を頂載する。

「圧搾馬糧」的な食品？の味覚やノミ・シラミの痒（痛？）覚を経験している日本人も、もう、四十代なかば以上の世代にかぎられてしまったが、ここで重要なことは、「糧を敵による」方式＝現地調達主義の採用ということであろう。

その点、「陸軍主計中尉」だった阿部源一が中国人に組織させた被占領地の「治安維持会」の「野菜・肉類」徴集＝購入機能について、抗戦中国軍の「清野《せいや》作戦」による物資秘匿工作について、また、小作農民の「籾」（自家用飯米）売却拒否――「金はいらない」「どうか買わないでくれ」――について、くわしくしるしていることは、「現地自活主義」という「戦争経済の常識」がどれほどの困難に出あわなければならないかを端的にしめしている。

こうした諸事実のなかにおいてみるとき、あの杭州湾上陸作戦（→二八一頁）のとき、谷口勝上等兵が、当番兵として仕える荒木准尉の分をふくめて二人分の、一日六合で五日分の米六升をせおって、キャラメルをしゃぶりながら、岸辺の砂の上をはしっていったことなどは、むしろ、大作戦の当初における例外的な補給量だというべきかも知れない（前掲・谷口勝『征野千里』一九三八年）。

この点、やはり軍医である河原魁一郎――陸軍軍医大尉――は、その手記において、こう、のべている。一九三八年十一月にはじまる「江南討伐戦」のおりのことである（『火線の軍医』一九四〇年）。

……この戦闘間に於ての食糧は、米だけは先づ足りたのであった。二日も三日も食わなかったということはなかった。勿論一日の分量を二日に、二日の分量を三日に、謂ゆる食い延ばしをしたことはあった。また、民家で得た支那米で満足しなければならないことも度々あった。こうして主食はどうにかあったのであるが、副食物というものは、全然なかった。銅陵を出発した時、自分たちは塩鮭をたった一切れだけ、副食物として持って出たのであった。無論、地方物資もなかったので、多くの兵隊たちは、その一切れの塩鮭を二日も三日もしゃぶっていた。いよいよ塩鮭の一切れがなくなると、その塩を残しておいて、それを振りかけて食っていたのだった。

……自分の当番兵は運よく粉味噌を一袋持っていて、水筒の湯をコップに注ぎ、粉味噌を溶かして飲ましてくれた。無論、実も何もなしであったが、これが何ともいえぬ珍味であり、甘露であった。……また時には、どこで見付けて来たのか、甘藷を持って来た兵隊があって、それを焼いて食ったが、これくらいが稀にあった副食物であった。……

が然し、これでは栄養の足りないことは勿論で、戦闘後には多数の脚気患者が出た。また、兵隊たちの顔色のひどさは実に想像以上で、まるで血の気がなかった。その上に、陽に焼けていたので、悪性の腫瘍患者《しゆようかんじや》にくる悪液質と同じような顔色になっていた。

ここでは、兵站補給の「量」の問題とともに、その「質」の問題が問われているとみていいだろう。

――じっさい、あの火野葦平の戦記小説『麦と兵隊』(↓三六七頁)や伊藤桂一氏の連作小説『悲しき戦記』をふくめて、多くの日中戦争の戦記に散見するのは、それがダイコンであれ、ニラであれ、ネギであれ、果物であれ、タマゴであれ、生物《なまもの》に対する兵士たちのほとんど本能的な執着・嗜好であり、それらをみつけたとたんに、かれらは、中国人農民のことなどまったく念頭におかずに、日本中世史の用語でいう「苅田《かりた》(畑?)狼藉《ろうぜき》」をはたらくのである。

ここで、私は想起する。『養老令』の「軍防令」第十七・第十二条によると、「防人」に対して、勤務地付近に「空閑地」を支給し、「水陸のよろしき所にしたがいて」、作物の種をまかせ、また「くさぐさの菜《くさびら》（野菜）」をそだてて、ともに「防人食《さきもりのじき》」にあてよと規定してあることを――（井上光貞・関晃・土田直鎮・青木和夫校注『律令』『日本思想大系』3・一九七六年。古代徴兵制と近代徴兵制の二つの「現地調達」主義の共通性と差違性は、興味を誘う）。

「ひもじさ」の社会構造

一九三八（昭和十三）年八月にはじまる漢口作戦（↓第10章）の最中、ながくアメリカのパラマウントニュース日本支社員として活躍してきたニュースカメラマンの藤波健彰《ふじなみたけあき》氏は、参謀本部の知人・影山誠一少佐（主計担当）のたのみにより、経理将校の教育のための教材として、「作戦給与」の実態を映画につくることになった。そこで中国にわたった陸軍嘱託《りくぐんしょくたく》――高等官待遇――のかれは、こんな経験をした（藤波健彰『ニュースカメラマン――激動の昭和史を撮る』一九七七年）。

――南京についたふたりのスタッフは、中支那派遣軍司令部の経理部に「居候」した。そこでは、夕食に「七品ものご馳走」がならび、九州から飛行機ではこばせた「鯛のさしみ」が膳につく。しかし、揚子江右岸の葉家集方面で作戦中の第二軍（軍司令官・東久邇宮稔彦中将）の経理部では、「ひどい補給のおくれから兵員にたいし、半定量二食というみじめな給与情況だった」。通常の二分の一で、一日二食ということである。藤波嘱託はみた。「昼食時間になっても兵隊は腹をすかせて道端の草に寝ころび、青く澄んだ空を流れる白い雲をぼんやりながめている」。

――さて、肝心なのは、実況撮影である。まさか、東シナ海をわたる「鯛のさしみ」と前線の「半定量二食」のモンタージュなど、とれはしない。ふたりのスタッフは、経理部の広岡謙二中尉の案内で、日本軍が中国軍の野戦倉庫にあった岩塩のかますをトラック一台につみ、空車のトラック六、七台をつらねて近くの村々をまわり、岩塩と米を「物々交換」（ほんとうはこれは交換ではない？）するシーンを撮影した。ある村はずれで行われたひとにぎりの岩塩と一袋の籾や米との「交換」？「どこからともなくぞろぞろ集まってきて大群集となった」農民や子供たち。一台のトラックの岩塩が七台の米と変わる。この「またたくま」の状景。

――そして、「補給部隊」・「輸送部隊」の困苦。軽機関銃一挺ぐらいでトラックにのる運転手。かれらのあいだのことば。「古くても外国産（アメリカ製）のトラックに乗れれば命は助かるが、新車でも国産車に乗務を命じられればそれで一巻の終りだ」。物資満載で悪路を走行すると、よくおこるスプリングの折損事故《せっそんじこ》。そして、隊列からの落伍。むろん、昼間でも行われる中国軍の襲撃。補給物資の略奪（あるいは奪還）と隊員の死傷。藤波カメラマンは感ずる――「戦争によって莫大な利益を得たメーカーと、スプリング一本と生命を交換した貧しい兵士たちの差のなんと大きかったことか」（私は感ずる。ここには、のちの日米・日英戦争における日本の敗因の構造的要因が明確に準備されている、と）。

しかし、飢えとはなんだろう。飢えのなかでのたたかいとは、なんだろう。

かつて、私は、昭和恐慌の小史をしらべているときに、近代的な大製菓企業の両「横綱」である「森永」・「明治」の売上高の変遷のカーヴに、奇妙な――あるいみでは鉄鋼や機械工業と相似的な――現象があることに気がついた（『昭和産業史』一九五〇年・東洋経済新報社）。

それは、一九二七年上半期に「森永」七七〇万円・「明治」三一〇万円あった売上高が一九二九年下半期の「森永」六二四万円・「明治」三五一万円をへて、一九三一年下半期には、「森永」四九九万円・「明治」四〇七万円となっているという事実である。「森永」の底が一九三一年下半期であるのに対して、「明治」の底が一九二七年上半期であるというズレはあるが、昭和恐慌の影響は歴然としている。

一方、デンプン飴工業では、昭和初期の四企業（参松合資・日東製飴・日本製飴・鈴木商店）の独占形態のなかでストックが増加し、ついに、日東製飴デンプン飴の販売権を入手した三井物産による空前のダンピングが始まって、六・八貫だて一号水飴の価格は、一九二六年の六円六〇銭から一九三〇年の五円五五銭をへて、一九三一年の四円五五銭へと、低下していった。かつて、詩人・野口雨情のうたったとおり、「コガネムシ」は「金持」だったから、「子どもに水飴なめさせた」のであって、製菓企業は、意外なほど、恐慌に敏感なのである。――

「森永」「明治」製菓業績表

時　　期	両社売上高	「森永」利益率	「明治」利益率
1931（下半期）	906 万円	8 %	11 %
1933（下半期）	1150	9	22
1937（下半期）	2294	14	16
1940（？半期）	3287	22	16

〔出典〕『昭和産業史』(1950年)

ところで、満州事変の発生は、そうした不況下の製菓企業にとって、デウス・エクス・マキナ（deus ex machina）であった。

あの上海事変（↓第4章）のおこった一九三二年上半期から、「森永」「明治」の売上高は、不退転の上り坂をのぼり始め、以後、しばらく、両「横綱」は負けこしを知らない。

これは、戦時インフレーションによる価格上昇を計算にいれてもなお、ほとんど飛躍的といっていい「急成長」であって、その原因が一般需要の回復にともなう売上上昇でないことは、年齢的には昭和十年代に製菓企業の「お得意」のひとりであった私の確言できるところである。

「昭和の子供よ、ぼくたちは……」とうたっていた当時の子供たちの口には、だんだん、ビスケットやドロップが入らなくなり、ましてチョコレートなどは、しだいにその味覚すら忘れていったのだから。……

製菓企業の「急成長」の根本的原因は、日本軍が中国大陸に携行したビスケット・乾パンの発注——すなわち軍需——であった（ここで、「森永」がビスケットの製造を開始したのが第一次世界大戦中であったことがある種の構造連関性をもつかもしれない——有沢広己『日本産業百年史』一九六六年）。

その軍需の増大は、菓子の総売上高やビスケット窯数の増加を招来したのみでなく、中国大陸の日本軍占領地における新工場の建設と被占領「敵国」製菓工場の管理という条件にもささえられていたのであった。

……製菓企業が恐慌の「味」を忘れてゆくにつれて、子供たちがお菓子の「味」を忘れてゆくというこのパラドックス。

このパラドックスのなかできいてみたとき、乾パンで飢えをしのいだ日本軍兵士の「ひもじさの間奏曲」は、そのライト・モティーフをあかすにちがいない。

死者たちの群像——苦痛のカルテ

鉄兜の唄

どこまでつづくぬかるみぞ
三日《みっか》二夜《ふたよ》を食もなく
雨ふりつづく鉄兜《てつかぶと》

これは、「討匪行《とうひこう》」という軍歌（軍国歌謡）である。この歌は、関東軍所属の陸軍中佐・八木沼丈夫の作詞になり、いまは亡き「われらのテナー」ことオペラ歌手の藤原義江みずから作曲し、みずからレコードにふきこんで、満州事変（↓第3章）二年目の一九三二（昭和七）年にできあがった（古茂田信男・島田芳文・矢沢保・横沢千秋『日本流行歌史』）。

——戦場では、すべての兵士たちがこの鉄兜（鉄帽）をかぶってたたかった。なぜか。

それは、簡単にいってしまうと、「満州」をふくめた中国大陸の戦線では、中国軍とのたたかいで日本軍兵士のうけた戦傷のなかで、頭部・頸部の負傷——そして、それによる戦死（戦場で即死するか病院収容以前で死ぬ）・戦傷死（戦傷をおい、病院などで死ぬ）——が群をぬいて多いからである。

そのことを示すのが、日中戦争初期の戦死者三五〇名についての死因別統計（次頁表）である。むろん、こういう統計をとってみて、その結果、陸軍の指導者が兵士たちに鉄兜の重要性を指導し、その着帽を強制したというのではないが、早くから陸軍では、経験的に、ほとんど本能的に、頭部・頸部の負傷が多いことに気づいていたとみられる。

なぜならば、少なくとも日露戦争からこの日中戦争まで、日本軍の戦闘とは、多くのばあい、大陸の山野における野戦《やせん》（攻城戦や要塞戦以外の地上戦）であり、銃撃戦であり、歩兵部隊を主力とする突撃戦・白兵戦であって、そのさい、小銃あるいは機関銃による敵兵のねらいうちがもっともありふれた戦い方になり、そのことは必然的に、頭部・頸部——

日中戦争初期の戦死者 350 名についての死因別統計

死亡地域／死因		満州 士	満州 下	満州 兵	蒙古 兵	華北 士	華北 下	華北 兵	華中 士	華中 下	華中 兵	計
貫通(盲管)銃創	頭部 頸部	1	0	4	2	3	15	79	2	2	5	113
	胸部 上腕部	0	0	2	0	9	7	63	0	2	6	89
	腹部 臀部	0	0	3	1	1	6	25	0	1	5	42
	部位不明	0	0	0	0	0	0	12	0	0	1	13
	大腿部	0	0	0	0	0	2	16	0	0	0	18
手榴弾創		0	0	0	0	2	1	18	0	0	0	21
砲片創・爆片創		0	0	0	0	1	4	29	0	4	9	47
地雷爆発		0	0	0	1	0	0	4	0	0	0	5
白兵戦		0	0	1	0	0	0	0	0	0	1	2

〔出典〕黒羽清隆「15 年戦争に於ける戦死の諸相」――『思想』1971 年・8 月号

やや一般的にいうと上半身――を銃撃の標的《ターゲット》とする傾向をうみだすからである。

――だから、兵士たちは、本能的に顔をふせて、顔面を銃撃から守ろうとする。その姿勢について、華中方面でたたかっていた瓜生鉄雄《うりゅうてつお》は、こういう短歌をつくっている（斎藤茂吉・土屋文明編『支那事変歌集』アララギ叢書・第七十七篇）。

射撃はじめし敵の機関銃は二銃なり
しばらく畠に伏してうかがふ

どの兵もはげしき息をととのへをり
伏したる額より汗をたらして

水筒よりあくまで飲みて吾が心

日露戦争までの戦傷の様相の変化（単位は％）

	銃　創	砲　創	爆　創	白兵創	その他	計
西南戦役	89.3	—	—	3.8	6.9	100
日清戦役	89.0	8.7	—	2.3	—	100
北清事変	91.8	7.1	—	1.1	—	100
日露戦役	76.9	18.9	2.5	0.9	0.8	100

日露戦争の戦傷部位統計（単位は％）

	頭首	頸部	胸部（肩胛を含む）	腹部（臀部を含む）	上肢	下肢	計
野　戦	24.9	2.1	20.1	10.9	21.6	20.4	100.00
要塞戦	30.9	2.3	17.7	11.3	19.0	18.8	100.00

〔出典〕服部之総『近代日本外交史』1947年

ゆるみし如く畠にうち伏す

現に、日露戦争にあっては、減少しつつあったとはいえ、なお、戦傷者のなかで銃創（小銃・機関銃による負傷）をうけた兵士の割合が約七七％——四分の三強——でありしかも、全死傷者のうち、「頭首部」に傷をおった兵士の割合が約二五〜三〇％であることがわかる（→四一九—四二〇頁）ことをたしかめることができる（安井洋『戦争の統計的観察』一九一四年。服部之総『近代日本外交史』一九四七年）。

だから、鉄兜をかぶることは、このような戦争の進化史（いや、退化史）の方向性にてらしてみて、絶対に必要なのであり、そして、その現実の上に、第一次世界大戦のときから、鉄兜が登場＝一般化するのである。

しかし、以上にのべたことは、むろん、鉄兜さえかぶっていれば絶対に安全だということにはならない。

鉄兜のプロテクターとしての安全性・有効性は、せいぜい、敵・味方の距離一五〇メートルぐらいまでで、双方の距離が一〇〇メートルになれば、鉄兜はうちぬかれ、保護帽としての用をなさない（山崎一男「今次事変ニ於ケル鉄帽ノ効率ニツイテ」――『軍医団雑誌』三一九号・一九三九年）。だから、そこから、こういう短歌がうまれてくる（『支那事変歌集』）。

墓の前にずらりとならぶ鉄兜穿てる穴が見るにいたいたし

鉄帽をぬかれし兵の手を握り吾も死なむと思ひゐたりき

頭部・頸部貫通銃創は、敵の陣地・要塞に対する突撃のさいに多発する戦傷であるが、当然のことながら、塹壕戦でもおこりやすく、つぎの短歌なども、あるいは、そういう状況を伝える一首かもしれない（『支那事変歌集』）。

目の前の土はね上げし跳弾は右頰にあつきうなり曳きたり

いうまでもなく、頭部・頸部の貫通銃創は、死亡率――ことに即死率――がきわめて高く、さいわいに頭蓋内部に銃弾が貫通しなくとも、言語障害・運動神経障害といったいたましい――帰国後の社会生活への復帰をさまたげる――後遺症をあとにのこす。

――下顎部を失った兵士は、呼吸困難となり、気管に孔をあけなければならない。言語障害で発声になやむ兵士は、自分でももどかしがりながら、おそらくは妻子の名ででもあろうか、いおうとする臨終のことばがでてこない。両眼をうちぬかれた兵士は、飯盒《はんごう》を手さぐりでかかえて、最後の食事になるかもしれない粥をすする。(岡村俊彦『榾火——第一〇一師団繃帯所の記録』一九六一年)。つぎの短歌がしめすように、みずからの眼を戦傷で失って義眼をはめたのち、ふたたび、戦場に復帰し、ついに戦死した将校もいた(『支那事変歌集』)。

恩賜の義眼を部下の兵に托し敵弾に身をさらしここに戦死せりといふ

また、ある軍医見習士官は、つぎのような治療例をもつ(住吉嘉雄『鄱陽湖は青かった——産婦人科医戦場を行く』一九六四年)。

俺の患者で頭蓋骨をふっとばされ脳が露出して、これに骨片がたくさんささって、大小便がたれながしの患者がいたが、一つ一つていねいにとりのぞいて、よく世話をしてやったら、ほとんど治癒したよ。

胸部貫通銃創　戦場ないし繃帯所での死亡率は、銃創をおった部分が高いほど高く、上半身から下半身にうつるにしたがって低くなる(したがって逆に、戦傷者として後方の野戦病院に収容された兵士たちの負傷部分は、下半身の比率が高くなる)。

だから、胸部に銃創をおった兵士たちの死亡率は、頭部・頸部についで高く、ことに心臓のある左胸部の受傷は、ほとんど助からないという。右胸部で大血管をさければ、助かる見こみがある（『梢火』）。

いずれにせよ、肺の損傷がおこりやすく、前線から収容されたときには、多くのばあい急性貧血と呼吸困難とのために、一種独特の苦悶の表情をみせるといわれる（松本暢ほか七名「佐世保海軍病院ニ於ケル今次事変戦傷治療ノ実績」（第一〇回日本医学会軍陣医学部会報告）――『軍医団雑誌』三〇三号・一九三八年）。

また、戦傷のために胸膜の感染をおこし、胸腔内に滲出液や膿汁（うみ）がたまり、しばしば、肋骨を切除しても、緑膿菌の感染による肺出血をおこして、結局は死亡する（中村敏寛「戦傷膿胸ノ特異性」――『軍医団雑誌』三一七号・一九三九年）。

こんな短歌ものこされている（大日本歌人協会編『支那事変歌集』戦地編・一九三九年）。

胸部貫通銃創、呼吸の度に傷口より空気の洩れ行く兵を

吐く息の洩《も》るるをわれと知りし時言かなしおのが生命《いのち》を言はず

咳にすれば血も呼吸《いき》も吹く創口を手に抑へつつ担《かつ》がれて来ぬ

若くして戦場にいったひとりの軍医は、こう、いっている。

腹部貫通銃創

「腹部は一番嫌な受傷であり、受傷者も一番苦しむ」（岡村俊彦『梢火』）。

その死亡率の高さは頭部・頸部と胸部につぐが、苦痛の長さ・大きさは、言語に絶する。だいたい、こういう世界を文章でしるすことじたい、致命的な限界をもつ。しかし、やはり、私は、かきつづけねばならない。

どういうばあいが悲惨か、軍医らのカルテは、しるしている（『梢火』。『鄱陽湖は青かった』「佐世保海軍病院ニ於ケル今次事変戦傷治療ノ実績」）。

――腸がほとんど切断され、胃も破れているばあい。肝臓損傷で、腹腔内に血液がいっぱいたまっているばあい。膀胱をやられて腹腔内に尿が排出されているばあい。睾丸露出・ペニス縦貫通のばあい。

広島県呉市の高等女学校の先生であり、アララギ派の新鋭歌人であり、陸軍少尉として華中に転戦して戦死した渡辺直己の作品に、つぎの一首をみる（アララギ『支那事変歌集』）。

腹部貫通の痛みを耐へてにじり寄る兵を抱きておろおろといき

大血管さえやられていなければ、死亡率は低く、負傷して祖国に送還される兵士たちの約三分の二が臀部をふくむ上下肢負傷者である。

大腿部・上下肢貫通銃創

軍医たちは、こう、しるしている（前掲「佐世保海軍病院ニ於ケル今次事変戦傷治療ノ実績」。堀田慎之「横須賀海軍病院ニ於ケル今次事変戦傷治療ノ実績」・『軍医団雑誌』三〇三号・一九三八年）。

四肢（手足）の切断は、極力やらぬように心がけた。下肢だけで数ケ所粉砕され、しかも大なる体の欠損がある場合のみ、最後の手段として切断した。

しかし、その一方、前線を慰問《いもん》した政治家のなかには、つぎのような暴言をはいて、治療関係者の眉をひそめさせるものもいた（『梢火』）。

現在、義手や義足も軍で精巧なものを多量につくっている。どうか安心して働いてくれ。

むろん、大腿部の貫通銃創のばあいは、そののち、脚部切断の処置をとられることがある。そのような兵士のひとりについて、ある新聞記者は、こうしるしている（小俣行男『戦場と記者』一九六七年）。

私は血なまぐさい患者たちと並んで横になった。

「右足が痛い。ちょっと右脚の裏をかいてくれ」

横で兵隊がいった。

私は足をかいてあげようとして、起きかえってはっとした。この男には右足はなかった。右脚は途中から切断され、天幕か、シートのようなものでぐるぐると巻いてあった。そのない脚が痛み、ない足の裏が痛むような気がするのだ。

「あなたには脚がない！」

とはいえない。

「足が痛い。足の裏がかゆいよ」

兵隊はうわごとのようにわめきつづけた。

そして、つぎのような三首をみつけることができる（アララギ『支那事変歌集』）。

内宮一等兵両足切断一首

悲しみは油の如く湧きたれど君若ければひしがるるなし

下肢の戦傷多きが統計にあらはれぬ突撃多きわが軍隊に

たちまちに足をかすめし弾二つ吾にたじろぐ暇《いとま》さへなし

砲片創・爆片創(「歌と逆に」)　砲片創・爆片創とは、爆発した砲弾・爆弾の破片により傷つくことをさし、その殺傷力はきわめて大であり、また、同時に、二ないし三か所に傷をうけることも、貫通銃創よりはるかに多いから、戦死する率が高く、繃帯所とか野戦病院とかで戦傷死する率は、逆に低くなる(『榾火』)。

砲片創・爆片創の増大は、近代戦争の進化史(いな、退化史)の基本傾向である(↓四二一頁)。その点では、日中戦争のばあいは、戦死者中にみる銃創と砲爆片創の比率についてみるかぎりは、まだ、日露戦争と相似的な性格をもっているといえそうである。四二〇頁の表では、別にかかげた手榴弾創をいれてみても、銃創対砲爆片創の比率は、二七五名対六八名となり、銃創による戦死者は、総戦死者三五〇名中の約七八%にあたる。

――爆発時の圧力だけでもすごく、眼窩にかかる圧力のために、眼底出血または眼球震盪による網脈絡膜炎をおこし、高度の視力減退をひきおこすという(武田武美・河合栄一「非穿孔性戦傷眼ニ於ケル眼底所見ニ就テ」・『軍医団雑誌』三〇五号・一九三八年)。

短歌の世界に、目を移そう。さしあたり、こんな歌々をひろうことができる(『支那事変歌集』戦地編。アララギ『支那事変歌集』)。

〔出典〕黒羽清隆「15年戦争における戦死の諸相」――『思想』1971年8月号

						海						空					
空襲死（爆片創）			手榴弾			海戦死（艦上空爆）			乗船沈没			空中戦（特攻隊）			その他・計		
士	下	兵	士	下	兵	士	下	兵	士	下	兵	士	下	兵	陸	海	軍属
	R2	R3			R1										102	0	21
				R1	R2										82	2	2
		R4			R2							R1			64	3	0
	R1	R2											R1		17	0	0
	R13 K3	R24 K9		R1			K8	K5		R1 K1	R6 K1 G2	R2 K1	K3	G1	129	44	4
										K1					8	1	0
R1	R1 K1	R9									K1 G1			K1	17	4	2
R1	R6	R7 G1			R1		K3		R1	R1			K1		53	9	3
	R9	R9													38	0	0
K1	R1 K3	R5 K1 G1					K5	K2	R1	R3 K1	R2 K3 G1		K2	K1	23	25	5
K1	K1	R7 K2 G2					K5	K7		R1 K3	R4 K1 G3		K8		61	50	14
		R1 K2					K6	R1 K4	K2	R7 K1	R12 K5 G4		R2 K4	R3 K3	28	28	4
	R3 K2	R2 K1 G3								R1 K3	K2		K3	K1	45	30	7
		R3			R1		K1						K1		15	6	0
		K1					R1 K4	K1		K4	R5 K1				8	14	1
2 2 0	36 10 0	76 16 7	0 0 0	2 0 0	7 0 0	0 0 0	1 32 0	1 19 0	2 2 0	14 14 0	29 14 11	3 1 0	3 22 0	3 6 1	その他・合計 969		

長野県茅野市における戦死者の様相と戦死地

R＝陸軍　K＝海軍　G＝軍属

死因（死亡状況）	陸														
	戦病死			貫通銃創						一般交戦死			砲撃死（破片創）		
				頭部			胸―腹部（その他）								
戦死地域	士	下	兵	士	下	兵	士	下	兵	士	下	兵	士	下	兵
満州・朝鮮・ソ連	R1	R22	R42 G20			R15		R1	R7 G1			R2		R2	R1
華北		R6 K1	R32 K1 G2		R3	R11		R2	R18		R3				R1
華中		R3 K1	R24 K2		R1	R9	R2	R3	R5	R1		R4			R5
華南・台湾		R 1	R 7	R2				R1				R2			
フィリピン		R4	R6		R1	R3		R2 K2	R12 K2	R2	R13 K2	R27 K3 G1		R6 K6	R2 K2
インドシナ	R1		R5			R2									
インドネシア		R1	R3			R1						G 1		K1	R1
（ニューギニア）			R6		R4 K2	R4		R1	R2	R1	R3 K3	R11 G2			R4
ビルマ・タイ マライ・インド	R1	R3	R4			R4			R1		R3	R2		R1	R2
（南・西）太平洋		R1	K1		K2	R1			R1		R1 K1	R6 K1 G3			R1 K1
南太平洋の島々	K1	R1 K1	R4	R1	K4	R2		R3	R4 K2	R4	R15 K4	R14 K5 G9		R2 R2	K1 K1
（東・南）シナ海			K1						R1						
日本本土	K1	R7 K2	R23 K8 G4												
沖縄群島					R2	R1	K1		R1	R1	K5	K2			
北太平洋		K1	K2			R1						R1 G1			
その他計 陸	3	49	157	3	11	54	2	13	52	8	43	71	0	11	22
その他計 海	2	6	14	0	8	0	1	2	4	1	10	9	0	5	4
その他計 軍属	0	0	26	0	0	0	0	0	1	0	0	17	0	0	0

迫撃砲のあたりに落つるはげしさに身の置きどころなき思なりけり
足もとに落ちし手榴弾瞬時なり　つかみ投げ返し息吐きにけり
昨夜まで吾を苦しめし敵の上に榴霰弾《りゆうさんだん》炸烈すその敵の上に
榴弾を摘《と》りて前線に征《ゆ》きしかど脚しびれぬと復《また》帰り来ぬ
焼火箸あてしがごとき痛み覚ゆ砲弾の破片肉に刺《ささ》りて

これらは、あえていうと、まだいい。「あたりに落つる」であり、「つかみ投げ返し」であり、「その敵の上」であり、傷ついたとしても、「脚しびれぬ」であり、「肉に刺りぬ」だからである。

まともに爆発弾片創をその身にうけたときは、どうなるか。たとえば、上下肢では、軟部が高度な挫滅《ざめつ》をおこすので、たえがたい苦痛がつづく破傷風やガス壊疽《えそ》になりやすい。また、たとえば、手榴弾による腹部・下肢弾片創をうけた一衛生兵は、腸を二メートルひきずって「Kちゃん、やられちゃった」と戦友のところへ帰ってきた。大急ぎで腸を洗って腹腔にいれ、担架で後方に送ったが、途中で死んだ（『鄱陽湖は青かった』）。さらにまた、たとえば、ある砲撃で一群の兵士たちが即死したとき、鉄兜のなかに顔だけがあって、それ以外の肉体は、周辺に散乱していた（『榾火』）。

——こうなると、もう、短歌の世界にはなじまない。こういう惨劇を表現するには、「歌と逆に」（小野十三郎）、散文の方法しかないのかもしれず、あるいは、散文より非情な、カメラによる映像の方法しかないのかもしれない。

最後に一首（アララギ『支那事変歌集』）。

戦友を焼く燐寸《マッチ》すりたる隊長の指のふるへは見つつ堪へめや

日本人兵士のつくった「戦争吟」のなかには、中国人兵士あるいは中国人民衆の死――戦死――をうたった短歌が少なからずある。ここでは、それらの歌々をみてゆきたい。

日本人兵士はどう「敵」をみたか

ただ、その前に、「戦争吟」の世界のなかでは、中国人兵士あるいは中国人民衆は、なによりまず、日本人兵士の「敵」だったのであり、「敵」に対する憎悪・警戒・敵愾心がかれらの歌々の基調――音楽用語でいう主調低音――であったという当り前の事実をまずたしかめておきたい。そうでないと、中国人の死をうたった歌の位置づけを誤るだろう。

その主調低音は、こんな風に流れている（『支那事変歌集』戦地編・アララギ『支那事変歌集』・読売新聞社『聖戦歌集』）。

支那人の密集する街わが来れば白眼視する視線を感ず

いまひとり敵撃ちてのち寝《い》ねたしとたかぶり叫ぶこの若き傷者は

さりげなく装ひてゐる土民等の中に入り来て心許さず

転倒し死を装へる支那人の驢馬《ろば》の手綱《たづな》は固く握りゐき

匪より得し抗日伝単《でんたん》のはげしさは藁《わら》西洋紙に濃く刷《す》りてありぬ

打倒日本の壁文字まざまざ眼には沁《し》む今日こそ敵を滅ぼさむかも
荒れはてし校舎のなかに拾ひけり小学生の抗日図画を
敵襲に処する心得貼りてある敵の兵舎の粗き土壁
病院に送られて来し敵兵に傷兵の感情は昂《たかぶ》れるらし
敵弾の命中よきは信号網のそなはるためと云ふいまいまし
ますらをは敵をあはれむと書に読めどかかる感情のかつておこらず
姿勢あらはに吾を指させる支那兵の不敵さみれば弾が欲しかり

ここには、むきだしの、あるいは地中の根のように強靭な、にくしみがあり、敵意があり、攻撃本能がある。しかし、日清戦争いらいの日本語とされている「チャンコロ」ということばにみられるような中国民族・中国人への侮蔑だけはなく、そのことが選にはいった「戦争吟」の一つの特質となっている（逆に、専門的かつ職業的な詩人・歌人のいくたりかが、露骨な——今日、読むにたえない——観念的侮蔑の詩歌を相当に量産した）。

射止めても射止めてもなほ紅槍匪《こうそうひ》呪文唱へて襲ひ来るかも

支那郵便検閲一首

戦に破れしことの悲しみをしみじみ書ける文《ふみ》多きかも
敵地より射ちくる弾丸のたしかさにあなどりがたき手練おもひぬ
官府には天下《てんか》為公《おほやけのため》といふ孫文の遺訓掲げざるなし

にくみてもなほ余りある共産軍捕虜は大方わらべなりけり
頑強なる抵抗をせし敵陣に泥にまみれしリーダーがありぬ
涙拭ひて逆襲し来る敵兵は髪長き広西《カンシィ》学生軍なりき
支那民族の力怪しく思はるる夜よしどろに酔ひて眠れる

敬意とか尊敬とかいったら、いいすぎだろう。しかし、これらの歌々には、——あの渡辺直己少尉の作品である最後の三首をふくめて——あなどりがたい「敵」として中国人兵士なり中国人民衆なりをみている視座が成立している。ある夜の渡辺少尉は、「しどろに酔ひて」いたかもしれないが、その認識は、「チャンコロ」観念でよってはいなかった。

こうしたなかで、日本人兵士は、中国人の死にであい、中国人の死をみるのである。

日本人兵士のみた中国人の死

残りゐる敵の死体を見廻《みまは》りつ皆一様に若きを云ひ合ふ
敵軍の少年兵が死の際《きわ》まで防ぎまもりたるはあはれなるかな
憎しみもやがてうすらぎ倒れゐる少年兵に涙落ちたり
目の前に支那兵あまた死にをれど嫌悪の感覚の絶えて久しも
敵兵の屍体《したい》おほむね少年なり龍胆《りんどう》の花咲ける山野《さんや》に
冬枯の果樹園ゆけばものさびしく支那将校の骸《むくろ》もありぬ
泣く児抱《いだ》く力もつきて傷つける母転《ころ》びゐぬ泥田の畦《あぜ》に

終わりの一首にみえる未完の死をふくめて、ここにうたわれた死は、厳粛であり、悲壮であり、そのことにおいて、中国民族のたたかいの実相にせまりえている。そして、やはり、これらの歌々の最後に、渡辺直己の歌の一群をおいておきたい。華北戦線にての歌である。

照準《しようじゆん》つけしままの姿勢に息絶えし少年もありき敵陣の中に
炕《カン》の中にひそみて最後まで抵抗せしは色白き青年とその親なりき
退きし敵は谷間に集りて死屍《しし》埋め居りと斥候《せつこう》の言ふ
壕の中に坐せしめて撃ちし朱占匪《しゆせんひ》は哀願もせず眼をあきしまま

しかし、その一方では、その渡辺少尉ですら、激戦のはてに、こんな感情にとらえられることがあった。

手榴弾に脚捥《も》がれたる正規兵に我が感情も既に荒《すさ》みぬ

まして、五か月間の激烈な戦闘のつづいた南京攻略戦にあっては、中国軍の抵抗がはげしく頑強であっただけに、その「荒み」は、日本人兵士のあいだに、より荒涼とした酷薄な感情をそだてていたにちがいない。南京大虐殺（ナンキン・アトロシティ）

現に、南京攻略戦に参加したひとりの陸軍曹長は、こういう二首をのこしている。

生きの知らせに思ひ余りて書けぬといふ母の便りに目を閉ぢにけり
陣地捨て逃げゆく敵のうしろより剣突きとほし胸すく覚ゆ

この「胸すく」感覚こそ、問題だ。なぜなら、この感覚と、あの渡辺少尉を「しどろに」よわせた意識の困惑と苦悩がからまりあって、あの戦慄すべき南京大虐殺の心理的な引金になったのではないかと私には思われるからである。

――南京大虐殺は、一九三七（昭和十二）年十二月から翌一九三八（昭和十三）年二月にかけて主として実行された日本軍の中国人大虐殺のことであり、この間、少なくとも約八万九千人の中国人民衆がほとんど無抵抗状態のままに殺害された。

いやな知らせ

一九三八年の一月はじめ、当時、外務省東亜局長の地位にあった石射猪太郎は、日本軍が占領したばかりの南京に駐在する福井淳総領事代理や上海駐在の総領事から、電信とか手紙の報告をうけ、深いなげきにとらえられていた。その報告というのは、中華民国政府の首都・南京に入城した日本軍が中国人に対して、掠奪・強姦・放火・虐殺のかぎりをつくしているという知らせである。軍隊の警察である憲兵隊も人数が少なくてとりしまりの用をなさず、とめようとした福井領事の身辺さえ危ないという。

石射局長は、一月六日の日記に、こうしるした（『外交官の一生』一九五〇年）。

> 上海から来信、南京に於ける我軍の暴状を詳報し来る。掠奪、強姦、目もあてられぬ惨状とある。嗚呼《ああ》、これが皇軍（天皇の軍隊）か。日本国民民心の頽廃《たいはい》であろう。大きな社会問題だ。

また、当時朝日新聞記者として香港《ホンコン》にいた神尾茂は、国民政府とつながりの深い新聞である漢口《ハンカオ》大公報の主筆・張季鸞らから、こんな話をきかされている（『香港日記』一九五七……しかるに日本軍はあらゆる暴虐を行ひ、捕虜を悉《ことごと》く殺してゐる。南京の赤十字社の手で葬った死体は無慮《むりょ》二十七万に及び、その中、十万は兵隊と思はれるが、十七万は無辜《むこ》の青年、市民であったと報告されてゐる。何といっても一番激しいのは南京である。

如何《いか》に戦争なればとて、一国の正規軍がかくも血に狂ひ、財物に眼がくれるとは常識では考へられない。これはどうしても将校のイデオロギーの堕落の結果に相違《そうい》ない。

こうした情報にもとづいて、石射局長は、陸軍省軍務局第一課長の田中新一大佐に対して、再度、きびしく注意し、また、ときの近衛内閣の広田弘毅《ひろたこうき》外相は、杉山元《すぎやまはじめ》陸相に対して、きびしいとりしまりの措置をとるように申しいれたというが、大局的には「あとの祭り」であった(『広田弘毅』一九六六年)。

大虐殺の実態　この虐殺については、当事者である日本人と中国人のいい分がかなりちがっている面があるので(現在の日本の知識人のなかには、この「南京大虐殺」そのものが「まぼろし」であったかのような説をなすものがいくたりかいる――そのような知識人への批判として出色の労作に、洞富雄『南京大虐殺――〈まぼろし〉化工作批判』(一九七五年)がある)、ここでは、まず、いわば第三者である欧米人のジャーナリストの証言をひいておこう。

はじめに、「マンチェスター・ガーディアン」の中国特派員であるオーストラリア国民のH・J・ティンパーリーの編著である『戦争とはなにか——中国における日本軍の暴虐——』(一九三八年)の一節をひく(洞富雄編『日中戦争史資料』第九巻・一九七三年)。

……(中国人)住民は、お前たちのうちに誰か兵士出身のものがいないかどうか、もしいたら労務班に使役して、生命を助けてやるから、前に出よといわれました。およそ二四〇人が進み出たのですが、彼らは一団にされて拉致《らち》されました。二、三人の生き残りが語るところでは、彼らは傷を負ってから死んだふりをして逃亡し、病院へ来たのだそうであります。一団のものは機銃掃射《きじゆうそうしや》をうけ、別の一団は兵隊に取り圍まれて銃剣刺殺《じゆうけんしさつ》の練習に使われたのです。

この手記は、当時、南京国際赤十字委員会委員長の地位にあったアメリカ聖公会布教団の牧師のJ・G・マギーが上海の友人に送った長文の手紙の一部分である。

つぎに、欧米きっての中国通であり、毛沢東のよき理解者であったアメリカの新聞記者エドガー・スノウの著書『アジアの戦争』(一九四一年)からその一節をひく。

数千人の男が表向きは労働のためと称して、この区(国際難民区)から連れ出された。そして一列に並ばされて機関銃の一斉射撃をうけた。時には幾群かの人が銃剣術の練習台に使われた。勝利者はこのような生ぬるいスポーツにあきると、いけにえを縛《しば》り上げて頭から石油を浴《あび》せ掛《か》け、生きたまま焼き殺した。

また、空《から》の塹壕《ざんごう》(野戦用のほりで前面に土をつみあげてある)に押しこめられて、シナ兵の振りをしていろと命ぜられた者もある。日本の士官(少尉以上の階級の者)はそこでこの「敵陣」を占領せよとの突撃命令を兵士に下し、武器なき防禦軍《ぼうぎょぐん》を突き殺してしまったのである。

もう一つ、当時、南京の金陵大学教授の地位にあったアメリカの社会学者、L・S・C・スミス博士らによる『南京地区における戦争被害――一九三七年十二月~一九三八年三月・都市および農村調査』から、農民の被害についての一節をひく(『日中戦争史資料』第九巻)。

調査で回答のあったこの一〇〇日中の(農民)死亡者総数は三万一〇〇〇人、すなわち住民一〇〇〇人につき二九人で、年間にすれば一〇六人の割合となる。中国における死亡者の年間平均数二七人と比較されたい。

死亡者の八七パーセントは暴行事件による死亡で、大半は(日本軍)兵士の故意の行為によるものである。七家族に一人は殺されており、アメリカ合衆国の農家に同じ死亡率をあてはめてみれば、総計およそ一七〇万人が殺されたことになる。

この地方の状況と調査の方法からみて、警察や警備員として働いていた二、三の地元民を含むことはあるにしても、実際上、いかなる種類の兵士もこの調査からは除外されていた。殺人の割合は、(江蘇省)江浦《こうほ》県で最も高く、一〇〇日間に一〇〇〇人当り四五人であった。こんどは、当事者中の当事者である中国人みずからの証言をひかなければならない。

中国人の証言

まず、当時、警察署につとめていた三十三歳の証人・魯甦は、南京地方院検事に対して、つぎのように、証言する（「極東国際軍事裁判速記録」58号—17・書証一七〇二号——『日中戦争史資料』第八巻）。

敵軍（日本軍）入城後、将ニ退却セントスル国軍（中国軍）及難民男女老幼合計五万七千四百十八人ヲ幕府山付近ノ四、五ケ村ニ閉込メ、飲食ヲ断絶ス。凍餓《とうが》シ死亡スル者頗ル多シ。一九三七年十二月十六日ノ夜間ニ到リ、生残セル者ハ鉄線ヲ以テ二人ヲ一ツニ縛リ、四列ニ列《なら》バシメ、下関《シャカン》（揚子江《ようすこう》岸の波止場）・草鞋峡（揚子江岸）ニ追ヒヤル。

然ル後、機銃ヲ以テ悉《ことごと》ク之ヲ掃射シ、更ニ又、銃剣ニテ乱刺《らんし》シ、最後ニハ石油ヲカケテ之ヲ焼ケリ。焼却後ノ残屍《ざんし》ハ悉ク揚子江《ヤンツーガ》中ニ投入セリ。

かれは、市街戦で日本軍の砲弾により腿《もも》に負傷し、上元門大茅洞にかくれていて、この惨状を目前にしていたのだから、これは、いわゆる「目撃者の証言」として評価できよう。

つぎに、当時、南京で雑貨商をいとなんでいて、事件発生時に「難民区」に居住していた三十二歳の尚徳義の証言をひこう（「極東国際軍事裁判速記録」35号・書証一七三五号——

『日中戦争史資料』第八巻)。

(私たち五人は)二人ヅツ一本ノ縄ヲ以テ手ヲ縛リ合サレ、揚子江岸ノ下関《シャカン》ニ連行サレマシタ。其処《そこ》ニハ千人以上ノ一般男子が居リマシタ。皆坐《す》ハル事ヲ命ゼラレマシタ。其私達ノ前四、五十ヤード(約四〇メートル)ノ所ニハ、十余基ノ機関銃ガ私達ニ面シテ居リマシタ。(十二月十六日午後)四時頃ニナッテ一人ノ日本将校ガ自動車ニ乗ッテ来マシテ、日本兵ニ私達ニ対シテ機銃射撃ヲ始メル様命令シマシタ。射撃ニ先立ッテ私達ハ起立ヲ命ゼラレマシタ。私ハ、射撃ノ始マル直《す》グ前ニ地上ニ仆レマシタ。忽《たちま》チ私ノ上ニ屍骸ガ覆《おお》ヒ被《かぶ》サリマシテ私ハ気ヲ喪ヒマシタ。約五分後ニ私ハ死骸ノ山カラ這《は》ヒ出シテ、サウシテソコカラ逃ゲ私ノ家ニ帰ルコトガ出来マシタ。

この証言に対しては、弁護人の反対訊問はなかった。

それでは、これらの一連の報告と証言に対して、もう一方の当事者である日本人軍人は、どのように容認または反論しているだろう。

日本人軍人の記録

一般に、当時、南京方面にいた日本人軍人のなかには、今日の時点では、こうした残虐行為=大虐殺を否定するものが少なくない。

しかし、その反面では、つぎのような記録をみいだすことができる。南京攻略のころ、第三十旅団長の地位にあった陸軍少将佐々木到一の『ある軍人の自伝』(増補版・一九六七年)の一節である。

この日(十二月十三日)、我支隊の作戦地域内に遺棄された敵屍一万数千にのぼり、その外装甲車《そうこうしゃ》が江上に撃滅したもの並びに各部隊の俘虜《ふりょ》を合算すれば、我支隊のみにて二万以上の敵は解決されているはずである。

午後二時頃、概して掃蕩《そうとう》(敵をはらいのぞくこと)をおわって背後を安全にし、部隊をまとめつつ前進、和平門にいたる。

その後、俘虜ぞくぞく投降《とうこう》し来り、数千に達す。激昂《げきこう》せる兵は、上官の制止をきかばこそ片はしより殺戮《さつりく》する。多数戦友の流血と十日間の辛惨《しんさん》をかえりみれば、兵隊ならずとも「皆やってしまえ」といいたくなる。

白米はもはや一粒もなく、城内にはあるだろうが、俘虜に食わせるものの持ち合わせなんか、我軍には無いはずだった。

和平門の城壁にのぼって大元帥《だいげんすい》陛下(天皇)の万歳を三唱し奉る。この日天気快晴、金陵城(南京城)頭、いたるところ旭日旗(日の丸)のへんぽんたるを見て、しぜんに眼頭《めがしら》があつくなった。

また、敗戦後、東京裁判の被告人として法廷にたたされ、ただ一つの訴因(訴因No55=俘虜・一般人に関する条約や戦争法規の違反)についての有罪のみで絞首刑の判決をうけた――A級戦犯二五被告中、訴因一個の有罪で有罪判決をうけた被告人はひとりしかいない

──もと中支那派遣軍総司令官・陸軍大将の松井石根《まついいわね》は、教誨師《きょうかいし》の花山信勝《はなやましんしょう》に対して、こう追想している。もとより、東京巣鴨《すがも》の拘置所──いわゆる巣鴨プリズン──にてのことばである（『平和の発見──巣鴨の生と死の記録──』一九四九年）。

……慰霊祭の直後、私は皆を集めて、軍総司令官として泣いて怒った。その時は、朝香宮《あさかのみや》（鳩彦《やすひこ》王・陸軍中将・上海派遣軍司令官）もおられ、柳川中将（柳川平助）も方面軍司令官だったが。折角、皇威を輝かしたのに、あの兵の暴行によって一挙にしてそれを落としてしまった、と。ところが、このことのあとで、みなが笑った。甚だしいのは、或る師団長の如きは、「当り前ですよ」とさえいった。

従って、私だけでもこういう結果になるということは、当時の軍人達に一人でも多く、深い反省を与えるという意味で大変に嬉しい。

折角こうなったのだから、このまま往生したいと思っている。

ここには、国籍も立場もさまざまに異なる人びとの記録・証言・回想があつめられている。そのすべてを否定して、南京大虐殺という歴史的事実そのものを「まぼろし」とすることは、私たちにはできない。

東京裁判と南京大虐殺

一九四八（昭和二十三）年十一月四日に朗読された東京裁判の判決は、その第八章・「通例の戦争犯罪」において、「南京暴虐事件」をとりあげ「一九三七年十二月十三日の朝、日本軍が市にはいったときには、抵抗は一切なくなっていた」という状況のなかで、左表のような殺害があったことを認定した。

　そして、さらに、判決は「後日の見積り」によって「日本軍が占領してから最初の六週間に、南京とその周辺で殺害された一般人と捕虜の総数は、二十万以上であったことが示されている」とし、語をついで、「これらの見積りが誇張でないことは、埋葬隊とその他の団体が埋葬した死骸が、十五万五千に及んだ事実によって証明されている」とする。

　また、いわゆる「日本無罪論」の見地から、独自の少数意見判決を展開したインド代表のパール判事は、この「南京暴行事件に関する証拠」についても、「曲説とか誇張とかに関する或る程度の疑惑を避けること」が「できない」としながら、なお、最終的かつ総括的な事実認識において、つぎのように断じている（『日中戦争史資料』第八巻）。

　これに関し本件において提出された証拠に対し言い得るすべてのことを念頭において、宣伝と誇張をでき得る限り斟酌《しんしゃく》しても、なお残虐行為は日本軍のものがその占領

階級・階層	種別	虐殺人員
中国人男女子供	非戦闘員	一二、〇〇〇人
成人中国人男子	〃	二〇、〇〇〇人
一般人避難民	〃	五七、〇〇〇人
中国軍兵士	戦闘員（捕虜）	三〇、〇〇〇人

した或る地域の一般民衆、はたまた戦時俘虜に対し犯したものであるという証拠は圧倒的である。

……「圧倒的である」。

第12章

北のくにの「銃後」

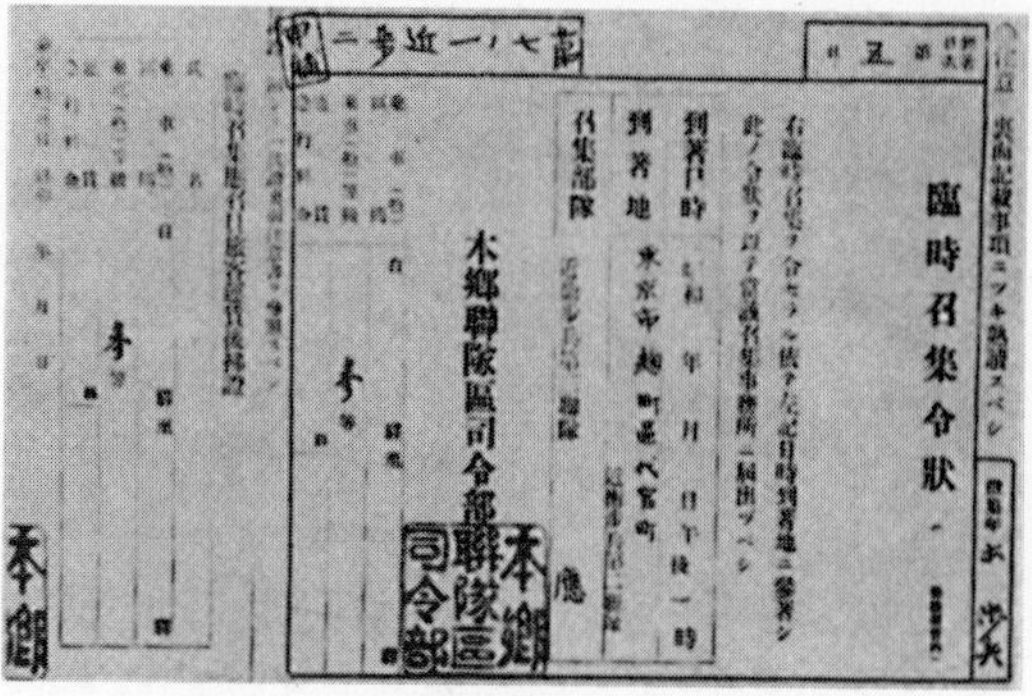

「赤紙」──ピンクの紙に印刷された召集令状

「赤紙」がきた

女優・高峰秀子が中国でみたもの

一九六三（昭和三十八）年、女優の高峰秀子《たかみねひでこ》さんは、――北海道・函館市生まれ――北京で「日本軍人の遺品」をみる機会があり、そこで、「寄せ書きのサイン入りの展示日章旗」や「つぶれた飯ごう」や「さびた鉄カブトや成田山のお守り」などとともに、「血にまみれ、ボロボロになった千人針《せんにんばり》」をみる体験をもった。かの女は、そのときの想念を、こう、かきとどめている（高峰秀子『わたしの渡世日記』上・一九七六年）。

（その）千人針を見た時、モンペ姿で千人針……を手にした戦時下の日本女性の、暗く、そのくせ熱っぽいまなざしがふいに思い出されて、遠い悪夢の中にひき戻されるような気がした。そして、その千人針の思い出といっしょに、これも血にまみれてグシャグシャになった私の「ブロマイド」が遠い記憶の底から這い上がってきた。

まだ物資の統制がさほど厳しくない（昭和）十三、四年のころには、大陸で戦う兵士のためにせっせと「慰問袋《いもんぶくろ》」を作って送ることが「銃後に残された女性」のひとつの義務であった。家族や恋人のあて先を知る人はもちろん、あて先がなくとも、二つでも三つでも、慰問袋を女たちは作って送った。「慰問袋」は、さらし木綿を三十センチほどの長さの袋状に縫い上げ、中身はたいてい、手ぬぐい、石けん、アメ玉、チョコレート、お守り、煙草にマッチなどで、必ずといってよいほど女優のブロマイドを入れたものであった。私のブロマイドもおびただしい数の慰問袋に入って海を渡ったらしく、そのブロマイドを見た兵士たちから一日に何十通もの軍事郵便が届いた。私の住所の分からぬ軍事郵便には、ただ「日本国　高峰秀子」とあり、たくさんの郵便はヒモで束ねられて、東宝撮影所へ回送されてきた。……

……ある日、大阪から一通の重い封書が届いた。中には半紙に包まれた私のブロマイドが一枚、それも血と泥に汚れて色が変わり、よれよれになったブロマイドが同封されて、「戦死した一人息子の遺品の中にありました……」と涙ながらの筆のあとに、私への感謝の言葉が長々とそえられていた。

封筒の裏には住所と名前がきちんと記されていたけれど、私はどうしても返事を書く気になれなかった。私はその日のことを、昨日のことのようにはっきりと覚えている。忘れることは出来ない。いま私に書けるのは、それだけである。

ついでにしるす。「渡世《とせい》」という語がかの女の人生のなかみとぴったり合っているこのしたたかな自伝を一気によみ、私ははじめて、木下恵介氏の秀作『カルメン故郷に帰る』（一九五一年）における高峰秀子さんと小林トシ子さんのストリッパー役の演技の秘密の一部分を理解できたと思った。私見によれば、あの作品は、戦後映画史における「庶民」像の描写において、いまもなお、独自の評価の視座を要求している。

——さて、肝心なのは、ここでは「千人針」である。ここでは、高峰秀子さんの熱狂的ファンだった故・新村出『広辞苑』の定義を借りるのが情理にかなっているだろう。

せんにんばり〔千人針〕一片の布帛に千人の女が赤糸で一針ずつ縫《ぬ》って千個の縫玉を作り、出征将兵の武運長久《ぶうんちょうきゅう》・安泰を祈願して贈ったもの。初は「虎は千里を走って千里をもどる」の伝説から寅年生れの女千人の手になったものという。

われらが「デコちゃん」のいう「銃後に残された女性」には、むろん、労働する女性人口の過半をしめる農村女性も入っていた。あまりにも当然のことだが、「千人針」は、村落社会にあっても製作されたのである。

村でぬわれた千人針

——そのささやかな一例をあげてみよう。一九三七年に召集された華北戦線でたたかい、翌年の「雛まつり」の日に山西省で戦病死した——馬にけられた傷がもとで丹毒症《たんどくしょう》になり苦しみ死した、岩手県和賀郡和賀町横川目荒屋部落（東北本線の北上駅から西に入る）の出身である小原清止《おばらきよし》上等兵（享年・三十七歳）が途中でひそかに家族に託した手紙には、こう、ある（菊池敬一・大牟羅良編『あの人は帰ってこなかった』岩波新書・一九六四年——このほんは、十五年戦争下の「銃後」の女性たちの人生について、さけてとおることの許されない必読文献である）。

……私は次のような順序で広島に来ています。弘前《ひろさき》を十一日午後八時五十八分発車

――客車九ツ、馬は約二十車位――十一日は朝から雨降りでした。頭から濡れて馬を汽車に積みました。私と友方《ともかた》（同部落から同時に応召になった）は同じ車で馬番でした。

……

……秋田で思いがけなくるり（清止の妹）に会い、皆様が黒沢尻《くろさわじり》（今の北上駅）に出たのを聞きました。糸魚川《いといがわ》駅で六郎とタカヨに会いました。幸い此の駅で馬番交代だったので全く夢のようでした。別れる時全く泣き出したくなったが沢山の兵隊の前では涙は見せられません。万歳の声は出せなかった。紙包を貰ったが、今夜見たら千人針とキャラメルと仁丹《じんたん》でした。

……ここまで来る間に田畑や草刈りの人達も子供も皆手をあげ、日の丸の旗をふって万歳をさけんで送ってくれました。頭のはげた爺さんがカマを振って万歳をしたのを見た時は、今頃家の父も――と思い出して涙が出ました。子供達の姿をみると、博や節子（清止と妻・こめの子。小学四年生と二年生）を思い出して胸が張りさけるようです。然し今は何と思っても仕方ありません。……

……旅費として隊からもらった四円二十二銭と給料をるりに頼んでやりました。これからも給料は送りますから……（省略部分と注記の大部分は、原書による）。

妹のるりの話では、秋田駅では、面会の時間が長く、兄妹は、駅の便所の中でかくれてあったが、清止は泣いてばかりいて、さっぱり話せなかったという。そして、給料は全額、妹の手を通じて、妻の手にとどいたという。清止の「涙」のうちには、妻子への想いのほかに、「米十六俵で百円の頃」の話として、「千円の借金」があり、「かまどけエし」（破産）の直後の召集という「心配」があったとみられる（妻・こめの追想）。

私は、ほとんど必然的に、あの『万葉』の七五五（天平勝宝七）年の「防人歌」の一首を想起する（『万葉集』・巻20四三六四――岩波版『日本古典文学大系』7）。

防人《さきむり》に発《た》たむ騒ぎに家の妹《いむ》がなるべき事を言はず来ぬかも

（常陸国茨城郡《ひたちのくにうまらきのこほり》・若舎人部広足《わかとねりべのひろたり》）

むろん、「なるべき事」とは、生業のいみである。

――さきの小原清止に千人針をおくった「六郎とタカヨ」が清止とどういう関係の人たちだったかはわからない。しかし、小原清止と相似的な境遇にあった多くの「農民兵士」が千人針を腹にまいて、中国大陸の泥にまみれ、ときとして、その千人針をみずからの血でそめたことだけは、まず、うたがいをいれない。

また、現在の山形県上ノ山市牧野にすんでいた木村みねさんは、夫の文左衛門さん――甲種合格――を五度も召集でとられ、結局、中国戦線での夫の死により、三十代の半ばで未亡人となった。かの女は、夫の留守宅を守る妻の生活と感情をこう語る（斎藤たきち「忍従と辛苦を生きつづけて――木村みねさんの半生」――松永伍一編『歴史をふまえて――講座農を生きる5』一九七五年）。

はじめて現役で出て行くときなど、泣けで泣けでしょうがなかったス。一年半を一人で暮さねばと思うと、さみしさとくやしさの入り混った気持で、涙が湧いてきてならなかったス。夜はふとんの中で、便所にいっても、また誰もいない田圃の中でも泣けて泣けてしょうなかったのス。ようやくあきらめがついて涙が出なくなったころ、あの人は帰ってきたけど、二、三年してまた召集されていったんだっス。

夏だと普通、三時半から四時には起きたものだっス。まだ空さお月さまがかかっていだもんだス。朝仕事はベコ（牛）のもの刈り（草刈）が仕事だっス。オレが草刈りして背中に背負って帰ってゆくのと、村衆が出かけていくのが一緒だったものね、月夜の中で草刈りも終したし、ベコに食わせる田の畦の豆の葉っぱこきも、手さぐりでやったもんだス。

おっちゃん（夫）が兵隊に行き行きしたとき、オレ一人で馬耕かきしたもんだス。ベコに逃げられて、青くなって追いかけたこともあったス。ベコもオレば女だと思ってよ、なまけてかしがね（働かない）ときもしょっちゅうあったス。後から、シッシッと言っても歩かねえし、ムチでたたいてもけそっとしていたもんだ。だからオレの家は、田耕いでも代掻きでも、人よりもおそくまでかかったもんだス。

結城哀草果《ゆうきあいそうか》は、この道に立志する人びとでほとんど知らないもののないアララギ派の歌人であるが、ながく出生地の山形市に近い山形県南村山郡本沢村菅沢に住み、村民たちとつきあい、その体験にもとづいて東北の自然と社会をスケッチした随筆集『村里生活記』（一九三五年）・『続村里生活記』（一九三七年）・『小風土記』（一九三九年）をともに岩波書店より公刊した。

このうち、第三随筆集の『小風土記』には「応召者素描」（『文芸春秋』昭和十三年二月号）・「常時身辺記」（「帝国大学新聞」昭和十二年十一月号）・「草刈」（「都新聞」昭和十二年七月号）・「過失」（『大法輪』昭和十三年七月号）・「木綿」（『大法輪』昭和十三年六月号）・「夢」（『大法輪』昭和十三年四月号）・「戦死」（『アララギ』昭和十三年十一月号）などがおさめられていて、日中戦争が東北の「辺陬《へんすう》」の村をどうとらえてゆくかについての貴重なレポートとなっている。そこで、以下すこしく抄出してみよう（引用は、岩波書店版・四版・一九四三年刊の原著により、さらに『哀草果村里随筆』第一巻・中央書院版・一九七三年を参照した。なお、このうち、「応召者素描」は中島健蔵監修『ドキュメント・昭和世相史』戦中篇・一九七五年に引用され、たとえば、金原左門氏により、引証されている――鹿野政直・金原左門・松永昌三『近代日本の民衆運動と思想』一九七七年）。

村役場の夜の門前に高張提灯《たかはりぢようちん》が高く掲げられると、またも召集令状が来ると予感した村人が丁度《ちようど》汐が寄せ返すように騒《ざわ》めきたった。しばらくして影法師のように、徒歩に自転車に役場の門を四方に散って行く人々を見かけた。……

八月下旬（昭和十二年）私の村には、○○《（ママ）》名の召集令状が下った。村役場がその令《れい》状《じょう》を区分整理して、吏員《りいん》達がそれを送達に出掛ける頃は、短夜の黎明《れいめい》であった。丁度初秋蚕《はつあきご》を掃立《はきた》てる（孵化した毛蚕ケゴを蚕卵紙からはきとって別の紙か蚕座へ移す）期節で山野にふかく露がおりて、叢《くさむら》に虫がさかんに鳴いている。役場吏員のBは役場から一里ほど間に引込んだ隔間場《かっかんじょう》、久保手の両部落を受け持って令状を送達したが、応召者の誰彼は草刈に、桑摘みに野外に出掛けて不在である。隔間場は二十戸の部落に○《（ママ）》名の応召者があった。

先ず渡辺多治郎という○○《（ママ）》歩兵上等兵の家に行った。多治郎の家は部落一の物持で、萱葺《かやぶ》きの大母屋につづく白壁の土蔵が朝の光を反射している。多治郎は山畑に桑摘みに行っておって、頭の禿げ上った七十近い柔和《にゅうわ》な老爺が令状を受け取った。その隣家が○○《（ママ）》歩兵一等兵渡辺善吉の家である。

Bが令状をもたらして善吉の家の敷居を跨《また》ぐと、令状の来ることをはやくも感知した善吉が、戸口のところに待ちうけておって、令状を受け取らぬ前に入隊の日をいそがしくBに尋ねるのである。善吉は数年前に父を亡くしてからは、家の柱になって働かねば生活が立たぬ立場にあった。善吉の母親は腐れた眼をしばたたいて、善吉が手にした召集令状を眺めながら、「それでは秋蚕《あきこ》は捨てねばなるまいな」といって暗然とした。善吉がいなくなれば人手が無く、秋蚕の飼育が出来なくなるというのであるから、Bも急に慰める言葉が思い当らずに善吉の家を出た。……

……（井上）文五郎の軒並びが〇〇《（ママ）》歩兵上等兵井上留太郎の家である。低い藁屋《わらや》の中から子供の声がさかんにして小さい手で朝の炊事をしておった。囲爐裡《いろり》に子供の数ほどの唐黍《とうきび》（トウモロコシ）が炙《あぶ》ってある。留太郎は前田に草を刈っているというので、男の子が走って呼びにゆくと、間もなく鎌を手にしたまま帰って来たが、子供達をしげ《（ママ）》しげと眺めて、「お父《とっ》さ戦《いくさ》に行かなね、汝《にさ》だ喧嘩しないでおらなねなァ」といった。そしてBから令状を受け取る時に覚悟は前々からして居ったが、まだ少しばかり早かったと言った。夫婦暮しのなかに多くの子供があり、片腕になって働く妻が産後の肥立ちがわるく病院におった。それで小さな子供達が炊事のことをしておる。忙しくなる秋の収穫を前にして、病妻と幼い子供を残して応召する留太郎の心が一時乱れるのは無理はない。受領証に署名するのに留太郎の手がひどく震《ふる》えるのをBは心痛いおもいで眺めた。その留太郎が出発の日には、見違えるほど元気になり、眼は報国の一念に燃えていた（「応召者素描」）。

私は、ある法の条文をここで想起せずにはいられない。

（兵役法）（一九二七年十二月一日施行）。

第74条　兵役《へいえき》ヲ免《まぬが》ルル為、逃亡シ若《も》シクハ潜匿《せんとく》シ又ハ身体ヲ毀傷《きしょう》シ若シクハ疾病《しっぺい》ヲ作為シ其ノ他詐偽《さぎ》ノ行為ヲシタル者ハ、三年以下ノ懲役ニ処ス。

第75条　現役兵トシテ入営スベキ者、正当ノ事由ナク入営《にゅうえい》ノ期日ニ後《おく》レ、十日ヲ過ギタルトキハ六月以下ノ禁錮《きんこ》ニ処シ戦時ニ在リテハ、五日ヲ過ギタルトキハ、一年以下ノ禁錮ニ処ス。

一九三七（昭和十二）年九月十日、結城哀草果は、たまたま用事があって、村の小学校――本沢小学校――にいった（なにしろ、かれは、村民からあらゆる話やもめごと相談ごとをもちこまれる知識人であり、みずから「わが家は雑訴決断所《ざつそけつだんしょ》のようだ」というほどだったという――西村直次「解説」・前掲『哀草果村里随筆』第一巻）。入ると、職員室の掲示板に、こう、しるされている。

昭和十二年九月十日　金曜
大山文雄先生に充員《じゆういん》召集令状（本日午前二時）
到着日時　九月十三日午前七時、〇〇〇〇《（ママ）》連隊。〇〇〇《（ママ）》出発　十三日午後
応召者挨拶
渡辺在郷軍人分会長殿
岡崎伝弥君（旧姓志田）
秋葉与作君
本日授業午前限り――臨時職員会、午後二時宿直室（「非常時身辺記」）。

「赤紙」の波紋

また、こんな記録もある。

九月一日、友人のMが金井駅から〇〇〇〇《（ママ）》連隊に向って応召出発した。三十七歳

の後備特務兵である。Mは草屋《くさや》根《ね》葺《ふき》を渡《と》世《せい》としている男で他に所得がない。眼病の妻と子供五人を残してのMの出征は村一般の同情を引いた。Mは貧者であるが、読書を好み芸術を理会したから、衣食は低く思想は高しの生活をしておった。Mが召集令状を受けた日に、私の家に来て屋根の雨漏りを繕《つくろ》ったが、どこかそわそわして充分に為《し》事《ごと》に手がつかずにしまった。

Mが出征するというので、友人達が腕時計を買って餞別《せんべつ》にした。親の代から時計を持たないMでも、出征しては時計が必要だろうと思ったからである。Mは時計を貰っても針を時間に合わせたりするのが面倒らしかったが、出発までは覚えていた。生活に追われて旅行らしい旅も出来なかったMは、このたびは支那まで官費旅行だぞといって元気に笑った。Mが弘前市の宿舎から送った戎衣《じゅうい》（戦争に出る時の衣服。軍服と甲冑）をつけた写真を見ると、眉が濃く、眼光がおちついてもはや屋根葺渡世のMではなかった。

赤十字の腕章をつけて立派に衛生班の輸卒《ゆそつ》である（「非常時身辺記」）。

また、こういう余話もある。村からBという男が山形連隊に入隊した。

そのBがある日曜日に外出帰郷を願い、一日の暇を貰って帰宅した。

Bが帰宅するとまず厩《うまや》に行って飼馬に秣《まぐさ》を与えた。馬はBを見るとよろこんで嘶《いなな》いた。

Bは馬の鼻を叩いて愛撫《あいぶ》していたが、すぐ軍服を脱ぎ襦袢《じゅばん》に股引《ももひき》きを着け、荷縄と鎌とを持って山に出掛け秣を沢山刈って帰ると、馬は首をふってよろこび嘶いた。Bは飼馬に心を奪われて軍規を失念し、秣を刈って帰営《きえい》せず、家に一泊してしまった。連隊ではBを脱営者と見て騒ぎ、翌朝、憲兵がBの家を訪ねると、Bは至極《しごく》あっさり、「馬が可愛くて山さ草刈に行ってしまってなあ」といった(「草刈」)。

私は、連想する。一の谷の合戦のとき、武蔵国のさむらい平山季重《ひらやますえしげ》は、かれの下人が馬に草をやりながら、「にッくい馬《むま》の長ぐらゐかな」といって打っているのをみて、「かうなせそ、其馬の名ごりもこよひばかりぞ」といって、とめたという(『平家物語』巻第九・「一二之懸」——岩波版『日本古典文学大系』33)。

馬へのおもいは、ことに東国においては、古今、その軌を一にするというべきだろう。

……

また、こんな話もしるされている。

旧暦の年末で私は応召した友人の家族を訪問した。傾いた藁家の火の気のない筵《むしろ》の上で十五歳の男を頭に五人の子供が、藁を弄《いじ》っておった。藁為事《わらしごと》をしているというよりも、藁を弄っているといいたいように、小さい手で縄を綯《な》っている。

……子供達の母は反物屋《たんものや》に行って不在であった。多分正月が来るので子供等の足袋などを買いに行ったのだろうと思って、私は子供達を相手に話をしている。お父さんから手紙が来るかと問うと、久しぶりで昨日届いたと年上の男の子が答えた。またお父さんの夢を見ぬかとたずねると、夢はたびたび見るがいつも屋根の上にいる父と、藁為事をしている父の姿ばかりである。戦争をしている父の姿を夢に見たいと思っても一度も見たことがないといって、ひどくさびしい顔をする。子供等の父は屋根藁を半渡世にしている貧農《ひんのう》であるから、屋根上の父と、藁為事をしている父の姿を夢にみるのは当然であって、子供等が勇ましく戦う父の姿を夢に見たいと念じても、戦争に経験のない子供達に戦争の夢が結晶し難いはずだと思って、私はいろいろと子供等を慰めた。

そこに眼の悪い子供達の母が帰って来た(「夢」)。

――この「子供達」のなかで、軍国教育は、いったい、どのような結晶をみせつつあるのか、と、ふと思う。

ある戦死

本沢村から中国戦線に召集されていった兵士たちに戦死者がはじめてでたのは、一九三八年の春から初夏にかけてのことだった。戦死者は、歩兵曹長・寒河江重蔵と歩兵伍長・斎藤恭助のふたりであり、そのうちのひとりについて、結城哀草果は、こんな風にしるす。

……(歩兵伍長・斎藤)恭助君は昨年八月二十一日我村最初の応召者として、非常な感動をもって山形駅頭に歓送されたが、間もなく出征して中支各地に転戦中、七月二十九日太湖《たいこ》地方高地の戦闘に敵弾に当たって壮烈な戦死を遂《と》げた。……

……斎藤恭助君が戦死した当夜、軍服姿の恭助君が斎藤家の裏口から入って来て、母親と久し振りで種々の話を交した。母親の喜びは一通（り）でなかったが、それは夢であった。

母親は夢からさめると父親の浜太郎氏を起こして夢を語り、恭助君の戦死をほぼ予感した。それで村役場から恭助君戦死の公報をもたらして、斎藤家を訪ねると役場吏員の挨拶を待たずに、

「恭助が戦死しやんしたか」

と母親が言ったそうである。また斎藤家庭前の松の木が恭助君出征後に枯れた。それを眺めて父親は、

「松の木が恭助の身代りに立ってな」

と感慨ふかそうに言っていたが、恭助君の戦死を知らせて枯れた結果になった（「戦死」）。

どんなに多くのこうした「予兆」が兵士たちの「銃後」の家で感知されたことであろう。じっさい、日中十五年戦争下の民衆の生態にふれ、それをくわしく調べようとするものはだれでも、高度な――たとえばアメリカにくらべて多くの欠陥をもっていたにせよ――技術・情報システムをもって戦争を遂行していた国家権力の下で、じぶんの行末やみずから

のミウチの生死についてまともな情報をあたえられない無告の人びとがどれほど真剣に卜占・夢見・噂話・コックリさんなどを信じ、それらにすがりついていたかの諸事実にかならず出会うだろう。「ウドンゲの花」に凶兆をみた東北出身の農民兵士の存在（岩手県農村文化懇談会編『戦没農民兵士の手紙』岩波新書・一九六一年）も、東京都民のあいだでかなり広汎だった「ラッキョウ信仰」の存在（『徳川夢声戦争日記』中公文庫・全七巻）も、こうした「十五年戦争のフォークロア」の一要素として、位置づけられよう。

しかし、戦死の「予兆」のあった家より、もっと切なく、もっといたましいのは——むろん相対的に——、戦死の「予兆」すらなく、或る平凡な一日に突然やってきた肉身の死の知らせをうけた家であろう。

そうした知らされ方をしたひとりに、一九三七年十一月十四日、華中戦線で機関銃手として中国軍と交戦中、鉄帽をうちぬかれた頭部貫通銃創で戦死した菊池孫七伍長の妻・ナカさん（当時二十七歳）がいた。かの女は、こう、回想する（前掲『あの人は帰ってこなかった』）。

……戦死したとき、やっぱりびっくりしたったマス。アン（はいの意）、この村で一番先の戦死者だったモ。アン、その時、戦死なんというもの聞いたこともなかったから、知らせの手紙来たときも、なんとも思わねェで受け取ったったったノス。

それ、誰もろくに字読める人、居ねェんだモス。

はじ（夫の弟、八右エ門）その時、一番字読めるというので、みんな火びと（いろり）さ、車（車座）になってあたって、はじ読むの聞いたったモ。そしたれば戦死したということわかって来てびっくりして、みんなして其処《そけ》さどんとひっくり返ェってオイオイって泣いたったマス。……

アン、運悪かったのだベモ。運悪かったから一番先に死んでしまったベモ。

なんじょにも仕様《しよう》の無《ね》ェことだったノス。そう決っていたことだったベモ——。

なんといったらいいのだろう。この「運」ということば——かの女は、それを「皆持って生まれて来た」ものと定義する——が、夫の戦死とそれにつづくかの女の人生のすべてを解いてしまう。解いても解ききれない「未亡人」の歳月の盤根錯節（『後漢書』）のつらさを「運」という灰色の一語がモノ・クロームに染色してしまう。ぬりつぶしてしまう。そこには、「天皇陛下」も「近衛首相」も、ひとかけらもでてこない。かの女たちのことばをよんでいて、そこがかなしい。そこがつらい。

「銃後」万華鏡

さまざまの生活難

万華鏡（ばんかきょう）といったって、きれいな花がうつっているわけではない。花は花でも、それはカボチャの花のようなものの万華であろう。むろん、カボチャの花だって、可憐できれいな花にはちがいないが、だれにせよ、花をめでるためにカボチャをそだてはしない。むろん、人びとは、実をたべるために、ときとしては、「南瓜黄疸《おうだん》」になるほどたべるために、カボチャを栽培し、その結果として、カボチャの花は咲く。この「銃後」万華鏡《ばんかきょう》では、そうしたカボチャの花のように、戦争のもたらす生活諸相の変化が咲かせたいわば「日かげの花」をスケッチしてみることにする。描写がアト・ランダムに散らかるのは、テーマの性質上、やむを得ない。

――たとえば、さきの菊池ナカさん（岩手県和賀郡和賀町横川目荒屋部落）は、未亡人となってからの生活について、こう、かたっている（前掲『あの人は帰ってこなかった』）。

……アン、ひでェ（つらい）かったと言えばひでェようなものだったナス……。

それはハァ、米無くてナス。アン、炭一俵、背負《しょ》ってって、米っコ二升三升ととりかえて来て食ったったナス。アン、年とりの晩、年とりの米無くて、辺りの人達さしょす（恥しい）もんだから、暗くなって炭っコ背負って駅前まで行って、米っコと、魚っコと買って来て年越ししたこともあったったナス。アン、それ、家《え》でその頃、十人家族で、二升やそこらの米、一日で食うんだもス。

なんじょして過ごしたってスカ。なんじょもしようが無ェ時、芋粥《いもがゆ》こしらえて皆してそいつすすってばかりいたったモ。――かくして（秘密にして）いたノス。そういうことなんじょして辺りの人達さいえるべしや。恥ずかしことだべマス。

作家の島木健作は、「昭和十六年秋」の「序」をもつ農村旅行記である『地方生活』のなかで、「東北地方における有数な養蚕地帯」である福島県伊達郡の粟野村にふれ、こう、かきとめている（島木健作『地方生活』一九四一年）。

……どこの地方も同じことだが、養蚕期中の働きは激烈をきはめ、よくかせぐ人は朝三時から起きて働き、夜ねるのが一時といふやうなこともある。その間昼飯後一時間の休養がほとんど唯一のものである。

……どうして夜そんなにおそくなるか。それは夜十時に桑をやる。それがすむとすぐ翌朝一番はやくかける桑の葉をかきに畑へ出るからである。

忙しさが（支那）事変後一層激しくなっているのは人夫が少なくなっているからである。家族の労働力が減っている。他村からはいってくるものも減っており、需要者は多いから、雇はうとしてもなかなか雇へぬ。この村へは、東の県境の、白根、山舟生といふやうな貧しい村村から娘子供が季節になるとはいって来る。労賃もぐんぐんあがる。町村長と農会長とが集まって給料をきめ、その申合せできめたものが県の認可を得、法になるのだが、その間になかなか面倒が多いのである。

このやうに労働が激しいといふことはどういふこととなって現はれているか？ それは壮丁《そうてい》（兵役適齢者）の体格がわるいといふことになって現はれている。同じ検査区域、一町七ケ村のうちで、粟野の青年の体格が一番わるいといふことになっているのである。

村から外へ出て行く青年は益々多い。この部落（堂内）などでは、二十軒のうち、今年小学校（高小か？）を出た十六歳が一人いるきりで、次に若いのは三十か三十一で、その中間の、ほんたうの青年層は皆無である（「養蚕地帯」昭和十六年――傍点は引用者による）。

ここには、「出稼ぎ」と「召集」の双方に原因をもつ青年の「過疎」が労働力不足・労働強化の状況をうみだしていることがしめされている。「婚期を逸した娘」が多く、「三十近くなって嫁入らぬ娘があるといふやうな今までは見られなかったことが起っている」のも、その「過疎」を主因としているとみていい（私は思いだす。戦時中のスローガンの一つに「足らぬ足らぬは工夫が足らぬ」というのがあった。しかし、亡き「アンツル」こと、安藤鶴夫によれば、東京の郊外のある駅で、そのポスター？の「工」の一字が×で消されてあったという。笑えぬ？ユーモアである――安藤鶴夫「江戸庶民の笑い」・『文学』一九五三年八月号）。

同じことについて、同じく作家の中野重治氏――ついでにいう。中野氏には、島木健作の代表作とされている小説『生活の探求』への全面的・根本的な批判がある――は、その「事変下」北越紀行ともいうべき『雪の下』のなかで、こう、しるしている。ラッセル車が出動したりした大雪の敦賀《つるが》駅での見聞と感想である（「雪の下」――『改造』一九四〇年三月号・四月号――文集『雪の下』一九四八年――『中野重治全集』第十一巻）。

……一ぱいの人である。宿屋や知人の家やそこいらの民家に泊りこんでいた人達が雪まみれになってひしめいている。頭巾・蓑《みの》・ゴム長靴（雪で滑らぬやうにすべて荒縄で縛ってある）で装束した雪掻《か》き人夫がかたまっている。これが皆乗りこまねばならない。……

……この雪掻き人夫は鉄道の駆《か》り集めたものである。以前はこれはこの地方に付き物の冬の風景であった。一日男一円六十銭、女八十五銭の労賃は農閑期《のうかんき》農村の殆ど毎年きまった相当大きな収入であった。

しかし農閑期そのものが変化してしまった。第一は戦争による人の不足である。第二は工業地へ向っての離村による人の不足である。第三には、例へばかます編みのための忙しさである。たうとう鉄道は労賃を、男二円女一円十銭に値上げしたがそれでも追っつかない。その筈であった。これが町の屋根おろしに行けば一日四円から五円、それに飯がつかうといふのである。三方《みかた》あたりで女人夫の出ていたのもそのせいである。

ここには、こと改めて言ってみるならば、商品需要と労働力編成の「構造変化」がある。一例をあげてみると、この「かます」については、こうした事情がある（前掲『雪の下』）。

……例へばある所では、筵《むしろ》と鯡《にしん》しめ粕との物々交換が行はれる。昔は筵などといふものは廉《やす》かった。今は縄、筵、かますなどといふものが莫大な値で売れる。それは他方で莫大な量の輸送が行はれているからである。そこで鯡しめ粕が一束二円五十銭のかます十五束と交換される。三十七円五十銭、十一円五十銭の協定値段なぞは糞喰へである。

この「莫大な量の輸送」には、軍需が直接間接にからんでいるだろうし、そのための価格体系の変動とみてさしつかえあるまい。また、こういうこともおこってくる（前掲『雪の下』）。

金沢を中心にして考えてみると、ここでは産業の七割がいはゆる犠牲産業であった。どんな九谷焼《くたにやき》も、どんな仏壇や金箔《きんぱく》も直接戦争に役立つことは出来ない。中小商工業者の転業といふことは東京などでもさまざまな喜悲劇を生んだが、石川県乃至金沢なぞといふところではそれが仕方のない有様で経過して行った。大風が吹いて行ったやうなものである。

そこでその連中が、昨日までとは打って変って、一大決心を以て、あるひは尾羽うち枯らして、低賃金、悪条件の他の産業、主として軍需品産業へなだれこんで行った。無論かういふ連中は、新しくはいった産業部門のなかで熟練工にはなり得ない。箔打ちの名人もそこへ行っては臨時工である。臨時工などといふものがどういう待遇を受けているかはやはりここに書き出す必要はない。

私はこのあたりを抄写しながら、かつて中野重治氏が旧制「四高」の学生としてあの独

工業生産額構成比推移　「工業統計表」による。

年　次	金属	機械	化学	計	紡織	食料品	計
1931 年	8.0	9.2	15.1	32.3	35.6	15.5	51.1
32 年	9.5	9.6	15.1	35.5	35.5	14.3	49.8
33 年	10.8	10.9	15.8	37.5	35.7	12.5	48.1
34 年	15.6	11.5	16.1	43.2	31.1	11.1	42.2
35 年	17.0	12.7	17.4	47.1	28.5	10.7	39.2
36 年	17.5	13.2	18.0	48.7	27.6	10.2	37.8
37 年	21.0	14.7	18.9	54.6	24.1	9.0	31.1
40 年	20.6	24.9	17.5	59.0	18.0	9.1	27.1

部門別労働者数推移　（単位千人）
「工業統計表」による。

年　次	総数	金属	機械	化学	計	紡織	食料品	計
1931 年	1,766	101	214	124	439	899	134	1,033
35 年	2,421	218	387	229	834	1,008	159	1,167
38 年	3,215	337	860	322	1,519	977	191	1,168

〔出典〕黒川俊雄『日本の低賃金構造』1964 年

特の「街あるき」をしたであろうこの城下町の、たとえば尾張町辺の小路にいまもそっと店をだしている箔屋・箔師？の存在を思ってみる。やはり、戦争は、不可逆的な方式で社会を変革する。

そうした変革のなりたちを簡単にみるためには、やはり、統計がいい（黒川俊雄『日本の低賃金構造』一九六四年）。

高価格と低価格の矛盾構造

たとえば、さきの結城哀草果の「村里随筆」中にこんな短章をみつけることができる（前掲『哀草果村里随筆』第一巻）。

臨時工比率の推移　（%）

『労働統計月報』第9巻・第9号，27ページによる。

	総数	機械	化学	特別	染織	飲食物
1934年	13.0%	22.7	6.9	3.8	3.8	5.2
35年	12.4	19.5	5.4	7.0	3.1	4.8
36年	10.8	15.7	7.0	7.6	2.9	11.5
1937年7月	17.0	23.9	16.7	29.0	2.8	18.3
11月	25.7	27.2	29.9	60.0	4.9	36.0

工場・鉱山災害件数および率

『労働統計月報』第9巻・第9号，66—68ページによる。

年次	工場				鉱山			
	災害数		1000人あたり災害率		災害数		1000人あたり災害率	
	死亡	計	死亡	計	死亡	計	死亡	計
		百人				百人		
1931年	284	352	0.17	21.69	716	790	3.19	351.09
35年	532	698	0.23	30.68	1,171	733	4.10	256.60
37年	681	1,015	2.25	36.90	1,057	793	2.80	209.90
39年	888	1,210	2.26	34.81	1,536	954	2.96	183.76
41年	880	1,344	2.23	35.74	1,603	1,018	3.05	193.75

民営工場労働者実収賃金推移　（1934〜36年＝100）

『現代資本主義大系』「労働」67ページによる。

年次	実収賃金	生計費	実質賃金	年次	実収賃金	生計費	実質賃金
1931年	99.3	91	109.1	36年	100.5	103	97.6
32年	96.4	91	105.9	37年	105.9	107	99.0
33年	97.6	93	104.9	38年	115.9	110	105.0
34年	99.8	97	102.9	39年	129.8	139	93.4
35年	99.7	101	98.7	40年	147.5	180	81.9

〔出典〕前掲『日本の低賃金構造』

> 昨年の秋までは股引《ももひき》一足を七十五銭で村の産業組合が売った。それが冬に入ると九十五銭に高まったので一般の農夫が買い渋った。
>
> ところが春になっていよいよ労働着を必要とする段になって、同じ股引が一円二十銭に上ったのである。そうなるといっそう買い渋るけれども、股引なしで働くことが出来ぬから、苦しい工面をしても求めねばならぬ。その苦しみは都会人が流行着を買えぬのとは、根本を異にする。
>
> 村の商店では「純木綿地下足袋」などというビラをさげて客を集めているが、地下足袋は昨年七十銭の品が九十五銭に上った。それに労働着をつくる木綿一反が四、五十銭の高値であるから、現在農民が半ば労働着を奪われたような苦境に在る。
>
> この際、金を持つ者は晒木綿《さらしもめん》や浴衣《ゆかた》の買占め競争をする悲喜劇もあるが、金のない農夫にはそんな真似はしたくとも出来ないから農民がこのたび位木綿のありがたさを感じたことはかつてなかった（「木綿」）。

ここには、主題とされている木綿のことばかりでなく（ちなみに綿製品の製造制限、政府管理が実施され、『大阪朝日新聞』が「もめんよ　サヨナラ！／我れにス・フあり／戦争だ、着けよ国策の衣裳」「〝気の毒で涙が出る〟／だが勝つため……忍んで欲しい／しみじみ語る池田蔵相」と報じたのは、一九三八年六月のことだった）、地下足袋の底に使うゴムの問題をふくめて、戦時下における民需圧迫の一つの姿がある。

そして、このことはなにも「股引」「地下足袋」のたぐいにかぎったことではない。さきの「雪の下」には、福井県下のこととして、「郡農会の技手《ぎて》のMさん」の話がでてくる。

……この肥料が恐しく高くなっている。大豆《だいず》粕《かす》大玉一枚四円三十五銭だったものが五円二十五銭になっている。鯡《にしん》しめ粕二十五貫匁十一円五十銭だったものが十四円になり二十八円になり、ごく最近では三十八円になっている。

大豆油粕一かます六円七十五銭だったものが八円七十銭になっている。この前の方の値段は、県の農務課の肝入りで出来た肥料卸売業組合の近県連合の協定値段である。しかし、この協定値段では決して手にはいらない。なぜはいらないかといふと、この協定値段の通用するブロックの隣りブロックの協定値段がこれよりも高ければ、例へば福井県の鯡しめ粕十一円五十銭に対して大阪のそれが十二円五十銭であるやうな場合、福井県のこの肥料はどんどん大阪へ流れて行ってしまふからである。

……そこで闇取引きが登場する（傍点は、引用者による）。

日本農業では、ほとんど「肥料を刈り取っている」のだから、こういった事情——戦時下「統制経済」の多くのおとし穴の一つ——は、農家を困らせずにはいない。

また、中野氏は、富山県高岡市から城端線《じょうはなせん》にのって南下し、「全く雪に埋もれていた」福野という町にゆき、そこでカシワ屋——東京風の不愛想な表現でいうと鳥肉屋——のこんな話をきいた。

特別仰山《ぎようさん》の鶏を飼っているものは色々と策を講じるらしい。しかし十羽や二十羽飼って百姓の片手間にやっている連中は、餌がないからどんどん鶏屋へつぶしに売ってしまふ。

だからして、御覧の如く、鳥肉は一ぱいである。しかしこんなことで進んで行けば、特別の養鶏者以外鶏を飼ふものがいなくなってしまひ、今のところはいいが、おっつけカシワ屋そのものが成り立たなくなるのではなからうか？

なぜか。ニワトリは、「熱性飼料」、「濃厚な脂肪の多い飼料」を要求する。それは、具体的には、トウモロコシ・小米・粃《しいな》・大豆粕・魚類・米糠《こめぬか》などである。しかし、このうち、飼料費の安い——節約可能な——米糠は、玄米食とか七分つきとかが奨励され普及している戦時下では、入手不足になりがちである。

その点について、島木健作は、こう、かいている（前掲『地方生活』）。

……今の主たる（馬の）飼料は、米糠である。然しその糠も今年からは我々の手にはいらぬだろう。米は農家の食糧として残す以外は、全部政府に出す事になるので、米の精白《せいはく》は村では出来ぬ事になるからである。糠が我々の生活にとってどのやうに大切なものかといふ事は誰でも知っていることである。精米はなんとかしてその土地でやらせてくれと頼んでいるけれども、たぶんだめだらう（「秋田の人々」一九四〇年）。

昔から、「すてる神あればひろう神あり」という。「統制経済」の進行は、そうした「すてる」と「ひろう」の自然循環のリズムをいたるところで狂わせてしまう。やはり、「レッセ・フェイレ」は、神の掟である。

――さて、話題を変えよう。こんどは、農家の売り――現金収入――の話である。あの千町歩新潟県蒲原郡葛塚町の字嘉山という部落――そこには、あの千町歩地主・市島家（↓山田盛太郎『日本農業生産力構造』一九六〇年）の一万四千俵ははいる米倉・「市島倉」がある――に、「まる二年戦地にゐて帰って来た帰還兵」を訪ねた。かれのくさぐさの話のなかに、こんな話もあった（前掲『地方生活』）。

今年は政府の命令で我々は早出米《はやだしまい》を出しましたらう。早稲《わせ》をつくった反別をしらべて、それによって、割当てがあったのですが、我々は夜も寝ずにやって、割当てよりもずっと多い早出米を出した。十月二十日までに出したものには一俵につき四十銭の奨励金がでるといふことだったのです。奨励金があるから出す、ないから出さんなどそんなことがあるわけはありませんが、しかしさういはれればやはりあてにして待っているのが人情といふものでせう。ところが米は出した。奨励金は声ばっかりでいつまでたっても来ぬといふやうなことでは百姓を心服させることはできまいと思ふのです（「帰還農民の平常心」一九四〇年）。

こうしたことは、いくらか誇張していうと、あの純朴な『北越雪譜《ほくえつせっぷ》』（一八四二年）の世界へ、公権力による「詐欺」まがいの方策がはいりこんでくるということにほかならない。

その点、中野重治氏がその「友人」からきいた話も同じことをあきらかにしている（前掲『雪の下』）。

「農林《のうりん》一号といふ稲なんだが、これが早く穫《と》れる。それで石一円県が高く値をつけたんだ。だから地主の方では、これをつくらぬ小作人があるとすると罰を食はせるんだよ。つまり罰米制度だ」

「しかし、それやリンチぢゃないかね。罰といふものは国家しかやれぬものなんだらう？」

「それや法律上の罰はさうさ。しかし県の小作官は『慣行』として認めてるね」

「ふん」

「ところがこの農林一号といふ奴は、いい稲には違いないんだがどこでもいいといふ訳には行かない。山つきが悪いね。山の清水の湧いてゐるやうなところがいけない。そこで問題になったわけだ」

「ふん」

「その次ぎが米の値上げだらう」

「ふん」

「あれは、ここぢゃ二毛作がきかないからね。それでかういって買上げたんだ。飯米を残して、十月中に売れば庭渡し三十七円五十六銭で買ふ。しかも運賃は向ふ持ちで、販売購買信用組合連合会といふのが動いて県がさういふ風に宣告したんだ。この三十七円五十六銭といふのは二十銭高い。それでもし十一月に越してしまへば元の三十七円三十六銭に落してしまふ。かういったもんだからみんな売った。これで売った数が二十万六千石だった。ところが十一月六日になると四十二円三十六銭になった」

「ふうん……」といって私は鉛筆を出して計算をしてゐた。

「すると、二十万六千石だから百三万円（ママ）じゃないか？　百万円損したわけかね？」

「さうなるね。……」

こうしてみてみると、戦中・戦後の私たち都市民が農民のエゴイズムの現れとして非難の目を向けた米の売惜しみなども、以上のような「統制経済」への抵抗としてみなくてはならないだろう。やはり、当人の話というものはきいてみるものである。まして、それに、つぎのようなナチスばりの「教育」？まで、つけ加えられていたのだから。……

やはり島木健作による（前掲『地方生活』）。

……米が国家管理になったについて、先日、役人が小学校に来て講演をした。親が米をかくすやうなことがあるかも知れぬから、さういふことがないやうにみんな（児童）がよく注意しなければならぬ。親に話してもわからぬ時には役場なりどこへなり知らして来るやうにといふ意味のことを、やんわりとではあるが話したといふ。まるで子供に親を監視させ、密告しろと言はんばかりじゃないか、うちでもそれを聞いて帰って来た娘と母親とがしきりに何か言い合っていたが、とS君（新潟県北蒲原郡木崎村の農民）が苦笑した。私はありさうな話だと思って聞いた（「北越農民の労苦」一九四〇年――語注は、原著と引用者とによる）。

東北農村現地レポ（抄）　岸　丈夫

不足、不足、不足

△不足と云へば、これは強《あなが》ち東北農村に限った現象でもあるまいが、労力の不足も多少あったな。

×野良《のら》で働いてるのも女が多い。而も、大きなお腹を抱へ、その上、背に赤ン坊を結びつけてる農婦も珍しく無かった。

△都会では、赤ン坊をほったらかしてノラクラしてる女性が珍しくないが。

×秋田県の、男鹿《おが》半島の或る漁村では、女ばかりの消防隊が組織されてたね。

△あれが君、め（女）組の元祖だよ。

×駄洒落《だじゃれ》どころぢゃないぜ。だが君、あの労力不足の対策には地方の役人も些《いさ》か困っていたらしいな。

△お役人は脳味噌不足か。

×然し、あれは一種の不可抗力とも云へるぜ。青壮年の応召で只さへ労力が不足してる処へ、大工場の求人の手が果てしも無くのびてるのだ。現下の工業の発展は、無論、国策の然らしむる処だし……

△　外にまだ何か不足が……あ、そうそう、青森県ではリンゴ箱を造る釘の配給不足で出荷が出来ず、生産者も移出業者も大いに腐ってたし、リンゴそのものも腐つり、あったようだ。

×　岩手県では鉄瓶《てつびん》の原料が不足だし。

△　いや、あれは不足と云うよりも寧ろ皆無だ。ガランとした工場の片隅で、鋳物のミシン台か何かに鑪《やすり》をかけてた所謂「南部鉄瓶工」の姿が妙に侘しかったな。併し、この更生法は着々講ぜられている。

×　それからもう一つ。そうした数々の不足をジッとこらへ乍ら黙々と銃後の護りを護りつゝある地方民の熱誠だ。

鳥越の共同炊事場にて

×　山形県では何と云っても松田甚次郎氏の鳥越部落が収獲だったな。

×　あそこの組合の共同炊事場では十八戸分の炊事が僅か一戸分の燃料と労力と時間ですむそうだ。

△　時間だけでも、一戸当り一時間と見ると、炊事当番一人分を差引いて一日十七時間の経済だ。これを三百六十五日にすると、五七、三十五の、六七、四十二の……うわア、六千二百五時間だア。

×　驚くべき数字ぢゃないか。この話を聞いて、僕は、現在の都会生活の無駄というものをつくづく考えさせられたよ。

×　炊事場の外に、共同浴場、隣保《りんぽ》館《かん》なぞの施設がある。この隣保館は、農繁期《のうはんき》には託児所にもなり、また青年学校の教室や集会に使われ、冬期には村娘たちの裁縫所にも利用される。

△　いづれも、松田氏の過去十年にわたる苦闘の貴い結晶だ。

鉄にちなむお話

×話は変るが、製鉄所で知られた岩手県の釜石《かまいし》市は大変な景気だったな。

△市の助役の話ぢゃ、一本八十銭以上もするビールが飛ぶように売れると云ふし。

×たった一人しか居ない紙芝居屋が日に三円づつ貯金をしてる話も聞いた。

×町の其ン中にある貧民長屋然とした隔離《かくり》病舎《びょうしゃ》を処分するイトマもなく一躍市になった釜石。

△鉄様々だ。

×然し、その鉄の産地に、まだ鉄道が敷かれてないのは甚だ皮肉みたいだ。

〔出典〕『文芸春秋』——「時局増刊」15・一九三八年十二月号。

戦時下の農村文化

戦争の進行につれて、みんながラジオをきき、新聞をよむようになった。ニュースの切実性は、いっそう増してきたといってもいい。やはり、島木健作は、こう、かいている（前掲『地方生活』）。

……この部落（秋田県河辺郡下北手村横森）では三十二戸——うち二十六戸が農民——のうち、新聞を取っている家は六軒、ラジオは七軒である。ラジオは此頃になってふえたのである。戦争は知識欲を刺戟《しげき》することが多くなった。それにこれからの冬の夜長《よなが》、酒も思ふやうには飲めぬとあってみれば、ラジオでも聞いてたのしまうといふことにどうしてもなってくるのだ。都会の人などがバカにして聞かぬやうな講演に

岩谷村の「読書の状態」（1940年）

主婦之友	28
婦人倶楽部	25〜26
婦人公論	4
婦人之友	2
キング	40
講談倶楽部	5〜6
富士	5〜6
現代・雄弁	40
中央公論	5
改造	6〜7
文藝春秋	5
公論	4
現地報告	2
週報	20
家の光	126

〔出典〕「秋田の人々」1940年

もなかなか熱心に耳を傾けるのである……（前掲「秋田の人々」一九四〇年——この点、いまのNHKにいた小林徳二郎の「放送というのは事変ごとにだんだん聴取者がふえた。上海事変・満州事変・シナ事変・大東亜戦争と、ことごとくふえていきましたね」という発言が参考にされていい——日本放送協会編『放送夜話』一九六八年）。

また、秋田県由利郡岩谷村の四八〇戸の「読書の状態」を「雑誌だけについて」しらべてみると、右上表のようになる。一九四〇（昭和十五）年秋の調査である。

このうち、圧倒的な「家の光」の存在のいみ——位置と役割——などについては、いつか精考を加えてみたいと思っているが、いま、私としていえることは、こうした農村の情報文化のあり方が、①乳幼児死亡率の高さとか、②結核死亡率の世界的な高さとか、③窓の不足による室内採光の不十分とかいうカルチュア上の「下部構造」とむすびついて、戦時下の日本北方の農村の文化的風景を構成していることの不思議さ？である。

この点について、さきの『雪の下』は、北陸地方のデータとして、石川県の結核死亡率

1歳未満の乳児死亡率（10000人中）
（著者作成）

①	石川	22.12人
②	大阪	20.70
③	兵庫	19.40
④	京都	19.38
⑤	北海道	18.90
⑥	東京	18.40
⑦	福井	17.63
⑧	神奈川	17.40
⑨	愛知	16.40
⑩	岐阜	16.30

道府県別の肺結核死亡者の
全人口比率ワースト・テン

①	青森	19.4(%)
②	石川	16.9
③	福井	16.7
④	岩手	15.2
⑤	富山	15.0
⑥	秋田	14.4
⑦	三重	13.7
⑧	大分	13.6
⑨	山形	13.6
⑩	茨城	13.4

がきわめて高く、同県における健康保険被保険者中の結核罹患者が一九三一（昭和六）年の一七五八人から一九三八年の五九六三人へと激増している事実をあげ、また、そこに、中国戦線からの帰還兵士の結核罹患という問題が発生していることにもふれている。

また、さきの『地方生活』は、新潟県北蒲原郡木崎村の乳幼児死亡率についてふれ、一九三五（昭和十）年度における同村の出産数三八三人について、死産一一名・一歳未満死亡四八名・五歳未満死亡四四名——出産一〇〇名についての死亡数二四・七三名——といういたましい数字をあげている。ちなみに、年鑑でしらべると、道府県別の肺結核死亡者（一九三六年）の全人口比率のワースト・テンと、同じく一歳未満の乳児死亡率（一九三六年）のワースト・テンは、上の表のとおりである。（『時事年鑑』昭和十四年版）。

——こうした反「文化」状況のなかで、戦時下の農村文化は、一つの変容をとげてゆく。一言でいうと、社会的・文化的に村はかわってゆく。

そして、その変容をふくみこみつつ、日中十五年戦争は、日本社会の深層に、すこしずつ、しかし確実に、一つの地殻変動をおこしてゆく。さすがの政府と軍部の秀才たちも、その地殻変動が日本の未来になにをもたらすかをみとおすことはできなかった。

第13章 もう一つの「中華民国」——ある「偽国」の成立

汪兆銘

汪兆銘工作

カニの「伝承」

私がかねてからひそかに敬愛している詩人のひとりに、会田綱雄《あいだつなお》さんがおり、その作品集『鹹湖《かんこ》』（一九五七年）におさめる作品「伝説」をここ二十数年来、私はずっと気にしていた。それは、こういう作品である（『会田綱雄詩集』現代詩文庫60・一九七五年）。

伝　説

湖から
蟹が這いあがってくると
わたくしたちはそれを縄にくくりつけ
山をこえて
市場の
石ころだらけの道に立つ

蟹を食うひともあるのだ

縄につるされ
毛の生えた十本の脚で
空を掻きむしりながら
蟹は銭になり
わたくしたちはひとにぎりの米と塩を買い
山をこえて
湖のほとりにかえる

ここは
草も枯れ
風はつめたく
わたくしたちの小屋は灯をともさぬ

くらやみのなかでわたくしたちは
わたくしたちのちちはははの思い出を
くりかえし
くりかえし
わたくしたちのこどもにつたえる
わたくしたちのちちはははも
わたくしたちのように
この湖の蟹をとらえ
あの山をこえ
ひとにぎりの米と塩をもちかえり
わたくしたちのために
熱いお粥をたいてくれたのだった
わたくしたちはやがてまた
わたくしたちのちちはははのように
痩せほそったちいさなからだを
かるく
かるく
湖にすてにゆくだろう
そしてわたくしたちのぬけがらを
蟹はあとかたもなく食いつくすだろう
むかし
わたくしたちのちちはははのぬけがらを
あとかたもなく食いつくしたように
それはわたくしたちのねがいである

こどもたちが寝いると

やさしく
わたくしたちは小屋をぬけだし
くるしく
湖に舟をうかべる
湖の上はうすらあかるく
むつびあう
わたくしたちはふるえながら

なぜこの作品が気になっていたのか、よくは分らない。たぶん、私の下意識にこの作品に対する一個の郷愁と共鳴盤があったのだろう。――しかし、最近になって、私は、その会田さんのエッセェ集『人物詩』を求めて読み、そこに「一つの体験として」(初出『詩をどう書くか』現代教養文庫――一九七八年)という文章をみつけ、オドロキというかビックリというか意外というか、大きな衝撃をうけた。会田さんは、こう、かいている。

この「伝説」の発想を、いつ、どこで得たか、というと、昭和十五年の暮、私は二十五歳だったが、志願して、南京特務機関という、軍に直属した特殊な行政機関にはいった。……日本軍は南京で大虐殺をした。その大虐殺をその目で見た人が何人かいて、なまなましい思い出話を聞かされたことがある。その話のあとで、こういうことを聞いた。

それは、戦争のあった年にとれるカニは大変おいしいということ。これは日本人がそういうのではなく、占領され虐殺された側の民衆の間の、一つの口承としてあるということ。そのことを特務機関の同僚が私に教えてくれたのである。戦争のあった年にとれるカニがおいしいというのは、戦死者をカニが食べるので、脂がのっておいしいというのである。はたしてカニが、人間そのままの形ではなく、腐乱しプランクトンのようにドロドロになった人間をであろうが、食べるかどうか調べてみたことがないが多分食べるだろうと思う。人間だと思って食べるわけではなかろうが、食べるにはちがいない。だから中国人は戦争中は、よほどのことがなければカニを食わなかったのではないかと思う。私のつきあった中国人で、私の目の前でカニを食べた中国人はひとりもいない。

南京で聞いた一つの口承、戦争の年のカニはおいしいという口承、それから私と仲のよかった路易士《ルイス》——上海にいた中国の詩人——が、カニだけは私と一緒に食べなかった。食べなかったのは当然だと思うが、私が見聞したその二つの事実が私の記憶から消えずに、何かそのことを書き残しておきたいという気持がつよくなった。……たとえば揚子江で日本軍に無理無体に一斉射撃で殺されて流された何万という無辜《むこ》の民衆、戦争中の上海で日本人とつきあいながら、しかし悩みながら、それでも路易士のように詩を書いていた人びと、そういう人たちに対する私なりの鎮魂歌として「伝説」の詩ができたのだといっていい。

——かりに百歩ゆずって、動物生態学的にみて、カニにそうした食性がないとしても、かなり多くの中国人がこのような「口承伝承」にささえられた抗日感情をもっていたことはやはり、推認してよいのではないか。それは、ナショナリズムという片仮名ことばで規定することが軽薄にひびきかねない中国人の心情のバネであった。――とまれ、こうした厳粛な史実をふくみこみつつ、日中十五年戦争は、八年目の年を迎える。一九三九（昭和十四）年である。

もっとも「戦争中、支那でぶらぶらしてゐる事が多かった」という小林秀雄氏は、ある日「友人の支那人」にすすめられて、友人の河上徹太郎氏とわざわざ汽車にのり、「揚州のまんじゅう屋」に出かけて、「蟹まんじゅう」を賞味した話をかいている。そして、そこには、「大寺の庫裏《くり》めいた建物」のなかでにぎやかに談笑しつつ「蟹まんじゅう」をたべている「揚州の市民達」が描写されている（小林秀雄「蟹まんじゅう」一九五六年――『感想』一九五九年）。

「蟹まんじゅう」の中味は、むろん、卵であるが、こうしたデータ？が会田氏の推定への反措定の役割をはたすのかどうかは分らないまま、気になったのでかきとめておく。ちなみに、この揚州は、隋帝国以来さかえた江都である。

青天白日旗と「豚のシッポ」

それは、たぶん、一九三九年の六月のことだったろう。東京市滝野川区の王子にある古河従純男爵――あの足尾銅山で巨富をきずいた財閥の主人――の純英国風の別邸に、つい半年前まで国民政府・国民党の重職にあった汪兆銘《おうちょうめい》（↓三三四頁）の一行が生活していた。

対日和平の道を模索するため日本にきていたこの一行は、蔦《つた》と薔薇《ばら》が二階のバルコニイの手すりまでおおっているこの静かな石造りの屋敷にくらしつつ、日本の政府・軍関係者との交渉にあたっていた。

この交渉にあたって、汪兆銘は、新しい国民政府を南京につくるという提案をしたのだが、一つの問題となったのは、その新政権の国旗のことだった。汪兆銘は、新政権がこれまでの国民政府の「法統《ほうとう》」をつぐというみずからの原則から、国旗は、「青天白日旗」（↓九一頁）であるべきだと主張した。しかし、日本政府は、「青天白日旗」は、現在抗日重慶政府が使っており、日本軍の攻撃目標になっているので、図案の変更を要求し、交渉の一障害となっていた。そんなある晩、この交渉の一員であった犬養健《いぬかいたける》（↓二八九頁）は汪兆銘によばれ、古河邸の会議室にいった。かれは回想している（前掲『揚子江は今も流れている』）。

そこでは周隆庠――前・外交部情報司日蘇科長――が大きな卓のうえに、真白いワットマン紙をひろげ、画学生のように腕まくりをして水彩画の絵具を溶かしながら、今しがた決定したばかりの妥協案による国旗の原図を描いていた。見ると、青天白日旗は今までのとおりであるが、竿頭《かんとう》の金いろの玉飾りのすぐ下に黄いろの三角形の小布片を臨時に結びつけて、「和平反共建国」という文字を書き入れる意匠のものになっている。

そののち、周仏海・犬養健らのあいだに、こんな会話が交される。

「やあ、この図案はどうですか。——どうもこの三角の豚の尻尾《シッポ》のようなものが気に入らないね」

「三角形も三角形だが、この黄いろというのは差し支えないのかい。黄いろは清朝の旗の色じゃなかったのか」

「じゃあ、骨董《こっとう》なみに大清乾隆《けんりゅう》年製とでも書き入れますか。そして、上野の博物館に納めますかな。は、、、、」

「なるほど、こうやって見ると、紐《ひも》でむすんであるから、すぐに外《はず》せるようにはなっているんだね。そこが興亜院《こうあいん》（→三五四頁）の最後の譲歩の記念なんだろう」

「とにかく国慶日《こっけいび》（建国記念日）や、孫先生（孫文）の誕生日なぞにはこの尻尾を外したいね。——うちの子供に、なぜ国旗を変えるの、と聞かれても困るからな」

こうした会話は、日本語でなされていた。そして、ここではじめて、他人の話す日本語のほとんどが分る汪兆銘が中国語で口をきいた。

「まあ、一旦きめた事だから、この際は約束を守っておきましょう。しかし、せいぜい一年ですね。一年以上になっては、この連中が到底《とうてい》黙ってはいませんな。その際は腹を決める時があるでしょう」

——犬養健は、思わず顔をあげて、汪兆銘の顔をみた。かれは、白い絽《ろ》の長衫《ちょうさん》（上衣）

をきてくつろいでいたが、そのことばは、きびしかった。

汪兆銘工作のなりたち

これよりさき、近衛内閣は、一九三八（昭和十三）年十一月三日づけをもって、いわゆる「第二次近衛声明」を公表した。

この「声明」は、まず、冒頭においてこう宣言する（外務省編『日本外交年表竝主要文書』下）。

今や陛下の御稜威《みいつ》に依り帝国陸海軍は、克《よ》く広東、武漢三鎮（↓第10章）を攻略して、支那の要域を戡定《かんてい》した。国民政府は既に地方の一政権に過ぎず。然れども、尚お同政府にして抗日容共政策を固執する限り、これが潰滅《かいめつ》を見るまで、帝国は断じて矛《ほこ》を収むることなし。帝国の冀求《ききゆう》する所は、東亜永遠の安定を確保すべき新秩序の建設に在り。今次征戦究極の目的亦此に存す。

しかし、こうした高姿勢は、いわばタテマエであり、この「声明」のホンネは「第一次近衛声明」（↓三三〇頁）を修正したつぎの一章にある。

……固《もと》より国民政府と雖も、従来の指導政策を一擲《いってき》し、その人的構成を改替《かいたい》して更《こう》生《せい》の実を挙げ、新秩序の建設に来り参するに於ては敢て之を拒否するものにあらず……。

――こうした情勢下にあって、十一月二十日の朝から夜まで、上海新公園北側東体育会路七号にある空屋――のちに土肥原賢二中将（↓一一七頁）の宿舎となり、重光堂と命名されたので、ここでの会談は重光堂会談とよばれた——で、下ごしらえのための秘密会談がしばしばもたれた。出席者は、日本側から影佐《かげさ》禎昭《さだあき》大佐（陸軍省軍務局軍務課長）・今井武夫中佐（参謀本部）、中国側から高宗武（↓三四八頁）・梅思平（国民政府中央宣伝部香港特派員）の四人。そこでは「日華協議記録」と「日華秘密協議記録」の二文書について、日中双方の合意が成立した。その主な内容は、つぎのとおりである（前掲・今井武夫『支那事変の回想』）。

〔署名事項〕

一　①日華防共協定の締結と日本軍の防共駐屯の承認（駐屯地は、内蒙古と北平・天津地方）

②中国の「満州国」承認。

③日本による在華治外法権の撤廃の許容と在華租界の返還の考慮。

⑤中国による在華日本居留民の損害補償と日本の戦費賠償要求の放棄。

⑥二年以内の日本軍の完全撤退。

二　日本政府による右の条件の公表を前提とする汪兆銘らの対蔣介石絶縁声明。

〔無署名・秘密事項〕

②対ソ軍事攻守同盟条約の締結と、対ソ日中共同作戦の遂行。

——翌十一月二十一日、たぶん空路で帰国したのだろうが、影佐大佐と今井中佐のふたりは、直属上司の板垣陸相（→三三六頁）と多田参謀次長（→二八五頁）や土肥原中将らに会談の結果を報告、さらに十一月二十二日には、板垣陸相帯同のもとに首相官邸を訪問、近衛首相をはじめ、五相会議出席者（首相・外相・蔵相・陸相・海相）の諒解をとりつけた。

一方、梅思平は、十一月二十七日、空路で重慶に帰り、汪兆銘・周仏海の諒解をとりつけ、ふたたび香港についた。

おなじころ、十一月三十日の午前中に宮中でひらかれた御前会議は、約二時間の討議のうえ、「日支新関係調整方針」「日支新関係調整要項」を決定した。

その大綱は、つぎのとおりである（『支那事変の回想』）。

①「支那」の「満州帝国」の承認を前提とする「日満支一般提携」。

②「北支及蒙疆《もうきょう》」における「国防上並経済上……日支強度結合地帯の設定」。

③「蒙疆地方」における「防共」用「軍事上並政治上特殊地帯の設定」＝「防共自治区域」化。

④「揚子江下流地帯」における「経済上日支強度結合地帯の設定」。

⑤「強度結合地帯」内「所要の機関」における日本人「顧問」の「配置」。

⑥「新支那の政治形態」における「分治《ぶんじ》合作《がっさく》主義」の採用。

このうち、その⑥について、左記のような臼井勝美氏（筑波大学）の総括的指摘があることは、耳をかたむける必要があろう（臼井勝美「日中戦争の政治的展開」――前掲『太平洋戦争への道』4・日中戦争〈下〉――傍点は引用者による)。

……諸方針を通じてみられる最大の特徴は、日本が日露戦争以来つねに抱いていた中国政治の分治合作形態を一九三八年に入っても依然として踏襲していたことであろう。これはまさに宇垣外相(→三三七頁)の対中国観とは対照的な方針であり、中国の近代的統一の潮流を阻止し、無視しようとするものであり、北洋軍閥《ほくようぐんばつ》割拠時代(→四二頁)の旧中国観で、幣制改革成功後(→二一七頁)著《いちじる》しく統一を強化した国民政府を律しようとする時代錯誤の方針であった。

――一般には、この「日支新関係調整方針」とさきの「日華協議記録」とは、即応的な相関性にあるとみられているが(前掲『支那事変の回想』、前掲『軍閥興亡史』第三巻)、臼井氏も論じているとおり(前掲「日中戦争の政治的展開」)、双方の政治構想のあいだには、さきの「分治合作主義」のことをはじめ、相当の径庭《けいてい》があり、「日華協議記録」に同意した汪兆銘が「日支新関係調整方針」に同意するとは、とうていみなすことができない(その点、重光堂会談の担当者である影佐禎昭がのちにあのラバウルで口述筆記させた回想録でこの「方針」を「……一見軟弱に見えるこの大乗的な対支処理方針」と評価していることは、「大乗的」が「小乗的」の誤記・誤植ならともかく、賛成できない――影佐禎昭「曽走路我記《そぞろがき》」一九四三年――『現代史資料』13・「日中戦争」5)。

――それにしても、と、私は感ずる。この汪兆銘工作にあっては、起案・発議・遂行の

全過程をつうじて陸軍の諸機関が中核であり、外務省の諸機関は手も足もでない状態にお
かれていた。その点は、軍事ジャーナリストのヴェテランだった伊藤正徳《いとうまさのり》の断ずるとおりだろう（前掲『軍閥興亡史』3）。

……この重大なる対支外交は、その基本を三宅坂《みやけざか》（参謀本部）に於て作られ、陸相（板垣征四郎→三三八頁）を最高推進力として結実したもので、近衛首相も、有田新外相（有田《ありた》八郎《はちろう》）も、軍部が運転する車の隅に乗っていたに過ぎない。

一つの脱出（重慶・昆明・ハノイ）

漢口（武漢三鎮）が日本に占領されたころから（→第10章）、汪兆銘は蔣介石に対して、和平と反共の説（焦土作戦反対論）を強く説きはじめた。日本軍の漢口占領の五日後にあたる十一月一日には、夜を徹して、蔣・汪の座談がつづいたという。

しかし、「第二次近衛声明」が発せられたのちの十一月十三日、重慶での国民党記念集会に出席した蔣介石は、「中国抗戦の前途には、益々光明が輝いている。各戦線に於ける中国軍は、山地に退いて日本軍の進撃を阻止出来るから、一層我が方に有利となる。要するに抗戦よく全国を統一し、国民を団結し、如何なる強敵と雖も恐れるに足りない」と演説した。

これは、「第二次近衛声明」と汪兆銘の和平勧告の双方に対する事実上《デ・ファクト》の拒否回答であった。その三日後、汪兆銘は、蔣介石との会食の席上、かれを面詰し、「国家民族を滅亡

に瀕せしめた」「国民党の責任」を論じて、蔣・汪二者の「連袂辞職《れんけつじしよく》」を主張したが、これも拒否され、蔣介石は激論ののち、汪兆銘を食卓にのこしたまま、寝室に去った。これは、一つの推測にすぎないが、その場所は、「重慶城内の格式ばらない簡素な事務所」か、「住居の前面」に「一望数マイルのなだらかなスロープ」のある「揚子江対岸の黄山の山荘」かのどちらかであろう（前掲・董顕光『蔣介石』）。――こうして、三〇年来の国民革命の同志は訣別のときを迎えた。汪兆銘は、重慶を去る決意をかためた。

それから、一ケ月余、汪兆銘と周仏海ら「低調倶楽部」（反抗戦＝反共派）のメンバーは、重慶脱出のひそかな準備に日をついやした。そして、十二月十八日「講演」あるいは「国立軍官学校の卒業式」臨席という理由（これは一つのことかもしれない）から、空路、同じ四川省の成都《せいと》にむかい、式ののち、雲南省主席・龍雲のはからいでふたたび空路をとって一路南下し、雲南省省都の昆明《こんめい》につき、龍雲との数時間の懇談ののち、みたび空路をとり、十二月十九日か二十日に、仏印（フランス領インドシナ――現在のベトナム社会主義共和国）のハノイについた。

こうした状況の新展開をうけて、近衛首相は、十二月二十二日、いわゆる「第三次近衛声明」を公表し、「終始一貫抗日国民政府の徹底的武力掃蕩《そうとう》を期すると共に、支那に於ける同憂具眼《どうゆうぐがん》の士と相携《あいたずさ》え、東亜新秩序の建設に向って邁進《まいしん》せんとする」方向を言明した。

そして、その「更生《こうせい》新支那」に対する具体的要求は、「二年以内」の「撤兵」を明示していないという差異をのぞけば、ほぼさきの「日華協議記録」の大綱を踏襲しており、その内容中、①善隣友好、②共同防共、③経済提携は、「近衛三原則」とよばれるようになった（この点もともと、十二月十一日に大阪公会堂で講演されるはずだった首相演説の草案中にあった「国交」「調整」後の「帝国軍隊」の「協定区域外の地域」からの「迅速且完全」な「撤退」の言明が現実の「第三次近衛声明」からきえていることは、注意に値する――「近衛総理演説草案」・『現代史資料』13・日中戦争5）。

これをうけて、汪兆銘は、くれもおしつまった十二月二十九日「重慶中央党部、蔣総統及び中央執監委員諸同志均鑒《きんかん》」――「均鑒」は複数の人へのあて名――とあて名したいわゆる「艶電《えんでん》」を発し、「内蒙付近の要地」をのぞく「全日本軍隊の中国よりの撤退」が「普遍且つ迅速のものでなくてはならぬ」ことを強調して、「正義に合した平和」により「戦争を収束《しゅうそく》」し、「国家の生存と独立」を保全しようとよびかけた。

あけて、一九三九（昭和十四）年一月一日、国民政府は、中央執行常務委員会臨時会議の決議をもって、汪兆銘の国民党党員としての党籍を剝奪・除名し、すべての公職から罷免した。新聞に代表される中国の一般的な世論は、汪兆銘の行動を通敵行為とみ、中国の「抗戦陣勢」はほとんどマイナスの影響をうけないとみていた。ロンドン市場の中国公債相場も安定していた。

「中華民国」政府の成立——和平交渉の終末点

一九三九（昭和十四）年一月五日の「新年宴会」の日、およそ一年半ほどつづ

平沼内閣

いた近衛文麿内閣は、総辞職した。代わって枢密院議長の平沼騏《ひらぬまき》一郎《いちろう》男爵が内大臣の湯《ゆ》浅倉平《あさくらへい》男爵の奏請により——元老・西園寺公の「平沼嫌い」は政界筋では有名だった——大命をうけ、平沼内閣が成立した。

近衛首相の辞意は、かれじしんが友人に語ったことばによると、要するに「くたびれてしまった」という消極的な理由とされるが（前掲『西園寺公と政局』第七巻）、一方では、近衛首相は、全面撤兵と「日華の共存共栄」の実現——そのための軍部の抑止——のためには「このさい潔《いさぎよ》く政権を他に渡して国民運動から出発し直さねばならぬ」という内閣書記官長・風見章の建言をうけいれて総辞職したともいう（須田禎一『風見章とその時代』一九六五年）。

——とまれ、「支那事変」を担当する第二番目の内閣は成立した。平沼新首相は、検事総長・大審院長など一貫して司法畑をあるいてその実力者となり、一九二四（大正十三）年から枢密院議長就任の一九三六（昭和十一）年まで、右翼団体・国本社《こくほんしゃ》の会長の座にあり、露骨な「赤」嫌い・政党嫌悪・西園寺嫌い・反《アンチ》国際連盟の心情をもつ旧日本の一種

の「ゴッド・ファーザー」であった(『平沼騏一郎回顧録』一九五五年)。

もともと、汪兆銘は、日本軍非占領地区の軍閥の将軍たちのひきいる四川軍・雲南軍・広東軍・貴州軍・広西軍などを傘下《さんか》にあつめて、そこに新政府を樹立するつもりであった(「中国側挙事予定計画」——前掲『支那事変の回想』)。

しかし、雲南省主席の龍雲をはじめ、西南軍閥のだれひとりとして、汪兆銘一派についてくる有力者はなく、これまで汪陣営中の政治家とみなされていた人びとをふくめて、国民政府内部からの呼応者も、きわめて少なかった。部隊をひきいた軍人で汪兆銘を支持したものは皆無だった。かてて加えて、三月二十一日の深夜、ハノイのコロン街にある汪邸は、重慶の放ったテロリスト?——藍衣社《らんいしゃ》?の特務工作員——にピストルで襲撃され、腹心の秘書・曽仲鳴《そうちゆうめい》——中央政治会議副秘書長・フランス文学者——は暗殺された。隣室にいた汪兆銘は、その晩にかぎって秘書と寝室をとりかえていたため、文字どおり九死に一生を得、結局、この事件を契機にハノイからの脱出を決意するにいたった。

一ケ月ほどのちの四月二十五日夜、汪兆銘は、下野外遊のためシンガポールにゆくという名目でかれに好意的でなかった仏印当局の諒解をとりつけ、小型船V・ハウゼン号にのって、ダロン港を出港した。四月二十八日午後、汪の乗船は、影佐大佐や犬養健ら日本側工作要員のしたてた山下汽船の北光丸——五五〇〇トン——に、香港と海南島のあいだにある汕頭《スワトウ》沖で出あい、海上で北光丸に移乗した汪兆銘の一行は、台湾の基隆《キールン》港をへて、五月六日、上海の呉淞《ウースン》の岸に到着した。この時点ですでに、かれは、日本軍占領地区——中国のいわゆる淪陥区《りんかんく》——に「和平政府」をたてるところにまで後退していたようである（今井大佐との船中会談での発言——前掲『支那事変の回想』）。

上海についた汪兆銘は、かねてから企てていたとおり、みずから東京にとび、平沼首相・板垣陸相らの政府首脳とあうことにした。汪陣営の一行ら一一人をのせた飛行機は、上海の大場鎮からとびたち、長崎県大村湾で給油したのち、一気に東に飛行し、五月のある日、東京湾岸の神奈川県・追浜《おっぱま》飛行場に着陸した。おりから晩春のころ、海ぞいの飛行場にはクローバの花が咲きほこっていたという（前掲『揚子江は今も流れている』）。

一方、平沼内閣は、半年ほど前に決定された「日支新関係調整方針」（→四九一頁）を交渉の前提として承認させる方針をきめており、また、陸軍の意向は、北京の臨時政府や南京の維新政府（→三三〇頁）と汪兆銘の「和平政府」との合流・合作をめざしていた。

六月十五日、汪・板垣会談が行われたが、席上、汪兆銘は、この合流・合作論にはげしく反撥し、そのようなことをすれば新「和平政府」は「有名無実」となると反論した（「板垣陸相、汪会談要領」——『現代史資料』9・日中戦争2）。汪兆銘らからみれば、この二つの政権は傀儡政権であり、その指導者である王克敏や梁鴻志（→三三一頁）は、要するに「漢奸《かんかん》」（間諜、売国奴）にすぎず、その政権との合体などということは、国民党の法統を継承するという立場をゆずらない汪兆銘らにとって、最大の屈辱にほかならなかったからである。

結局、汪兆銘は、「中国主権尊重原則実行に関する中国側希望」（『現代史資料』13・日中戦争5）という六月十三日付の文書を政府に手交し、六月十八日、離日した。

この文書を一覧すると、①「改組」後の新「中央政府」には、日本人の政治顧問をおかず、すべての交渉は外務省（中国駐在日本大使館）ルートをへて行うこと、②新「中央政府」と地方政府（省・市・県政府）の諸機関に日本人官吏を任用しないこと、③中国の最高軍権の独立性を確立し、中央の軍事機関の軍事顧問団には、日本人軍人以外に、ドイツ・イタリア両国の軍人を任用すること、④合資経営の中国企業への日本資本の投下率（出資額）は資本金の四九％をこえないこと、⑤中国の財政独立の表現のため、日本は税収機関の占有・管理を行わないことなどを求めていた。一言にして評するならば、そこには、日本があの「満州国」（→一二三頁）づくりにおいてとった路線への基本的（全的？）な否定の論理が一貫していた。

新「中央政府」への苦難の道(一)

上海にもどった汪兆銘は、やがてフランス租界にある滬西《こせい》地区愚園路の王寵恵《おうちょうけい》（常設国際司法裁判所判事→三三四頁）の邸宅をその住居（「汪公館」）とさだめ、丁默邨《ていもくとん》・李士群《りしぐん》をリーダーとする特務機関——秘密警察——の恐怖政治にガードされつつ、新「和平政府」組織の運動を推進しはじめた。

その結果、八月二十八日から三日間（九月末という一書もある）、第六次「国民党」全国代表大会が上海——日本軍部の意向と判断により、南京はさけた——の特務機関所在地・ジェスフィールド76号の大礼堂で開催された。この会議には二四四名が出席し、蔣介石の党総裁の職権を「解除」して、汪兆銘にこの地位を「授権」し、かれを中央執行委員会主席に推戴《すいたい》した。この会議は、「集りし人たちに国民党内の有力者の参加もみず」(外務省記録——臼井勝美「日中戦争の政治的展開」所引・前掲『太平洋戦争への道』4)、専門家の臼井勝美氏により、「みじめな形式的な会合」と評価される態のものだったが、一面では、そうした会議においてすら、会場の正面に夏の花々にかざられた孫文の肖像と青天白日の国旗・党旗とをかかげ、大会の独立と自由を守るために日本人の入場を禁じ、ガリ版ですら れた議案書?には欠席とはいえ「東三省代表」とか「東北三省回収」などの文字があった。むろん、「満州国」否認の意識からでたものである(前掲『揚子江は今も流れている』、『日中戦争』、『支那事変の回想』、塚本誠『或る情報将校の記録』——のちに多くは「漢奸」とされて断罪されたこれらの偽「国民党」員のなかにすら伏流していたこれらの非「漢奸」性に注目しないなら、日本人の日中戦争史観は、無知を土台とする傲慢に堕するだろう。むろん、私は、汪陣営の「和平工作」における主観と客観の乖離に気づいていない訳ではないが、その乖離すら、たとえば、陣営中のひとりである梅思平(→四九〇頁)が上海の六三亭花園ではじめて日本座敷に招かれ、はじめて日本人と日本料理の会食をしたとき、「私もこれでいよいよ漢奸といわれることになるでしょう」と刺身に箸をつけつつ苦笑していたといったような、さめた意識を伴っていたことを忘れてはならない)。

大会は、反共・和平建国の方針を中核とし、外交における遠交近攻政策の擯斥と内政における三民主義の堅持とを基調とする大会宣言を発し、八月三十日、その幕をとじた。

——その八月の二十三日、スターリンとヒトラーは、それぞれたがいの仇敵と握手し、モスクワで独ソ不可侵協定が調印された。その五日後、平沼内閣は、「欧州の天地は複雑怪奇なる新情勢を生じた」と声明して総辞職した。

ここにいたるまでに、平沼内閣は、およそ七ケ月半の月日に数十回に及ぶ五相会議を開き——当時、巷には、「平沼が一斗の米を買いかねて、今日も五升買い明日も五升買い」の狂歌が風聞された——、日独伊防共協定を日独伊攻守同盟に発展させようとする陸軍の提案を審議した。この間、米内海相は、板垣陸相と東京の料亭・星ケ岡茶寮にあい、陸軍のいう日独伊攻守同盟論のモティーフが「対支問題につき所期の目的を達し得ざるは、北にソ連、南に英の策動あるが為なり。即ち英、ソを目的とするものなり」という認識をたしかめたのち、これに反対し、「日本は支那に権益を有せざる他国と結び、最大の権益を有する英国を支那より駆逐せんとするが如きは一の観念論に外ならず。……支那問題に関し日本は仮令独伊と了解ありとしても、英米を束にして向うに廻すこととなり、何等成功の算を見出し得ざるのみならず、危険此上もなし」と痛論した(「米内手記」昭和十四年八月二十一日——緒方竹虎『一軍人の生涯』一九五五年)。

その米内海相ですら、対ソ協定強化には、消極的にではあったが、賛成していた。そのソ連がドイツと結んだのであるから、日独伊三国同盟推進派にとっては、味方のさむらいからいきなり背中に斬りつけられたようなもので、問題の難航に手をやいていた平沼首相としては、その反共性の分だけショックが大きく、一も二もなく総辞職を決意したのである。

平沼首相の後任には、「陸軍の粛清をしなければ、内政も外交も駄目だ」という天皇の意向にそい、陸軍の事情も分り、一定のおさえもきくことを期待されて陸軍大将・阿部《あべ》信《のぶ》行《ゆき》が任命された（前掲『西園寺公と政局』第八巻――なお、原田メモには、「（阿部首相？）新任の時、陛下から、陸軍のよくないこと」についてきびしい「仰せ」があり、陸相には、畑俊六大将をという「峻厳な」指名があったという湯浅内府の話がしるされている――前掲『西園寺公と政局』別巻）。

……こうしたなかで、汪兆銘の「和平政府」構想は、日一日とかれじしんのイデエから遠ざかっていった。汪陣営がなんとしてでも回避しようとした臨時政府・維新政府との合流・合作も、やがて、さけがたくなった。しかし、汪陣営の失望と落胆は、このとし十一月一日から「汪公館」ではじまったいわゆる「内約」交渉でかれらのなめさせられた苦渋にくらべると、まだまだ「序の口」であった。

この交渉における日本原案は、外務省の田《た》尻愛義《じりあきよし》書記官が上海に携行した「中央政治会議指導要領案」であるが、その原案は興亜院（↓三五四頁）で作成されたとみられている。

これをみた在上海の日本人関係者――影佐大佐の和平工作機関は「梅機関」とよばれていた――は、みな一驚した。交渉当事者のひとりであった影佐少将は、こう回想している。

……如何に見ても近衛声明より逸脱するものであると思はざるを得ない。堀場中佐（↓三五七頁）は自分に問ふて曰く「この条件で汪政府が民衆を把握する可能性ありや」と自分は「不可能である」と答へざるを得なかった（前掲「曽走路我記」――『現代史資料』13・日中戦争5）。

また、犬養健は、こう回想している（前掲『揚子江は今も流れている』）。

……仮りにこの原案を実行すれば華北は事実上中国から独立した形になるし、さらに南に飛んで海南島も日本海軍のものになる。およそ世の中にこれ以上の傀儡《ロボット》政権はない。康紹武（高宗武↓三四八四頁）が驚いてタンカを切って、「北もいけない。南もいけない。海もいけない。山もいけない。それでは中国民族はどこで生きていったらよいのですか」と開き直ったという話は笑えない事実である（片仮名は原文。注記は引用者）。

また、当時、駐華日本大使館の一等書記官として、上海につとめていた田尻愛義――のち駐華公使・外務省政務局長――は、この「内約」案について、「中国の主権をガンジがらめに縛りあげたもので、重慶政府が反日抗日を抛《なげう》ち、日本との友好を志すように誘う条項は一つもなかった」とし、例の興亜院を「軍の出店にすぎない」「狂人ぞろい――本当にそう思った――の興亜院」ときめつけている（田尻愛義『田尻愛義回想録』一九七七年）。

当然、交渉は、難航した。中国側が日本の要求は「近衛声明」・「日華協議記録」（→四九〇頁）にそむくと批判すると、日本側は汪兆銘の組織力が当初の企図にくらべて弱体であると応酬し、十一月中旬には、決裂の危機まで発生した。

そのころ、影佐少将は、いったん帰京し、「……内約は形式上汪精衛（汪兆銘）氏と結ぶのであるが、実質的には重慶政府及支那民衆を対象とするものである」とといて、条件緩和を要望したが、いれられず、なかには「重慶政府に対しても日本が現在主張しつつある条件を堅持す」とまでのべるものもいたという（前掲「曽走路我記」）。

こうした状況のなかで、ともかく「内約」交渉がまとまったのは、日本人関係者がいぶかるほどの、汪兆銘のあいつぐ妥協と譲歩のためであった。

――一九三九（昭和十四）年もあと一日を残すのみという十二月三十日の夕方、「内約」交渉は双方の最終的な「合意」に達し、日中両国「代表」の署名が終わった。

列席者はささやかな乾杯を終わったが、笑い声のない、静かな座の空気であった。高宗武らは病気欠席ということで、座にいなかった。会が終わると、みなの帰宅を待ちかねていた掃除婦たちが部屋に入ってきて、音をたてて皿や碗を片づけはじめた。犬養健は、その掃除婦のひとりが柱にかかっている大きなカレンダーの「十二月三十日」という日めくりの紙をなれた手つきでやぶり、屑籠にすてるのを黙ってみていた。暗い部屋の隅には、日本風の松かざりがさがっていた（前掲『揚子江は今も流れている』）。

――こうして何かが終わっていった。

「内約」交渉の結果は、「日支新関係調整ニ関スル協議書類」（昭和十四年十二月三十一日・梅機関）として、これをみることができる。いま、「日支新関係調整事項」（一～三）・「日支新関係調整ニ関スル基本原則」（一～五）・「日支新関係調整ニ関スル具体原則」（第一～第五）・「秘密諒解事項」（第一～第八）・「機密諒解事項」（第一～第三）から成るこれらの文書を要約すると、つぎのようになろう（「……」内は原文――前掲『太平洋戦争への道』別巻・資料編）。

①　中国による「満州帝国」の承認。「日満支三国」による「新国交」の「修復」。

②　「日満支三国」の協同防共のために、日本軍は、「蒙彊《もうきょう》及北支ノ一定地域ニ駐屯スルコト」。「駐屯地域」などにある「鉄道、航空、通信、主要港湾及水路」については、中国は、「日本ノ軍事上ノ必要事項」からくる要求に応ずること。

③　「北支、蒙彊ニ於ケル特定資源就中国防上必要ナル埋蔵資源」については、「日支協力シテ開発」し、その利用にあたって「日本ニ特別ノ便宜ヲ供与」し、これらの目的

などのために、「日支合弁国策会社」を設立すること。

④日本は、「平和克復後」、防共駐屯地以外の地域から「軍隊の撤去」を開始し、「治安確立ト共ニ二ケ年以内」にこれを完了すること。

⑤華北では、「臨時政府」の名称を廃止し、「北支政務委員会」を設け、その権限を強化して、事実上、華北の新「中央政府」からの独立?——半独立——をはかること。

⑥「揚子江下流地帯特ニ上海」の「貿易、金融、産業及交通等経済上ノ問題」については、日中両国相互の提携を緊密にするための「工作」を「日支経済協議会」(仮称——「日支人同数」・「議長ハ支那側」)に担当させること。

⑦「北支鉄道」は「国有国営」とし、「京山鉄道」(旧北寧鉄路・北京—山海関)・「京包鉄道」(豊台—内包頭鎮)・「膠済鉄道」(青島—済南)は、「日支合弁、支那法人」の「華北交通会社」の「委託経営」とすること。双方の鉄道に、日本人職員を採用し、日本の経営管理権を確立すること。

⑩海南島などを一省とし、「軍事協力」「経済提携」について「日支協力」の体制をつくり、日本に特権的地位を与えること。

⑨「支那中央政府」「北支政務委員会」「支那最高軍事機関」などには、日本人の「技術顧問」「軍事顧問」「教授、教官」を「招聘採用」すること。日本人以外の「第三国人」の「顧問、職員」や「専門家」の「招聘」については、これを制約すること。

——これを要するに、第二の「二十一ケ条」要求（一九一五年）とでもいうべき、露骨な「内約」の強制であった。

私は、ほとんど必然的にあのワシントン会議のときの山東問題審議における中国全権・王寵恵（→三三四頁）の声明を想起する。かれは、こう、いっている（幣原喜重郎『外交五十年』一九五一年）。

……二十一ケ条なるものは、その一服だけでも支那を毒殺することが出来る。それを日本は二十一服も盛ったのである。その中国に与える苦痛の深刻なことは、言語に絶するものがある……。

そうであるならば、と、私は思う。そうであるならば、汪兆銘工作は、相似の毒薬を内包したカプセルないし糖衣《シュガー・コート》として作用したのである。

「南京還都」前後

あけて一九四〇（昭和十五）年一月八日、陸軍の独走と官僚・政党・議会・の背反に手をやいていた阿部内閣は、微妙な政局のなかで臨時閣議をひらき、「支那新政権」に対する「支援協力方策」と「新政権成立」に伴う「基本的処理要綱」とを確定した。これをうけて、内閣書記官長の遠藤柳作は談話を発表し、新「中央政府」に対して「帝国としては今後有《あら》ゆる努力を傾注してこれが成立発展を支援することとなしたり」とした（『東京朝日新聞』昭和十五年一月九日号——前掲『朝日新聞に見る日本の歩み—破滅への軍国主義Ⅱ』）。

一月十四日、威信を回復するための武器である「解散」論を軍部大臣に反対されたために、阿部首相は、内閣総辞職の手つづきをとった。

後任には、陸軍のおす畑俊六《はたしゅんろく》陸相と近衛文磨らのおす池田成彬《いけだしげあき》前蔵相(→三三七頁)の名があげられたが、軍部——とくに陸軍——の横暴に強い否定的見解をもっていた内大臣・湯浅倉平《ゆあさくらへい》——警視総監・貴族院議員・会計検査院長を歴任した——は、天皇の意向をくんだ上、元海相であり、平沼内閣のときに海軍次官の山本五十六中将とくんで日独伊三国同盟に反対しつづけた米内光政大将を強力におし、首相の前官礼遇者の意見を徴したのち、米内大将を後継首班に奏請した。米内大将としたしかった緒方竹虎は、この人事を「陛下と湯浅と、君臣の意思の吻合《ふんごう》ともいへる」と評した。一月十六日、米内内閣は成立し、同日付の首相談話により、「支那事変の処理」については既定の「不動の方針」にしたがい、「将《まさ》に樹立を見んとする支那新中央政府の成立発展を支援すること」を明らかにした(前掲『西園寺公と政局』第八巻、林茂『湯浅倉平』一九六九年、緒方竹虎『一軍人の生涯』一九五五年)。

——こうした経過をへて、一九四〇年三月三十日、新しい汪兆銘政府は、国民政府の「南京還都《かんと》」という形態において、成立した。

日本の新聞の見出しは、こう、報じている(『東京朝日新聞』昭和十五年三月三十日夕刊——前掲『朝日新聞に見る日本の歩み—破滅への軍国主義Ⅱ』)。

けふ南京に輝く還都

新支那国民政府成立

汪氏十大政綱を発表……

新秩序の建設を分担

共産主義の陰謀防遏《ぼうあつ》……

汪氏感激の涙／世紀の盛儀全く終る

——新「国民」政府の政府主席には、国民党の長老である林森《りんしん》（→三三四頁）が就任、五十八歳の汪兆銘は、政府主席代理の地位についた。

立法院長には陳公博《ちんこうはく》（→七〇一頁）、監察院長には梁鴻志《りようこうし》（→三三一頁）、考試院長には王《おう》揖唐《しゆうとう》がそれぞれ任命され、臨時政府は華北政務委員会と改められ、維新政府は、解消された。国旗には、「青天白日満地紅」の旗がきめられたが、はじめにのべたとおり、その上部に「和平・反共・建国」としるした黄いろの三角布がつけられることとなった。しかし、「還都」式の当日、この三角布をつけない国旗が続出し、占領地区・南京にすむ中国人民衆の真情がどこにあるかを雄弁にかたっていた（前掲『支那事変の回想』）。

蔣介石の伝記は、この式典を「もったいぶった……道化芝居」と一蹴している（前掲・董顕光『蔣介石』）。

一月四日、高宗武と陶希聖は、ひそかに上海を脱出し、一月六日、香港に走った。そして、一月二十一日の国民党系新聞「香港大公報」の紙上に、日本の要求を暴露した。汪兆銘サイドはスクープされたのは原案の一部分であり、その後の交渉で条件の緩和があったと弁明したが、そのいいわけの苦しさは当節のことばでいうと、ミエミエだった。憲兵将校だった塚本誠氏は、こう、しるしている（前掲『或る情報将校の記録』）。

……重慶は、汪精衛をけなすまたとない口実を得たのである。私には日本政府が抗日工作に血道を上げているとしか思えなかった（引用者が傍点を付した一章には、体験者の肺腑からしぼりだされた重苦しく、にがいリアリティがある。後生の「極楽トンボ」である私も、塚本氏の驥尾《きび》に付して、つくづくそう思う）。

第14章
「点と線」への道

椰子林を進撃（海南島で）　提供：共同通信

華中と華南のたたかい

支那派遣軍の成立

一九三九（昭和十四）年九月二十三日、あたらしく支那派遣軍が編成された。これにより中支那派遣軍は吸収・解消され、北支那方面軍は、その指揮下にはいった。総司令官には、陸軍大将・西尾《にしお》寿造《としぞう》（↓三六一頁）が任命され、総参謀長には、平沼内閣の陸相だった陸軍中将・板垣征四郎（↓三三六頁）が任命された。

その兵力は、同年十一月三十日現在で、北支那方面軍の九個師団および一二個旅団と支那派遣軍直轄の一四個師団および八個旅団とから成り、兵員総数は、同年末現在では約八五万名に達していた。関東軍をはるかにしのぐ大軍である（前掲・秦郁彦「日中戦争の軍事的展開」——『太平洋戦争への道』4）。

これよりさき、陸軍当局は、漢口・広東作戦（↓第10章）が終了したのち、一九三八（昭和十三）年十二月六日の「省部決定」として、「昭和十三年秋季以降対支処理方策」をきめ、「特に重大なる必要の発生せざる限り、占拠地域拡大を企図することなく……」という前提にたち、「……迅速に治安を確立すべき要域」「此処に国防上の諸建設を行ふべき範域」を左のようにさだめた（前掲『現代史資料』9・日中戦争2↓二一四〜二一五頁の地図をみよ）。

①　北部河北省。

②　包頭《パオトウ》以東の蒙疆《もうきょう》地方。

③　正太《せいたい》線（石家荘―太原）以北の山西省ことに太原平地。

④　山東省の要部（膠済《こうさい》沿線地方）。

⑤　上海・南京・杭州三角地帯。

――あとは、漢口と広東にそれぞれ「抗日勢力制圧」のための一軍を配置し、それ以外の地域への「不用意なる戦面の拡大」をいましめていた。

華中戦線

揚子江にそった九江・漢口方面には、第十一軍（司令官・岡村寧次《おかむらやすじ》中将）の七個師団を中核とする約三〇万名の兵力があり、日本軍のフロントとして、国民政府軍の一〇〇個師団余、約八〇万名の兵力に対峙していた。第十一軍の一個師団は、広く一五〇―二〇〇キロ（二〇〇キロは東京・藤枝間の距離にほぼひとしい）をその作戦正面としなければならず、自動車道路の徹底した破壊のために、戦車・重砲・野砲などの使用は、いちじるしく困難となっていた。

こうした状況のもとで、中国軍は、一九三九年十二月中旬から翌一九四〇年一月下旬にかけて、再三再四、漢口地区の奪回をはかった。一時は、第十一軍は、日本軍の近くにせまって手榴弾戦をくりひろげる中国軍の猛攻により、苦戦をしいられ、一ケ月あまりで死傷者・八三〇〇名という被害を出した。中国軍の遺棄死体は、約五万名という（前掲・臼井勝美『日中戦争』）。

この点、漢口喪失後の「敵軍戦力の低下」の反面、「中央軍就中直系軍の戦力特に熾烈なる抗日意識と戦意とは未だ軽侮を許さざるものあり且軍中央部の威令が正規軍のみならず遊撃部隊に迄及びあり……」とした第十一軍の報告は、注目されてよい（「武漢攻略戦後に於ける呂集団当面敵軍一般の情勢」昭和十四年十二月十日――前掲『現代史資料』9・日中戦争2）。

一方、支那派遣軍は、一九四〇年四月、重慶の東方正面・約四六〇キロのところにある宜昌《ぎしょう》への攻撃作戦について大本営（↓二六七頁）の許可を得た。

この宜昌の作戦は、第十一軍（司令官・園部《そのべ》和《わ》一郎《いちろう》中将――第一次大戦のときにフランス軍に従軍した国際派？軍人）のひきいる三個師団により担任され、五月一日から五月十二日までの「機動包囲戦」の「反復」により、宜昌を占領し、いったんは撤兵を開始したが、そののち、大本営、支那派遣軍の双方に擡頭した「宜昌確保論」の影響をうけて、撤退は中止し、敗戦時まで、そこを占領した。当時、支那派遣軍・作戦主任参謀の地位にあった井本熊男少佐が敗戦後に中国軍の幹部からきいた話によると、日中全面戦争の八年間をつうじて、蔣介石がもっとも「強い危機感にとらわれたのは、この時機であった」という（井本熊男氏談話・一九六二年二月十日――前掲・秦郁彦「日中戦争の軍事的展開」第四章㈢注7による――もっとも、前掲の伝記『蔣介石』は、このような心理的事実について、まったくしるしていない)。

華南戦線

一方、華南では、いわゆる「援蔣ルート」の遮断が日程にのぼっていた。「援蔣ルート」とは、「仏印」(フランス領インドシナ――いまのヴェトナム社会主義共和国)やビルマから出発して、重慶や長沙にいたるアメリカ・イギリス・フランス三ケ国の軍事援助用の輸送路をいい、漢口まで喪失して近代的な工業都市をもてなくなった中国軍の兵器に、つぎつぎと新兵器が出現してくるのは、このルートあるがためとみなされていた(たとえば、フランス製のホッチキス重機関銃やアメリカ製のコルト水冷式重機関銃は、イギリスのヴィッカース製戦車などとならんで、中国軍抗戦力の一条件となっていた――萱場四郎『支那軍はどんな兵器を使ってゐるか』一九三九年)。

――一九三九年秋、大本営は、現地軍(第二十一軍)の反対論をおしきって、当時、対華輸入の約三〇%をとおしていた広西公路の遮断のために、広西省の省都・南寧《なんねい》に対する攻撃作戦を命令した(「大陸命」三七五号――『現代史資料』9・日中戦争2)。

これまで、米・英・仏という「友邦」からの貿易輸出品を一挙に遮断する作戦はためらわれていたのだが、ノモンハン戦争の敗北責任を問う人事異動で富永恭次《とみながきょうじ》少将――一貫して参謀畑を歩いた軍人――が参謀本部作戦部長に転任してくると、「遠慮無用」の作戦強行になったのだとは、軍事評論家・伊藤正徳の説明である(前掲・伊藤正徳『軍閥興亡史』

援蔣ルート

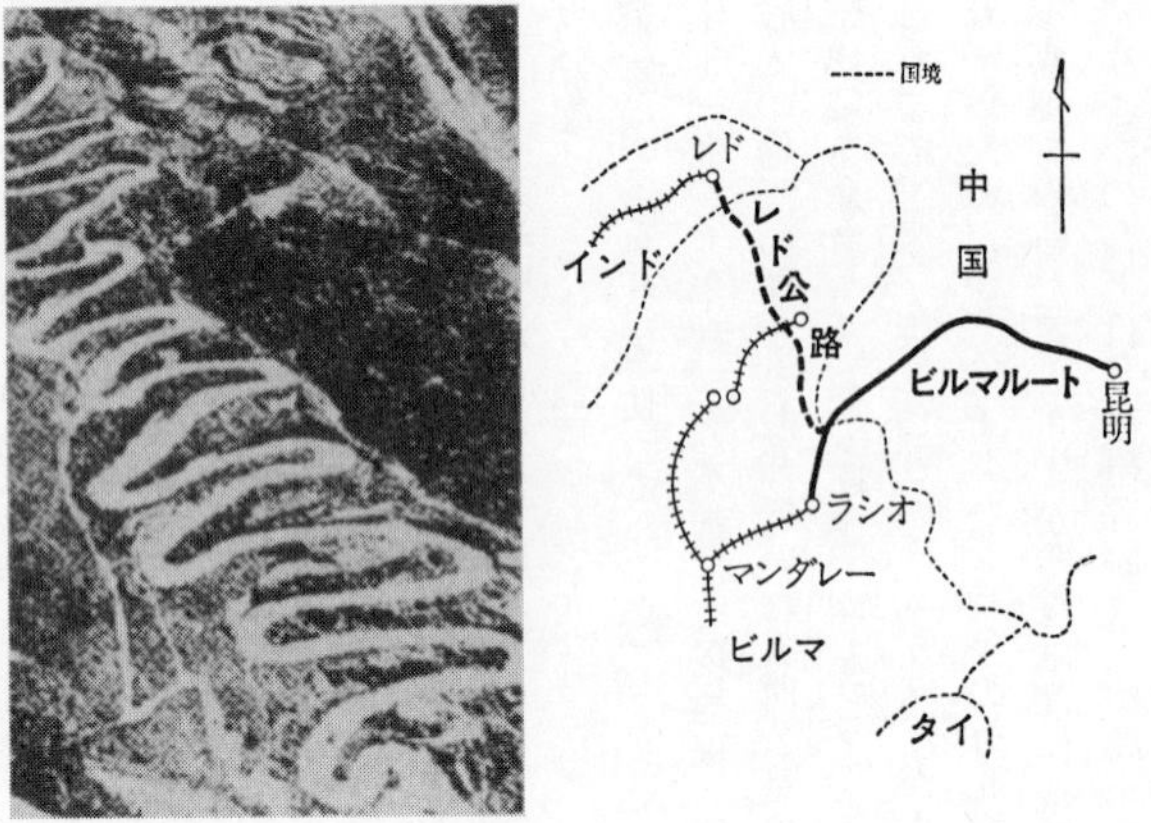

3・一九五八年。なお、三八四頁に引抄した堀場一雄の批判をみよ)。

……十一月十六日の夜明け前、広島の第五師団(師団長・今村均《いまむらひとし》中将)と台湾からきた混成旅団とから成る約二万五〇〇〇名の攻撃軍は、風速二六メートルの暴風をついて海南島西北の欽州湾岸に上陸し、徹底的に破壊された約二〇〇キロの「道なき道」を馬八〇〇〇頭・野砲四八門とともに、強行軍し、十一月二十四日深夜(あるいは二十五日早朝か?)、南寧を占領した。

これに対する中国軍の大反攻は、十二月上旬から始まり、十二月下旬には、南寧市外に突出《とっしゅつ》していた日本軍諸隊は、あいついで優勢な中国軍に包囲され、悪戦苦闘の連続をしいられた。

この中国軍は、まさに蔣介石の主力であ

り、総兵力・約二九万名、参謀総長・陳誠《ちんせい》（元黄埔《こうほ》軍官学校教官・前軍事委員会委員長）が総指揮をとり、白崇禧《はくすうき》（広西軍閥の巨頭↓四二頁）・張発奎《ちょうはつけい》（広東に実力を有する武漢派の実力者）・李宗仁《りそうじん》（広西派の首領↓四二頁）らの指揮する三集団軍・二八個師をその中核としていた。漢口方面での中国軍の冬季反攻が途中で弱まったのは、南寧方面への中国軍の移動主力が一因であった。

——そして、約六〇日に及ぶ包囲がはじまった。五〇〇キロはなれた第二十一軍軍司令部所在地の広東（↓三九六頁）とは、飛行機による連絡がとれるだけだ。年の暮れのある日、海軍航空隊の一機は、通信筒を投下し、前線の一中隊は、中国軍の得意とする手榴弾攻撃にむかって投石！により抵抗しつつあるという情報を師団司令部にもたらした。兵士たちは、食糧・弾薬の不足のなかで、タピオカ（キャッサバの根茎から製した澱粉）や草の根をほってたべつつ、たたかった。年末から一九四〇年の年始にかけて、一つの大隊が全滅し、一つの連隊が退却戦に追いこまれ、また、旅団長の中村正雄少将は、包囲された部下の一連隊を救出にむかう途中、戦死した。戦場には、周囲三〜四〇キロにわたって、中国軍と日本軍の一万数千体の死体が散乱し、風向きによっては腐臭が日本軍陣地の方にながれてきたりした。

軍司令部は、事態を憂慮し、食糧・弾薬を満載した約一〇〇輛の自動車部隊を軽戦車三〇輛から成る軽装甲車中隊に護衛させ南寧にむかわせることとなった。その情報をたしかめた師団司令部は、「第一線」に「もう二、三日すれば食糧が到着する。今何を口にしているか」という電報をうった。すると、「第一線」からは、「米はとっくになくなっている。が、それよりも、何とかして弾を送られたい」という返電があった。

また、その食糧がつくと、今村師団長は旅団長の及川少将に、二日糧を一日分として支給することを命じた。支給開始後、及川旅団長は、前線の旅団司令部をたずねた師団長に、こう、話した――「……驚いたことに、皆が一食分も食えないで残す者が多いのです。軍医の話では、こんなにもひどいひもじさを、三週間も通すと、最初はくえないものらしく、無理に食わせると身体にわるいそうです」（今村均『戦い終る』――「今村均大将回想録」第四巻・一九六〇年）。

――こうした状況のもと、軍司令部の安藤中将の直率する第十八師団（師団長・久納《くのう》誠一《せいいち》中将）ら一・五師団――約三万――の救援軍は、一月二十五日、ようやく南寧方面の戦場に到着し、ただちに急進撃をはじめ、一月二十八日には、広西省にある賓陽に進出した。中国軍は、北方の山系にむかって、総退却に移り、救援軍の包囲網をくぐって、逃走した。さきの伊藤正徳はいう――「……支那軍の主力を撃滅する作戦は、他の戦場の場合と同じように徒労となった……」（前掲『軍閥興亡史』3）。中国軍の遺棄死体は、約四万名。

――二月二日午前、今村師団長は賓陽の街の内外を巡察した。そこには多くの中国人兵士の死体があったが、それらのなかに「男装軍服の女軍人」の死体があると日本人兵士がいいだし、のちには軍医もそれを確認した。

今村中将は、その話をきいて、こう思ったという（前掲『戦い終る』）。

四億の大衆である。女までを軍に徴用することはあるまい。きっと憂国の熱情にそそられ、志願して軍人になった女性なのであろう。こんなにも日支事変は、支那一般の民衆を、いきどうら《（ママ）》しめているのか。


その日、前年十二月以来の、約五〇日間に及ぶ中国軍の大反攻による第五師団の損害は、戦死者約一五〇〇名、戦傷者約三〇〇〇名であり、合計約四五〇〇名は、師団兵力の約二〇%であることが判明した。

百団大戦——八路軍が反撃する

石太鉄道沿線のたたかい

一九四〇（昭和十五）年八月二十日、河北省の石家荘と山西省の太原をむすぶ石太線（正太—石家荘—太原では正太鉄路ともいう）のほぼ中間点にある陽泉の街には、なにか奇妙な雰囲気がただよっていた。ここには、北支那方面軍の第一軍（軍司令官・篠塚義男中将）に所属する独立混成第四旅団（旅団長・片山省太郎中将）の司令部があり、約七〇〇名の警備兵力があったが、奇妙な雰囲気というのは、この日の昼間、人口・約二〇〇〇名のこの街が変に閑散として、中国人住民の通行がまばらなことだった。そういえば、夏の盆踊りに、ふだんはこの街でみかけない屈強な男が多人数で見物にきていたり、市場の物売りの顔ぶれも半分が新顔になっていたりしたが、それらをむすびつけて一つの徴候だと判断するには、変化は微妙すぎた。……

夕方になって、街の南方・約八〇キロの地点に約二〇〇〇名の「共産匪」がたむろしているというスパイ情報が入ったが、かれらが万一襲撃してくるとしても、警備隊本部は、徒歩移動で二日間を要すると判断し、ただちに対抗手段を講ずることはしなかった。こうして、平凡な夏の夜がふけていった……（以下、この節の叙述は、とくに注記しないかぎり、防衛庁防衛研修所戦史室『北支の治安戦』〈1〉一九六八年による）。

………深夜、もう十二時に近いころ、旅団参謀の土田兵吾中佐は、東北東に約二〇キロはなれた娘子関から、「中共軍」の攻撃をうけているという電話連絡に接した。そのころには、八路軍（↓二九八頁）の一隊は、すでに陽泉の街に進入しており、参謀乗用車が狙撃されたり、有線電信が切断されていたりした。やがて、中国兵は、街をみおろす高地を占領し、「投降せよ。投降しなければ全滅させるゾ」と日本語でさけびつつ、小銃を乱射してきた。日本軍もただちに応戦したが、局部的な逆襲にとどまり、死傷者が続出した。約五〇〇名の在留邦人のうちには、もはやこれまで、と、ハレ着（ケ着の反対語＝死装束）をつけるものさえいたという。娘子関駅でもやはり、深夜、チェッコ銃の猛射をうけ、警備隊は、たまたま、その時刻にこの駅についていた内地帰還部隊の一列車（約八〇〇名乗車）とともに、徹夜の防戦をしいられたが、やっと夜があけた八月「二十一日昼間ハ敵ノ南下セザルヲ予想シ、中隊ニ帰リ朝食ヲトリ、帰還部隊ニ対シ、〈ビール〉を接待中、北方高地ヨリ敵ノ射撃ヲ受ク。敵ハ逐次兵力ヲ増シ……」という執拗な攻撃をうけた（「娘子関警備隊戦闘要報」――前掲『北支の治安戦』〈1〉）。その夜、雨がふりだし、翌八月二十二日朝には、迫撃砲による攻撃をうけ、午前十一時ごろには、降伏勧告をする八路軍の軍使が白旗をかかげてやってくるまでになった（日本軍は、これを拒絶したけれど……）。娘子関の北北東・約一〇キロ余の地帯には、「抗日（軍政）大学学生隊」約一〇〇〇名の兵力があった。

……八月二十日の晩以降、石太線沿線を襲撃したのは、八路軍の第百二十九師（師長・劉伯承、政治委員・鄧小平――後の中華人民共和国副首相）に所属する約六〇〇〇名を中核とし、鉄道のレールをもちさり、枕木を焼き、有線・無線とも連絡網を寸断して、日本側の対応をいちじるしく困難にしていた。

娘子関警備隊では、八月二十二日夜、帰還部隊や装甲列車隊の援助により、反撃に成功したが、レール・トンネル・橋梁の爆破・破壊個所は、のべ三六キロをこえ、復旧まで約一ケ月を必要とした（北支那方面軍「被害復旧状況」一九四〇年十月十五日付――前掲『北支の治安戦』〈1〉）。

八月二十一日朝、山西省の太原にある第一軍司令部は、電話連絡により、「石太線は至るところ八路軍の襲撃を受けつつある……」という第一報をうけた。

のちに判明したことだが、この八月二十日、八路軍は、一一五個団（概算一〇〇団――団とは日本の一個連隊をいい、一団が約四〇〇〇名の兵力をふくむ）・約四〇万名の兵力をもって、正太《せいたい》・同浦《どうほ》・津浦《しんぽ》・北寧《ほくねい》・膠済《こうさい》・平綏《へいすい》・徳石《とくせき》などの鉄道も攻撃し、大がかりな鉄道破壊＝補給遮断作戦を開始していた。

一方、八路軍は、娘子関の北北東にある井陘《せいけい》炭鉱をもその攻撃目標とした。この炭鉱は、製鉄用の粘結炭を産し、「満州」の鞍山製鉄所（→八五頁）にとって、不可欠の存在であったが、そのうち、中心的な位置をしめていた新鉱が壊滅的な打撃をうけ、約半月の出炭不能となったことは、八路軍の情報網の的確なことをあかしだてている（「独立混成第八旅団参謀・泉可畏翁回想」――前掲『北支の治安戦』〈1〉）。

すなわち、八路軍は、坑内の協力者の手により、「電流鉄条網」の電流をとめさせ、その部分を切断・進入し、手榴弾を投げこみ、機械・汽罐・電気室など、主要な炭鉱施設に放火した。当時、同鉱の守備隊は、わずか一個分隊（約一四名ほどか？）であり、そこに、約一〇〇〇名が進攻してきたのだから、たまったものではない。……

……こうして、中国共産党サイドの文献である『抗日戦争時期的《の》中国人民解放軍』『八路軍百団大戦特輯』のいう「全国を震動し、敵の心胆を寒からしめた百団大戦」は、抗日陣営に対して、大きな成果をもたらした。この点について、歴史家の胡華は、こう、しるしている（前掲『中国新民主主義革命史』）。

……武漢の陥落後（↓三九四頁）、中国共産党に指導された解放区戦場こそ、抗戦の主戦場であり、八路軍・新四軍（↓二九八、三〇二頁）こそ抗戦の主力であったということは、鉄のような事実によって証明されている。

対峙《たいじ》段階は、実際には、解放区（↓第16章）と敵との対峙に他ならず、解放区軍民の英雄的苦戦がなかったならば、対峙段階は維持できなかったのである。

日本軍の反攻

北支那方面軍――とくに第一軍――は、こうした八路軍の奇襲に対抗して、一九四〇年の八月下旬から十二月初旬にかけて、二次にわたる反攻作戦――いわゆる「晋中作戦」――に出た。その第一次作戦は、独立混成第四旅団と独立混成第九旅団により担任され、石太線南方地域からする山岳討伐戦として行われた。その目標は、八路軍・百二十九師（↓二九八頁）であり、同師に対して、約七〇〇〇名の死傷者を出させたという。

しかし、そうした戦果の反面、第四旅団長の片山中将による以下のような回想があることもまた、忘れられてはならない（前掲『北支の治安戦』〈1〉）。

住民に対する八路軍の工作が滲透しており、部落は文字通り「空室清野《くうしつせいや》」で、住民はほとんど逃避して姿を見せず、積極的に八路軍側に協力していたようである。これがため作戦間の日本軍の動向は、微細にわたり、八路軍側に筒抜《つつぬ》けであったのに、日本側には八路軍の情報が皆目不明《かいもくふめい》であった。しかも八路軍の動向は、数日以上同一地点に止まるようなことはなく、終始、変転自在に行動し、嶮峻《けんしゅん》な山岳地帯における遊撃行動に卓越していた。

これに反し、日本軍の行動は、徒歩部隊とはいえ、駄馬《だば》による行李輜重《こうりしちょう》を随伴《ずいはん》し、部隊及び個人の装備が過重で、猿のように軽快な八路軍に比べて鈍重であった。従って、いかに八路軍の捕捉《ほそく》・追及に努力しても、その成果は、大したことがなかった（句読点・ルビの一部を引用者が変更した）。

第二次作戦は、第三十六師団（井関仭中将）・第三十七師団（安達二十三《あだちはたぞう》中将）・第四十一師団（田辺盛武《たなべもりたけ》中将）より抽出された部隊と、独立混成第四旅団・独立混成第十六旅団とにより担任され、沁河《しんが》一帯の八路軍根拠地に潰滅的な打撃をあたえたという。こうした日本軍の反攻により、中国八路軍のうけた損害は大きく、百団大戦は、十二月初旬一応終熄した。

のちに、八路軍側は、三ケ月半にわたるこのたたかいをつうじて、日本軍の損害が死傷者・約二万名、捕虜・約二八〇名であり、鹵獲《ろかく》した武器が小銃・四五〇〇挺、機関銃・約二〇〇挺であり、破壊した鉄道が約九五〇支里（一支里を五〇〇メートルとすると、約四七五キロとなり、ほぼ東京・近江八幡間の距離にあたる→一九四頁）、破壊した公路が三〇〇〇支里（ほぼ東京・鹿児島間の距離にあたる）、これに対し、自軍の損害が死傷者・約二万二〇〇〇名であることを公表した。この点について、さきの胡華はいう（前掲『中国新民主主義革命史』）。

……わが参戦部隊は、物資の欠乏や交通の不便、補給の困難という悪条件のもとに、はげしい戦闘を三ケ月半つずけ《（ママ）》、旺盛な闘志と、困難にうちかつ精神を発揮した。味方の戦闘員の光栄ある負傷者・病死者・戦死者は、約二万二千名にもたっした。

このたたかいの最中に日本軍が入手し、のちに、「偕行社記事」（昭和十六年八月号）に翻訳・掲載されたといわれる「冀西第一軍分区司令部戦闘詳報」（民国二十九年十月二十九日付）は、「敵」（＝日本軍）の「逆襲、反撃はきわめて勇敢堅確」であり、また、「白兵戦に長じ、体力、技術ともに優れていた」ことなどをその「優点」としながら、一面、その「劣点」として、「敵の各拠点は、過度に分散配置されているため、兵力の適時の集中が困難である。従って、敵の出撃や逆襲を数回阻止し、兵力を損耗させると、以後はその力量を失い、単純な防御態勢に転ずる例が多かった」と指摘している（前掲『北支の治安戦〈1〉』）。

八路軍のたたかい方——ただ一つの「秘密の兵器」

大地の下のたたかい

まさに「女ひとり大地」をいっていたアメリカのジャーナリストであるアグネス・スメドレー——そのころたぶん、五十代初めか？——は、一九四〇年代初頭のこととして、日本軍と八路軍の抗戦関係をつぎのように描写している（A・スメドレー『偉大なる道——朱徳の生涯とその時代』下・阿部知二訳・一九五五年——こんど、このほんは、岩波文庫におさめられた）。

……日本軍はこの「三光《さんこう》」攻勢（殺しつくし、焼きつくし、掠奪しつくす戦略→第19章）の前後、河北省中部だけでも、自動車道路に沿って二千四百哩《マイル》（約三八四〇キロ）の深い壕と、四百哩（約六四〇キロ）の防壁とを設けた。華北一帯の鉄道の両側にも高い障壁と防禦壕がつくられた。日本軍は、食糧と弾薬とを入れる地下室をもった防舎の連鎖を建設した。

華北平野の民衆もまた地下を利用した。彼らは地下防空壕を掘り、それを長いトンネルでのばして、しばしば隣部落と連結する場合があった。敵（日本軍）に襲撃された部落は、トンネルを通って他の部落へ避難することができたし、退避後の無人の部落に入っている敵兵を、八路軍が突然地下からあらわれて、包囲したこともあった。

民衆は地雷の作り方をならって、部落をまもるため、まわりの道に蒔いた。闘争の中から生れた「人民英雄」のうちには、こんな少年もいた。村の外に出てすすんでくる敵の部隊を迎えた少年は、「とめられているから、村に案内することできませんが、それはあの道です……」と無邪気に答え、地雷の埋まった山道をゆびさしたが、そこには部隊やパルチザンが待伏せしているのだった（注記と傍点は、引用者による）。

ここには、二つの「地下」戦争と二つの「点と線」の対抗状況が端的にえがかれている。こうした八路軍と民衆のむすびつきについて、八路軍総司令・朱徳——一九七六年に九十歳の長寿を全うして逝去した——は、一九四三（昭和十八）年七月七日の「抗戦六周年記念日」の集会においてこう演説している（前掲『偉大なる道』下）。

……われわれの力と権力とはすべて人民からくる。そして、われわれの方策・手段は、すべて人民がつくりだしたものである。人民の力を頼りにして、われわれは敵を打ちまかし、あらゆる困難を克服した。われわれはただひとつの秘密兵器をもっている——それは、人民との完全な結合である。われわれがもし、大衆から孤立していたとしたら、とっくに失敗していたにちがいない（傍点は、引用者による）。

この点、朱徳が一九四〇年七月ごろに、「延安幹部会議」の席上で「八路軍が華北の抗戦を堅持してきた三年間」と題して行った報告は興味ぶかい。

かれはそこで、八路軍の「勝利」の「一〇の原因」をあげている（山本哲也訳——前掲

『中国共産党史資料集』10・一九七四年)。

(1) われわれが真に「軍民一致」を達成し、大衆との間に水と魚、血と肉のような不可分の親密なつながりを結んだことによる。

(2) わが将兵が一致して「わが軍隊のなかで堅強な政治的団結をとげている」ことによる。

(3) われわれには、部隊と前線における指導の中核としての中国共産党があることによる。

(4) 八路軍には刻苦奮闘し、勇敢に戦う伝統と精神があることによる。

(5) 八路軍には多くのすぐれた新旧幹部がおり、いずれも民衆的英雄であり、軍隊の核心となっていることによる。

(6) 八路軍が強固な抗日根拠地を創造したことによる。

(7) われわれには柔軟な戦略・戦術があることによる。

(8) 敵軍に対する人民の憎しみ、敵軍内部における厭戦思想の存在、およびそれがしだいに反戦運動に発展したことによる。

(9) われわれが統一戦線を堅持したことによる。

(10) われわれが断固として三民主義を実行したことによる。

「堅壁清野」のたたかい

この「秘密兵器」による八路軍のたたかい方について、A・スメドレーやE・スノウと同じアメリカのジャーナリストであるジャック・ベルデンは、その『中国は世界をゆるがす』（"China Shakes the world" 1949）のなかで、こう、描写し、かつ論じている（J・ベルデン『中国は世界をゆるがす』上・安藤次郎―陸井三郎―前芝誠一共訳・青木文庫4・一九六五年）。

中国人の抵抗の第一線は、諜者と地下工作員とで形成された。日本軍が掃蕩戦を開始するときには、中国軍はいつでも事前に、その情報をうけとっていた。そしてその兵力はすぐさま危険のせまっている地域から移動し、日本軍が立ち去ったばかりの鉄道線路や兵営に攻撃をかけた。したがって双方の側がその位置をとり代えただけであった。日本軍は攻撃をかけた地域には一兵も見出さず、立ち去ったばかりの位置に攻撃が加えられているのを知った。

だが、これらの地域で採用されたもっとも有名な戦法は、〝堅壁清野《けんぺきせいや》〟の名で知られている方法だった。これは持久戦術と名づけることのできるものであった。日本軍が進撃してくるに先立って、家具や穀物や家畜や、およそ日本軍に役立つものを洞穴に移すか用意した隠匿場所に埋めてしまうし、住民は全部その地域から撤退してしまった。道案内一人見つけることができなかった。攻撃が山中で行われるときには、民兵があらゆる崖の上に陣取ったし、平原の場合には、地下トンネルに陣をかまえた。

日本軍が進攻すると、四方八方から狙撃兵の弾丸を浴びた。狙撃兵は、偶然にかきあつめられたものではなく、村単位に選び出されたえりぬきの射撃の名手で揃えられていた。日本軍は、分散させられるのをいつもおそれていた。一つの山からの銃声をきくと、かれらは〝八路軍がいるぞ〟と言う。だが、かれらが臼砲《きゅうほう》や重火器をかついで山によじ登ってみると、もう一人の兵隊も見つからなかった。そこでまた前進する。するとまたもや、別の峯の上から狙撃される。そこで再びその山に掃射を加えて捜索するが、何の獲物もないのであった。

こういうことを二、三度繰り返して何も見つからないと、そこではじめて日本軍は安心を覚え、斥候《せっこう》を引っ込めて急速に前進する。だがまさにこの時、この目的のために伏せられていた正規兵の派遣隊が大挙してかれらを攻撃し、日本軍が立ち直らないうちに大打撃を与えた。日本軍がさらに山中に突入しようとすると、かれらは山の斜面一帯に植えつけられた手製の地雷源に突っ込んだ。日本軍の兵力が相当に強力な時には、民兵は狙撃するだけで満足しそれ以上の攻撃は加えないが、もし本隊から分れて小兵力の分遣隊が出れば、民衆は鳥銃や手製の臼砲やいろいろな獲物を手にして攻撃を加えた。

〝堅壁清野〟という言葉に暗黙裡にふくまれている持久戦は、社会のほとんど全成員の協力があってはじめて遂行できる種類の戦いである。こういう協力は工業化した西洋社会にはめったに見出されないし、中国の農村にあっても、のべつに見られることではなかった。

毛沢東の「論持久戦」

一九三八（昭和十三・民国二十七）年の五月二十六日から六月三日にかけて、当時四十五歳のはたらきざかりだった毛沢東は、延安の抗日戦争研究会で講演し、同年当初に一〇日間ほどかけて作成された草稿にもとづくその内容は、同年七月一日刊行の『解放』43・44合併号にのせられた。原題は、「論持久戦」だが、日本では「持久戦論」「持久戦を論ず」「持久戦について」などと翻訳されている。

以下、その内容について、若干の抄出をしたい（毛沢東「持久戦について」新島淳良訳――前掲・西順蔵編『原典中国近代思想史』第五冊・一九七六年。なお、新島氏訳は抄訳で、その全訳は、前掲『中国共産党史資料集』9に尾崎庄太郎氏訳でおさめられている）。

（九）抗日戦争はなぜ持久戦なのか？　最後の勝利はなぜ中国のものなのか。その根拠はどこにあるのか。

中日戦争は、他のいかなる戦争でもなく、半植民地・半封建の中国と帝国主義日本のあいだで二十世紀四〇年代（三〇年代か？）におこなわれている生死をかけた戦争であって、問題の全根拠はそこにある……。

（三五）中日戦争が持久戦であることは、具体的には三つの段階としてあらわれるであろう。第一の段階（一九三八年前半期はこの段階の途中と把握されている）は、敵（日本）の戦略的進攻、わが方の戦略的防御の時期である。第二の段階は、敵の戦略的現状維持、わが方の反攻準備の時期である。第三の段階は、わが方の戦略的反攻、敵の戦略的退却の時期（別言すると「失地回復の反攻段階」）である。三つの段階の具体的情況は予測できないが、当面の条件からみれば、戦争の推移の大すじは指摘できる。客観的現実のプロセスは異常に豊富であり、曲折に富んでいるもので、だれも中日戦争の「進行〈予定〉表」をこしらえることはできない。しかし……。

（三七）この段階（第二段階）での敵の意図は、占領を現状維持し、カイライ政府（↓第9章・第13章）というベールをこしらえてそれを確保し、中国人民からしぼれるだけしぼることである。しかし、その面前には頑強なゲリラ戦（遊撃戦）がまちかまえている。ゲリラ戦は、第一段階で敵後方（いわゆる淪陥区）の空白に乗じてどこでも発展し、数多くの根拠地がうちたてられて、敵は占領地の現状維持が基本的におびやかされるようになった。したがって、第二段階でもやはり、広大な〔地域で〕戦争がおこなわれるであろう。だが、双方の作戦形態は、主としてゲリラ戦（遊撃戦）で、機動戦が従となる。このときには、中国はなお大量の正規軍を保有するが、一方では敵が占領した大都市（点）と交通路（線）で戦略的守勢をとっていること、一方では中国の技術的条件がここしばらく備わらないことのために、なおすぐには戦略的反攻をおこなうのはむずかしい。

（四四）中国の政治・経済の不均衡の状態によって、第三段階の戦略的反攻は、その前期には全国が画一的にそろってやるのではなく、地域性をおびた、起伏のある様相を呈するであろう。さまざまな分裂の手をうってきて中国の統一戦線をやぶろうとする敵の企図は、この段階でもべつに弱まりはしない。したがって、中国の内部の団結という任務は、いっそう重要になり、内部の不和のため戦略的反攻が中途半端にならないよう、充分心すべきである。

(四五) 中国は劣勢から均衡を経て優勢に、日本は優勢から均衡を経て劣勢に、中国は防御から対峙を経て反攻へ、日本は進攻から現状維持を経て退却へ——これが中日戦争の過程であり、中日戦争の必然の推移である。

(四六) そこで、問題と結論はつぎのようになる。中国は滅亡するか? 答、滅亡しない。最後の勝利は中国のものである。中国は速勝できるか? 答、速勝できない。かならず持久戦である。

この結論は正しいか? わたしは正しいと思う(注記と傍点は、すべて引用者による)。

——学生のころ、はじめて今日の岩波版・勁草版よりはるかに粗末な「毛沢東選集」で読んでいらい、いつも読むたびに私は思う。これじゃあ、かなわないナと——。その想いは、私のなかでますます強まるばかりである。

ここにはマキァヴェルリに出発し、クラウゼヴィッツをへてレーニンにいたる認識系の「星座」につながる精神的創造のかがやきがたしかにある。

周知のとおり、『戦争論』の第一編第三章は、「軍事的天才」というテーマの章であり、多くの戦史で乱用されているそうした「揮発性」の用語例とは異質の「人間の条件」がすぐれて理性的に評論されているが、読み終えてみて、ごく素直に私の脳裡に泛んだのは、毛沢東がそこでの定義と要請をみたすリーダーのひとりであるという感想であった。

その点について、亡き竹内好《たけうちよしみ》は、晩年の回想において、こう話している（「第三文明」一九七五年十月・十一月号——論集『方法としてのアジア』一九七八年）。

……毛沢東の発表している論文が、戦争中はほとんど手に入らなかった。軍関係や何かで少しやっているんですけど、それっきりだ。

ところが戦後わりに早い時期に、外務省版の翻訳が一冊出たんです。「毛沢東主要言論集」というやつ。これはかなり重要な論文を集めておりまして、非常によかったですね。

原文はまだ手に入らなかったので、先に翻訳で読んだんだと思うんですけど、毛沢東の考え方が歴史的にもよくわかるんです。「持久戦論」やなんか、そういったものも入っていましたからね。彼らにとって抗日戦争はこれだということがわかる。これじゃ負けるのしようがない、というのが非常によくわかる。

第15章　「軍国化」の経済構造

東京朝日新聞

昭和十三年三月四日

総動員法案に大波瀾

佐藤中佐"黙れ"の一言

委員会沸騰裡に散会

直ちに取消す

国家総動員法案成立へ

軍国財政と国民生活

ある視角

いまから三〇年以上も前の一九四七（昭和二十二）年六月、すでに前年五月号の雑誌『世界』に「超国家主義の論理と心理」を発表して、日本ファシズム史研究に重要な布石をおいた政治学者の丸山真男《まるやままさお》氏（東京大学）は、亡き飯塚浩二《いいづかこうじ》氏（東京大学）らが中心となって企画された東洋文化研究所の連続講座で「日本ファシズムの思想と運動」と題する講演を行い、のちに、その講演を母体とした論稿をしあげて、東洋文化講座第二巻『尊攘思想と絶対主義』に発表した。そこに、こう、ある（丸山真男『増補版・現代政治の思想と行動』一九六四年）。

……そうして、急進ファシズムの弾圧後いくばくもなくして、軍部と官僚、財閥の抱合い体制が強化され、定石通りのファシズムの「完成」形態へと進んで行きます。広田内閣の馬場財政では「広義《こうぎ》国防《こくぼう》」ということを唱えました。当時二・二六後の不穏な社会的雰囲気の中に広義国防ということが唱えられ、予算も無理をして、失業救済費や農民救済費を計上し、軍事費の増大にあいまって、非常なインフレ財政になり、財界の危惧が大きくなった。そこでそのあとを引き受け金融界の要望を背負った結城《ゆうき》財政においてはたちまち軍事費一本やりの「狭義《きょうぎ》国防《こくぼう》」へと逆転し、馬場財政によって計上された農村経済更生費等が悉く削られ地方財政交付金が打ち切られます。この時に結城さんが「これからは軍部とだき合ってゆきたい」という有名な言葉を吐き、抱合財政《ほうごうざいせい》という名はここから起ったのであります（ルビは、引用者による）。

こうした視座にたって、問題を深化させたのが、財政学者の故・遠藤湘吉《えんどうしょうきち》であった。かれは、丸山真男氏らの企てによる「日本ファシズム共同研究」――一九五三年から一九五四年にかけて雑誌『思想』に連載された――に参加し、その棹尾をかざる力作「軍部と資本との反撥と親和」を世に問い、そこで、つぎのように論じた（『思想』一九五四年四月号――江口圭一編『〈日本ファシズム〉論』歴史科学大系・第12巻・一九七七年）。

……しかし、軍部もまた、「紙幣は印刷さえすればよい」といった認識は、日本経済の論理によって手きびしく報復されるものであることを漸くさとるようになり（一九）三七年末、林（銑十郎）内閣の成立を前に、「巷間《こうかん》、軍があたかも経済組織の急激なる変更を要望し、ひいては財界の混乱を来すやうな事態に立到らしむるものであるといふごとき言説があるやうであるが、軍の希望するところは世に適合した革新であって、これが実現にあたっても、急激なる変革の却て不利なる影響を齎らし、効果のないくらゐのことは十分承知してゐる次第である」との声明を発し、林内閣の蔵相として石原莞爾（→三〇八頁）のプランにほぼ沿って結城豊太郎を、日本銀行総裁として池田成彬（→三三六頁）を迎えることをみとめたのである。

……かれ（結城蔵相）は、政変によって流産した（一九）三七年度予算をふたたび編成するにあたり、物価騰貴が厖大予算によること多大であることをみとめ、「物資需要の急激なる増加を緩和する等の趣旨」（予算編成方針）を加味し、馬場《ばば》（鍈一《えいいち》蔵相）が編成した予算を二億余（円）減じて二十七億余円（後に約六千万円追加）に抑えたが、陸海軍省費はかえって前年度に比し三億（円）の増加、総額の五〇％に近い十三億六千万円にのぼった。

そのことは国民生活の安定や農村漁村の更生等の費用の犠牲において可能であり、収入面においても、間接税の増徴や郵便料金等の値上げ、地方税たる戸数割《こすうわり》等の復活等、勤労大衆の負担の加重が必然となった。結城財政はまさに、独占資本の牙城たる経済連盟の要望――「国防の充実」「第一義」論――に符節をあわせるものであった、ということができるのである。

……それまで、日銀は、しばしば資本の救済機関たる役割を演じたとはいえ、業務の基本はなお商業金融におかれていたのに、この（池田総裁の）改革により産業金融にのり出すこととなって、産業資本との結びつきが、一そう直接的となる反面、市中金融機関の負担はこれによって軽減されたことが改革の第一の意義であり、つぎに公債消化資金が豊富となって同じく市中金融機関の負担を軽減する反面、一たん消化された公債がふたたび日銀に買上げられる結果、公債消化は名目的となり、公債の引受発行によって増発された日銀券で公債を消化する、換言すればインフレをもってインフレを「防止」するという可能性が強くなったのが第二であると考えられるからである。要するに、池田の改革は、一そう大々的なインフレへの途がひらかれ、しかもそうしてえられる資金の供給を通じて、市中金融機関の地位はかえって補強されるが、その間、国家資金と金融資本との結合は緊密化して、国家独占資本主義体制が進行するという結果をもたらすものであったといえるであろう。

かくのごとくして結城＝池田のコンビは、軍部の行動を、金融資本の論理のうちに組みこむことに一応成功し、さらにまた、後に来るべき戦時経済への本格的突入準備に必要な時を資本のために稼いだものであったということができるであろう（注記・傍点の多くは、

国家予算歳出額における軍事費の割合

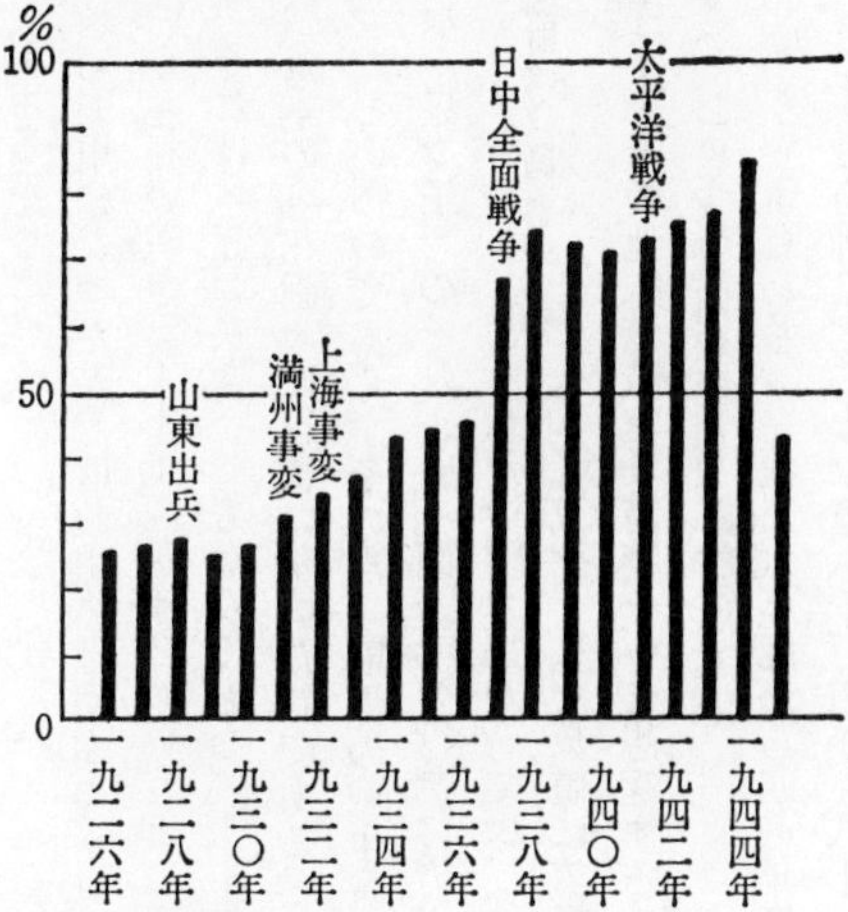

出典：『日本統計年鑑』

引用者による)。

長い引用になったが、財政史にはずぶのシロウトの私なりに要約すれば、「馬場財政」という「狂い咲き」――世阿弥流?にいうと、二・二六事件直後という「時分《じぶん》の花」――を、それは「狂い咲き」でもなんでもない――世阿弥流?にいう「真《まこと》の花」――として、金融資本の「花園」に正統に咲いた花であると認知させるために、「結城=池田財政」があったというのである。その点、財界の戦争責任論の見地よりすれば、「馬場財政」のような「鬼ッ子」のそれより「嫡子」の役割の方が重いのである。

こうしたテーマについては、なによりまず、数値をあげなければならない。

軍国財政への傾斜

そして、そうした数値に依拠しつつ、これも今は亡き経済史家の楫西《かじにし》光速《みつはや》――その地味で誠実な講義をいま想起する――は、つぎのように、その大綱的な認識をさししめす(『昭和経済史』一九五一年)。

……すなわち、一九三六年度から四一年度にいたる歳出決算書によれば、この期間に一般会計は、二十二億八千万円から八十一億三千万円へと四倍近くに増大し、特別会計は、七十六億六千万円から三百七十六億一千万円(臨時軍事費をふくむ)へと、五倍半に激増している。

重複部分を差引いた両者の純計は、八十四億三千万円から二百二十八億九千万円への増加であった。……

歳出額の内容においても、一般会計における経常部と臨時部の割合が（一九）三八年度以来逆転して、四一年度には臨時部支出が六〇％を占めるようになるとともに、直接戦費と見られるものがますます膨脹して、それが歳出総額において占める割合は、三六年度の四七・七％から四一年度には七五・七％に達したのであった。

すなわち、一般会計における陸海軍省費および徴兵費と臨時軍事費の合計を直接戦費とみれば、それは三六年度・十億八千万円、三七年度・二十二億八千万円、三八年度・五十九億六千万円、三九年度・六十四億七千万円、四〇年度・七十九億五千万円、四一年度・百二十五億円にのぼり、国民所得の二〇―三〇％におよんだ。……

このような財政が国民経済にたいしてきわめて重要な影響をあたえることは明らかである。

すなわち、予算の大部分を占める軍事費の八〇％以上九〇％近くが物件費として支出されたものと推定されるが、それだけの金額が軍需工業ないし重化学工業部門への追加的需要にふりむけられ、その発達をうながしたのであった（傍点は、引用者による）。

その点では、一九三七（昭和十二）年三月十八日の衆議院本会議において、衆議院議員・水谷長三郎《みずたにちょうざぶろう》――社会大衆党――がつぎのようにのべているのは、興味をひく（『第七十回帝国議会衆議院議事速記録』）。

……結城税制は、即ち満州事変の把握に於ては馬場財政と一致し、健全主義の立場に於ては、馬場財政よりも所謂《いわゆる》高橋（是清）財政に歩み寄って居ると吾々は見なくてはならないのである。満州事件費、国防費も必然性と観た馬場財政の方針を継続することに依りまして、結城財政は軍部の支持を受けたのである。さうして更に健全財政への復帰傾向を見せて、さうして金融資本の擁護を為《な》し、以て金融資本家陣営の所謂全的支持を受けたのである。

即ち、一方に於ては軍部の支持を受け、一方に於ては資本家の支持を受けると云ふ、ここが結城大蔵大臣の所謂資本と軍部との抱合ひの本質が正に茲《ここ》にあらうと思ふのでございます（傍点とルビは、引用者による）。

こうした点から、政府は、一九四〇（昭和十五）年には、大がかりな税制改革を行う必要にせまられていた。

というのは、こうである。同年度の一般会計予算は、六〇億九七〇〇万円となり、前年比・一二億九二〇〇万円増、うち、軍事費は、二三億二〇〇〇万円となった。また、同年度の臨時軍事費特別会計予算は四四億六〇〇〇万円であるから、その合計は、六七億六二〇〇万円となり、「……一般会計および臨時軍事費特別会計の予算純計額の実に六四パーセントを占めることになり、わが国の財政は、全く徹底した戦争財政となったのである」（大蔵省昭和財政史編集室編『昭和財政史』第5巻・〈租税〉・一九五七年）。

しかし、これに対する租税収入見込額は、北支事件特別税をふくめて、二六億二五〇〇万円にすぎず、歳出総額・一〇五億五七〇〇万円に対して、わずか二四％にとどまっていた。……あとは、国債発行の一手しかない。同年度の国債発行予定額は、五五億八〇〇〇万円にのぼり、一方、年々累増した国債発行額は、一九三九（昭和十四）年度末には、二二八億八五〇〇万円という巨額に達していた。

日中戦争は、資金面においては、まさに「借金戦争」の観を呈していた。

――かつて、労農派の闘将であった経済学者・猪俣津南雄《いのまたつなお》は、一九三四（昭和九）年発行の啓蒙的な著作において、「公債百億円」という当時としては衝撃的な題をかかげ、そこで、こう、論じていた（猪俣津南雄『軍備・公債・増税』一九三四年）。

……来年度（一九三五年度）に公債がいよいよ百億円となり、来々年度に更にそれより殖《ふ》えるとすれば、恩給費と国債費（国債の利子支払い費など）とが租税収入の全部を喰《く》ひつくして尚《な》ほ足を出す。さうなれば、国費の新規増額だけではない、極《ご》く在《あ》り来《き》たりの経費まで、公債――借金――によって支弁せねばならなくなるだろう。また、これを違った角度から見れば、借金（公債）の利払ひそのものまでも、間もなく公債（借金）をもってしなければならなくなるだろう。

だとすれば、「公債・二百三十億円」のデメリットは大きい。年利率六％とみつもっても、その利払いだけで一三億八〇〇〇万円となり、租税収入の半分をくいつくしてしまう

（公債の利率はもっと高いから、六%というのは、過少なみつもりである）。それは、通俗的な比喩でいうなら、ギャンブルによってあけた家計の「穴」を悪名高い「サラリー・ローン」からの借金によってうめようとするのと、さほどの径庭はない。

――こうして、明治以来の大がかりな税制改革が必然となる。

この税制改革について、第一線の経済史家である原朗《はらあきら》氏は、つぎのように要約する（原朗「戦時統制経済の開始」――『岩波講座・日本歴史』20・近代7・一九七六年）。

なかでも一九四〇（昭和一五）年度の税制改革は、特筆すべき重要な意義をもっていた。かつて馬場財政で構想されつつ実現しなかった中央・地方を通ずる根本的税制改革により、所得税中心の「弾力的」租税体系を構成して戦時増税の可能性をさらに高めたこの税制改革は、所得税における高度累進制と源泉徴収の強化、法人税の所得税からの分離独立、免税点引下げと酒税・物品税増徴による大衆課税、生産力拡充のための租税特別減免措置、地方分与税制度による財政の中央集権化など、現代的租税体系の起点をなすものと評価され、一八九八年所得税改正以来の大改革として位置づけられる。

税制改革

――このうち、大衆課税としての勤労所得への所得税について、ふれてみたい。

一九四〇年二月八日、ときの米内光政内閣（→五〇八頁）の蔵相・桜内幸雄《さくらうちゆきお》は、衆議院本会議において、「税制改革」関連法案の説明を行い、そこで、つぎのようにのべた（前掲『昭和財政史』第5巻)。

……よってこの際としては、現行所得税制度に根本的の改正を加へ、現在のごとき累進税率の外に、新に比例税率を導入して、税制に大なる弾力性を付与するの外、なるべく多くの国民をして所得税を負担せしむるとともに、できうるかぎり源泉に於いて課税して、納税の簡易化を期する必要があると思ふのであります。……

こうした観点から、二年前に一二〇〇円から一〇〇〇円に引下げられた勤労所得の免税点は、一挙に六〇〇円まで引き下げられようとした。その免税点の引下げにより、所得税納税者は、一八〇万人から三八〇万人に激増することが予想されたが、その大衆収奪的な性格が批判されて、結局、免税点は、七二〇円に修正された。

しかし、この基礎控除額の引下げにより、所得税が大衆課税化したことは否めず、国民は、父や夫や兄弟の生命を戦争に提出するのみでなく、納税という「銃後のご奉公」についても、重い荷をせおわなくてはならなくなった。

この「税制改革」の結果、所得税と新設の法人税の二つで、平年度の税収入総額・三四億七六〇〇万円中、その四三%をしめる一五億二〇〇万円を得るにいたった。このことは、酒税(二億七二〇〇万円——約五〇%アップ)、砂糖消費税(一億六一〇〇万円——約一八%アップ)、遊興飲食税(一億一九〇〇万円——約一〇三%アップ)の三大間接税の増徴とともに、政府側委員のいわゆる「……上の方は現状のままではもう引上げる余地がなくなって来て居る。したがひまして今後税の増収を図る上に於きましては、比較的中小の階級に或る程度までは割合に於て重い率の負担を願はなければならぬ情勢になって来て居るのであります」（政府委員・大矢主税局長答弁）という状況をかたっていた。

——ところで、庶民の生活にとって、問題となるのは、この免税点・七二〇円という金額だ。

その点をめぐって、ある区役所につとめていた大宮留樹氏——多忙な勤務のかたわら、石川舜台の『蓮如上人と北国』をよみ、北越一向一揆について勉強している篤学の士だ——は、その日記に、こう、しるしている（「一小役人の生活より」・『中央公論』昭和十四年七月号——前掲・中島健蔵監修『ドキュメント　昭和世相史・戦中編』）。

×月×日

……きょう区民葬が行われる英霊は八柱である。歩兵曹長を最高に伍長一人、あとはみな上等兵だ。もう戦死して一年にもなる英霊があり、北支、中支、満州とまちまちだ。いままでの遺族を統計に取ってみたわけではないが、すくなくとも自分が担当した遺族の家は、殆んど中流以下の家庭のようだ。殊にきょう自分が担当した遺族の家では、戦死したのが長男であり、次男はいま漢口の近くにいるらしく、残っているのは母親と妹二人である。兄弟二人の収入で生計をたてていたこの家庭では、既に長男を失い、次男の生命も保証の限りでないとすると女二人でこれからどうして行くのだろう。……

×月×日

七十円也のサラリーのでる日。

額面は七十円也ではあるが、サラリー袋の中身は六十三円二十銭だ。恩給基金、親和会基金、互助会費、出動将士後援会費、規約貯金、愛国貯金、旅行会費と、無慮七項目にわたる天引金《てんびききん》があるので、手取り額はこんな額になるのだ。少し天引金が多いと思うが、こう規定されているので仕方がない。これで家族五人が生活してゆくというのだから惨めなものだ。殊に、最近の軍需景気を耳にすると、しみじみと憂鬱になる。しかも、十有二年勤続してこれだ!

すまじきものは宮仕え——。

七〇円を単純に一二倍すると、八四〇円となり、賞与などを除外しても、所得税がかかってくる。一〇〇〇円から七二〇円への免税点の引下げは、この「小役人」のような人びとを課税対象に包括する作用をはたしたと想定される。

また、山形県の小学校教師・佐藤利平氏は、こう、しるしている(「チョークの粉」・『文藝春秋』昭和十六年二月号——前掲『ドキュメント 昭和世相史・戦中篇』)。

……実際、どの先生も相当苦しいらしい。苦しいからこそ、あてにならぬ金に希望をつなぐ。私自身について言えば、師範学校卒業後十年、俸給は五十五円、加俸〔は〕月にすれば二円、計五十七円で老父、妻、子供二人を養って行かねばならない。本も読みたい、講習会にも出たい……。然しこうした金はどこから生み出したらいいだろう。
家では子供達の外に、村民税七円五十銭と言うのが待っていた。暗い妻の顔。

一九四〇年三月二十七日の『東京朝日新聞』は、つたえる（前掲『朝日新聞に見る日本の歩み―破滅への軍国主義Ⅱ』）。

四月から新税
月給袋から天引
百円の独身者は二円四十銭
四月末までに申告やり直し

月給一〇〇円として、基礎控除が六〇円、のこりの四〇円に六％の所得税がかかって、二円四〇銭。妻の控除が一二円、子どもの控除が一二円だから、妻一人・子一人で、二円四〇銭マイナス二円となり、払う所得税は、四〇銭となる。――こうして、今日までつづく「源泉課税」制が成立する。

――あらためていうまでもなく、納税者としての自覚（納税者意識）は、国政を批判する視座を一つの「核」とする戦後民主主義の土台であり、その点、日中十五年戦争は、なお所得税納入者の対国民総人口比率が今とくらべて相当に低いにせよ、所得税の免税点引下げ・天引き（源泉徴収）制の導入により、戦後民主主義の下部構造の一素材を準備していたといっていい。

国家総動員法の成立と展開

その成立

一九三八（昭和十三）年の第七十三通常議会――担当内閣・第一次近衛内閣（↓二四八頁）――は、国家総動員法・全五〇ケ条を可決・成立させた。これは、一九一八（大正七）年にできた軍需工業動員法――その適用条件に「戦時に際し……」とあるためにそのままでは支那事変（↓二六七、二七〇頁）に適用できない――の一九三〇年代版ともいうべき法律であり、同年四月一日に公布され、同年五月五日、当時の法制局参事官・佐藤達夫――のちの人事院総裁――の言によると、「尚武《しょうぶ》の節句を期して」施行された（佐藤達夫・峯村光郎『国家総動員法　経済統制法』法律学全書第23巻・一九三八年）。

その全面的な発動は、第二次世界大戦が勃発した一九三九（昭和十四）年九月以降である。

――まず、その第一条は、つぎのように、「国家総動員」の内容を定義する（我妻栄編『旧法令集』一九六八年）。

第一条　本法ニ於《おい》テ国家総動員トハ戦時（戦争ニ準ズベキ事《じ》変《へん》ノ場合ヲ含ム以下之ニ同ジ）ニ際シ国防目的達成ノ為《ため》国ノ全力ヲ最モ有効ニ発揮《はっき》セシムル様《よう》人的及ビ物的資源ヲ統制運用スルヲ謂《い》フ

そして、以下、第二条から第三十一条までで、図示（↓次頁・著者作成）するような、

国家総動員法

政　府

↓

2 総動員物資
(1)兵器・艦艇・弾薬（軍用物資）
*(2)被服・食料・飲料・飼料
*(3)医薬品・医療機械・衛生物資
*(4)船舶・航空機・車輌・馬
四
*(5)通信用物資
*(6)土木建築用物資・照明用物資
*(7)燃料・電力
*(8)前項(1)〜(7)の生産・修理・配給・保存に要する原材料・機械器具・装置
*(9)その他

*……国家総動員上必要ナル

↓ 命　令

6 従業員→雇入・解雇・就職・従業・退職・賃金・従業条件
▼一年／一〇〇〇円

7 労働争議→予防・解決
争議行為→制限・禁止
▼三年／五〇〇〇円

8 物資→生産・修理・配給・処分・使用・消費・所持・移動
▼一〇年／五〇〇〇〇円

9 輸出入→制限・禁止
輸出入税（課税）
▼三年／五〇〇〇円

10 総動員物資→使用・収用
▼三年／五〇〇〇円

11 12 会社の設立・増資・合併・社債募集・配当→制限・禁止
▼二年／三〇〇〇円

13 総動員業務用の工場・事

18 統制団体・統制会社→設立
▼二年／三〇〇〇〜一〇〇〇〇円

19 価格・賃貸料・運賃・加工料・保管料・修繕料・保険料
▼一〇年／五〇〇〇〇円

20 出版物→制限・禁止　原版差押え
▼二年／二〇〇〇円

21 帝国臣民の職業能力→申告・検査
▼五〇円・拘留

22 技能者の養成
▼三〇〇〇円

23 総動員物資→原料・材料の保有（生産者・輸入者・販売者に……）

凡例　[2]〜[31]は，法の条文を示す
「命令」は，「勅令の定めるところにより」という規定を示す
▼印は，当該規定における命令違反・不服従・不履行・忌避などへの刑罰（懲役と罰金）の上限を示す

[3] 総動員業務
(1)総動員物資の生産・修理・配給・輸出入・保管
＊(2)運輸・通信
＊(3)金融
＊(4)衛生・家畜衛生・救護
＊(5)教育・訓練
＊(6)情報・啓発宣伝
＊(8)警備
＊(9)その他

徴用→協力

[4][5]
帝国臣民
帝国法人
▼一年／一〇〇〇円

業場・船舶・土地・家屋↓収用・使用・転用
▼三年／五〇〇〇円

従業者の供用
▼二年／三〇〇〇円

[14][15] 鉱業権・農業水利権↓使用・収用（旧使用者・旧権利者）優先払下げ

[16] 設備の新設・拡張・改正↓制限・禁止
総動員業務事業の設備↓新設・拡張・改良
設備・権利↓拡張・処分・出資・使用・移動
事業↓開始・委託・共同経営・譲渡・廃止・休止・合併・解散・法人の目的変更
▼二年／三〇〇〇円

[17] 同種・異種事業者間↓統制協定
設定・変更・廃止↓認可
▼二年／三〇〇〇円

[24] 事業者主↓総動員業務計画の設定・演錬
▼三〇〇〇円

[25] 総動員物資の生産者・修理者・試験研究機関の管理者↓試験研究
▼三〇〇〇円

[26] 総動員物資の生産・修理業者↓一定利益の保証　補助金の交付
▼二年／三〇〇〇円

[27][28][29][30] 規定遵守による損失↓補償　補助金の交付
▼一〇〇〇円

[31] 報告の徴収
官吏の臨検検査
▼一〇〇〇円

法的な構造が規定される。
その図がしめすように、この法は、人的・物的資源のすべてを国防目的に総動員するために、細目のほとんどを勅令にゆだね、経済統制の全権限をほとんど「白紙委任」で政府にあたえるものだった。

企画院と「物動」計画

一九三七（昭和十二年）年十月、第一次近衛内閣は、企画院《きかくいん》を設置した。企画院は、このとし五月にもうけられた企画庁――内閣調査局の拡充・再編――と、内閣の外局である資源局との合体になるものであり、戦時統制経済の中枢機関であった。そのころの新聞は、企画院の成立を「経済参謀本部の出現」とたたえていた。

この企画院の最大の任務は、「物資動員計画」――略して「物動《ぶつどう》」計画という――の作成であった。もともと、日本は、重要原料物資の海外依存度がきわめて高く、日中全面戦争開始直前のデータでいうと、鉄鉱石五二％、ボーキサイト一〇〇％、生ゴム一〇〇％、重油八〇％、塩六三％、綿花九九％、羊毛九九％という高率をしめしていた（安藤良雄稿――有沢広巳監修『昭和経済史』）。したがって、いくら「金の予算」の配分をうけたとしても、「物の予算」の配分――年間における重要物資の供給力についてのみとおしにもとづく配分計画――がそれにともなわなければ、なんにもならなかった。そのため、重要原料を中心とする配分計画がたてられ、普通鋼材・特殊鋼・銅・鉛・亜鉛・石油・石炭・工作機械・羊毛などは、難航かつ激論のすえ、A（陸軍）・B（海軍）・C（民需→うちC_2は生産力拡充用資材）に分けられた。新しい会計年度がくるたびに、それぞれの省は、「物の予算」（＝「物資需要調書」）を企画院に提出し、最終的には、閣議決定によって配分計画をきめたが、その間、「物動」担当の企画院第四部では、陸海軍から派遣されてきた軍人調査官が絶大な発言権を行使したといわれる。

たとえば、その配分計画中、A・B両勢力のはげしい争奪戦の対象となった普通鋼鋼材の「物動」実績をみると、年をおって、絶対量の四〇〇万トン台への「頭打ち」が固定し、その「分け前」をめぐって、軍需のシェアの逐増と軍需外需要のシェアの抑圧が進行する。そのなかで、生産力拡充産業の発展は「現状維持《ステータス・クオ》」をしいられ、「漢支」工業基地の建設は、「うたかたの夢」と化し、輸出原料や一般民需のシェアは二～三年のあいだに半減し、それが「負」の引金となりつつ、結局、輸入力は、年々、減少して、日本資本主義の「体力低下」――「やせほそり」――は、とどめがたい趨勢となってゆく。……

あらためていうまでもなく、軍備――戦争遂行能力――もまた、一国経済の「土壌」に咲いた上部構造の「花」にすぎない。「土壌」の地力を枯渇させるほどの「略奪農業」的な「花」栽培をつづければ、やがては、「花」そのものの落ちる日がやってくる。

A・B・C「戦争」

一九四一（昭和十六）年の初夏のことであった。東京の麻布六兵衛町にある企画院総裁の官邸では、当初から緊迫した会議がひらかれていた。「昭和十六年度物資動員計画」の原案作成のための会議である。私の知るかぎり、この会議での陸軍・海軍・企画院のやりとりぐらい、戦争経済——このことばじたい、一個の絶対矛盾をはらんでいる——の難関《アポリア》をあざやかに?しめしているものはちょっとないので、以下、ややくわしく描写してみる（この項の叙述については、主として田中申一氏の定評ある労作『日本戦争経済秘史』一九七五年を参照した。じっさい、日中十五年戦争が「生命線」の獲得どころか、一種の経済的自殺になってゆく様相をこの六六五頁のほんぐらい的確にえがいた作品は、管見のかぎり、そうザラにはない）。

——青いテーブルクロスにおおわれたテーブルの左側には、陸軍省整備局戦備課長・岡《おか》田《だ》菊三郎《きくさぶろう》大佐ら陸軍（A）グループがいならび、テーブルの右側には、海軍省兵備局二課長・湊慶譲《みなとけいじょう》大佐ら海軍（B）グループがいならぶ。行司役ともいうべき企画院——生産力拡充と民需の立場を代表する一種のCグループ側——は、第四部長・周東英雄《すどうひでお》——戦後、池田内閣の農相などになった——を中心に正面の席につく（調査官だった田中申一氏もそのなかにいた）。

会議は、はじめから波瀾ぶくみだった。陸軍は、いきなり、「今日は荒れるぞ、荒れさせまいと思ったら女の子二、三人はサービスさせろ。企画院はいつも気がきかんで困る」という下品な第一声をあびせ、海軍は、「相手がトンガラガるとこちらもトンガラガりますよ」と応酬した。

会議の焦点は「鉄鋼なくして物動なし」といわれる普通鋼鋼材の配分であった。普通鋼鋼材は、二年前の「生産力拡充計画要綱」（昭和十四年一月七日閣議決定）では、昭和十六年度には、七二六万トンという生産目標をあたえられていたが、「当方で入手不能の危険さえあると思われる物資」まで計上したという現実？の供給力は、五〇〇万トンを切っていた。

その五〇〇万トン弱の鋼材をめぐるA・B・C三者のあらそいをテレビ・ドラマの台本風に再現してみよう。

ある会話劇　C「（静かな低い声で）一般民需をこれ以上切れとおっしゃるが、ぎりぎりにまでおさえつけてきた国民生活を、より一層圧縮しろとおっしゃるのですか。それに一般民需には国民の食糧生産に必要な農機具もある、蛋白質供給源としての漁業用鋼材も含まれているのですよ。……（しばらく口をつぐんだのち）一般民需を削減することはタコが自分の足を食うようなものだ。けっして戦力の増強にはならないのです」。

A「（いたけ高に）企画院や商工省は口を開けば一般民需の最低限確保というが、いったいきみらはその最低限というのを正確に測定したことがあるかね。つかみやすい食糧でさえもその最低限の数量に疑問があるといわれている。鋼材がきみのいう国民生活にそれほど重要な価値があるとは思われない。もしあるというなら、現在の配当案から一パーセントを削減することによって生ずる影響をいってみたまえ」（と、一同をみまわす。一同沈黙）。

A「どうだ、いえぬだろう。議論というものはこのように架空のものだ」。

B「（静かな口調で、しかしハッキリと）一般民需はともかくとして、私は生産拡充部門への配当量をこれ以上削減することは反対だ。これは鉄鋼のみならず、海軍がことの外、その増産に力を注いでいる人造石油、軽金属工業の拡充に大きな支障をあたえるからである」。

A「（大きな模造紙にかいたグラフをテーブルいっぱいにひろげながら）昭和十三年、物動設定以来、普通鋼鋼材の供給力と陸海民三者の配分はここに示した通り、陸軍軍需は海軍軍需を上回っておる。これが鋼材配当における物動のれっきとした不文律だ。しかもとくに、昭和十五年度においては、陸軍は大乗的見地から鋼材の供給減にかかわらず、企画院の主張する一般民需（C_5）確保に協力し、二万トンの陸軍軍需を削減して、海軍に割愛したが、この結果はどうなったか。これは現在、支那大陸に作戦を進めつつあるわが統帥部に致命的な打撃をあたえてしまった。すなわち、戦車工場の発注量は、計画の三分の一以下に、野砲の生産量は、予定の五分の一以下に低落した。しかも、支那事変はますます拡大するとともに、熾烈をきわめている。消耗する兵器すら、補充に汲々たる有様だ。陸軍としては、本年度はどうしても最低一二〇万トンの鋼材をもらわねば絶対に国防責任は負えない……」。

B「（間髪をいれず）国防の責任はなにも陸軍ばかりで負うわけではあるまい。手持ち兵力の維持ですら汲々としている海軍に、現在、戦時装備の命令が下っている。この大責任の一端を背負う私としては、どうしてこの重大な責務を果たそうかと日夜苦慮をつづけて夜も眠れぬくらいだ。それも鋼材一五〇万トンていどを確保するということを前提としての話だ。……船台にのっている空母も駆逐艦も資材不足で工期が次々と遅れてきている。去年の暮には当然竣工して艤装《ぎそう》まで完了するはずの艦がまだ外鈑《がいはん》をはったていどで造船所に眠っているんだ。こんなことで急変しつつある国際情勢に追いつけると君は思うのか。私はこの席上ではっきりいっておく。本年度は海軍としてどうしても整備計画が完遂できる資材をもらえなければ絶対に引きさがれぬ堅い決意をもっている（といいつつ、右のこぶしで机をドンとたたく）」。

A「（いらだって、蛮声をあげる）……陸軍はなにも君らのように、明日の戦争準備の資材まで要求しているのではない。現在行われている戦争――支那事変――の補充資材をまずよこせといっているのだ。それを処理してから、準備資材の分け合いをしようじゃないか。海軍は今どこで戦争をしているのだ。何もしていないではないか。俺からいわせれば、ゼイタク三昧《さんまい》だよ」。

B「（憤然として）しかし、こっちの海軍工廠の資材管理ぶりからいうと、陸軍では優に数パーセントの資材がムダ使いされているという噂だ。民需圧縮、圧縮とほえないで、自分の足もとをみて資材を圧縮したらどうだ」。

A「なに！　貴様、噂ばかりをきいて陸軍を中傷するやつがあるか」（A・Bともにはげしく机をたたいて、どなりあう。Cは、オロオロして、「みなさんお静かに」というが、効果がない……。混乱のうちに、フェード・アウト）。

……（やがて、暗い画面に、白いテロップの字がうかびあがる→次頁上の表）。

Cの悲劇　こうして、A（陸軍）とB（海軍）とに圧迫されたC（民需）は、一九三九年以降、年をおってけずられていった。日本軍国主義の構造にあっては、民需・民衆所得だけがいくらでも削減しうる「デウス・エクス・マキナ」であり、どんな切下げにも「ジッとガマン」する「しのび妻」にほかならなかった。

この点について、気鋭の経済史家・中村隆英《なかむらたかふさ》氏は、左のような構造図をかかげ、それについて、こう、説明している（論集『戦前期　日本経済成長の分析』一九七一年）。

この図式は、軍部の要求する政策目標を上方に示し、それからの矢印で政策の因果序列を示している。政策目標の達成のためには、下位の序列における各分野での均衡が保たれていなければならないが、それらを均衡させるためには、当然、下位の序列にある諸要因の規模を縮小したり、統制しなければならなくなる。そこで、政策目標のうち、統制、圧迫のシワが集中的によってくるのは、当然に消費財、とくに民需物資であった（第九章）。

こうした論点からいうと、中村氏が正当に引証しているとおり、つぎにかかげる有沢広巳の戦後の発言などは、重要な証言といっていいだろう（有沢広巳『学問と思想と人間と』

普通鋼鋼材供給力・配当表　　（単位・万トン）

	A	B	C	供給力
昭和13年度	64.1	53.4	350.5	472.5
14	92.4	50.0	481.9	624.8
15	74.0	51.0	425.2	550.2
16 （前年比）	90.2 （+22%）	95.1 （+86%）	286.2 （−33%）	471.5

計画の因果序列

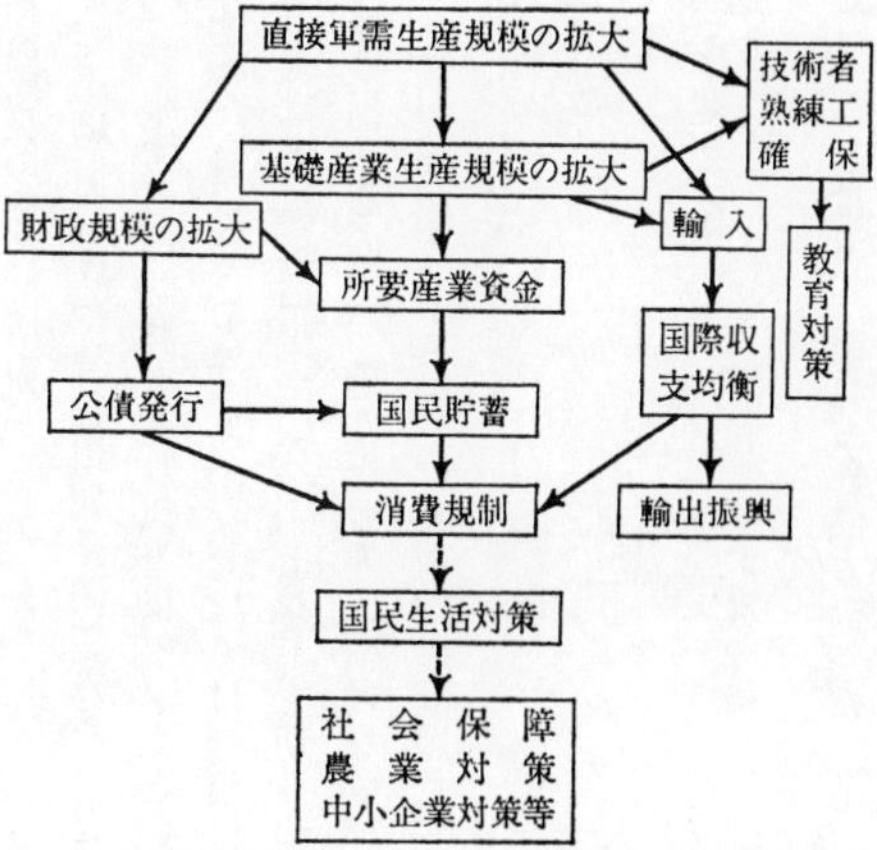

出典：中村隆英・論集『戦前期　日本経済成長の分析』1971年

一九五七年——前掲『戦前期　日本経済成長の分析』所引）。

（一九三六年当時）座談会などで馬場恒吾氏や長谷川如是閑さんなどとよく一緒になったが、いつもいわれるのは、膨脹する国防費もこれ以上はダメだという限界を経済的に確定するのが経済学者の任務だということであった。ぼくは経済はある程度弾力性をもっているのだから、たとえば国民生活を一〇パーセントも切りつめれば、一五億円ぐらいの軍事費はすぐひねり出せるので、そんな限界は引けない。国民が引下げられた生活程度にたえるかどうかが問題だから、やはり政治の問題だ、今こそ政治家がしっかりせねばダメだ、と答えたものです。

——これが「Cの悲劇」の構図である。

軍国日本の土台——戦争が社会を変える——

もめんよサヨナラ

「ス・フ」——このことばも、もう、死語となった。故・新村出の『広辞苑』をひくと、「ステープル・ファイバーの略」とあり、その「ステープル・ファイバー」をひくと、「〔staple fibre〕人造繊維を短く截《き》り、適当なカールを与えたもの。スフ。人造羊毛。人造棉花。光棉。また、それを紡績した糸・織物をいう。↓人造繊維」とある。一九三二（昭和七）年以来、綿製品・羊毛製品の「代役」として登場し、一九三七（昭和十二）年にスターダムにのしあがり、一九三八（昭和十三）年には、日本は、世界一のスフ生産国となったが、反面「……品質向上がなおざりにされ、同じものをすべての用途に振り向けた」ので、のちに、「粗悪繊維の代名詞」とされ（大島隆雄稿――有沢広巳監修『日本産業百年史』一九六六年）、さらには、繊維ではない石炭の不良品――「低品位炭」ボタ混入炭――まで、「モエン炭」「スフ入り炭」の名でよばれるようになったという（松島春海稿――有沢広巳監修『昭和産業史』一九七六年）。

一九三八（昭和十三）年六月二十九日、商工省――商工相・池田成彬（兼任）――は、綿製品の製造制限に関する省令を公布し、七月一日から、綿製品の内地民需むけ供給を全面的に禁止した。いわゆる「もめんよ、サヨナラ！　我れにス・フあり」である（↓四六九頁）。

また、一九三九（昭和十四）年に成立した平沼内閣の蔵相・石渡荘太郎《いしわたりそうたろう》の写真をみると、ペラペラの、一見してスフ混り――実はオール・スフ――と分るダヴルの背広をきている。生地代六円五〇銭の夏服である（『図説・日本文化史大系』第12巻・一九五七年）。

こうしたことの背景には、日中戦争下の日本経済の深刻な矛盾があった。

というのは、こうである。日中全面戦争の開始の前後から、軍備と生産力の拡充のために予算規模が大巾に拡大し、その結果、一九三六～一九三七年ごろから、輸入が急激に増加して、一九三七年の入超額は、約一億円を突破した。そのため、外貨節約の必要が生じ、加工用＝輸出品用の原材料である棉花・羊毛・木材などの輸入に強い制限が加えられた。こうして、つとに原朗氏の指摘していたとおり、「外貨を軍需品輸入にふりむけるためには最大の輸入品目たる棉花の輸入を制限せざるをえず、他面外貨の獲得のためには綿布輸出の増大を必要とする。この矛盾する要請を両立させるために、綿製品の国内消費は徹底的に制限され、スフ混用が強制される」という状態になった（前掲「戦時統制経済の開始」）。

日本経済の構造変革

このようにして、日中十五年戦争は、日本経済の内的な構成を根本的に変革した。あのクラウゼヴィッツがいうように、歴史の「最高裁判所」としての歴史的な「成果の言い渡すこのような判決は、人間の知力では究明することの不可能なものを到る処で開示する」ことをつうじて（『戦争論』上・篠田英雄訳・第二編第五章）、あの名高い「戦争は政治的手段とは異なる手段をもって継続される政治にほかならない」（『戦争論』上・篠田英雄訳）というマクシム――それは、ここでの「政治」（外交）という語に経済という語を代入してみても、その真理性に傷がつかないようなものとしてのマクシムである――を字義どおりに実証していった。

その自然史的な必然性は、「天皇」も「近衛首相」も「陸軍」も、どうすることもできない二次的な自然力により、日本社会の構造を変革する。偉大なクラウゼヴィッツの語法に依拠するならば、それが日中十五年戦争の唯一の「成果」である（どうか、戦争に「成果」があるとはなにごとかなどと目クジラをたてないでほしい。私のような一介の巷の歴史家だって、M・ヴェーバーを通過してのうえで、こうした用語を選択しているのである)。

すなわち、日中全面戦争の開始にさきだつ一九三六年と、日米戦争の開始の年次である一九四一年とをくらべてみると、工業生産額中における重工業対軽工業の比率は、五〇・三%対四九・七%から、六四・八%対三五・三%へと転移し、さらに、その内部構成についてみるに、まず、機械工業における一七・三%から三一・四%への比重の激増、ついで、紡織工業における二七・二%から一四・四%への比重の半減がことの性格を端的にものがたる。

原朗氏は、①兵器・工作機械・工具・特殊鋼などの飛躍的成長 ②普通鋼・工業薬品・鉄道・電力・石炭・非鉄金属などの現状維持《ステイタス・クオ》ないしは相対的な停滞 ③綿糸・広巾綿織物・生糸・人絹織物などのいちじるしい凋落 ④食料品・毛織物・化学繊維などの実質的な地位の低下 といった諸事象もこの時期の工業構成の変貌の特徴としている。それは、要約すれば、「兵器産業の急伸と関連軍需産業の拡大、基礎産業の伸び悩み、輸出産業・民需産業の凋落」として、とらえられよう(前掲・原朗「戦時統制経済の開始」)。

「親方・日の丸」の構造(主役としての軍工廠)

かつて、経済学者の山田《やまだ》盛太郎《もりたろう》氏は、いまもなお、いや中野重治氏の口真似をすれば「むしろいまごろはますます」(小説「第三班長と木島一等兵」)、みごとな古典的体系としての声価を維持し、日本近代史に参入するものがかならずその門をくぐるべき必読文献である『日本資本主義分析』――このほんの「序言」が私の生まれる約一ケ月前にかかれていたことを私は忘れないだろう――において、こう規定する。以下は、抄出である（ついでにいう。これらの戦前戦中・水準を厳密に通過しないで、奇妙に心情的・非体系的な民衆史・地域史に溺没する傾向が最近みられるのは、かならずしも学問上の達成としてのみ評価できない）。……

……すなわち、「強力的統一を基調とする所の、必須《ひっす》の純粋軍事警察機構、〈政治的必要〉に基《もと》づく近代的大工業、それらの創出の過程」、また、「それらの推転《すいてん》なし行く過程」を「分析」すると、「軍事工廠における迫進《はくしん》なるもの」こそ、「技術的世界水準凌駕《りょうが》＝自足完了への「迫進」をつうじて（あるいは、めざしつつ）、「軍事機械＝鍵鑰《キイ》産業それ自体の推転に対する」、したがってまた「一般に日本資本主義における体制的なる生産旋回《せんかい》＝編成替へに対する、決定的な推進的起動力」として、これをとらえることができるとするのである（同書・第二編　旋回基軸、第二　分析、基本構造――一九四九年改版。なお、このほんは、こんど、岩波文庫におさめられた）。

　こうした軍事工廠の基軸性、山田氏の言をかりれば、「決定的な推進的起動力」としての役割は、日中戦争一五年期にあっても、けして、変質していない。いや、むしろ逆に、「大不況」と「軍縮」という二重の危機により、かえってその「迫進」のための「起動力」を加速されたとさえみられるのである。

この点、亡き鈴木茂三郎の戦前のしごとによると、一九三〇年代前半の海軍工廠労働力は、五万三五六四人、陸軍工廠資本規模は、一億四七〇〇万円、一九三四（昭和九）年度の軍工廠活動資本は、二億五七〇〇万円になるという（鈴木茂三郎『日本財閥論』一九三四年）。

それが日中全面戦争期の一九三七―四一年になると、陸軍造兵廠の労働力は二四万二〇〇〇人から一五二万八〇〇〇人へ、またその固有資本と据置流動資本の合計額は、一億七〇〇〇万円から六億五〇〇〇万円へ、同じ比較で海軍工廠のそれは、八三万九〇〇〇人から二〇八万五〇〇〇人へ、一億九〇〇〇万円から七億一〇〇〇万円へと、激増しているという（前掲・原朗「戦時統制経済の開始」・注39）。

双方のデータは、同次元のものではないが軍工廠の量的な「高度成長」は、ほぼうたがいをいれない。

また、その質的な基軸性について、原朗氏は、こう要約する（前掲「戦時統制経済の開始」）。

……艦艇建造は満州事変期の四一％から日中戦争期の四六％へと民間生産の比重が増大したが、日中戦争後期、太平洋戦争初期にはなお軍工廠による艦艇建造の役割が大きい。

鉄砲・火砲・弾薬・火薬類は主として軍工廠、航空機及電気・航海・光学各兵器は主に民間工場、艦艇・魚機雷・航空兵器弾薬等は官民半々という構成で当時の兵器生産は行われていた。

軍工廠の組織・技術・生産力が兵器工業の中軸であり、兵器の組立・完成は若干の例外を除き軍工廠で行われ、特定の兵器についての民間大工場を別とすれば、大部分の民間工場は軍工廠を親工場とする下請的関係に組込まれ、単なる品種間の分業のみならず、一品種の部品加工と組立完成についても軍工廠を頂点とする官民間および民間企業相互間の錯綜した外注・下請関係が形成されていた。

広汎な地域にわたる零細工場の動員が軍工廠の兵器生産を支え、民間兵器工業でも広汎に下請工場が利用された(原文の注の省略と行かえの変更は、引用者による)。

この緻密な論稿の特質がよく浮彫りにされた、ほぼ間然するところのない叙述である。この点、兵器生産の総量の激増という一般状況のなかにあって、軍工廠と民間兵器工場の生産額の構成比は、いわゆる「満州事変」期と日米戦争期とにほぼ一対二のレベルに近づくのに対して、日中全面戦争の展開期には、ごく大まかにいって、一対一のレベルに近く、軍工廠の役割の重さは、ゆらいではいない。

——私はここで、ほとんど必然的に開高健《かいこうたけし》氏の傑作『日本三文オペラ』(一九五九年)を想起する。作者は、その瞠目すべき流民譚の舞台を「杉山鉱山」とよばれた大阪砲兵工廠に設定し、「黒板塀」とどぶ泥の「運河」と「有刺鉄線」とにかこまれた「三十五万六千五百坪」のなかのおびただしい浪費――「十二万坪」の工場が薬莢・銃砲弾・小銃・大砲・軍用車輛・戦車などを生産したという――を毒々しいまでの「濃絵《だみえ》」として描出しつくしている。そうした描写が私たちの感性によびおこす脂ぎったイメージは、まさに、軍工廠が「大日本帝国」陸軍という「聖者の胃袋」であることを教示してくれるだろう。この「胃袋」の強靭な消化力の前では、一万トン単位ていどの鉄材などは、この小説の主役集団である「アパッチ族」における牛や豚の「焼肉《トンチャン》」のように、舌《タン》から子宮《コブクロ》に、また食道から肛門にいたるまで、またたく間にかみくだされてしまうにちがいない。

まわるプロペラ（ある「軍産複合」）

かつて、日米戦争時に住友金属の社長の地位にあった春日弘は、雑誌「エコノミスト」の企画した連載対談「昭和経済史への証言」のなかで、「聞き手」とのあいだにつぎのような回想的対話をしている（安藤良雄編著『昭和政治経済史への証言』一九七二年）。

――昭和十六年に住友金属の社長にご就任になったわけですね。その時はちょうど太平洋戦争の始まる直前で大変な時期でもありましたが、その頃は資材などは……。

春日　まだだいぶ楽でしたね。

――あのころの住友の製品と申しますと、たとえば直接軍需と関係あったものとしましては飛行機のプロペラは陸海軍通じて九七、八％は住友金属がつくっていたわけですね。

春日　これはやはり自然の情勢でおっ放すわけにはいかないもんだから、一時陸軍さんに話して陸軍さんの方でつくってもらいたいというまでやってみたが、向こうもそうはいかないというので結局ほとんど全部やらされましたね……。

——海軍も住友にはだいぶ敬意を表していたというか、数目置いていたようですね。

春日　まあ根本方針にはうまく同調してくれましたね。……

——三菱の場合は陸軍も相当あったでしょうが、住友の場合は海軍が圧倒的だったんですね。

春日　ええ。

——海軍の方とご交際がおありになったんですね。

春日　陸軍と違って海軍の人は大臣でもどんどん外へ出て、われわれの所へ必ず寄られますからね。

ここには、海軍と高級素材金属メーカーとの「一蓮托生」的な共生関係、不要品の発注や先どり的注文と技術レベルの維持との「助け、助けられ」関係により、大不況と軍縮という「冬の時代」にたえた「軍財抱合」の生態がいきいきとかたられている。

それにしても、と、私は思う。九七〜九八％といえば、そのシェアの大きさ——寡占性——は、一九七八年の当節の例でいうと、ほとんどCMをしないで業界トップの座をはしりつづけるあのキリン・ビールといえども、三舎をさけるほどのものである。住友金属は、こうした「プロペラ王国」の王座に、これらの高級素材——鉄・銅——で民需品を生産すればもっともうかるのに、と、いくらか迷惑顔をしながら、すわりつづけていた。

ビッグ・メーカーの群

むろん、こうしたビッグ・メーカーは、なにも住友金属だけにかぎらない。原朗氏のいわゆる「各種の兵器につき圧倒的なシェアを占有する巨大民間兵器工場」(前掲「戦時統制経済の開始」)は、いくつかのフィールドで、それぞれの「死の商人」(現代の「軍産複合体」のあだ花的なさきがけ)ぶりを演じていた。

——ざっと挙例しただけでも、軍艦建造における三菱重工業・川崎造船所(日本興業銀行系)、飛行機のエンジンと機体における中島飛行機(中島系)と三菱重工業、銃砲兵器における日本製鋼所(三井系)、光学兵器における日本光学(三菱系)、航海兵器における北辰電機、電気兵器における東京芝浦電気(三井系)、軍用爆薬における三池染料(三井系)、戦車車体における三菱重工業などのビッグ・メーカーが想起されよう(前掲・原朗「戦時統制経済の開始」、鈴木茂三郎『日本財閥論』一九三四年、日本兵器工業会編『陸戦兵器総覧』一九七七年)。

こうした民間軍需工業や商事会社——輸入担当——に対しては、軍事費総額中の七五%(海軍)から八〇%(陸軍)が多くは前払いで、しかも、それらの企業の生産能力・取引能力を大巾にこえて、支払われた。そのありさまは、「紀の国屋ミカンのように銭をまき」という古句さながらの状景であった(井上晴丸・宇佐美誠次郎『危機における日本資本主義の構造』一九五一年)。

こうした国家資金をすいこんだこれらのビッグ・メーカーは、工場設備において拡張につぐ拡張をくりかえした。これらの資本は、前払い金以外に、市中銀行からきわめて自由な融資をうけ、製品価格についても、きわめて有利な利潤の保証をうけていた。

その価格査定にもデタラメなものがかなりあり、会計検査院の検査報告によると、たとえば、海軍経理部は、ある伸銅会社に対して、陸軍造兵廠でつくらせれば五円七〇〜八〇銭でできる〇《れい》式金物(曲射歩兵砲甲十一年式榴弾)を四倍ちかい二二円でうけおわせている(前掲『危機における日本資本主義の構造』)。

こうした「オンブにダッコ」的な「過保護」状況は、すべての「過保護」がそうであるように、日本の重工業資本が国家資本という母親からなかなか「自立」できないという国家依存性・脆弱性をうみだすこととなり、すでに四分の一世紀以上も前に手きびしく批評されたように、「戦時中の産業構成の高度化は、ただ総力戦の要請の下に軍需品生産を増大するがための、健全な高度化を無視した強力な推進であった。いわばそれは安手なバラック式急造のグラグラする高度化であり、しかもそれは完成しなかった」のである(前掲『危機における日本資本主義の構造』)。

「九七式中戦車」のばあい

そこで、こうした軍工廠の民間工場のかかわり方の一つのモデルとして、日中のたたかいで重要な役割をはたした「九七式中戦車」

（皇紀二五九七年＝一九三七年制式化。ちなみに「零式《れいしき》戦闘機」――ゼロ戦は俗称――といった呼称は、すべてこの方式による）の例をあげてみよう（以下の叙述は、とくに注記しないかぎり、原乙未生・咲山治三郎「戦車・装甲車生産の歴史」――日本兵器工業会編『陸戦兵器総覧』一九七七年による）。

――「九七式中戦車」は、満州事変・上海事変（↓第4章）における戦車の使用経験にもとづき、①路上の高速性（時速三五キロ）②路外の踏破能力の増大（超壕巾二・五メートル）③武装の強化（四七ミリ長砲ないし五七ミリ短砲の戦車砲一門）④装甲の強靭（二五ミリ装甲）といった従来より高性能の戦車の開発対象として、製作された。一九三六（昭和十一）年に試作方針がきまると、まず、大阪砲兵工廠と三菱重工業がそれぞれポイントのおき方――戦闘能力か重量軽減か――をかえて、試作品をつくり、特殊鋼による防弾鋼板の生産にあたっては、「八九式中戦車」いらいの日本製鋼所（熱処理担当・室蘭工場）をはじめ、長崎製鋼所・八幡製鉄所・神戸製鋼所・日本特殊鋼・大同製鋼などの企業が協力し、さらにはじめて全溶接構造とした。

結局、戦闘能力を重視した三菱型が採用されると――日中全面戦争の開始（↓第7章）は、重量軽減によるコスト・ダウンの問題をふきとばした！――、量産に入り、むろん、三菱重工業を中核として、日立製作所（久原《くはら》系）・神戸製鋼所（日本興業銀行系）・日本製鋼所（三井系）・新潟鉄工所などのビッグ・メーカーが戦車生産を分担したが、のちには、これらのビッグ・メーカーの指導工場として、戦車専門の相模陸軍造兵廠が建設された。そして、この間、さまざまの民間工場が鍛造品・鋳造品など——歯車類などの部品——の分担製造を下請受注していたとみられる。

——原氏要約の正しさをあかしだてるこうした諸事実をつみあげてゆくと、私には、一つの社会的風景がうかんでくる。

それは、大小すべての川の水がついには湾口にいたり、さらに海にながれこむように、軍工廠・民間大企業という心室をもつ日本資本主義の心臓部とあらゆる動静脈双方の毛細血管においてむすびついた中小企業の無数の細胞——その底辺には、経済史の統計にあらわれない従業員五人以下の工場?群がある——の「潜在光景」であり、それらの細胞群は心臓部なしにじぶんらの生命機能がないことを意識以前の状態で感覚しているという心象風景であった。

そして、これらの風景こそ、戦争へとつきすすんでゆく「大日本帝国」の「国民精神総動員」、というよりむしろ「国民感覚総動員」の基礎構造であって、このことをとりのけて、軍国教科書・軍歌・軍国歌謡・軍国芸能?・軍国マスコミ?のたぐいをどんなに手ぎわよく分析してみても、その結論にどこかしらけた感じがつきまとうていのものであろう。

国民徴用令のはたらき

たたかいは、なによりもまず、人間の行為であり、人間の員数《いんずう》をぬきにして、戦争はできない。一九三七（昭和十二）年には、男子総人口の三%余にあたる一〇七万八〇〇〇人――陸軍九四万人・海軍一三万人――が兵士などとして動員され、「出国超過」は、五〇万三〇〇〇人に達した。つまりは、これだけの人数(男子青壮年労働力)が労働市場からうばい去られたのである。

ついで、日米戦争が勃発した一九四一(昭和十六)年には、動員兵力は、男子人口の約七%に近い二三九万人――陸軍二〇八万・海軍三一万――をこえ、「出国超過」は、六八万六〇〇〇人に達した(前掲・原朗「戦時統制経済の開始」)。

――なにしろ、日中全面戦争の開始以前の陸軍の平時師団数は一七個師団(戦時動員準備・三〇個師団)だったのに、全面戦争が第二年目に入った一九三八(昭和十三)年には、三四個師団(うち、中国・「満州」方面に三二個師団)、第三年目の一九三九(昭和十四)年には、四一個師団(うち、中国・「満州」方面に三四個師団)と兵力が激増し、そのころには、約一〇〇万人の大軍が中国大陸にたたかっていたのである(藤原彰『軍事史』日本現代史大系・一九六一年)。

この事実とふかい関係にたつのが労務動員計画である。たとえば、昭和十四年度の計画によると、労働力の新規需要は、①軍需産業・生産力拡充産業・輸出産業など約六七万人②減耗補充・約三七万人　③満州移民など約五万人などで、合計・約一一〇万人となり、これを新規小学校卒業者・離職者・未就業者・農業従事者・女子無業者・(朝鮮人)移入労務者などで充足することとしていた。さらに、昭和十五年度では、前記の①が約六九万

部門別労働者数推移

年次	1931年	1935年	1938年
総数	1,766	2,421	3,215
金属	101	218	337
機械	214	387	860
化学	124	229	322
計	439	834	1,519
紡織	899	1,008	977
食料品	134	159	191
計	1,033	1,167	1,168

出典：「工業統計」より――黒川俊雄『日本の低賃金構造』1966年

人、同じく②が約四八万人、同じく③が約八万人などで、合計・約一二五万人の新規需要を充足しなければならなかった（「竹内可吉企画院総裁口述・要旨」――中村隆英・原朗編『現代史資料』43・「国家総動員」㈠・一九七〇年）。こうした労働力問題に対して、政府は、すでに一九三八年四月、職業紹介所法を改正して全国四〇〇ケ所に国営職業紹介所を設立した。

ついで、一九三八年八月、学校卒業者使用制限令をだし、翌年一月には、国民職業能力申告令・船員職業能力申告令をだして、政府が軍作戦上に必要とする特定の技能・職業の労働力を掌握することとした。さらに、一九三九年三月には、従業者雇入制限令をだして、雇入れ認可制によって労働者ひきぬき抑止に一定の役割をはたさせ、つづいて、工場事業場技能者養成令をだして、政府の指定する資本家に中堅工を養成させることとした。

こうして、一連の事前措置をとった政府は、一九三九（昭和十四）年七月、「国家総動員」体制の労務版ともいうべき国民徴用令を施行し、国民登録の要申告者を徴用することとした。

こうした一連の行政措置をつうじて、移動防止策は、いわゆる熟練工から未熟練工、さらに未経験工までに及ぼされ、ついで、自由な募集や職業紹介といった日常的な徴達手段をすてて、在籍工員をそのまま軍需工場に釘づけにする現員徴用と、労働者を強制的に軍需工場に移転させる新規徴用とが併用・開始された。朝鮮人労働者の大量移入がはじめられたのもこのころからである。

それは、国家的な「人間狩り」のしくみの成立であった。

第16章　ある「共和国」の誕生

――「辺区」の抵抗の構造

李少言　八路軍120師団、華北にて
（鄒雅・李平凡編・小野田耕三郎訳『中国解放区木刻』未来社刊より）

巷にて

ある運転手の話

ある晩春の雨の夜、テレビのしごとを終えた私はタクシーにのり、信号灯やネオンの光が鋪道にとけにじむ街を家にむかっていた。いつもはタクシーにあまりのらない私だが、テレビ局という、あの映像と音声のカンヅメ製造工場に長時間いると、私のような普通の人間は、神経繊維がささくれだって、奇妙につかれ、タクシーで身柄をはこんでもらう以外に家に帰れなくなる。……

その晩のタクシー——個人タクシーだった——の運転手さんは、五十がらみの方で、とりとめのない野球や相撲の話から、ふと、戦争の話になった。その話というのは、こうである。

……その方は、村の高等小学校を出て、自動車の運転や整備を学んでから、十七歳か十八歳のとき（ご本人もどうしても思い出せないという……）「満州」にわたり、「満鉄」にやとわれて（むろん「社員」ではない——「社員」の住宅や衣食は、その方たちの憧憬の的だっただけだ）、じぶんが乗務するだけでなく、中国人や満州人にトラックの運転や整備の仕方をコーチしていた。勤務地は、奉天や撫順などだったという。日本ではまったく知らなかった毛沢東の名を「満州」ではじめてきいて、その「赤の首領」の存在におどろいた。そして、敗戦。ソ連軍にも、「中共軍」にも運転手として使役され、戦争中よりもひどい苦労をした。……「中共軍」で今でもおぼえていることは、夜の移動の早さで、日本人が全然きづかないうちに一夜で大部隊が消えてしまうこと、また、とくに将校が人間として立派だったこと、また、ソ連軍とちがって、じぶんらと同じ食事を支給してくれたこと（運転手だったからじゃないですか？という私の問いに対しては、否定的な返事がきた）、また、帰国が近づいて使役地をはなれるときに、日本軍から没収した衣服をきられる分だけはきこんでゆけと支給してくれたことなどであるという。

……私は、その話をききながら、以前から心にいだいていた一つの想念をおもい返していた。それは「くえるだけくえ、きられるだけきろ」——しかし、タンスや床下や倉にしまうために、まして、どこかの国家の埠頭にあるような巨大な冷凍倉庫にためこんでいつか高価に売りつけるために、人はものを入手してはならない——それが中国共産党の根生いの、そしてもっとも基礎的な倫理なのではないかという想定である（この点、「十五年戦争」について、瞠目すべき史料上のパノラマを設計した家永三郎氏の『太平洋戦争』〔↓三三頁〕に、「北支方面軍」が配布した文書に「中共党員ヲ発見スル要訣」として、捕虜を食卓につけ、「ソノ時、ツトメテ美味ヲ他ニ譲り、自ラハ黙々ト粗食スル者アレバ、ソレハ概ネ共産党員ト見ナスベシ」としるしてあったという「八路軍情報」——『人物往来』昭和四十年十月号——のデータがひかれていることを私は想起する）。

――こうした話は、少し注意ぶかく人の話をきく耳さえもっていれば、今もなお、バーや飲み屋で、あるときは居直りの「武勇談」として、あるときは隠微な内向的「秘話」としてかたられる戦争談のなかに、ちょうど石英のなかをムカデ型に走る金銀の鉱脈のようにまじっていることをきき分けられる。

ところで、さきの運転手さんが「満州」にいったのは、一九四二~四四年のあいだだったらしいが、そのころでも（あるいは、そのころだからなお）、毛沢東という「赤の首領」の名が中国大陸の土をふむ人びとにとって初耳であったような事情は、やはり、注目に値しよう。

この点の一傍証として、一つの回想録をあげる。一九四一（昭和十六）年に召集され、一兵士として、日米戦争開始後の一九四二（昭和十七）年二月下旬に山東省青島（→二一四頁）についた桑島節郎《くわじませつろう》氏――のちに陸軍衛生軍曹となる――は、父母の好習慣をうけついで、四年間の従軍生活の日記をつけていたが、敗戦後、二十数年たってから、闘病体験に触発されて一念発起し、その日記をもとに回想録をしあげられた（桑島節郎『華北戦記』一九七八年）。

その第一章に、こう、ある。

……私は華北へつくまでは、敵は蔣介石の軍隊であるとばかり思っていたが、来てみるとそうではなかった。中国共産党の領導下にある軍隊の八路軍が当面の敵であるということを知った。

華北の部隊へ入隊するまで、私は八路軍のことは名前だけで何も知らなかった。匪賊に毛の生えた程度の軍隊ぐらいにしか思っていなかった。ところが、あとでわかったことであるが、八路軍は日本人が考えもつかないような優秀な軍隊であった。

また、同じ桑島回想録の第三章には、こうある（前掲『華北戦記』）。

……私は先年、この当時三年兵であった中隊の人と偶然に邂逅して、しばし懐旧談に花を咲かせたが、その三年兵がいわく、「あのころはよかったなあ、のんびりしていて。匪賊に毛の生えた程度の八路軍が相手で」。

その戦友が華北にいたのは昭和十五年から十八年と、比較的治安がよかった時期であったし、その後の華北の情勢などまったく知らず、敗戦以来二十数年がたっても同じ認識の上にたっていたようである。

さしあたり、こうした証言をこの小章のスタート・ラインとして、さきへすすみたい。

「支那通」の目

たとえば、草野《くさの》文男《ふみお》――「満鉄」東亜経済調査局員・参謀本部嘱託・外務省嘱託を歴任――は、一九四二年十月付の付記のある論稿「支那辺区の解剖」において、つぎのようにいう（草野文男『支那辺区の研究』一九四四年）。

……私が、かくして辺区の正体を突きとめんとするのは、日本軍の占領地の襞《ひだ》にかくれ谷間を縫ふて頑固に敵対する勢力があり、これを虱《しらみ》つぶしに処理しなければ和平支那（汪兆銘政権などをさすか?）の健全なる成長は望まれないと言ふ、その辺の機微《きび》を知って貰ひたいからである（ルビと注記は引用者による）。

また、長野朗《ながのあきら》――中国問題に明るい国家主義者――は、一九四〇年六月付の「自序」をもつその著書において、つぎのように論じている（『遊撃隊・遊撃戦研究』一九四一年――ちなみに、私の架蔵本には、赤ペンや赤エンピツのサイド・ラインがあちこちにひかれているが、裏に「佐伯少尉」という所蔵者名がしるされている）。

支那事変が始まって既に満三年にならうとしてゐる。しかも事変は戦ひから建設に移った。この建設も世間の一部で考へられてゐるように決して生やさしいものではない。これを邪魔してゐる一つの大きな怪物がゐる。

世界の戦史で今まで殆んど問題にしなかった支那製の新しい怪物、それは「遊撃戦」である。これが日本軍の占領区の到る所にダニの如くへばりつき、支那の青蠅のようにうるさくやって来て、日本のやってゐる政治、経済、文化のすべての工作を妨《ぼう》碍《がい》するのである。

……共産軍が頑固であるのは、彼等が昔からやって来た戦法により、我が占領区域内にある山岳地帯や省境等に多くの抗日戦の根拠地を造ったことである。

その根拠地は地形上日本軍が近づけない山西の五台山脈とか、東南山岳地帯とか、山東の泰山脈内とか、河北の鉄道の中間地帯などで、一つの根拠地は数県を含めた相当の広さがあり、ここに食糧を集め、小さい武器の製造修理工場を設け、宣伝機関を備へ、学校を設け、紙幣を発行してゐるのもある。それ等の県には共産系の県政府と県長とがあり、共産軍はお手のものの民衆の訓練と組織とをやり、人民の自衛団を造って抗日戦に捲き込んで行く。かうして日本軍占領地の真中に、かうした抗日の拠点が点在するのである（傍点は、引用者による）。

草野文男、長野朗のふたりは、敗戦前のやや古風な用語でいうと、いわゆる「支那通」のカテゴリイにいれていいだろう。今日風のいくらか軽いことばでいうなら、中国問題コンサルタントであろう。そして、むろん、かれらのコンサルティング活動の目的が日中のたたかいにおける「大日本帝国」の勝利に寄与することにあるのは、いうまでもない。しかし、そうした目的意識にもとづくにせよ、多少とも専門的に、いわばプロとして中国問題を研究している人びとのあいだでは、「辺区」＝「遊撃隊」のあなどりがたい問題性が認識されていたのである。

晋察冀辺区のなりたち

晋察冀辺区とは?

「辺区《へんく》」とは、ごく単純に定義するならば、第二次国共合作（↓二九一頁）下のソヴィエト区ということになろうか。あるいは、対日抗戦根拠地を中核《コア》として形成された地域コンミューンといいかえてみることもできよう。

この名称について、学界で権威ある書物は、こう定義している（歴史学研究会編『太平洋戦争史』3「日中戦争」Ⅱ・一九七二年）。

……いわば解放区の名称は創設者の自発性にかかり、辺区の名称は国民政府の承認にかかるものとして区別されよう。

多くは一九三〇年代の後半に形成された「辺区」のうち、最大かつ代表的な「辺区」は、晋察冀《しんさつき》辺区だろう。……

そこで、以下すこしく、あの「満鉄」の調査部による周到にして克明なレポートに主としてたよりつつ、この「辺区」のスケッチをえがいてみたい（津金常知・小倉音次郎編「支那抗戦力調査委員会・昭和十四年度総括資料〈二ノⅡ〉政治編〈Ⅱ〉」――満鉄調査部『支那抗戦力調査報告』一九四〇年・一九七〇年復刻版。ちなみに、このレポート中、日本内地に送付されたのは五〇組で、その大部分は、陸海軍と政府機関に配布され、特殊な調査機関をのぞいては、民間に配布されず、当然、現存のものは稀である。いわゆる「幻の報告書」である）。

――まず、この「辺区」は、一九三七（昭和十二）年の冬ごろから、河北省――を中心にきずきあげられた遊撃戦の根拠地であり、形成の初期（一九三八年一月）には、三九県の県政府と百数十万の民衆を代表していたが、一九三九年には、そのテリトリイは、山西省（晋）、察哈爾《チャハル》省（察）・河北省（冀）の三省・七四県――河北五六県・山西省一六県・

察哈爾四県――にまたがる広大な地域におよび、一千数百万人の人口をかかえていた（↓二一四頁の地図をみよ）。

それは、中華民国という「国家のなかの国家」ともいうべき存在であった。

その政治

一九三八年一月、前年秋の日本軍の猛攻のなかで、これに屈服しなかった八路軍軍区司令・聶栄臻《じょうえいしん》――中国共産党員――と山西第一区政治主任・宋劭文《そうしょうぶん》や孟県県長・胡仁奎《こじんけい》らの抗戦派は、一四九名の民衆代表を召集して、「冀察晋辺区党軍政民臨時代表大会」をひらき、さきの三人をふくむ九人の「行政委員会」を選出して、そのもとに、「冀察晋辺区臨時行政委員会辺区政府」を組織した。この「行政委員会」は、のちに、閻錫山――山西省政府主席・第二戦区司令（↓三四七頁）――と蒋介石から公認された。

一方、「辺区政府」は、民衆――回族ウィグル人・モンゴル人・ラマ僧などをふくむ――の民主権利を保障して、つぎのように規定した（正統的な史料としては、中島東氏の訳した「晋察冀辺区第一回軍政民代表大会　諸決議」が『中国共産党史資料集』9に収めてある）。

一、群衆の集会・結社・言論・出版・信仰の自由を保障する。
二、人民は官吏を民選するとともに、その罷免権を有す。
三、民衆運動を扶助し、それぞれの群衆団体の独立性を承認する。
四、政府は、可能なる条件の下に、群衆団体に物質上の援助をあたえる。
五、政府は、各階級、各民族、群衆の利益をはかる各種条例と法令――労働法・婚姻法・商業法――などを公布する。

六、群衆団体は、法に従って政府を監督する権利を有す。ただし、政府の行政に直接干渉することを得ない。

ここにいう「群衆団体」とはなにか。それは、①農民救国会（約六〇万人加入）②工人救国会（産業工人六万余、手工業者一〇万余加入）③婦人（女？）救国会 ④青年救国会を主軸とし、ほかに、⑤犠牲救国同盟会 ⑥農会 ⑦学生救国会 ⑧教育救国会 ⑨少年先鋒隊 ⑩抗戦救国連合会 ⑪キリスト教・仏教などの宗教団体 をいい、「辺区政府」はこれを「抗日高於一切（抗日は一切より高し）」のスローガンのもとに統一・領導しつつあるのである。

この「群衆団体」＝大衆組織について、現代中国史研究の第一線にある安井三吉氏（神戸大学）は、最近の論稿において、「辺区形成に際して、大衆組織の果たした役割は大きい」と断定し、ことに、動員委員会（一九三七年九月結成）とその中核である犠牲救国委員同盟会（「犠盟」・一九三六年秋結成）の存在を重視して、その民族統一戦線的な性格にふれ、ついで、「犠盟」の総会長が閻錫山であり、のちに「辺区」政府主任となった宋劭文が「犠盟」の有力メンバーのひとりであって、こうした組織が前記した諸「群衆団体」の母胎であったことを指摘している（安井三吉「華北の抗日民主政権」――芝池靖夫編著『中国社会主義史研究――中国解放区研究序説』第六章・一九七八年）。

その統一・領導のあり方は、「辺区軍政民代表大会宣言」にみられるとおり、「辺区臨時行政委員会は民族統一戦線の政権形式であって、各党各派各階層各少数民族を包括し、その実際の内容は抗日の貫徹と真の民主主義である」という大原則にたち、一方では、九人の行政委員中に、抗日派県長・国民党代表・共産党代表をふくみこみつつ、県レベルで「群衆団体」代表から成る県政会議をもうけ、また一方では、民衆に官公吏に対する選挙権・罷免権・監察権・批判提出権をあたえて、「民主集中制」の活性化をはかっている。

この県政会議について、さきの安井氏は、『抗日根拠地政策条例彙集晋察冀之部』（一九四一年）にのせる「県政会議組織条例」を引証しつつ、その構成主体をつぎのように紹介する。

①行政組織代表（県長・県政府秘書・区長）②武装組織代表（自衛総隊部）③区紳士代表 ④県・区大衆団体代表

県長を主席とするこの会議は、いわば上意下達・下意上達の機能をはたしていた。

――こうした、いわば「辺区」民主主義の路線は、「辺区」中の共産党機関によって、抗日戦の必須の基盤として位置づけられていた。すなわち、「中国共産党晋察冀辺区党第二回代表大会　全辺区同胞に告げる書」は、その「第二」で、こうよびかけている（一九三九年九月三日――前掲『中国共産党史資料集』10）。

……ただちに、区・村政権の健全化と強化を強力に行なって政治の民主化をはかり、抗戦に対する人民の自発性・積極性および参戦に対する高度な情熱を盛り上げ、政府の抗戦のための政治諸法令を徹底的に実現し、各階級・各階層人民の自由な権利を保証し、辺区の行政の完全な統一を保証しよう（中川一郎訳。傍点は引用者による）。

こうした「辺区」の政治的結集のもう一つの現れは、「人民抗日自衛軍」の組織であり、それぞれの村落の十八歳以上五十歳以下の男女を編成して、小・中・大隊に序列化し、警察的任務のほか、民衆の行う抗戦工作――軍需品輸送・傷兵救護・地租徴収・救国公債発行など――の活力ある母胎となっている。

むろん、こうした民衆組織は、中国共産党と八路軍の土台であり、共産党は「抗戦家族優待」のスローガンをかかげて、さきの「支那通」のデータによると、兵士ひとりの戦死者について見舞金三〇元・葬儀費一五元、将校ひとりの戦死者について見舞金五〇元・葬儀費二〇元を県政府から支出するという（前掲『支那辺区の研究』――ちなみに、「辺区政府」最高の公吏である行政委員主任の月給が一八元、一般兵士の生活費は約一元である）。

ある総選挙

日本がアメリカとの戦争にのめりこんでゆく一年前の一九四〇（昭和十五）年の夏、晋察冀辺区では、いわゆる「民主大選挙」が行われた。

この選挙は、県・区・村のそれぞれの段階における各級選挙であったが、その選挙を規制した「辺区暫行選挙条例」（一九四〇年六月公布――前掲『抗日根拠地政策条例彙集晋察冀之部』――前掲「華北の抗日民主政権」）によると、以下のような「選挙法」上の特質を有する。

(1) 選挙は、それぞれの級において、「直接・平等・普選・無記名投票」で行う。

ここでの「無記名投票」方式は、安井氏によると、識字率数%という現実の前には実行不可能であり、代筆などの方式にたよるほかはなかったという。この事実について、学者のあいだの評価は分れているが、私としては、さもあろうと、切に思う。

なお、こうした「無筆」問題について、ジャック・ベルデンは、おそらく晋冀魯予「辺区」の例であろうが、つぎのような投票?の方法を紹介している（前掲『中国は世界をゆるがす』上・第四章）。

(1) それぞれの候補者に比定される茶碗に、投票者が選挙委員会からわたされた一つの豆を投ずる。

(2) 幾粒かの豆をわたされた投票者が伏せた茶碗の下に一粒ずつ豆をいれる。なかに一粒だけ赤い豆があり、赤い豆の投票?が投票者の意志表示となる。

(3) 候補者の名前を一枚ずつに書いた大きな紙を壁にはりだし、投票者は火のついた線香をもって、じぶんの選びたい候補者の名前のある紙に焼け穴をつくる。

(2) 「淪陥区《りんかんく》」遊撃区では、直接選挙ができないばあいは、おそらく代表選挙人方式?によりつつ間接選挙を行う。

現役の学者である安井氏は淡々としるしているが、巷の歴史家である私にいわせれば、これはおどろくべきことである。なぜなら、このことは、日本軍占領地区内の民衆の意志を「辺区」政治に反映させる手続きが制度的に保証されているということだからである。そんなことは当たり前ではないかというようなひとを少なくとも私は歴史家として信用しない。それはどんなに困難なことであるか。

(3) 選挙権・被選挙権は、「辺区」内の十八歳以上のすべての人民にあたえられる。

――こうした「条例」により、既設・新設をふくめて、村代表会・区代表会・県議会という三段階の、議決権を有する民意機関が成立した。また、村長は村民大会で、区長は区代表会で、県長は県議会で、それぞれ選出される形態が成立した。さらに、同年の秋には、「辺区」の最高権力機関として位置づけられ、「辺区」行政委員会委員と高等法院長の選出・罷免という権限をもった「辺区」参議会議員の選挙も行われた（もっとも、参議会そのものは、抗日戦の状況悪化のためもあって、一九四三年一月に開かれ、そののち、開催されなかった）。

この「民主大選挙」は「善人を選挙すれば善事をなし、悪人を選挙すれば悪事をなす、悪人を一掃して善人を出せ」という特徴的なスローガンをかかげて、民衆の大部分をしめる農民を指導した農民救国会の活動などにより、大きな成果をあげたが（前掲『支那抗戦力調査報告』「政治篇」Ⅱ）、その結果については、北支経済調査所編『晋察冀辺区に於ける中国共産党の農業政策』（邦訳・一九四一年）や方草「中共土地政策在晋察冀辺区之実施」

1940年「民主大選挙」投票率（冀中７県）（単位％）

(a) 村代表会	(b) 区代表会	(c) 県議会	(d) 辺区参議会
83.9	81.4	78.3	98.71

（出所） (a)〜(c)，王若飛「論抗日根拠地的社会性質」『解放日報』1941・5/24

	投票率		当選者内訳		
	村選	県選	村各委員会主任	村主席	県議員
中・貧・雇農	87	72.6	87.9	90.9	82.1
地主・富農	87.2	72.4	6.8	7.6	17.7

（出所） 方草「中共土地政策在晋察冀辺区之実施」『解放日報』1944・12/23
（注） 地主・富農のこの地域の全人口に占める割合は9.5％
〔出典〕上の２表は、芝池靖夫編著『中国社会主義史研究』1978年に所収

（一九四四年）などに依拠したので、上に表を掲出して要約しよう（前掲「華北の抗日民主政権」）。

①　投票率は、前年の「村選」の四〇〜五〇％とくらべて飛躍的に上昇し、ことに、以前は関心のにぶかった中・貧・雇農層のそれが地主・富農層のそれと、ほぼ同じである。

②　村選にくらべて、県選の投票率が一五％ほど低く、村民の関心の度合いが示される。

③　当選者の階層別内訳では、村レベルのそれがほぼ人口比に対応し、県レベルでは、地主・富農層の比率が倍増している。

④　北岳区では、青年層（十八〜二十三歳）と女性の当選者が多かったという。

その経済　「辺区」は、文字どおり「四面楚歌」のうちに封鎖されていきなければならない経済的な自立体である。

その自立のために、「辺区政府」は、「昭和13

年秋、辺区銀行を設立して、銀行券五百万元を発行した」（前掲『支那辺区の研究』）――ちなみにこの「辺区」の歳出規模は五〇〇万元であるという――なお、前掲『支那抗戦力調査報告』には、「法幣と山西票〈晉鈔〉五十万元を以て準備金とし、三百万元の鈔票を発行し」とある）。その「辺区銀行券」の流通のサイクルはまず、「辺区銀行券」をもって、ただ一つの本位貨幣とし、その発行・流通をつうじて、現金・現銀と法幣（→二一七頁）をはじめ、地方政府の発行する紙幣を回収し、その流通を禁止する。ついで、「辺区」貿易においては、「出超」につとめ、法幣の「辺区」外への流出を絶対的に防止し、とくに、法幣の支払いをもって「敵人占領区域」から物品を購入したときは、「漢奸」として処断する。こうした方策により蓄積された法幣は、準備金として「辺区銀行」の対外信用性を裏付け、一方では、「辺区銀行券」と法幣の兌換をのぞむ「辺区」民衆への支払いにあてられる。この「辺区銀行」の本店?は、この「辺区」のそもそもの発祥地である山西省北方の五台山のある県にあり、以下、分店・事務所・代理店が数ケ所にあり、石版印刷による五元・一元・二角（一〇角が一元）の「辺区銀行」紙幣を発行し、預金・為替の業務を担当する。

興味ぶかいのは、「……為替は二十元以上から組むことにし、費用は百分の一、千元以上は千分の五で、辺区内は全部為替を出すことが出来、冀南・冀中及びその他の遊撃区は、銀行から遊撃隊に托して送り、天津、北平、保定等の淪陥区は、遊撃隊の便衣隊（→一四二頁）及び往来する旅商人がその任務を負担する。だから晋冀察辺区に住んでゐる商人も不便を感じない」（克寒『模範抗日根拠地的晋察冀辺区』――前掲『支那抗戦力調査報告』）という事実があったことで、「辺区」は一方では封鎖され孤立させられた特別地区でありながら、もう一方では、その経済的自立のための細い導管を「淪陥区」＝日本軍占領区のなかにのばして、そこから養分をすいあげていたことがわかる。

つぎに、生産面に移る。まず、工業についてしるす。「辺区政府」は、戦火で荒廃した伝統的工業の復興に努力し、民族資本家の工業投資をすすめる。その対象としては、①炭鉱　②磁気廠　③紡織工場群などがあり、「辺区政府」直営工場としては、「辺区」被服廠ともいうべき土布工場がある。そのほかに、ゲリラ戦の主要武器である小銃・小銃弾・手榴弾の製造工場が多くの地点に分散配置されている。

ついで、商業・貿易面についてしるす。まず、第一に、「辺区」には大市場はない。しかし、それぞれの「鎮《ちん》」（町または村）には、多くの露店がならび、小さな市場がたち、市の時期にはたいへんなにぎわい・雑踏をみせるという。

さらに、第二に、「辺区」の貿易の原則は、自由貿易主義のルールにたつが、「日貨」の輸入は、禁止される。ただし、抗日戦争にとって有利な物品――軍需品・交通用品・医薬品・電池など――の輸入は、無制限に許可される。一方、日用品は、「土貨」（いわば「辺区」内の産物？）でできるかぎりまかない、日用品の輸入を制限して、「出超」の基調を維持する。とくに食糧の輸出は厳禁され、ひそかに輸出して発見されたばあいは、食糧はすべて没収され、さらに一〇倍の罰金を課せられる。こうした貿易は、「辺区」に設立された裕民公司《コンス》により統制され、公司が個人の輸出入業務を代弁するとともに、租税の徴収を担当する。

最後に、「辺区」財政について、一言する。軍隊の作戦と「辺区」政府の政治工作に月々支出される巨額の費用は、①地租 ②移出入税 ③救国公債 ④「辺区銀行」券などにより、まかなわれる。このうち、財政収入の中核は、③であるが、ことに、「淪陥区」からの移入にはきびしい「輸入税」が課せられる。たとえば、タバコは、毎月三〇万元の移入額をしめすので、禁煙の見地からも、租税の賦課はきびしい。……

――しかし、以上の財政運営にもかかわらず、収支のバランスはとれないので、国民政府公認の晋察冀辺区としては、中央の財政援助に依存しており、その点は、毎月六〇～一〇〇万元からの援助を中央に仰いでいる八路軍と相似的であるといってよいだろう。

その農民政策 かつて、中国の地方政権は、農民からの地租徴収に、はなはだ苦しんだ。武装隊を派遣し、監獄の恐怖をもって脅迫・督促しても、農民は、なかなか地租を納めないのが常であった。

こうした農民に対して、「辺区政府」は、いわゆる「減租《げんそ》減息《げんそく》」・「交租《こうそ》交息《こうそく》」政策をとった。「減租減息」とは、小作料・利息の引下げをいい、「交租交息」とは、小作料・利息の完納――完納への保証――をいう。

「辺区」では、かつての「ソヴィエト区」（↓一九四〜一九六頁）の農民政策と異なり、「地主の土地を没収し、富農に打撃をくわえる政策をあらためて」、そのことを通じて、「地主・富農をも抗日陣営にくわえながら、農民の税負担もいちじるしく軽減され、勤労意欲の向上がみられた」（安井三吉「晋察冀解放区の成立」――前掲『太平洋戦争史』3）。

その点について、さきの『支那抗戦力調査報告』には、つぎのような「辺区」行政委員会の「佈告《ふこく》」がしるされている。

① 普通小作・分益《ぶんえき》小作を問わず、「租」（小作料）は一律に二五%を減ずる。

② 利息は、新債・旧債の区別なく、一律に年利率一〇%をこえることは許さない。

③ 荘頭（荘園管理人）の搾取や、「雑租」（地主が小作人からニワトリなどをとる）・「小租」（管理人が小作料以外にとる手数料《コミッション》）・「送工」（小作料以外の労働奉仕）などの規定外付加税は厳禁する。

④ 金銭の貸付けにあたっては、「出門利」（質屋などの天引利息）や「印子銭」（借金の日賦払い）などの高利貸的方法を禁止する。

――こうした政策は、みな、農民救国会の保証によって、布告どおり実行され、「農民動員工作」を成功させ、「辺区」最大の生産部門としての農業の発展に寄与した。

一方、生産力の拡大についても、「辺区」政府は、「墾荒条例」をさだめ、「辺区」内の未開墾地や、二年連続で耕作・播種しない既墾地は、公有・私有の区別なく、一律に荒蕪《こうぶ》地《ち》とみなして、低率の地租で、「辺区」内人民の耕作を許可し、開墾後は、開墾者の土地所有権を承認することとした。

こうした規定のもとに、農民救国会は、その指導下に多くの墾荒団を組織し、いわば「山野にあまねく工作し」（前掲『模範抗日根拠地的晋察冀辺区』）、食料生産を増大させた。また、農民たちのなかには、代耕隊の組織もあり、抗戦軍人とその家族のために、その耕地を荒廃させないための代耕を行っていた。

――こうした「辺区」経済のあり方について、さきの「中国共産党晋察冀辺区党第二回代表大会　全辺区同胞に告げる書」は、その「第三」で、こう、よびかけている（前掲『中国共産党史資料集』10）。

……ただちに戦時の財政・経済動員を強化し、災害救済を強化して、経済面での協力と互助を実行し、金のあるものは金をだし、労力のあるものは労をだし、自発的に献金し、先を争って公糧（一種の現物農業税――訳注）を納入し、政府の戦時財政を充実させ、自給自足の農業生産と手工業生産を発展させ、減租・減息を徹底的に実行し、人民の生活を改善し、抗戦の経済的基礎を充実させよう（中川一郎訳。傍点は引用者による）。

――安井三吉氏は、こう、結語している（前掲「華北の抗日民主政権」）。

……政治における民主主義の徹底と、経済の面での減租減息の実施とは、抗日および解放の維持と拡大にとって、鍵とも言うべきところに位置していたのである。

さきほどの長野朗の研究中には、一九三八年五月の天津で発行されていた英字紙『京津タイムス』にのった「辺区」のレポートが訳載されている。抄出して、この節のむすびとしよう（前掲『遊撃隊・遊撃戦研究』）。

ある外人記者のスケッチ

……最近、奥地から帰ってきたアメリカ人記者の報告によると、彼は五十余城を遍歴して来たのであるが、河北省の某地には完全なる政府があって、十七県を所轄してゐる。政府は、京漢・津浦両鉄道の中間にある或る県城内に設けられ、小規模の兵工廠十二、小学校九百を有し、目下、農民自衛団五十万人を訓練してゐると。且つ新聞、郵便、幣制等も整っている。所轄内の土匪は完全に粛正されてゐる。全区の人口は約七百万で、区内には赤軍専門学校を設け、三ケ月卒業になってゐる。また、若干の無電もあり、電話線が密かに敷設され、全長三千余哩（約四八〇〇キロ）に達する。運輸隊は自動車若干を有する。

区内では打倒土劣（土豪劣紳《どごうれっしん》）のスローガンは打倒漢奸となり、打倒帝国主義は誓死抗日に塗り換えられてゐる。民衆運動はすべて抗日の一点に注がれてゐる。区の周辺には武装の完備した遊撃隊が密布され、十四人一隊となって巡羅し、機銃一挺を持ってゐる（語注と傍点は、引用者による）。

そして、これを伝えた記者は、かねてから「辺区」についての情報をもってはいたが、実地にみてみると、その成長・発展の速さに一驚したとしるしている。

――「晋察冀辺区」の成立、それは一つの「人民共和国」の誕生、「新民主主義論」（一九四〇年）における毛沢東じしんの用語を借りれば、「中華民主共和国」「新民主主義の共和国」の先取形態の誕生にほかならない。したがって、一九四九年十月一日への困難な大道は、ここにたしかにあゆみだされていた。その点、国民党の「辺区」代表として、共産党からも一定の敬愛をうけていた劉尊基が「辺区」参議会の開会にあたって「私が20年来追い続けてきた願望――民主政治が、今日敵後方の、苛酷な戦争という環境において実現するとは、思いもかけませんでした」という感慨をもらしたことも、あるいは付記する値うちがあろうか（「記晋察冀辺区第一届参議会」一九四三年三月――前掲「華北の抗日民主政権」所引）。

私は、やはり、あの魯迅のことばを想起する――「路とは何か。それは路のなかったところへ踏み作られたものだ」（「随感抄」66・竹内好訳）。

「辺区」展開図

「辺区」の拡大

「辺区」の拡大のようすを総括した文章として、さきの安井三吉氏の「晋察冀解放区の成立」から引用しよう（前掲『太平洋戦争史』第3巻・「日中戦争」Ⅱ）。

……それぞれの解放区の形成過程は、およそつぎのようなものである。

華北では、晋察冀解放区と並行して、八路軍の手によって山西省では東南および西北に解放区が樹立された。山東省では、中共の指導下に泰山と沂蒙《そもう》山地区を中心に魯《ろ》中《ちゅう》根拠地がまず形成され、（一九）三八年に入って、八路軍は山西から東進して、冀《き》魯豫《ろよ》・冀魯《きろ》・冀中《きちゅう》・冀東《きとう》・大青山の各地に根拠地をつぎつぎと樹立していった。

華中では（一九）三八年から（一九）四〇年にかけて、新四軍（↓三〇二頁）が八路軍の支援のもとに、蘇南・淮北・蘇中・蘇北・蘇豫皖などの根拠地樹立に成功し、華南では、華南抗日遊撃隊の力によって、（一九）三八年から（一九）三九年にかけて東江と瓊崖（海南島）に根拠地が樹立された。

日本軍が大軍を投入して国民党軍相手に大作戦を展開しているあいだに、その占領地域には、このような根拠地＝解放区が「新民主主義政権の雛型」として続々成立し、巨大な抗戦基地をつくりあげられていった（年号補記と行かえ変更は、引用者による）。

また、さきにひいたジェローム・チェン（陳志譲）教授の『毛沢東　毛と中国革命』は、その第十一章「戦争と兵隊」の結びにおいて、こう、総括している（徳田教之訳）。

（共産党）勢力は、一九三七年の五つの根拠地、その全体の面積十万平方キロメートル、人口約二百万人から一九四五年には、十九の根拠地、全体の面積百万平方キロメートル、人口は一億人近くにまで増大したのである。

これらの地域と人民は、まだ飛び地の状態にはあったが、約百万人の党員を擁する党と、百万の兵力を有する軍隊の統制のもとにあって、あらゆる意味において、一つの別個の中国を形成していた。そしてこの中国は、抗日戦争の終った時、国民党の中国の前に立ち現れたのである。

毛沢東じしんは？

「辺区」について、毛沢東じしんの考え方・位置づけ方が端的に——そして、すぐれて原理的に——表明された文書としては、私のまずしい読書範囲に入ったもののなかでは、一九四〇年五月四日——あの「五・四」運動とのかかわりがあるのかどうか、私の学力では分明でない——付で発せられた「抗日勢力を思いきって発展させ、反共頑迷派の攻勢に抵抗しよう」をあげることができよう（原題「放手発展抗日力量、抵抗反共頑固派的進攻」——前掲『中国共産党史資料集』10）。

その冒頭で、かれは、こう、断言する。

(一)すべての敵後方地区（辺区）およびすべての交戦地区では、同一性を強調すべきであり、特殊性を強調すべきではない。さもなければ、きわめて大きな誤りとなるであろう。華北・華中または華南であろうと、長江（揚子江）以北または長江以南であろうと、平原地区・山岳地区または湖沼地区であろうと、また八路軍・新四軍または華南遊撃隊であろうと、それぞれ特殊性をもってはいるが、みな同一性をもっている。

すなわち、みな敵をかかえており、みな抗戦している。だから、われわれは、みな発展することができるし、みな発展しなければならない。こうした発展の方針を、中央委員会はこれまで幾度も諸君に与えてきた。発展とは、つまり国民党の制限を受けず、国民党の許しうる範囲をこえ、他人からの任命をまたず、上級からの軍費支給にたよらず、独立的・自主的に、思いきって軍隊を拡大し、断固として根拠地をうちたて、こうした根拠地で、独立的・自主的に大衆を起ち上がらせ、共産党の指導する抗日統一戦線の政権をうちたて、それをすべての敵占領地区にまでのばしていくことである(尾崎庄太郎訳)。

「編注」によると、このとおりの指示がじっさいに発せられたかどうかについては、「疑問も残る」という。また、このよびかけじたい、左右双方への逸脱を抑止してゆく性格の文書であり、その政治的基調は「いまはもう全国的な(国共)分裂の時期であり、国共の合作はもうすでに不可能であると考えたりするなら、それこそまちがっている」という論点にある。

しかし、それにもかかわらず(いや、それだからこそ)、ここに強調されている中国共産党の主体性についてのきびしい要請と、全状況の「同一性」にかかわるひろやかな展望とは、やはり、毛沢東じしんの独自の抗日戦争原理をあざやかに挙証している。

しかし、一面、忘れてはならないことは、こうした峻厳な原則の提示がもう一方ではっぎのようなこまやかな注意とむすびついていることである。すなわち、毛沢東は、一九四二年二月一日、延安の党学校開校式（原文では「開学典礼」）にのぞみ、「整風運動」を提唱する高名な演説をするが、そのなかに、こう、ある（毛沢東「学風・党風・文風を整えよう」——前掲『中国共産党史資料集』11・一九七五年）。

……外来の幹部は、状況に詳しいという面と大衆に結びついているという面では、地元の幹部にくらべてどうしてもいくらか劣っている。私にしてもそうである。私は陝北《せんほく》（陝西省北部）にきてからもう五、六年になるが（↓二〇九頁）、陝北の状況についての理解にしても、陝北の人民との結びつきにしても、高崗《こうこう》同志（陝甘寧「辺区」党の幹部）にくらべてはるかに劣っている。どれほど（私が）調査・研究をすすめても、結局、陝北の幹部にくらべればやはりひけをとるだろう。山西省・河北省・山東省またはその他の抗日根拠地に（外来の幹部として）行くわが同志たちは、かならずこの問題に注意しなければならない（尾崎庄太郎訳——〔 〕で示される訳注以外の注記と傍点は、引用者による）。

これは、謙遜というような問題ではない。全戦争の全局面をすみずみまで見とおし、誤りなくみちびいてゆかなければならない「総司令官」がどういう資質と役割をひきうけなければならないかという、その「人間の条件」の問題である。この「開校式演説」には、いくつもの（笑声）箇所があるが、どこでみなを笑わしたかをみていっても、やはり私は、その問題につきあたる。

――すでに、ことは戦争にかかわる。毛沢東はここで「コック長」の比喩をだしているが、かれのいい方を借りると、「火が強すぎれば焦げつくし、塩が多すぎれば辛くなる」のと同質の必然性において、マゴマゴすれば、ひとが死ぬのである。「辺区」がほろびるのである。毛沢東のきびしい原則性と周到な実践性とは、きわめてシリアスな結果責任を負わされた「辺区」の運命と分かちがたくむすびついていた。

かつて、詩人・谷川雁は、こう、うたった（『大地の商人』――『谷川雁詩集』現代詩文庫2・一九六八年）。私は、対象がスターリンであれ、毛沢東であれ、日本共産党であれ、また、中国共産党であれ、「無謬性の神話」とは完全に無縁な、巷の一歴史家だが、そんな極楽トンボですら、このうたの「主調低音」には、やはり、心身がふるえる。

毛沢東

いなずまが愛している丘
夜明けのかめに
あおじろい水をくむ
そのかおは岩石のようだ

かれの背になだれているもの
死刑場の雪の美しさ

きょうという日をみたし
熔岩のなやみをみたし

あすはまだ深みで鳴っているが
同志毛のみみはじっと垂れている

ひとつのこだまが投身する
村のかなしい人達のさけびが

そして老いぼれた木と縄が
かすかなあらしを汲みあげるとき

ひとすじの苦しい光のように
同志毛は立っている

第17章　ある中国理解者の生涯——尾崎秀実の生と死

尾崎秀実と娘・楊子（勁草書房刊『尾崎秀実著作集』第４巻より）

尾崎・ゾルゲ事件

公　表　一九四二（昭和十七）年五月十六日の夕方、司法省——法相・岩村通世《いわむらみちよ》。むろん、東条英機《とうじょうひでき》内閣——は、ドイツ人のリヒァルト・ゾルゲらにかかわる「国際《こくさい》諜報団《ちょうほうだん》」事件のとりしらべ——担当は東京刑事地方裁判所検事局・警視庁——が一段落をつげ、本日、その「中心分子」である五名に対して、東京刑事地方裁判所に予審請求の手つづきをとったと発表した。

翌五月十七日の新聞はいっせいにこの事件を報道した。たとえば『読売新聞』は、一面六段ぐみの記事をかかげ、「国際諜報団発覚／コミンテルンの命に動く／中心人物五名起訴さる」「秘密保持に協力せよ／関係者は知識階級（司法・内務両当局談）」という見出し《ヘッド・ライン》が多くの読者の目をひいた。むろん、前年十二月にすでに、日米・日英戦争が開始されており、その日一面のトップには、フィリピンのコレヒドール島のマニラ湾口諸島の要塞攻略作戦で日本軍があげた「大戦果」が「大本営発表」として報ぜられている。

ところで、「司法省発表」によると、その「中心分子」五名の氏名などは、つぎのとおりである。

住所　東京市麻布区永坂町三〇番地　フランクフルター・ツァイツング社日本特派員

リヒァルト・ゾルゲ（四十歳）
住所　東京市牛込区左内町三二番地　アヴァス通信社通信補助員　ブランコ・ド・ヴーケリッチ（三十八歳）
本籍　沖縄県国頭郡名護町大字名護一七五番地　住所　東京市麻布区龍土町二八番地・岡井方　画家　宮城与徳《みやぎよとく》（四十歳）
本籍　東京市小石川区西原町二丁目四〇番地　住所　同市目黒区上目黒五丁目二四三五番地　元満鉄嘱託　尾崎秀実《おざきほつみ》（四十二歳）
住所　東京市麻布区広尾町二番地　青写真複写機製造業　マックス・クラウゼン（四十四歳）
この「国際諜報団」の「罪名」は、国防保安法・治安維持法・軍機保護法の各違反等であり、その「罪状」は、「コミンテルン本部」の「指令」により、「赤色諜報組織」を「結成」し、「十数人の内外人を使用し、結成以来検挙に至るまで長年月に亙り合法を擬装し、巧妙なる手段に依り、わが国情に関する秘密事項を含む多数の情報を入手し、通信連絡その他の方法に依り、これを諜報しゐたるもの」とされていた（「司法省発表」――傍点と句読点は引用者による）。
――こうして、いわゆる「尾崎・ゾルゲ事件」は、戦時下日本社会の白日のもとにさらされることになった。

この尾崎・ゾルゲ事件については、多くの史的叙述・史料集・メモアール・研究が公刊されているが、総体的にみると、玉石混淆の感がふかい。むろん、ここは、この事件の究明の場ではないので、さしあたり、この事件についてのむこう側の要約を借用して、簡便な字引き的定義とする。当時、警視庁特別高等警察部外事課に籍をおき、一九三六(昭和十一)年のナウカ社事件——ナウカ社社主の大竹博吉が駐日ソ連大使館に情報を送り、諜報活動を行ったとして、治安維持法・軍機保護法各違反で起訴され、有罪となった事件——などを手がけた大橋秀雄《おおはしひでお》警部補——敗戦後、渋谷警察署長——の回想による(大橋秀雄『ある警察官の記録——戦中・戦後30年』一九六七年)。

かれは、いう。

リヒアルト・ゾルゲのスパイ事件は、日本で検挙したスパイ事件として最大のものであるばかりでなく、世界にも稀れな事件である。……

第一に、ゾルゲ事件は実際に存在したスパイ事件であって、創作(frame up の意か?)されたものではないということである。

第二に、このスパイ団(?)の目的は、日本の政治・外交・経済・軍事・社会等に関する情報蒐集《しゅうしゅう》や、情勢を分析して報告することであった。

第三は、日中戦争が拡大し、(日独伊)三国同盟により日本が北進してソ連邦を攻撃するか、あるいは南進して米英と戦うかを探知することが最大の目的となり、昭和十六年七月（二日）の御前会議で対ソ攻撃が中止され、米英に対する戦争（太平洋戦争）が決定したことを、尾崎秀実が近衛公側近から諜知《ちょうち》して（モスクワ・赤軍第四本部へ——コミンテルンへではない）通報したとき、その任務は成功裡に達成されたとみるべきであろう（語注・ルビ・傍点は、すべて引用者により、原文にはない）。

中国問題評論家・尾崎秀実

この五月十七日の新聞をよんだ人びとのなかに、もし、『中央公論』とか『改造』とかのような戦前・戦中の一流総合雑誌の年来の読者がいたとしたら、それらの人びとは、これらの被検挙者のうち、少なくとも尾崎秀実という氏名にだけは、着目・注目したにちがいない。なぜなら、「中国問題評論家」としての尾崎秀実の名と実績とは、一九三〇年代の日本のジャーナリズムではつとに定評のあるところであり、単行本となった翻訳以外の主な作品だけでも、『嵐に立つ支那』（一九三七年）・『国際関係から見た支那』（一九三七年）・『現代支那批判』（一九三八年）・『現代支那論』（岩波新書・一九三九年）・『最近日支関係史』（一九四〇年）・『支那社会経済論』（一九四〇年）の六著がかぞえられる。ほかに『東亜民族結合と外国勢力』（一九四一年）がかれの著作とされるが、今井清一氏（横浜市立大学）の見解にしたがい、これはのぞく（「尾崎秀実著作目録」——尾崎秀実『現代支那論』中国新書8・一九六四年）。

その尾崎秀実の生涯については、かれの「一高」在学中以来の友人であった風間《かざま》道太郎《みちたろう》氏の労作『尾崎秀実伝』がすでに公刊されており、当分、これをこえるものは出現しそうにない（風間道太郎『尾崎秀実伝』一九六八年――このほんは、複雑な現代史の諸潮流のただ中をいきた人間像を定着した伝記として、出色の秀作である。巻末の年譜中に、『現代支那批判』の刊行が落ちているとか、司法省の事件発表の月日が一か月ずれているとかいう瑕瑾はあるが、まさに、尾崎秀実伝の「定本」といって過言ではない）。

そこで、ここでは、その伝記の下手な要約をこころみる愚は避け、やはり、むこう側の要約により、かれの履歴の大略を紹介する（「予審請求書」昭和十七年五月十六日――『現代史資料』2・「ゾルゲ事件」2・一九六二年）。

……被告人は、元台湾日日新聞社編輯長尾崎秀太郎の次男として生れ、台北中学校、第一高等学校を経て、東京帝国大学法学部政治科に入学し、大正十四年三月同大学を卒業、一年間大学院に在学後、朝日新聞記者となり、同新聞東京本社或は大阪本社に勤務し、昭和三年十一月より昭和七年二月迄の間同新聞社上海特派員として久しく支那に在り、支那研究に務《つと》めたる結果、支那事情に精通するに至り、昭和十三年七月には選ばれて第一次近衛内閣の嘱託となり、支那事変処理方策其の他重要国務に関し、自己の意見を具申《ぐしん》して、国政に参与画策するところありたるも、昭和十四年一月同内閣総辞職と同時に依願解職となり、爾来《じらい》、南満州鉄道株式会社（略称「満鉄」→九四頁）調査部嘱託（月給五〇〇円・ボーナス二〇〇〇円）として、東京市赤坂区葵町二番地同社東京支社に勤務し、其の傍《かたわら》、同市同区溜池《ためいけ》町三十一番地山王「ビルディング」内に支那研究室を設け、又其の間東亜問題等に支那に関する多数の著述を為し、評論家として独自の地歩を占め来りたるものなるが……（句読点の追加とルビ・給与注記・参照ページは引用者による）。

その思想形成　その思想形成の外的な条件については、やはり、むこう側のデータではあるが、一九四二年三月五日、東京拘置所で東京刑事地方裁判所検事局の玉沢光三郎検事の訊問に対して答えた尾崎秀実じしんのことばから、箇条がき的に再構成してみる（「第二十回訊問調書」——前掲『現代史資料』2・「ゾルゲ事件」2による）。

(1)　征服者の内地人と被征服者の台湾本島人とのあいだの差別の存在に、人道主義《ヒューマニズム》的な疑念をいだいたこと。

(2)　高校入学時には、デモクラシーの風潮が強く、吉野作造らに心を惹かれたこと。

(3)　高校在学中は、ドイツ西南学派の哲学にふれ、ウィンデルバンド・リッケルト・左右田喜一郎らの著作を読み、人道主義・自由主義的な思想傾向をもっていたこと。

(4)　一九二三（大正十二）年の第一次日本共産党事件のさいは、早稲田に住んでおり、早大教授の佐野学や猪俣津南雄（↓五四三頁）に関心をもったこと。

(5)　関東大震災のさい、隣家の「農民運動社」（森崎源吉ら）の検挙事件にあい、社会的な義憤を感じ、また、大杉栄とその妻や甥（伊藤野枝・橘宗一）が殺された事件——甘粕《あまかす》事件——から強い刺激をうけたこと。

(6) 一九二四(大正十三)年の夏失恋したこと(相手は、のちの篠田八重子)、高等文官試験(高文)をギヴ・アップしたこと。

(7) 同じころ、ベルンシュタインの伝記『フェルヂナンド・ラッサール』から、強い影響をうけ、社会的覚醒をおぼえたこと。

(8) 大学院で、経済学部の大森義太郎助教授をリーダーとするブハーリン『史的唯物論』の研究会に参加し、多くの左翼文献・研究書——マルクス・レーニン・ウィットフォーゲル・スターリン——を読み、また、「カー・イー」「インプレコール」などの雑誌を読んで、一九二五(大正十四)年ごろには、「共産主義を信奉するに至った」こと。

(9) 朝日新聞入社後、清家敏住らとスターリン『レーニン主義の諸問題』の研究会を開き、また、草野源吉の変名で日本労働組合協議会・関東出版労働組合に加入し、そのジャーナリスト・グループの会合に出席したこと。

(10) 上海支局づめになったのち、上海の「創造社」グループ——郭沫若・沈叶・田漢・郁達夫・王独清ら——に接触し、また、東亜同文書院(↓二五二頁)の左翼学生グループ——安斉庫治・中西功・水野成ら——と接触をもったこと。

(11) そののち、中国共産党の上部組織・下部組織と連絡をもつようになり、やがて、アグネス・スメドレー(↓二九一頁)と知りあい、国際的な共産主義運動にふれ、コミンテルンのための活動にはいったこと。

――ここでは、いうところの「左翼文献」通過の仕方の一般性と、台北・上海・「創造社」・「東亜同文書院」系列の通過の仕方の特殊性とがいっぽんの太く赤い糸としてより合わされてゆく内的風景――石川淳氏の用語を拝借すれば「精神の運動」(『森鷗外』)の速力ある軌跡――のみをとりあえずたしかめておきたい。

こうして、ひとりの強靭な認識者がそだっていった。

彗星の出現

「民族戦線」とのであい

尾崎秀実は、あの蘆溝橋事件(↓第7章)の直後の「昭和十二年七月十二日」に、「北支問題の新段階」という小論をしあげ、のちに『改造』八月号ののせるところとなった。この論稿をはじめ、日中全面戦争の前期――さしあたり、蘆溝橋事件から漢口・広東占領までとする――を論じたかれの評論は、「一九三八年十一月」の「自序」をもつ評論集『現代支那批判』全三八三ページとして、中央公論社から刊行された。この戦争に関する当時の論壇ないしジャーナリズムの水準を知るために必読の文献である(なお、些事だが、このほんの奥付けには「昭和十一年十一月十四日印刷/昭和十一年十一月二十日発行　定価一円七十銭」とある。すでに、今井清一氏も指摘しているとおり、これは誤植で、ほんの刊行年次を奥付けだけで中味をみずにノートしたりすることの危険を教示してくれる。なお、このことをふくめて、同書を収録したテクストとしては、今井清一・尾崎秀樹・竹内好・野原四郎・橋川文三、五氏共編『尾崎秀実著作集』第二巻――全五巻――一九七八年がある。学界待望の公刊といってよい）。

その「北支問題の新段階」のなかで、かれは、こう主張している。やや長文になるが、引用してみる（引用は、単行本初版による）。

七月八日未明北平郊外蘆溝橋に於ける日支両軍の衝突は今や両国間の全面的な衝突を惹起《じやつき》せんとする形勢にある。恐らくは今日両国人の多くはこの事件の持ち来すであらう重大なる結果につきさまで深刻に考へてゐないであらうが、必ずやそれは世界史的意義をもつ事件としてやがて我々の眼前に展開され来るであらう。

それはしかし直ちに戦争へまっしぐらに発展しなければならないといふ事を必ずしも意味しない。

日本の出兵によって支那側が我が要求に服することによって難局面の拾収《ママ》されるであらうことも全然可能性の無いことでない。しかしながらその場合に於てすらなほも両国間の関係は一段の険悪を加へ、更に一層深刻な解決法を予定することとなり行くに違ひないのである。㈠。

……北支問題の解決方法は従来はただ北支の局地的解決方法であった。……しかし最早《もはや》問題はかかる方法を以てしては解決し得ない段階に到達したのである。今次の北支問題に対する日本の解決方法はかかる準備と規模とをもってせんとする如くである。支那もまた当然その国家全体を挙げて解答を与へざるを得ない立場に立たされてゐると思はれるのである。ここに今次の北支問題の特別な重要性が横たはってゐるのである。北支問題は今や全支問題なのである。然も最も我々が重視するところは全支問題の意味が単に全支の統一政権たる国民政府の問題であるといふ意味でなく全支那民族を相手にして居るのであるといふ事実である。この意味は確かに我々が支那を即ち国民政府なりと見る場合より遥に深いのである。支那の最近における統一運動が国家的統一の問題たると同時に民族的統一戦線の問題であることは我々がしばしば最近とり上げて来た問題なのである。西安事件以後国民党、共産党両党間における妥協或ひは諒解の事実は既に具体的な事実である。国共両党はこの民族戦線の内部に深い対立を蔵しながらも内部的にもまた外部的にも国家的統一を促進しつつあるのである。かかる状態の中に(或ひはかかる状態の中故にこそ)、北支問題が「全支的」に解決されんとしつつあるのである。この点に我々は特別の重大性を認め、緊張を感じるのである。国民政府の持つ武力は恐らく大して問題でないであらう、しかしながら支那の民族戦線の全面的抗日戦との衝突は遥に重大な意義を持って居る……(五)。

なぜか。その問いに答えるためには、ここでのかれの論理を解析するキイ・ワードが

「民族的統一戦線」「民族戦線」であることを認知し、その上で「中国問題評論家」としてのかれの声価を高くした「西安事件」(↓第6章)に対する論評につくのが、さしあたりは捷径であろう。この点について、さきにあげた風間道太郎氏の労作『尾崎秀実伝』は、尾崎秀実の「西安事件」評論中もっとも早く公刊されたのが僚友・西園寺公一——西園寺公望の孫——の主宰する旬刊グラフ雑誌『グラフィック』(月二回発行)であったことを紹介している。

そこで、西園寺公一の回想をひこう(『貴族の退場』一九五一年)。

……僕は、その頃、グラフィックというグラフ雑誌をやっていたので、早速、朝日新聞の尾崎のところへ馳けつけて、事件関係の写真と、原稿とを頼んだところが、彼の西安事件の解釈と、これが将来国民政府に与うべき影響など、まことに正鵠を得たもので、非常に皆感心し、頗る《すこぶ》好評であった。尾崎は、それまでは、新しい中国通として知る者は知っていたが、決して、ジャーナリズムの脚光を派手に浴びている訳ではなかった。そういう意味では、このグラフィックの西安事件の原稿が、彼の斯界《しかい》へのデヴューだと言っても先ずよかろうと思う。それ以後、彼が、ジャーナリズムの寵《ちよう》児《じ》となり、その活躍振りは全く物凄いほどで、中国問題のみならず国際問題でも、政治問題でも、行くところ可ならざるはない健筆振りで、大雑誌のどれかに彼の名前を見ない月は、決してない有様であった(やはり、些事に属すが、風間氏所引のこの文章の大部分には、読みやすくするためという当然の配慮からではあるが、字遣いなどの変更が多く、『貴族の退場』の本文とは異なる。なお、『尾崎秀実著作集』第一巻の解題者である今井清一氏——尾崎秀実の娘・楊子さんの夫君——によると、この『グラフィック』の当該号は、今のところ未発見であるという)。

そうした機縁をもつ尾崎秀実の「西安事件」観を知るためには、「張学良クーデターの意義」(『中央公論』昭和十二年一月号)と「西安事件以後の新情勢」(『社会及国家』昭和十二年二月号)があり、のちいずれも評論集『嵐に立つ支那』(一九三七年九月)におさめられた。

そこには、つぎのような文章をみいだすことができる(引用は、前掲『尾崎秀実著作集』——すべて現代仮名遣いに改訂してある——の第一巻による)。

A 「張学良のクーデターの意義」(一九三六年十二月十三日稿)

……事件はなお進行中に属し、真相も亦不明な部分が少くない。従って事態の今後の推移については、軽々に予断を許されざるものがある。……

……即ち張学良(→三七頁、九〇頁)がそのクーデターによって、直ちに南京政権を打ち倒し得べしと考えたとすれば、その野望は到底実現し難いものと思われる。南京政府が多年一枚看板として来た統一国家建設のスローガンは、列強の圧迫下に最近いちじるしく濃度を加え来った国家意識、民族意識の昂揚と相まって、民衆の間に南京のこの政策に対する支持をかなり多く繋《つな》ぎ得ているのである。……
……一九三五年夏のコミンテルン第七回大会が植民地、反植民地における反帝統一戦の重大性を強調したのを受け、中共中央は「抗日救国のために全国同胞に告ぐる書」（→二一一～二一三頁）に於いて、国防政府の樹立を提議し、国民党軍隊に対して提携を持ちかけた。今日、軍閥・張学良の意図がいずれにあるにせよ、その軍隊内部にこの主張に共鳴するものを生じ、その下からの圧力がクーデターの原動力となったことは、恐らく事実であろう。……
……今日、支那に於ける抗日意識の深刻なることは、かつての東北の大軍閥・張学良をすら、その戦線の内に捲き込む程に及んでいることを思うべきである。支那に於ける戦線を截然《せつぜん》二つに分つとともに、日本自ら、その一つ、人民戦線と対峙することとなるであろう。

B「西安事件以後の新情勢」

……蔣介石は去年（一九三六年）十月十日、政府成立廿五周年記念に当って、八年来の国民政府の統一と建設の成果を誇示し、「今日、支那には、もはや軍閥と共産軍の反対勢力は存在しないも同様である」と豪語した。しかし、西安事件及その後の発展は、遥《はる》かにこれを相去ること遠きものあることを内外に如実に示したのである。日支関係は、政局の表面に現われた変化や単なる外交政策の変換によりては、到底根本的な変革を期待することは出来ないのである。

それは、何よりも本質的な支那の半植民地的地位の問題の解決に基礎を置いているのである。支那が真実にこの問題を自ら解決した暁においてこそ、今日支那の民衆が欲する如き形に於ての日支関係の調整の機会が来るのであろう。支那の民族解放運動と日本の所謂《いわゆる》大陸政策の方向とは、本質的に相容れないのである。しかして問題は、国民党政権がこの巨大な民族運動の波頭《はとう》に乗ってはいるものの、決して自らこの波を指導し、コントロールする力の無いことである。しかも最近発展しつつある事態は、まかり間違えば国民政権をこの波頭から叩き落す危険性をもっていることである。

国民党及び国民政府が支那の問題を自らの手によって解決し得るか否かについて、ここに詮策を試みようとは思わないが、少くとも現在に於ては、国民政府の「統一」は一つの擬態にしか過ぎず、「建設」の前途は、なお渺《びょう》として遥かなりと断ぜざるを得ない。(A・Bともに、若干の句読点を追加した。なお、傍点と注記は、引用者による)。

「抗日民族統一戦線」の視座

尾崎秀実の「西安事件」観は、「擬態」でない「統一」と「前途」遼遠の「建設」ということばにみられるとおり、明白に「抗日民族統一戦線」主導の「統一」と「建設」の意をふくんでいるとみていいだろう。現に、尾崎秀実は、『嵐に立つ支那』につづく評論集『国際関係から見た支那』(一九三七年十一月)においても、くり返しくり返し、同質のテーマをとく。すこしばかり、その「国共合作」

論を例示してみよう（前掲『尾崎秀実著作集』第一巻）。

……数年にわたる国民党の攻撃によって追いつめられた共産軍の現状、日本の攻撃によって追いつめられた国民党政権の現状が、相互の接近を齎したことも事実であらう。しかし、この提携接近の出来たことは、支那が一定の方向に動き、その動きにつれて、両者が再び同じ方向に流れこんだことによって実現したのである。この意味に於て抗日民族運動の風潮こそ、根本的原動力といわねばならないのであろう（「南京政府と中国共産党」――昭和十二年九月）。

……それは、国民党ならびに共産党の再度の諒解接近である。勿論それは、根本的には、一九三一年満州事変以来の支那の抗日民族運動によって促進せられたので、国民党としては寧ろ余儀なく差伸べられた手を執ったに過ぎないのである。支那は未曽《みぞ》有《う》の国難の中にある。国民党は果していづくに行かんとするのであろう（「支那を支配する国民党」）。

……なる程、支那の統一を促進せしめたものは、満州事変以来の澎湃《ほうはい》たる抗日民族運動の昂揚にあったことは事実である。然し乍ら、この民族運動の方向と国民党政権との立場と必ずしも一致していないのである。

いわば国民党は四億の民衆という奔馳する馬の上に在る騎手の如きものなのである。現在においては、少くとも、この奔馬《ほんば》をよく制御する力を持っているわけではないのである(「対支政策の転換」——昭和十二年四月)。

……これ(朱徳・毛沢東の名で行われたという西安放送局のラジオ放送)の注目すべき要点は、所謂抗日救国運動による統一戦線の成立という事実にある。国民党の側では、共産党の完全なる屈伏、その武装解除の如く装って、共産軍対策の成功を誇称してはいるが、事実は必ずしもそうではないようである。寧ろ見方によっては、共産党側の成功であり、将来支那の民族戦線に対する指導権を国民党と争うために、一層有利な地歩を占めたことになるかもしれないのである(「日英会談と支那の動き」——昭和十二年五月)。

中国民族・民族運動という「馬」をみよ。抗日の大道をはしるその「奔馬」をみないで、国民政府・国民党あるいは共産党という「将」ないし「騎手」をみてはいけない。「将」ないし「騎手」の成功・不成功は、「馬」の走力、そのはしる方向との相関性においてのみ現実化する。

「日本に於いて今日憂うべきは、支那研究の不足ではない。寧ろ支那に関する個々の知識については、多過ぎる位存在しているのである。真に問題とすべき点は、支那研究における方法論の欠如という点にある」(「支那論の貧困と事変の認識」昭和十二年九月——前掲『国際関係から見た支那』)という見地に立つ尾崎秀実の「方法論」に参入するためのマスター・キイは、こうした「抗日民族運動」の視座であり、かれの共産党評価は、「抗日民族運動」という「馬」に対する「将」ないし「騎手」という位置づけをはなれてはなされない。

そして、その点では、『嵐に立つ支那』と『国際関係から見た支那』の「自序」は、ともに着目に値しよう（前掲『尾崎秀実著作集』第一巻）。

まず、『嵐に立つ支那』の「自序」中には、こう、ある（昭和十二年九月）。

……しかしながら一方に於てともすれば陥《おちい》らんとする観念的公式的な理論の拘泥《こうでい》を脱し、支那の真実な姿を把握せんがための努力を継続し得たことは、実に一見盲目的にして方向を知らぬかに見えながら、しかも驚くべき根強さをもって土に即し営々として生きつつある支那の民衆の姿から眼を放たざることを念として来たからであると信じて居る。

ついで、『国際関係から見た支那』の「自序」（一九三七年十一月十五日）には、こう、ある。

航海者にとって氷山はその表面に浮んでいる七分の一が問題ではなく、水面にかくれた七分の六の巨大なる圧力が問題なのである。

日本の従来の支那研究の方法は、いわばこの水上に浮んだ七分の一の氷塊を、さまざまの角度から、思い思いの眼鏡でのぞいていただけであるように思われる。

ここでかれがいう「土に即し営々として生きつつある支那の民衆」「七分の六の巨大な

る圧力」について、さらに追究すると、そこには、対日抗戦力の土台《バジス》としての中国農村社会＝農民の存在が視野にはいってくる。

その点、私も利用した増田米治『支那戦争経済の研究』について、かれが手紙にかいていることは、参考になる（獄中書簡集『愛情はふる星のごとく』下・青木文庫・一九四四年六月七日付――前掲『尾崎秀実著作集』第四巻。なお、こんどの著作集版で、この日に発信された葉書がはじめて収録されたので、ここに引用するのを「第二十一書」、ハガキを「第二十二書」として区別する。この区別は尾崎秀実じしんの区別である）。

かれは、いう。

「支那戦争経済の研究」（増田米治著）は大東亜戦争の現実情勢の発展を知らない私にとっては、大いに参考になりました。著者が支那経済を共栄圏（占領地）経済と抗戦支那の経済（↓五九一頁）とに対照しつつこれに租界と接敵地区の経済とを解剖し加へつつする説明は要領のいいものですが、しかしこの平面的な理解の基底に、実は共通の底深い地盤が存在してゐるのではないかと思ひます。それは実際にはその両側とも一応分離してゐると思はれることです。将来の問題は実にこの部分をいづれの経済力（政治力）がこれを把握するかといふ点にあるのではないかと思ひます。（この基底は急速に崩壊しつつあることもたしかです）（ここに基底といふのは広大な中国の農村地帯――経済社会をいふのです）このやうな立体的な把握が充分で無いやうに思はれます。

長い引用をつづけたが、こうしてかれの論理のチェインをつなげてみると、私には、およそ、つぎのような、かれの中国認識の構図が看取されるように思う。

すなわち、まず、もっとも基底的に、「崩壊」＝再組織されつつある「中国の農村地帯」があり、その「上部構造」として、頑強な「抗日民族運動」が展開され、その運動を「根本的原動力」として、第二次「国共合作」と対日抗戦がつづけられつつあり、そのばあい、基底部の「底深い地盤」を着実に掌握しつつあるのは、中国共産党とその領導下の「抗日救国民族統一戦線」である、と。

――こうして、この知性の箒星《ほうきぼし》は、するどく蒼白な認識の光の尾をひきつつ、一般日本人の中国認識の闇夜を高速で飛翔していった。

かれ尾崎秀実にとって、認識こそ行動であり、学習こそ実践であって、しかも、認識とか学習とかは、外化され客観化されないかぎり社会的な意義をおびないのだから、結果として、かれの祖国の国法が罰することとなったのは、かれの認識力・学習成果そのものだったとさえ、私は極論したい。そのことをとりのけて、スパイなどという俗語をかれについて使用することは、埒もない世間話にすぎず、批評家・大西巨人氏（あの大著『神聖喜劇』の作者）のいわゆる「俗情との結託」にみちをひらくだけだろう。

ある死刑囚の最期――"Ecce Homo"

判　決

一九四三（昭和十八）年九月二十九日、東京刑事地方裁判所の第九部に属する高田正判事は、尾崎秀実に対して、治安維持法（第一条・第十条）・国防保安法（第四条・第八条）・軍機保護法（第四条）・刑法（第五十四条・第五十五条・第六十条）などを適用して、「……結局最も重しと認むる国家機密《こっかきみつ》漏泄《ろうせつ》の罪に関する前記法条所定の刑に従ひ諸般の情状に鑑み其所定刑中死刑を選択処断すべきものとす」として、死刑の判決をくだした（前掲『現代史資料』2・「ゾルゲ事件」2）。

判決をいいわたしたあと、高田裁判長は、「現在の尾崎秀実の立場も心境も十分にみとめている。だが、その行為を国法はゆるすことができない。いのちをもって、国民にわびよ」と付加したという（前掲『愛情はふる星のごとく』上・青木文庫――一九四三年十月一日付・尾崎英子・楊子宛書簡。前掲『尾崎秀実伝』）。

判決の二日後、かれは、妻と娘にあてて、こう、かきしるす。

……最初にお願して置きたいことは、英子たちが一心になって私のためにあらゆる努力を尽してくれることは実に有難いことですし、この際後に心残りの無いよう、万善の策を講じてくれることはよいことだと思いますが、結論はすでに決って居るのですから、どうか悪あがきになって自らを苦しめないようにして下さい。

——一九四四（昭和十九）年四月五日、大審院は、裁判にシロウトの私などが読むと、「木で鼻をくくった」という日本語を絵にかいたような、およそ「国事犯」むけでない官僚的判決理由をつけて、上告棄却の判決をくだし、死刑判決は確定した。

その直後、尾崎秀実は、妻と娘にあてて、こう、かきしるす（前掲『愛情はふる星のごとく』下・青木文庫）。

……四月五日、私の運命が最終的に決定された前後をふりかへってみましても、殆んど気もちの上に変化も、抑揚《よくよう》すら感じられませんでした。流石《さすが》に長い間生死の問題に真剣にとりくんで来た私の心の用意に間然《かんぜん》するところのなかったことを知りました。それは喜びであります（一九四四年四月七日付——尾崎英子・楊子宛書簡。ルビは引用者による）。

……楊子、ほんとにすまなかった。喜びの限りないお前の青春にこんな深い悲しみを与へてしまって、親として私は何とお前にわびてよいのかわからない。他人に対してのあやまちは、死をもって詫びる、つぐなひをつけるといふことが出来ます。しかし英子や楊子のためには死んではつぐなひにならなかったのです（一九四四年四月十二日付——尾崎英子・楊子宛書簡）。

——私は、いま、あの中野重治氏のことばを想起する。中野氏は、いまから三十一年前に、こういう評言をかきつけていた（「〈愛情はふる星のごとく〉について」――新版『中野重治全集』25）。

どういう人生図が読みとられるにしろ、一九四一年から四四年にかけて、日本東京にこのような親子の生きてたたかっていた事実はわたしどもに美しい激励である。それは花のごとくであり、むしろ樹氷のごとくである。

激動の「時代」と「東亜新秩序」

一九四二年の五月一日から二年六か月あまり、尾崎秀実といっしょに巣鴨拘置所でくらした「同窓生」――牢屋にも窓はある――に、独自のコミュニストとして終始し、節を全うした故・神山茂夫《かみやましげお》がいる。「あばれん坊」だったかれは、その回想のなかで、「おとなしい死刑囚」の尾崎秀実の晩年?について、こう、かきとめている（窪田精編『愛する者へ――神山茂夫獄中記録』一九六三年）。

……ここで一しょにくらすようになってから、私たちは、運動場で、理髪所で、浴場で、機会をみつけては「通謀」した。私たちにひそかに好意をよせている看守や、囚人の雑役夫などをつかい、手持ちの本や、手紙のやりとりをした。たまたま手にいれた栄養剤や薬、さては一枝の花さえもわけあった。革命運動ぜんたいや、おたがいの仕事ばかりか、身の上ばなしまでしたのも、こんな事情のもとで、こんな方法によってであった。

彼の番号は、死刑が確定したのちも「〇番《ゼロ》」ではなかった（ふつう死刑囚は、さいごに〇のつく番号だった）。だから、なにかとむりのきく「〇番」の不文律になっている特権はもたなかった（また彼は、かってとくべつの要求をしたこともなかった）。その点で、肉体的にはそうとう損をしていた。だが彼は「国防保安法違反」が主になっていたので「治安維持法違反」者の共通の記号「ゼロ」がついていなかった。これが、われわれの通謀にそうとう役だった。

長いあいだの系統的な「通謀」ちゅう、私はいくどとなく、彼に公然と、共産主義者および自分のしたことの正しさを主張して死につくべきだと説いた。だが、彼はいつもきまったように、

「いいえ、いいのです……」

と答えて、静かに笑っていた。

――「いいえ、いいのです」。私は、頭を垂れて、この先人のことばをきく。これは、けして、単純な敗北宣言ないし転向確認ではない。むしろ、逆だ。

私は、こう推量する。「転向」のままで死んでゆくというかれのことばは、その「転向」があくまで対家族・対友人・対知人関係における頭をさげる手続きであり、思想家――「中国問題評論家」――としてのかれは金鉄のごとき「非転向」のままで死ぬこと、そうしたかれのアジア観にだれひとりとして指いっぽんふれられぬこと、いや、ふれさせぬこ

とをものがたっていた。

一九四四（昭和十九）年八月二日、かれは、妻と娘に、こう、かいた（書簡集『愛情はふる星のごとく』下・青木文庫・一九五三年――前掲・今井清一編『尾崎秀実著作集』第四巻・一九七八年）。

……これからしばらく世の中は、まったく自分自身の身についたものに頼るより他に頼るもののない時代が来るのだと思ふ。お金も役立たず、身分や地位も物いはず、さうして人々はただ自分自身のことに没頭してせい一杯だといふ時なのだ。その時には自分の身体と修業に物をいはせて力一杯道をきり拓いて行くより他は無いのだ。うかうかとしてはゐられないではないか。ほんとに何事にも真剣になってほしい。お父さんが今ここから応援してゐる。「楊子頑張れ」

週報のサイパン喪失についての経過発表を読み、悲愴殆んど声を呑んで泣いた。

また、それと前後しつつ、一九四四年七月二十六日の日付けで「竹内老先生　玉案下《ぎょくあんか》」と宛名された「遺書」には、こう、ある（前掲『愛情はふる星のごとく』）。

……家内は私の行動があまり突飛であり、自分（尾崎英子）のことを思はないばかりでなく、妻子の幸福を全然念頭に置かない惨酷な行動だったと恨んでゐることが手紙の中などからよくうかがはれます。無理からぬことと思ひます（家内はもともと消極的な女で実につつましい片隅の家庭生活だけを私に望んでゐたので、所謂私の世間的な出世や華々しい成功は寧ろ嫌ってゐるのでありました）。

だが私には迫り来る時代の姿があまりにもはっきり見えてゐるので、どうしても自分や家庭のことに特別な考慮を払ふ余裕が無かったのです。といふよりもそんなことを考へたとて無駄だ、一途に時代に身を挺して生き抜くことのうちに自分もまた家族たちも大きく生かされることもあらうと真実考へたのでありました。……

私の最後の言葉をも一度繰り返したい。「大きく眼を開いてこの時代を見よ」と。真に時代を洞見するならばも早人を羨む必要もなく、また我が家の不幸を嘆くにも当らないであらう。時代を見、時代の理解に徹して行ってくれることは、私の心に最も近づいてくれる所以なのだ、これこそは私に対する最大の供養であると、どうぞお伝へ下さい。


こうした「時代」概念のうちに、かれ尾崎秀実は、どういう内実をこめていたのか。その点、そのころ朝日新聞などの特派員としてヨーロッパにいた笹本駿二《ささもとしゆんじ》氏――『第二次世界大戦前夜』・『第二次世界大戦下のヨーロッパ』などの好著の著者――によせて、「駿ちゃんがたまたまこの大きな時代に歴史の旋渦の真只中に居たといふことは男子にとって何よりの幸運だった」（昭和十九年九月八日付書簡・尾崎英子宛）といっているその「士《し》太夫《たいふ》」観念とのかかわりもふくめて、推考してみたい。

尾崎秀実が日中全面戦争下の「時代」像をどのような歴史的方向性においてとらえてい

たかをみるには、やはり、現役のジャーナリストとしてのかれの代表的論稿とされる「〈東亜協同体〉の理念とその成立の客観的基礎」（『中央公論』昭和十四年一月号）をみるのがいい（前掲『現代支那論』中国新書8――前掲『尾崎秀実著作集』第二巻・一九七七年）。

「東亜における新秩序」ないし「東亜協同体」を一つの新しい理念として、またこれを一つの実践形態として理解しえない人々はかなり多いように見受けられる。最近におけるこの歴史的大事件によって、戦いの相手方たる支那のみが変ったと考え、自分たちの足下は絶対に動くことがないと考えている人々にとっては、この協同体の理念は絶対に理解できないところである。また或る人々は東亜協同体の理念が、戦勝者たる日本が東亜大陸における覇業《はぎょう》を確立するための手段であるとし、または覇業を緩和して示すための外衣にすぎないとするのである。……

おそらくは今後たとえ日本の欲するがごとき形をもって戦局が終りを告げるに至った場合、つまり日本の完全なる勝利の場合においても、なおわれわれはこの民族の問題とからみあった深刻な問題と対せざるをえないのであろう。

支那における民族問題の動向は現在において完全に日本と背馳《はいち》する方向にあるのである。これに対して力のみをもって抑えかつ方向を転ぜしめんと試みることが、いかに多大の力を要するかは容易に想像しうるところであり、かつその困難はわれわれが現実に味わいつつあるのである。「東亜協同体」の理論は、事変以来の民族問題とのはげしい体当りの教訓から生まれ来たったものであることは十分了解《りようかい》できるところであろう。……

一身をなげうって国家の犠牲となった人々は絶対になんらかの代償を要求して尊い血を流したのではないとわれわれは確信するのである。東亜に終極的な平和をもたらすべき「東亜における新秩序」の人柱《ひとばしら》となることは、この人々の望むところであるにちがいないのである。……

一般的に見て、現在のごとき大事件を終結にみちびき、ひきつづき大陸における復興建設の大業を遂行せんがためには、日本の現在発揮しうる全能力は十分信頼するに足らないといわざるをえないのである。日本の政治経済をかかる目的に照応せしめて編成しなおすということは絶対の必要とわれわれには思われるのである。しかもこれは「東亜協同体」的方式に準拠《じゆんきよ》するものであるとするならば、かくのごとき角度から日本国民の再編成を行なう必要があるであろう。必要があるというよりはむしろ不可欠の要件である。……

はたして「東亜協同体」論が東亜の苦悶の解放者たりうるか否かは、終局において支那のいわゆる「先憂後楽《せんゆうこうらく》」の士の協力をえて、民族問題の解決策たりうるか、および日本国内の改革が実行せられて「協同体論」への理解支持が国民によって与えられるか否かの事実とにかかっているのである（ルビは、引用者による）。

きわめて抽象的かつ多義的なロジックではあるが、ここでみてとるべきことの一つは、中国における「民族問題の動向」と、「日本国民の再編成」とを必要条件とする「東亜における新秩序」が「東亜に終極的な平和をもたらすべき」ものとしてとらえられているということであろう。それでは、その「東亜における新秩序」とは、なにか。

その点について、かれの認識――未来観――の核心をかれじしんが明白にかたったのは、よく知られているとおり、かれの検挙後であった。すなわち、かれは、一九四二（昭和十七）年二月十四日、東京拘置所において、警視庁特別高等警察部特高第一課の高橋与助警部の「訊問」に答えて、つぎのようにいう（『現代史資料』2・「ゾルゲ事件」2――一九六二年）。

……私の云ふ所謂《いわゆる》「東亜新秩序社会」と云ふのは斯《かか》る転換期に於て日本の国内の革命的勢力が非常に弱いと云ふ現実と斯《かか》る重要なる日本の転換は日本だけでは行ひ難いし、又行っても安定しない、と考へるし、又英米帝国主義との敵対関係の中で日本が斯《かく》の如き転換を遂《と》げる為には、ソ連及資本主義機構を離脱したる日本並《ならび》に中国共産党が完全にそのヘゲモニーを握った形の支那此の三民族の緊密な提携援助を必要とし、此の三民族の緊密な結合を中核として先《ま》づ東亜諸民族の民族共同体の確立を目指すのであります。

而して、私は其の場合夫等《それら》の民族国家が直《ただち》に完全なる共産主義国家たり得るものとは必ずしも考へて居らず、其の過渡的形態としては、例へば、支那に於ては孫文《そんぶん》主義を徹底せしめた、所謂《いわゆる》「新民主主義」国家であっても差支《さしつか》へ無く、又日本に於ても過渡的には日本的な特殊性を保存した社会主義的民族共同体でやっても差支へが無く、兎《と》に角《かく》日、ソ、支三民族国家の緊密友好なる提携に依る東亜諸民族の解放を条件とするものであります……（ルビと傍点は、引用者による）。

ある死生観

尾崎秀実の構想していた「東亜新秩序社会」のブルー・プリントは、けっして獄中にとらえられた政治犯の「曳かれものの小唄」ないし「絞首台上のユーモア」（ガルゲン・フモール）としてのみ把握されてはならない。かれ尾崎秀実は、その死の覚悟とは別次元において、万分の一の僥倖《ぎょうこう》をたのみ、生きてふたたび実世界で活動する自己を最後まで思念のうちにおいていたとみられる節がある。さしあたり、その「獄中書簡」中のつぎの手紙を私はその証拠?とみなしている（前掲『愛情はふる星のごとく』下・青木文庫）。

……去年の夏、健康を失った時には、ひそかに心配したのは最期の時に足腰が立たないやうなことがあってはならないといふことでした（瞿秋白《くしゅうはく》の場合のやうに）。それで健康回復に努力しました。実際病気では死にたくなかったのです。梁川星厳《やながわせいがん》は安政の大獄の直前に当時流行したコレラで死にましたが、時の人は彼が縄目の恥を受けなかったことを以って彼の幸福としました。去年の夏、宮城（与徳）君がもういけないといふ時、高田（正）裁判長は私にその方がかへって幸福かも知れないといふ意味をふと洩《もら》しました。しかし私はさうは思ひません。国家の大罪を犯した以上国家の裁きに最後まで服することが正しいことだと思ってゐます……（昭和十九年五月十二日付――人名注記とルビは引用者）。

私は、「私はさうは思ひません」の理由が一義的に「……国家の裁きに最後まで服することが正しい」という点にのみ求められているとは考えない。尾崎秀実という人間は、そうした一元論の公式を拒む人物だと、私は思う。もう一つ、引証する。

……僕は近来漸く遊戯三昧《さんまい》の境地に入れたやうです。もとより現在と雖《いえど》もくだらない心配や、憤懣《ふんまん》や、煩ひが常に生滅してゐることは事実です（くだらない人間の心ない言葉にも反撥を覚え、些々《ささ》たる身体健康の異常にも不快を覚え、外界の動きにも乃公出でずんばの焦《あせ》りを覚え、また級友らの時めく活動に羨望を感じ、いや、お天気一つにさへ気分の変化を覚えます）。しかし今はこれらの感じの起ることを少しも恐れず、寧ろ望んでさへゐるのです。喜んで心身の煩ひにぶつかりたがってゐる位です（昭和十九年十月二十日付――傍点とルビは引用者による）。

むろん、「乃公出《だいこう》でずんば」は、「蒼生《そうせい》（民衆）を如何《いかん》せん」につづく「君主」（＝政治的リーダー）の決意の披瀝であり、その点、この一節を「敗戦近きを見透していた」かれの「偽装転向を考えるうえで重要な鍵となると思われる」という柘植秀臣氏の着眼は、留意に値する（「解題」――前掲『尾崎秀実著作集』第四巻）。

かれがコミュニストとしての立場をすてたのか（→転向）、それとも、すてたような論旨の上申書をかいたのはホンネをかくしたいつわりなのか（→偽装転向）、多くの尾崎秀実研究家の認識が分岐するこの問題について、私に特別のデータがあるわけではない。ただ、尾崎秀実＝転向説は、上来あげてきた諸事実をくみこまないでなされてはならないと、私は考える。

現に、客観情勢のうちには、尾崎秀実の減刑・釈放の可能性がないわけではなかった。風間道太郎氏は、二つの事実をあげている（前掲『尾崎秀実伝』）。

一つは、一九四四年九月ごろ、ときの小磯国昭内閣が局面打開のために中国共産党の首脳部との妥協を企て、児玉秀雄内相が佐野学か鍋山貞親《なべやまさだちか》かを政府特使として延安に送ろうとしているという情報が伝わってきたとき、「ある知名の人物」は、陸軍次官・柴山兼四郎中将（あるいは富永恭次中将か？）にあい、「なぜ、尾崎を使わないのか。鍋山君ではできなくても、尾崎なら話はできるのではないか。その尾崎をいまもって拘置所にほおりこんでおくのは、いったいどうしたことか」と進言し、柴山次官（富永次官？）から、「なにかきみのほうに案があるか。尾崎を働かせるような方法を考えておけ」という答えを得たという。

もう一つは、同じころ、「ある弁護士」が司法省行刑局長にあい、「尾崎を処刑することは、急がないでもらいたい。日本はいま、非常な危機に瀕している。こういう危機を切り抜けるために役に立つ者があれば、だれでも使わなければならない。役に立たんときは殺せばいい。延命を策してくれ」と申しいれたという。

また、柘植秀臣氏はかいている（前掲「解題」――『尾崎秀実著作集』第四巻）。

……だが軍の一部の進歩派には中国との和平には、尾崎を使うべきだという軍人もあった。私とは違った立場で、それらの軍人と親しかった平氏（平貞蔵）はそれらの人々と接触し、尾崎を獄中からだそうという働きかけをしていた。獄中にあった尾崎もうすうすこういう動きを感じとっていたと推察できる。

――しかし、こうした減刑釈放の可能性は、そこまでであった。かくて、一九四四（昭和十九）年十一月七日がやってきた。

刑　死

一九四四年十一月七日、尾崎秀実とリヒァルト・ゾルゲの死刑は執行された（以下の叙述は、その事実関係については、前掲『尾崎秀実伝』による）。

この日の朝、朝食をすませた尾崎秀実は、独房をでて、寒くてせまい筆記室にゆき、妻の英子にハガキをかいた。その末尾には、「寒さも段々加はって来ます。今年は薪炭も不足で寒いことでせう。僕も勇を鼓して更に一層寒気と闘ふつもりでゐます」としたため、「昭和十九年十一月七日朝」とかき、いつものように「英子殿　実」としるした。むろん、このハガキがかれの絶筆となった。

独房にもどって間もなく、扉があけられ、看守長が顔をのぞかせて、目顔で「出ろ」と合図をした。かれは「きがえますか」とたずね、看守長がうなずくと、かねて用意の死装束《しにしょうぞく》——大島紬のあわせのきものにそろいの羽織と袴、それに白足袋——にきがえ、室内を整理してから、三年間の生活を送った東京拘置所・二舎一階十一房の独房の外へでて、看守長にみちびかれつつ、拘置所長室にはいっていった。

所長室では、市島所長が執行立会いの判・検事とともにかれを待っており、「今日、司法大臣の命令によって、刑を執行する」といった。「承知しました」と、かれは答えた。そのとき、藤井教誨師《きょうかいし》がかれのそばにきて、ふたりは、一脚の机を中にはさんで着座し、挨拶がかわされ、また、話があった。やがて、教誨師は、室の一隅にある仏壇の前まで、かれをともない、礼拝をし、席にもどると、その仏壇に供献《くこん》されていた茶碗により、かれに一碗の茶を喫するようにすすめた。かれは、その一碗の、いわば「末期《まつご》の茶」をすすった。

そのあと、教誨師は、やはり仏壇の供えもののアンパンをかれにすすめた。大戦中の物資不足のため、仏式の作法どおりの饅頭《まんじゅう》は、もうなかったのだろう。

そのとき、二四三通にのぼる獄中書簡のなかで優に一冊の「食物誌」ができるほどくにの内外のうまいものについてかたりつくしていたこのエピクロスの使徒は、莞爾《かんじ》としていった。

「いや、いくらぼくが食いしんぼうでも、今日はたべられません……しかし、この茶はたいへんおいしいから、もう一杯いただきたい……」。

そして、その二杯目の茶を、ほとんどいとおしそうに喫した。

——時刻がきた。かれ尾崎秀実は、藤井教誨師にうながされて、絞首台の下にきた。目かくしをされる直前、かれはそれをとめて、うしろにいる人びとに「ではさようなら」といい、それから、目かくしをされて、たしかな足どりで死刑執行台にのぼっていった……。午前九時三十六分、尾崎秀実のからだをのせていた板がおとされ、午前九時五十四分、かれの生命はたえた。

——こうして、ときの天皇と同年同月同日に生をうけたひとりの男がかれと誕生日を同じくするそのもうひとりの男の法律的な権能により、同志のゾルゲとともに殺された（尾崎秀実の戸籍上の誕生日は、五月一日だが、生物学的？には、その出生は、一九〇一年四月二十九日である）。

その日、東京の空は、晴れていた。その広い東京のまちまちに、この日がロシア社会主義革命の記念日であることを想起した人びとは、いったいどれほどいたであろうか。

ある告知のとき

一九四六（昭和二十一）年二月のはじめだった。尾崎秀実の刑死から、一年三か月ほどの歳月がすぎ、その間に日本は戦争にやぶれ、第二次世界大戦は終了していた。

そのころ、アメリカにいた評論家の石垣綾子《いしがきあやこ》さんは、ある日、コロンビア大学のキャンパスに近い、友人ミルドレッド・コーク――中国救援会の活動家――の家をたずねた（以下の叙述は、主に、石垣綾子『回想のスメドレー』一九七六年による）。

その晩、かの女の家にいた多勢の客たちのなかには、中国から帰還したばかりなのに、また八路軍対敵工作のために「満州」に送られる四人の兵士や、毛皮つき・木綿地の八路軍のオーバーをきて、「暖かくできていますよ。だがね、雨にぬれると木綿地だからしみとおってしまう。毛織の外套を八路軍の兵士にきせたいものだ」というイギリスのもと中国特派員チェンバーレンもいた。そして、あのアグネス・スメドレー（↓二九一頁）もいた。

やがて、夜がふけて、客たちが帰り、石垣さん夫妻と、アグネスだけが客としてのこっていた。ミルドレッドの家を半分がたわが家のようにしてきたアグネスは、窓ぎわの寝椅子に身をよこたえ、すっかりくつろいでいた。そして、そこで、石垣さんは、かの女じしんも一か月前に知ったばかりの尾崎秀実の刑死の事実をアグネスに知らせた。かつて、アグネスが上海で知りあって親しく交際したという「まれにみるりっぱな」「日本の新聞特派員」というのが尾崎秀実ではないかと推測したからである。石垣さんは、そのときの情景をこうえがいている（前掲『回想のスメドレー』第十四章）。

「ええっ、死刑に！」

アグネスはがばっとはね起きて、鋭い刃物のような声を発した。私の顔をみつめる眼はひきつって、おそろしいようだった。胸が圧迫されて息ができないかのように唸った。

「おお、ほんと、ほんとね。なんという野蛮なことだ——ありっぱな、またとない人を——。私は……私は……ああ、苦しい……」

彼女の言葉にならない言葉は、全身の血をしぼり出すようにとぎれとぎれに、やっと聞きとれた。のどもとをつかまれて、血を吐くような声だ。「アグネス！」私は蒼白の痙攣《けいれん》する顔をのぞきこんだ。ふらふらするその身体に手を伸ばそうとすると、がくりと寝椅子の上に横たおしになり、つっ伏して泣き崩れている。おどろく私たちにかまわず、彼女は隣室の小部屋に駆けこんで、ベッドの上にぐたっと行倒れの人間のように、からだを投げつけた。あとを追った私が、かがみこんで「アグネス、アグネス」と声をかけても、死人のようにおし黙っている。そして、こらえきれないように泣きつづけているだけであった。彼女の足もとに毛布をかけ、「気分がよくなったらよんで」と耳もとにささやいて立ちあがりかけると、私の手を痛いくらい彼女の手が握りしめた。

「あのかたは……あのかたはね」

と苦しそうに言いかけた。かぼそい声である。

「あのかたは私の……私のたいせつなひと、私の夫……そう私の夫だったの」

第18章 日中戦争から日米戦争へ

"All the News That's Fit to Print."

The New York Times.

LATE CITY EDITION

NEW YORK, MONDAY, DECEMBER 8, 1941.

THREE CENTS

JAPAN WARS ON U. S. AND BRITAIN;
MAKES SUDDEN ATTACK ON HAWAII;
HEAVY FIGHTING AT SEA REPORTED

CONGRESS DECIDED

Roosevelt Will Address It Today and Find It Ready to Vote War

CONFERENCE IS HELD

Legislative Leaders and Cabinet in Sober White House Talk

TOKYO ACTS FIRST

Declaration Follows Air and Sea Attacks on U. S. and Britain

TOGO CALLS ENVOYS

After Fighting Is On, Grew Gets Japan's Reply to Hull Note of Nov. 26

PACIFIC OCEAN: THEATRE OF WAR INVOLVING UNITED STATES AND ITS ALLIES

GUAM BOMBED; ARMY SHIP IS SUNK

U. S. Fliers Head North From Manila—Battleship Oklahoma Set Afire by Torpedo Planes at Honolulu

104 SOLDIERS KILLED AT FIELD IN HAWAII

President Fears 'Very Heavy Losses' on Oahu—Churchill Notifies Japan That a State of War Exists

日米開戦を告げる、1941年12月8日の『ニューヨーク・タイムズ』

日中戦争と日独伊三国同盟

駐米大使・野村吉三郎

一九四〇（昭和十五）年八月二十四日、避暑のため山中湖畔にいた海軍大将・野村吉三郎《のむらきちさぶろう》のところに、その帰京をうながす一通の電報がとどいた。発信者は、第二次近衛内閣の外相・松岡洋右《まつおかようすけ》。

八月二十六日、松岡外相は、帰京した野村大将をその私邸にたずね、駐米大使への就任を懇請した。野村大将は、その日の午後、海相・吉田善吾を訪ね、「……政府の枢軸強化政策と日米親善とは二兎《にと》を逐《お》ふものであって、極めてむづかしいこと」をのべ、その日のうちに速達で就任を断った。

しかし、松岡外相は、この人事構想をあきらめることはせず、執拗に野村大将の駐米大使への出馬をのぞみ、そのための工作が継続された。そうしたなかで、十一月七日の朝、野村大将は、近衛首相を往訪、およそつぎのような「覚書」に依拠しつつ、その持論を展開した（野村吉三郎『米国に使して――日米交渉の回顧』一九四六年）。

覚書

一、三国同盟の結果、欧州戦争と支那事変は連繋を生じ、日本は欧州戦にも或は介入せざるを得ざる事あるべし。

㈠　米国参戦したる場合。
㈡　日本の南方進出の程度・方法に依り、日米戦争となるべく、先づ五分五分（fifty fifty）のものと認む。……
四、米国は固《もと》より日本の弱点とする所を選んで衝《つ》き来るに相違なく、我の長所とする艦隊戦を最初に試むるものとは思はれず。支那事変三年有半の後、更に米国と長期戦をなすに於ては、今日の現状に顧《かえり》み、到底、有終の美を挙げしとは思はれず、我国として須《すべから》く三省《さんせい》を要す。
五、支那事変進行中若し日米戦とならば、我国は事変を中途半端《はんぱ》に置き、海軍の如きは殆《ほと》ど挙げて支那より引上ぐるの外なかるべく、支那事変の収拾《しゅうしゅう》は見込なかるべし。即ち日米戦とならば、今までの支那事変は殆ど水泡に帰す（ルビと句読点は、引用者による）。

これに対して、近衛首相は強く同感の意を表明し、また、ときの軍令部総長で元帥・海軍大将の伏見宮博恭王も「野村と同意見」と一種の「裏書き」をしたので、十一月上旬、野村大将は、ついに米国赴任を決意した。この間、野村駐米大使の実現に終始一貫努めていたのは海軍当局――とくに海軍次官・豊田貞次郎中将――であったという（角田順「日本の対米開戦」・前掲『太平洋戦争への道』7・一九六三年）。

しかし、野村駐米大使の話がでた八月下旬から話がまとまった十一月上旬までのあいだに、「大日本帝国」は、一つの重大かつ決定的な選択を行っており、そのため、日米戦争回避のための野村構想は、いわば二階にあげられてハシゴをはずされた恰好になっていた。

むろん、その選択とは、日独伊三国同盟の締結・調印である。

ベルリン・ローマ・東京枢軸の成立

一九四〇年九月二十七日午後一時十五分（日本時間午後八時十五分）、ベルリンのヒトラー総統官邸において、来栖三郎駐独大使（日）・リッベントロップ外相（独）・チアノ外相（伊）の三代表により、日独伊三国同盟の調印式が行われ、ここに、ベルリン・ローマ・東京枢軸が成立した。

この「日本国・ドイツ国及びイタリア国間三国条約」中、日中戦争に直接の関連をもつ条文は、その第二条・第三条・第五条である（前掲『日本外交年表竝主要文書』下・一九六六年）。

第二条　独逸国及び伊太利国ハ日本国ノ大東亜ニ於ケル新秩序建設ニ関シ指導的地位ヲ認メ且ツ之ヲ尊重ス。

第三条　日本国、独逸国及ビ伊太利国ハ前記ノ方針ニ基ヅク努力ニ付キ相互ニ協力スベキコトヲ約ス。更ニ三締約国中イズレカノ一国ガ現ニ欧州戦争マタハ日支紛争ニ参入シオラザル一国ニ依ッテ攻撃セラレタルトキハ、三国ハアラユル政治的、経済的及ビ軍事的方法ニ依リ相互ニ援助スベキコトヲ約ス。

第五条　日本国、独逸国及ビ伊太利国ハ前記諸条項ガ三締約国ノ各トソビエト連邦トノ間ニ現存スル政治的状態ニ何等ノ影響ヲモ及ボサザルモノナルコトヲ確認ス。

平沼内閣（→四九六頁）いらいもみにもんだこの条約案が対英仏政治同盟案から対米軍事同盟案――「現ニ欧州戦争マタハ日支紛争ニ参入シオラザル一国」がアメリカをさすことは常識だろう――へと発展？したのは、一般的には、「日満支ヲ根幹トシ、旧独領委任統治諸島（南洋群島）、仏領印度（インドシナ半島）及同太平洋島嶼、泰国（タイ）、英領馬来（マレーシア・シンガポール）、英領〈ボルネオ〉、蘭領東印度（インドネシア）、〈ビルマ〉、濠洲（オーストラリア）、新西蘭（ニュージーランド）、並ニ印度（インド）等」を範囲とする「帝《皇》国ノ《大》東亜新秩序建設ノ為ノ生存圏」の設定にとって、「独伊ガ全力ヲ挙ゲテ英国打倒ニ邁進《まいしん》シオル今ノ機会ヲ逸スベカラズ独伊ノ戦勝確定後右折衝《せっしょう》ヲ開始スルコトトナラバ其効果ハ極メテ減少セルニ至ル……」という「バスにのりおくれるな」的モティーフによることは、ほぼ明白である（引用史料中、《 》は原文加筆分、（ ）は引用者注、それ以外は原文――「軍事同盟交渉ニ関スル方針案」別紙第三・昭和十五年七月三十日外務起案・八月六日陸海軍事務当局修正・昭和十五年九月六日四相会議決定――稲葉正夫「資料解説」所引――参謀本部編『杉山メモ』上・一九六七年）。

しかし、ここでの私の任務は、むろん、日中戦争にとって日独伊三国同盟とはなんであったのかという問いに答えることである。以下、少しく、その点のみにしぼって、叙述する。

まず、近衛首相の貴重なメモによると、九月十四日午前の「連絡会議下打合」（外務省・陸軍省・海軍省・参謀本部・海軍軍令部首脳）において、松岡外相は、つぎのように、発言している（「三国同盟交渉審議近衛首相覚書」――前掲「資料解説」・前掲『杉山メモ』上）。

……併し物資との関係から云へば今日独伊同盟締結の結果アメリカとの間に最悪の場合　戦争の遂行国民生活上非常の困難　それを回避するには独伊とも英米に結ぶ（いわゆる「極東ミュンヘン」論か？――引用者）も手で全然不可能とは考へぬ　併し其為には支那事変は米の云ふ通り処理し東亜新秩序等の望はやめ少くとも半世紀の間は英米に頭を下げるならいい　それで国民は承知するか　十万の英霊満足出来るか……

（傍点は引用者）。

また、九月十九日の御前会議では、参謀総長・閑院宮載仁親王と松岡外相とのあいだに、左のような一問一答がかわされている（沢田茂参謀次長「御前会議控へ」――前掲「資料解説」・前掲『杉山メモ』上）。

参謀総長質議　日独伊ノ提携強化ガ支那事変処理ニ及ボス影響如何。

外務大臣　協定締結ノ為メ日本ノ立場ヲ強クシ有利ナラシムル目的ニテ独逸側ニ対シテハ支那事変ハ日本独力ニテ片付クル如ク申述べアルモ、協定成立ノ上ニ於テハ軍ニ於テ実施セラレツツアル日支ノ直接交渉ニ応ズル如ク有利ニ独逸ヲ利用シ度《た》キ考ナリ。又相当ノ効果ヲ期待シ得ルモト《マヽ》ノ信ジマス（濁点・句読点は、引用者による）。

こうした見解と、さきの「軍事同盟交渉ニ関スル方針案」中の「別紙第一」にみえる「日本及独伊両国ハ米国ヲシテ米大陸（西半球及米国ノ領地）以外ノ方面ニ容喙《ようかい》セシメザル」ことという目的論的な見地とを併考すると、「支那事変」解決のための日独伊三国同盟の締結・調印という位置づけがなりたつ。

――しかし、はたして、そうか？

松岡外交のホンネ

この点について、松岡洋右との交友が長く、外務省顧問として松岡外交を補佐した法学博士・斎藤良衛《さいとうりょうえい》は、軍部の方策を「独伊両国と握手して自力を強め、一方中国を威圧し、他方援蔣諸国を反省せしめ、蔣と外界との連絡を絶つことによって、中国問題をわれに有利に解決し、同時に南方進出の機会をつかもう」とする「下心」にでるものと把握し、これについての松岡外相の考えを左記のように対置した（斎藤良衛『欺かれた歴史――松岡と三国同盟の裏面』一九五五年）。

軍人は単純で困る……日華事変の解決は、日中共存共栄の実をあげることによってはじめて期すべきである。暴力を行使しながら、こっちについてこいといっても、先方がついて来るはずはない。三国同盟が、中国に対する日本の威力を強めることは事実であろうが、それが事変解決に役立つとは必らずしも思われない……。

それならば、日中戦争の解決という政治的目的との関連において、ベルリン・東京・ローマをむすぶことのいみは、どこにあるか。

その点について、敗戦後の「近衛手記」は、こう、しるしている（前掲『平和への努力』）。

余は今以て三国同盟の締結は、当時の国際情勢の下に於ては止むを得ない妥当の政策であったと考へて居る。即独逸と蘇連とは親善関係にあり、欧洲の殆ど全部は独逸の掌握に帰し、英国は窮境にあり、米国は未だ参戦せず、かかる状勢の下に於て独逸と結び、更に独逸を介して蘇連と結び、日独蘇の連携を実現して英米に対する我国の地歩を強固ならしむることは、支那事変処理に有効なるのみならず、これによりて対英米戦をも回避し、太平洋の平和に貢献し得るのである（傍点は引用者）。

国際政治史の研究家として令名の高い三宅正樹氏は、こうした論点をめぐって、「近衛と松岡」の「真意は、なお完全にはあきらかになっていない」としながらも、「今日知りうるかぎりの史料からの推論」として、「近衛と松岡の意図は、日独伊三国同盟を日独伊ソの四国協商への踏み台とすることにあったと考えられる」と論じ、さらに「この四国協商による実質的な大陸同盟」がワシントン会議・満州事変いらいの「国際的孤立」から日本を救い、アメリカに対する「毅然たる態度」を可能にし、その「毅然たる態度」こそがアメリカの日本に対する「非妥協的な態度を修正する」ことができるというのが松岡外交の基本路線であるとした（上山春平・三宅正樹『第二次世界大戦』『世界の歴史』23・一九七〇年、三宅正樹『日独伊三国同盟の研究』一九七五年）。

じっさい、この「毅然たる態度」論ほど、近衛首相のいわゆる「昭和十五年秋」(『平和への努力』)に巾をきかした論はなかった。たとえば、松岡外相は、九月二十六日の枢密院精査委員会の冒頭の説明において、「今の儘にて進めば、日米戦争は不可避なり。之を阻止するには毅然たる態度を以て臨むの外なし」と発言し(深井英五『枢密院重要議事覚書』一九五三年)、また、その後の一問一答中で近衛首相は、枢密顧問官・深井英五——元・日本銀行総裁——の質問への答弁で「下手《したて》に出れば米国をつけ上らせるだけなるにより毅然たる態度を示す要ありと思考す。十分なる覚悟を有す」と答えた(この発言は、深井手記にはなく、それと異文関係にある松本条約局長手記にある——松岡洋右伝記刊行会編『松岡洋右 その人と生涯』一九七四年)。

しかし、一二〇〇ページをこえるこの松岡洋右伝も認めているとおり、この日本の「毅然たる態度」は、アメリカの「毅然たる態度」を誘発した。

アメリカ・イギリス・中国の対応

一九四〇年十月一日の日付けをもって、駐日アメリカ大使のJ・C・グルーは、その日録にこう、しるした(グルー『滞日十年』下巻・石川欣一訳・一九四八年)。

私の観点からして、もう一つの重大な出来ごとは、九月に私が「青信号」電報と呼びたいものを国務省に送ったことである。これは私が八年間日本に駐在した間の、恐らく最も意味の深いものであろう。将来の記録は、(一九四〇年)七月に米内内閣が瓦解するまでの私の勧告は首尾一貫「赤信号」の型で、「宥和」でなく、調和的な方法と、強制的手段を避けることによる積極的政治手腕を主張したものであったことを示すであろう。

……九月の日記を書き終る私の心は重苦しい。これは過去に私が知っていた日本ではない（傍点部分の原文は "This is not the Japan which I have known in times past" である）。

グルーのいわゆる対日・高姿勢の「青信号」は、三国同盟の調印の直前に中国援助物資ルートの遮断を口実として行われた北部仏印への武力進駐とあいまって、アメリカを刺激し、対日経済制裁の強化となって現実化した。

一方、異例の三選をはたしたローズベルト大統領は、十二月九日、その炉辺談話において、日独伊三国同盟のいう「新秩序とは全人類を支配し奴隷化するための権力と金力との非神聖同盟」（傍点部分原文は "an unholy alliance of power and pelf to dominate and enslave the human race"）ときめつけ、「アメリカは民主主義の偉大な兵器廠（原文は、"great arsenal of democracy"）にならねばならない」として、「敗北主義」への不寛容を表明した（田村幸策『太平洋戦争外交史』一九六六年）。

そして、それにさきだって、四四九対八二という大勝に裏打ちされた強い政治力により、新ローズベルト政権は、重慶の国民政府に五千万ドルの新借款を供与し、さらに、「法幣」

（↓二一七頁）の安定資金として五千万ドルの供与を考慮中であることを言明した。このことは、日本と汪兆銘政権との日華基本条約の調印に明確なカウンター・パンチを放った。

また、イギリスは、十月八日、国民政府への援助物資の輸送のためにビルマ・ルートを再開することを通告し、米英二か国の決定した対中国借款案は、一九四〇年だけで一億九千五百万ドルと一〇〇〇万ポンドに達した（前掲・臼井勝美『日中戦争』、前掲・百々正雄『ルーズヴェルト政権十年史』、『近代日本総合年表』一九六八年）。

また、三国同盟の成立は、「抗戦中国の地位」を重要なものとし、一九四〇年十一月、蔣介石は、米英二か国との統一行動の方針をきめ、「東京」からの声にもとづく単独和平の可能性は去った（前掲・董顕光『蔣介石』、中国政府新聞局編『蔣介石』中日文化協会訳・一九四八年）。十月中旬、国民政府外交部次長・徐謨は、日中全面戦争開始いらい、和平に対する関心がもっとも薄いのは現在であると語っていたという（前掲・臼井勝美『日中戦争』）。

また、毛沢東じしんも、十二月二十五日、「中共中央」のための指示において、日本・ドイツ・イタリアの帝国主義と、それと対立し、かつての「極東ミュンヘンの政策」を放棄したイギリス・アメリカの帝国主義とを「区別しなければならない」と説いた（毛沢東「政策を論ず」尾崎庄太郎訳・前掲『中国共産党史資料集』10）。

日中戦争と日米交渉

ある再会

一月二十三日に東京をたった野村大使は、一九四一（昭和十六）年二月十一日、ワシントンに着任し、二月十四日には、かれを「旧友」（old personal friend）とよぶローズベルト大統領——一九一五年、日本大使館付海軍武官だった野村中佐は、海軍次官ローズベルトと交わりを結んだ——に信任状を捧呈した。

こうして、太平洋に一つの橋を架する試みが始められたが、一方、このとしの一月初旬、アメリカ飛行士の義勇隊が国民政府への空軍援助を開始した。また、一月十五日、国務長官（外相）のC・ハルは、下院外交委員会のレンド・リース法（武器貸与法）に関する公聴会において、「一九三一年極東に起こった」「……法の下における文明と世界秩序の基盤そのものを否認破壊し、武力的征服と他国の隷属と犠牲者に対する暴君的支配」への「運命的な方向」をきびしく糾弾し、「古代歴史の最悪のページを想起させる」その支配をくつがえすための中・英・仏三か国への援助方針を確認していた。また、野村大使の着任前に行われたローズベルト・ハル両者の日米関係の情勢検討では、日本との協定に達しうるチャンスは、二〇分の一か五〇分の一か、一〇〇〇分の一でしかないという見透しであった（前掲『太平洋戦争外交史』第十四章）。

――三月八日、野村大使は、ワシントンのカールトン・ホテルのアパートでハル長官と最初の会談を行い、以後、「真珠湾《パール・ハーバー》」までの九ケ月・約五〇回の野村・ハル会談のスタートが切られた。

会談の初期の三月十四日午後、野村大使はローズベルト大統領に対して、大要、「日米戦争でもしアメリカが勝つと、極東には安定勢力がなくなり、ソ連は南下策によって〈満州〉をとり、〈支那〉は赤化しひいては、極東の全域が赤化するから、アメリカの得るところはゼロである」とのべ、きわめて予言的に、反共「安定勢力」としての日本の役割について向うの気をひいたが、スターリンに一定の期待をもっていたローズベルト大統領は、大略、「〈支那〉の文化水準は高く、言葉の統一も進んでおり、そう簡単に赤化するとは思われない。第八路軍に従軍したアメリカ武官の報告では、〈八路〉のするところは、共産的ではなく教育的（educational）である。けれど、この観測は誤りかもしれない」と応酬した（前掲『米国に使して』。外務省編纂『日米交渉資料』一九四六年原本復刻・一九七八年新装版）。

――これよりさき、日米間には、近衛ルートによる非公式民間交渉の形態により、ひそかに交渉の土台がきずかれていた。その日本側メンバーは、陸軍省軍務局軍事課長・岩畔豪雄大佐（陸軍次官・阿《あ》南惟幾《なみこれちか》中将推薦）と産業組合中央金庫理事（元大蔵省官吏）井川忠雄であり、アメリカ側メンバーは、カトリック学校メリノール事務総長・ドラウト神父監督補助と同じメリノールのウォルシュ神父であり、このふたりとローズベルト大統領の仲介者として郵政長官のウォーカーがいた（前掲・矢部貞治『近衛文麿』下）。

こうした交渉形態については、「政府と緊密な連絡のない裏面工作」（有田八郎『人の目の塵を見る』一九四八年）といった外務省サイドの白眼視が一貫してあったが、ともあれ、四月十六日には、日米双方の当事者見解をまとめたたたき台ができあがった。いわゆる「日米諒解案」（四月十六日日米両国諒解案）である。

「日米諒解案」とその崩壊

この案は、大要七点から成っているが、その第一点では、日米両国が相互に「其ノ対等ノ独立国ニシテ相隣接スル太平洋強国タルコト」を承認しあい、「相互ニ利益ハ之ヲ平和的方法ニ依リ調節シ……」という一般原則をかかげ、ついで、その第二点では、「欧州戦争」にふれ、日本は、日独伊三国同盟が「防禦的」であることを表明し、「条約上ノ義務」にはあくまで忠実だが、それは、ドイツが「現ニ欧州戦争ニ参入シ居ラザル国家」から積極的に攻撃されたときにのみ「発動」されるものであることを確認する。

しかし、ここで肝心なのは、第三点だ。原文を引用する（前掲『日米交渉資料』）。

三、支那事変ニ対スル両国政府ノ関係

米国大統領ガ左記条件ヲ容認シ、且《かつ》日本国政府ガ之《これ》ヲ保障シタルトキハ、米国大統領ハ之ニ依リ蔣政権ニ対シ和平ノ勧告ヲ為《な》スベシ。

A支那の独立。B日支間ニ成立スベキ協定ニ基《もとづ》ク日本国領土ノ支那領土撤退。

C支那領土ノ非併合《ひへいごう》。D非賠償《ひばいしょう》。

E門戸開放方針ノ復活。但シ之ガ解釈及《および》適用ニ関シテハ、将来適当ノ時期ニ日米両国間ニ於《お》テ、協議セラルベキモノトス。

F蔣政権ト汪政府トノ合流。G支那領土ヘノ日本ノ大量的又《また》ハ集団的移民ノ自制。

H満州国ノ承認（句読点・ルビ・濁点は引用者による）。

そして、国民政府が米国大統領の勧告に応じたときは、日本は、「新タニ統一樹立セラルベキ支那政府」に対して、前記の条件の範囲内で「防共共同防衛」とか「経済提携」とかについて具体的な和平条件を提示すべきものとされていた。

あとから考えれば、これは、アメリカがくんでさしだしたもっとも「甘い水」だった。少なくとも、日本の当局者は、それを「甘い水」と直感した。四月十八日夜の政府・統帥部連絡会議は、これを「米国側提案」とみなして、「この案を受諾することは、支那事変処理の最捷径である。即ち汪政権樹立の成果挙らず、重慶との直接交渉も非常に困難であり、今日の重慶は全然米国依存である故、米国を仲に入れねば何ともならぬからである」と考え、大勢は受諾論に傾いた。「東条（英機）陸相も武藤（章）軍務局長も喜んではしゃいでいた。陸海軍とも〝飛び付いた〟というのが真情であった」（前掲『近衛文麿』下）。

しかし、当事者中の当事者ともいうべき松岡外相とハル国務長官のふたりは、それぞれの理由から、そこに「甘い水」だけをみつけてはいなかった。まず、ヒトラー・スターリン・ムッソリーニと会談したヨーロッパ「大」旅行から四月二十二日に帰国した松岡外相は、立川飛行場から宮城へゆく自動車のなかで、外務次官・大橋忠一から、「日米諒解案」の話をきき、「……自分が工作した筋でないことを知って驚き、そして怒った」(前掲『松岡洋右　その人と生涯』)。

この「怒り」と「日米諒解案」に対する松岡外相の貶価《へんか》・敵視については、近衛首相サイドの文献と松岡外相サイドの文献にいちじるしいくいちがいがあり、そのことじたい「悪魔が細部《デイテイル》に宿りたまう」現代史の困難さの一象徴ともいえるのだが、双方の文献が共通して確認?しているのは、まず、松岡外相が駐ソ・アメリカ大使スタインハートを通ずる対ローズベルト工作とその結実としての「蔣・松岡直接会談」(前掲『欺かれた歴史』)とにみずからの外交の成否を賭けており、そのため、それとは完全に別のルートの出現に怒ったこと、ついで、その「大」旅行の目的である日独伊三国同盟の「仕上げ」と日ソ中立条約の締結により、日独ソ伊四国共同戦線の圧力を獲得し、そのプレッシャーでアメリカの妥協・屈服を誘おうとしていた松岡外相の路線(かれじしんのいわゆる「三国同盟を結ぶときからの構想」)の視角からみると、「日米諒解案」は弱腰にすぎる(「相手に、してやられるだけのことだ」)とみなされたことの二点であろう。松岡外相がドイツの勝利を信じていたことも、こうした認識を補強していたとみていい(前掲『近衛文麿』下、前掲『松岡洋右　その人と生涯』)。

しかし、一方では、その「日米諒解案」ですら、戦後のハル・元国務長官の回顧録《メモアール》によれば、「私はそれから三日間（4・9〜4・11？）、国務省の極東問題の専門家と一緒にこれを綿密に検討したが、研究をすすめるにつれてわれわれは非常に失望した。それはわれわれが考えていたよりもはるかにくみしにくいもので、提案の大部分は血気の日本帝国主義者が望むようなものばかりであった」（C・ハル『回想録』宮地健次郎訳・一九四九年）と評されるようなシロモノであるとみられていた。

したがって、つとに外交史家・田村幸策氏が指摘しているとおり、アメリカにとっては、これは公式の「米国原案」などではなく、日本の武力行使の放棄という「最高の前提」（大前提）の上に、①すべての日本の領土保全と主権尊重　②内政不干渉原則の支持　③機会均等原則の支持　④平和的手段以外の太平洋の現状攪乱の不実行　という四つの「基本的原則」を日本が承認することを前提とした「非公式草案」にすぎなかった（前掲『太平洋戦争外交史』）。

――それは、不幸な出発であった。その後の「日米交渉」は、厳密には「交渉」ではなく、日米双方の国家的利益による「条件加重」の軌跡であった、「日米交渉」はその終わりの日に終わったのではなく、その始まりの日に終わったとさえ、私は極論したい。

そこでここでは、「日米諒解案」以後における日米双方の中国問題に関する提案・修正案を表にまとめて、通過しておくことにする（六六〇〜六六一頁）。

日米交渉と中国問題

日本案	アメリカ案
5/12 アメリカへ——対蒋介石和平斡旋 条件…近衛声明　南京協定　日満支共同宣言 付…蒋介石不受諾→アメリカの蒋政権不支持 8/5 日本政府・確約 ①仏印以外の南西太平洋地域への不進駐 ②支那事変後における日本軍の仏印撤退 アメリカ政府・確約→支那事変解決のための日本国政府・蒋政権間の商議開始の橋渡し 9/6 日本→①中国との全面的正常関係の回復 ②日支協定による可及的速かな撤兵 ③アメリカの中国における経済的活動の不制限 アメリカ→日本の支那事変解決方式への不干渉 （オーラル…蒋政権援助の停止）	6/21 対中国政府慫慂 ｛戦闘行為の終結 ｛平和関係の回復 条件…近衛原則 ｛善隣友好 ｛主権・領土の相互尊重 可変的問題 ｛防共駐兵 ｛日支間経済協力 付…日本国政府付属追加書 ①善隣友好 ②防共駐兵は別議 ③国際通商関係における無差別待遇の原則

9/25 日米両国政府の支那事変解決の実現・促進努力
アメリカ政府…重慶政府に対する橋渡し
日本国政府の支那事変解決方式への不干渉
闡明 ①解決の基礎条件→近衛三原則及び既
定の日支間約定と矛盾しない
②日支間の経済協力→平和的手段・無
差別原則・隣接国間特殊緊密関係の
存在の原則により行う
③第三国の経済活動→公正な限り排除
しない

11/4 甲案 日本国軍隊…①日支間和平成立後撤兵
（2年以内完了） ②北支・蒙彊・海南
島の防共駐兵と概ね25年の所有期間
乙案 ①日米両国政府…仏印以外の南東アジア
・南太平洋地域への武力進駐の不実行
②米国政府…日支両国の和平努力への支
障付与行動の不実行

の適用は要合意
④善隣国・東亜の中核
としての各国民固有
の特質の相互尊重
⑤支那領土よりの日本
の武力の撤退
⑥非併合
⑦無賠償
⑧「満州国」に関する
友誼的交渉

10/2 合衆国政府覚書
防共駐兵は、異議の余地あ
り
日本の支那・仏領印度支
那よりの撤退の意向の明確
化→有効

六月二十一日の米国案には、ハル国務長官の「オーラル・ステートメント」が付属しており、そこには、「政府ノ有力ナル地位ニ在ル日本ノ指導者」中にナチス・ドイツの「征服政策ノ支持ヲ要望スル進路」に対して「抜キ差シナラザル誓約」を与えているものがいるということばがあって、暗に——否、なかば公然と——松岡外相を非難していた（前掲『日米交渉資料』）。このうらでは、松岡外相と野村駐米大使やグルー駐日大使との間柄は、相当に悪化していた。七月十日の大本営・政府連絡会議では、松岡外相は、強硬な「オーラル・ステートメント」返上論・「日米交渉」打切り論を開陳した。「日米戦争」をさけたい——「日米戦争」は怖い——と考えていた近衛首相は、窮地にたち、七月十五日の閣議後、平沼騏一郎内相・東条英機陸相・及川古志郎海相と相談の上、「外相の更迭か、内閣総辞職か……」の外はないと結論した。その日の午後、葉山御用邸にいった近衛首相に対して、すでに松岡外相を信頼していなかった天皇は、「松岡だけをやめさせるわけにはゆかぬか」とたずねた。翌七月十六日午後、ひそかに総辞職の準備は進められ、午後六時半、ぬき打ち的に臨時閣議を召集、全閣僚の辞表をとりまとめた。病床にあった松岡外相の辞表は、富田健治内閣書記官長が出向いてうけとった。翌七月十七日午後五時すぎ、内閣再組織の大命は近衛文麿公爵にくだり、陸相・海相をはじめ、橋田《はしだ》邦彦《くにひこ》文相・井野《いの》碩哉《ひろや》農相・鈴木貞一企画院総裁などを留任させ、外相には、前商工相の豊田貞次郎海軍大将が就任した（以上の経過は、前掲『平和への努力』、『木戸幸一日記』下巻による）。

典型的な「ババぬき」？人事である。

「開戦決意」と東条内閣

第三次近衛内閣ができてから約一〇日後の七月二十九日、日本陸海軍は、「南部仏印」に進駐した。フランス傀儡政府に圧力をかけて行われたこの行動は、中国作戦の一環とはみなされず、ビルマ・マライ半島とフィリピンにおける英米二か国の地位・権益に対しての脅威として、「最後の明白な危険信号」（ウェルズ国務次官のことば）とみなされた。七月二十六日、ローズベルト大統領は、在米日本人資産の凍結を命ずる行政命令を発し、やがて、石油の買付けをふくむ日米間の通商取引きは、全面的な終止符《ピリオド》を打たれた。また、外交史家・田村幸策は、かいている。

この日、大統領はフィリッピンの軍隊をアメリカの司令官の指揮下におき、支那にアメリカの軍事使節団を駐留せしめ、「シェンノート飛行隊」（Chennault's Flying Tigers）なるアメリカの民間飛行士たちが、支那において日本軍と戦闘を開始した。九月末までに、支那政府はアメリカ人の義勇飛行士一〇〇名、整備員一八一名を雇入れ、飛行機一〇〇機を武器貸与法で供給された（前掲『太平洋戦争外交史』第十五章）。

こうしたアメリカの反撥は、日本軍部の「日米交渉」反対論の火に、さらに注油する役割をはたした。大本営陸軍部（参謀本部）の「機密戦争日誌」には、このころ構想されていた近衛・ローズベルト会談（於ハワイ）案が実現すれば、それは「対米屈服第一歩」をもたらし、結局、日米戦争回避論は「大東亜新秩序建設」にのりだした国策そのものを誤りとし、「支那事変発足」そのことが「不可」だったという結論にみちをひらくという、あるいみで正当な?推論がしるされ、そこから逆に?「敵ニ王手《おうて》デ行ク手段ハナイ」が開戦しようというロジックが凝固していったことを知ることができる（防衛庁防衛研修所戦史室編『大本営陸軍部〈2〉』一九六八年）。

こうしたなかで、陸軍起案の原案にもとづく「帝国国策遂行要領」が一九四一年九月六日の御前会議にかけられ、①十月下旬を目途とする対米英蘭戦争の準備の完整 ②対米英外交交渉の継続と要求貫徹への努力 ③十月上旬頃にいたり要求貫徹の目途なきばあいの対米英蘭開戦の決意 この三点を決定した。

その決定には、「日米交渉」において日本の呑みうる「最小限度ノ要求事項」という「別紙」があり、その「一 支那事変ニ関スル事項」には、こうある（前掲『日本外交年表竝主要文書』下）。

米英ハ帝国ノ支那事変処理ニ容喙《ようかい》シ、又ハ之《これ》ヲ妨害《ぼうがい》セザルコト。

(イ) 帝国ノ日支基本条約（→五〇五頁）及日満支三国共同宣言ニ準拠《じゅんきょ》シ事変ヲ解決スル企図ヲ妨害セザルコト。

(ロ) 「ビルマ」公路《こうろ》（→五一六頁）ヲ閉鎖シ、且《かつ》蔣政権ニ対シ、軍事的竝《ならび》ニ経済的援助ヲ為サザルコト（句読点・ルビ・濁点・注記は引用者による）。

——御前会議の前日、天皇が杉山元参謀総長と永野修身軍令部総長を招致して、首相陪席の上、峻厳にただした事実は、さきに詳述しておいた（↓二七二～二七三頁）。ただし、「近衛手記」のつたえるこの一問一答については、史料上の異説があり、当時、参謀本部第一部長だった「田中新一少（中）将業務日誌」には、こう、しるされている（前掲『大本営陸軍部』〈2〉）。

杉山総長　……海軍との協同研究の結果によれば、南方要域攻略作戦すなわち緒戦《しょせん》は大体五ケ月で終了し得るものと考えております。

陛下　そのとおりいかぬこともあろう。

杉山総長　さようでございます。作戦なれば予定どおり行かぬこともあります。但し只今奉答の案は幾回にもわたり陸海協同研究の結果得た結論であります。……

陛下　支那事変の初め、陸軍大臣として閑院宮（↓三二八頁）と一緒に報告し、速戦即決を主張したが、果たして如何。今に至るも事変は長く続いているではないか。考え違いか。

杉山総長　一挙に事変を解決するよう申し上げ、まことに恐縮のほかありません。

——とまれ、このようにして、「日米交渉」には、十月上旬ないし下旬というタイム・リミットがセットされた。九月中旬から十月中旬にかけて、近衛首相は、五十歳の誕生日なども返上し、関係閣僚との協議を煮つめようとしたが、ほとんど絶対的なデッド・ロックは、中国からの撤兵の問題であった。たとえば、十月七日の夜遅く、東条陸相は、首相官邸の日本間に近衛首相をたずね、「駐兵問題に関しては、米国の主張するような、原則的に一応全部撤兵、然る後、（防共）駐兵という形式は軍として絶対に承服し難い」と「強談判《こわだんぱん》」するありさまであった。「支那事変」は、やはり、「日本丸」を座礁させる暗礁であった。

そののちもなお、東条陸相は、「人間たまには清水《きよみず》の舞台から目をつぶって飛びおりることも必要だ」とか、「これは性格の相違ですなあ」とかいう発言をくり返し、結局、撤兵問題での合意は、ついに成ることがなかった（前掲『平和への努力』）。さらに、タイム・リミットぎりぎりの十月十二日に荻外荘《てきがいそう》（→三二三頁）で行われた五相会議（近衛首相・東条陸相・及川海相・豊田外相・鈴木企画院総裁）でも、東条陸相は、「速かに外交の確算ありや否やを決すべきである。陸軍は支那事変を放棄するようなことは絶対にない」（傍点は引用者）とのべて、「重大決意を要望」した（前掲『大本営機密日誌』、前掲『木戸幸一日記』下巻）。

一方、近衛首相には、みずからの強い主体性をもって和戦のいずれかを決する意志もなく、海軍は海軍で岡敬純《おかたかずみ》軍務局長の富田書記官長に対する談話にみるとおり、日米戦争に真の自信はないが今さら戦争はできませんといいきることができず、結局、情勢はズルズルと推移し、東条陸相はこれ以上は近衛首相と会わないとまで公言するにいたった（前掲

『木戸幸一日記』昭和十六年十月十五日条、前掲『平和への努力』)。

こうした三すくみ的「責任回避」構造のなかで、近衛首相は政局担当の自信ないし意欲を失い、十月十六日夕刻、第三次近衛内閣は総辞職した。近衛首相の辞表は「日米交渉」条件中の「撤兵問題」について東条陸相の説得に失敗したことを明記するという異例の内容を中心としていた(前掲『平和への努力』)。

あけて、十月十七日の午後、宮中西溜《にしだまり》の間において、総理大臣の前官礼遇者を中心とする「重臣会議」が開かれた。席上、会議を主導した内大臣・木戸幸一侯爵(↓三五九頁)は「何よりも必要なるは陸海軍の一致を図ることと九月六日の御前会議の再検討を必要とするとの見地」から、東条陸相への大命降下を主張、反対論はなく、その日の夕刻、東条英機陸軍中将(翌十八日、大将に昇任)に内閣組織の大命がくだった。東条内閣成立の直後、木戸内府は天皇にあい、東条陸相奏請を「唯一の打開策」と信じたむね「言上」すると、天皇は「極めて宜く御諒解あり、所謂《いわゆる》虎穴に入らずんば虎児を得ずと云ふことだねと仰せあり」、木戸内府をして「感激」せしめている(前掲『木戸幸一日記』下巻・昭和十六年十月二十日条)。

しかし、ことの客観的役割は、明確であった。アメリカは、東条内閣を「戦争内閣」とみなし、野村大使は、東郷茂徳・新外相にあてて「小生はすでに死馬の骨となり……」として、本国召還を申しでた(前掲『米国に使して』、前掲『太平洋戦争外交史』第十七章)。

天皇の真意が仮りに平和を志向していたとしても、東条英機への大命降下は、「日米交渉」打切り＝日米開戦論の方向を天皇が最終的に許容したことをいみする。じじつ、このころの天皇が歩一歩と陸軍の開戦論に同調しはじめていた――少なくとも徹底的に反対しなくなっていた――ことについては、つとに、前掲『近衛文麿』や富田健治『敗戦日本の内側――近衛公の思い出』に依拠した井上清氏（↓二九頁）の説得力ある分析がある。井上氏のいうとおり、九・六決定中の「我最小限度要求」と「十月下旬」というタイム・リミットとに固執するかぎり、事態の好転はのぞめず、とどのつまり、東条内閣は、その二条件を「白紙」にかえそうとはしなかったから、十一月初旬の日本には、日中戦争から日米戦争への「滅びへの道」をさえぎるなにものもなくなっていた（井上清『天皇の戦争責任』一九七五年）。

法哲学者の長尾龍一《ながおりゅういち》氏は、最近の「東京裁判」論において、東条首相の「……正義公理ハ儼《げん》トシテ我ニ存シ、動カス可ラズ」（自殺企図のさいの遺言）というロジックにふれ、「中国の自存自衛権を蹂躪《じゅうりん》し、かつ陸軍の生命と国家の生命を同一視する独善的正義感の上に彼（東条英機――引用者注）の信念は成立している」と論じている（「東京裁判から三十年」・『読売新聞』一九七八年十二月六日夕刊）。

それならば、と、私は付加したい。それならば、天皇と木戸内府とは、東条首班の奏請というすぐれて一回的かつ政治的な行為において、そうしたロジックに"go!"のサインをだしたのであった、と。

――「破局《カタストロフィ》」は、すぐそばまで、きていた。

ハル・ノート

一九四一（昭和十六）年十一月二十七日、当時アメリカ政府の陸軍長官であったH・L・スチムソン（↓一五九頁）は、朝早くハル国務長官に電話をかけ、かれらが二日前にノックス海軍長官をまじえて話しあった対日新提案――三か月の休戦期間の設定と、石油をふくむ民需用対日貿易の再開――を日本側に手交したかどうか、それとも前日の朝にハルじしんがいっていたように、すべてを断念したかどうかをたずねた。

ハル国務長官は、いった。

「私はそれから手を引いた。いまやそれは、君とノックスの手中、つまり陸海軍の手中にある」。そのあと、スチムソンはローズベルト大統領に電話したが、大統領は、「日本は（交渉を――引用者）打ち切ったが、しかし、日本はハルの準備した立派な声明によって打ち切ったのだ……」といった（「スチムソンの日記」・前掲『現代史資料』34――実松譲編『太平洋戦争』(1)・一九六八年）。

――十一月二十六日午後五時、野村吉三郎大使と十一月五日に新たに任命された来栖《くるす》三《さぶ》郎《ろう》大使は、ハル国務長官から三通の文書を手交された。これが「日米交渉十一月二十六日米側提案」、いわゆる「ハル・ノート」である。

ここでは、アメリカは、太平洋の平和と安定のために、イギリス・中国・オランダ・ソ連・アメリカ・日本・タイの七か国に「多辺的不侵略協定」を作成する努力を始めることをかかげ、ついで、その第二項で、こう提案した（前掲『日米交渉資料』）。

三、日本国政府ハ支那及印度支那ヨリ一切ノ陸、海、空軍兵力及警察力ヲ撤収スベシ。

四、合衆国政府及日本国政府ハ臨時ニ首都ヲ重慶ニ置ケル中華民国国民政府以外ノ支那ニ於ケル如何ナル政府若クハ政権ヲモ軍事的・経済的ニ支持セザルベシ。

これは、「満州」をふくむ中国領土全域からの撤退の要求、つまり、「満州事変」「上海事変」「支那事変」の総括的な否定の論理をその中核《コア》にもつものであって、その点では、スチムソン陸軍長官のいう「われわれ自身が過大な危険にさらされないで、最初の一弾をうたせるような立場に、日本をいかにして誘導して行くべきか」という「困難な仕事」の主要な「工具」であった（前掲「スチムソンの日記」・『現代史資料』34）。

こうした強硬な原則論のでてくる背景には、中国政府の動向があった。現に、ハル国務長官じしん、「ハル・ノート」手交時に、野村大使に対して、「自分としては支那を見殺しにする勿れとの輿論」を考慮しなければならなかったとコメントしていた（前掲『米国に使して』）。

これよりさき、アメリカの「対日新提案」に中国は猛然と反駁した。蒋介石・国民政府総統は、駐米大使・胡適や在米中の義弟・宋子文（↓三三四頁）をつうじて、ハル国務長官・スチムソン陸軍長官・ノックス海軍長官らに強い反対論をのべ、対日経済封鎖の緩和は、中国軍の士気と中国国民の抵抗精神を崩壊させるだろうとした。蔣介石総統の政治顧問だった中国通のオーエン・ラティモアは、大統領秘書にあてて、蔣介石総統の強い反対論をローズベルト大統領に伝言するよう打電した。イギリスのチャーチル首相・イーデン外相らは、中国の抗戦の崩壊は米英共通——ことにイギリス——の危険を増大させるという見地から、日本の中国作戦をやめさせる方向をとるべきだとし、中国の対日宥和外交反対論にくみした。この点で、蔣介石総統はチャーチル首相に打電し、チャーチル首相はローズベルト大統領に打電して、「暫定協定案」では、「蔣総統の食卓はきわめて貧弱（"a very thin diet"）ではないか」とその憂慮をつたえた（荒井信一『第二次世界大戦——戦後世界史の起点』一九七三年、前掲『太平洋戦争外交史』18章）。

野村大使も、十一月二十六日発の「大至急電報」中に、「米国はなぜ、こうしたひどい条件を提示したのか？　明らかに英国、オランダおよび中国が米国に策動したものと思われる」としている（「日本外交電報」二二〇・米陸軍解読十一月二十八日——前掲『現代史資料』34）。

——一方、東京では、十一月二十七日、大本営（→二六七頁）あて、駐米武官から「全く絶望なり」というコメントつきで「ハル・ノート」の内容が打電されてきた。当時、大本営の戦争指導案班にいた種村佐孝《たねむらすけたか》中佐は、その日記に、こう、かいている（『大本営機密日誌』一九五二年――ただし、このほんは、日記原本の公刊ではない)。

……この内容を見た瞬間、われわれはハッと息をのんだ。否、ビックリ唖然とした。これはもはや交渉とはいえない。誰かが叫んだ。――米国の対日宣戦布告だ!……と(十一月二十七日)。

暗い気持に包まれた一夜があけた。ハル・ノートの全文が翻訳され満州事変前への後退を徹底的に要求した、その言辞たるや、至れり尽せりの凄文句《すごもんく》である(十一月二十八日)。

いまはやむなし……(十一月二十九日)。

――『木戸幸一日記』昭和十六年「十二月一日(月)晴」の条には、こう、ある。

……(午後)二時、御前会議開催せられ、遂に対米開戦の御決定ありたり。……

「御、決、定、あ、り、た、り」

第19章　たたかいのはてに——12枚のカード

湖北省の1村落で日本軍は4千余名の中国人を虐殺して坑に埋めた。掘りだされた遺骨の山。（光文社『三光』より転載）

たたかいのなかのたたかい

「三光」作戦は？——カードNo1

一九四二（民国三十一）年七月七日、中国共産党中央は、「抗日根拠地全党員ならびに八路軍・新四軍の全将兵に告げる書」を『解放日報』に公表し、そのなかで、こう、いった（前掲『中国共産党史資料集』12・北野幸訳）。

……抗戦六年目における敵（日本軍——引用者）後方の闘争は、これまでにくらべてより一層困難となろう。敵の「掃蕩《そうとう》」はより一層頻繁《ひんぱん》となり、敵のトーチカと封鎖はより一層増大し、敵の焼き尽くし、殺し尽し、掠奪《りやくだつ》し尽すという「三光《さんこう》政策」は、より一層残虐をますことになろう。

中国語の「光《クアン》」（guāng）は、動詞のあとについて副詞的な機能をはたし、「〜しつくす」（あとに何も残らない）といういみを付加するという（たとえば「用光」は使いはたすの意——愛知大学中日大辞典編纂処『中日大辞典』一九六八年）

「三光作戦」とは、主に華北で一九四〇年に始まり、八路軍や新四軍の抗日の土台となって「解放区」（→第16章）の村落を急襲して、住民をみな殺しにし、食糧を徹底的にうばい、家屋を一軒残らず焼いてしまうという、日本軍用語でいう「討伐作戦」である。

この「三光作戦」について、一九五七(昭和三十二)年に公刊されて多大な反響をよび、今は絶版となっている神吉晴夫編『三光』(カッパ・ブックス)は、旧軍人の撫順・太原戦犯管理所における手記を集め、はじめてその実態を明らかにした。抄出してみる。

……一九四〇年五月上旬、独立混成十旅団の一大隊は、山東省泰安県の紅山山頂(海抜二〇〇メートル弱)で、石垣陣地による八路軍に「ア弾」(窒息性・クシャミ性混合ガス)を使用、数瞬にして三〇〇名の八路軍を殺した。死体は黒紫に変色し、紫斑が点在した。一九四一年五月上旬、河南省李家荘では、農民の貴重な生活の源であるナツメ林のナツメ四〇〇本――それは農民が三十年もかかって、やっと育てた木だった――を伐採して枯らし、馬四〇頭・驢馬五〇頭・牛二〇頭・豚二〇頭を一中隊で略奪し、終わりに石油をそそいだコーリャン稈に点火して一戸一戸に投げこんで、部落中を焼きはらった。

一九四一年九月のある朝、独立歩兵第四十三大隊は、山東省萊蕪《らいぶ》県《けん》茶《さ》葉口《ようこう》部落を急襲し、放火した。部落はたちまち、コーリャン稈や木の節がバチバチとはね、逃げだす住民を射殺する銃声がひびき、女・子供の悲鳴が炎の中にきこえる「生地獄」となり、一〇〇戸あまりの家が残らず焼けた。一九四三年八月下旬、北支那方面軍の第五十九師団(師団長・細川忠康中将)?は、右岸にある津浦《しんぽ》線《せん》と日本軍占領地区を守るために、予告なしに、解放区のある衛河の左岸をくずし、数十の村々と粟やコーリャンのみのる畑を濁流の底に沈めた。このため、約二万人が死に、随伴しておこったコレラや飢餓のためもあって、被害者は七県・一〇〇万人に及んだ。……

八路軍参謀長の葉剣英《ようけんえい》——現・中華人民共和国副首相——は、一九四四年六月二十二日、「内外記者西北視察団」との談話において、一九四一～四二年の「敵」の「苛烈な」「攻撃」により、「根拠地」の人口は、一億人から五〇〇〇万人にまで減少し、八路軍・新四軍（→二九八～三〇二頁）の兵力は、一九四〇年の五〇万人から一九四一年の四四万人に減少した——とくに八路軍が激減した——とのべている（葉剣英「中共の抗戦の全般的状況についての紹介」中川一郎訳——前掲『中国共産党史資料集』12）。

「大東亜共栄圏」は？——カードNo2

一九四二（昭和十七）年一月二十一日、東条首相は、帝国議会にのぞんで演説し、今次の戦争の目的が「大東亜共栄圏建設ノ大事業」にあるとし、語をついで、「大東亜共栄圏《だいとうあきょうえいけん》」とは、「最近百年ノ間」の「米英両国等ノ極メテ苛烈ナル搾取」を擯斥して作成されるところの「大東亜ノ各民族及各国家ヲシテ、各々其所ヲ得㋚シメ、帝国ヲ核心トスル道義ニ基ク共存共栄ノ秩序」であると定義した（前掲『日本外交年表竝主要文書』下）。その目的をはたすための主務官庁として、同年十一月一日、内閣に大東亜省《だいとうあしょう》（初代大臣・青木一男）が設けられ、総務局・満州事務局・支那事務局・南方事務局の四局が設置された。

——以下、中国・「満州」にかぎって、その「大東亜共栄圏」の実況を一瞥してみる。

たとえば、「東亜共栄圏の食糧基地であると云ふ重大な使命」を背負っていた「満州」

大豆取引所価格の中に於ける各部門の所得

大豆の満鉄１車，大連取引所価格 （100斤14円89銭５厘）	2,810.67円	100%
(1) 農民手取　１石11円 （馬車御売地までの費用を含む）	919.60	32.8
(2) 糧棧所得　１石４円	334.40	11.9
(3) 輸出商所得　１石２円	167.20	5.9
(4) 松花江水運諸掛	362.70	12.9 ⎫
(5) 東支鉄道運賃諸掛	399.57	14.2 ⎬42.7
(6) 満鉄運賃	438.30	15.6 ⎭
(7) 麻袋その他雑費	188.90	6.7

出典：近藤康男『満州農業経済論』1942年

国では、日本の大豆輸入の一〇〇%、豆粕輸入の九八%を担任していた。そのさい、大豆の商品化は満州の手工業と自給自足的農家経済を破壊し、農業経済学者・近藤康男氏がつとに指摘しているように、「……満鉄が満州に於いてなしたところは、植民地的開拓的色彩の幾分を加へて印度《インド》の英国鉄道のなし遂げたところと同じである」「満鉄は満州特産を日本及び欧州へ結びつけるための助産婦の役割を演じた」と断ぜられるような収奪が行われたことは、上の表にみるとおりである（近藤康男『満州農業経済論』日満農政研究叢書・一九四二年）。

また、たとえば、植民地産の穀物の収奪のために、中支那方面軍は国民政府の行った二五減租（小作料の二五%引下げ）すら旧に復させたり、八路軍の土地改革を否定したりして、地主・小作制の強化と再生をはかり、多くの傀儡政府（↓三三〇頁）の要人を再生産しつづけた（井上晴丸・宇佐美誠次郎『危機における日本資本主義の構造』一九五一年——以下しばらく、日本の軍国経済に対する強力な告発の書であり、粗末な潮流社版からいまの岩波版までながく愛用しつづけてきた同書に拠る)。

また、たとえば、植民地資本の東洋拓殖会社は、天津付近の水稲耕作可能地にオリザニカ・ジャポニカの「地主型農場」をつくり、さらに、朝鮮精米は、同じく精米過程の独占をつうじて、華北などの日本米取引きの独占権をにぎった。

また、たとえば、三井物産・三菱商事を中核的な担い手とする日本商社は、あるときは買弁《ばいべん》(comprador——外国・外国資本に奉仕して利益を手中にして、自国の利益を抑圧する立場・行動・態度をいう)ぬきで糧桟《りょうさん》《リャンツァン》(穀物問屋・米穀問屋——前掲『中日大辞典』)と結合し、また、あるときは、糧桟と競争し、その活動領域を侵してまで、コーリャン・粟・包米・大豆・小麦・米・綿花・マユ・タバコ・阿片(↓一八四頁)の略奪的収買に狂奔した。鉄道(貨車の配車)を支配する現地軍と低金利で融資する日本側出店銀行とがそれらの「エコノミック・アニマル」の飼料を提供した。

また、たとえば、日本の対中国・資本輸出の一典型である「在華紡」にあっては、次頁の表にみるとおり、日本本土での「女工哀史」的な労働強度と高搾取率とを中国人男工に対して再生産し、その結果、「在華紡」は、七〇%以上の利潤率と建設後二、三年で減価償却を終了するスピードとを入手していた。

それらの日本資本制圧下の工場・鉱山では、ときには関東軍除隊兵までを動員した「飯《はん》

在華紡と中国人紡の搾取強度比較

区　分		中国人工場	在華紡
技術水準 労働強度と	労働者一人当錘数	16.05	21.14
	同　織機数	0.58	1.10
	同年間綿糸生産高（俵）	9.85	11.95
	同　綿布生産高（反）	261.73	786.38
賃金	二十番手綿糸生産費中（元）	8.04	5.80

〔備考〕方顕廷、Cotton Industry and Trade in China. 1932、および華商紗廠連合会民国24年度報告（1935年度）

場《ば》」的・「監獄部屋」的労務管理——その「上部構造」としてのピン・ハネ慣行——がつづけられた。井上氏・宇佐美氏はいう。

　これに対する植民地的労働者の反抗は武力的威《い》嚇《かく》によって多くの場合未然に圧殺された。ただし反抗は隠然化し、労働能率は極度に低下し、植民地的な低能率を常態化した。この威嚇者は決して枕を高くして寝ることはできなかった。工場内の日本人が殺されることもしばしばであったし、中国本土や南方においては企業が破壊されたことも珍しくなかった。

——かくて、「大東亜共栄圏」とは、あの「米英両国等」すら作成できなかった独自の領域であり、所詮、一個の反語にすぎない。

法幣と軍票は?——カードNo3

ここにかかげた一枚の紙片は、「軍票」（軍用手票）の一つで、昭和十五年発行の「支那事変軍票・戊号」と

よばれているものである。

軍隊もまた、経済活動の主体であるから、「敵国」で兵士に給与を支払ったり、「敵国」現地で必要な物資を購入しなければならず、そのため、「軍票」の大量持ちこみが必要となる。「敵国」の物資を買い、「敵国」人に労賃を支払うには、「敵国」の町や村で信用され、スムーズに流通している貨幣を用いるのがよいにきまっている。中国では、それは、「法幣」（↓第6章）であった。しかし、日本の手持外貨は少なく、それは最優先的に第三国からの軍需関係物資の輸入にふりむけなければならず、外貨である「法幣」をドル・ポンドといった別の外貨で入手するゆとりはなく、第一、そんなことをすれば、価値あるその外貨を「敵国」に与え、「敵国」の購買力＝抗戦力を強化することになる。そこで「軍票」を持ちこむか、あるいは、日本軍のいうことをきく「傀儡」銀行（「傀儡」政府系銀行）を設立してその銀行券を使用させるかして、そのどちらかでないと、中国人のほしがる“made in Japan”が買えないようにすればいい。

こうした理由から、日本軍は、華北では、最初は、朝鮮銀行券（鮮銀券）、ついで河北省銀行券、最終的には「中華民国臨時政府」（↓三三〇頁）の設立した中国連合準備銀行の銀行券（連銀券）を軍のバック・アップで使用＝流通させ、また、華中・華南では、最初は日本銀行券（日銀券）、ついで軍票、さらに、「中華民国維新政府」（↓三三一頁）の設立した華興商工銀行の銀行券（華興券）、最終的には、汪兆銘政権（「中華民国」政府）の設立した中央儲備銀行の銀行券（儲備券）をやはり軍の圧力で使用＝流通させた。

いま仮りに、そのうちの「軍票」についていえば、日本人は「軍票」を使用したが、中国人のあいだでは、「軍票」の通用率は低く、一般の中国人は「軍票」を一種の引換切符とみなし、「軍票」をうけとれば、すぐに「法幣」ととりかえ、たまに「銭荘《せんそう》」（両替業と銀行をかねた古い金融業者——外国人と中国人商店の取引きは、ここを通じて決済される——前掲・長野朗編『支那事典』）で「法幣」を「軍票」ととりかえるものがあっても、それは日本軍の「宣撫《せんぶ》品《ひん》」（中国人民衆を手なづけるために配布する品物）を入手しようとするばあいにかぎられており、中国の国産品と第三国からの輸入品と在華日本工業の製品は、いずれも、「法幣」により、売買されていた。日本人から中国人への「軍票」の流れは渋滞し、中国人から日本人への「軍票」の流れは順調だった（今村忠男『軍票論』一九四一年）。

——こうした「通貨戦」の状況について、もっとも包括的な展望をさしだし、宇佐美・井上水準の克服に巨歩を印したのは、一九七〇年代の日本帝国主義史研究の第一線にある小林英夫氏（↓一八一頁）の労作『〈大東亜共栄圏〉の形成と崩壊』（一九七五年）である。

以下、しばらく、この労作につく。

まず、華北では、「敵国通貨回収」「円・元等価」の二大政策にもとづき、一九三八年から、連銀券を「国幣」とする「幣制統一」の大仕事?にのりだしたが、それから一年たっても、連銀券は北京・天津・青島・済南・石家荘・太原・山海関・新郷などの「都会地ト鉄道沿線」――いわゆる「点と線」!――にしか流通せず、「面」、つまり広汎な農村地帯=日本軍のいう「匪賊地帯」は、「法幣」の天下!であった。「法幣」回収率は、日中戦争前の華北通貨流通総量・三億五〇〇〇万元中二〇〇〇万元(五・七%)にすぎない。

これに対して、「辺区」政府は、「法幣」を土台とした「辺区銀行券」により、逆「幣制統一」を徹底させ、回収した連銀券により日本軍占領地域から「辺区」内必需物資――石油・マッチ・ロウソクなど――を購入し、結局連銀券を「辺区」外に放出し、その一方では、日本軍がノドから手のでるほどほしい「辺区」内生産物資の穀物・綿花・牛馬・油については、「辺区」政府は、市の二〇~三〇%高――農民の希望する紙幣(「法幣」)による支払い――という好条件により買い上げ、市価より割安――農民の希望しない紙幣(連銀券)による支払い――という悪条件に依拠する日本軍の買い上げを圧倒した。対農民・見返り品としての奥地の塩や日本軍占領地域からの繊維品の魅力もまた、農民をしっかりとつなぎとめていた。

一九四〇年代初頭の華北・河北省定県のデータによれば、県城の内と外に桃のタネのような連銀券流通地区があり、甘い果肉にあたる部分は、タネに近い「辺区」券・連銀券の混淆地区とそれを掩う広大な「辺区」券流通地区（「完全匪区」）＝「法幣」の潜在的支配地区とから成っている。この「同心円」的な構造が連銀券を包囲し、その機能を窒息させる。

ついで、華中・華南では、華北でのような「敵国通貨回収」「円元等価」政策は実行されず、「法幣」と「軍票」の二本立て——双方の等価の維持——が主要な政策目標となった。なぜなら、小林氏の論述を拝借していうならば、「華中は、華北と異なり、蒋介石政権および浙江財閥の本拠地であり、法幣は、華中全経済網の中に強く根をおろし、農村にも盤石の基盤をもっていた」（第三篇第二章）からである。

こうして始まった「軍票」対「法幣」のたたかいは、円売り・「法幣」買いの投機とイギリスのポンド投下とが「法幣」にプラス要因として働き、三井物産・三菱商事・伊藤忠商事・江商（→兼松江商）・岩井商店（→日商岩井）などを担当業者として、砂糖・薬品・化学肥料・毛織物・人絹などを「軍票価値維持の裏付け物資」用に中国市場に販売する「中支那軍票交換用物資配給組合」（「軍配組合」）の活動が「軍票」にプラス要因として働くという相剋のなかで進行し、結局は日本が敗れ去った。「軍票」対「法幣」の相場は、一九三九・一九四〇・一九四一年の最悪の相場のばあいで、それぞれ約二〇％・約四〇％・約五〇％と落ちこんだ。農村は「法幣」の領域《テリトリー》であり、また、日本軍の低価格収買方式も手伝って、日本軍需用物資の綿花・煙草・菜種・大豆などの購入は中国人農民の抵抗にあい、困難をきわめた。

一九三八年、日本軍が揚子江を閉鎖すると中国サイドの「密輸出」——日本に流入するはずの華中物資の第三国向け輸出——のルートは、粤漢線《えつかんせん》（漢口—広東）に設定され、同年十月、日本軍が漢口・武昌・広東を占領すると（↓第10章）、ルートは南昌・長沙鉄路を経由する汕頭・厦門《アモイ》・温州・寧波《ニンポウ》からの輸出に変わり、さらに、翌一九三九年五月に日本軍がこれらの対第三国貿易港を占領し、広東省の沿岸地域を封鎖して、ついで、一九四〇年七月の「中国沿岸封鎖声明」にいたると、中国への物資の輸出入は、イギリスの援助をうけつつ、仏印ルート・ビルマルートを通じて、継続された。小林氏は、こう、結語している。

華中における法幣と軍票の「通貨戦」は、日本帝国主義の侵略↓物資搬出ルート破壊↓中国側の新ルート開発という際限なきイタチゴッコに似た泥沼の「物資争奪戦」を生み出していったのである。このシーソーゲームは、とどのつまり、日本軍の援蔣ルート遮断という形で、仏印進駐を生み出し、英・米との対立、対抗を不可避ならしめる結果となる（第三編第二章）。

だから、ここにも、「日中戦争から日米戦争へ」の歴史的な一ルートがあった。

——さらに、一九三九（昭和十四）年五月に設立された華興商業銀行の「華興券」発行高五〇〇万元は、同年七月のイギリスの「法幣」買いささえ放棄による「法幣」暴落の最中にそのままで「法幣」とのリンクをといたため、いわば宙にうき、「華興券」を入手した人々はすぐ商品ととりかえ、結局、「華興券で購繭《けん》《マユ》資金を放出したり、或は官公吏の給与を華興券で払ったり、或は関税の基準となる海関金単位を華興券建てにしてみたのであるが、悉く失敗に終った。華興券は朝《あした》に華興銀行の金庫を出て、夕方は全部銀行の窓口に帰ってくる、誠に几帳面《きちようめん》な銀行券であった。已むを得ず、せめて他行の金庫に一夜なりとも夜遊びしてほしいと日本側の銀行に頼んで廻《まわ》る仕末《しまつ》であった」と回想されるような結果に終わった（吉村知彦氏回想――華興会『華興商業銀行回顧録』一九六四年）。

――一九四一（昭和十六）年一月六日、「汪兆銘政権」下の「国家銀行」として、中央儲備銀行が設立され、「華興券」は発行停止となり、これまでの「華興券」や「軍票」と同じく「法幣」にリンクされた――等価流通と規定された――「儲備券」が発行された。しかし、こうした一連の措置ですら、「法幣」の縄ばりをくずすことはできず、一九四二年の華中通貨流通高をみれば、「法幣」九〇億元に対して、「儲備券」七億四〇〇〇万元、「軍票」六億七〇〇〇万元であり、彼我の比率は、およそ一対〇・一五七にすぎなかった。こうしたなかで興亜院（↓三五四頁）は、同年三月、突如として、「儲備券」による「法幣」回収方針を決定し、「法幣」二に対し「儲備券」一のレートで「法幣」回収にのりだした。しかし、このため、「法幣」は下落し、「儲備券」が投機対象として退蔵されたので、逆に「法幣」が流通するなどの逆効果をうみ、広い農村地帯の「法幣」回収は、いちじるしく難航した。すなわち、一九四二年六月三十日現在の「法幣」回収高は、日米戦争開始とともに「租界」接収となった上海で八億三八〇〇万元、奥地で二億八九〇〇万元となり、前年末の「法幣」流通額各二三億元・三〇億元に対して、回収率は、それぞれ、三六・五%と九・七%にとどまった。こうして、「軍票」・「儲備券」以外の紙幣は流通禁止となった。

――そののち、日本軍が守勢に転じた一九四三（昭和十八）年以降になると、対日軍需物資・供出物資の確保のために、大量の「連銀券」「儲備券」を乱発し、裏付け物資なき収買資金が中国市場に氾濫した。一九四一年十二月を一〇〇とする物価指数は、一九四四年十一月において、上海五七〇〇、北京八九〇、新京一四七となった。こうした事情は、ほかの日本軍占領地域でも相対的に進行し、「占領地域におけるおびただしい色とりどりの不換紙幣・軍票の氾濫は、〈大東亜共栄圏〉をインフレのるつぼと化した」（前掲『危機における日本資本主義の構造』）。

強制連行は?――カードNo4

一九四二（昭和十七）年、昭和史における日中対立の「初舞台」となった山東半島では、日本軍（中心は第五十九師団――師団長・細川忠康中将）は、「労工狩り」作戦・「ウサギ狩り」作戦といわれる中国人民衆の徴発作戦にのりだした。「ウサギ狩り」作戦とは、海上を軍艦で封鎖しつつ、海岸線の方から内陸部・鉄道沿線の方へ、軽機関銃をもった「便衣」の日本軍などが十数メートルまたは数メートル間隔という密度で展開し、あるときは真鍮の洗面器をたたき、またあるときは手榴弾を投げこみつつ、村落を包囲し、多くは放火などの手段で人びとをあぶりだし、これをとらえて、日本内地向けの労務者とする、文字どおりの「人間狩り」である。

――東条内閣は、一九四二年十一月二十七日、「華人労務者」の「内地移入」方針を閣議決定し、「内地ニ於ケル労務需給」の「逼迫《ヒッパク》」、「特ニ重筋労働部門ニ於ケル労力不足ノ著《イチジ》ルシキ現状」を克服するための「華人労務者」の「内地移入」を行うこととした。その使用先はさしあたり、「重要ナル鉱山、荷役及工場雑役」にかぎることとし、「年齢概《オオム》ネ四〇歳以下」の「主トシテ華北ノ労務者」が徴用対象とされた（「華人労務者内地移入ニ関スル件」――中国人強制連行事件資料編纂委員会編『草の墓標――中国人強制連行事件の記録』一九六四年）。

――この「人間狩り」にひっかかった約四万人のひとりに八路軍所属の兵士・劉智渠《りゅうちきょ》（本名・劉沢）がいた。一九四四（昭和十九）年の春、四人の仲間とともに情勢偵察中だったかれは、「傀儡政府軍」兵士と日本軍兵士の一隊に囲まれ、とらえられた。武器没収の上、列車にのせられたかれは、電流の通じた鉄条網にかこまれた石門俘虜収容所に連行され、ビンタとゲンコツの「付録」付きの尋問ののち、裸にされ、糞尿や吐瀉物《としゃぶつ》の悪臭にみちたテントに収容された。五月になると、かれらは北京市・西苑更生隊に送りこまれ、一着ずつの服を支給され、こんどは七月下旬、三〇〇〇人の本建築の移送計画の一環として一昼夜かかって青島に送られ、一泊後、船にのせられて、日本にむかった。……

……一九四四年八月八日、劉智渠をふくむ二九七名の中国人は、秋田県北秋田郡花岡《はなおか》町にあった鹿島組（社長・鹿島守之助→現・鹿島建設）の花岡事業所に到着した。秋田県の花岡・尾去沢《おさりざわ》・小坂の三鉱山には、当時、米英濠人俘虜一一七〇人、中国人二三六七人、朝鮮人三〇〇〇人――合計六五〇〇人余――の外国人が働かされていた。そのうち、花岡事業所に入れられた中国人・九八二名に割当てられたのは、付近の河川の切替え工事だった（石飛仁《いしとびじん》『中国人強制連行の記録』一九七三年――以下、しばらく、この書による）。

そこでは、三か月前、鉱石の乱掘により「奔出地下水」・「泥流水」が坑道にあふれるという事故がおこっていた。その溢出防止工事にあたる中国人は、国民政府軍の耿諄《こうじゅん》《コンチユン》大尉（二十九歳）を大隊長とする四個中隊・一二個小隊の軍事編成をとらされた。中隊長・小隊長の大部分は国民政府軍の将校・下士官から成り、三人の八路軍兵士は、第二小隊長と看護班（その初期の任務はなんと「火葬」！だった）の任についた。――こうして、「北のくにの〈銃後〉」（→第12章）での、もう一つの「国共合作」が始まった。……

いまはダムの底に眠っている――その眠りは中国人四一八人の怨念にみたされている――「中山寮」に収容された中国人は、一日三個のヌカまじりの饅頭《マントウ》（一書には、「こぶし大の饅頭《マントウ》が一日三個、副食は蕗《ふき》の味噌煮がひとつまみ。まず一日一〇〇〇カロリー以下である」

とある――千田夏光『あの戦争は終ったか――体験伝承の視点』一九七八年）を与えられただけで――だから、昼休みに近くの山にのぼって草をさがして食った――、日曜日も祝日も入浴も着がえもひげ剃りの剃刀《かみそり》もなく、あるのは、「傷痍軍人《しょういぐんじん》」あがりの日本人「補導員」の拳骨・足蹴り・棍棒だけ（いたましい「抑圧委譲」の法則の貫徹）の、鍬をふるっての文字通りの重労働にかりたてられた。

大腿部のはれがひかなかった劉智渠は、耿大隊長のおかげで病室勤務――看護夫？――にまわされ、食糧半減の病人たちがつぎつぎと死ぬのをみなくてはならなかったが、かれは、まだしも幸せであった。外で働かされる人びとは、雪のとけた「どろどろの氷水」に膝までつかって、早朝から夜まで、凍傷にかかった手足を動かしていた。寮という名の飯場へ帰っても、支給されていたのは、酷寒の冬でさえ藁《わら》ぶとん一枚・かけぶとん一枚きりであった。

――こうして、あの一九四五（昭和二十）年六月がきた。そのころ、腐ったリンゴを拾ってたべていた薛同道《へきどうどう》が「日本人補導員」につかまりメッタ打ちにされて死ぬとか、いくたりかの中国人が山の中腹にある死体焼場から仲間の死体の肉を切りとってたべるとか、一つの「極限状況」が来はじめていた。こうしたなかで、耿諄たちリーダーらは、状況の不利を知りつつ、絶望的な「反抗」を企て、六月三十日の深夜、蜂起した。はじめの計画では、蜂起は七月一日午前一時の予定だったが、日本人と結んでいた軍需長・任鳳岐《じんほうき》（にん）（国民政府軍少尉)をまず殺害したのは前日の午後十時半、ついで、ツルハシを武器として、日本人「補導員」をつぎつぎと殺害する行動のなかで、この「憤怒の頂点にたっした病人たちの反乱」(前掲『中国人強制連行の記録』)は、幹部統制のフレームをこわし、蜂起はきわめて早期に、鹿島組本部・秋田町警察の知るところとなった。そのため、当初の計画にあった付近の米軍俘虜収容所への襲撃・銃器奪取・米中共同行動などはみな水泡に帰し、ツルハシ・トビグチ・シャベルなどをもった八〇〇人余の中国人は、七月一日の夜が白むころ、「中山寮」から三・五キロほどのところにある獅子ケ森《ししがもり》という約二二五メートルの岩山にたてこもった。……

やがて、サイレンが鳴り、半鐘が乱打され、トラックに分乗した鎮圧隊が現場に急行した。秋田県警察部特高課長・鎌田仁八郎の指揮する警察を中核とし、憲兵隊(弘前憲兵司令部・弘前連隊所属)・消防団・警防団・在郷軍人会(関東大震災での朝鮮人虐殺の主役的存在)・青年学校生徒などの二〇〇〇人をこえる「大部隊」(前掲『草の墓標』)が獅子ケ森を包囲し、小銃・刀・竹槍の武力で、石を投げつつ、ツルハシ・シャベルで抵抗する中国人を追いつめ、蜂起は一週間で完全に鎮圧された。これが花岡事件である。

とらえられた幹部らは、同和鉱業の社員クラブともいうべき共栄館の内外で水責め(仰向けにさせて口にホースをつっこみ注水し、胃袋を土足でふむ)などの拷問をうけ、前庭で「野ざらし」にされたものをふくめて、拷問死・衰弱死の死者は、最低九一名に達した。

劉智渠は、「北京語」の上手な特高巡査から拷問され、「おまえはしゃべっても死ぬし、しゃべらなくても死ぬ。だからしゃべれ」と靴の拍車でいくどもけりあげられた。また、いっさいの責任を自認した耿諄は、国防保安法（→第17章）違反と戦時騒擾殺人罪の「首《しゅ》魁《かい》」とされ、ほか七名の幹部は同謀議として検事局送検となり、五名が殺人罪容疑で秋田刑務所に収容された。花岡でも大館でも、「チャンコロ」ということばが沸騰した。

——そののち、耿諄は、故国にもどり、国民政府軍陸軍中佐となり、台湾省に居住した。また、劉智渠は、日本に在住し、北海道の札幌市でパチンコ屋・サウナ・朝鮮料理店を経営する身となった（前掲『あの戦争は終ったか』・同『中国人強制連行の記録』）。同和鉱業は、一九七八（昭和五十三）年、「共栄館」をとりこわした。

——その一方、一九四四年秋に山東省高密県の自分の畑を耕作中に「労工狩り」にとらえられた劉連仁《りゅうれんじん》は、一九四五年七月三十日、四人の仲間とともに、北海道雨龍郡沼田村にある明治鉱業・昭和鉱業所の炭坑から脱走し、ただ一人で北海道の山中にひそみぬいたのち、一九五八（昭和三十三）年二月初旬、石狩郡当別町の奥にある当別山中の「穴」を一猟師に発見され、派出所の警官に「つかまった」。日本国政府の係官は、かれを「出入国管理令」違反？容疑で調べようとしたが、かれはそれを拒否し、「私の身分は岸首相にきいてくれ」といった。おりから、「華人労務者」の「内地移入」をきめた主務閣僚のひとりであった岸信介《きしのぶすけ》（東条内閣商工相）が日本国政府の首相であった。——このとしの四月十五日、劉連仁をのせた日本船・白山丸は華北の天津市西方にある塘沽《タンクー》につき、かれは足かけ一四年ぶりでその祖国に帰った。強制連行の日に二十三歳だった妻の趙玉蘭《ちょうぎょくらん》は三十七歳、そして、そのとき、彼女の胎内にあった新しい生命は、父によく似た十四歳の少年に成長していた。かれじしんは四十六歳になっていた（『穴にかくれて十四年』一九五九年）。

——戦争とは、けっして、正規軍どうしの戦闘だけをいみする歴史用語ではなく、国家と国家との、国民と国民との、全歴史・総力量を賭けての闘争である。

蔣介石は？——カードNo5

一九四一（昭和十六）年十二月八日、すなわち日米戦争の始まった日に、中華民国は、公式に、ドイツ・イタリアとの交戦状態を宣言し、日独伊三か国を中心とする枢軸国陣営に敵対することとなった。つまり、アジアの戦争とヨーロッパの戦争は、ほぼ完全にむすびついた。五十四歳の蔣介石——国民政府行政院長・国防最高委員会委員長——は、ローズベルト大統領に手紙をおくり、対日戦争を「我々の新しい共同の戦争」とよび、「貴国と共同の立場に立ち、我々の所有する一切を提供する」とした（前掲・董顕光『蔣介石』）。十二月二十三日から、蔣介石・ローズベルトの提案により、重慶で「反枢軸国合同軍事会議」が開かれ、米英中三か国が会談した。翌一九四二年一月三日、ホワイト・ハウスは、蔣介石をタイ・「仏印」をふくむ「中国戦区連合国最高司令官」に推し、かれはその地位についた（前掲『蔣介石』、前掲・中国政府新聞局編『蔣介石』）。

やがて、中国空軍は、日本本土にとび、「日本国民に告ぐる声明」をまいたという。

これよりさき、ワシントンでは、連合国二六か国の会議が開かれ、連合国共同宣言が採択されたが、中華民国は、一九四二（民国三十一）年一月一日、これに参加し、列国とともに日独との単独不講和を声明した。

この一九四二年というとしは、中華民国にとって、多事かつ多難な一年であった。ビルマでの戦闘が「中国戦区連合国最高司令官」の参謀長に任命されたJ・W・スティルウェル中将のひきいる中国軍の敢闘にもかかわらず、連合国軍の敗北に終わると、再開されたばかりのビルマ・ルート（↓五一六頁）は再閉鎖され、その代換ルートとして、「距離がながくて経費のかかる〈ヒマラヤ越えの駱駝《らくだ》の背〉」のルート――アッサム、パトカイ山脈のパングソー峠を経て北ビルマのモーガウンに達するレド・公路――が「唯一の外部からの供給源」となった。狭隘なルートとアメリカの「ヨーロッパ第一主義」とのために、一九四四年十月までの中国は、アメリカの対連合国武器貸与輸出総額・二一〇億ドル中の五％――約一〇億ドル――をうけとったにすぎなかった。しかし、一方では、欣ばしいこともあった。まず、四月十八日の午後、ドゥリットル中佐のひきいるノースアメリカンB25・一六機が東京・横浜・名古屋・神戸・川崎などの上空への侵入と爆撃に成功したという同盟通信のニュースが重慶で傍受され、やがて市街では「歓呼の声」があがった。また、十月十日の双十節《そうじゆうせつ》――中華民国建国記念日――には、米英両国が一〇〇年にわたる中国の屈辱をもたらしてきた治外法権の撤廃を闡明し、「不平等条約取消」という「国父」孫文の遺嘱《いしょく》は、翌年一月十二日の中米・中英新条約の締結により、孫文死後一八年にして、実現した。

この間、蔣介石は、重慶城内にあるシンプルな事務所と、そこからランチと「轎子《かご》」をのりついでゆく揚子江対岸のゆるやかな山（黄山）の上にある山荘とを往復しつつ、抗日戦の指揮をとった。野菜の好きなかれだが、好物の寧波《ニンポウ》のタケノコはその口に入らず、粥や饅頭《マントウ》や麵類といっしょに四川省で産する大頭菜《タアトウツアイ》——四川風の野菜料理は中華料理中の逸品である——をよくたべたという。また、このとし、蔣介石は、一五年ぶりに外国に飛んだ。訪問先は、インドとビルマである。むろん、東南アジアの大きな部分を日本軍が占領しているという状況のなかで、インドが「大東亜共栄圏」構想に幻惑されて連合国陣営から離反することは、中国の重大な危機をもたらすからである。二月九日、秘密裡にニュー・デリーに入った蔣介石は、インド総督リンスゴウ卿の歓迎をうけ、さらに、カルカッタで国民会議派の領袖M・ガンジーとあい、十分ではなかったが、中印両国の抗日共同努力についての見通しを得ることができた。二月二十一日、蔣介石は、ラジオを通じて、インド国民へ別れをのべ——宋美齢夫人により英語で朗読された——、イギリスが速かにインドの自治を許すことと、インド国民が中英米ソ四か国と共同一致して反侵略戦線にたつことを提案し、「自由世界においてのみ中国とインドの人民は自由を獲得することができる……」とした。そののち、蔣介石は、ビルマへの前線視察旅行をしたが、日本軍にその行動を探知され、滞在中だったビルマの夏の都メイミョーを爆撃されたり、帰国の途中を日本の飛行隊に追撃されたりした。

一九四三(昭和十八)年は、民国三十二年である。このとし、蔣介石は、八月一日に国民政府主席の林森《りんしん》(一八六二年生まれ・八十一歳――「清節」の人として知られた)が逝去したので、十月十一日、後継の国民政府主席に就任し、十一月二十二日から、カイロ会議に出席した。随員としては、宋夫人をはじめ、王寵恵(↓三三四頁)・董顕光(↓二八頁)ら一六人が随行した。カイロはクレタ島近く、ドイツ空軍の攻撃範囲に入っているので、対空用のサーチライト・高射砲や陸戦用の戦車・地雷原・鉄条網により、警戒は厳重をきわめた。会議は、ピラミッドに近いメナ・ハウス・ホテルで四日間にわたって行われ、十一月二十七日、「日本国に関する英・米・華三国宣言」――いわゆる「カイロ宣言」――が署名・調印された。

この「カイロ宣言」は、まず、「三大同盟国」がその「野蛮ナル敵国」に対して、「仮借ナキ弾圧」を加える「決意」を「表明」し、ついで、「今次ノ戦争」の目的について、「領土拡張ノ何等ノ念ヲモ有スルモノニ非ズ」とし、さらに、日中十五年戦争に関しては、「満州、台湾及澎湖島ノ如キ日本国ガ清国人ヨリ盗取シタル一切ノ地域ヲ中華民国ニ返還スルコト」を「同盟国ノ目的」として明示した(前掲『日本外交年表竝主要文書』下)。

このとき、蔣介石夫妻は、小児麻痺によるローズベルトの足を気づかって、自分らの方から出かけていって初対面の挨拶をしたが、大統領じしんは、その子・エリオットへの話のなかで、「蔣介石政府は理想的な近代民主政府ではない」と批判し、少なくとも抗日戦中にあっては、「延安（→二一六頁）の共産主義者との連合政府を組織しなければならない」といっていたという（E・ローズベルト『父はこういった』――前掲・董顕光『蔣介石』所引）。

こうした国際的活動の一方、蔣介石は、このとしの三月十二日――孫文逝世記念日――に、重慶正中書局から、その著書『中国の命運』を公刊し、本屋がこわされるほどの騒ぎのなかで、一年に数十万部を売りつくしたという。中国「不平等条約史論」ともいうべきこのほんの第四章のなかで、著者は、つぎのように論じていて、私たちの注意をひく（蔣介石『中国の命運』波多野乾一訳・日華叢書1・一九四六年）。

……民国三十一年（一九四二年――引用者）十一月以来、同盟国の各戦場における勝利は、終に日本を四面包囲の絶境に陥れた。而して日本が東西南北各線に全力を以て進展し得ないのは、中国抗戦のためであり、中国抗戦の世界に対する貢献は、今や世界各国の公認するところとなっている。実にわが抗戦の世界、殊に亜州・太平洋戦局中における地位は、古語にいわゆる中流《ちゆうりゆう》の砥柱《しちゆう》（華北の山名で、昔、禹が治水のときこの山をはさんで黄河の水を分流をさせたという故事により、独立不撓、悪勢力の間に処して節義をまげぬことをいう――前掲『中日大辞典』）であり、狂瀾《きようらん》を既倒《きとう》に挽くものである。

さしあたって、私は、この見方がこの書の冒頭にひいた井上清氏・藤原彰氏・家永三郎氏の視角を一面から補強するものだと改めて指摘しておきたい（↓二八～二九、三三一～三四頁）。

こうして、蔣介石主席は、「長期の戦争のなかで中国にとって最悪の年」である一九四四（民国三十三・昭和十九）年を迎える……。

汪兆銘は？——カードNo6

一九四〇（昭和十五）年十二月十五日の日曜日、偽「中華民国」政府行政院々長・汪兆銘は、夫人の陳璧君や行政院副院長兼財政部長・周仏海を帯同して、南京市郊外の中山陵（孫文陵）に参拝した。周仏海の日記には、「還都（↓五〇八頁）後はじめて霊堂にはいったので、自然に特殊な感慨が湧いた。汪先生および夫人は泣いて声も出ない…」としるされているという（前掲・臼井勝美『日中戦争』）。

これに先立つ十一月三十日の午前、南京の「国民政府」大礼堂では、いわゆる「日華基本条約」が調印され、「大日本帝国」は、「国民政府」を中華民国の法統をつぐ正統政府として正式に承認した。特命全権大使の阿部信行大将（元首相↓五〇二頁）と「国民政府」行政院長である汪兆銘とのあいだにむすばれたこの条約では、「両国政府」間の「善隣友好」「互助敦睦」や「文化」「協力」を「協定」するとともに、「蒙疆及華北ノ一定地域」への日本陸軍の「防共」駐兵や「揚子江沿岸」「華南沿岸」の特定地域・水域への日本海軍の「駐留」をきめ、また、一方では、中国において日本がもつ「治外法権」の「撤廃」

や日本「租界」の「還付」をうたいながら、もう一方では、「事変発生以来」うけた「日本国臣民ノ蒙リタル権利利益ノ損害」の「補償」や「中華民国」政府機関への「日本人技術顧問及軍事顧問」「日本人職員」の「招聘採用」を約束させるなどの条項がめだち、どちらかというと、条約本条より、「付属議定書」・「付属秘密協約」「付属秘密協定」「秘密交換公文」などに実質的な力点がおかれているというお定まりのシロモノであった（前掲『日本外交年表竝主要文書』下）。

しかし、昭和十五年十二月一日付の夕刊は「東亜新秩序の礎石成る／画期的な日支新条約」と大見出しをつけていた（前掲『朝日新聞に見る日本の歩み――破滅への軍国主義Ⅱ』）。また、その日の昼、「大日本帝国」・「満州国」・「中華民国」三か国の①「主権及領土」の「尊重」②「善隣友好、共同防共、経済提携」を約束しあった「日満支共同宣言」が阿部大使・汪院長・蔵式毅《ぞうしきき》参議府議長（→一二〇頁）のあいだで、調印された。汪兆銘は、その「自伝」において、その日の南京の「紺碧」の「秋空」や「澄んだ江南の微風」についてふれ、さらに、「……あまりに不意打ちの調印式に首都南京はいささか面喰《めんくら》った形だ。大市街は旗の洪水《こうずい》である。和平建国の青天白日旗、日の丸、五色旗が入り乱れて紺一碧の大空に映え、新しきアジアへの発足を表徴しているかの如くである」としているが、この条約のすべてに、かつての国民党左派の領袖がほんとうにこうした心境だけで自足できていたのかどうか、いささか疑問なきを得ない（『汪精衛自叙伝』安藤徳器編訳・一九四一年）。

そのいわば「心証」上の状況証拠を一つだけあげてみる。一九四一年二月のある寒い夜、あの犬養毅の孫であり、犬養健（↓二八九頁）の娘であった犬養道子《いぬかいみちこ》さんは、「主客」として、父とともに、「合言葉」や「軽機銃の銃口」や「築かれたトーチカからの鋭いライト」やにガードされた汪院長の「粗末な臨時公邸」に招かれた（犬養道子『ある歴史の娘』一九七七年）。

この夜、汪兆銘は、としごろの娘――しかも稀にみる感受性にめぐまれた女性――である犬養さんに忘れがたい印象をとどめた。「灰色をかすかに帯びた白綾織の長袍をゆったりと身につけ、足には黒絹の支那沓《くつ》をはいていた」この「美しい人」は、献立の幾皿目かに「厚手の白紙に包んだまま調理された」川魚が出ると、この魚は「長江」のはるか西の方、峨眉山《がびさん》のあたりまでさかのぼると話をし、犬養さんがそれををうけて、四川省か甘粛省かの出自とされる李白を話題にしつつ、「……では汪先生、酒を愛したあの李白は、酒の相手にこの魚の同族を皿に盛ったかもしれませんね。別に天地有り、人間《じんかん》に非ずと歌った桃李《とうり》物言わぬ春の独居にも、さすらいの途上にもこの魚の塩漬は……」といいさすと、この文人政治家――だからこそ、一種の政治的失格者――は、箸をとめ、かの女の手をとって、「李白を読むか。日本の、現代の娘が李白を誦んじるか、李白を愛すか」といった。そして、宴が終わってふたりだけの一隅に座をしめると、ふたりのあいだにこんな話が交わされた。

「少姐《シャオチネ》は何を好まれるか。学問では」

と彼は茶をすすりながら聞いた。

「語学、歴史——それから、文。読むこと書くこと……」

わたしの娘はと彼は言った、「御存じのように（彼女は東京に留学し、当時はあの岩永邸に住んでいた）医を志している……文と言い医と言い」——ふと、しんみりとなって、

「生命は長い。否、長いだけではない、時の流れのうたかたに左右されぬ……」

それから、私がはっとたじろぐ口調になった。吐いて棄てるような口調。

「文や医にくらべたら、政治なんてものは！」

端正な白皙顔が、気のせいか一瞬、紅潮した。が、たちまち、口調も顔も元に戻った。束の間、見せてしまった心の奥底の「もの」を、恥じるかのように笑みをつくって……

——そのとしの初夏、汪兆銘は、三度目の日本訪問をし、六月二十四日夜には、近衛首相（↓二四八頁）とともにＪＯＡＫ（現在のＮＨＫ）のマイクにたち、「……東亜新秩序建設と孫先生の大亜細亜《アジア》主義とは、同じものであり一致したものである」という観念を中軸に「中日提携」の「強化」をうったえ、一方では、天皇とあって、例の狙撃事件にふれての「あの時の負傷の後はどうなったか。気候の変り目等に傷痕が痛むというふやうなことはないか」との「御下問」をうけ、「非常に感激し」たりしていた（前掲『汪精衛自叙伝』）。

しかし、女学生の旗行列や鉄道沿線の国民の敬礼に歓迎されたこの日本訪問行があるいみでかれ汪兆銘の生涯の「花」だったのかもしれない。その前後から、かれは、娘ほどに年のちがう犬養さんの端的な規定につけば、「忍耐と失望の時期にとうに入っていた」（前掲『ある歴史の娘』）。犬養さんの父君の表現にしたがえば、「日本政府はかつてその出馬を懇望した汪精衛を一体どういう訳で、このように最後に至って無価値な傀儡として扱おうとしたのであろうか」とされるような処遇のうちに、沈められていった（前掲『揚子江は今も流れている』）。

こうしたなかで、日本にとっての戦局は急速に悪化し、それと歩調を合わせるように、かれの背骨の脇にくいこんだ銃弾がその身体に激痛を走らせ、一九四三年のくれ、南京の日本陸軍病院で摘出手術をうけたが、経過は悪く、そのため翌年春に四回目の来日をし、名古屋帝大医学部付属病院の東南端の特等病室に入院、加療をうけた。しかし、両下肢の完全麻痺や膀胱・直腸の障害をおこした「多発性骨髄腫《こつずいしゅ》」はついにいえず、一九四四（民国三十三・昭和十九）年十一月十日の夕方、死去した（益井康一『漢奸裁判史』一九七七年）。享年、六十一歳であった（「汪精衛略年譜」）。

――日本の敗戦後、故・汪兆銘の同志らは、あいついで、「漢奸《かんかん》」（hànjiān――スパイ・売国奴――前掲『中日大辞典』）として処刑された。「国民政府」立法院長・上海市長の陳公博は、その「反逆行為」により、江蘇高等法院から死刑の判決をうけ、一九四六（民国三十五・昭和二十一）年六月三日、江蘇第三監獄で銃殺された。「国民政府」の外交部長・駐日大使だった褚民誼は「通敵謀叛」などにより、同じく江蘇高等法院から死刑の判決をうけ、一九四六年八月二十三日、陳公博と同じ監獄で銃殺された。汪夫人の陳璧君は、やはり江蘇高等法院の裁きにより、本国への反抗のかどで終身禁錮の判決をうけ、獄中一五年の生活を「非転向」でつらぬき、一九五九（昭和三十四）年六月十七日、獄死した。「国民政府」立法院長（前・維新政府行政院長→三三一頁）の梁鴻志は、上海高等法院の裁きにより、「敵国通謀」「本国への反抗」のかどで死刑の判決をうけ、一九四六年十一月九日、上海の提籃橋監獄で銃殺された。周仏海は、南京の首都高等法院で裁かれ、同志らが同質の罪で死刑の判決をうけたのち、日本降伏前に自首し、また南京・上海・杭州一帯の秩序を維持した功により、無期懲役に減刑されたが、一九四八（民国三十七・昭和二十三）年四月、南京の老虎橋監獄で、悶死した。その死因はわかっていない（以上の記述は、前掲『漢奸裁判史』による）。

毛沢東は？——カードNo7

一九四四年四月、毛沢東は、延安での中国共産党「高級幹部会議」において、一場の講演を行ったが、その第二節（四月十二日講演か？）に、こういう指摘がある。その大意を要約する（毛沢東「学習と時局」——前掲『中国共産党史資料集』12・尾崎庄太郎訳）。

……一九四〇年代の日本軍閥の中国政策は、一貫して共産党攻撃が主だ。現在、日本軍の60％以上と傀儡軍の90％以上とがわが党指導下の抗日根拠地とたたかっており、国民党軍が迎撃しているのは、日本軍の40％弱と傀儡軍の10％弱だ。武漢占領以後の五年間、日本軍閥は国民党軍の戦場に戦略的進攻を行ったことがなく、割合に大きな戦役行動をとったときでも日帰りていどであり、主な注意力を抗日根拠地に集中していた。国民党軍は、山に逃げこむ政策と観戦政策をとり、逆に、反共の波をもりあげた……。

また、同年十月十一日、毛沢東は、「延安オブザーバー」の名で蔣介石の双十節記念演説を批判し、「自分（蔣介石）の軍事・政治」について、これ以上「盛んに議論（＝批判）」するものがあるならば、それは「敵侵略者（日本軍）と漢奸《かんかん》の惑わすデマ」を信じているからだというその論旨に対して、こう、反駁する（毛沢東「危険性をはらむ蔣介石の演説」『解放日報』一九四四年十月十二日――前掲『中国共産党史資料集』12・尾崎庄太郎訳）。

……延安のオブザーバーは、蔣氏のこの非難は彼の抗戦の指導者としての身分を失わせるにたりるものだと考える。なぜなら、国民党の寡頭《かとう》独裁者が抗戦に努めず、腐敗し、無能であることについて、また国民党政府のファッショ的な政令や敗北主義的軍令について、敵侵略者や漢奸は、これまで批判したことがないし、それどころかいつも大いに歓迎しているからである。

――その毛沢東がいる延安は、坂の多い田舎町であり、洞窟の町である。王家坪にある八路軍総司令部も、国際平和病院も、町の外にある毛沢東の住居も、洞窟を利用していた。毛沢東は、「マンチェスター・ガーディアン」の重慶特派員だったガンサー・スタイン――あのR・ゾルゲや尾崎秀実とも交友があった(→第17章)――の描写によると、「だぶだぶのつめ襟をきて、体格の大がらで、気だての温厚な、そして言葉や動作の上では、いくらか不器用な、五〇がらみの一人の人物」として、その町の党本部に勤務していた(G・スタイン『延安 一九四四年』野原四郎訳・現代史双書3)。

ある日、スタインは、毛沢東の家の「応接間」を訪問し、午後三時から午前三時まで、会談した。その家は四つの洞窟から成り、「応接間」は高い丸天井と白壁にかこまれた小さな洞窟だった。夕食は、前庭にある果樹園のリンゴの老木のもとでした。会話のとき、毛沢東は、グラグラする椅子に腰かけ、巻煙草に矢つぎ早に火をつけて吸いながら、話をした。あかりは二本のロウソクだけだった。――たとえば、毛沢東は、こんなことを語った。

新民主主義の重要な経済上の特徴は、土地改革です。これは、抗日がわれわれの仕事である現在の時期にあっても、有効なのです。農民層は搾取の主要な対象となっていて、――たんに中国の反動派ばかりでなく、占領地の日本帝国主義者も農民層を搾取しているからです。戦場地域に新民主主義を始めたおかげで、われわれのなしうる限り、首尾よく日本軍に抵抗することができました。それというのも、新民主主義の諸改革が、抗戦力の主要素にほかならない農民大衆にとって、有益だったからです（傍点は引用者による）。

そののち、スタインの会談記録ノートは、中国語に直され、毛沢東の閲読ののち、一週間ほどたってから、一字の訂正もなくもどってきた。かれは、こう、いいわけした。

……実はお話したことについて、のこらず同志朱徳（五十八歳・八路軍総司令→二九八頁）と周恩来（在重慶・中国共産党代表→二三一頁）に意見をきかねばなりませんでした。二人とも、これでいいといいました。

——一九四五（昭和二十）年四月十二日、ローズベルト大統領は、脳溢血のために急逝した。毛沢東と朱徳とは、H・S・トルーマン新大統領とローズベルトの遺族に弔電を送り、「辺区」一帯では、半旗をかかげた。中国共産党の機関誌『解放日報』は、次のように論じた。

……彼は歴史の流れを変えた……われわれは彼のあとをつぐ政治家が、かれの明確な政策にしたがって、かれの遺志——すなわちファシズムの根絶《こんぜつ》、ならびに平和と民主主義とを基礎とする世界の建設——を実現する方向にアメリカ人民を指導することを希望するものである（A・スメドレー『偉大なる道』下・阿部知二訳）。

——しかし、反共的なトルーマン大統領の出現により、「米・中蜜月《ハネムーン》時代」は終わった。

終局

たたかいの終末は？――カードNo8

日米戦争劈頭《へきとう》のハワイ大空襲の成功とイギリス東洋艦隊の覆滅とがなにより雄弁にかたるように、一九四〇年代の戦闘は、「空軍」戦に主役の座をゆずりつつあった。大量の地上兵力が一種の膠着状況をつくりだしていた日中戦争もまた、その大勢の例外ではなく、一九四二（昭和十七）年五月十五日から七月一日まで行われた浙贛《せっかん》作戦――「浙贛」は浙江省と江西省の意。浙江省方面の航空根拠地破壊のために杭州方面と南昌方面から中国軍を挟撃して東西の打通をはかった作戦――のモティーフは、一九四二年四月十八日のドゥリットル爆撃隊の日本本土初空襲に参加したノースアメリカンB25一六機のうち一五機が爆撃後に中国の航空基地にむけて飛び去ったことに発していた（前掲・今井武夫『近代の戦争』5・「中国とのたたかい」――その点、浙贛作戦とミッドウェー作戦とは、共通の動機にもとづいていた）。

こうして、中国の航空基地が在中アメリカ空軍の本土空襲用の発進基地として使われるかもしれないという危惧が生まれ、その危惧は、一九四三（昭和十八）年十一月二十五日の台湾・新竹海軍航空基地への初空襲できわめてシリアスな戦略的課題となった。すなわち、この日、桂林《けいりん》発・遂川《すいせん》経由の第十四航空軍（シェンノート少将統率）――ノースアメリカンB25一四機中核の三八機——は白昼の奇襲に成功、陸上攻撃機・戦闘機一七機を撃墜・破壊した（益井康一『超 空の要塞 B29』一九七一年）。

——こうしたできごとが象徴するように、日本軍は、中国大陸における制空権を徐々に失いつつあった。さきの「浙贛作戦」が雨季の夜間行軍のつらさでいまも回想されるのは、そのことと相関する（『歩兵第五十一聯隊史』一九七〇年）。そのため、アメリカ潜水艦の活動もあって、日本本土と南方占領地域との海上交通は困難となり、揚子江の水上航路による補給も脅威をうけるようになった。そして、その困難と脅威を除去するために企画されたのが「大陸打通作戦」（公称は第一号作戦）にほかならなかった。それは、作家の野上弥生子さんがいみじくもその作中人物に語らせたとおり、米軍機という「一羽の燕《つばめ》」が飛んできたからにはやがて多くの「燕」が飛来するかもしれないという性質の問題であった（ついでにいう。野上弥生子さんの長篇小説『迷路』は、この「大陸打通作戦」をふくめて、一九四〇年代の日中戦争の社会的風景をみごとに描出した作品であり、昭和史の構造的把握に成功した稀有のものがたりである）。

「大陸打通作戦」とは、中国の北と南の占領地域を凍結し、ひいては、釜山から奉天・北京・漢口・桂林・柳州《りゅうしゅう》・「仏印」・バンコック・「昭南」市（シンガポール）の「大東亜縦貫鉄道」（約八〇〇〇キロ）の建設にまでもってゆこうとする大構想を内包するが、さしあたっての作戦計画でも南北縦断《じゅうだん》・約一四〇〇キロという大作戦であり、副次的な作戦をふくめて、一九四四年四月から翌一九四五年四月までをついやし、「支那」派遣軍（総司令官は陸軍大将・畑俊六《はたしゅんろく》――陸大二十二期の首席卒業生）の一七個師団・六個旅団・航空隊二個戦隊・戦車一個師団・騎兵一個旅団を集中・投入した「一連の大作戦は太平洋戦争四か年を通じて、最大であり、かつ最後のものであった」（伊藤正徳『帝国陸軍の最後』2〈決戦編〉）。それは、また、「長遠な作戦路に人員約五〇万、馬匹《ばひつ》約一〇万、自動車約一万五〇〇〇、火砲一五〇〇門を以てする連続作戦である」（服部卓四郎『大東亜戦争全史』一九六五年）。

その第一期は、北支那方面軍・第十二軍（軍司令官・内山英太郎《うちやまえいたろう》中将）による黄河以南の京漢線（北京・漢口間一、二一四キロ→二八一頁）の占領・確保であった。三個師団・一戦車師団を中核とする約一五万の第十二軍は、湯恩伯《とうおんぱく》――国民革命軍の「北伐」（→四一頁）以来の軍人で、日本の陸軍士官学校出身――のひきいる約四〇万の中国軍とたたかい、漢口（→三八三頁）から北上する第十一軍（軍司令官・横山勇《よこやまいさみ》中将）と呼応しつつ、京漢線の要地である許昌・確山を占領し、さらに、許昌の西北にある古都・洛陽を占領した。これらの河南省作戦には、朝鮮軍・関東軍からの補充兵員が投入されたが、その装備は貧弱で、なかには、兵士数名から十数名で小銃一挺という例もあったという（長尾正夫『河南の会戦』――前掲・臼井勝美『日中戦争』所引）。

第二期は、いわゆる湘桂《しょうけい》作戦であり、在中アメリカ空軍の基地である桂林《けいりん》・柳州《りゅうしゅう》（広西省）・衡陽《こうよう》（湖南省）・遂川《すいせん》（江西省）を占領することが目標とされた。この作戦中に元帥となる畑総司令官は、前進司令部を漢口に進め、基幹となる第十一軍は、一一師団を擁して、その主力を粤漢線《えつかんせん》（→三八七頁）にそい、武昌・長沙・衡陽・広東と南下させた。第十一軍のうち、名古屋の第三師団と仙台の第十三師団は、いわゆる「古豪兵団《こごうへいだん》」として上海戦（→二七六頁）以来一貫して中国大陸に転戦し、大元帥である天皇の信頼があつかったという（前掲『帝国陸軍の最後』2）。

このうち、交通の要衝である衡陽では、予想どおり、堅固な城壁陣地——トーチカ陣地——と空軍の援護に守られた中国軍の抵抗にあい、武器・弾薬の欠乏もわざわいして四二日間の苦戦をしいられた。第六十八師団長・佐久間為人中将が負傷し、将校三九〇人が戦死し、日本軍死傷者は一万九〇〇〇名をこえた。八月八日未明、中国軍軍長・方先覚《ほうせんかく》は降伏したが、蔣介石は、「八年間の日中戦争中、中国軍屈指《くっし》の奮戦ともいうべき」（前掲『近代の戦争』5）その善戦をたたえ、革命軍人の天職をつくしたものとした（前掲『日中戦争』）。そののち、第十一軍は、第二十三軍（軍司令官・田中久一《たなかひさかず》中将）と呼応して、十一月上旬、桂林・柳州を攻撃、十一月九日から翌十日にかけて、柳州・桂林を占領した。

この第二期作戦の間、日本軍は、湘江の濁流になやみ、米軍機による戦車の破壊に苦しみ、飢餓と栄養失調につかれつつ、制空権喪失下のため夜間行軍の連続であった。そのころ、中国における日米航空隊の機数比は、日本一五〇対米国七五〇であり、戦闘は、「航空隊プラス支那地上軍と、日本の地上軍との戦争に変わっていた……」（前掲『帝国陸軍の最後』2)。

――この間ふたりの日本人（兵士?）はうたった（『昭和万葉集』巻六・一九七九年）。

　兵らみなむさぼる如《ごと》く水を欲《ほ》り小《ち》さきクリーク濁らして飲む（小林弘）

　桂林をま近くのぞみ渡河《とか》せんと夜を待つ夕べよしきりの声（橋本匡）

――こうして、日中戦争最終年の一九四五（昭和二十）年がきた。一月中旬、第二十三軍（二個師団）と第二十軍（軍司令官・坂西一良中将――四個師団）は、衡陽・広東間の南部粤《えつ》漢線《かんせん》方面を攻撃し、一月二十四日、中国軍に鉄道施設破壊の余裕をあたえず粤漢線の打通に成功した。

中国発のB29は?――カードNo9

「大陸打通作戦」の最中である一九四四年六月十五日夜、漢口市街に空襲警報のサイレンが鳴りひびいて、深い雨雲のたれこめた上空を四発の大型爆撃機の群が爆音をとどろかせつつ、東へとび去っていった。これらの爆撃機群は、たがいに、「パリへ、パリへ」という暗号名により、機上交信をしつつ、数個の爆弾を投下したていどでいってしまった。しかし、華中方面の日本軍将兵が眠りについた翌六月十六日午前一時半ごろ、六〇機をこえる爆撃隊が北九州に来襲し、八幡地区――現・北九州市八幡区――を爆撃していた。B29の日本本土初空襲である（前掲『超　空の要塞　B29』――以下、この項の記述は、このほんに依拠するところが多い）。

「翼よ　あれがパリの灯だ」というリンドバーグをヒーローにした映画があったが（ちな

みに、そのC・リンドバーグ大佐は、一九四一年までは、日米戦争反対派――反《アンチ》・ローズベルト政権派――のひとりだった――『チャールス・リンドバーグの日記』新庄哲夫訳・一九七四年）、ここでの「パリ」は、八幡市をいみした。

B29!――中翼単葉四発・機体四三メートル×三〇メートル・二〇一三馬力四個・最大速度六〇〇キロ・実エンジン用上昇高度一万二五〇〇メートル・最大爆弾搭載量八トン・二〇ミリ機関砲六門――それは、文字どおりに〝superfortress〟といって、過言でない。

そのB29は、インドのカルカッタ方面に根拠地群をもち、さらにヒマラヤ山系をこえた重慶西北方の成都近辺に前進基地群を有し、ブータン東方のチンスキヤを中継基地として空輸・陸輸される大量のガソリン・弾薬・食糧・医薬品・貨車・自動車の補給にささえられつつ、一九四四年後半期から一九四五年一月にかけて、中国の日本軍占領地をはじめ、北九州・南「満州」・朝鮮などの工場・鉱山・港湾に空爆――成都・北九州間二五八五キロ――をつづけた。したがって、成都方面基地群は、アメリカ軍がサイパン島を中心とするマリアナ群島基地群を手中にするまで、日本の戦力の破壊に、少なくない役割をはたしていた。

大本営は、一九四四年十二月までに、アジアに指向されるB29の機数を七個戦隊・二一〇機と推定していた。その所属系統は、第二十航空軍（司令官はH・アーノルド大将）指揮下の第二十爆撃集団（司令官はC・ルメイ少将――あの残虐な本土絨毯《じゆうたん》爆撃の最高責任者）であった。

敗戦への道は?——カードNo10

一九四五（昭和二十）年二月がきた。敗戦の日までには、まだ、一九五日の日々があった。

その二月四日から十二日まで、ローズベルト大統領・チャーチル首相・スターリン首相の米英ソ三首脳は、黒海沿岸にあるクリミヤ半島の保養地・ヤルタに会同した。ヤルタ会談である。ツアー・ロシアの豪奢なロココ風の宮殿で開かれたこの会談は、いわば「ヤルタ体制」ともいうべき日中十五年戦争の終局の構造を決定した。このとき、ローズベルト大統領は、動脈硬化と高血圧で、心身・頭脳ともに衰弱しきっていた（P・アコス―P・レンシュニック『現代史を支配する病人たち』須加葉子訳・一九七八年）。

——そこで、三大国代表がドイツ降伏後二か月か三か月のうちにソ連が対日参戦することの条件として合意したのは、中国問題については、つぎの諸点であった（前掲『日本外交年表竝主要文書』下）。当時、アメリカの駐ソ大使だったW・ハリマン氏によれば、一九四四年十月、スターリン首相はかれの問いに答えてドイツ敗北後の三か月後に対日攻撃を行うことを確約しており、また、ソ連の対日参戦が要請された史的条件として「ヤルタ以前」にはドイツ降伏から日本の敗北まで一八か月かかるという判断があったという（W. A. Harriman and E. Abel "Special Envoy to Churchill and Stalin —— 1941~1946"・1975）。

①一九〇四年の「日本国ノ背信的攻撃ニ依リ侵害セラレタル」ロシアの旧権利の回復。

(ア)樺太《からふと》南部と付属諸島のソ連への返還。
(イ)大連商港の国際港化と同港に対するソ連の特殊権益の保証。「海軍基地」・旅順港に対するソ連の租借権の保証（↓八六頁）。
(ウ)中東鉄道・南満州鉄道の中・ソ合弁経営の承認と同鉄道に対するソ連の特殊権益の保証（①(イ)(ウ)と②については、蔣介石の同意が必要）。
(エ)中華民国の「満州ニ於ケル完全ナル主権」の「保有」の承認。
②国民政府・ソ連間における友好・同盟条約の締結とソ連の抗日中国に対する軍事援助。
現代ポーランド史の専門家である阪東宏氏は、この四点について、こう評している（「ドイツ降伏とポツダム宣言」――前掲『太平洋戦争史』5・「太平洋戦争」Ⅱ・一九七三年）。

……これらの決定のうち中国に関する部分の有効性は、中国における抗日民族解放戦争の発展によって条件づけられていた。日本に関する部分では、日露戦争にたいするソ連の報復（↓八二頁）という観点がふくまれ、大国主義的な方針があらわれていた。

二月二十七日、スターリン元帥は、赤軍創立二十七周年に対するローズベルト大統領の祝辞への返信のなかで、こう、いっている（ソ連外務省編『米英ソ秘密外交書簡』川内唯彦・松本滋共訳・一九五七年）。

……クリミア会議の諸決定のなかに表現されている両国間の協力のいっそうの強化は、

近いうち、われわれの共同の敵を完全に壊滅させ、すべての自由愛好国民の協力という原則をよりどころとする恒久平和を打ちたてるものと確信しています。

――ヤルタ会談終了の二日後にあたる二月十四日、近衛文麿公爵（↓二四八頁）は、三年ぶりに天皇に単独拝謁――木戸内府侍立《じりつ》――し、サイパン島と連合艦隊主力の喪失という敗北状況のなかでの事態収拾について、上奏するところがあった。上奏の内容は、和紙八枚に自筆でしたためた「近衛上奏文」により明らかであり、そこでは、「敗戦は遺憾ながら最早《もはや》必至《ひつし》なりと存じ候」という大前提から発して、「国体護持の立前より最も憂うべきは、敗戦よりも敗戦に伴うて起ることあるべき共産革命に候」と断定し、その判断の一理由として、モスクワからきて延安（↓三〇四頁）で活動中の岡野進《おかのすすむ》（野坂参三――日本共産党中央委員会議長）らの「日本解放連盟」（日本人反戦同盟）などの位置づけをこころみている（前掲『近衛文麿』下）。こうした近衛公の認識の背景には、内務官僚・三田村武夫らの調査があり、前年七月八日の日記にも、そのライン――大山郁夫《おおやまいくお》・岡野進――での「新政権」「樹立」への憂慮がしるされている（三田村武夫『戦争と共産主義』、『近衛日記』一九六八年）。

こうして、いわゆる「終戦工作」のロジックが成立した。

――ナチス・ドイツの敗北から二か月半たった一九四五年七月十七日、敗戦国ドイツの首都ベルリンの郊外にあるポツダムのセシリエンホーフで、米英ソ首脳会談が開かれた。

いわゆるポツダム会談である（↓二七〜二八頁）。

会談の後期に発せられたポツダム宣言は、その末尾――第十三項――において、「吾等《われら》ハ日本国政府ガ直ニ全日本国軍隊ノ無条件降伏ヲ宣言シ、且《かつ》右行動ニ於ケル同政府ノ誠意ニ付《つき》、適当且充分ナル保障ヲ提供センコトヲ同政府ニ対シ要求ス。右以外ノ日本国ノ選択ハ迅速《じんそく》且完全ナル壊滅アルノミトス」（前掲『日本外交年表竝主要文書』下――濁点・句読点は引用者による）としたが、少なくとも米・英二か国にとっては、その「壊滅」概念には七月十六日に実験の成功をみた原子爆弾の使用が内包されているとともに、また、一方では、敗戦後の日本をソ連の極東支配への一「対抗物」（グルーのことば）として保持・温存しようという意図が包含されており、また、それらのすべてをふくめて、事前に蔣介石の意見は徴せられず、蔣介石は宣言に同意をあたえながらも、この点をきわめて不満だとしていた。

よく知られているとおり、このポツダム宣言に対して、ときの鈴木貫太郎内閣は、軍部のある圧力をいれ、「……ただ黙殺するだけである」という首相談を発表し、鈴木首相の真意ではのちの「ノー・コメント」に近かったその談話が連合国には「拒否」とうけとられて、大々的に報ぜられ（鈴木一編『鈴木貫太郎自伝』一九六八年）、その結果として、八月六日（広島）と八月九日（長崎）の原爆投下と八月八日午後五時のソ連の対日宣戦布告が実行された。

――八月九日、ソ連軍と関東軍は、交戦状態に入り、内大臣・木戸幸一侯爵は、午前九時五十五分から五分間だけ、宮中「御文庫」で天皇にあい、天皇から、ソ連が参戦したので「……戦局の収拾について急速に研究決定の要ありと思ふ故、首相と充分懇談する様に」という指示をうけ、一〇分後に鈴木首相と内大臣室であい、鈴木首相は、十時半から最高戦争指導会議構成員会議を開いて態度を決定したいという意向をしめした（前掲『木戸幸一日記』下巻・昭和二十年八月九日条）。

すでに、天皇と木戸内府とのあいだでは、「空挺部隊《グライダー》」の「降下」による「大本営」占領の危険や、「三種の神器」の「信州」（松代《まつしろ》大本営）移送のプログラムが話しあわれていた（前掲『木戸幸一日記』下巻・昭和二十年七月二十五日条・同七月三十一日条）。

会議では、東郷茂徳《とうごうしげのり》外相の主張する「国体維持」のみを唯一の留保条件とするポツダム宣言受諾案（以下・外相案という）と阿《あ》南惟幾《なみこれちか》陸相・梅津《うめず》美治《よしじ》郎《ろう》参謀総長・豊田《とよだ》副武《そえむ》軍司令部総長の主張する、①「国体護持」のほかに、②日本本土の保障占領の否認 ③自主的な武装解除と撤兵 ④戦争犯罪の自主的処分 の四条件を付したポツダム宣言受諾案（以下、陸相案という）とが対立し、未決定のまま、午後二時半から午後十時すぎまでの二回にわたる閣議にゆだねられた（外務省編『終戦史録』一九五二年）。

閣議では、「戦局は五分五分である。互《ご》角《かく》である」とする阿南陸相の意見と、「科学戦として武力戦として明らかに敗けている」という米内海相（→五〇八頁）の意見とが対立し、やはり、結論をみるにいたらず、結局、鈴木首相は、天皇出席のもとでの最高戦争指導会議を開催したいことと、そこに平沼騏一郎枢密院議長（↓四九六頁）をとくに参列させたいこととを天皇に願い、ただちに勅許を得た。こうした御前会議の召集に必要な首相・参謀総長・軍令部総長の署名花押《かおう》（書き判）は、迫水久常《さこみずひさつね》内閣書記官長が一種のトリックで両総長をだまして？、この日の午前中にあらかじめとっておいた（迫水久常『機関銃下の首相官邸』一九六四年）。

――午後十一時半すぎ、鈴木首相・東郷外相・阿南陸相・米内海相・梅津参謀総長・豊田軍令部総長の六構成員と平沼枢府議長、それに、幹事の吉積正雄《よしづみまさお》陸軍省軍務局長・保科《ほしな》善四郎《ぜんしろう》海軍省軍務局長・迫水書記官長・池田《いけだ》純久《すみひさ》内閣総合計画局長官の四人と、合わせて一一人（軍人八・文官三）が長い地下道を誘導されて、宮中防空壕内の一室の会議場に入った。やがて、「玉座」にむかって左後方の扉があき、やつれた表情の天皇が蓮沼蕃《はすぬましげる》侍従武官長（↓三五八頁）をしたがえて入室し、人数は、一三人（軍人一〇・文官三）となった。会議は、午後十一時五十分（五十五分ともいう）から始まり、よく知られているように、外相案賛成者三名（外相・海相・枢府議長）と陸相案賛成者三名（陸相・両総長）とに意見が割れた。八月十日午前二時ごろ、議長をつとめていた鈴木首相は、天皇の「御思召《おぼしめし》」により会議の決定を得たいと発言してから、天皇の前に進み、大きなからだをかがめて最敬礼をした。

天皇の発言は、こう、しるされている（「保科善四郎手記」――前掲『終戦史録』）。

。聖上――外相案を採る　理由――従来勝利獲得の自信ありと聞いて居るが、今迄計画と実行とが一致しない、又陸軍大臣の云ふ所に依れば九十九里浜の築城が八月中旬に出来上るとのことであったが、未だ出来上って居ない、又新設師団が出来ても之に渡す可き兵器は整って居ないとのことだ。

之ではあの機械力を誇る米英軍に対し勝算の見込なし。

朕の股肱《ここう》たる軍人より武器を取り上げ、又朕の臣を戦争責任者として引渡すことは之を忍びざるも、大局上明治天皇の三国干渉の御決断の例に倣《なら》ひ、忍び難きを忍び、人民を破局より救ひ、世界人類の幸福の為に斯《か》く決心したのである。

時に八月十日午前二時三十分

――この日の午前七時十五分、外務省は、スイス駐在の加瀬俊一公使とスエーデン駐在の岡本季正公使に対して、「帝国政府は昭和二十年七月二十六日米英支三国首脳により共同に決定発表せられ爾後《じご》ソ連邦政府の参加を見たる対本邦共同宣言に挙げられたる条件中には天皇の国家統治の大権を変更するの要求を包含し居らざることの了解の下に帝国政府は右宣言を受諾す……」という趣旨の伝達を行うよう発電した。そののち、〝subject to〟問題がおきたが（バーンズ米国務長官の回答文中にあった「天皇及日本国政府の国家統治の権限」が「連合軍最高司令官」に〝shall be subject to〟するという表現をめぐり、ふたたび、抗戦派と受諾派の対立が生じた)、結局、ポツダム宣言受諾の方針は変わらず、一九四五（昭和二十）年八月十四日午後十一時づけをもって、ポツダム宣言の受諾に関する詔書が発布され、ここに戦争は終わった。

日中十五年戦争の終結は？――カードNo11

ソ連の対日参戦は、よかれあしかれ、日中戦争の終結にほとんど決定的な力をふるった。

――八月九日の夜明け前から、ソ連軍は、東北西の三方面から関東軍のそれに倍する飛行機・戦車・大砲を保有した一五〇万の兵力をもって、「満州国」に殺到し、とくに有力な機械化兵団は、一日一〇〇キロの急進撃により、東支鉄道にそったハイラル・大興安嶺《だいこうあんれい》の大要塞地帯――そこは水のない酷暑の山岳・草原地帯だった――を攻撃・突破した。

以前は、「泣く子もだまる」関東軍（→七三頁）だったが、南方に二〇個師団をひきぬかれ、在「満」日本人に「根こそぎ動員」をかけて急造した二四個師団・七五万――そのうちには、一挺の小銃をふたりで使用する兵が一〇万もいたらしい――は、ソ連の空軍と機甲部隊に敵すべくもなかった（前掲・伊藤正徳『帝国陸軍の最後』5〈終末編〉）。

関東軍司令部（司令官・山田乙三大将）は、「満州国」の首都である新京から東南方――朝鮮との国境に近い――の通化《つうか》にある複郭《ふっかく》陣地にいったん移動したが、敗戦の日には、翌日正午の重大放送の聴取のために新京に復帰した（前掲『大東亜戦争全史』）。

また、「満州国」皇帝の愛親覚羅溥儀《ふぎ》（→一一五頁）は、関東軍の手で奉天飛行場から日本へ迎えられようとしていたが、ソ連航空隊の強行着陸作戦により逮捕され、捕虜となった（その日付けについては、八月十六日、八月十七日・八月十九日の諸説がある――前掲『大東亜戦争全史』・前掲『帝国陸軍の最後』5〈終末篇〉、ルイス・アレン『日本軍が銃をおいた日』長尾睦也―寺村誠一共訳・一九七六年）。関東軍の見殺しと中国人・満州人の抗日蜂起とソ連軍の暴虐という「三重苦」にさいなまれた在「満」日本人民衆の悲惨は、言語に絶した。

こうして、「満州国」は、日ソ開戦以後、一〇日をへずして、解体した。

その八月九日の早朝、河辺虎四郎参謀次長（↓三五七頁）は、ソ連参戦の報に接し、つぎのように手記している（「次長日誌」――前掲・防衛庁防衛研修所戦史室編『大本営陸軍部』10）。

　決心　戦フコトニ変化ナシ（対米中心）
　処置1　国内、全国ニ戒厳、強力ニ押ス、要スレバ直ニ政府更迭、軍部デ引受ケル。
　　2　作戦上、各出先軍及航総軍ノ任務、満州《ママ》国境線頑強ニ抵抗、満州《ママ》放棄ヲ決意、有力ナル兵団ヲ至急南鮮《ママ》ニ下ゲル、支那ハ概シテソノ儘、駐蒙ハ逐次北支ニ退ゲル。
　　3　満州《ママ》皇帝ノ処置（内地へ――那須カ日光カ）
　　4　軍隊ノ動揺防止処置――一手段トシテ大臣布告。

――阿南陸相は、その日の深夜の御前会議において、受諾反対論の一理由として、「カイロ宣言は満州《ママ》国の抹殺を包含するが故に（日本は）道義国家の生命を失ふこととなる」

（前掲「保科善四郎手記」）――『終戦史録』）としているが、大本営はすでに、デ・ファクトの「満州国の抹殺」を企図していたのである。

――八月十日朝、ポツダム宣言受諾の電報が発せられたことは、その日のうちに重慶に伝えられ（中国政府には、スイス駐在の加瀬俊一公使より伝達された）、抗日諸都市は歓喜のるつぼと化した。「八月十日は、中国にとって高貴にして陶酔の瞬間であった」（前掲・董顕光『蔣介石』）。八月十日深夜、八路軍総司令の朱徳は、八路軍・新四軍・解放区のすべての抗日兵力に対して、都市や鉄道に駐屯する日本軍とその傀儡部隊の武器を接収し、それを拒むものはただちに撃破せよと命令した。八月十一日、蔣介石は、いわゆる中共軍の「原地駐防命令」をだし、朱徳の命じた日本軍の武装解除を禁じたが、八月十三日、朱徳総司令・彭徳懐副司令は、「まちがった命令を拒絶する」と返電した（前掲・スメドレイ『偉大なる道』下）。その八月十三日、毛沢東は、「抗日の時期」に「山に登った」――抗日戦に全力を傾注しなかった――蔣介石という「この〈委員長〉」を非難し、「……今回の抗日戦でも、中国人民はまた彼を守ってやった。いま抗日戦争は勝利し、日本は降伏しようとしているが、彼はけっして人民には感謝せず、逆に一九二七年の古い帳簿をめくってみて、やはりもとと同じ手を打とうと考えている」ときめつけ、新しい「内戦」（勦共《そうきょう》戦争）の危険をといた（毛沢東「抗日戦争勝利後の時局とわれわれの方針」尾崎庄太郎訳・前掲『中国共産党史資料集』12）。

こうして、一つの「反革命」戦争（「大日本帝国」による中国革命の圧殺のための戦争）が終わり、もう一つの「革命」戦争（中華人民共和国の成立へと結実する新民主主義革命の戦争）が始まる。

死者の数は？――カードNo12

これが最後のカードである。たとえば、堀場一雄大佐（↓三五七頁）は、こう、したためている（前掲『支那事変戦争指導史』）。

遂に戦争は終熄せり。大東亜戦争の終熄と共に、支那事変（↓二六七頁）亦其の部分として不幸なる終焉《しゅうえん》を告げたり。時に支那に屯す兵力は約百二十万なり。

――九月九日、支那派遣軍総司令官・岡村寧次大将は、南京において、蔣介石の代理人である中国陸軍総司令・何《か》応欽《おうきん》上将（↓三三四頁）に降伏し、「遂に自ら敗者の地位に立って武器を投ずることとなったのである」（前掲『大東亜戦争全史』）。

また、再三再四、引用した臼井勝美氏は、かいている（前掲『日中戦争』）。

……八年間の日中戦争における日本軍将兵の死者は、戦傷、戦病による死亡および満州地域をふくめて四一万〇八四二人（太平洋戦争開始までに一八万〇九七八人、開始以後二三万九八六四人）、戦傷病者は九二万余（前期四二万七六〇〇人、後期推定五〇万）にのぼったのである（これに満州事変・上海事変の戦死者三七八名プラス三九〇名をたすと、日中十五年戦争の死者の総計は、四一万一六一〇名となり、さらに、ふたつの事変の戦傷者として、最低二五七六名が加算されよう――『日本経済年報』昭和七年第一四半期）。

また、かつて抗日救国七君子のひとりだった沈均儒《ちんきんじゅ》は、国際民主法律工作者協会の第五回代表大会の報告（一九五一年九月六日）において、つぎのようにいう（「関於戦争罪犯的検挙和懲罰」――小島麗逸編『近代日中関係史料』第一集・一九七六年）。

……遠的且不説、僅以自一九三一年日本侵略中国的東北、特別是自一九三七年起日本侵略中国的歴時八年的戦争来説、中国軍民遭受的生命損失便是一千万人以上、財産損失価値美金（アメリカドル――引用者）五百億元。

――これは、今から三四年以前に終了したある戦争の記録である。

（完）

参考文献

この三巻本では、つとめて文中に引用文の出典など典拠となる参考文献をあげたので、ここではその総まとめというかたちをとって、しるしておく。

一、**通史**――日中戦争の通史として一冊を読むとすれば、まず、①臼井勝美氏『**日中戦争**』（中公新書133・一九六七年）②家永三郎氏『**太平洋戦争**』（日本歴史叢書・岩波書店・一九六八年）が必読文献としてあげられよう。また、日中戦争そのものの通史ではないが、③岩村三千夫氏・野原四郎氏『**中国現代史**（改訂版）』（岩波新書・青版529・一九六四年）④遠山茂樹氏・今井清一氏・藤原彰氏『**昭和史**〔新版〕』（岩波新書・青版355・一九五九年）⑤島田俊彦氏『**関東軍**』（中公新書81・一九六五年）も有用な入門書としておすすめしたい。重量級《ヘビイ・ウエイト》の通史としては、⑥秦郁彦氏『**日中戦争史**』（増補改訂版・河出書房新社・一九七二年）⑦歴史学研究会編『**太平洋戦争史**』・全6巻（青木書店・一九七三年完結）⑧藤原彰氏・野沢豊氏「**日中戦争**」（『岩波講座・世界歴史』28・現代5・一九七一年）がある。

二、**史料集**――まず、①『**現代史資料**』7〜13（満州事変・正続）（日中戦争1〜5）（みすず書房・一九六四〜六六年）の七冊と②日本国際問題研究所中国部会編『**中国共産党史資料集**』全12巻（勁草書房・一九七〇〜七五年）とが「敵・味方」の瞠目すべき史料上の展望をみせている。条約・協定・議定書・声明・会議決定の本文をみる上では、③外務省編

『日本外交年表竝主要文書』上下（原書房・一九六六年）も座右からはなせない。また、その史的叙述には多くの疑問点があるが、貴重な史料をふくんでいる点では、④日本国際政治学会太平洋戦争原因研究部編『太平洋戦争への道』全7巻・別巻1（朝日新聞社・一九六三年）⑤防衛庁防衛研修所戦史室編の「戦史叢書」（ことに「関東軍」、「大本営陸軍部」、「北支の治安戦」――朝雲新聞社・一九七九年十一月完結予定）もみのがせない。⑥日中戦争史資料編集委員会編『日中戦争史資料』全9巻（河出書房新社）も一九七三年から刊行を継続中である。

三、日記・回想録――日中15年戦争期の全期間にかかわる日記としては、むろん、①原田熊雄述『西園寺公と政局』全8巻・別巻1（岩波書店・一九五〇―一九五六年）②『木戸幸一日記』上下（東京大学出版会・一九六六年）③『宇垣一成日記』ⅠⅡⅢ（みすず書房・一九六八～七一年）などがあり、玉石混淆の感ある回想録中で出色のものとしては、④今井武夫氏『支那事変の回想』（みすず書房・一九六四年）⑤森島守人氏『陰謀・暗殺・軍刀』（岩波新書・青版38・一九五〇年・絶版）⑥犬養健氏『揚子江は今も流れている』（文藝春秋新社・一九六〇年）がある。

あとがき

日記をみると、私がこのほんの執筆の依頼をうけたのは、一九七六年三月四日のことだった。たずねてきたのは、教育社出版部長の尾上進勇氏であり、若い、そして気鋭の編集者であるかれと私は、そのころの私がつとめていた東京学芸大学附属高校のそばの小さな喫茶店で話をし、私は、このしごとをひきうけた。私の動機《モティーフ》は、「はじめに」につきており、私は、じぶんの浅学を百も承知でかきはじめたのである。そののち、上巻のはじめのところで一冊ではだめだということがわかり、そのあと、いろいろあって、ごらんのとおり、上中下三巻となってしまった。この正月に、紙屑屋さんも三舎をさけるような私の陋屋《ろうおく》をたずねてくれた学問上の若い友人（渡辺治氏）から、「こんどは下の一ですか」とからかわれ、また、尾上氏は、「……軍部と同じ悩みを味わっているんじゃないですか」と「戦線」を拡大しすぎた私の気の多さを諷した。そうした事情からきたこのほんの構成上のまずさをおわびしたい。しかし、だからといって、ここでことわる必要があるだろうか。私は、この三年間、じぶんなりに全力をあげて、このほんをかいた。とぼしい財布の底をはたいて、目につくかぎりのほんを買い、材料あつめのために旅をし、従軍者の方からききとりをした。

その結果がこのていどなのだから、私はため息をついてじぶんの非力をなげく。

一方、刊行中および刊行後、多くの先学諸家――ことに遠山茂樹氏・鹿野政直氏・今井清一氏・臼井勝美氏・松永昌三氏・武山真行氏――からいただいた批判・注文・激励は、私にとって、ボロ船の進行における水先案内人の役目をはたしてくれた。また、忘れがたい欣びを私にあたえてくれたのは、中野重治さんから、献本への礼とこのほんへのある評価とをふくんだハガキをいただいたことであり、ついで、防衛庁のある佐官級の方から戦史研究のために面白く読んでいるという話を人を介して伝えられたことだった。ひとはあるいは、二つの欣びの矛盾をつくかもしれないが、私は信ずる――「あちら」の人びとになんの役にもたたないしごとがどうして「こちら」の人びとに役だつはずがあろうか、と。

この三年間、編集者の尾上氏には、わがままばかりいいつつ、一方《ひとかた》でない世話をかけた。また、それぞれの巻に私の意にそう表紙絵をかいてくださった山本幸雲氏および口絵の切手の選択についてご高配を忝うした吉田寅氏に、あつくお礼を申したい。

（遠く御前崎のみえる研究室にて）

著者

文庫版解説　戦争の全体像復元の壮大な試み

一ノ瀬俊也

黒羽清隆は一九三四（昭和九）年東京に生まれた。戦時中に学童疎開を経験し、一九五六年に東京教育大学文学部を卒業した。東京都の中学校、高校教諭を経て一九七九年に静岡大学教育学部助教授となり、八一年に同教授、講義のかたわら本書をはじめとする多くの著書をものした。テレビなどのマスメディアにも積極的に登場する活躍をみせたが、一九八七年に惜しくも五三歳の若さで亡くなった（加藤正彦・八耳文之編『黒羽清隆歴史教育論集――子どもとともに歴史を学び、歴史をつくる』竹林館、二〇一〇年、以下『論集』）。

本書は黒羽が一九七六年から七九年にかけて「三年間、じぶんなりに全力をあげ」「とぼしい財布の底をはたいて、目につくかぎりのほんを買い、材料あつめのために旅をし、従軍者の方からききとりをし」て刊行した三巻本である。黒羽が自負するように、本書は多様な人びとの視点を反映した、日中戦争の全体像復元の壮大な試みというべき作品となっている。その内容について述べる前に、タイトルである「日中15年戦争」という戦争の呼称について若干の解説をしておきたい。

一九三一年から一九四五年にかけて日本が戦った一連の戦争を「十五年戦争」とはじめて呼称したのは哲学者の鶴見俊輔である。中国に対する戦争と米国に対する戦争を分けて考え、後者のみを「まずかった」とする歴史観に異議を唱え、この戦争を一連のものととらえる意図によっていた。この呼称が一般に普及する契機となったのは家永三郎の『太平洋戦争』(一九六八年)である(庄司潤一郎「日本における戦争呼称に関する問題の一考察」『防衛研究所紀要』一三―三、二〇一一年)。

庄司は「15年戦争」という呼称について「第一に、日本のアジアに対する侵略が一貫した意図のもとに遂行された点、第二に、前の戦争が生み出した矛盾が新たな戦争を引き起こすというように、三つの戦争(「中国東北戦争」(満州事変)、日中戦争、「アジア・太平洋戦争」)が密接不可分である点、第三に、15年に及ぶ中国の抗日民族解放闘争が三つの戦争を連続させる最大の力となっていた点を強調する歴史認識が大きな特色であった」という。「日中15年戦争」という本書のタイトルは、中国を対日戦争の「主役」とみとめ、かつ日本側の侵略的意図と中国の抗日運動を重視する立場からの命名であるとみてよい。

しかし、その一方で、「15年戦争」という呼称には「戦争を回避もしくは抑止する様々な選択の可能性を見落とす危険があるのではないか」との批判もあったとしている。現在のアカデミズムでは「太平洋戦争」では戦争の対米面のみがクローズアップされ、中国や東南アジアが軽視されるとして前記引用文中の「アジア・太平洋戦争」という呼称が使われることが比較的多いが、これは満洲事変ではなく、日中戦争以降の戦争をあらわす用語である。いずれにしてもこの戦争に対する公式な呼称は現在に至るまでなく、政府は「先の戦争」などの呼び方を用い、論壇や学会でも「大東亜戦争」「太平洋戦争」と呼ぶ論者も多い。このことは、戦後日本における戦争観・歴史認識の分裂を如実にあらわしている。

戦争にどの呼称を用いるかは、論者の有する戦争認識の指標となり得るが、黒羽は一九七六年の講演で「私たちが見失ってはならないことは、日中戦争があくまで幹（軸）であって、日米戦争はその幹から出た枝であるという基本的な認識が必要だということです」（「日本史の学び方――日中十五年戦争をどうとらえるか――」『論集』所収）と述べている。すなわち黒羽にとって日中戦争と日米戦争は不可分であり、かつその「幹」はあくまでも対中戦争であった。

本書の内容に話を戻そう。黒羽が戦争をいかにとらえ、かつ伝えようとしていたのかをうかがわせる発言に次のようなものがある。

> 戦争という、おそらく巨大で、こみいっていて、むごたらしく解読困難――あるいはいまなお解読不可能――な「絵」は、ある種の絵巻物あるいは曼陀羅《まんだら》図・涅槃《ねはん》図にたとえられようが、子どもたちのレシーバーにむけて発信されるべき「絵」は、やはり、明晰なタブロー（絵画、キャンバス画）でなくてはならない。（「十五年戦争をどう教えるか――ある戦術的なシナリオ――」一九八七年、前掲『論集』所収。以下引用文中のル

ビ、傍点は原文ママ）

彼は戦争を一つの「画」とみなしていたのであるが、本書は次の①～④の四つのテーマから構成された連作絵画と評することができる。

①政治と経済

そもそもなぜ日本と中国は「15年」もの間、戦い続けることになったのか。黒羽は日本国内の政治的事情に注目し、戦争の起点を田中義一内閣が一九二七年から二八年にかけてに行った山東出兵に求める。満洲事変（本書は満州の字を用いているが、以下では引用箇所を除き、近年の学界の趨勢に従い満洲とする）を起こした理由は、日本が南満洲に有していた鉄道経営権をはじめとする利権喪失の危機に求められる。事変は石原莞爾関東軍参謀らの起こした「謀略」であり、満洲国は日本人の支配する「国家でない国家」、中国側の言う「偽国」であった。

国際連盟は満洲事変と第一次上海事変をあわせて「一個の日中戦争」とみなしたが、日本側の行った早期停戦は満洲撤兵などの不利な勧告を阻止した。黒羽は出先の軍の独走に対する大元帥昭和天皇の「ほとんど怒りに似た感情」にも触れている。黒羽にとって天皇は無能なおかざりではけっしてなかった。

黒羽は一九三五年に日本の支那駐屯軍が始めた華北分離工作を、満洲国の赤化を防ぐ計画とみる。黒羽がこうした陸軍の意図について、当時の米国が採用していたドミノ理論（ある地域が共産化すれば周囲もドミノ倒しのように共産化する、とみる理論）を援用して説明しているのは、刊行当時の時代状況をうかがわせてユニークである。

一九三七年七月七日の盧溝橋事件とその後の日中戦争全面化についての責任は、主に陸軍の中堅幕僚層とそれを支持した軍部以外の大臣たちに求められる。もっとも近年の研究では、戦線拡大の要因として、史料公開が進んで明らかになった蔣介石の積極的な対日抗戦姿勢（岩谷將『盧溝橋事件から日中戦争へ』東京大学出版会、二〇二三年）や、海軍の前のめりともいえる積極姿勢（笠原十九司『日中戦争全史 上――対華二一カ条要求（一九一五年）から南京占領（一九三七年）まで』高文研、二〇一七年）がクローズアップされているので、関心のある方は参照されたい。

本書は戦争における経済の問題を重視する。一つは膨大な軍事費の問題である。日本政府は膨大な戦費を借金に求めざるを得なくなり、「日中戦争は、資金面においては、「借金戦争」の観を呈していた」という。同時に明治以来の大幅な税制改革が行われ、所得税の大衆課税化、源泉徴収の導入は「納税者としての自覚（納税者意識）は、国政を批判する視座を一つの「核」とする戦後民主主義の土台」となった。このことは「戦後民主主義の下部構造の一素材を準備していたといってよい」とみる。これはこののち学界で一世を風靡する総力戦体制論の戦前と戦後の連続性を重視する視点を先取りしたものといえ、その史眼の鋭さには驚嘆させられる。なお、戦争がもたらした社会変革への注目は、戦争で農村から都市、平和産業から軍需工業への急激な労働力移動をもたらした事実に対する「戦争は、不可逆的な方法で社会を変革する」という指摘にもみてとれる。

本書はマルクス主義の理論を援用し、経済を「軍国日本の土台」とみる。戦争は膨大な重工業製品を必要とし、それは日本経済構造の主体を軽工業から重工業へと「変革」させた。興味深いのは本書が示す日本の経済構造のイメージである。すなわちそれは「軍工廠・民間大企業」という心臓と「心臓部なしに自分らの生命機能がないことを意識以前の状態で感覚している」無数の細胞のような零細企業群という一個の有機体である。日本の戦時動員とは、実はこの「国民感覚総動員」だったのであり、それを無視した「国民精神総動員」分析は「その結論にどこかしらけた感じがつきまとう」ものでしかない。これは経済の問題を無視して戦時動員のイデオロギー性のみをあげつらう論者への鋭い批判である。

日中戦争はやがて日米戦争へと拡大していく。その推進力となったのは日米がそれぞれ取った、松岡洋右や近衛文麿いうところの「毅然たる態度」にあるとみる。この言葉は現在の日本でも政府や一部の論者が周辺国との外交について用いるもので、本書は今なお教訓の書であり続けている。一九四一年一二月一日に開催された御前会議における対米開戦の決定について木戸幸一日記の「御決定ありたり」という言葉を引く。これはかつての学界や論壇で激しい論争の種となった、昭和天皇の戦争責任の有無に対する黒羽の見解にほかならない。天皇は自らの意志で主体的に開戦を「決定」したのである。

②中国側の論理

黒羽は日中戦争の相手である中国軍・中国民衆を絶対的な正義として偶像化することはしない。たとえば一九三四年に始まる中国共産党軍の「大長征」について、それはあらかじめ計画されたものではないとし、「私たちは、必然性の硬直したスケールで歴史を割りきってはならない」と警告し、あくまでも史実に即して歴史をとらえようとする。長征は革命を前進させる目的によっていたとする積極的な評価にも「史料的根拠が弱く、判断を保留しておきたい」と慎重な姿勢をとるが、毛の「論持久戦」については「これじゃあ、かなわないナ」と率直な感想を吐露する。共産党軍のゲリラ戦については、「人民との完全な結合」こそが八路軍の「秘密兵器」であるという朱徳の言葉を引いて高く評価する。

他方で蔣介石ら国民党軍指導者たちの思考や戦略への言及は比較的少ないが、注目すべきは、汪兆銘をはじめとする対日協力者へのまなざしである。彼らは中国においては漢奸として排撃される存在だが、黒羽は汪兆銘の思想と行動に「日本があの「満州国」づくりにおいてとった路線への基本的（全的？）な否定の論理」を見いだす。イデオロギーにもとづく図式化、決めつけを極力離れようとする黒羽の意志がよくみてとれる。しかし日本側は汪兆銘たちに厳しい利権要求を突きつけるばかりで、それは自ら行う「抗日工作」としか呼びようのない愚策であった。結局日本側の戦争目的は中国からの経済的収奪だったのであり、その実態については、安達宏昭『大東亜共栄圏――帝国日本のアジア支配構想』(中公新書、二〇二二年)が詳しい。

③兵士たちの戦場

本書のユニークな点として、戦場と兵士への細やかな目配りがある。一九三二年第一次上海事変の「爆弾三勇士」について、それが新聞などにより創られた熱狂であったこと、美談の陰に彼らを「被差別部落民」と見做して差別する視線があったことなど、悲惨な死に満ちた前線将兵と、戦勝の報に高揚する銃後民衆の間に横たわる深刻な落差を浮かび上がらせる。

とはいえ、当時の日本の人びとがこの落差にまったく無自覚だったわけではない。黒羽は、本書刊行当時は戦争協力者としておよそ顧みられることのなかった作家・火野葦平とその小説『麦と兵隊』(一九三八年)について、開高健の「大陸とそこに住む住民の永遠性、不動性の手のつけようのなさがちゃんと書きとめられてある」という論評を引用しつつ、その「モティーフの一つが正確で多面的な情報にもとづく「支那事変」像の文学的再構築にあったとみておきたい」と再評価している。黒羽にとって『麦と兵隊』は単なるプロパガンダではなく、戦場中国の実態を自らの眼で鋭く切り取り、華々しい戦という内地社会の抱く通俗的な「支那事変」像を批判した高水準の文学作品であった。

黒羽が日本軍兵士のみならず、上海事変における中国側の「便衣兵」すなわち民間人のふりをした兵士たちに注目している点も印象的である。現在であれば中国側の国際法違反として批判の対象になるのだろうが、黒羽は便衣兵を中国側の抗日意識の象徴とみている。

戦争の連作画の一部として、戦闘の実相は欠かせない。黒羽はその事例として、一九三八年九月二五日から二九日までの江西省麒麟峰の激戦の様子をとりあげる。この峰は「戦略的なキイ・ポイント」ではなかったにもかかわらず、日本軍指揮官たちは無残な死に様を遂げ、各中隊の戦死率は高かった。こうした戦闘が中国各地で繰り広げられたのであるが、黒羽は兵士たちの死に様にもふれる。日中戦争初期の戦死者三五〇名中一一三名が頭部頸部への貫通（盲管）銃創であったが、腹部への受傷は言語に絶する苦しみをもたらした。

こうして日本軍将兵に培われた敵への憎しみはやがて「南京大虐殺」へとつながっていく。本書はこの事件以外にも、「三光作戦」をはじめとする日本軍の戦争犯罪について言及している。本書が刊行される数年前の一九七一年一一月に本多勝一の連載『中国の旅』が始まり、これを機に南京事件の規模・有無をめぐる論争が勃発し、一九七三年には鈴木明『「南京大虐殺」のまぼろし』が刊行されるなど、いわゆる南京大虐殺まぼろし論が唱えられるという背景を押さえておく必要がある。黒羽は日本軍の司令官たちの記録・証言・回想をひいて「南京大虐殺という歴史的事実そのものを「まぼろし」とすることは、私たちにはできない」という。

黒羽は日本軍兵士たちの食事の内容と、飢え、病気にも目配りをかかさない。前線の兵士たちが飢えて死んでいく一方、満洲事変以降の日本の製菓企業は軍需品の売り上げ増により、収益を急カーブで伸ばした。この指摘にも経済を重視する黒羽の姿勢がみてとれる。

④日本の銃後

一九三八年二月に東京で行われた「不良」学生の一斉取締に言及し「国家権力による市民的自由の圧殺」、「「ポルノ」も「不良」もないといった面でだけは「健全」な、しかし逆に、同じアジアへの侵略戦争の政治路線に対して抵抗者がきわめて少ないという、大「不健全」の世相、それが昭和十年代の国民意識の総括にほかならない」とする。もっとも、近年の研究では開戦による取締や辞職は一時的なもので、軍需景気による都市大衆文化、娯楽の活発化は一九四〇年まで続いたとされる(高岡裕之「戦争と大衆文化」(『岩波講座　日本歴史　第一八巻　近現代四』岩波書店、二〇一五年))。

日中戦争で農村から多くの若者が「赤紙」と呼ばれた召集令状で戦場へ動員された。黒羽は東北のある「未亡人」の「運悪かったのだベモ」という言葉から「この「運」ということば」が「夫の戦死とそれにつづくかの女の人生のすべてを解いてしまう」という。本書における女性はひたすら「運」に翻弄される存在といえる。その後の銃後史・女性史研究は国防婦人会などにみる女性の戦争協力に着目していく（藤井忠俊『国防婦人会——日の丸とカッポウ着』岩波新書、一九八五年、など）が、そのような問題関心は本書には薄いように思える。関心の薄さは、朝鮮・台湾などの植民地支配についても同様である。

黒羽は都市民が農民のエゴイズムの現れと非難した米の売り惜しみを、政府の強制的な米買い上げ、「「統制経済」への抵抗」とみる。戦争は平和産業から軍需への転廃業を強いられた都市民のみならず農民の生活にも打撃を与えた。その一方で戦争により農村へのラジオが普及し、雑誌『家の光』が多く読まれた。「日中十五年戦争は、日本社会の深層に、すこしずつ、しかし確実に、一つの地殻変動をおこしてゆく」という一文は、前述した戦争のもたらす社会変革の深さと広がりを鋭く見抜いたものといえる。総力戦体制下における農村変容の研究として、板垣邦子『昭和戦前・戦中期の農村生活——雑誌『家の光』にみる』（三嶺書房、一九九二年）と小林啓治『総力戦体制の正体』（柏書房、二〇一六年）を挙げておきたい。

本書は時代と史料の制約上、中国社会の変容にふれるところは少ないが、蔣介石の国民党政権下で行われた徴兵などの戦時動員は社会に深刻な亀裂をもたらし、戦後の国共内戦で国民党が敗れる一因となった。この点については、笹川裕史・奥村哲『銃後の中国社会

――『日中戦争下の総動員と農村』(岩波書店、二〇〇七年)を参照されたい。

以上、本書の内容を四つの「画」――問題群に整理し概観した。鹿野政直は「黒羽はなぜかくも戦争史・軍隊史にのめりこんでいったのだろうか。一言にしていえば、「平和」への熱情のためにほかならない」のだが、黒羽の独創性は「ただ「平和」「平和」と唱えることでなく、「平和」を解く鍵、また説く鍵は「戦争」にある」といち早く「着眼」したことにあると評する(鹿野「黒羽清隆「民衆」史と「庶民」史を架橋する」『論集』所収)と評する。ただ平和の尊さ、反戦を説いても力の前には空疎であり説得力はないと右派から批判されることの多い現在であるからこそ、かみしめられねばならない指摘である。

この反戦平和論がともすれば陥りがちな空疎さについて黒羽本人は、もし密度のうすい「平和」礼讃論・戦争否定論が進歩的教師によって模範的感想文として採用されるならば、生徒たちのなかにある戦争へのあこがれは教師の前面に出てこない。「これは先生にいうべきことではない」という意識で生徒のほんとうの「戦争史」観が潜在することになる。いうまでもなく、生徒たちは教師に対して与党的関係に立ちたがる者が多いので、その結果として空疎な「平和」礼讃論が横行することになりやすい。(「戦争史の学習をどうすすめるか」『増補版 日本史教育の理論と方法』地歴社、一九七五年)

と警鐘を鳴らしていた。彼は教育現場で生徒たちが密かに抱く「戦争へのあこがれ」に気づいていたのである。彼・彼女らに「平和」の尊さを説くには、まず「戦争」の実態がいかなるものであるかを教えねばならない。本書を通じて日中両軍の兵士たちの生活や無残な死に様についての言及が多いのは、そのような黒羽の問題意識、鹿野の言う「歴史家としての責務感に満ちた着眼」によるのであろうが、本書の射程が日中戦争論を超えて戦時の不可逆な社会変容にまで及ぶのは先述の通りである。

本書は、対米戦争開始以降の日中戦争についての記述は駆け足となる。中国側が三光作戦と呼んだ治安戦、大東亜共栄圏の一部である中国占領地における物資と強制連行による労働力の収奪、蔣介石・汪兆銘・毛沢東たち中国側指導者のたどった運命を概観する。ついで一九四四年に日本側が行った大陸打通作戦、中国奥地から行われた日本本土空襲、ソ連の対日参戦と降伏の過程をみる。そして日中一五年戦争の死者四一万一六一〇名、中国側一〇〇〇万以上との数を示す。一九四一年以降の日本軍と国民党軍の戦いに関する今日の研究として、広中一成『後期日中戦争――太平洋戦争下の中国戦線』(KADOKAWA、二〇二一年)が、日本軍が華北で繰り広げた凄惨な治安戦の実相については、笠原十九司『日本軍の治安戦――日中戦争の実相』(岩波現代文庫、二〇二三年)、広中一成『後期日中戦争――華北戦線』(KADOKAWA、二〇二四年)がある。

(いちのせ・としや　日本近現代史)

本書は一九七七年十月〜七九年六月に、上・中・下の三巻で教育社から刊行されたものを合冊にした。

大元帥 昭和天皇　山田朗

昭和天皇は、豊富な軍事知識と非凡な戦略・戦術眼の持ち主でもあった。軍事を統帥する大元帥としての積極的な戦争指導の実像を描く。（茶谷誠一）

江戸の坂 東京の坂（全）　横関英一

東京の坂道とその名前からは、江戸の暮らしや庶民の心が透かし見える。東京中の坂を渉猟し、元祖「坂道」本と謳われた幻の名著。（鈴木博之）

つくられた卑弥呼　義江明子

邪馬台国の卑弥呼は「神秘的な巫女」だった？ 明治以降に創られたイメージを覆し、古代の女性支配者たちを政治的実権を持つ王として位置づけなおす。

北一輝　渡辺京二

明治天皇制国家を批判し、のち二・二六事件に連座して刑死した日本最大の政治思想家北一輝の生涯。第33回毎日出版文化賞受賞の名著。（臼井隆一郎）

中世を旅する人びと　阿部謹也

西洋中世の庶民の社会史。旅籠が客に課す厳格なルールや、遍歴職人必須の身分証明のための暗号など、興味深い史実を紹介。（平野啓一郎）

中世の星の下で　阿部謹也

中世ヨーロッパの庶民の暮らしを具体的、克明に描き、その歓びと涙、人と人との絆、深層意識を解き明かした中世史研究の傑作。（網野善彦）

中世の窓から　阿部謹也

中世ヨーロッパに生じた産業革命にも比する大転換――。名もなき人びとの暮らしを丹念に辿り、その全体像を描き出す。大佛次郎賞受賞。（樺山紘一）

1492 西欧文明の世界支配　ジャック・アタリ　斎藤広信訳

1492年コロンブスが新大陸を発見したことで、アメリカをはじめ中国・イスラム等の独自文明は抹殺された。現代世界の来歴を解き明かす一冊。

憲法で読むアメリカ史（全）　阿川尚之

建国から南北戦争、大恐慌と二度の大戦をへて現代まで。アメリカの歴史は常に憲法を通じ形づくられてきた。この国の底力の源泉へと迫る壮大な通史！

十五年戦争小史　江口圭一

満州事変、日中戦争、アジア太平洋戦争を一連の「十五年戦争」と捉え、戦争拡大に向かう曲折にみちた過程を克明に描いた画期的通史。（加藤陽子）

たべもの起源事典　日本編　岡田哲

駅蕎麦・豚カツにやや珍しい郷土料理、レトルト食品・デパート食堂まで。広義の〈和〉のたべものと食文化事象一三〇〇項目収録。小腹のすく事典！

ラーメンの誕生　岡田哲

中国のめんは、いかにして「中華風の和食めん料理」へと発達を遂げたか。外来文化を吸収する日本人の情熱と知恵。丼の中の壮大なドラマに迫る。

京の社　岡田精司

旅気分で学べる神社の歴史。この本を片手に京都の有名寺社を巡れば、神々のありのままの姿が見えてくる。（佐々田悠）

山岡鉄舟先生正伝　小倉鉄樹／石津寛／牛山栄治

鉄舟から直接聞いたこと、同時代人として見聞きしたことを弟子がまとめた正伝。江戸無血開城の舞台裏など、リアルな幕末史が描かれる。（岩下哲典）

士（サムライ）の思想　笠谷和比古

中世に発する武家社会の展開とともに形成された日本型組織。「家（イエ）」を核にした組織特性と派生する諸問題について、日本近世史家が鋭く迫る。

戦国乱世を生きる力　神田千里

土一揆から宗教、天下人の在り方まで、この時代の現象はすべて民衆の姿と切り離せない。「乱世の真の主役としての民衆」に焦点をあてた戦国時代史。

三八式歩兵銃　加登川幸太郎

旅順の堅塁を白襷隊が突撃した時、特攻兵が敵艦に突入した時、日本陸軍は何をしたのであったか。元陸軍将校による渾身の興亡全史。（一ノ瀬俊也）

増補改訂　帝国陸軍機甲部隊　加登川幸太郎

第一次世界大戦で登場した近代戦車。本書はその導入から終焉を詳細史料と図版で追いつつ、世界に後れをとった日本帝国陸軍の道程を描く。（大木毅）

共産主義黒書〈ソ連篇〉
ステファヌ・クルトワ／ニコラ・ヴェルト
外川継男訳
史上初の共産主義国家〈ソ連〉は、大量殺人・テロル・強制収容所を統治形態にまで高めた。レーニン以来行われてきた犯罪を赤裸々に暴いた衝撃の書。

共産主義黒書〈アジア篇〉
ステファヌ・クルトワ／ジャン＝ルイ・マルゴラン
高橋武智訳
アジアの共産主義国家は抑圧政策においてソ連以上の悲惨を生んだ。中国、北朝鮮、カンボジアなどでの実態は我々に歴史の重さを突き付けてやまない。

ヨーロッパの帝国主義
アルフレッド・W・クロスビー
佐々木昭夫訳
15世紀末の新大陸発見以降、ヨーロッパ人はなぜ次々と植民地を獲得できたのか。病気や動植物に着目して帝国主義の謎を解き明かす。（川北稔）

民のモラル
近藤和彦
統治者といえど時代の約束事に従わざるをえなかった18世紀イギリス。新聞記事や裁判記録、ホーガースの風刺画などから騒擾と制裁の歴史をひもとく。

台湾総督府
黄昭堂
清朝中国から台湾を割譲させた日本は、新たな統治機関として台北に台湾総督府を組織した。抵抗と抑圧と建設。植民地統治の実態を追う。（檜山幸夫）

新版 魔女狩りの社会史
ノーマン・コーン
山本通訳
「魔女の社会」は実在したのだろうか？　資料を精確に読み解き、「魔女」にまつわる言説がどのように形成されたのかを明らかにする。（黒川正剛）

増補 大衆宣伝の神話
佐藤卓己
祝祭、漫画、シンボル、デモなど政治の視覚化は大衆の感情をどのように動員したか。ヒトラーが学んだプロパガンダを読み解く「メディア史」の出発点。

ユダヤ人の起源
シュロモー・サンド
高橋武智監訳
佐々木康之／木村高子訳
〈ユダヤ人〉はいかなる経緯をもって成立したのか。歴史記述の精緻な検証によって実像に迫り、そのアイデンティティを根本から問う画期的試論。

中国史談集
澤田瑞穂
皇帝、彫青、男色、刑罰、宗教結社など中国裏面史を彩った人物や事件を中国文学の碩学が独自の視点で解き明かす。怪力乱「神」をあえて語る！（堀誠）

増補 文明史のなかの明治憲法　瀧井一博

木戸孝允、大久保利通、伊藤博文、山県有朋らの西洋体験をもとに、立憲国家誕生のドラマを描く。角川財団学芸賞、大佛次郎論壇賞W受賞作の完全版。

朝鮮銀行　多田井喜生

植民地政策のもと設立された朝鮮銀行。その銀行券等の発行により、日本は内地経済破綻を防ぎつつ軍費調達ができた。隠れた実態を描く。（板谷敏彦）

百姓の江戸時代　田中圭一

百姓たちは自らの土地を所有し、織物や酒を生産・販売していた——庶民の活力にみちた前期資本主義社会として、江戸時代を読み直す。（荒木田岳）

近代日本とアジア　坂野潤治

近代日本外交は、脱亜論とアジア主義の対立構図により描かれてきた。そうした理解が虚像であることを精緻な史料読解で暴いた記念碑的論考。（苅部直）

日本大空襲　原田良次

帝都防衛を担った兵士がひそかに綴った日記。各地の空爆被害、斃れゆく戦友への思い、そして国への疑念……空襲の実像を示す第一級資料。（吉田裕）

平賀源内　芳賀徹

物産学、戯作、エレキテル復元など多彩に活躍した平賀源内。豊かなヴィジョンと試行錯誤、そして失意からなる「非常の人」の生涯を描く。（稲賀繁美）

陸軍将校の教育社会史（上）　広田照幸

戦時体制を支えた精神構造は、「滅私奉公」ではなく「活私奉公」だった。第19回サントリー学芸賞を受賞した歴史社会学の金字塔、待望の文庫化！

陸軍将校の教育社会史（下）　広田照幸

陸軍将校とは、いったいいかなる人びとだったのか。前提とされていた「内面化」の図式を覆し、「教育社会史」という研究領域を切り拓いた傑作。

餓死《うえじに》した英霊たち　藤原彰

第二次大戦で死没した日本兵の大半は飢餓や栄養失調によるものだった。彼らのあまりに悲惨な最期を詳述し、その責任を問う告発の書。（一ノ瀬俊也）

樺太一九四五年夏　金子俊男

突然のソ連参戦により地獄と化した旧日本領・南樺太。本書はその戦闘の壮絶さを伝える数少ない記録だ。長らく入手困難だった名著を文庫化。（清水潔）

わたしの城下町　木下直之

攻防の要である城は、明治以降、新たな価値を担い、日本人の心の拠り所として生き延びる。城と城のようなものを歩く著者の主著、ついに文庫に！

東京の下層社会　紀田順一郎

性急な近代化の陰で生みだされた都市の下層民。落伍者として捨て去られた彼らの実態に迫り、日本人の人間観の歪みを焙りだす。（長山靖生）

外政家としての大久保利通　清沢洌

北京談判に際し、大久保は全責任を負い困難な交渉に当たった。その外交の全容を、太平洋戦争下の現実政治への弾劾を秘めて描く。（瀧井一博）

独立自尊　北岡伸一

国家の発展に必要なものとは何か――。福沢諭吉は生涯をかけてこの課題に挑んだ。今こそ振り返るべき思想を明らかにした画期的福沢伝。（細谷雄一）

賤民とは何か　喜田貞吉

非人、河原者、乞胸、奴婢、声聞師……。差別と被差別の根源的構造を歴史的に考察する賤民研究の決定版。『賤民概説』他六篇収録。（塩見鮮一郎）

増補　絵画史料で歴史を読む　黒田日出男

歴史学は文献研究だけではない。絵巻・曼荼羅・肖像画など過去の絵画を史料として読み解き、斬新な手法で日本史を掘り下げた一冊。（三浦篤）

滞日十年（上）　ジョセフ・C・グルー　石川欣一訳

日米開戦にいたるまでの激動の十年、どのような外交交渉が行われたのか。駐日アメリカ大使による貴重な記録。上巻は１９３２年から１９３９年まで。

滞日十年（下）　ジョセフ・C・グルー　石川欣一訳

知日派の駐日大使グルーは日米開戦の回避に奔走。下巻は、ついに日米が戦端を開き、１９４２年、戦時交換船で帰国するまでの迫真の記録。（保阪正康）

荘園の人々　工藤敬一
人々のドラマを通して荘園の実態を解き明かした画期的な入門書。日本の社会構造の根幹を形作った制度を、すっきり理解する。（高橋典幸）

東京裁判　幻の弁護側資料　小堀桂一郎編
我々は東京裁判の真実を知っているのか？　準備されたものの未提出に終わった膨大な裁判資料から18篇を精選。緻密な解説とともに裁判の虚構に迫る。

一揆の原理　呉座勇一
虐げられた民衆たちの決死の抵抗として語られてきた一揆。だがそれは戦後歴史学が生んだ幻想にすぎない。これまでの通俗的理解を覆す痛快な一揆論！

甲陽軍鑑　佐藤正英校訂・訳
武田信玄と甲州武士団の思想と行動の集大成。大部から、山本勘助の物語や川中島の合戦など、その白眉を収録。新校訂の原文に現代語訳を付す。

機関銃下の首相官邸　迫水久常
二・二六事件では叛乱軍を欺いて岡田首相を救出し、終戦時には鈴木首相を支えた著者が明かす、天皇・軍部・内閣をめぐる迫真の秘話記録。（井上寿一）

増補　八月十五日の神話　佐藤卓己
ポツダム宣言を受諾した「八月十四日」や降伏文書に調印した「九月二日」でなく、「終戦」はなぜ「八月十五日」なのか。「戦後」の起点の謎を解く。

日本商人の源流　佐々木銀弥
第一人者による日本商業史入門。律令制に端を発する供御人や駕輿丁から戦国時代の豪商までを一望し、日本経済の形成を時系列でたどる。（中島圭一）

記録　ミッドウェー海戦　澤地久枝
ミッドウェー海戦での日米の戦死者を突き止め、手紙やインタビューを通じて彼らと遺族の声を拾い上げた圧巻の記録。調査資料を付す。（戸髙一成）

考古学と古代史のあいだ　白石太一郎
巨大古墳、倭国、卑弥呼。多くの謎につつまれた日本の古代。考古学と古代史学の交差する視点からその謎を解明するスリリングな論考。（森下章司）

漢文の話　吉川幸次郎

日本人の教養に深く根ざす漢文を歴史的に説き起こし、その由来、美しさ、読む心得や特徴を平明に解説する。贅沢で最良の入門書。（興膳宏）

「論語」の話　吉川幸次郎

人間の可能性を信じ、前進するのを使命であると考えた孔子。その思想と人生を「論語」から読み解く中国文学の碩学による最高の入門書。

老子　福永光司訳

己の眼で見ているこの世界は虚像に過ぎない。自我を超えた「無為自然の道」を説く、東洋思想が生んだ画期的な一書を名訳で読む。（興膳宏）

荘子　内篇　福永光司／興膳宏訳

人間の醜さ、愚かさ、苦しさから鮮やかに決別する、古代中国が生んだ解脱の哲学三篇。中でも「内篇」は荘子の思想を最もよく伝える篇とされる。

荘子　外篇　福永光司／興膳宏訳

内篇で繰り広げられた荘子の思想を、説話・寓話のかたちでわかりやすく伝える外篇。独立した短篇集として読んでも面白い、文学性に富んだ十五篇。

荘子　雑篇　福永光司／興膳宏訳

荘子の思想をゆかいで痛快な言葉でつづった「雑篇」。日本でも古くから親しまれてきた「漁父篇」や「盗跖篇」など、娯楽度の高い長篇作品が収録されている。

墨子　森三樹三郎訳

諸子百家の時代、儒家に比肩する勢力となった学団・墨家。全人を公平に愛し侵攻戦争を認めない独特な思想を読みやすさ抜群の名訳で読む。（湯浅邦弘）

種村季弘コレクション
驚異の函　種村季弘　諏訪哲史編

怪物誕生を辿る畢生の名作「怪物の作り方」、ぺてん師研究の白眉「ケペニックの大尉」等、世界の不思議を追った〈知の怪人〉種村季弘の粋を一冊に。

朝鮮民族を読み解く　古田博司

彼らに共通する思考行動様式とは何か。なぜ日本人はそれに違和感を覚えるのか。体験から説き明かす朝鮮文化理解のための入門書。（木村幹）

ちくま学芸文庫

日中《にっちゅう》15年戦争《ねんせんそう》

二〇二四年七月十日　第一刷発行

著　者　黒羽清隆（くろは・きよたか）
発行者　喜入冬子
発行所　株式会社　筑摩書房
東京都台東区蔵前二―五―三　〒一一一―八七五五
電話番号　〇三―五六八七―二六〇一（代表）
装幀者　安野光雅
印刷所　株式会社精興社
製本所　株式会社積信社

ISBN978-4-480-51247-5 C0121